六朝隋唐學術研討會
論文集

逢甲大學中國文學系編

文史哲出版社印行

國家圖書館出版品預行編目資料

六朝隋唐學術研討會論文集 / 逢甲大學中國
文學系編. -- 初版. -- 臺北市：文史哲，民
93
　　面：　公分
ISBN 957-549-568.3 (平裝)

　1 中國文學 - 歷史 - 唐（618-907）論文,講
詞等　2.中國文學 - 隋（581-618）論文,講詞
等　3.中國文學 - 六朝(222-588) 論文,講詞等

820.904　　　　　　　　　　93012604

六朝隋唐學術研討會論文集

主 編 者：逢甲大學中國文學系
出 版 者：文 史 哲 出 版 社
　　　　　http://www.lapen.com.tw
登記證字號：行政院新聞局版臺業字五三三七號
發 行 人：彭　　　正　　　雄
發 行 所：文 史 哲 出 版 社
印 刷 者：文 史 哲 出 版 社
　　　　　臺北市羅斯福路一段七十二巷四號
　　　　　郵政劃撥帳號：一六一八〇一七五
　　　　　電話886-2-23511028 傳真886-2-23965656
實價新臺幣九〇〇元
中華民國九十三年(2004)七月初版

ISBN 957-549-568-3

序

　　逢甲大學中文系自民國九十一年八月成立博士班以來，不僅在師資方面有很大的改善，而且，積極展現出強烈的企圖心，研究領域相近的同仁，組成了一個唐代研究群，而且獲得校卓越計畫的支持，成立了「唐代研究中心」。這個研究中心，每年有固定的經費舉辦學術研討會。這次研討會就是由逢甲大學中文系的「唐代研究中心」主辦。

　　研究唐代文學，不得不追溯到六朝，所以唐代研究中心舉辦的第一次學術研討會的主題，把時間向上延伸到六朝。會議開始前，我們邀請到唐代學會的原始發起人之一的楊承祖教授發表專題演講，講題是「論傳記的逆向研究—以盛唐文學家爲例」，楊教授的博學與風趣，獲得全場熱烈的迴響。

　　本次研討會，除本地學者外，還有來自大陸、香港及新加坡等地學者多人參與，在兩天半緊湊的議程中共發表了 29 篇論文。本次研討會的論文，爲了維持一定的水準，不僅在會前進行了審查，會中邀請了特約討論人，會後並分別送請相關的學者專家再作審查，方才付梓。爲了提升研討會的論文水準，這是目前學術界普遍的做法。

　　美中不足的是，這次大陸學者因受到我們出入境管理局的拖延，以致多人無法來台與會，令人感到十分遺憾。不過這些學者的論文，我們都安排了專人在會上代爲宣讀。

　　本系唐代研究中心舉辦此次「六朝隋唐國際學術研討會」，不僅動員了全系的人力，而且也承蒙中國古典文學研究會和國科會人文學研

究中心出錢出力，和本系唐代研究中心合辦，本人在此要特別向這兩個單位致謝，沒有這兩個單位的全力支持與合作，這次的會議就不可能辦得如此成功。

　　此次會議得以圓滿成功，特別要感謝成中恆營造（股）公司、金門金屬建材（股）公司、里仁書局及廖英鳴文教基金會等在經費上的大力支持。會前的準備，會後論文的送審，及與論文集出版的相關事務，都由本系助理和研究生全力承擔，在此也一併致謝。

　　　　　　　民國九十三年六月　逢甲大學中文系主任　**李立信**謹誌

六朝隋唐學術研討會論文集

目　錄

論傳記的逆向研究
—— 以盛唐文學家為例

世新大學中國文學研究所兼任教授

楊 承 祖

提 要

　　傳記早出現者先入為主，輒居正面地位，壟斷對傳主的認知；而因不同的考察、辨析，對傳主之行事與評價，作不同的解釋，此即所謂逆向研究。所論專以盛唐文人傳記研究為例，凡舉孟浩然、王維、李白、杜甫諸家之相關問題為證，進論逆向研究所需之客觀要項有賴新材料之發現，舊材料之新解釋，無材料或材料中無文字處之線索，與研究者或傳記作者所採理論原則不同；主觀要項則須具備秉持學術良知，確定史觀和價值標準，與對傳主及其環境更加深入的認知。最後，則主張不以零星局部之考證解析為己足，當謀整舊合新，涵容人物之多面性，以呈獻新的傳記。

關鍵詞：傳記、逆向研究、盛唐文人、孟浩然、王維、李白、杜甫

一

　　歷史是人類共同締造的，其中對人類生活、社會發展和文化進步特有貢獻和影響的人，便是歷史人物，而這些人通常是經由傳記敘說，予人某種印象和認知，可以假定其為「正面的」。此所謂「正面」，與道德的價值判斷，不必相關，不一定指「善的」、「有益的」，也可以是「不善的」、「有害的」，例如唐玄宗時的宰相李林甫，史傳定性和塑型為禍國殃民的權臣大姦，這便是他傳記的「正面」。「正面」的敘說會壟斷對人物的認知，至少會佔去絕對的優勢，讓讀者很容易便相信，從而衍受後續的知識，所謂先入為主。

　　可是，知識是通過學習和理性的思辨而獲得，理性也隨時對矛盾的或不合理的敘說加以檢討，對不必有的拘限要求解放，對傳記中所謂「正面」者進行反思，從不同的方面重新去考察、辨析、判斷。這便是此處所謂的「逆向研究」，可能進一步要對歷史或社會人物的心思、行為和形象重新調整。

　　傳記作者，無論文人或史官，非不得已，如應酬人情或受史書體例的限制，應該是考量歷史和社會價值與影響來選擇傳主，決定採取恰當的寫法，褒賢貶惡；這是秉筆之士的天職，理應如此。但當判斷的基準改變，如採取不同的史觀、不同的政治信仰，服膺不同的政治體制，便會有不同的觀察、不同的評騭和判斷，尤其是現實環境的強大壓力，更能催動對歷史或社會人物扭曲的、虛偽不實的傳記寫作或批判；最後一種情形是非理性、不正常也不該出現的，在歷史的浪潮中，很容易淘汰消失，不過也是傳記的「逆向研究」中常會見到而正要加以討論的。

二

　　人物傳記的正面敘說和逆向檢討，在歷史大事件中，容易看清立

場，讀者不難自行判斷，如安史之亂，唐玄宗對整個事件的責任，安祿山起兵的正當性，即使牽涉面廣，問題複雜，但各種討論和評斷的基礎和理路不難釐清；而面對文學家及其作品，常有隱旨莫測、定解難一的困窘。因此除了文辭的訓釋，構局的匠心和表面的意象之外，要作深入探討、窺測作者寄託的深心微旨，便有賴於對其傳記的研究，藉以了解所受現實生活的影響，窺測其內心的思維和深層意識的活動。在今天愈趨細密而多樣的作家與作品研究中，傳記的「逆向研究」，也就是突破既有傳記「正面敘說」的研究，也會受到更多的重視。

　　試就盛唐的大文學家來看，便有不少問題，經過傳記的「逆向研究」，而有了新的考訂和闡釋，或是知道該作賡續的研究。現請舉例，如：

（一）孟浩然〈臨洞庭湖上張丞相〉詩所指的「張丞相」是誰？《四庫全書總目提要》認爲是張說，有人主張是張九齡[1]，這涉及孟在文壇的交遊，及張九齡辟之入荊府的情況，於考列其行年及分析其出處心境有關，是須待考辨詳確的問題。

（二）李白會見孟浩然的時次，有的主張〈黃鶴樓送孟浩然之廣陵〉在〈贈孟浩然〉之前，有的主張相反。[2]不僅涉及二人交往的狀況，也影響孟、李的行年考證，還牽動與其他文人遊從的問題，應作更進的討論。

（三）李白一生充滿傳奇性，身世出處、應世態度、家庭生活，都是學者關注的重點，這些生活背景與個人特質對了解其詩歌與人格表現都極重要。學者探討不遺其力，成果豐碩，如周勛初教

1　蕭繼宗《孟浩然詩說》、李景白《孟浩然詩集校注》皆從《四庫提要》說；高步瀛《唐宋詩舉要》與拙撰〈孟浩然事跡繫年〉（載《許詩英先生六秩誕辰論文集》，淡江文理學院，民 59—1970，臺北）則主後說。

2　詹瑛《李白詩文繫年》主前說；注 1 拙文主後說，又拙撰〈李白贈孟浩然與黃鶴樓送孟詩的年序問題〉（載《中國李白研究》，中國李白研究會編，安徽文藝出版社，2000、10，合肥）論之尤詳。

　　　　授從李白的西域文化背景解釋他的婚姻狀況,和對西北、西南
　　　　邊區用兵的態度,以及加入永王璘陣營等等,便極精闢獨到。[3]
　　　　李白是吸引唐代文學甚至中國文學研究者最大的磁石之一,還
　　　　會有更新的探考,如李白不由科舉求出身的真正主因為何?與
　　　　他的著籍、家世能否通過鄉貢是否有關,都尚有待於深考。

(四)王維的宦情與心境問題也值得深究。近時大家都注意他晚歲禮
　　　佛,不涉俗務,作為他的詩人背景。但他兩任給事中,官至尚
　　　書右丞,職責繁重,地近要津,決不可能全心耽入禪悅而不涉
　　　念政情,諒必他曉悟世理,處事明捷,纔能游刃一如庖丁,並
　　　非縱心界外,不粘現實的,這對他在兵亂之中,身遭幽縶,而
　　　〈菩提寺禁口號〉外,全不涉寫大難悲情一層,可能提供一些
　　　解釋,也對王維於詩人畫師之外,如何行己,可以有更深的體會。

(五)杜甫久已取得「詩史」、「詩聖」的歷史地位,對他生平的論述,
　　　多是同情與尊敬。近年則漸有不全同調的更深的剖析,如討論
　　　他性情的真淳之外,有頗為世故的一面,舉出他避免與惡勢力
　　　正面衝突,而私下寫詩,則表達出真正的感情和嚴峻的批評。[4]
　　　其間明暗兩層是不難調和理解的,這對杜甫乍看是「負面」不
　　　利的批評,但深入體察,更讓人了解他真誠純樸但也與常人不
　　　甚相遠的人性表現。

(六)對杜甫傳記的研究,還有離開傳統更遠的。朱東潤的《杜甫敘
　　　論》,描寫杜甫對強權惡勢的屈服,到了卑猥懦弱、自我作踐的
　　　地步,完全失去士君子的自尊,而只求苟活不死。雖然杜甫也
　　　會誇張地自寫窮愁悽酸,以烘顯世間的不平,但朱先生的刻畫

3　詳周勛初《李白詩仙之謎》(台灣商務印書館,1996、11,臺北)。

4　見拙撰〈從世故與真淳論杜甫的人格性情〉(載《第一屆國際唐代學術會議論文
　　集》,中華民國唐代研究學者聯誼會(後正名為中國唐代學會),民78—1989、2,
　　臺北)。

幾乎超出一般的想像，而且書中有不少史實的錯誤，也不應該是朱先生會犯的。我初讀很不解，後來悟出這是朱先生控訴「災難十年」中學者文人的悲慘遭逢，並不是要認真地敘寫杜甫。我稱這是一部「傷痕學術」的著作，[5]可以說是「非杜甫傳記」的「杜甫傳記」，真是弔詭時代的弔詭作品。這部書至今仍在「杜甫傳記」的書目之中，卻正好作一個最特殊的「負面傳記」可供人作「逆向研究」的顯例。

以上舉例，都是修正或質疑既成傳記的的「正面」敘說。可知「逆向研究」是經由辯難激盪，促動傳記學術的進步。

三

傳記所作的「正面敘說」，如果不由「逆向研究」來考察，一般都不易發現其中的缺點或矛盾。要作「逆向研究」，以期修訂或改變舊說，先要有幾項條件，至少要有其中之一：

（一）發現了新材料，經過檢證，確可補充、修訂，甚或推翻舊說，這是最有利的，不待深論。

（二）重新檢視被忽略的材料，加以利用，改訂舊說。如杜甫兩度參贊嚴武的劍南幕府，本見於〈奉贈蕭十二使君〉詩中杜甫的「自註」，通行各本皆有，獨缺於仇氏《詳註》，而《詳註》廣被學者利用，以致大家都未注意，直到一九八一年曹慕樊在《杜詩雜說》中纔加抉出，成爲我研究杜甫東川奔走、協助嚴武回鎮劍南與嚴武杖殺章彝真相的關鍵。[6]又如元結的〈說楚賦〉三篇，曾受當時文人的重視驚駭，但因文辭奧衍，譬擬誇張，很少人

---

5 說詳拙撰〈杜甫傳記研究中的畸變〉（載《唐宋史研究—中古史研討會論文集之二》，香港大學亞洲研究中心，1987，香港）。

6 見拙撰〈杜甫政治生涯的新探討〉（載《鄭百因先生八十壽慶論文集》，亦題《文史論文集》，台灣商務印書館，民 74—1985，臺北）。

去詳推細解。既經剖明是他在天寶中專刺玄宗、楊妃、李林甫、高力士的諷君之作，則他憂國憤時的心情，和抨擊昏君姦相態度之激烈，皆得顯露，並能展現於後世，而他生涯中的轉折和遭受的壓抑以及人格的傲岸而又曠達，都可自此切入而讓人了解、感動，油然生敬。[7]

（三）原有材料的新解釋，可以影響傳記研究的方向或層面。如李華，文辭雅正，人品端方，天寶、大歷間以古文享名。不幸安史亂中，陷賊被污，雖經李峴、房琯等相助，諒情輕譴，並且援之再起。但他自責太深，繼母死後便告病休官，僅一度為報答李峴，入其江南幕府；及李峴卒官，他也以病辭職，歸耕不仕了。足見污賊失節，是其一生中最大的痛苦，值得同情。可是他並未因自悔而完全喪志，從其亂後所寫的文章略可得知。仔細分析他的〈先賢贊六首〉，其中所舉的管仲、隨會、范蠡、樂毅等，都曾為敵方拘止或重用，而終能反正，報國盡忠。就此分析他的深層心理，應可解釋為對陷賊委屈的申訴。他在對謝安的讚辭中，曾有「力屈則降」的句子，這是士人在時代大悲劇的無奈中忍受痛苦與企求明心申志的沉痛的呼號。像這樣深入解讀作品，去體會作者的深衷，正是傳記作者最該努力的。[8]

（四）於無文字、無紀錄處用心，也可以得出新看法、新結論。如：元結和杜甫，年齒相近，鄉里密邇，人際關係好像也可以聯上，文學主張則有異也有同，應該可以設想會有往來。杜甫作〈同元使君春陵行〉，對元結贊揄至高，在序末說「簡知我者，不必

---

7 見拙撰〈元結評傳〉（收入《元結研究》，國立編譯館，民 91─2002、10，臺北）。

8 參看拙撰〈李華江南服官考〉（載《王叔岷先生八十壽慶論文集》，王叔岷先生八十壽慶論文集編輯委員會主編，大安出版社，民 82─1993，臺北）、〈由質文論與先賢贊論李華〉（載《唐代文化研討會論文集》，中國唐代學編輯委員會，文史哲出版社，民 80─1991，臺北）。

寄元」，一般都以爲二人蓋嘗締交，未見置疑，但找不到任何交往的痕跡。及至仔細對比、考量，則能發現天寶六載兩人同時由河南到長安應詔擧，同時落第。元結公開抨擊李林甫弄權，盡黜擧人，又作〈喻友〉勸鄉人回家，文辭鋒利尖銳，諷刺欲留長安冀謀進身者，而杜甫正是如此，然則即使兩人曾有交情，也必然會破壞無疑。這對研究元、杜兩人性格和行爲的特質，實具意義。可以視作無文字處能供研究的例證。[9]

（五）如果傳記工作者據爲準繩的理論基礎有了改變，更是傳記要作「逆向研究」的巨大動力。當思想潮流改向，新的理論體系建立，要擠壓取代舊有的體系時，尤其是伴隨著政治的壓力而來，則傳記內涵的精神和具象的神貌，會發生巨大的改變。如像意識到性別、種族、階級、社群、宗教等等的不同，便會用不同的思維體系去觀察和評論人物。由於思維體系的歧異，必然會產生不同色調的傳記和人物塑形，其中肇因於政治立場改變情形尤其明顯，如像革命人物，都不免「成王敗寇」的評價浮沉。即或反差不至如此強烈，而由於秉筆者觀念的出入，也會改變人物的色調，比如馮道在新舊《五代史》裡，敘寫行事都差不多，〈舊傳〉評論：「道之行履鬱有古人之風，道之宇量深得大臣之體」，可謂甚加褒許，只不過接著又說：「然事四朝，相六帝，可得爲忠乎？夫一女二夫，人之不幸，況于再三者哉！」可謂妙致譏諷，只是貶責不深。但〈新傳〉則於傳文中說他「視喪君亡國亦未嘗以屑意。當是時天下大亂，戎夷交侵，生民之命急於倒懸，道方自號長樂老，著書……以爲榮。」並且先在傳前作序，罵他「可謂無廉恥矣」，批評就極其嚴峻了。這正是身歷五代的薛居正等宋初史臣和歐陽修思想基礎不盡相同的結

---

9 參看拙撰〈元結文學交遊考‧杜甫條〉，收在注 7 引《元結研究》。

果。歐陽修時北宋開國已百年，加上力圖抵禦北方異族侵凌的時代共識，和講求「春秋大義」學風的影響，所以有強烈的忠君愛國思想；而五代興廢如轉輪，民命危淺，幾乎人人只求苟全身家於亂世，自然忠於一國一君的思想淡了，史論也就寬恕多了，這是基礎思想轉變影響傳記很好的例子。

由這些情況，可以大致了解傳記寫作與以後的「逆向」改造，除了實証性的研究之外，思想性的因素往往也產生很大的影響，這是應該嚴肅以對的問題。

四

傳記的「逆向研究」，可以促成傳記的訂改與更新，也可能是偏執的，造成倒退或破壞。以仁愛之心，張正義之目，獎善貶邪，為人類歷史作證，這是傳記工作者的責任。我以為撰寫傳記或從事傳記研究的人，應該抱持幾項原則：

（一）首先要秉持良知，尤其注意到學術良知；要抗拒不合理惡勢力的壓迫，不為私利而妥協，也不因本身的成見而自蔽；能經受道德的磨礪、智勇的考驗；也要堅定地抱持無偏無頗、獨立自主的精神。古代史官曾建立很好的傳統，「在齊太史簡，在晉董狐筆」就是崇高理想與堅貞人格的實証，只有堅定的操持，纔能寫出真有歷史價值的傳記，能禁受時間的汰洗和後人的檢驗。從事「區區修補」的「逆向研究」的作者，也要抱持同樣的精神。

（二）要確立自己的歷史觀和價值標準，這有時是信仰問題，但應經由理性來處理。如果屈從於威迫或利誘，用自己並不真正服膺的原則來臧否人物判斷是非，則所撰作的傳記或傳記研究，終必難禁時間的考驗。郭沫若在一九七一年發表《李白與杜甫》，抑杜揚李、處處極力破壞杜甫的形象與歷史評價，技巧地試圖

爲「文化革命」建立理論基礎，好爲破壞傳統文化、文史學術和打擊學者找理由，尋藉口。郭在當時，可說是附勢投機，但對他學術地位和人格風評會怎樣呢？傳記研究和歷史自有定論[10]。

（三）要不斷深入對傳主所處環境有所認知。傳主的行爲和形象，往往由背景反映出來，甚或是環境的反射，對環境的認識深入擴大，也會對傳主有不同的了解。不了解天寶中仕途的壅塞和開邊用兵的時勢，便不易了解高適投效哥舒翰的動機；不了解異方文化激盪和族姓門閥的問題，便不易了解李白行事異乎尋常的因素；不了解當時的國勢政情，便不易了解嚴武入京卻力圖復鎮劍南的企畫，也就不易了解杜甫在嚴武入京後，何以不留成都讓老友高適照拂，偏去梓州「依靠」章彝；不參詳嚴武身前死後蜀中的局面，和軍將之間的角鬥與勢力的消長，也就不能了解其間杜甫的去止進退，和宣稱出峽而竟滯峽中的原委。

（四）「逆向研究」多是先破舊再立新，零星或局部問題的處理，如不以完整的新貌示人，這是不夠的，因此要融合新舊，重新整合。也許新的成分會與原有的體質不盡調和，這未必是新舊成分本質有差異，而可能是原先傳記所呈現的不夠深入，或只顯現了片面，新寫傳記便須多下統整調和的工夫，既不抹殺人物的複雜多面，也不忽視其間的矛盾，而是作出合理的解釋；對錯雜不齊的現象要客觀而又同情地觀照處理，然後，在這樣堅實而寬廣的基礎上，以歷史和美學的手眼，傳記文學適當的修辭，連同讚美和評論，把傳中的人物呈現給讀者，也成功地獻給社會，獻給歷史，獻給傳中的主人。

---

10 朱東潤在《杜甫敘論》中用了很大的篇幅揭發郭氏的用心，但未指名而已；註5所引拙文，曾考明朱氏所斥即郭，並指出朱氏撰寫此書的動機，部分即是爲郭而發。

論司空圖的生平思想及其詩歌創作
——兼談《二十四詩品》的真偽問題

北京大學中文系教授、香港樹仁學院中文系專任教授

張 少 康

提 要

　　本文對司空圖的生平分五個時期作了詳細論述，在此基礎上探討了司空圖的思想，認為他原本受儒家思想影響很深，但由於對晚唐現實不滿，又無力回天，遂隱居深山，與僧道為伍，滋長了濃厚的釋老思想。他的詩歌創作屬於王孟一派的山水田園隱逸詩。他的詩歌意象和《二十四詩品》的意象很一致，由此可以從一個方面說明司空圖是《二十四詩品》的作者。

關鍵詞：家世生平、釋老思想、詩歌意象、詩品作者

　　司空圖是唐代著名的詩人和詩論家，特別是他的《二十四詩品》，最為出名，歷來受到高度評價。前幾年，陳尚君、汪湧豪先生《司空圖〈二十四詩品〉辨偽》一文中提出《二十四詩品》非司空圖所作，其後，學術界對此頗多爭議，從目前研究的狀況和提供的材料來看，其真偽問題尚難作出肯定的結論，只能存疑，以待進一步的研究。為

了從更廣闊的角度來探討此一問題，需要從各方面加強對司空圖的研究，特別是要對司空圖的生平思想和詩歌創作作更詳細的分析。本文正是基於這樣一種考慮而寫作的，目的是爲了探討司空圖寫作《二十四詩品》的可能性。當然，這種可能性不可能最終確定《二十四詩品》的真僞，但是對我們深入理解司空圖的詩歌創作和詩學思想，仍然是非常必要的。

司空圖，字表聖，生於西元 837 年，卒於 908 年。其《乙巳歲愚春秋四十九，辭疾拜章，將免左掖，重陽獨登上方》一詩可知其生於唐文宗開成二年，即 837 年。又其《乙丑人日》一詩云：「自怪扶持七十身。」乙丑爲 905 年，則他的生年爲 836 年。據《休休亭記》云：「自開成丁巳歲七月距今以是歲是月作是歌，亦樂天作傳之年六十七。」可知此詩云七十爲約數，實爲六十九歲。《新唐書》本傳云：「哀帝弒，圖聞不食而卒，年七十二。」故知其卒年爲 908。祖籍泗水（今安徽泗縣），故司空圖自稱：「泗水司空圖。」（《書屛記》）「泗水司空氏。」（《月下留丹灶序》）王禹偁《五代史闕文》云：「圖，字表聖，自言泗州人，有俊才。」泗水，唐屬泗水郡，天寶時改爲臨淮郡，乾元時複改爲泗水。《資治通鑒》卷 265 謂：「圖，臨淮人也。」此是對的，而《新唐書》、《唐詩紀事》云「河中虞鄉人」，不妥，虞鄉當是其寓居之地（詳下）[1]。

據《舊唐書·司空圖傳》記載，司空圖的曾祖爲司空遂，曾爲密縣令。祖父司空彖，曾爲水部郎中（屬工部）。父親司空輿，據《書屛記》，會昌二年（842）曾爲江西觀察使裴休幕府從事，在鍾陵，即洪州，現南昌縣。後「徵拜侍御史」（屬侍禦台，從六品下，行監察職），「退居中條」，此當在會昌年間。據司空圖《山居記》云：「中條蹴蒲

1　臺灣羅聯添先生著有《唐司空圖事迹繫年》一文，載《大陸雜誌》第三十九卷第十一期，考訂甚詳，本文多所參閱，不另說明。

津，東顧拒虞鄉才百里，亦猶人之秀髮，必見於眉宇之間，故五峰頎
然爲其冠珥，是蹊蔚然涵其濃英之氣，左右函洛，乃滌煩清賞之境。
會昌中，詔毀佛宮，因爲我所有。谷之名，本以王官廢壘在其側，今
司空氏易之爲禎陵蹊，亦曰禎貽雲。」司空圖之父當于此時在中條山
王官谷建王官別業。又據新舊《唐書》，大中初（847）戶部侍郎盧宏
正爲鹽鐵使，奏舉輿爲安邑解縣兩池榷鹽使，檢校司封郎中（屬吏部，
從五品上）。按：安邑、解縣均在虞鄉附近，解縣貞觀間曾併入虞鄉，
後又複置。兩地均有鹽池。後來，司空輿又入朝爲司門員外郎（屬刑
部，從六品上），遷戶部郎中（正五品上），卒。可見，司空圖出身于
一個世代官宦家庭，幼年時曾隨其父南下江西，後定居于河中虞鄉，
並在王官谷有別墅。圖之爲人及其思想頗受乃父影響，對李唐王朝忠
貞盡職，但也有避世隱居之意，故在中條山王官谷購置別業，這點我
們下面還要講到。司空圖父親喜歡書法，早年受知于裴休，即是從書
法結緣的，後來又得到忻州李戎所贈送的唐代著名書法家徐浩真跡一
屏，共四十二幅，「所題多《文選》五言，『朔風動秋草，邊馬有歸心』
十數字，或草或隸，尤爲精絕。」常常「清旦披玩，殆廢寢食」，並且
告誡司空圖云：「『正長詩英（王瓚，字正長，「朔風」聯見其《雜詩》），
吏部（徐浩曾爲吏部侍郎）筆力，逸氣相資，奇功無跡，儒家之寶，
莫踰此屏也。』」（《書屏記》）《宣和書譜》卷九記載司空圖亦爲唐代
著名的行書家，並記載此事，還說：「圖後爲之志曰：『人之格狀或峻，
則其心必勁，視其筆跡可以見其人。』」（按：所引圖語見《書屏記》，
與原文略有差異。）於是知圖之於書非淺淺者。及觀其《贈辯光草書
歌》，于行書尤妙知筆意。史複稱其志節凜凜與秋霜爭嚴，考其書抑又
足見其高致云。今禦府所藏行書二：《贈辯光草書歌》、《贈辯光草書
詩》。」由此可見，司空圖是在一個什麼樣的家庭環境中成長的。

一、司空圖的生平思想

　　司空圖的生平思想可以分爲五個時期來分析：

（一）由家居讀書至咸通十年中進士（**869 年以前**）

　　咸通十年（869），司空圖三十三歲，是年中進士。在此之前，他主要是在虞鄉家中讀書，大中年間他父親爲安邑解縣兩地榷鹽使，後入朝爲官，他當亦隨之入京師。其父死後，大約又回到河中。唐末吏治腐敗，沒有人引見推薦，是很難考中的。爲了求取功名，他也拜謁了一些達官貴人。咸通七年（866）他三十歲，秋天曾拜謁同州防禦使王凝，並爲他寫了《太原王公同州修堰記》。按，王凝出任同州刺史在咸通五年（864），《舊唐書》本傳：「遷中書舍人，時政不協，出爲同州刺史，賜金紫。」圖《唐故宣州觀察使檢校禮部王公行狀》中也說：「相國夏侯公用爲中書舍人，旋以同列或非清議，遂移疾乞冤，拜同州防禦使，兼禦史中承，賜金紫。」記云：「大中末，州南壞，久不能複，比歲旱蝗，關畿尤困。咸通五年，太原王公自中書舍人出牧是邦，思所以利人者，亡易於此。……七年秋，愚自蒲獲展贄見之禮，出次近坰，備得其事，因著篇以彰勤濟之志云。」又，據《北夢瑣言》、《唐才子傳》、《唐詩紀事》等書記載，王凝曾爲絳州刺史，司空圖去謁見，《唐詩紀事》云：「會王凝自尙書郎出爲絳州刺史，圖以文謁之，大爲凝知。」《唐才子傳》亦云：「王凝初典絳州，圖時方應舉，自別墅到郡上謁，去。」《北夢瑣言》云：「王文公凝，清修重德，冠絕當時。……曾典絳州。于時司空圖侍郎方應進士舉，自別墅到郡，謁見後，更不訪親知，閽吏遽申司空秀才出郭矣。或入閣訪親知，即不造郡齋，瑯瑘知之，謂其專敬，愈重之。」王凝爲絳州刺史或在任同州刺史前，圖因得到他賞識，故在咸通七年專程往同州謁見王凝，並爲其撰《太原王公同州修堰記》，希其提攜。於此可見其尋求仕進之心情，頗爲迫切。咸通十年（869），司空圖赴京應試進士，時王凝爲禮部侍郎，知貢舉，此年正好是由王凝主考，他得中第四名。並曾寫有《牓下》一詩：「三十功名志未伸，初將文字競通津。春風漫折一枝桂，煙閣英雄

笑殺人。」此「三十」當爲大約數。又有《省試》一詩云:「粉闈深鎖唱同人,正是終南雪霽春。閒繫長安千匹馬,今朝似減六街塵。」中進士後雖未得官,但他的心情還是很興奮、很得意的。《舊唐書・司空圖傳》云:「圖咸通十年登進士第,主司王凝於進士中尤奇之。」《北夢瑣言》卷三云:「王文公凝……知舉日,司空圖一捷列第四人。登科同年訝其名姓,甚暗成事太速,有鄙薄者號爲司徒空。瑯琊知有此說,因召一牓門生,開筵宣言於衆曰:『某叨忝文柄,今年牓帖,全爲司空先輩一人而已。』由是聲名益振。」又,《唐詩紀事》謂王凝「入知制誥,遷中書舍人,知貢舉,擢圖上第。」不確,王凝爲中書舍人在咸通五年任同州刺史前。司空圖現存文集中有《與惠生書》一文,前云:「某贅於天地間,三十三年矣。」故知寫于中進士這一年,其中非常清楚地闡述了他對時政的看法和他自己的態度。晚唐是李唐王朝的沒落、崩潰時期,外族入侵,藩鎮割據,戰亂頻繁,民不聊生。朝廷內部黨爭不斷,宦官專權,吏治腐敗,賣官鬻爵,上上下下,賄賂成風。災荒遍地,賦稅繁重,農民暴動,此起彼伏。司空圖對晚唐社會的這種現實有很清醒的認識,他在《將儒》一文中就說過:「嗟乎!道之不可振也,久矣。儒失其柄,武玩其威,吾道益孤。」他對末世的危亡有深切的感受,並且有濟時救世的雄心壯志。在這封《與惠生書》中,他說自己在「便文之外,往往探治亂之本」,「壯心未決,俛仰人群」,「願修討源,然後次第及於濟時之機也」。他認爲從唐虞三代以來,歷史經驗說明了「侮儒必止,泥儒必削」,對傳統的儒家思想,既不能輕視違背,也不能拘泥死守,士大夫不能有負「雅道」,「既不足以振之,而又激時之怨耳。」如果處理不當,則常常會得到「國家皆瘁而不寤」的不幸後果。他的主張是:「愚以爲今欲應時之病,即莫若尙通,通不必叛道而攻利也,隘則驅之以讎己。樹政之基,莫若尙法,不必任察而嗜刑也,弛則怠之以陷人。舍此二者,伊、周不能爲當今之治。苟在位者有問於愚,必先存質以究實,鎮浮而勸用,使天下知有所竟,

而不自窘以罪時焉。」同時，他也看到積重難返，不可能挽狂瀾於既倒，要根本改變這種現狀是非常困難的。因此他的態度是能做多少做多少，也不必去做明知做不到的事。他說：「且一家之治，我是而未必皆行也；一國之政，我公而未必皆行也。就其間量可爲而爲之，當有以及於物；不可爲而不爲，亦足以見其心。必曰俟時而後濟其仁，蓋無心之論。夫百人並迫於水火，可皆救之，斯爲幸矣。不可皆救，則將竭力救其一二耶？」[2]這就是他早年的政治主張和處世態度。

（二）由咸通十年中進士到廣明元年黃巢起義軍攻陷長安（869 至 880 年）

這十二年是司空圖真正從政爲官的時期。司空圖中進士後並沒有得到什麼官職，於是年夏天回到蒲州（即河中府）虞鄉王官谷。在其《段章傳》一文中說：「咸通十年吾中第，在京，……夏歸蒲。」此年王凝主考後受到權豪的攻擊，遂被貶爲商州刺史。據《舊唐書·王凝傳》云：「以禮部侍郎徵，凝性堅正，貢闈取士，拔其寒峻，而權豪請托不行，爲其所怒，出爲商州刺史。」司空圖《唐故宣州觀察使檢校禮部王公行狀》也有記載：「竟謝疾，葺居華下。中外之議，謂公不司文柄，爲朝廷闕政，竟拜禮部侍郎。韋澄邁在內廷，懸入相之勢，其弟保殷干進，自謂殊等，不疑黨附者，又方據權，亦多請托。攘臂傲視，人爲寒心。公顯言拒絕。及牓出沸騰，以爲近朝難事。噫！仁人之勇，其可力奪哉！久之，時宰竟用抗己，內不能平，遂致商於之命。」但王凝被貶爲商州刺史在何時，尙待考，大約在咸通十二年間，因咸通十一年停貢舉，十二年高贏爲禮部侍郎，知貢舉。司空圖有感于王凝提攜之恩，跟隨王凝去商州作幕僚。第二年爲湖南觀察使，《舊唐書》王凝傳云：「出爲商州刺史，明年檢校右散騎常侍，潭州刺史，湖南觀

---

2 《與惠生書》一文，四部叢刊本與《全唐文》本，在文字上頗有出入，本文所引，擇善而從。

察使。」圖王凝行狀也說：「明年加檢校常侍廉問湖外，理潭如商，罔不慰悅。」吳廷燮《唐方鎭年表》謂王凝以咸通十三、十四年爲湖南觀察使。《新唐書》王凝傳謂僖宗立，召凝爲兵部侍郎，領鹽鐵轉運使，當於乾符元年（874）回朝，但又「坐舉非其人，以秘書監分司東都，即拜河南尹」。乾符四年（877）爲宣歙觀察使，「辟置幕府」，司空圖應辟爲從事。圖《紀恩門王公宣城遺事》一文云：「上四年春以大河南王公治狀宜陝，詔假禮部尙書按察宣歙池三郡。」自咸通十二年（871）至乾符四年（877），司空圖是否一直跟著王凝，尙待確考，然而有可能是始終在王凝幕府。他在現存的文集中共有七十篇，除一首詩外，全部爲文章，計六十九篇，其中就有五篇是寫的王凝之事。他在《唐故宣州觀察使檢校禮部王公行狀》末說「圖忝跡門下，義服終始」，又於《紀恩門王公宣城遺事》末說「愚嘗襲跡門下，受知特異」，似乎一直沒有離開過王凝。王凝對司空圖的影響很大，據《新唐書‧王凝傳》所云，凝「不阿權近，出爲商州刺史。驛道所出，吏破產不能給，而州有冶賦羨銀，常摧直以優吏奉。凝不取，則以市馬，故無橫擾，人皆尉悅。」故司空圖對他推崇備至。乾符五年（878）黃巢領兵經江西進入安徽進攻和州（今和縣，即曆陽），王凝派將支援，解曆陽之圍。黃巢遂怒而南下圍攻宣城（宣歙觀察使幕府所在地）。《舊唐書‧王凝傳》云：「賊爲梯沖之具，急攻數月，禦備力殫，吏民請曰：『賊之凶勢不可當，願尙書歸款退之，懼覆尙書家族。』凝曰：『人皆有族，予豈獨全，誓與此城同存亡也。』既而賊退去。」此時司空圖一直在王凝幕府。這年朝廷召拜司空圖爲殿中侍御史（從六品下），但司空圖未按時於百日內赴闕上任，逐被彈劾，左遷光祿寺主簿（從七品上，主管祭祀等），分司東都（洛陽）。司空圖赴闕遲留的原因，據《新唐書》本傳、《唐詩紀事》等所說，是圖「不忍去凝府」，「感凝知己之恩，不忍輕離幕府」，但可能還有另外的原因，一是此時正是黃巢兵圍宣城，形勢危急，司空圖也無法離開宣城；二是據《資治通鑑》卷 253，黃

巢在宣城西一百五裏之南陵被王凝打敗，即在是年八月。《新唐書‧王凝傳》記載，黃巢兵攻城最激烈時，王凝已病重，黃巢兵退後，「未幾，卒。」按司空圖爲王凝寫的行狀，其卒在八月七日，則黃巢兵退當在八月初。司空圖之不忍離凝幕府，其緣由即此可知。

　　王凝死後，司空圖隨即赴洛陽上任，時當在秋天。其詩集中有《江行二首》，當爲離宣城去洛陽時所作。其云：「地闊分吳塞，楓高映楚天。曲（一作廻）塘春雨盡，方響夜深船（《舊唐書》謂方響以鐵爲之，長九寸，廣二寸，圓上方下）。行紀添新夢，羈愁甚往年。何時京洛路，馬上見人煙。」「初程風信好，廻望失津樓。日帶潮聲晚，煙含楚色秋。戍旗當遠客，島樹轉驚鷗。此去非名利，孤帆任白頭。」他對這兩首詩也是很欣賞的，其中兩聯均爲他《與李生論詩書》所引，有味外味之作。宣城，春秋時屬吳，後屬越，戰國屬楚，故詩中有「吳塞」、「楚天」、「楚色」之語。詩中說到「此去非名利，孤帆任白頭」，還是很希望到洛陽後能有所作爲的。但是光祿寺主簿並非要職，對濟時救世實在起不了什麼作用，所以他在詩中頗有悵茫之感。「行紀添新夢，羈愁甚往年。」赴任有新的夢想，然而壯志難酬，不免憑添無限感慨。他到洛陽後正好遇到被罷相的盧攜，盧在乾符五年五月因與另一宰相鄭畋在如何對待南詔的問題上發生爭論，盧摔了硯臺，兩人均被罷相，盧被貶爲太子賓客（正三品），分司東都。司空圖秋天到洛陽，受到盧攜的厚待。《舊唐書》圖本傳云：「攜嘉其高節，厚禮之，嘗過圖舍手題於壁曰：『姓氏司空貴，官班禦史卑。老夫如且在，不用念屯奇。』」對其品德評價甚高。乾符六年十二月，因曾爲盧攜所推薦的高駢之部將屢破黃巢兵，遂複召盧入朝，以原相王鐸爲太子賓客，分司東都。盧攜入朝路過陝州、虢州，與陝虢觀察使盧渥說：「司空禦史高士也。公其厚禮之。」（《舊唐書》本傳）盧渥即奏請司空圖爲其幕府賓佐。明年改爲元爲廣明元年，盧攜複爲宰相，是年十月，召拜盧渥爲禮部侍郎（正四品下），並召拜司空圖爲禮部員外郎（從六品上）。司空圖

有詩《感時上盧相》當寫於入朝爲禮部員外郎時，其詩云：「兵待皇威振，人隨國步安。萬方休望幸，封嶽始鳴鑾。」充分表達了他對盧攜的尊敬感激之情，也對他實現自己濟時救世的壯志有了希望。然而，此時黃巢起義軍已經攻到淮北，進逼河南，十一月東都洛陽陷落。司空圖又有《亂前上盧相》詩，爲盧攜獻策，其云：「虜點雖多變，兵驕即易乘。猶須勞斥候，勿遣大河冰。」十二月二日，黃巢兵破潼關，長安危在旦夕。五日，盧攜又被罷相，貶爲太子賓客，分司東都。盧知潼關已破，遂飲藥自盡而死。這天唐僖宗在左神策軍中尉田令孜逼迫下，僅僅由五百神策軍衛護從長安西邊金光門逃出，「群臣無知者，宰相蕭遘等皆不及從。」（《新唐書‧田令孜傳》）「文武百寮不之知，並無從行者，京城晏然。」（見《舊唐書》卷十九）此夜黃巢就進入長安，並於十六日稱帝，號大齊。司空圖陷落在長安城中，於此日夜寫有《庚子臘月五日》一詩：「複道朝延火，嚴城夜漲塵。驊騮思故第，鸚鵡失佳人。禁漏虛傳點，妖星不振辰。何當廻萬乘，重睹玉京春。」說明他對時局動亂十分關心，對唐王朝極其忠心，盼望唐僖宗能重回長安，但他自己又無力回天。幸虧黃巢軍中有一個叫段章的，原爲司空圖奴僕，營救其逃出長安，轉輾回到河中王官谷。此事司空圖在《段章傳》一文中有詳細記載：「段章者，不知何許人也。咸通十年，吾中第在京，章以自儌爲馭者，亦無異他傭也。夏歸蒲，久之，力不足以賙給，乃謝去。廣明庚子歲冬十二月，寇犯京。愚寓居崇義裏（按：據《唐兩京城坊考》卷二，在長安朱雀門街東第一街第一坊）。九日，自裏豪楊瓊所轉匿常平廩下，將出，群盜繼至，有擁戈拒門者，熟視良久，乃就持吾手曰：『某段章也，係虜而來，未能自脫。然顧懷優養之仁，今乃相遇，天也。某所主張將軍喜下士，且幸偕往通他，不且，仆藉於溇轊（疑作溝轍）中矣。』愚誓以不辱。章惘然泣下，導至通衢，即別去。愚因此得自開遠門宵遁，至咸陽橋。複榜者韓鈞濟之，乃抵鄠縣。」然後，司空圖回到了虞鄉家中，並帶了徐浩真跡書屏，

轉赴王官谷別墅。《書屏記》云：「庚子歲遇亂，自虞邑居負之于王城別業。」次年的二月，盧渥也逃到中條山借住在司空圖的王官別業。司空圖在《唐故太子太師致仕盧公神道碑》中說：「遇大駕南幸，乃中輟人至今惜之。明年春，自都潛出，二月至中條，舍於幕吏司空圖。」自此後，司空圖為農民起義的狂潮所驚駭，對唐王朝振興漸感絕望。他的《秋思》一詩大約作於是年冬天，其云：「身病時亦危，逢秋多慟哭。風波一搖盪，天地幾翻覆。孤螢出荒池，落葉穿破屋。勢利長草草，何人訪幽獨。」「風波」兩句當指黃巢攻陷長安，其心情十分淒苦、感傷。然而，對時局的發展，他還是耿耿於心的。其《感時》一首從內容來看，可能寫于本年。詩云：「好鳥無惡聲，仁獸肯狂噬。寧教鸚鵡啞，不遣麒麟吠。人人語與默，唯觀利與勢。愛毀亦自遭，掩謗終失計。」其末兩句很可能指盧攜對田令孜姑息、遷就，後被其所謗二月罷相飲藥而死之事。但在偏僻平靜的中條山王官谷別墅中，生活比較安定，於他也有所寬慰，隱居避世的思想就逐漸濃厚起來了。其《山中》一詩大約也寫於本年，詩云：「全家與我戀孤岑，躡得蒼苔一徑深。逃難人多分隙地，放生鹿大出寒林。名應不朽輕仙骨，理到忘機近佛心。昨夜前溪驟雷雨，晚晴獨步數峰吟。」他並沒有忘記祖輩的遺訓，但是看到當時社會實在已不可救藥，遂漸漸在思想上傾向於從佛老中尋求解脫。其《自誡》一詩比較明顯地表現了這種思想：「我祖銘座右，嘉謀貽厥孫。勤此苟不怠，令名日可存。媒妝士所恥，慈儉道所尊。松柏豈不茂，桃李亦自繁。眾人皆察察，而我獨昏昏。取訓於老氏，大辯欲訥言。」本來他是非常清醒的，然而由於社會的黑暗和人心的澆薄，他反而願意「獨昏昏」，學習老子的「大智若愚」。

（三）由廣明元年（880）逃歸隱王官谷到龍紀元年（889）
　　　移居華陰

　　這將近十年時間是司空圖思想比較矛盾的時期，一方面他看到時局的艱危，朝廷的腐敗，對濟時救世開始喪失了信心，於功名利祿也

極為淡薄；另一方面則又對自己長期以來形成的入世於時做一番事業的雄心壯志沒有完全死心。在這期間曾有三次重新當官的機會，兩度應詔到到長安，但都只是曇花一現而已。

第一次在中和二年（882），據《舊唐書》本傳云：「時故相王徽亦在蒲，待圖頗厚，數年徽受詔鎮潞，乃表圖為副使，徽不赴鎮而止。」黃巢攻入長安，王徽被俘，經月餘雜於商販之中逃出長安到河中。《資治通鑒》卷 255 記載，中和二年十二月，「朝廷以右僕射租庸使王徽同平章事充昭義節度使（治潞州），徽以車駕播遷，中原方擾，（孟）方立專據山東邢洺磁三州，度朝廷力不能制，辭不行，請委（鄭）昌圖。」由於王徽不赴任，司空圖的副使也就落了空。

第二次是在光啓元年（885），唐僖宗自蜀返陝，次鳳翔，召司空圖為知制誥（有資格起草詔書等的官），三月回到長安，拜司空圖為中書舍人（正五品上）。這樣司空圖又回到了長安。司空圖的《綸閣有感》一詩當寫於此時，「綸閣」指中書省，中書舍人即屬中書省。其詩云：「風濤曾阻化鱗開，誰料蓬瀛路卻開。欲去遲遲還自笑，狂才應不是仙才。」由此可見他有一種絕處逢生之感，對實現其濟時救世之志，又充滿了新的希望。然而好景不長，是年十二月曾幫助唐王朝鎮壓黃巢起義的沙陀貴族李克用，因為與軍閥朱溫爭地盤，脅迫唐王朝，兵臨長安。田令孜帶唐僖宗自開遠門出奔鳳翔，百官均不及扈從，司空圖也滯留長安。光啓二年（886）春正月，李克用軍退還河中，上書要求誅田令孜，而田令孜乃劫持僖宗赴寶雞。此年司空圖正好五十歲，寫有《五十》詩一首，其云：「閑身事少只題詩，五十今來覺陡衰。清秩偶叨非養望，丹方頻試更堪疑。髭須強染三分折，弦管遙聽一半悲。漉酒有巾無黍釀，負他黃菊滿東籬。」這次事件使他重新萌生的希望又破滅了，他的心情顯然低落了下去，歸隱的念頭再次開始抬頭。光啓三年（887）春天司空圖又回到了中條山王官谷，寫有《丁未（887）歲歸王官谷》一詩：「家山牢落戰塵西，匹馬偷歸路已迷。塚上卷旗人

簇立，花邊移寨鳥驚啼。本來薄俗輕文字，卻致中原動鼓鼙。時取一
壺閑日月，長歌深入武陵溪。」時李克用爲河東（蒲州）節度使，朱
全忠爲宣武（開封）節度使，互相爭戰不息，所以司空圖回去也不容
易。這年，他在王官谷之別業寫有《山居記》一文，並爲其別業改題
爲「禎陵蹊」，又曰「禎貽」，還「刻大悲跂，新構於西北隅，其亭曰
『證因』。『證因』之右，其亭曰『擬綸』，志其所著也。『擬綸』之左，
其亭曰『修史』，勖其所職也。西南之亭曰『濯纓』，『濯纓』之窗曰『一
鳴』，皆有所警。堂曰『三詔之堂』，室曰『九龠之室』。」按：圖在此
前曾三次被召拜爲侍御史、禮部員外郎和中書舍人。「九龠之室」是指
藏道家經典之室。這些均可見他入仕與避世之矛盾心理。他在王官谷
編其殘缺詩文爲《一鳴集》前集，並寫了序，這就是我們現在看到的
《司空表聖文集序》。其云：「知非子雅嗜奇，以爲文墨之伎，不足曝
其名也。蓋欲揣機窮變，角功利於古豪，及遭亂竄伏，又顧無有憂天
下而訪於我者，曷以自見平生之志哉！因捃拾詩筆，殘缺亡幾，乃以
中條別業一鳴，以目其前集，庶警子孫耳。其述先大夫所著家諜照乘
傳，及補亡舅（名權，四歲能諷詠。其舅水輪陳君賦十六，著劉氏洞
史三十卷）贊，祖彭城公中興事，並愚自撰密史，皆別編次云。有唐
光啓三年泗水司空氏中條王官谷濯纓亭記。」他之所以號「知非子」，
又名其亭云「濯纓亭」，都是有寓意的。說明他對人間是非、世道治亂
早已看透了，決意超脫塵俗，隱跡山林，做一個像巢、由（巢父、許
由，皆堯時隱士）、陶潛一樣的高潔之士。「濯纓」取自《孟子·離婁》
中《孺子歌》：「滄浪之水清兮，可以濯我纓。滄浪之水濁兮，可以濯
我足。」他的論詩文章《與王駕評詩書》當亦寫於這一年或稍後，因
其末有「吾適又自編一鳴集」之語。又有《月下留丹灶》詩及詩前之
記，據作者文中說作於光啓三年秋八月。司空圖的另一篇重要的詩論
著作《與極浦書》可能也作於是年或稍後，因其末有「知非子狂筆」
之語，與其文集序相應。

　　第三次是在唐昭宗龍紀元年（889），他被召複拜中書舍人，但不久就以病爲名辭官。《舊唐書》本傳云：「龍紀初複召拜舍人，未幾又以疾辭。」《新唐書》云：「龍紀初複拜舊官，以疾辭。」《資治通鑒》卷 257 云：「昭宗即位，體貌明粹，有英氣，喜文學，以僖宗威令不振，朝廷日卑，有恢復前烈之志，尊禮大臣，夢想賢豪，踐阼之始，中外忻忻焉。」這大約就是他召拜司空圖的原因。圖有《華下乞歸》詩，僅存兩句：「多病形容五十三，誰憐借笏趁朝參。」（胡震亨謂見《撼言》，然今本《唐撼言》不載。）這一年圖正好五十三歲，此詩當爲本年作。又據《唐詩紀事》卷六十三云：「圖見唐政多僻，中官用事，知天下必亂，即棄官歸中條山。尋以中書舍人，召拜禮部、兵部侍郎，皆不起。及昭宗播遷華下，圖以密邇乘輿，即時奔問，復歸還山。故其詩曰：『多病形容五十三，誰憐借笏趁朝參。』此豈有意於相位耶！」司空圖雖然在唐昭宗即位時，應詔到長安去參拜，然而，這不過是他表示對唐王朝的一點忠心，他很明白昭宗已無法控制宦官專權，更不能奈何藩鎮的割據，國家的衰亡崩潰已不可避免，因此託病辭官。不過他雖乞病歸山，卻並沒有回到王官谷，而是寓居於華陰。據《舊唐書》講是「河北亂，乃寓居華陰」，但這可能有不確之處。他在龍紀元年乞病歸山時，從長安到河中並無什麼戰事，主要是河東節度使李克用和邢洺節度使、昭義軍孟方立的戰爭，其地在潞州（山西長治一帶）到邢州、磁州、洺州（即河北邯鄲、邢臺一帶），與河中虞鄉相去甚遠。司空圖可能是想看一看形勢，因爲華陰是在長安和虞鄉的中間。而且龍紀僅一年，明年爲大順元年，宰相杜讓能奏請顧雲和盧知猷、陸希聲、錢翊、馮渥、司空圖等分修宣、懿、德三朝實錄，事見《唐詩紀事》。而且他確實做過修史工作，其《商山二首》之一中云：「清溪一路照羸身，不似雲台畫像人。國史數行猶有志，只將談笑寄英塵。」但是，此年唐王朝和李克用發生戰爭，司空圖家鄉戰火綿延，無法返回中條山了，由此開始了他「十年華山」的隱居生活。從這一個時期

他的三次徵詔情況看，是一次比一次更消極，退隱也就愈來愈堅決了。

（四）從龍紀元年（**889**）到天復三年（**903**）返回王官谷的
寓居華下時期

這是司空圖一生中非常重要的時期，在此期間昭宗曾四次徵詔司空圖爲官，龍紀元年（889）拜中書舍人，景福元年（892）召拜諫議大夫，景福二年（893）召拜戶部侍郎，乾寧三年（896）召拜兵部侍郎，但是他都以病爲名辭官不做，有兩次（892、896）連長安都沒有去，只是上表辭謝。這說明他歸隱之心已決，早年的雄心壯志已經在無可奈何之中雪消冰化了。他在《狂題十八首》中曾說：「十年三署讓官頻，認得無才又索身。莫道太行同一路，大都安穩屬閒人。」按：中書舍人屬中書省，諫議大夫屬門下省，戶部侍郎、兵部侍郎屬尚書省，此謂三署。自光啓元年（885）爲中書舍人至乾寧三年（896），約十餘年。而促成他發生這種思想上變化的原因，是他對唐末亂世的極其清醒而深刻的認識。《舊唐書》本傳中說：「時朝廷微弱，紀綱大壞，圖自深惟，出不如處，遂移疾不起。」恰如他在《有感二首》中所說：「古來賢俊共悲辛，長是豪家拒要津。從此當歌唯痛飲，不須經世爲閒人。」又比如《狂題》中說：「草堂舊隱猶招我，煙閣英才不見君。惆悵故山歸未得，酒狂叫斷暮天雲。」「須知世亂身難保，莫喜天晴菊並開。長短此身長是客，黃花更須白頭催。「他只希望在這艱危的時代以巢、由、夷、齊爲榜樣，做一個避世隱居的高潔之士。雖然他還始終惦記著李唐王朝，「帶病深山猶草檄，昭陵應識老臣心。」（《與都統參謀書有感》）「亦知世路薄忠貞，不忍殘年負聖明。」（《寓居有感三首》）「自有池荷作扇搖，不關風動愛芭蕉。只憐直上抽紅蕊，似我丹心向本朝。」（《偶書五首》）但是，逃名、避世的隱居生活，不得不使他日益增長對道家思想和生活的興趣。他曾和許多名僧交往，詩酒相酬，然而他不能像佛家那樣看破紅塵，四大皆空，而是和老莊那種因憤激於世而超脫塵俗，更有著心靈上的相通、共鳴之處。詩僧齊

己在《寄華山司空圖》一詩中寫道:「天下艱難際,全家入華山。幾勞
丹詔問,空見使臣還。瀑布寒吹夢,蓮峰翠濕關。兵戈阻相訪,身老
瘴雲間。」詩人徐夤《寄華山司空侍郎二首》中說:「金闕爭權競獻功,
獨逃徵詔臥三峰。雞群未必容於鶴,蛛網何緣捕得龍。」在他們的心
目中,司空圖是一位隱居避世的高潔之士:「非雲非鶴不從容,誰敢輕
量傲世蹤。紫殿幾詔王佐業,青山未拆詔書封。」(同上)並且具有道
家風度,例如虛中的《寄華山司空侍郎二首》:「門徑矽莎垂,往來投
刺稀。有時開禦劄,特地掛朝衣。嶽信僧傳去,仙香鶴帶歸。他年二
南化,無復更衰微。」「逍遙短褐成,一劍動精靈。白晝夢仙島,清晨
禮道經。黍苗侵野徑,桑椹汙閒庭。肯要為鄰者,西南太華青。」尚
顏在《寄華陰司空侍郎》中也有類似的描寫:「劍佩已深扃,茅為嶽面
亭。詩猶少綺美,畫肯愛丹青。換筆修僧史,焚香閱道經。相邀來未
得,但想鶴儀形。」司空圖在華山的十多年中,曾在乾寧二年(895)
因華州地區戰亂(王行瑜、李茂貞、韓建三鎮兵變,李克用進討,戰
于華州),遂南下郇陽(在今湖北安陸縣)避難,將近一年。他的《淅
上》(一作江淅上,是今郇陽府地在秦楚之交,故有秦雲楚雨之句)二
首云:「華下支離已隔河,又來此地避干戈。山田漸廣猿頻到,村舍新
添燕亦多。丹桂石楠宜並長,秦雲楚雨暗相和。兒童栗熟迷歸路,歸
去乃隨牧豎歌。」「西北鄉關近帝京,煙塵一片正傷情。愁看地色連空
色,靜聽歌聲似哭聲。紅蓼滿村人不見,青山繞檻路難平。從他煙棹
更南去,休向津頭問去程。」其間也曾南至涔陽(即涔陽浦,在今洞
庭湖和長江之間),故云:「從他煙棹更南去。」其《涔陽渡》詩云:「楚
田人立帶殘暉,驛迥村幽客路微。兩岸蘆花正蕭颯,渚煙深處白牛歸。」
並沿江西上至松滋(即今湖北松滋縣)等地,又有《松滋渡》二首:「步
上短亭久,看回官渡船。江鄉宜晚霽,楚老語豐年。」「楚岫接鄉思,
茫茫歸路迷。更堪斑竹驛,初聽鷓鴣啼。」乾寧三年初,陝軍入王官
谷,司空圖的七千四百多卷藏書及佛道圖記、徐浩真跡書屏等全毀於

戰火。春夏之際，他由鄖陽北歸，經商山，有《商山二首》：「清溪一路照羸身，不似雲台畫像人。國史數行猶有志，只將談笑繼英塵。」「馬上搜奇已數篇，籍中猶愧是頑仙。關頭傳說開元事，指點多疑孟浩然。」這次他曾回到王官谷，但因遭連年戰火破壞，連「濯纓亭」也被毀了，他只能重新回到華陰的寓居之所。七月，昭宗避李茂貞兵亂，逃到華陰，徵拜司空圖爲兵部侍郎，但他「稱足疾不任趨拜，致章謝之而已」。(《舊唐書》本傳)

司空圖在華陰這段時間，大概並未住在城裏，而是隱居在華山的山林之中。錢易《南部新書》中說：「司空侍郎，舊隱三峰。」前引徐夤《寄華山司空侍郎二首》中也說：「金闕爭權競獻功，獨逃徵詔臥三峰。」三峰即指華山的蓮花峰、毛女峰、松檜峰。司空圖《說魚》一文中說：「前年（889）捧詔西上，復移疾華下。」華下即是華陰。他又說：「十年逃難避雲林，暫輟狂歌且聽琴。」(《歌者十二首》)「十年太華無知己，只得虛中兩首詩。」(此篇僅殘存二句)「十年深隱地，一雨太平心。」(《即事九首》)司空圖在華山十餘年的生活中，無非是看書、吟詩、飲酒、賞花、下棋、煉丹、吃藥，他自稱「幽人」、自比「鸞鶴」，最喜歡菊花，日與名僧、高士相往來，流連忘返于華山清景之中。

(五) 從天復三年（903）回王官谷到開平二年（908）他去世

司空圖在天復三年又回到王官谷，並一直到死。在這最後的五、六年中，司空圖是更爲徹底地當了隱居高士，放棄了他的濟時救世之志。他回到家鄉之後，修葺了王官別業，把已被毀壞的「濯纓亭」重建，改爲「休休亭」，並且撰寫了《休休亭記》。其云：「休，休也，美也。既休而其美在焉。司空氏禎貽蹊休休亭，本濯纓也。濯纓爲陝軍所焚，愚竄避逾紀。天復癸亥歲，蒲稔人安，既歸，葺於壞垣之中，構不盈丈，然遽更其名者，非以爲奇，蓋謂其材一宜休也，揣其分二宜休也，且耄而瞶三宜休也。而又少而墮，長而率，老而迂，是三者，

皆非救時之用，又宜休也。尙慮多難，不能自信。既而盡遇二僧，其名皆上方刻石也。其一曰銷，顧謂吾曰：『長爲汝之師也，昔矯於道，銳而不固，爲利欲之所拘。幸悟而悔，將複從我於是蹊耳。且汝雖退，亦嘗爲匪人所嫉，宜以耐辱自警，庶保其終始，與靖節、醉吟第其品級於千載之下，複何求哉！』因爲耐辱居士歌，題于亭之東北楹。自開成丁巳歲七月距今以是歲是月作是歌，亦樂天作傳之年六十七。休、休、休乎，且又歿而可以自任者，不增愧于家國矣，複何求哉！天複癸亥秋七月記。」其歌云：「咄諾，休休休，莫莫莫，伎倆雖多性靈惡，賴是長教閑處著。休休休，莫莫莫，一局棋，一爐藥，天意時情可料度，白日偏催快活人，黃金難買堪騎鶴。若曰爾何能，答言耐辱莫。」這可以代表他晚年的基本思想狀況。天復四年（904）朱溫（全忠）逼帝遷都洛陽，後殺昭宗，立昭宣帝。天祐二年，宰相柳璨勾結朱溫殺大臣三十余人，並詔徵司空圖入朝，司空圖害怕被殺，到洛陽入朝謁見，故意裝作衰老疏野，「墜笏失儀」，遂被柳璨放歸，回中條山。《舊唐書》本傳云：「圖自脫柳璨之禍還山，乃豫爲壽藏終制，故人來者，引之壙中賦詩對酌，人或難色，圖規之曰：『達人大觀，幽顯一致，非止暫遊此中，公何不廣哉！』圖布衣鳩杖，出則以女家人鸞台自隨，歲時村社雩祭，祠禱鼓舞會集，圖必造之，與野老同席，曾無傲色。」開平元年（907）朱溫即帝位，號大樑，召司空圖爲禮部尚書，不赴。第二年，哀帝被殺後，圖聞之，不食而死。

二、司空圖的詩歌創作

司空圖的詩歌創作在晚唐屬於中等水平，現存的詩作據《全唐詩》所收共三百七十多首，其中有七首詩與鄭谷相重，有些可能是鄭谷的作品。他的詩歌內容主要是寫退隱閒居的生活情趣，頗多山水風物的描寫，其中也摻雜了許多感世傷時情懷，詩歌藝術風格具有他論唐詩

時所說的「澄澹精緻」的特點。他的詩歌創作是他隱居避世生活的反映。從他詩歌創作來看，他在二十多年的隱居生活中，作爲他的生命之支柱的主要有三個方面：

（一）是釋老思想

道經和佛典是他生活中的重要夥伴，尤其是研讀道經、燒煉丹藥，成爲他排遣痛苦和憂愁、獲得精神解脫的主要途徑。在司空圖的詩歌中有許多隱居生活的描寫，表現了道家的思想情趣，以及和高僧的詩酒往來，這和盧中、尙顏、徐夤等人贈詩中的描寫是一致的。很多詩都是寫他這種生活的，尤其是隱居華山的十奶奶中，比如：

> 《下方》：「三十年來往，中間京洛塵。倦行今白首，歸臥已清神。坡暖冬生筍，松涼夏健人。更慚徵詔起，避世跡非真。」

> 《下方》：「昏旦松軒下，怡然對一瓢。雨微吟思足，花落夢無憀。細事當棋遣，衰容喜鏡饒。溪僧有深趣，書至又相邀。」

下方爲「華山名刹，位於華山谷中，前行一箭之地，名上方，屋宇背依山崖，面對山澗，流水清澈，環境十分蕭穆幽靜。」（王濟亨，高仲章《司空圖選集注》）司空圖自咸通十年（869）中進士後推三十年，此詩當作於 889 年左右，正寓居華山。「坡暖冬生筍，松涼夏健人。」「雨微吟思足，花落夢無憀。」都是他在《與李生論詩書》中引用的有味外味之詩句，也最能體現他避世隱居的思想和情趣。又如：

> 《僧舍貽友》：「笑破人間事，吾徒莫自欺。解吟僧亦俗，愛舞鶴終卑。竹上題幽夢，溪邊約敵棋。舊山歸有阻，不是故遲遲。」

他看破人世的一切，過著「竹上題幽夢，溪邊約敵棋」的生活。其詩云：「舊山歸有阻，不是故遲遲」，可見也是隱居華山時所作。他所接觸的大都是名僧、道侶、高士，他也想做一個清淨高潔的僧道。又如：

> 《閑夜》：「道侶難留爲虐棋，鄰家聞說厭吟詩。前峰月照分明見，夜合香中露臥時。」

> 《華下》：「簞冠新帶步池塘，逸韻偏宜夏景長。扶起綠荷承早

露，驚迴白鳥入殘陽。久無書去干時貴，時有僧來自故鄉。不用名山訪真訣，退休便是養生方。」

《送道者二首》：「洞天真侶昔曾逢，西嶽今居第幾峰。峰頂他時教我認，相招須把碧芙蓉。」「殷勤不為學燒金，道侶惟應識此心。雪裏千山訪君易，微微鹿跡入深林。」

《雜題九首》：「暑濕深山雨，荒居破屋燈。此生無憾處，此去作高僧。」

他把陶淵明、王維做為自己最心折、最羨慕的詩人、高士。他在《雨中》一詩中說：

「維摩居士陶居士，盡說高情未足誇。簷外蓮峰階下菊，碧蓮黃菊是吾家。」

碧蓮黃菊是體現他高潔情操的象徵。

但是，他實際在研讀道經佛典和琴棋書畫的消遣中並沒有完全脫離現實，比如：

《即事九首》：「十年深隱地，一雨太平心。匣澀休看劍，窗明復上琴。」

《雜題九首》：「溪漲漁家近，煙收鳥道高。松花飄可惜，睡裏灑《離騷》。」

《退居漫題七首》：「努力省前非，人生上壽稀。青雲無直道，暗室有危機。」

受儒家思想影響，也是會在亂世離朝隱退、明哲保身的，在上面這些詩中，我們可以看出司空圖雖然對唐王朝的命運不能忘懷，儒家的人生哲學也沒有拋棄，但是他的生活和思想卻在按照釋老的方式運行，而且愈來愈釋老化了。在古代很多文人身上，儒家思想和釋老思想並不是排斥的，而是可以相容並存的。從政出仕以儒家思想為指導，而修身養性以釋老思想為準則。司空圖的家教傳統就有這一面，這在前引他《自誡》一詩中曾有所說明。因此老莊思想對他來說是有家學淵

源的，而老莊之所以超塵脫俗，消極出世，是和他們「看破紅塵「，由於現實黑暗而憤世嫉俗，是有密切關係的。所以，司空圖之所以避世隱居，也有老莊這種思想影響的緣由。

（二）是詩歌藝術

寫詩和論詩是他閒居無事時的主要生活內容，以詩來抒寫隱居生活情趣，也散發一些對時世的感慨，詩和他的二十多年隱居生活結下了不解之緣。比如：

> 《力疾山下吳村看杏花十九首》：「浮世枯榮總不知，且憂花陣被風欺。儂家自有麒麟閣，第一功名只賞詩。」「此身衰病轉堪嗟，長忍春寒獨惜花。更恨新詩無紙寫，蜀牋堆積是誰家。」
>
> 《南至四首》：「花時不是偏愁我，好事應難總取他。已被詩魔長役思，眼中莫厭早梅多。」
>
> 《狂題十八首》：「由來相愛只詩僧，怪石長松自地朋。卻怕他生還識字，依前日下作孤燈。」
>
> 《楊柳枝二首》：「陶家五柳簇衡門，還有高情愛此君。何處更添詩境好，新蟬歇枕每先聞。」
>
> 《退居漫題七首》：「堤柳自綿綿，幽人無恨牽。只憂詩病發，莫寄校書牋。」
>
> 《雜題九首》：「宴罷論詩久，亭高拜表頻。岸香蕃舶月，洲色海煙春。」

但他並不重視詩歌的社會政治意義和教育作用，對詩的研究主要是在詩歌的藝術技巧方面。比如：

> 《白菊三首》：「不疑陶令是狂生，作賦其如有定情。猶勝江南隱居士，詩魔終荃負孤名。」「自古詩人少顯榮，逃名何用更題名。詩中有慮猶須戒，莫向詩中著不平。」
>
> 《華下送文浦（一作涓）》：「郊居謝名利（舊史云河北亂，圖居華陰），何事最相親。漸與論詩久，皆知得句新。川明虹照雨，

樹密鳥沖人。應念從今去，還來嶽下頻。」

對詩歌藝術的鑽研成爲他整個隱居生活、特別是隱居華山期間的主要生活內容，詩歌也是他最親密的夥伴。如：

《閑夜》：「此身閑得易爲家，業是吟詩與看花。若使他生拋筆硯，根應無事老煙霞。」

《即事九首》：「落葉頻驚鹿，連峰欲映箸。此生詩病苦，此病更蕭條。」

《白菊雜書四首》：「四面雲屏一帶天，是非斷得自邈然，此生只是償詩債，白菊開時最不眠。」

《有贈》：「有詩有酒有高歌，春色年年奈我何。試問羲和能駐否，不勞頻借魯陽戈。」

（三）是山水景物

無論是中條山，還是太華山，都有幽美、秀麗的自然風光，這是他移情遣興、萌發詩意的的最好客觀環境。花開花落、鳥去鳥回、水漲柳青、鶴飛猿啼，這些自然界的生態環境，都成爲他幽寂心態的寄託。如：

《雜題九首》：「樓帶猿吟發，庭容鶴舞寬。曬書因閱畫，封藥偶和丹。」

《蓮峰前軒》：「人間上壽若能添，只向人間也不嫌。看著四鄰花競發，高樓從此莫垂簾。」

《戊午三月晦二首》：「牛誇棋品無許敵，謝占詩家作上流。豈似小敷春水漲，年年鸞鶴待仙舟。」

《即事二首》：「茶爽添詩句，天清瑩道心。只留鶴一隻，此外是空林。」

《即事九首》：「幽鳥穿籬去，鄰翁采藥回。雲從潭底出，花向佛前開。」

《退居漫題七首》：「身外都無事，山中久別喧。破巢看乳燕，

留果待啼猿。」

司空圖的詩歌中有許多是對華山景色的描寫，它和《詩品》中有關華山景色的描寫是較爲一致的。比如他在很多詩中都寫到華山的蓮花峰，除前引《雨中》一詩所說「簷外蓮峰階下菊，碧蓮黃菊是吾家」外，尚有：

　　《蓮峰前軒》：「人間上壽若能添，只向人間也不嫌。看著四鄰花競發，高樓從此莫垂簾。」

　　《寄王十四舍人》：「幾年汶上約同遊，擬爲蓮峰別置樓。今日鳳皇池畔客，五千仞雪不回頭。」

　　《送道者二首》：「洞天真侶昔曾逢，西嶽今居第幾峰。峰頂他時教我認，相招須把碧芙蓉。」

　　《李居士》：「高風只在五峰前，應是精靈（一作星）降作賢。萬里無雲惟一鶴，鄉（一作即）中同看卻升天。」

　　瞭解司空圖的這種思想和生活狀況，對我們研究他的詩歌創作和詩學理論是非常重要的。尤其是司空圖在華山隱居期間的生活和思想，對於研究《二十四詩品》非常重要，因爲《二十四詩品》如果是他所著的話，那就是在這段時間內寫的，因爲它中間有很多華山景色的描寫。比如：《高古》：「畸人乘真，手把芙蓉，汎彼浩劫，窅然空蹤。月出東鬥，好風相從，太華夜碧，人聞清鍾。虛佇神素，脫然畦封，黃唐在獨，落落玄宗。」《飄逸》：「落落欲往，矯矯不群，緱山之鶴，華頂之雲。高人惠中，令色絪縕。禦風蓬葉，汎彼無垠。如不可執，如將有聞。識者已領，期之愈分。」

三、司空圖的生平思想、詩歌創作與《詩品》的關係

　　我們研究司空圖的生平思想和詩歌創作，是爲了更好地研究他的詩歌理論特點，同時也可以由此來探討他寫作《詩品》的可能性，這

也是在《詩品》作者問題還沒有確切文獻資料的情況下，考察司空圖《詩品》真偽問題的極爲重要的方面。我以爲根據以上所說司空圖生平思想以及他的詩歌創作情況，他寫作《詩品》的可能性是完全存在的，而且從某種意義上說，也只有他寫的可能性最大。因爲他不僅具備了寫作《詩品》的主觀和客觀條件，而且從他的詩歌創作中的意象和《詩品》中的意象來比較的話也是很相似的。

　　《詩品》是需要有專心致志地研究詩歌創作的人才能寫出來的，同時也需要有相對安定的環境來讓作者細緻地思考琢磨，同時它又不是一般的詩歌評論，而是屬於詩歌作法，也就是詩格、詩式一類的作品。而中晚唐時的這一類著作大都出於一些詩僧、隱士之手，如中唐有皎然《詩式》、《詩議》，晚唐有鄭谷、齊己等合撰的《新定詩格》，齊己的《風騷旨格》，虛中的《流類手鑒》，徐夤的《雅道機要》等，鄭谷、徐夤都歸隱山林，齊己、虛中均爲詩僧。他們都是亂世的隱居閒人，又醉心於詩歌藝術技巧的研究，恰好都是司空圖的朋友。而司空圖則無論在詩歌創作還是詩歌理論方面，都要高出他們一頭，因此寫出《詩品》這樣既屬於詩格詩式範圍內，又有較高理論水平的《詩品》，應該說是合情合理的。司空圖《詩品》之「品」，和鍾嶸《詩品》之「品」不同，不是指詩的高下等級，而是指詩的不同的風貌，相互間不分優劣，因此和齊己、虛中等的「體」、「式」、「門」有類似之處。齊己《風騷旨格》中有「十體」，也均用二字概括，其中「清奇」、「高古」和司空圖《詩品》中的兩品一樣，不過沒有對每一品作描述。書中另有「二十式」、「四十門」，也都是用二字概括，如「二十式」中有「高逸」、「出塵」等，「四十門」中有「隱顯」、「清苦」、「想像」、「正氣」等。虛中的《流類手鑒》說：「善詩之人，心含造化，言含萬象。」在對詩的認識上也和《詩品》是比較一致。徐夤的《雅道機要》中的「明門戶差別」、「明聯句深淺」、「明體裁變通」，即是對齊己的四十門、二十式、十體作具體發揮，主要是引詩例爲證。司空圖處在這樣的客

觀環境下，確是存在著寫《詩品》的可能性的。這就使我們想起《林湖遺稿序》中所說的「全十體，備四則，該二十四品，具一十九格」，恐怕不是隨便說的，還是有一定根據的。

這裏我們還可以把司空圖的詩歌中有代表性的意象和《詩品》的意象作一番比較，就可以發現他們之間確有非常多的共同性。例如：

流鶯：

《詩品》：《纖穠》：「碧桃滿樹，風日水濱，柳陰路曲，流鶯比鄰。」

司空圖詩：《鸝》：「不是流鶯獨佔春，林間彩翠四時新。」

《移桃栽》：「禪客笑移山上看，流鶯直到檻前來。」

《狂題十八首》：「昨日流鶯今日蟬，起來又是夕陽天。」

《楊柳枝壽杯詞十八首》：「昨日流鶯今不見，亂螢飛出照黃昏。」

《春中》：「嬌鶯方曉聽，無事過南塘。」

《雜題》：「孤枕聞鶯起，幽懷獨悄然。」

《退居漫題七首》：「花缺傷難綴，鶯喧奈細聽。」

《偶書五首》：「色變鶯雛長，竿齊筍籜垂。」

《偶書五首》：「鶯也解啼花也發，不關心事最堪憎。」

《上方》：「花落更同悲木落，鶯聲相續即禪聲。」

《漫書五題》：「逢人漸覺鄉音異，卻恨鶯聲似故山。」

《力疾山下吳村看杏花十九首》：「若道折多還有罪，只應鶯囀是金雞。」「徘徊自勸莫沾纓，分付年年谷口鶯。」

《楊柳枝壽杯詞十八首》：「萬里往來無一事，便帆輕拂亂鶯啼。」

《杏花》：「解笑亦應兼解語，只應慵語倩鶯聲。」

《馮燕歌》：「此時恰遇鶯花月，堤上軒車晝不絕。」

按：「流鶯」的意象有高雅、幽寂意思，是和司空圖的隱居生活情趣一致的。

碧桃：

《詩品》：《纖穠》：「碧桃滿樹，風日水濱，柳陰路曲，流鶯比鄰。」

司空圖詩：《擬仙鰕九首》：「移取碧桃花萬樹，年年自樂故鄉春。」

碧空、碧雲：

《詩品》：《沉著》：「海風碧雲，夜渚月明。如有佳語，大河前橫。」

　　　　《高古》：「月出東門，好風相從，太華夜碧，人聞清鍾。」

　　　　《清奇》：「可人如玉，步錫尋幽，載瞻載止，空碧悠悠。」

司空圖詩：《狂題十八首》：「月姊殷勤留不住，碧空遺下水精釵。」

　　　　《寄永嘉崔道融》：「碧雲蕭寺霽，紅樹謝村秋。」

　　　　《陳疾》：「霄漢碧來心不動，鬢毛白盡興猶多。」

　　　　《秋景》：「旋書紅葉落，擬畫碧雲收。」

　　此外，《詩品》中有「畫橋碧陰」、「碧山人來」、「碧松之陰」、「碧苔芳暉」。司空圖詩中有「紗碧籠名畫」（《贈信美寺岑上人》）、「碧蓮黃菊是吾家」（《雨中》）、「相招須把碧芙蓉」（《送道者二首》）、「青山滿眼淚堪碧」（《敷溪橋院有感》）、「芭蕉叢畔碧嬋娟」（《狂題十八首》）等。按：喜歡用「碧」字是和司空圖的高潔情操分不開的。

鶴：

《詩品》：《沖澹》：「素處以默，妙機其微。飲之太和，獨鶴與飛。」

《飄逸》：「落落欲往，矯矯不群，緱山之鶴，華頂之雲。」

司空圖詩：《僧舍貽友》：「解吟僧亦俗，愛舞鶴終卑。」

　　　　《寄鄭仁規》：「萬里雲無侶，散山鶴不籠。」

　　　　《光啓四年春戊申》：「忘機漸喜逢人少，覽鏡空憐待鶴疏。」

　　　　《喜王駕小儀重陽相訪》：「幽鶴傍人疑舊識，殘蟬向日噪新晴。」

　　　　《即事二首》：「只留鶴一隻，此外是空林。」

　　　　《即事九首》：「松須依石長，鶴不傍人卑。」

　　　　《長亭》：「殷勤華表鶴，羨爾亦曾歸。」

《雜題九首》:「樓帶猿吟發，庭容鶴舞寬。」

《敷溪橋院有感》:「昔歲攀遊景物同，藥爐今在鶴歸空。」

《步虛》:「雲韶韻俗停瑤瑟，鸞鶴飛低拂寶爐。」

《戊午三月晦二首》:「豈似小敷春水漲，年年鸞鶴待仙舟。」

《戲題試衫》:「朝班盡說人宜紫，洞府應無鶴著緋。」

《自河西歸山二首》:「鶴群長擾三珠樹，不借人間一隻騎。」

《賀翰林侍郎二首》:「太白東歸鶴背吟，鏡湖空在酒船沈。」

《狂題十八首》:「別鶴淒涼指法存，戴逵能恥近王門。」

《狂題十八首》:「今日家山同此恨，人歸未得鶴歸無。」

《漫書五題》:「海上昔聞糜愛鶴，山中今日鹿憎龜。」

《歌者十二首》:「鶴氅花香搭檻籬，枕前蛩迸酒醒時。」

《李居士》:「萬里無雲惟一鶴，鄉中同看卻升天。」

《雜題二首》:「世間不為娥眉誤，海上方應鶴背吟。」

《題休休亭》:「白日偏催快活人，黃金難買堪騎鶴。」

《月下留丹灶》:「異香人不覺，殘夜鶴分飛。」

《與李生論詩書》引殘句:「地涼清鶴夢，林靜肅僧儀。」

《丁巳元日》:「鶴籠何足獻，蝸舍別無營。」

按:「鶴」是孤獨清高、遠離俗世的象徵，司空圖特別喜歡以「鶴」
　　來比喻自己的為人處世。

菊:

《詩品》:《典雅》:「落花無言，人澹如菊，書之歲華，其曰可讀。」

司空圖詩:《五十》:「漉酒有巾無黍釀，負他黃菊滿東籬。」

　　　　　《重陽山居》:「菊殘深處發幽蝶，陂動晴光下早鴻。」

　　　　　《喜王駕小儀重陽相訪》:「白菊初開臥內明，聞君相訪病身
　　　　　　輕。」

　　　　　《重陽》:「菊開猶阻雨，蝶意切於人。」

　　　　　《白菊雜書四首》:「此生只是償詩債，白菊開時最不眠。」

《青龍師安上人》：「災曜偏臨許國人，雨中衰菊病中身。」

《雨中》：「貌外蓮峰階下菊，碧蓮黃菊是吾家。」

《重陽足雨》：「重陽足雨獨銜杯，移得山家菊未開。」

《狂題》：「須知世亂身難保，莫喜天晴菊並開。」

《憶中條》：「燕辭旅舍人空在，螢出疏籬菊正芳。」

《燈花三首》：「開盡菊花憐強舞，與教弟子待新春。」

《華下對菊》：「清香喏露對高齋，泛酒偏能縹懷。」

《白菊三首》：「猶喜閏前霜未下，菊邊依舊舞身輕。」

《重陽四首》：「貌前減燕菊添芳，燕盡庭前菊又荒。」「雨
　　寒莫待菊花催，須怕晴空暖並開。」「青娥懶唱無衣換，
　　黃菊新開乞酒難。」

《歌者十二首》：「夕陽似照陶家菊，黃蝶無窮壓故枝。」

《白菊三首》：「登高可羨少年場，白菊堆邊鬢似霜。」

《光啓三年人日逢鹿》：「登高唯北望，菊助可□明。」

《乙巳歲愚春秋四十九，辭疾拜章，將免左揆，重陽獨登上
　　方》：「自無佳節興，依舊菊籬邊。」

《重陽山居》：「籬菊亂來成爛熳，家童常得解登攀。」

按：「菊」是花中最爲高雅的一種，司空圖和陶淵明一樣也非常喜歡
　　菊花。

芙蓉：

《詩品》：《高古》：「畸人乘真，手把芙蓉，泛彼浩劫，窅然空蹤。」

司空圖詩：《送道者二首》：「峰頂他時教我認，相招須把碧芙蓉。」

《偶詩五首》：「芙蓉騷客空留怨，芍藥詩家只寄情。」

按：《高古》和《送道者》寫的都是華山道者手把芙蓉，峰頂升天的
　　景象。

高人：

《詩品》：《飄逸》：「高人惠中，令色絪緼。御風蓬葉，汎彼無垠。」

司空圖詩：《雜題九首》：「此生無懺處，此去作高僧。」

　　　　　《雨中》：「維摩居士陶居士，盡說高情未足誇。」

　　　　　《華下對菊》：「清香啗露對高齋，泛酒偏能漂旅懷。」

　　　　　《擬仙鰥九首》：「應知譚笑還高謝，別就滄州贊上仙。」「剪
　　　　　　取紅雲剩寫詩，年年高會趁花時。」

　　　　　《李居士》：「高風只在五峰前，應是精靈降作賢。」

　　　　　《楊柳枝二首》：「陶家五柳簇衡門，還有高情愛此君。」

　　　　　《五月九日》：「高燕凌鴻鵠，枯槎壓芰荷。」

按：司空圖詩中雖無「高人」一詞，但是這裏的「高僧」、「高情」、「高
　　齋」、「高榭」、「高風」等實際都是寫的高人的生活。

幽人：

《詩品》：《洗煉》：「載瞻星辰，載歌幽人，流水今日，明月前身。」

《自然》：「幽人空山，過雨采蘋，薄言情悟，悠悠天鈞。」

《實境》：「取語甚直，計思匪深。忽逢幽人，如見道心。」

司空圖詩：《退居漫題七首》：「堤柳自綿綿，幽人無恨牽。只憂詩病發，
　　　　　　莫寄校書箋。」

　　　　　《寄永嘉崔道融》：「戍鼓和潮暗，船燈照島幽。詩家多滯此，
　　　　　　風景似相留。」

　　　　　《僧舍貽友》：「竹上題幽夢，溪邊釣敵棋。」

　　　　　《秋思》：「勢利長草草，何人訪幽獨。」

　　　　　《贈步寄李員外》：「幽瀑下仙果，孤巢懸夕陽。」

　　　　　《重陽山居》：「菊殘深處迴幽蝶，陂動晴光下早鴻。」

　　　　　《喜王駕小儀重陽相訪》：「幽鶴傍人疑舊識，殘蟬向日噪新
　　　　　　晴。」

　　　　　《雜題》：「孤枕聞鶯起，幽懷獨悄然。」

　　　　　《即事九首》：「疏磬和吟斷，殘燈照臥幽。」

　　　　　《牛頭寺》：「群木澄幽寂，疏煙泛田家。」

　　　　《亂後三首》:「行在多新貴，幽棲獨長年。」
　　　　《獨坐》:「幽徑入麻桑，塢西逢一家。」
　　　　《偶書五首》:「獨步荒郊暮，沉思遠墅幽。」
　　　　《涔陽渡》:「楚田人立帶殘暉，驛迴村幽客路微。」
　　　　《證因亭》:「峰北幽亭願證因，他生此地卻容身。」
　　　　《重陽四首》:「開卻一枝開卻盡，且隨幽蝶更徘徊。」
　　　　《與李生論詩書》引殘句:「棋聲花院閉，幡影石幢幽。」
按:「幽人」即是隱逸的幽居高人，司空圖就是這樣的「幽人」，所在
　　他的眼裏周圍環境裏的一切都是「幽」的，如「幽島」、「幽瀑」、
　　「幽蝶」、「幽鶴」、「幽徑」、「幽墅」、「幽村」、「幽亭」、「幽幢」
　　等，「幽人」的心情也是幽的，「幽懷」、「幽寂」、「幽棲」、「幽獨」，
　　連做夢也是幽的，「幽夢」。

幽鳥:

《詩品》:《典雅》:「白雲初晴，幽鳥相逐，眠琴綠陰，上有飛瀑。」
司空圖詩:《即事九首》:「幽鳥穿籬去，鄰翁采藥回。雲從潭底出，花
　　　　　　向佛前開。」

月明:

《詩品》:《沉著》:「海風碧雲，夜渚月明。如有佳語，大河前橫。」
　　　　《綺麗》:「霧余水畔，紅杏在林，月明華屋，畫橋碧陰。」
　　　　《縝密》:「語不欲犯，思不欲癡，猶春于綠，明月雪時。」
　　　　《高古》:「月出東門，好風相從，太華夜碧，人聞清鍾。」
　　　　《洗煉》:「載瞻星辰，載歌幽人，流水今日，明月前身。」
司空圖詩:《山中》:「凡鳥愛喧人靜處，閑雲似妒月明時。」
　　　　《閑夜》:「前峰月照分明見，夜合香中露臥時。」

晴雪、雪:

《詩品》:《清奇》:「娟娟群松，下有漪流。晴雪滿汀，隔溪魚舟。」
《縝密》:「語不欲犯，思不欲癡，猶春于綠，明月雪時。」

司空圖詩：《修史亭二首》：「籬落輕寒整頓新，雪晴步屧會諸鄰。」

《楊柳枝壽杯詞十八首》：「絮惹輕枝雪未飄，小溪煙束帶危橋。」「若似松篁須帶雪，人間何處認風流。」「好是梨花相映處，更勝松雪日初晴。」

《書懷》：「幾處馬嘶春麥長，一川人喜雪峰晴。」

《雜題九首》：「鷗和湖雁下，雪隔嶺梅飄。「「帶雪南山道，和鍾北闕明。」

《送道者二首》：「雪裏千山訪君易，微微鹿跡入深林。」

《省試》：「粉硫深鎖唱同人，正是終南雪霽春。」

《南北史感遇十首》：「雨淋麟閣名臣書，雪臥龍庭猛將碑。」

《見後雁有感》：「卻緣風雪頻相阻，只向關中待得春。」

《燈花三首》：「閨前小雪過經旬，猶自依依向主人。」

《與伏牛長老偈》：「無端指虹清涼地，凍殺胡僧雪嶺西。」

《偶詩五首》：「中霄茶鼎沸時驚，正是寒窗竹雪明。」

《雜題二首》：「魚在枯池鳥在林，四時無奈雪霜侵。」

《光啟三年人日逢鹿》：「日暖人逢鹿，園荒雪帶鋤。」

按：「明月」和「白雪」，潔白純淨，體現了高尚的人品。司空圖生在亂世，但堅決不和勢利小人同流合污，白雪，特別是陽光下的白雪，明月照映的雪夜，更加顯得晶瑩透澈，而沒有絲毫塵垢，這就是司空圖對自己品格的要求。

楊柳、柳陰：

《詩品》：《精神》：「青春鸚鵡，楊柳樓臺，碧山人來，清酒滿杯。」

《纖穠》：「碧桃滿樹，風日水濱，柳陰路曲，流鶯比鄰。」

司空圖詩：《燈花三首》：「蜀柳絲絲經畫樓，窗塵滿鏡不梳頭。」

《偶書五首》：「渡頭楊柳知人意，為惹官船莫放行。」

《退居漫題七首》：「堤柳自綿綿，幽人無恨牽。」

《自郾鄉北歸》：「巴煙冪冪久縈恨，楚柳綿綿今送歸。」

《燈花三首》:「蜀柳絲絲經畫樓,窗塵滿鏡不梳頭。」

《柳二首》:「似疑淩寒妒早梅,無端弄色傍高臺。」

《汴柳半枯因悲柳中隱》:「惆悵題詩柳中隱,柳衰猶在自無身。」

《楊柳枝壽杯詞十八首》:「撼晚梳空不自持,與君同折上樓時。」「偶然樓上卷珠簾,往往長條拂枕函。」「隔城遠岫招行客,便與朱樓當酒旗。」「臺城細仗曉初移,詔賜千官禊飲時。」

綠陰:

《詩品》:《典雅》:「白雲初晴,幽鳥相逐,眠琴綠陰,上有飛瀑。」

司空圖詩:《楊柳枝壽杯詞十八首》:「何似禠紗溪畔住,綠陰相間兩三家。」

落花:

《詩品》:《典雅》:「落花無言,人澹如菊,書之歲華,其曰可讀。」

司空圖詩:《華下二首》:「五更惆悵回故枕,猶自殘燈照落花。」

杏:

《詩品》:《綺麗》:「霧余水畔,紅杏在林,月明華屋,畫橋碧陰。」

司空圖詩:《村西杏花二首》:「肌細分紅脈,香濃破紫苞。」

《故鄉杏花》:「寄花寄酒喜新開,左把花枝右把杯。欲問花枝與杯酒,故人何得不同來。」

《力疾山下吳村看杏花十九首》:「造化無端欲自神,裁紅剪翠爲新春。」

《杏花》:「詩家偏爲此傷情,品韻由來莫與爭。」

白雲:

《詩品》:《典雅》:「白雲初晴,幽鳥相逐,眠琴綠陰,上有飛瀑。」

《超詣》:「匪神之靈,匪機之微,如將白雲,清風與歸。」

司空圖詩:《歌者十二首》:「白雲深處寄生涯,歲暮生情賴此花。蜂蝶繞來忙繞袖,似知教折送鄰家。」

鸚鵡：

《詩品》：《精神》：「青春鸚鵡，楊柳樓臺，碧山人來，清酒滿杯。」

司空圖詩：《感時》：「寧教鸚鵡啞，不遣麒麟吠。」

　　　　　　《樂府》：「滿鴨香薰鸚鵡睡，隔簾燈照牡丹開。」

　　　　　　《庚子臘月五日》：「驊騮思故第，鸚鵡失佳人。」

按：楊柳、綠陰、落花、紅杏、白雲、鸚鵡，都是司空圖在隱居生活
　　中的自然界夥伴，也是他詩歌創作中經常出現的意象。

天風：

《詩品》：《豪放》：「天風浪浪，海山蒼蒼。真力彌滿，萬象在旁。」

司空圖詩：《南北史感遇十首》：「天風翰海怒長鯨，永固南來百萬兵。」

造化：

《詩品》：《縝密》：「是有真跡，如不可知，意象欲出，造化已奇。」

司空圖詩：《力疾山下吳村看杏花十九首》：「造化無端欲自神，裁紅剪
　　　　　　翠爲新春。」

真跡：

《詩品》：《縝密》：「是有真跡，如不可知，意象欲出，造化已奇。」

司空圖詩：《月下留丹灶》：「瑤函真跡在，妖魅敢揚威。」

機：

《詩品》：《沖澹》：「素處以默，妙機其微。飲之太和，獨鶴與飛。」

　　　　《超詣》：「匪神之靈，匪機之微，如將白雲，清風與歸。」

司空圖詩：《山中》：「名應不朽輕仙骨，理到忘機近佛心。」

　　　　　　《光啓四年春戊申》：「忘機漸喜逢人少，覽鏡空憐待鶴疏。」

　　　　　　《擬仙鰩九首》：「漁翁亦被機心誤，眼暗汀邊結釣鉤。」

　　　　　　《喜山鵲初歸三首》：「翠衿紅觜便知機，久避重羅穩處飛。」

　　　　　　《漫書五題》：「神藏鬼伏能千變，亦勝忘機避要津。」

　　　　　　《柏東》：「冥得機心豈在憎，柏東閒步愛騰騰。」

默：

《詩品》:《沖澹》:「素處以默,妙機其微。飲之太和,獨鶴與飛。」

司空圖詩:《感時》:「人人語與默,唯觀利與勢。」

按:「天風」、「造化」、「真跡」、「機」、「默」,這都是道家的用語,它
　　們和司空圖的隱居生活結下了不解之緣。

　　除了上述這些意象外,還有一些比較特殊的用語,也可以看出《二
十四詩品》和司空圖詩歌創作的密切關係,比如:

南山:

《詩品》:《曠達》:「生者百歲,相去幾何,歡樂苦短,憂愁實多。何
　　　　　如尊酒,日往煙蘿,花複茆簷,疏雨相過。倒酒既盡,杖黎
　　　　　行歌,孰不有古,南山峨峨。」

司空圖詩:《雜題九首》:「帶雪南山道,和鍾北闕明。太平當共賀,開
　　　　　化喝來聲。」

《楊柳枝壽杯詞十八首》:「聖主千年樂未央,禦溝金翠滿垂楊。年年
　　　　　織作升平字,高映南山獻壽觴。」

煙蘿:

《詩品》:《曠達》:「何如尊酒,日往煙蘿,花複茆簷,疏雨相過。」

司空圖詩:《陳疾》:「自憐旅舍亦酣歌,世路無機奈爾何。霄漢碧來心
　　　　不動,鬢毛白盡興猶多。殘陽暫照鄉關近,遠鳥因投嶽廟過。閑
　　　　得此身歸未得,磬聲深夏隔煙蘿。」

歲華:

《詩品》:《典雅》:「落花無言,人澹如菊,書之歲華,其曰可讀。」

司空圖詩:《九月八日》:「已是人間寂寞花,解憐寂寞傍貧家。老來不
　　　　得登高看,更甚殘春惜歲華。」

落落:

《詩品》:《高古》:「虛佇神素,脫然畦封,黃唐在獨,落落玄宗。」

《飄逸》:「落落欲往,矯矯不群,緱山之鶴,華頂之雲。」

司空圖詩:《聽雨》(一作王建詩):「半夜思家睡裏愁,雨聲落落屋貌

　　　　頭。照泥星出依前黑，淹爛庭花不肯休。「

　　　　《乙巳歲愚春秋四十九，辭疾拜章，將免左掖，重陽獨登上
　　　　方》：「落落鳴蛩鳥，晴霞度雁天。自無佳節興，依舊菊籬邊。」

獨步：

《詩品》：《沉著》：「綠林野屋，落日氣清，脫巾獨步，時聞鳥聲。」

司空圖詩：《偶書五首》：「獨步荒郊暮，沉思遠墅幽。平生多少事，彈
　　　　指一時休。」

《山中》：「昨夜前溪驟雷雨，晚晴獨步數峰吟。」

　　司空圖的詩歌創作中有這麼多的意象和用語與《二十四詩品》一
致，我以為這絕不是一種偶然的巧合，而是很有力地說明了它們都是
同一個人所寫的。雖然，目前我們還沒有確鑿的文獻根據來證明《二
十四詩品》是司空圖所作，但是由於否定《二十四詩品》是司空圖所
作也同樣沒有確鑿的文獻根據，所以在還不能找到新的文獻資料前，
我們從司空圖的生平思想和詩歌創作來研究他寫作《二十四詩品》的
可能性，也許還是會有參考價值的。

　　　　　　　　　　　　　2004 年 3 月改定於香港寶馬山樹仁學院

參考書目：

新唐書

舊唐書

資治通鑒

全唐文

全唐詩

司空表聖文集，四部叢刊本

司空表聖詩集，四部叢刊本

唐詩紀事

唐才子傳

劉宋"四學並建"考論

政治大學中國文學系教授

唐翼明

提　要

　　南朝劉宋元嘉年間，先後立玄學、儒學、史學、文學四館，這是我國中古學術史上的大事。本文引述大量史料，考證四學各自立學的時間與次序，推論四學與國子學的關係、四學可能的內容，並論述"四學並建"一事在中國學術史上的重要意義。

關鍵詞：玄學、儒學、史學、文學、四學、四科、國子學

《宋書·五三·隱逸·雷次宗傳》云：

> 元嘉十五年，徵次宗至京師，開館於雞籠山，聚徒教授，置生百餘人。會稽朱膺之、潁川庾蔚之並以儒學，監總諸生。時國子學未立，上留心藝術，使丹陽尹何尚之立玄學，太子率更令何承天立史學，司徒參軍謝元立文學，凡四學並建。[1]

　　這是一條很重要的史料，凡研究魏晉玄學史與中古學術史者，自必注意及之。但關於此事始末及所涵涉之意義似尚有若干可供探討申

---

1 沈約：《宋書》，北京：中華書局標點本，1974年，PP.2293-2294。

論之空間，例如：（1）"四學並建"的準確時間與四學各自立學的時間與次序；（2）四學與國子學的關係；（3）四學的內容；（4）"四學並建"的意義與影響。本文即擬就上述諸點，排比史料，略加論述。

一、四學建立的時間與次序

從上引《宋書・雷次宗傳》來看，"四學並建"的時間似乎是元嘉十五年，即公元 438 年，其實不然。查《南史・二・宋本記中・文帝記》"十五年"條下云：

> 是歲，……立儒學館于北郊，命雷次宗居之。[2]

"十六年"條下云：

> 是歲，……上好儒雅，又命丹陽尹何尚之立玄素學，著作佐郎
> 何承天立史學，司徒參軍謝元立文學，各聚門徒，多就業者。[3]

則"立儒學館"在元嘉十五年，而次年，即公元 439 年，才增立"玄素學"、"史學"與"文學"，於是"四學並建"。其中"玄素學"即"玄學"，"素"字疑衍。

比《南史》撰定年代稍晚的《建康實錄》[4]卷十二宋文帝十五年亦云：

> 冬十月壬子，流星出太白入紫微，有聲如雷。是月立儒學於此
> 郊，延雷次宗修之。……明年，尚書尹何尚之立玄學，著作郎
> 何承天立史學，司徒參軍謝元立文學，各集門徒，多就業者。[5]

可見，"立儒學館"確在元嘉十五年，月份是十月，"四學並建"則在"明年"，此處"玄學"可證《南史》"玄素學"的"素"確爲衍

---

2 李延壽：《南史》，北京：中華書局標點本，1974 年，P.45。

3 《南史》，PP.45-46。

4 《南史》作者李延壽爲唐初人，《建康實錄》的作者許嵩爲肅宗時人。

5 許嵩：《建康實錄》，北京：中華書局 1984 年影印宋紹興十八年刻本，第五冊第
　二十四面下（按：該卷二十四面有兩頁，此是第二頁）。

文，而此處之"尚書尹"則爲"丹陽尹"之誤。

那麼"玄學"、"史學"、"文學"三館並建於元嘉十六年，二書皆無異辭，應當沒有問題了，其實又不然。查《宋書·六六·何尚之傳》云：

> 十三年，彭城王義康欲以司徒左長史劉斌爲丹陽尹，上不許。乃以尚之爲尹，立宅南郭外，置玄學，聚生徒。東海徐秀、廬江何曇、黃回、潁川荀子華、太原孫宗昌、王延秀、魯郡孔惠宣，並慕道來遊，謂之南學。[6]

可見玄學是早在元嘉十三年（公元 436 年）就置了，而且規模盛大，人數眾多，號稱"南學"。也正因如此，後來才會命雷次宗開儒學館于北郊，南北對峙，儒學館也許稱爲"北學"吧，但正史無文，姑存闕疑。

如此，則史學、文學館何時建立，也該進一步查證，但查《宋書》、《南史》、《建康實錄》何承天、謝元（謝元宋書無傳，僅附何承天傳後）等傳，無一言及此，那麼，比較合理的推測自然是，史學、文學二館是在玄學、儒學置立後，於元嘉十六年加立的。

總上所述，大致可以推言四學之年代與次序如下：

(一)元嘉十三年（公元 436 年），首立玄學館于南郊。

(二)元嘉十五年十月，（公元 438 年 10 月），次立儒學館于北郊。

(三)元嘉十六年（公元 439 年），加立史學、文學二館（東郊、西郊？）。於是四學並建。

二、"四學"與國子學

"四學"之學，最初顯然是學館的意思，即今之 College，《宋書》雷次宗傳云"開館於雞籠山"，《南史》宋文帝紀稱"立儒學館於北

6　《宋書》，P.1734。

郊",《宋書》何尚之傳云"立宅南郭外,置玄學",可見都是學館,有屋舍,有生徒。後來立的"史學"、"文學"雖無詳細文字,但依玄學、儒學之例推之,應該也是各有屋舍、生徒的學館,這樣才能稱為"並建"。

"四學"之名其實古已有之。周代有"四學"之目,《禮記‧祭義》云:"天子設四學。"[7]至於"四學"的內容,可以參考《後漢書‧祭祀志》劉昭注所引蔡邕之《明堂論》。蔡論中引《易經‧太初篇》云:

> 天子旦入東學,畫入南學,暮入西學,在中央曰太學,天子所自學也。[8]

蔡論又引《禮記‧保傅篇》云:

> 帝入東學,上親而貴仁;入西學,上賢而貴德;入南學,上齒而貴信;入北學,上貴而尊爵;入太學,承師而問道。[9]

故蔡邕論之云:

> 王居明堂之禮,又別陰陽門,向東南稱門,西北稱闈,故周官有門闈之學。師氏教以三德,守王門,保氏教以六藝,守王闈。然則師氏居東門、南門,保氏居西門、北門也。知掌教國子,與《易傳》、《保傅》王居明堂之禮參詳發明,為學四焉。[10]

蔡論又云:

> 明堂者,天子太廟,所以崇禮其祖,以配上帝者也。……故為大教之宮,而四學具焉,官司備焉。譬如北辰,居其所而眾星拱之,萬象翼之。政教之所由生,變化之所由來,明一統也。故言明堂,事之大,義之深也。取其宗祀之清貌,則曰清廟。

7　阮元校刻:《十三經注疏》,北京:中華書局影印本,1980年,P.1600中。
8　范曄:《後漢書》,北京:中華書局影印本,1965年第一版,1996年8刷,P.3179。嚴可均輯《全漢文》卷八十亦收此文,中華書局1958年本,PP.902—903。
9　《後漢書》,P.3179。
10　嚴可均輯:《全漢文》,PP.902-903。按:此處文字依《全漢文》,與《後漢書》略有不同。

取其正室之貌，則曰太廟。取其尊崇，則曰太室。取其向明，則曰明堂。取其四門之學，則曰太學。取其四面周水圓如璧，則曰辟雍。異名而同事，其實一也。[11]

所以，"四學"之名在周代就有了，四學即師氏所掌之東學、南學，保氏所掌之西學、北學，其職責是"掌教國子"，即教育貴族子弟。而天子自居之明堂，是天子自學的地方，又總領四學，故尊崇之而稱為"太學"。其後漢武帝立太學，即取義於此。但本來是天子自學，並無實質機構的太學一變而為規模巨大的中央最高學府，是古代教育史上一個偉大變化。

根據蔡邕的意思，周之"四學"即"門閭之學"，"四門之學"在東、南、西、北四門，這東南西北四門是近在王宮四周，還是遠在京城四郊，蔡邕未說，但前引《禮記·祭義》天子設四學下鄭玄注云："四學謂周四郊之虞庠也"[12]。則可見四學是在四郊。這樣說來，宋文帝立玄學館于南郊，儒學館于北郊，正是遵從古訓，由此推之，則文學館與史學館很可能是立於東、西二郊，只是不知孰東孰西。

漢末太學浮濫，學生多達"三萬餘"人[13]，三國以後，太學廢弛，士庶混雜，晉武帝咸寧四年（公元 278 年）乃更立"國子學"（簡稱國學）以教貴胄子弟[14]。東晉以後，連年戰亂，國子學時立時廢，至"宋高祖受命，詔有司立學，未就而崩"[15]，直至宋文帝劉義隆元嘉十九年（442 年）才復立國子學。此事《宋書·文帝記》及《南史·宋本記》皆不載，而見于《宋書·何承天傳》中：

11 《後漢書》，P.3178。

12 《十三經注疏》，P.1600 中。

13 參看房玄齡等撰：《後漢書·七九·儒林列傳》，P.2547。

14 參看《晉書·二四·職官志》，北京：中華書局標點本，1974，P.736。蕭子顯：《南齊書·禮志上》載曹思文表又云晉惠帝元康三年（公元 293 年）"始立國子學"，北京：中華書局標點本，1972，P145。

15 《宋書·禮志一》，P.367，

十九年，立國子學，以本官領國子博士。[16]

但《宋書·文帝記》十九年卻載了一個詔書：

> 十九年正月乙巳，詔曰："夫所因者本，聖哲之遠教；本立化成，教學之為貴。故詔以三德，崇以四術，用能納諸義方，致之軌度。盛王聖世，咸必由之。永初受命，憲章弘遠，將陶鈞庶品，混一殊風，有詔典司，大啟庠序，而頻遘屯夷，未及修建。永瞻前猷，思敷鴻烈。今方隅乂寧，戎夏慕嚮，廣訓胄子，實維時務。便可式遵成規，闡揚景業。"[17]

這個詔書顯然即為復立國子學而發，裡面提及武帝（高祖劉裕，劉義隆之父）"永初受命"即欲立國子學而"未及修建"，現在天下太平了，"方隅乂寧，戎夏慕嚮"，正是重建國子學，"闡揚"先帝"景業"的時候。於是我們恍然大悟，宋文帝在元嘉十三年到十六年間，仿照古制，先後在南、北、東、西四郊立玄學、儒學、史學、文學四館，正是為重建國子學做準備。

同年（元嘉十九年）"十二月丙申"，宋文帝又下詔祭掃孔墓，詔文開始就說"胄子始集，學業方興。[18]"說明國子學這時已經建好開學了。而祭酒則是前領玄學館的何尚之（《宋書·六六·何尚之傳》云："國子學建，飲國子祭酒。"[19]）。

國子學建立之後，"四學"是存是廢，史無明文，"四學"與國子學到底是一種什麼關係，也費猜疑。我們確知的是後來國子學又廢了，而於宋明帝（劉彧）泰始六年（公元 470 年）建立了一個"總明觀"，下設"玄、儒、文、史四科"，首長稱"總明觀祭酒"或"東觀祭酒"（總明觀又稱東觀）。下面排比幾條史料以見此事原委。

---

16 《宋書》，P.1705。

17 《宋書》，P.89。

18 《宋書》，P.89。

19 《宋書》，P.1734。

（1）《宋書·八·明帝記》：

　　（泰始）六年……九月……戊寅，立總明觀，徵學士以充之。置東觀祭酒。[20]

（2）《南史·三·宋本記下》：

　　（泰始）六年……九月戊寅，立總明觀，徵學士以充之。置東觀祭酒，訪舉各一人，舉士二十人，分為儒、道、文、史、陰陽五部學，言陰陽者遂無其人。[21]

（3）《南齊書·十六·百官志》：

總明觀祭酒一人。

　　右（晉？）太（即泰）始六年，以國學廢，初置總明觀，玄、儒、文、史四科，科置學士各十人，正令史一人，書令史二人，幹一人，門吏一人，典觀吏二人。建元中，掌治五禮。永明三年，國學建，省。[22]

（4）《南史·二二·王儉傳》：

　　永明二年，領丹陽尹。三年，領國子祭酒。……宋時國學頹廢，未暇修復，宋明帝泰始六年，置總明觀以集學士，或謂之東觀，置東觀祭酒一人，總明訪舉郎二人；儒、玄、文、史四科，科置學士十人，其餘令史以下各有差。是歲，以國學既立，省總明觀，於儉宅開學士館，以總明四部書充之。[23]

　　從總明觀的建制逆推，元嘉十九年重建國子學時，有可能就是將原來的"四學"合併，"四學"變成了"四科"，原來各自獨立的學館變成了國子學下的四個科系，College 變成了 department。

　　有一條史料或許可以旁證以上推測的合理性。《宋書·志第四·禮

20　《宋書》，PP.166-167。

21　《南史》，P.82。

22　蕭子顯：《南齊書》，北京：中華書局標點本，1972 年，PP.315-316。

23　《南史》，P.595。

一》云：

> 元嘉二十年，太祖將親耕，以其久廢，使何承天撰定儀注，史
> 學生山謙之已私鳩集，因以奏聞。[24]

元嘉二十年（公元 443 年）正是宋文帝重建國子學的第二年，這裡提到私下蒐集耕籍禮儀注的"史學生"山謙之，後來官拜奉朝請，曾協助何承天修撰國史（即《宋書》），沈約在《宋書‧自序》敘述《宋書》修撰過程時曾提到他，並說何承天當時修《宋書》時，只撰了《天文》、《律曆》二志，其餘"悉委奉朝請山謙之"[25]，可見山謙之正是何承天的學生與助手，那麼合理的推測是，元嘉二十年他正在國子學中肄業，是領史學的國子博士何承天的得意門生。這裡稱他為"史學生"而非"國學生"，這豈不證明國子學建立後，原來的"四學"之區分仍然存在嗎？但既已合併成為一個國子學，則原來獨立成館的"四學"變成只有相對獨立性的"四科"是最可能的了，而各科的學生總稱時為國學生，分稱之則為"玄學生"、"儒學生"、"文學生"、"史學生"也。

三、"四學"或"四科"的內容

玄、儒、文、史四個學館變成玄、儒、文、史四科，這件事情具有相當重要的意義，值得再加討論。

宋文帝當初命何尚之置玄學館于南郊，多少帶點偶然的性質，主要是出於對何尚之個人的欣賞。《宋書‧何尚之傳》敘述此事之前先云："尚之雅好文義，從容賞會，甚為太祖所知。"[26]可以推測，劉義隆一定常常跟何尚之討論辭章義理，而何尚之每能"從容賞會"，所以很受劉義隆的欣賞，覺得不可埋沒，應當開館授徒，於是為何尚之"立

---

24 《宋書》，P.354。
25 《宋書》，P.2467。
26 《宋書》，P.1733。

宅南郊，置玄學，聚生徒。"結果是許多人"慕道來遊"，一時名聲
甚盛，被稱爲"南學"。有了南學，才有在北郊再立一儒學館的念頭，
於是從江西"徵"了雷次宗來，開館於北郊之雞籠山。有了南學、北
學，才更立東學、西學，即何承天、謝元之"史""文"二館。再過
三年（元嘉十九年），乃合此四館爲國子學，命何尚之爲祭酒。此時四
館一變而爲四科，儒、玄、文、史就有了明確的門類區別，成爲四門
不同的學問。

　　中國學問的分類意識在魏晉南北朝時期開始發達，書籍之分部，
文體之辨析，文筆之區分都是這段時期成立的。上述儒、玄、文、史
之分爲四科也是這種意識的反映，對後世的影響甚爲深遠。

　　這裡有一個問題是應該提出來加以討論的，即儒、玄、文、史在
當時到底是什麼內容呢，與此前、此後有無不同？

　　我們從"儒"說起。《漢書·藝文志》云："儒家者流，蓋出於司
徒之官，助人君順陰陽明教化者也。游文於六經之中，留意於仁義之
際，祖述堯舜，憲章 文武，宗師仲尼，以重其言，於道爲最高。"自
漢武以降，獨尊儒術，太學以五經教，皆可謂之儒，故儒者必治經，
不治經者，不可稱儒。漢世其他從事於詞賦、章奏、記事公文的知識
份子，都不算儒，地位較儒者低。司馬遷說："文史星曆 近乎卜祝之
間，固主上所戲弄，倡優畜之，流俗之所輕也。"[27]枚皋說："爲賦
乃俳，見視如倡。"[28]儒者地位之所以高，主要當然是因爲"通經"
即可"致治"，朝廷從儒生中選拔官吏，借經術以"緣飾吏治"，誠
如顏之推所云："漢世賢俊，皆以一經弘聖人之道，上明天時，下該
人事，用此致卿相者多矣。"[29]，其他類型知識份子無此作用，便只
能成爲宮廷的點綴，皇帝的玩物，"倡優畜之"了。連司馬相如這樣

---

27 班固：《漢書·司馬遷傳》，北京：中華書局標點本，1962 年，P.2732。
28 《漢書·梅皋傳》，P.2367。
29 王利器：《顏氏家訓集解》，上海：上海古籍出版社，1980 年，P.169。

的大文學家也要靠狗監的推薦才能進宮，東方朔則終生裝瘋賣傻，與
俳儒爲伍，其餘就可以想見了。

　　但後來情形就漸漸起了變化。漢世傳統，儒生多專一經，從學者
以守師說爲尚，學之重點在章句訓詁，慢慢地就變得“專固”（專守
固陋）起來，一代不如一代，故顏之推在前引那段話之後接著說：“末
俗已來不復爾（即不能再像以前“以一經弘聖人之道，上明天時，下
該人事。”），空守章句，但誦師言，施之世務，殆無一可。”[30]所以
自東漢以來，許多大學者都主張“博”、“通”，追求融會貫通，向
探求義理方面發展，而不再拘守家法、章句。王充《論衡·超奇篇》
云：

> 故夫能說一經者爲儒生，博覽古今者爲通人，采掇傳書以上書
> 奏記者爲文人，能精思著文連結篇章者爲鴻儒。故儒生過俗人，
> 通人勝儒生，文人踰通人，鴻儒超文人。故夫鴻儒，所謂超而
> 又超者也。[31]

這裡明確主張“博覽”“精思”，認爲專守一經的“儒生”只略勝於
“俗人”而已。所以當時大儒馬、鄭都是遍治群經而不再專治一經，
鄭玄打通今古文壁壘，馬融兼治老莊，這都說明風氣的變化。到漢末
魏晉，新的風氣完全形成，“士大夫子弟，皆以博涉爲貴，不肯專儒”
[32]了。

　　在這種新的風氣下，乃誕生了一種新形態的學術，那就是玄學。
玄學就是不滿足於漢代儒生的“專固”，乃遍取道家、名家、法家、
縱橫家，各家之長，引入儒學，精研而深思之，以清談爲探討手段，
最後演進爲一種綜合各家，而以儒、道兩家爲主要內容的新學術。從
這一個角度來看，完全可以說玄學出於儒學，玄學即魏晉之新儒學。

30　《顏氏家訓集解》，PP.169-170。
31　北大歷史系《論衡》注釋小組：《論衡注釋》，北京：中華書局，1979 年，P.779。
32　《顏氏家訓集解》，P.170。

傳統舊儒學（兩漢儒學）重專守，魏晉新儒學（玄學）則重博通；傳統舊儒學重章句訓詁，魏晉新儒學則重義理精思。若沿著王充的思路來看，玄學家就是“通人”，其中傑出者，如王弼、郭象等人，就是“鴻儒”。到了晉末宋初，這種新型態的儒學開始被正式稱爲“玄學”，以區別於舊的儒學，而“儒學”這個名詞則保留給傳統的專治經的學問，“儒者”也就指專治經的學者——即王充所說的“儒生”。這也就可以解釋，在魏晉南北朝時期，玄學地位高於儒學的現象。宋文帝先立玄學館，再立儒學館，成立國子學時，又以原領玄學館的何尙之爲國子祭酒，而不是以領儒學館的雷次宗爲國子祭酒，何尙之一直爲朝廷重臣，雷次宗始終只是一個“隱逸”的學者，這些在當時都是合情合理，甚至勢所必然的。所以“四科”的順序，當時人著的《南齊書》爲“玄、儒、文、史”，這正是反映了那時的共識；而到唐人著的《南史》則改爲“儒、玄、文、史”，其實是以後度前，而非當時之實況了。

　　儒學是治五經，重點在章句訓詁，漢以來即如此，魏晉承之不變。玄學則是魏晉新起的學術，內容到底是什麼？何尙之的玄學館當年開設什麼課程？可惜載籍缺逸，至今已難確考。最有參考價值的材料恐怕還是《南齊書·王僧虔傳》所載僧虔在“宋世”時寫的誡子書，王僧虔（公元 426-485 年）與何尙之（公元 382-460 年）爲同時人，年輩略晚而已。其誡子書云：

　　　　往年有意於史，取《三國志》聚置床頭百日許。復徙業就玄，
　　　　自當小差於史，猶未近彷彿。[33]

這裡“史”、“玄”並舉，說明當時人在學術上的分科意識已明確樹立，這應當就是國子學分儒、玄、文、史四科的影響。下文續云：

　　　　曼倩有云：“談何容易。”見諸玄，志爲之逸，腸爲之抽。專

33　《南齊書》，P.598。

一書，轉誦數十家注，自少至老，手不釋卷，尚未敢輕言。汝
開《老子》卷頭五尺許，未知輔嗣何所道，平叔何所說，馬、
鄭何所異，《指》、《例》何所明，而便盛於麈尾，自呼談士，此
最險事。設令袁令命汝言《易》，謝中書挑汝言《莊》，張吳興
叩汝言《老》，端可復言未嘗看耶？[34]

這裡先說"諸玄"，後說《易》、《莊》、《老》，與《顏氏家訓·勉學篇》
說的"莊、老、周易，總謂三玄。"[35]是一致的。由此推測，玄學館
必習《周易》、《老子》、《莊子》三書，應該是沒有問題的。閱讀這三
書，必習王弼、何晏之注，兼究馬融、鄭玄之說。關於這一點，《南齊
書·陸澄傳》載陸澄（當時位國子博士）致王儉（當時位國子祭酒）
討論國子學課程的信可以為旁證：

晉太興四年，太常荀崧請置《周易》鄭玄注博士，行乎前代。
于時政由王、庾，皆儁神清識，能言玄遠，捨輔嗣而用康成，
豈其妄然？太元立王肅《易》，當以在玄、弼之間。元嘉建學之
始，玄、弼兩立。逮顏延之為祭酒，黜鄭置王，意在貴玄，事
成敗儒。今若不大弘儒風，則無所立學。眾經皆儒，惟《易》
獨玄，玄不可棄，儒不可缺。謂宜並存，所以合無體之義。[36]

這一段信雖然只是討論《周易》要不要同時立鄭玄注博士與王弼
注博士的問題，但卻可以印證前文的若干推測，第一，由"元嘉建學
之始，玄、弼兩立"之語可以印證元嘉十九年初建國子學確是由四學
合併而成，所以儒學之《周易》鄭玄注與玄學之《周易》王弼注得以
兩立。第二，由"逮顏延之為祭酒，黜鄭置王，意在貴玄"之語可以
印證宋時玄學地位確實在儒學之上，不僅國子學第一任祭酒何尚之是
玄學首領，繼任的顏延之也是"貴玄"的，這就可見當時的風氣了。

34　《南齊書》，P.598。
35　《顏氏家訓集解》，P.179。
36　《南齊書》，P.684。

第三，由 "眾經皆儒，惟《易》獨玄" 可以印證當時儒學科目仍是 "眾經" 即 "五經"，而《周易》之王弼注則屬於玄學科目了。

玄學除了《易》、《老》、《莊》之外，還有沒有別的內容？上引王僧虔誡子書下文云：

> 且論注百氏，荊州〈八袠〉，又〈才性四本〉、〈聲無哀樂〉，言家口實，如客至之有設也。[37]

這裡雖然說的是清談，但顯然同玄學密不可分，論注百氏、八袠、四本、聲無哀樂等等，既是言家口實，也必是玄學所研究的內容，如此推論，應不爲過。

玄學可能還有別的內容嗎？《舊唐書·玄宗本記》載開元二十九年玄宗下令：

> 兩京，諸州各置玄元皇帝（按即老子）廟，并崇玄學，置生徒，令習《老子》、《莊子》、《列子》、《文子》、每年准明經例考試。[38]

這裡崇玄學的課程有老、莊、列、文四種，其中老、莊是承魏晉玄學而來，那麼列、文是不是也有所本呢？換言之，劉宋元嘉國學中的玄學課程可不可能也包含《列子》、《文子》呢？史無明文，但可能性是不能排除的。

甚至還有《庚桑子》也應該納入可能性之中。《舊唐書·禮儀四》載玄宗天寶元年二月丙申下詔：

> 《古今人表》玄元皇帝升入上聖。莊子號南華真人，文子號通玄真人，列子號沖虛真人，庚桑子號洞虛真人。改《莊子》爲《南華真經》，《文子》爲《通玄真經》，《列子》爲《沖虛真經》」，《庚桑子》爲《洞虛真經》。……兩京崇玄學各置博士、助教，

37 《南齊書》，P.598。
38 劉昫等撰：《舊唐書》，北京：中華書局標點本，1975 年，P.213。

又置學生一百員。[39]

唐代的"崇玄學"與魏晉劉宋"玄學"自非一事，以唐之崇玄科目論定元嘉玄學之科目自然是不可以的，然而草蛇灰線，跡有從來，如果魏晉劉宋時的玄學從未涉及《列子》、《文子》、《庚桑子》等內容，到唐玄宗"崇玄"之時卻突然冒出，不也同樣不合邏輯嗎？

以上是儒、玄，下面來說文、史。"史學"比較容易，先說"史學"。"史學"一詞不見於前三史，應是晉時才出現的新詞。兩晉南北朝是中國古代史學空前發達的時代，各種歷史著述雜出紛呈，"史學"一詞也相應而生。《晉書·石勒傳》說："太興二年，勒僞稱趙王"，"始建社稷，立宗廟，營東西宮"，置百官，其中有"史學祭酒"一職。[40]"太興（即大興）二年"爲公元 319 年，這就說明在宋文帝命何承天立史學之前一百多年前，"史學"一詞已經成立，不過更早的資料卻也沒有了。"史學"當時的意思是通指有關修史的學問與才能，說某人有"史學"，就是有修史的學問與才能。[41]劉宋國子學中領史學的何承天（公元 370-447 年）就是著名的律曆專家、修史專家，《宋書》本傳云："元嘉十六年，除著作佐郎，撰國史（按即宋書，未成而卒）。"那麼，劉宋時代國子學中"史學"一科必是修習有關修史的學問無疑，但只是不知道具體有什麼科目。不過從王僧虔"往日有意於史，取《三國志》聚置床頭百日許"的話推測，《史記》、《漢書》、《三國志》顯然是必讀的書了，會不會有《史記》博士、《漢書》博士、《三國志》博士呢？史書未見記載，姑存闕疑。

最後來說"文學"，文學在魏晉以前未嘗獨立成科，孔門四科之

39　《舊唐書》，P.926。
40　《晉書》，P.2735。
41　例如《南齊書·王逡之傳》說王逡之從弟珪之"有史學，撰《齊職儀》"（P.903）同書〈王摛傳〉記王摛"史學博文"（P.686）。又《顏氏家訓·勉學篇》云"有一士人，自許史學，名價甚高。"（P.195）

一的"文學"只是一般意義上的典籍、學術，與後世所謂文學者頗異其趣。秦漢時"文學"一詞已常見於詔令文書，其意爲"熟悉典籍（尤其是儒家典籍）"或"熟悉典籍之人"，時與"儒術"、"儒者"混用互見。下面試舉幾例：

（1）《史記·始皇本記》載：

　　始皇聞亡，乃大怒曰："吾前收天下書不中用者盡去之。悉召文學方術士甚眾。……"[42]

（2）《史記·封禪書》：

　　始皇封禪之後十二歲，秦亡。諸儒生疾秦焚《詩》、《書》，誅僇文學……[43]

（3）《史記·孝武本記》：

　　而上鄉儒術，招賢良，趙綰、王臧等以文學為公卿。[44]

（4）《史記·張丞相列傳》：

　　張蒼文學律曆，為漢名相。[45]

（5）《史記·汲鄭列傳》：

　　天子方招文學儒者。[46]

（6）《史記·萬石張叔列傳》：

　　萬石君名奮，其父趙人也，姓石氏。……無文學，恭謹無與比。[47]

（7）《史記·魏其武安侯列傳》：

　　（灌）夫不喜文學，好任俠，已然諾。[48]

（8）《史記·儒林列傳》：

42　司馬遷：《史記》，北京：中華書局標點本，1972年，P.258。
43　《史記》，P.1371。
44　《史記》，P.452。
45　《史記》，P.2685。
46　《史記》，P.3106。
47　《史記》，P.2763。
48　《史記》，P.2847。

及今上即位，趙綰、王臧之屬明儒學，而上亦鄉之，於是招方
正賢良文學之士。……及竇太后崩，武安侯田蚡為丞相，絀黃
老、刑名百家之言，延文學儒者數百人，而公孫弘以春秋白衣
為天子三公，封以平津侯。天下之學士靡然鄉風矣。….自此以
來，則公卿大夫士吏斌斌多文學之士矣。[49]

最後一例中，儒學、文學、儒者、學士、文學之士交混使用，其義互
見，最可看出"文學"一詞在魏晉以前的內涵。這種用法，即使在魏
晉以後也還保留著。漢朝即有文學掾、諸王文學之官[50]，魏晉南北朝
仍之[51]，無非是陪王子們讀書的人。

故《晉書·閻纘傳》載纘上書云：

非但東宮，歷觀諸王師友文學，皆豪族力能得者，率（師？）
非龔遂、王陽，能以道訓。友無亮直三益之節，官以文學為名，
實不讀書，但共鮮衣好馬，縱酒高會，嬉遊博弈，豈有切磋，
能相長益！臣常恐公族遲陵，以此歎息。[52]

"官以文學爲名，實不讀書"，可見這"文學"之意仍是泛指典
籍，並非後世意爲"文章之學"的文學。"文章之學"的文學當時稱
爲"文章"，曹丕《典論·論文》云：

蓋文章經國之大業，不朽之盛事，年壽有時而盡，榮樂止乎其

---

49 《史記》，P.3118-3120。

50 例如《後漢書·儒林列傳》載楊倫"爲文學掾"（P.2654），魏應"除濟陰王文
學"（P.2571），張玄"補弘農文學"（P.2581）；《後漢書·文苑列傳》載杜篤
"士至郡文學掾"（P.2609）。

51 例如：《三國志·魏書》載夏侯尙、徐幹、應瑒、劉廙皆曾爲"五官將文學"，
荀閎爲"太子文學掾"，分別見陳壽：《三國志》，北京：中華書局標點本，1959
年初版，1975年7刷，P.293，P.599，P.601，P.614，P316。《晉書》及《宋書》、
《南齊書》、《梁書》、《陳書》中例子更多，不枚舉。

52 《晉書》，PP.1350—1351。按：師、友、文學，皆官名，見《宋書·百官志》（P.1259）。
"率"字疑當作"師"，從此三句分言師、友、文學皆不得人。龔遂、王陽，
皆漢溫邑王師輩也。

身，二者必至之常期，未若文章之無窮。是以古之作者，寄身
於翰墨，見意於篇籍，不假良史之辭，不托飛馳之勢，而聲名
自傳於後。[53]

這裡"文章"尚不與後世之"文學"等義，但已相去不遠了。以"文
章"專指賦頌文辭等事，其實在漢時已然，如《漢書‧公孫弘卜式兒
寬傳》"贊"中稱"漢之得人，於茲爲盛"[54]，提到各式各樣的人才，
其中云："文章則司馬遷、相如"，雖然是文史並論，但把司馬遷、
司馬相如與公孫弘、董仲舒、兒寬等儒者分開，就透露了一些消息了。

現在的問題是：劉宋四學中的文學到底是孔門四科的文學呢，還
是"文章"之學的文學？換言之，"文學"兩字是傳統的用法呢，還
是另有新意？

從邏輯上來說，答案應該是後者而非前者，因爲若是前者，則立
儒學一科就夠了，何必更立文學？但這個問題現在已經很難找到正面
的證據，我們只能從側面來加以論證，即從劉宋以後，"文學"一詞
除了傳統的用法外，確實有了"文章之學"，亦即與後世"文學"義
近的用法了，而這在劉宋"四學"並建以前是沒有的。例如《宋書‧
宗室‧劉義慶傳》云義慶：

> 爲性簡素，寡嗜欲，愛好文義，才詞雖不多，然足爲宗室之
> 表。……招聚文學之士，近遠必至。太尉袁淑，文冠當時，義
> 慶在江州，請爲衛軍諮議參軍；其餘吳郡陸展、東海何長瑜、
> 鮑照等，並爲辭章之美，引爲佐史國臣。[55]

這裡的"文學之士"顯然已不同於前引《史記》中的"文學之士"，
確實是指善爲文章者，而非泛指儒生、學士，下文"並爲辭章之美"
可證，而袁淑、陸展、何長瑜、鮑照也是於史有證的文學家，而不以

---

53 蕭統：《文選》，北京：中華書局影印本，1977 年，P.720。
54 《漢書》，P.2634。
55 《宋書》，P.1477。

儒術著稱。

　　如果說，《宋書》的作者沈約（公元 441-513 年）還是年輩略晚的人，那我們來看劉義慶本人對"文學"一詞的用法好了。劉義慶生于公元 403 年，卒於 444 年，主要活動正在元嘉年間。元嘉十六年，文帝命謝元立文學時，他三十七歲，元嘉十九年國子學建立時，他四十歲，兩年後就去世了。劉義慶撰的《世說新語》三十六篇中即有〈文學〉一篇，從其次於〈德行〉、〈言語〉、〈政事〉三篇之後，可知仍是沿襲孔門四科的舊規，那麼文學當然是泛指一般意義上的學術，而非特指的文學。但是值得我們注意的是，《世說新語・文學》篇共 104 條，卻明顯地分成兩個部分，前 65 條都是跟學術有關的，而後 39 條卻都與文章之學，尤其是文學創作有關。可見劉義慶心中確實已有文學（文章之學）不同於一般學術的概念。所以他一方面仍按傳統把文學（文章之學）與學術都放在"文學"的名下，但同時又在排列上把二者作一個明顯的區隔，不使雜揉，由此我們看出他兼顧傳統與新變的良苦用心。這個新變顯然也就是元嘉十六年在玄學、儒學、史學之外另立文學的原因。同時代的史學家范曄（公元 398-445 年）在他撰寫的《後漢書》中有關文人傳記的部分，特別於《史記》、《漢書》的〈儒林傳〉外，增立〈文苑傳〉，可見文學應獨立於一般學術，特別是儒學之外，已是當時學界之共識。

四、結語："四學並建"的歷史意義

　　劉宋時先後建立玄學館、儒學館、文學館、史學館，這件事開始或許只是出於偶然，但併入國學後變為"四科"，卻實實在在地促成了中國古代學術分科意識的成熟。"玄學"正式得名，從傳統儒學中分離出來，帶有某種思辨哲學的意味，促進了後來禪宗與理學的發展。"文學"獨立成科，從一般學術中結晶出來，不僅促進了文學自身意識的覺醒，尤其促進了中國文學理論的成熟。"史學"也確立為一門

獨立的學術，不再只是儒學的附庸，於是到了唐代，終於有《史通》這樣的史學理論巨著出現。

這真是中國學術史上一個劃時代的進步。可惜後來的學者鮮少認識到這一點，反而有加以責難的，例如司馬光在《資治通鑑·宋紀五·文帝元嘉十五年》敘此事後有一段評語說：

> 臣光曰：《易》曰："君子多識前言往行以蓄其德。"孔子曰："辭達而已矣。"然則史者儒之一端，文者儒之餘事；至於老、莊虛無，固非所以為教也。夫學者所以求道，天下無二道，安有四學哉！[56]

宋代思潮的特徵是重新恢復儒家的主導地位，理學雖然實質上吸收了玄學與佛學的許多思想成果，但表面高舉的卻是儒家的旗幟，而司馬光又傾向保守的一翼，那麼他上述的議論是完全可以理解的。但他顯然不理解劉宋時的"儒學"其實不過是重章句訓詁的經學而已，並非他心目中囊括一切，與"道"等義的"儒學"，所以他從衛道的角度出發批評劉宋的四學並立，其實是不中肯綮的。

56　司馬光：《資治通鑑》，北京：中華書局，1956 年版，1975 年 10 月上海 4 刷，PP.3868-3869。

引用書目：

史書類（依朝代排序）：

司馬遷　：《史記》，北京：中華書局，1972 年。

班　固　：《漢書》，北京：中華書局，1962 年。

范　曄　：《後漢書》，北京：中華書局，1965 年。

房玄齡等：《晉書》，北京：中華書局，1974 年。

沈　約　：《宋書》，北京：中華書局，1974 年。

蕭子顯　：《南齊書》，北京：中華書局，1972 年。

李延壽　：《南史》，北京：中華書局，1974 年。

許　嵩　：《建康實錄》，北京：中華書局影印宋紹興十八年刻本，1984
　　　　　年。

劉　昫等：《舊唐書》，北京：中華書局，1975 年。

司馬光　：《資治通鑑》，北京：中華書局，1956 年。

其　他（依年代排序）：

嚴可均輯：《全上古三代秦漢三國六朝文》，北京：中華書局影印本，
　　　　　1958 年。

北大歷史系：《論衡》注釋小組：《論衡注釋》，北京：中華書局，1979
　　　　　年。

王利器　：《顏氏家訓集解》，上海：上海古籍，1980 年。

阮元校刻：《十三經注疏》，北京：中華書局影印本，1980 年。

《三國六朝文補遺》述略

西北大學國際唐代文化研究中心
韓 理 洲

提 要

　　本文主要概述《三國六朝文》補遺工作的進展情況、收穫及學術價值。清代著名學者嚴可均編纂的《全上古三代秦漢三國六朝文》中收錄三國鼎立至隋亡的單篇散文 554 卷 13000 餘篇。但由於種種原因，遺漏不少。本文分析了嚴氏遺漏原因，據所見的資料統計，應當補入 4000 餘篇，並申述了這些補入資料的主要依據及甄別、校勘的簡要環節，力求做到錄文準確可信。最後又通過補遺文的個案，對深入研究三國六朝的歷史、文學、哲學、宗教、經濟、民族融合等方面的學術價值作了綜合性的簡述。

關鍵詞：三國六朝文、補遺、述略

　　三國六朝時期，是中國歷史上政局分裂、戰亂頻仍的時期，也是中華民族大融合的時期，同時又是思想文化承前啓後的重要變革時期，很值得深入研究。

　　一切研究的基礎是文本。清代著名學者嚴可均花費二十七年心

血，於道光十四年（1834年）編纂成了一部規模宏大的文學總集《全上古三代秦漢三國六朝文》（以下簡稱《全文》）。該書共七百四十六卷，收錄了先秦至唐代以前的單篇散文一萬八千餘篇。其中，有三國鼎立到隋朝滅亡的單篇散文五百五十四卷，一萬三千餘篇，約占全書收文總量的百分之七十三。從總體上說，由於該書搜羅廣泛，考訂詳密，校勘精嚴，編排得當。自光緒十八年（1892年）刊行以來，一直被學界視爲研究三國六朝時期文化的百科全書和必備文本，嚴氏嘉惠學林，功莫大焉。

但是，由於受一人之力和歷史條件的局限，嚴氏的編纂也有誤收、重出、失考、遺漏等錯誤。對於這些問題，學界屢有指陳，但均屬零散的舉例指瘢，目前還未見就其中某一錯誤所作的全面系統的補正。齊全完備是不易做到的，卻是文獻資料的學術價值的關鍵。因此，近三年來，我們針對《全文》存在的較爲嚴重的遺漏問題，開展了《三國六朝文補遺》的專題整理和研究。本文擬就此項工作談以下幾點，就正於方家。

一、嚴氏編纂之遺漏

關於《全文》的遺漏，因缺乏全面具體的統計，學界多語焉不詳。近人劉師培先生認爲，嚴氏的編纂，雖有遺漏，但是「略得百分之九十五」[1]。（《左盦外集》卷十三《搜集文章之材料方法》）余嘉錫先生在《讀已見書齋隨筆》二十九《嚴可均全上古三代秦漢三國六朝文》中列舉了「失之眉睫之前」的幾例遺文後說：「以此推之，所漏者必多。」[2]錢鍾書先生在《管錐編》（三）中也指出，其書「擷摭未盡，餘地尚

---

1 劉師培，《左盦外集》卷十三《搜集文章之材料方法》。北平隆福寺修綆堂書店刊刻本。

2 余嘉錫，《余嘉錫論學雜著·已見書齋隨筆》二十九，中華書局1963年1月第1版679頁。

多。」[3]張滌華《古代詩文總集選介》以爲，劉師培先生關於《全文》遺漏了百分之五的估計，「倒是大致不差的」[4]。

據我們現在已知的資料統計，嚴氏遺漏的三國六朝文有四千多篇，佔其收錄的一萬三千餘篇的百分之三十。就我們已經完成，即將由三秦出版社出版的《全隋文補遺》來說，則比嚴氏編纂的《全隋文》的錄文多出近二百篇。嚴氏錄隋文六百七十篇，另有存目無文者十三篇，二者合計六百八十三篇。《全隋文補遺》錄文七百五十篇，存目無文者一百一十八篇，二者合計八百六十八篇。四千多篇三國六朝遺文的資料來源：一是從史書、類書、叢書、方志、釋道二藏等傳世文本輯得七百餘篇；二是從晚清以來發現的石刻、簡牘中輯得三千六百餘篇。其中，僅後魏、北齊、北周的造像記就有一千三百餘篇。

如此大量的三國六朝文被嚴氏遺漏，其原因主要有以下四點：

（一）由采輯的傳世文本繁多，部頭浩大，產生了疏忽失檢。如：《太平御覽》[5]卷十一引曹操《兵書接要》三條；《史記‧滑稽列傳》[6]集解引鍾繇、華歆、王朗同對魏文帝《論三不欺》；《三國志‧蜀志‧諸葛亮傳》[7]裴松之注引劉禪《賜諸葛亮鈇鉞詔》；《三國志‧蜀志‧諸葛亮傳》[8]裴松之注引《漢晉春秋》錄諸葛亮《勸將士勤攻已闕教》；《列子‧天瑞篇》[9]注引何晏《道論》；《北堂書鈔》[10]卷一〇五引阮籍《樂論》數句；《北堂書鈔》卷三引陸機《風賦》；《世說新語‧賞譽篇》[11]注引謝鯤《元化論序》；《大藏經綱目指要錄》[12]引楊衒之《銘系記》；

3　錢鍾書，《管錐編》第三冊 2 頁，中華書局 1979 年。
4　張滌華，《古代詩文集選介》，上海古籍出版社 1985 年 7 月，110 頁。
5　李　昉，《太平御覽》卷十一，中華書局 1964 年。
6　司馬遷，《史記‧滑稽列傳》，中華書局 1964 年。
7　陳壽撰，裴松之注‧《三國志‧蜀志‧諸葛亮傳》，中華書局 1964 年。
8　陳壽撰，裴松之注‧《三國志‧蜀志‧諸葛亮傳》，中華書局 1964 年。
9　《列子‧天運篇》，中華書局 1964 年。
10　虞世南，《北堂書鈔》，光緒十四年南海孔氏三十三萬卷堂刻本。
11　劉義慶，《世說新語‧賞譽篇》，中華書局 1983 年。

《南齊書》[13]卷四十六《顧憲之傳》引顧氏《駁杜元懿立牛埭議》;《廣弘明集》[14]載南齊虞義《廬山景法師行狀》、南梁法彪《發般若經題論議》;《大藏經‧史傳部》[15]載隋代僧人灌頂《天臺智者別傳》;《金石萃編》[16]卷四十《雷明府石像碑》、《郭雲銘》等等,嚴氏編纂的三國六朝文均未收錄。

（二）有的傳世文本,嚴氏未曾采錄。如唐張彥遠的《歷代名畫記》[17]引東晉顧愷之論畫的文章有三篇、劉宋王微的《序畫》一篇,唐人許嵩的《建康實錄》[18]載有宋文帝《贈殷景仁常侍司空詔》、劉義恭《率百官請奏封禪事表》、顧法秀《對制問》,又有蕭梁裴子野的《宋略傳論》十餘則。

（三）嚴氏身後新發現的或從域外傳入的古代文獻,如《敦煌寶藏》、《吐魯番文書》、《文館詞林》、《玉燭寶典》、《文鏡秘府論》等,其中保存了許多三國六朝文,可資輯補。如據《文鏡秘府論‧西卷二十八種病》,可補謝朓《爲鄱陽王讓表》。僅《文館詞林》[19]就可輯得一百餘篇,其中有重要歷史人物和重要作家魏武帝、晉武帝、梁武帝、後魏孝文帝、梁元帝、後周武帝、隋文帝、隋煬帝、張華、沈約、任昉、魏收、溫子升、薛道衡等人的佚文。在宋孝武帝名下可補《躬耕千畝大赦詔》、《誡嚴教》等十一篇,在梁武帝名下可補《與劉孝綽敕》等八篇,梁簡文帝名下可補《祭北行戰亡將客教》、《北略教》等八篇,梁元帝名下可補《郢州都督蕭子昭碑銘》、《責南軍令》等九篇,沈約

---

12 《大藏經綱目指要錄》,明刻本。
13 沈　約,《南齊書‧顧憲之傳》,中華書局 1964 年。
14 釋道宣,《廣弘明集》,上海中華書局,1934 年。
15 《大藏經‧史傳部》,明刻本。
16 王　昶,《金石萃編》卷四十,陝西美術出版社,1990 年 12 月。
17 張彥遠,《歷代名畫記》,人民美術出版社,1963 年。
18 許　嵩,《建康實錄》,《四庫全書‧史部‧別史類》,上海古籍出版社,1986 年。
19 日藏弘仁本《文館詞林》,中華書局 2001 年 10 月。

名下可補《梁武帝北伐詔》、《贈留真人祖父敎》等七篇。《吐魯番出土文書》[20]可補嚴氏所錄《十六國文》未收之文一百四十多篇。

（四）嚴氏身後百餘年發現的大批石刻（包括碑刻、墓誌、造像記、摩崖、磚志、題字、買地券），它們遍佈陝西、河南、河北、山西、內蒙、山東、江蘇、湖北、安徽、四川、甘肅、寧夏、遼寧、新疆等地，爲三國六朝文提供了絕大多數眞實可信的補錄資料。這些石刻，有的已經作了錄文，如《八瓊室金石補正》、《匋齋藏石記》、《西陲石刻錄》、《新編關中石刻文字》、《山右石刻叢編》、《海外貞瑉錄》、《芒洛墓塚遺文》等等；有的則有拓本而無錄文，如：《漢魏南北朝墓誌集釋》、《北京圖書館藏中國歷代石刻拓本彙編》、《隋唐五代墓誌彙編》；有的則既有拓本影印件，又有錄文，如《洛陽出土北魏墓誌選編》、《新中國出土墓誌》、《南京出土六朝墓誌》，以及《考古》、《文物》等雜志刊登的有關資料。從這些資料中，可知有的地方的發現是成批的，如在洛陽發現元魏宗室及嬪妃墓誌一百六十一篇。從一九一〇年到一九八九年，在六朝統治區發現墓誌三十一方、石質買地券九方。

（五）有的石刻流傳到域外，嚴氏無從得知。如據《中國歷代紀年佛像圖典》，即可見流傳到日本、美國、瑞士、法國等地的大批六朝造像。其中，收藏在日本東京國立博物館的北魏太平眞君四年（443年）的《菀申鎏金銅佛立像》、日本大阪市立美術館的北魏天安元年（466年）的《馮受受石佛坐像》、美國哈佛大學福格藝術館的北魏太和八年（484年）《楊僧昌造像坐像》、法國巴黎居美博物館的北魏熙平三年（518年）《曇任造二佛幷坐像》、瑞士瑞特保格博物館的北齊天保八年（557年）《比丘法陰造坐佛像》、美國明尼法尼亞藝術中心的隋開皇元年（581年）《成國鄉邑子三十人造觀音立像》、波士頓美術館藏開皇十三年（593年）《范氏造阿彌陀像三尊》等等。這些造像都刻有「發願

20　《吐魯番出土文書》，文物出版社，1981年12月。

文」，據目前所知，可輯得三國六朝文一百八十三篇。

綜上所述，《全三國六朝文》的遺漏問題，嚴氏的主觀致誤較少，絕大多數失誤是由客觀的歷史條件造成的，我們不能超越歷史和客觀條件苛求古人。我們現在所知的補遺資料，也不是盡其所有，無所遺漏。但是從有限的已知資料則證明瞭三國六朝文的補遺是十分必要的，大有可爲的。

二、目前葺補整理的情況

文獻補遺的基本任務和要求是全面、詳實、準確地輯錄原文獻的缺漏。因此，三國六朝文的補遺，首先是要做好普查和整理。

嚴氏的輯錄態度是嚴謹的，他在每篇錄文後都注明了一個或兩個以上的文獻出處。做補遺普查，既要查閱他用過的文獻，如大批的正史、類書等，尋找漏缺；還要查閱他沒有用過的文獻（如《永樂大典》、《四庫全書》、《玉燭寶典》、《文館詞林》、《建康實錄》、別集、方志等等），同時還要搜集閱覽近代考古所得的簡牘、金石文字和傳到域外的有關資料，以補充近二百年來發現的三國六朝佚文。

普查的資料往往會出現同一篇有多則出處，同篇不同題，同篇不同作者，同篇錄文不一等情況，因此必須對普查資料進行整理，而整理必須與縝密的考訂、研究相結合。否則，就會產生誤收和重出、張冠李戴、羼入偽作，也難以釐正錄文訛、奪、衍、倒。如：明人張澍編的《諸葛忠武侯文集》有《爲後帝伐魏詔》，嚴氏《全三國文》雖在諸葛亮名下未錄此篇，卻在卷五十七後主劉禪名下收入，且題爲《出軍詔》；《文館詞林》卷六六二收徐孝嗣《齊明帝北伐纂嚴詔一首》，《全齊文》徐孝嗣名下亦無此篇，但卻在《全齊文》卷五齊明帝名下錄入，且題爲《遣陳顯達北討詔》。諸如此類，若不審慎，就會造成新的混亂，把嚴氏已錄而署名作者不同之文，誤作爲補遺文錄入。再如，《全梁文》卷五十載徐勉《梁故侍中司徒驃騎將軍始興忠王碑》，《金石萃編》卷

二十六亦載錄之。全文原有三千餘字，但二者所錄僅一千二百餘字，今據《八瓊室金石補正》卷十一及《金石聚》，則可再補一千八百餘字。《全隋文》卷二有隋文帝《下詔數蜀王秀罪》，《文館詞林》卷六九一亦錄此文，題爲《隋文帝答蜀王敕》，但二者文字有出入，據後者則可補前者少錄的七百四十二字。至於石刻，也有僞作，所謂曹魏時期的《張翔墓誌》、北魏的《高植墓誌》、晉《泰始磚文》、北齊《朱氏女薑瑞造像記》、隋《樊尙造像記》，陸增祥《金石袪僞》指出其均屬僞作，輯錄亦應慎重。總之，在補遺中，我們堅持文史、考古相參，釐正訛誤，錄文與拓本互校，同一篇錄文若有兩則以上出處，堅持用不同版本的錄文互校，一時難以定奪的文，列出校記。對每篇錄文，堅持參驗相關史料及同時代相關文獻、石刻文字，並內證外證結合，從避諱、帝號、干支、紀年、郡縣名稱、官職制度、歷史事件、人物生平、交遊等方面考辨，力求確鑿。

由於錄文是嚴氏《全文》的補遺，因此在編排體例方面仍然堅持嚴氏的體例，分代以人系文，對於處於革代之際的作者，仍依嚴氏舊例。如：不把王粲、劉楨等建安七子之佚文列入《三國文補遺》，對江總的佚文仍則列入《全隋文補遺》中，而不列入《全陳文補遺》。對于大量闕名的石刻，先分爲碑刻、墓誌、造像記、雜刻四類，各類以作年先後爲序排列。對於作年不清者，列於該作者或該類之後。對於有目無文之篇，闢專節附於各代錄文之後。

三、補遺文的學術價值

三國六朝的補遺文，內容豐富，學術價值頗高。它們可爲這一時期的文學、史學、哲學、宗教、經濟等多門人文社會科學的研究提供珍貴的原始資料，有利於研究工作在堅實的基礎上深入發展。

人文社會科學研究的中心是人和人的社會活動。三國六朝文補遺

中的大批碑刻、墓誌提供了許多歷史人物的籍貫、家世、行事、交遊、豐富了這一時期的歷史畫廊，具有驗證、補充和糾正史書和文獻記載的重要價值。如：在洛陽出土的西晉《左棻墓誌》，使我們從中得知了史書未載的著名文學家左思父字「彥雍」，妻爲翟氏，二子名髦、聰，二女名芳、媛。從而使左思寫的《嬌女詩》可得以佐證，並糾正了史書的誤「棻」爲「芬」。楊素是隋王朝「聲振遐邇，勢傾朝野」的權臣，又是工詩善文的作家，史書雖有傳，但歷來言及他均云生平不詳。二十世紀八十年代在陝西潼關縣新發現的《楊素墓誌》，則明確記載有「春秋六十三」，由其卒時「大業二年七月二十三日」上推，則可知生年爲西魏大統十年（549 年）。西晉荀岳於晉惠帝元康年間任中書侍郎，豆盧實於隋初任黃門侍郎，位居要職，而史書無傳，今則可以《荀岳及妻劉簡訓墓誌》和《豆盧實墓誌》而知其生平。又，隋代屢樹戰功、地位通顯的名將范安貴的生平事迹，連唐初主持修撰《隋書》的魏徵也以資料不足，無法記述而遺憾：「事皆亡失，故史官無所述。」（《隋書·王辯傳》）而今天，我們則可以據《范安貴墓誌》得以詳覽。從二十世紀六十年代末到九十年代初，華山地區先後出土了楊泰、楊穎、楊侃、楊仲宣、楊昱、楊欽等十五方墓誌，對研究北魏、西魏、北周至隋代的政治、軍事，對於研究鮮卑皇族與漢族世家弘農楊氏的姻親關係，探討民族融合，都大有裨益。

北魏孝文帝推行漢化政策，入主中原的鮮卑貴族大都熱心學習漢族的思想文化。洛陽出土的北魏一百六十一方北魏皇族墓誌，好多標舉了墓主學習儒學、道家、玄學、佛學、詩文禮儀的思想、行爲、生活作風和著述。如：卒於北魏孝莊帝建義元年（528 年）的元悛，《墓誌》稱「悛年七歲，召爲國子學生」。陽平王元新成的第六子元揚原爲一介武夫，曾從孝文帝南征，但又酷愛玄學，文雅風流，《墓誌》稱其「命賢友，賦篇章，引淥酒，奏清弦。」卒於北魏宣武帝正始二年（505 年）的元鸞，身爲城康王元長壽之次子，《墓誌》稱其「虛心玄宗，妙

貫佛理。」諸如此類，均有助北朝的思想文化的研究。

魏徵在《隋書·文學傳論》中曾提出了南北方文學」各去其所短，合其兩長」的發展方向。其實，他的這一主張是有歷史淵源的。自從北魏孝文帝推行漢化政策以來，北朝的文士學習南朝文學，漸成風氣，北魏的溫子升，北齊的邢劭、魏收，隋朝的盧思道、薛道衡在這方面都做出了先驅性的貢獻。三國六朝文補遺中，收錄了溫子升、魏收、薛道衡撰寫的詔敕、碑銘數篇，尤其是魏收的《征南將軍和安碑銘》、薛道衡的《後周大將軍楊紹碑銘》，均表現出吸收南朝駢文典麗抑揚而疏朗通暢的特色。不僅這些代表作家在學習南朝文風，補遺中所錄的無名氏撰寫的北魏《元延明墓誌》、《元揚墓誌》、《元欽墓誌》，隋《高虯墓誌》等，典雅遒麗，富有文采，透露出南北文風融合的時代信息。覽讀補遺文中的文學作品，有利於深入探討魏晉到唐代文學內部發展演化的規律，揭示盛唐文學繁榮的前因。

總之，三國六朝文的補遺是一項學術意義重大的古代文獻整理工程，我們擬於二〇〇五年年底完成，目前尚在進行中。因此，只能略述其要。有很多問題還有待聽取各方面意見，及時修正，以期完善。

唐傳奇中的兩性關係
── 女性躍居主角之迷思

僑光技術學院通識中心副教授
李 世 珍

提　要

　　唐傳奇被視為文人刻意為小說之始，不論是寫作技巧、角色安排，或是情節結構，均展現出前所未有之風華；尤其是婚戀傳奇中的女主角，更是佔盡了光采。研究女性主義的學者也藉此提出「女性發聲」的口號，認為小說中的女性躍居故事主角，是一種進步的作法，是傳統社會挑戰父權體系的先聲，學者們更從各個領域深入研究，並進一步提出唐代婦女地位較高的結論。

　　本文嘗試以唐傳奇的婚戀名篇為分析的主要文本，分別檢視唐傳奇中的名女人：李娃、崔鶯鶯和霍小玉等人，在佔盡小說風華之後，是否也如女性主義者所言，提昇了唐代婦女的社會地位，同時也可視為一種女性意識的萌芽？而唐代女性躍居傳奇主角後，藉著情節的鋪敘與角色的安排，作者是否真實地賦予女性施展風華的機會？抑或仍是傳統父權體系下陰柔面的再現？。

　　本文除了分析唐傳奇文本角色性格之外，還以「逆讀」的角度切入兩性關係的探討，試著從另一個視角解讀唐傳奇中的名女人，並檢視傳統觀念下的唐代女性，其言行舉止是否透露出所謂

的女性意識？同時唐代女主當政的政局，是否也為唐傳奇名女人提供了一個發聲的契機？本文注重男女主角身份之間的關係，基本上不限定在文本反映世界的真/假，只單純就情境塑造出女主角形象，在傳統的男尊女卑的社會現象裡，是否也可視為一種女性地位的提昇？抑或也只是男性中心主義的陰柔面再現？依據上述種種分析，得出「唐傳奇女性躍居主角的寫作特色，在小說角色的安排上是一種進步的作法；但在現實的唐代社會中，唐世婦女仍跳脫不出傳統父系社會之窠臼。紙上世界的女主角似乎傳達出某種女性意識，但在兩性關係的議題中，唐代女性仍是傳統父權體系下之犧牲品」的結論。此結論和一般學者對唐傳奇女性的基本認知沒有太大的差異，但筆者在傳統的論証中提出另一種解讀的視角，嘗試自唐傳奇女性社會地位已提昇的說法中，重新檢視唐代女性的兩性關係與社會地位。

關鍵詞：唐傳奇、才子佳人、異類情緣、兩性平權、父系社會、女性
　　　　意識

一、前　言：

　　唐傳奇是文人刻意為小說之始，不論是人物形象的塑造、藝術技巧的創新，或是主題意識的凸顯，均超越前朝，展現出前所未有的風華。明·胡應麟指出「唐人作意好奇，假小說以寄筆端」，是一種有意識的創作。[1]正如魯迅先生所言：

　　　「小說亦如詩，至唐代而一變，雖尚不離于搜奇記逸，然敘述宛

---

1 明·胡應麟《少室山房筆叢》卷 36，二酉綴遺下冊，載楊家駱主編：《讀書劄記
　叢刊》第二集，第 13 冊，台北：世界書局，1980 年，P40。

轉，文辭華豔，與六朝之粗陳梗概者較，演進之跡甚明，而尤顯者乃在是時始有意爲小說。」[2]

　　唐人傳奇具備了相當完整的短篇小說形式，結構佈局完整，人物性格鮮明，不再只是殘叢小語式的雜記。作者創作態度的改變，使得作品內容，由志怪述異擴展到現實社會的生活百態反映。唐傳奇中的人物因中晚唐商業經濟的發達而具多樣貌，有新興的士人，有舊有的世族，有名門閨秀，有歌伎伶人，有神仙鬼狐，也有販夫走卒等等。這些人物形象的塑造，配合人物性格的刻劃，建構出唐傳奇藝術創作的核心，透過小說的典型人物，提出對舊有制度的批判與反抗，甚至藉著現實與虛幻交融的寫作技巧，使作品呈現出濃厚的現實主義風格。一般學者慣將唐傳奇依內容主題分爲(一)歷史、(二)神怪、(三)愛情、(四)俠義等四大類，這種分類雖是求其大概，並無法涵蓋唐傳奇所有的主題；但是這四類就足以証明唐傳奇的內容遠比筆記小說要廣泛得多。不但已從歷史、志異的範圍，走向人間現實的生活範圍，連市民階層的人物，如商賈，俠士，妓女，奴僕等，都被寫入故事之中。曲折的情節描繪，深刻的人物個性描寫，使得唐傳奇傳達作者強烈的主觀意識，並且呈現出不同於魏晉六朝志異作品的風貌。歷來學者對唐傳奇的評價頗高，認爲唐傳奇不但能表露人民對社會現狀的不滿，也能包容外來的文化，甚至影響「話本」「戲曲」的題材，尤其是在倡導個人主義的精神及建立寫實文學的基礎上，更是受到學者的重視[3]。因此學者們的研究重心，也大都投注在上述的各個專題之中，自傳奇的單篇文本分析，剖析主角人物的行爲，描摩當時社會的現狀。而自人物形象所衍生的主題思想，因極具現實主義的精神，也成爲研究的焦點。除了揭露和批判帝王的奢侈腐化、藩鎮割據勢力的罪惡之外，

2 魯迅《中國小說史略》，北京：人民文學出版社，1973 年，P.54。
3 祝秀俠《唐代傳奇研究》中國文化大學出版部印行，1982 年，P13~17。

最為人注目的，則是歌頌風塵歌伎對待愛情的堅貞與執著。明‧胡應
麟曾對唐傳奇中的婚姻愛情作品給予正面的評價，讚賞為「惟廣記所
錄唐人閨閣事，咸綽有情致。」[4] 此外，婚戀傳奇的悲劇性，加深了
戲劇張力，撻伐了士族的婚姻制度，使得《霍小玉傳》、《鶯鶯傳》和
《李娃傳》三篇成了唐傳奇的聚光燈，散發出前所未有的藝術光芒。
歷來學者研究唐傳奇的婚姻與愛情，總是不離霍小玉、崔鶯鶯與李娃
這三位女性。本文也不免俗地自這三位名女人談起，尤其是她們和男
主人公的相對關係，更是本文探討唐傳奇兩性關係的重心之一。

　　除了三位名女人之外，謝小娥、紅線、聶隱娘、龍女、倩娘與任
氏六位也在某種程度上反映出唐代婦女不同於傳統規範的形象。有別
於娼妓的形象描繪與堅貞愛情的歌頌，謝小娥手刃仇家的膽識，聶隱
娘斷情忍性的氣魄，紅線奇技護主的忠誠，倩娘為情離魂的執著，龍
女為爭取幸福而婉拒父母二次婚配的勇氣及任氏身為狐類卻恪守人道
的堅持，在在展現唐傳奇作品中女性角色的絕代鋒芒。不僅是娼妓，
商賈之女、侍妾有不凡的評價，就連婢女、狐女也都得到空前的讚譽。
這些躍居傳奇主角的女性，占盡了唐人傳奇的風采，似乎顯示有唐一
朝，女性提升至前所未有的地位，一如文人筆下的傳奇女性。杜芳琴
教授在《女性觀念的演變》[5] 一文中持相同的看法，之後在〈性事、醫
學和情欲中的社會性別〉一文中更強化這樣的認知：史學界對唐代婦
女的研究，也一直承襲一種定論，普遍認為唐代的性別對應關係較為
自由與開放，其女性地位也較高：

> 「唐代是中國封建王朝中最繁榮最開放的時期之一，在性別關
> 係上，由於儒家衰微、民族融合等因素，表現在男女交往的＂自
> 由＂、性別的＂開放＂；再以寡婦再嫁的普遍和不提倡貞操，論

---

4 明‧胡應麟《少室山房筆叢》卷 37，二酉綴遺下冊，載楊家駱主編：《讀書劄記
　叢刊》第二集，第 13 冊，台北：世界書局，1980 年，P48。
5 杜芳琴《女性觀念的衍變》，河南：河南人民出版社，1988，P92-94.

者進一步推出婦女地位高的結論。」[6]

　　基本上，筆者不否認上述推論，對於唐傳奇女姓地位的提昇也是抱持肯定的態度，但是否能夠等同看待現實生活中的唐代女性和紙上世界中的女主角？雖說唐代婦女地位較宋元爲高，其對婚姻的自主權也較高，爲了追求自身的幸福，甚至不惜自我犧牲。但唐傳奇中的女主角對應現實生活中的唐代女性，到底有著多高的重合性？

　　男性文人筆下的女主角展現風華的同時，是否意味著女性地位的提昇？是否可視爲唐代「女性意識」的萌芽？男性文人的陰性書寫雖給予唐傳奇婦女更爲寬廣的發展空間，但或許也僅是一種迷思，唐代女性地位的提昇仍然是種假象？凡此種種，激發筆者對此議題的關注，嘗試以蘇珊‧曼「泛文本」[7]的分析方法，檢視唐代婚戀傳奇的兩性關係。

二、生命悲歌/風流韻事

　　唐代婚戀傳奇中出色的作品，其女主角的身份大多爲娼妓，文人筆墨不是集中在賣笑賣身的迎送生涯，反而是她們令士子著迷的才藝，尤其是她們對愛情的主動自主，造就色彩鮮明的人格特質。《霍小玉傳》中的霍小玉與李益的愛情悲劇，使得霍小玉成爲唐傳奇中最具悲劇性格的女子。表面上柔弱的霍小玉爲情執著，希望終身有所寄託，但卻不敵世家大族的魅力，即使曾經兩人海誓山盟，但她終究難逃被拋棄的命運，一如她那可憐的母親。其母雖爲唐宗室霍王侍婢，但因非系出名門，霍王死後即被趕出王府，爲了彌補此項缺憾，竟易姓爲

6　杜方琴〈性事、醫學和情欲中的社會性別〉，《唐宋女性與社會》，上海：上海辭書出版社，2003，P3。

7　「泛文本」是指透過故事、詩歌、畫像與年畫等的分析，解讀歷史上女性人物形象的再表現，從種種隱喻中讀出不同時代、不同人群出於不同需要製造出關於婦女形象的話語再現的複雜語境與及意義。蘇珊‧曼〈亞洲婦女的神話〉，《亞洲研究》總 59 期，2000 年第四期，P835-862.

鄭氏。雖冒鄭姓，卻仍無法挽救霍小玉與李益的愛情，這段風塵女子與士子的戀愛，先天註定以悲劇收場。

霍小玉的美色吸引新科進士李益的狂熱追求，貪戀美色時的甜言蜜語如何能視爲對愛情堅貞的誓言？清純的霍小玉，涉世未深，如何能夠分辨？但因現實世界中眾姊妹的遭遇，讓她在熱戀中仍能保有自我認知的理性，門閥制度的侷限，使她不敢對這段情感存非份之想。甚至只要求與李益再續八年的感情，屆時李益以三十壯年另娶高門之女，自己則情願得償，出家爲尼。

> 「以君才地名聲，人多景慕，願結婚媾，固亦眾矣。況堂有嚴親，室無冢婦，君之此去，必就佳姻。」

> 「妾年始十八，君才二十有二，迨君壯室之秋，猶有八歲。一生歡愛，願畢此期。然後妙選高門，以諧秦晉，亦未爲晚。妾便捨棄人事，剪髮披緇。夙昔之願，於此足矣。」[8]

鍾情痴心的霍小玉，面對士族婚姻的門第觀念，敗得無奈，敗得飲恨而終。原先娼妓與士子的相對關係，被複雜化了，李益的背盟負約除了門第限制之外，原先他與霍小玉的結合，也僅只是情慾、色慾的衝動而已。建立在色慾之上的兩性關係，如何能要求天長地久？連霍小玉自己也自認「今以色愛，托其仁賢。但慮一旦色衰，思移情替，使女蘿無托，秋扇見捐」。這種將女性物化的兩性關係，雙方的情感是無法劃上等號的。即便霍小玉爲此付出了寶貴的生命，對李益而言，一時的色慾激情和永結秦晉之好是完全不同的層次。霍小玉/李益由娼妓/士子關係，轉化爲娼妓/五姓女的對應，所謂的五姓，分別指隴西李氏、太原王氏、滎陽鄭氏、范陽盧氏及博凌崔氏。[9]霍小玉的溫柔多情，對上了仕途捷徑的五姓女，自然要敗陣下來。溫柔多情/仕途捷

---

8 張友鶴選註《唐宋傳奇選‧霍小玉傳》，台北：明文書局，1982年，P47。
9 劉開榮《唐代小說研究》，上海：商務印書館，1955年修訂本，P102。

徑，在唐代的婚姻制度中顯得不成比例，於是悲劇因子加大了戲劇張力，溫柔多情的霍小玉以血淚交織出生命的悲歌，李益卻因仕途捷徑辜負一片癡情，先前種種恩愛，只當成一時色慾激情，他和小玉的遇合不過是一場情色的交易而已。

霍小玉含恨而終，對於李益的負心背約嚴詞指責，但是她對於當時門閥制度的戕害自是了然於胸。因此對於李益另娶高門，她是莫可奈何的接受，但死後化為厲鬼的她，卻找上李益的妻妾報復。李妻盧氏莫明被誣以紅杏出牆之嫌，竟落得「往往暴加捶楚，備諸慘虐，竟訟於公庭而遣之」的下場。其妾營十一娘雖初得李益心悅，但在李益的疑心猜忌之下，也是下堂求去。李益雖三娶，均不得白首偕老。負心的李益在霍小玉死後，仍能得天下美色為妻妾；但無辜的盧氏與十一娘卻得背負李益悔盟背約的後果。如此的對應關係之中，作者認為李益的負心行為是可原諒的，其妻妾卻罪無可恕，對於愛情不忠的懲罰，竟由李益妻妾承受。其實這種情緒的轉移，並不單見於唐傳奇，在唐人詩作中也常見棄婦將箭頭指向丈夫的新歡，雖不如霍小玉般的強烈報復行動，但卻在詩句中流露出對新人的詛咒。

白居易《母別子─刺新間舊》寫武人立功後棄舊迎新，棄婦別子的情境，詩中棄婦期待將軍再立戰功，另納新人，言下之意，即預言新人會和自己一樣，被丈夫拋棄，詩中那股對新人的妒忌頓時湧現。

> 「洛陽迎得如花人，新人迎來舊人棄，掌上蓮花眼中刺，迎新棄舊未足悲，悲在君家留兩兒。…新人新人聽我語，洛陽無限紅樓女，但願將軍重立功，更有新人勝於汝！」[10]

劉駕《棄婦》詩中也嘲笑新人只會以色媚夫卻不會織素，全詩強調自己初嫁時，不但有如花的美貌，還有養蠶織素的本領，新人不過是年輕美而已，也沒有其他的本事。全詩只見對新人的批評，卻未見

---

10 姜濤主編《中國文學欣賞全集》，台北：莊嚴出版社，1985 年，P5831。

對丈夫的指責。

> 「回車在門前，卻上心更悲；路旁見花發，似妾初嫁時。養蠶
> 已成繭，織素猶在機；新人應笑此，何如豈娥眉？」[11]

李端《妾薄命》在敘述被棄的孤寂時，也將矛頭指向新人，還對新人的受寵不以爲然，甚至以長門怨婦的典故來暗喻受寵的新人。

> 「新人莫恃新，秋色會無春。從來閉在長門者，必是宮中第一
> 人。」

據黃仕忠《負心婚變與古典文學》一書中所言：

> 「往往把怨怒發泄在方妍好的新寵身上，詛咒終有一天新人也
> 會被貪色的男子拋棄的。」[12]

不論是唐傳奇或是唐詩，文人們均在有意或無意間表現出他們的思維，雖對女性的不幸發聲，但卻也依然未能爲女性解決困難，減輕痛苦。對於負心漢的背盟忘約，文人們原諒自己，卻將怒氣轉移到另一個無辜的女性身上。錯在女性色衰，錯在女性非出自名門，而男性似乎不必負什麼責任。如此不平等的兩性關係，雖是出自文人自我的設計與想像，但也的確是當時社會現象的真實呈現。霍小玉的癡情贏得了黃衫客的同情，是她的弱勢博得外人相助，而不是女性地位的提高才讓她見李益一面。故事中的霍母、霍小玉、盧氏及營十一娘，均是弱勢族群，對於自己悲慘的命運似乎只能默默承受，卻無法改變什麼。文人的風流激情卻編造出女性生命的悲歌，在這情形下，霍小玉躍居主角，只不過是引惹眾人同情而已，對於女性地位的提升是沒什麼助益的。

霍小玉的出身，造成悲劇；李益正妻盧氏的無辜卻遭受到莫名的懲罰，不論是娼妓或五姓女，在《霍小玉傳》中均未見好下場，士子

---

11 姜濤主編《中國文學欣賞全集》，台北：莊嚴出版社，1985 年，P7053。
12 黃仕忠《負心婚變與古典文學》，陝西人民教育出版社，1991 年，P79。

對女性的不公平看待，由此可見，霍小玉、盧氏之流連自身的感情與
婚姻都無法自主，又如何能為女性發聲呢？

　　唐傳奇中女性與士子的愛情悲劇除了《霍小玉傳》之外，《鶯鶯傳》
也是引發學者討論的名篇。兩人的愛戀是單純才子與佳人的遇合，張
生上京應試引發了悲劇，為了自身的前途，張生將鶯鶯的真情相待拋
開，甚至在同儕間炫耀自己非凡的豔遇，誇張地視鶯鶯為妖物，為了
不受誘惑，編造了「忍情論」來掩蓋自己的背約負心。鶯鶯與張生的
交往，並沒有第三者的介入與外力的阻攔，悲劇的成因完全是張生自
己為前途的考量。能娶高門之女為妻自然是仕途捷徑，尤其在他京城
文戰失利之後，那種依附名門的想望就更加的強烈。鶯鶯似乎不在乎
張生文戰的結果，她只在乎張生對她的情感是否依舊，在她寫給張生
的信中提到：「如若達士略情，舍小就大，以先配為醜行，以要盟為可
欺，則當骨化形銷，丹誠不泯，因風委露，猶託清塵。…」強調自己
對張生不變的感情，即使身體消滅，其心永存。但是現實生活中的元
稹和原婚配盧氏退婚，另娶韋氏高門之女，似乎也替張生的斷情做了
註腳，一般以為《鶯鶯傳》即是元稹年少時的一段豔遇，故此對於張
生創造出「尤物妖物說」，甚至是「忍情論」的矛盾行為，就不難理解
了。張生對自己的負心忘情辯解道：

> 「大凡天之所命尤物也，不妖其身，必妖於人。使崔氏子遇合
> 富貴，乘寵嬌，不為雲，為雨，則為蛟，為螭，吾不知其變化
> 矣。昔殷之辛，周之幽，據百萬之國，其勢甚厚。然而一女子
> 敗之。潰其眾，屠其身，至今為天下僇笑。予之德不足以勝妖
> 孽，是用忍情。」[13]

　　為了掩飾自己的負心，也透過鶯鶯之口，預先留下了兩人斷情的
伏筆，「始亂之，終棄之，固其宜也。愚不敢恨，必也君亂之，君終之，

---

13 張友鶴選註《唐宋傳奇選・鶯鶯傳》，台北：明文書局，1982年，P110。

君之惠也。」點明兩人私情暗許雖是張生挑逗於前，但閨中佳人不能把持，禁不住春詞誘惑，終避不開被棄的下場。表面上似乎說得有理，婚前暗訂終身竟成了張生斷情的另一個藉口。陳寅恪〈讀鶯鶯傳〉即斷言鶯鶯並非係出高門，甚至是寒門娼女，為了自掩過失，才創造出此一障眼法。[14] 佳人/才子的兩性二元對立，因崔鶯鶯非名門望族而轉化，寒門娼女/高門名媛的對應，在唐代婚姻重門第制度的觀念中，自然是被矮化，即便文中並未出現第三者，但這隱形的門第觀念卻在無形中扼殺了鶯鶯的幸福。劉開榮《唐代小說研究》也說道「仕」與「婚」是唐人不可分割的問題，聯姻必須門當戶對，不得馬虎，否則不但在政治上沒前途，其社會地位也會一落千丈。唐代文人藉婚姻關係建立自己的社會地位，以獲取政治及經濟利益，成了大多數文人的行為法則[15]。「仕」必由進士，「婚」必與高門，因此〈鶯鶯傳〉裡的鶯鶯難逃被張生拋棄的命運，這是當時社會的自然法則，一個有為之士，決不能因錯誤的婚姻而自毀前程。因此張生的始亂終棄竟成了善補過之舉；面對妖物鶯鶯，張生的忍情論也就理所當然了。日後兩人各自男婚女嫁，但鶯鶯對張生的負心之舉卻怨憤不平，拒絕再次相見。「棄置今何道，當時且自親；還將舊時意，憐取眼前人」對於張生之妻並沒有詛咒與不滿，反而是站在女性的立場，希望張生對妻多加憐惜，表露出哀憐的關懷。文中雖未透露張生所娶何人，但依常理判斷，不為五姓女也必是高門望族名媛。如此身份也未必能得到婚姻的美滿與幸福，在名媛進入夫家之後，兩人關係也就轉變為夫/妻，主/從的對應，一切以夫為綱，透過中國家庭的倫理觀念，五姓女是為人妻，自是需要丈夫的憐惜，否則難保鶯鶯的悲劇不會再度上演。

　　鶯鶯是文中主角，善良溫順又多情貌美，曾是才子的最愛，但是

---

14 陳寅恪〈讀鶯鶯傳〉，台北：中研院史語所集刊第十本，1948 年，61006，P400。
15 劉開榮《唐代小說研究》，上海：商務印書館，1955 年修訂本，P101~102。

她的美貌、多情與才藝卻成了作者善補過的藉口,「妖物說」,「忍情論」的提出,已經貶低了鶯鶯的地位,張生的說教與辯解,使人愈加同情鶯鶯的不幸遭遇。若說鶯鶯躍居主角之後,其對女性地位有所提升,恐怕是種迷思。因為自始至終,佳人與才子的相對關係就因門第觀念、婚姻制度而生變,甚至張生的負心行為,都使得鶯鶯淪為妖孽之說,她是時代悲劇的產物,是社會的犧牲品。雖然她主動追求婚姻與情感的勇氣令人敬佩,對於她和張生的未來也有自知之明,在她未來八年的人生規畫中,她是一個有自我想法的女子,但一個身份地位卑微的女子,如何為唐代女性發聲?只有讓人一掬同情淚水,更深刻體認唐代仕婚制度下女性的生命悲歌。佳人/才子→尤物/士子→妖孽/忍情,這種關係的轉變也呼應了生命悲歌/風流韻事的對應關係,顯示出唐傳奇悲劇女性的弱勢與不平。

　　《李娃傳》是唐傳奇愛情名篇中唯一大團圓收場的喜劇。李娃對愛情的主動追求,相較霍小玉及崔鶯鶯兩人毫不遜色,甚至在理性的自覺上遠遠超過兩人。配合假母的詭計,將資財耗盡的滎陽公子拋棄,是一般娼妓的正常行為,原不足為奇;但在滎陽公子乞食街頭,貧病交迫時伸出援手,恐怕已超越李娃的理性思考。感情的份量在李娃再次遇見滎陽公子時,提昇到極致。一個社會下層的歌妓,回想往日種種恩愛,懊悔不忍之心油然而生,促使李娃離開假母,不惜自我犧牲來幫助滎陽公子。不論是帶念舊情或是心生惻隱,對於利字當頭的娼妓來說,均屬難能可貴。作者塑造出李娃崇高的形象,對女性而言,無疑是種正面的加分作用。尤其幫助滎陽公子調養身體後,促其苦讀,登進士第,她便思功成身退:

　　　「願以殘年,歸養老姥。君當結媛鼎族,以奉蒸嘗。中外婚媾,
　　　無自瀆也。勉思自愛,某從此去矣。」[16]

---

16 張友鶴選註《唐宋傳奇選・李娃傳》,台北:明文書局,1982年,P79。

　　如此言論，和鶯鶯、霍小玉的擔心色衰被棄有很大的差異。同樣是佳人/才子配對，同樣是娼妓/五姓女的對應關係，李娃對滎陽生卻表現出贖罪的姿態，似乎一點也不在意滎陽生在功成名就後變心，反而主動鼓勵他另娶高門望族。或許是贖罪之心使然，也或許是李娃的理性自覺所致，她對於自己出自娼家的身份頗有自知之明，與其日後被棄，不如今日主動離去。滎陽公子在文中雖為主角人物，但他卻一直是以從屬的身份出現，即便是佳人/才子的單純關係中，他也因處於次要地位，而金盡被棄。他與父親滎陽公的關係，一如傳統父權社會中的父/子、主/從對應，進京赴考也是出自其父的安排，不見他有自主的權力，甚至在淪落凶肆後，滎陽公認為自辱門風，以馬鞭鞭打而斃命，滎陽公子只能任其丟棄，對於強勢的父權完全處於被動，絲毫無招架的能力。原先的娼妓/才子關係，在才子貧病交迫時，下階層的娼妓終於有機會轉換男尊女卑的互動關係，以一個贖罪者的角色出現，種種行為只為救贖，滎陽生在李娃贖罪的過程中，一直是被動的，從屬的角色。唯一展現主見的時候，是在登進士第，授成都府參軍時，他因功名在身，和李娃的關係位置才又逆轉。「子若棄我，當自剄以就死！」雖是以死相脅，但隱約之中已透露出滎陽生的自我意識，不再只是被動的執行。不過當滎陽生與父親相認，兩人父子如初後，他的自主性又被其父取代，父權的威勢造就了李娃與滎陽生的婚姻。娼妓/才子的關係，不再是生命悲歌/風流韻事的對應，反而得來汧國夫人的封號。這當然是作者對當時仕婚門第制度不滿的刻意安排，在真實的社會現況裡，娼妓被高門望族接受，甚至冊封為夫人，幾乎是不可能發生的，可說是完全出自文人的想像，才造就這篇完美圓滿的結局。

　　唐代的婚姻深受南北朝門第觀念的影響，不但良賤不婚、士庶不婚，甚至嚴格限制當色為婚。唐代歌妓因為身份的限制與律令的約束，她們與士人的戀愛往往是悲劇收場，不只是敗給五姓女，在當時的制度之下，歌妓想要擁有美滿的婚姻，恐怕真的是種妄想。透過李娃，

我們的確是看到了唐傳奇女性的女性意識，她知道自己要的是什麼，也知道自己的身份地位，在父系社會裡，女性若要有發聲的機會，必須依附男性，唐律名例律中就清楚的規定「夫之官品可蔭妻」，藉著有功名的父、夫與子，她的女性意識才有機會展現。與其說〈李娃傳〉是娼妓對幸福婚姻的美滿期待，倒不如說是士人對唐代士族婚姻制度的不滿與反抗。

　　不同於唐傳奇的愛情悲劇，李娃的形象塑造對於女性意識的萌芽，自然具有正面的意義。她的自覺，她的贖罪行為，甚至她想在鄭生功成名就後主動求去，都顯示出李娃的個人意識。我們無法斷言，李娃的故事是否對唐代婦女地位的提昇有多大的助益，但是我們卻可以很清楚的看見李娃對自己的角色認定，含有女性自我意識的人物性格塑造，也成就了美滿的結局。至於她是否真的封為汧國夫人，或許已經不再重要，重點是李娃對愛情婚姻的自主，為她贏得了風光的下半生。衝破傳統仕婚的門第之見，李娃獲得滎陽公的肯定與讚許，甚至主動成就此椿娼妓與士子的婚姻。李娃的美貌與深情在門第觀念前起不了任何作用，她知道和滎陽生的情感是沒有結果的，因此她便和一般娼妓一樣，在床頭人金盡後，便捨棄滎陽生。雖然不是當場翻臉不認人，但設計支開的遷居行為，一樣被視為娼妓/嫖客的行為模式。何滿子《中國愛情與兩情關係》中說得好：「愛情、婚姻就跟著門閥在轉，這是一個門閥制度下男女關係的悲喜劇」，他甚且認為「愛情的回憶和負疚感能使李娃作出自我犧牲，挽救了淪落的鄭生，但門閥偏見能使鄭生的父親娶娼家女為兒子的正室，恐怕只能是小說的理想。」[17]如果滎陽生沒有恢復地位重回家門，其父是不會接納他的。淪為凶肆輓歌者，都已讓滎陽公不惜鞭斃親生子來保全鄭家門風，遑論娶娼妓

17　相關論述參見何滿子《中國愛情與兩性關係》，台北：台灣商務印書館，1995年，P81~85。

入門為正室。表面上李娃被封為汧國夫人是為女性爭光，肯定她的努力即肯定女性的地位。但小說中安排這不可能任務的完成者，卻是自始至終權威的代表—滎陽公，甚至是當朝天子的寵錫加等，也被視為是父權的展現。李娃是完美的，有理性自覺的，所以她能夠享有其他娼妓所沒的殊榮，這無疑是抬舉她到了前所未有的崇高地位。但令人深思的是，李娃的被承認是因恢復滎陽生的地位，是因彰顯鄭家的門風，也因為是鄭生正室，而替她贏得汧國夫人的封號，妻以夫榮的觀念，在〈李娃傳〉中雖不是小說的主旨，但卻也正是李娃受封的原因。鄭生因李娃而潦倒，因其父滎陽公而貧病交迫，卻也因李娃而登進士。因其父而父子完聚，李娃因滎陽公的認同而為鄭家婦，李娃因天子加錫而封夫人。滎陽生的成功雖得靠自己的自覺與苦讀，但是沒有李娃的細心安排，滎陽生恐怕也只能淪落街頭，唱著蓮花落行乞過日；如果滎陽生是扶不起的阿斗，那麼李娃的苦心將付諸流水，她也沒有機會封為夫人。滎陽生的成功與否，他自己的表現固然是個關鍵，但這之中關係地位的微妙變化，恐怕已不是李娃或滎陽生個人的意願可以左右的，或許受父權社會操控的成份要多一些吧！李娃的遭遇已脫離生命悲歌/風流韻事的模式，破天荒的轉為救贖的過程，娼妓奇節/浪子回頭成了喜劇收場的對應關係，甚至以明媒正娶的方式完成李娃的終身大事。作者是肯定李娃的，讚揚李娃的。但透過父權威勢來肯定李娃的所作所為，對於根深蒂固的兩性不平等是沒有任何改變的。李娃汧國夫人的光環不是套在每一個唐傳奇女主角的頭上，李娃只是個特例，基本上大多數的女性在唐傳奇愛情中仍是弱勢，仍是被壓抑的，即使躍居故事主角，根本上仍跳脫不了父權社會與門第觀念的約制。她們主動追求自主愛情的勇氣值得肯定，對情愛的執著值得敬佩，我們看到霍小玉、崔鶯鶯與李娃三人身上綻放出女性自覺的光芒，也看到了不同以往的兩性互動；但婚成也父權門第，婚敗也父權門第，若要說她們在展現女性意識之後，提昇了女性的地位，倒不如說她們的

女性自覺使她們得以在唐傳奇中展現風華！

三、異類情緣/傳統禮教之反制？

　　唐傳奇中的女性有許多非人的角色扮演，有女仙，有女狐，也有女鬼，雖呈現出女性形象，但是卻有凡間女子所沒有的超能力，其所展現對愛情的堅持，散發浪漫主義的精神。當女性遭逢困境時，現實世界的柔弱性格除了博取他人同情之外，對於生命的困境，她們是一籌莫展。但若化身為異類，有著人類所欠缺的先知能力，甚至被賦予神奇的力量，能夠解決難題，追求自己的婚姻與愛情。這段人類與異類的情緣，是傳統禮教的反制？亦或仍是父權體系下的產物？尤其是和男主角間的互動，超越一般凡間男女的模式，值得深入探究。

　　〈柳毅傳〉中的龍女，因受夫婿冷落薄待，於涇水邊巧遇落第書生柳毅，因為柳毅傳書，結束了她婚姻的惡夢。後來和柳毅結為連理，過著神仙眷侶的生活。本篇以柳毅為篇名，故事的重心自是以柳毅為主角，龍女的悲慘遭遇不是故事的主旨，柳毅書生的見義勇為才是作者真正想歌頌的。正因本篇重點不是描寫龍女的婚姻與愛情，而是由柳毅的義來看龍女的婚姻，所以篇中塑造的女性形象就更具參考價值。龍女雖為洞庭龍王之女，但是仍因父母之命嫁給涇川次子，在神仙的世界中，龍女的地位也一如人世間的女性----在家從父。父母決定兒女的婚姻，婚後公婆的態度也決定她在夫家的地位。龍女自言：

> 「父母配嫁涇川次子，而夫婿樂逸，為婢僕所惑，日以厭薄。
> 既而將訴於舅姑，舅姑愛其子，不能御。迨訴頻切，又得罪舅
> 姑。舅姑毀黜以至此。」[18]

龍女因犯了「口舌」罪名，被夫家趕至道旁牧羊，在現實社會中，是

---

18 張友鶴選註《同宋傳奇選‧柳毅傳》，台北：明文書局，1982年，P23。

已合乎被休妻的標準了。[19]〈柳毅傳〉的創作主旨是給予正義化身的柳毅正面的褒揚，故事的重點雖不在於描寫龍女的婚姻狀況，但是透過柳毅仗義的過程，龍女的遭遇就和柳毅產生互動。在一篇寫男子仗義救人的故事中，龍女的份量也就增加了。沒有龍女淒苦的遭遇，就沒有柳毅的仗義執言，他們的關係也許不是完全對等的，但針對女性婚姻的議題時，倒是可以探討龍女在故事中的女性角色扮演。她雖是仙女，但婚姻的悲劇仍得由父兄出面結束，仍得靠柳毅這樣有正義感的男子來傳書求救。說穿了，她的神仙身份反而無用武之地，在夫權和家長威權下，她仍是弱勢的。獲救後感柳毅傳書恩情，擬下嫁報恩，但卻遭拒，在婚姻的主導權上仍是被動的，一如現實社會中的女性。因為有涇川之冤，龍女對於父母二度安排的婚姻，採取婉轉違背的態度，為她的第二春而堅持，不再屈從。雖有學者指稱女神在作品中是有現實的指涉，世人與女神的婚戀，其實暗指世間貴族女性的婚外戀情。[20]但是龍女的遭遇和一般的女性是相同的，唐代婦女的本家如果是名門望族，對於受虐的出嫁女，仍是有某種程度的支援與救助。柳毅在人世的兩次婚姻，一為張氏，一為韓氏，均早亡，致使柳毅鰥居，後透過媒氏介紹盧氏女，原適清河張氏，不幸夫早亡，兩人成就美滿姻緣，婚後發現范陽盧氏竟是龍女化身。原來龍女為了一償宿願，閉戶剪髮婉拒父母婚配，待柳毅雙娶俱亡後，才得父母同意，成就姻緣，報答柳毅當年搭救之恩。龍女/柳毅→女仙/凡間男子→再嫁婦/三娶，真實反映出唐代婦女再婚的社會現狀。呂思勉指出唐代婦女：

「雖名族，亦視再適為恆事矣，其不再適者，多出於意義感激，

---

19 長孫無忌等撰，劉俊文點校本《唐律疏議》卷 14〈戶婚〉：「七出者，依令：一無子，二淫佚，三不事舅姑，四口舌，五盜竊，六妒忌，七惡疾。」台北：中華書局，1983 年。

20 程國賦《唐代小說與中古文化》，台北：文津出版社，2000 年，P64~65。

　　轉非庸行。」[21]

唐代婦女再嫁並非羞恥之事，因此龍女在故事中二嫁也無損其地位。只是即便是身爲神仙，仍受人世禮俗規範，她的再嫁，倒不能說是唐代女性對傳統禮教的反制，反而她的悲苦是來自傳統禮教的約制。如果不是不容於公婆，她不會被逐至道旁牧羊；如果不是聽命於父母婚配，她不會所嫁非人。脫離神仙家庭後，嫁與凡人爲妻，仍對其地位忐忑不安，擔心再次被厭棄，「婦人匪薄，不足以確厚永心，故因君愛子，以托相生。未知君意如何？愁懼兼心，不能自解。」透露出凡間女性的焦慮與不安，直到柳毅明言「從此以往，永奉歡好，心無纖慮也」，龍女的心才稍安適。兩人的夫妻關係確立，龍女的神仙身分對她的婚姻似乎沒有直接助益，柳毅娶的是人間的盧氏，而非仙界的龍女，兩人回歸至夫/妻關係上，一切自然是以人世間的禮教規範爲依循準則。龍女、柳毅的異類情緣是建立在人世的基礎之上，自然不是傳統禮教的反制，讓龍女擁有美滿姻緣，反倒是在傳統禮教規範中，龍女達到了幸福婚姻的保証。再醮婦依然能婚姻幸福美滿，在唐代社會中是常態，算不得是對傳統禮教的反制與挑戰，這段異類情緣仍然跳脫不出傳統父權的體系。

　　〈任氏傳〉中狐化任氏，與鄭六展開一段異類情緣。鄭六在得知任氏爲狐之後，並未嫌棄她，仍與她租屋同住。韋崟與鄭六，一爲貴族富室，一爲寒門貧士，任氏卻選擇鄭六，堅拒韋崟的強行求歡。更因她的義正詞嚴，讓韋崟折服，並資助她和鄭六的生活所需。她在面對韋崟的強勢時，道出：

　　　　「鄭生有六尺之軀，而不能庇一婦人，豈丈夫哉！且公少豪侈，多獲佳麗，遇某之比者眾矣。而鄭生，窮賤耳，所稱愜者，唯某而已，忍以有餘之心，而奪人之不足乎？哀其窮餒，不能自

21　呂思勉《隋唐五代史》，台北：九思出版社，1977 年，P745。

立，衣公之衣，食公之食，故為公所繫耳。若糠糗可給，不當
至是。」[22]

她的不屈服強權，展現挑戰命運的勇氣；她不因鄭六貧困而捨棄這段
情緣，反而爲了維護她的愛情道德，和韋崟正面對抗，最終贏得了韋
崟的尊重。任氏是狐仙，所以擁有超乎常人的能力，租屋、鬻馬均透
露出她未卜先知的超能力，甚至連自己的災厄都在意料之中，經不住
鄭六及韋崟的苦苦哀求，竟然死於蒼犬之口，最後連人形也保不住。
這段異類情緣，因任氏的死亡而劃下句點，留下世人「異物之情也有
人道焉」的感嘆！

　　任氏在文中雖爲狐所幻化，但她卻是以正面形象出現，雖偶有偏
執的行爲，但並不因此減低人們對她的讚揚。文中韋崟在得知任氏爲
狐女後，只覺她除了不自行縫衣之外，其餘和常人並無異處。但細讀
作品，將可發現任氏和一般凡間女性不同之處。鄭六與任氏初次相見，
任氏對於鄭六的挑逗行爲予以善意妖冶的回應，完全是一付風塵娼妓
的模樣，正常人家的女子是不會有如此舉動的。「時時盼睞，意有所
受」，明顯表現出與之狎暱的意願，甚至鄭六戲之曰：「美豔若此，而
徒行何也？」任氏笑以「有乘不解相假，不徒行何爲」回應。兩人同
回任氏住處，任氏表現出歡場女子才有的妖冶與主動：「任氏更妝而
出，酣飲極歡。夜久而寢，其妍姿美質，歌笑態度，舉措皆豔，殆非
人世所有。」其本上鄭六對任氏有狎暱行爲，完全是因任氏言行舉止
與娼妓無異，任氏自己也承認她的出身：

　　「某，秦人也，生長秦城；家本伶倫，中表姻族，多為人寵媵，
　　以是長安狹斜悉與之通。」[23]

程國賦甚至斷言，人與異類的愛情，大多是文人與妓女的互動反映：

22　張友鶴選註《唐宋傳奇選‧任氏傳》，台北：明文書局，1982 年，P3。
23　張友鶴選註《唐宋傳奇選‧任氏傳》，台北：明文書局，1982 年 P1~6。

　　「人與鬼魂、動、植物怪魅(女性)戀愛的小說，其中大多數篇
　　章都是對現實中文士與妓女交往、戀愛的間接反映。」[24]

因此，鄭六明知任氏是狐妖，卻仍「想其豔冶，願復一見之，心嘗存
之不忘。」，願娶爲妾。好色的韋岑，愛之發狂，竟擁而凌之。如此女
性散發出的特有媚力，除了她非人的身份外，恐怕也只有娼妓之流才
敢如此大膽開放。任氏爲了感激韋岑的資助，竟當起色情仲介，四處
爲韋岑張羅物色佳人，張十五娘，將軍寵奴均任其玩弄。任氏自己也
常與韋岑玩樂甚歡，每相狎暱，無所不至，唯不至於亂耳。據高世瑜
《唐代婦女》一書中也指出唐代女性對男女關係的開放：

　　「在人際關係中，唐代男女之間接觸、交往不拘禮法，比較自
　　由、隨便；女子還常拋頭露面與異性單獨交往而無所顧忌。」[25]

　　雖和男子狎暱，在當時是不足爲奇，但若是好人家的女子也會多
有顧忌。如此放浪行逕，恐怕也只有非人性的思維才做得出來。任氏/
鄭六是妾/夫的關係，但因任氏爲異類，其行爲模式無法以正常人視
之，異類情緣/傳統禮教之反制的對應似乎是沒有問題的，任氏之言行
的確是對傳統禮教的挑戰，妖冶誘人，與男子狎暱等，均不合乎人世
禮教的規範。但仔細檢視，身爲鄭六妾，其行爲是合乎禮教規範中爲
人妾的要求。因爲肉體上的接觸，任氏以人妾自居，要求自己情感專
一，所以堅拒韋岑的強行求歡。站在輔佐丈夫的立場，她替鄭六打點
日常生活所需，甚至教他如何買馬賺取暴利，完全是以夫爲尊的言行
模式。甚至爲了鄭六能專夕相歡，明知西行不利於己，仍冒著生命危
險與夫同行，竟因此結束了生命。學者對任氏的評價是正面，「遇暴不
失節，徇人以至死，雖今婦人，有不如者矣。」站在對女性爲人妻妾
的身份考量，任氏是盡職的，恪守婦道的，雖在篇章中佔盡光芒，甚

---

24 程國賦《唐代小說與中古文化》，台北：文津出版社，2000 年，P69。
25 高世渝《唐代婦女》，西安：三秦出版社，1988 年，P135。

至犧牲寶貴的生命，也不過換來「異物之情也有人道」的讚揚。既然是有道，自然必須合乎禮教規範，這段異類情緣，也就不是對傳統禮教的反制，反而是傳統禮教的依循。言外之意，連狐仙異類都能恪遵人道，遑論真實世界裡的萬物之靈。

　　唐傳奇異類情緣中的另一種女性，是以魂魄形象追求自主性的婚姻與愛情，〈離魂記〉中的倩娘因父親食言毀婚，一病不起，其魂魄隨王宙生活五年後，魂魄與人合一，病癒，夫妻兩人完聚。倩娘不忍他嫁，以靈魂出殼的方式和王宙共度夫妻生活，表現出她對愛情熱烈的主動追求。「倩女離魂」是力爭自由戀愛的代表作，在王宙離去前，倩娘主動奔赴，「君厚意如此，寢夢相感。今將奪我此志，又知君深情不易，思將殺身奉報，是以亡命來奔。」為了自己的終身幸福，不惜拋父母棄大義，隨王宙至蜀。為了追求愛情，倩娘可以魂魄離體，此種驚天地、泣鬼神的力量，足以震撼人心。為情出奔，是挑戰傳統禮教的行為，但是故事以倩娘之魂魄交代私奔一事，其實是固守禮教的另類手法。正常人家的女子是不會因私情而與情人私奔的，「日有所思，夜有所夢」，靈魂出殼後，所有一切不合禮法的行為，就由魂魄來執行。倩娘的魂魄是私奔了，但她的肉身卻在張家的閨房中臥病昏迷呢？雖說倩娘「突破現實生活中禮教的桎梏，實現愛情的理想」[26]，反映了人們追求幸福生活的想望，也為女性爭取婚姻愛情建立另一種新的追尋模式。但她在五年的婚姻生活中不是真實的人身，而是出殼的靈魂，因此和一般女性追求幸福的方式是不同的。我們可以說，她是具有超能力，利用常人所無法擁有的能力，達成她對婚姻自主的追求。倩娘/王宙→妻/夫，如此的人倫關係必須建立在真實的世界裡，因此透過非禮的情奔，不但夫妻五年恩愛，並育有二子。為人妻之後，倩娘的人性愈來愈強，開始想念家中父母，想回張家團聚，倩娘的思家歸鄉，

26　吳志達《唐人小說》，台北：木鐸出版社，1983年，P126。

其實是將私奔行為合法化的過程，沒有父母認可的婚姻，即便已育有二子，仍然是有違禮法的。陳曉蘭《女性主義批評與文學詮釋》一書中即指出，相思病是色與病的結合，是中國古典小說中，女性人物普通且惟一的疾病，「倩女離魂」中的倩娘被視為是女性的性角色與病角色的典型。甚至女性生病的根源在於對情慾的渴念及對外界情慾的壓抑。[27]這樣的論調，是傳統禮教之外的行為，所以倩娘回魂後，家人以事不正，秘之。陳曉蘭還針對中國小說戲曲中，對情慾與病主題的處理，提出看法：

> 「將『情』與『慾』置於『理』與『禮』之上，某種程度上表現了與壓抑人性的主導意識的對立。同時也表現了這些作家對從一而終的女性道德的讚美。女性的病雖然是女性處境的產物，某種意義上反映了封建社會女性的生活現實，但在作家對封建禮教的批判中，又將女性作為苦難命運和意識的載體，又成為男性文本中敘述策略的犧牲品。」[28]

倩娘的私奔行為，雖不容於禮法，但是她婚配的對象是父母之容許嫁的，一句「他時當以倩娘妻之」的許諾，倩娘認定王宙是自己的夫婿。為了表達自己對婚姻的忠貞與情愛的執著，她鬱抑臥病，甚至離魂私奔。待與王宙結為夫妻之後，回歸至人倫關係的常軌，「向今五年，恩慈間阻。覆載之下，胡顏獨存世？」為人妻室，已育有二子，為人妻的階段性任務已完成；但為人子女，養育恩情未報，自然令她日夜懸念。女性的人格完成在家庭，成於夫，成於子，成於父。倩娘的魂體合一，其實就是家庭人倫的正常化，以世俗禮法看待，父親的接納，無疑是情奔的合法化。故此倩娘/王宙→(離魂)妻/夫，回歸人的真實肉體，基本上情奔為兒女私情，實則仍跳不出父命婚配的體系。對於第

27　陳曉蘭《女性主義批評與文學議釋》，甘肅：敦煌文藝出版社，1999 年，P211~212。
28　陳曉蘭《女性主義批評與文學議釋》，甘肅：敦煌文藝出版社，1999 年，P213。

二次婚配的許諾，倩娘以「從一而終」，「烈女不事二夫」的傳統禮教觀念應對，官家之女禮教嚴謹，情奔自是不見容，只得賦予超越凡人的能力，實現真實世界的不可能。以病閨中爲藉口，婉拒賓寮之選的求婚，一來保全倩娘名節，再則倩娘之父許婚之諾，也不會惹來同僚食言之譏；三則離魂之女亦可與王宙夫妻完聚，完成她從一而終的人生要求。作者站在傳統禮教的考量上，情理法三者兼顧，除了情奔爲世不容之外，維護傳統禮教規範的用心安排，可見一般。因此倩娘/王宙的對應如果視爲異類情緣，那麼倩娘的離魂反倒是傳統禮教的理想實現，而非是一種反制了。

　　異類情緣中的女性，是有別於唐傳奇中的一般女性，文人透過超能力的附加，強化女性面對困境，解決難題的能力，不論是真實的同情，或是文人想像中的虛擬，女性的異類化，即便都能如願地追求婚姻的自主與情感的自我追尋，龍女貴爲仙女，化身爲人婦，依然居於弱勢；任氏具有未卜預知的能力，面對丈夫的專夕之歡要求，即便是巫者言西行不利，她也冒死同行；倩娘魂魄離體，爲了完整體現人世間的人倫規範，私奔行爲仍然必須得到父親與家庭的認可。和一般傳奇作品一樣，女性即使是具有超能力的異類，仍然脫離不了現實生活，她們的夫婿是不折不扣的人間男子，婚姻與愛情都得合乎傳統禮教的要求，異類女性仍然是活在男性作家的完美想像之中。婚姻與家庭仍是女人的必然歸宿，生兒育女仍是女人的首要義務。西蒙波娃在《第二性—女人》一書中指出：

　　　「女人除了爲維持生命而千篇一律地操作外，別無他事，她單調地生兒育女，維持一家的日常瑣事，她不被允許對未來或對外在的世界有直接的影響，她只能通過丈夫的媒介，加入社交圈子。在某些中產階級的家庭裡，女子仍無謀生的技能，她不是寄生在父親家裡，便是到另一個家庭裡去佔據一個卑劣的地

位。」[29]

女性的生活空間是家，異類女性亦然。除了任氏因被蒼犬咬死，無法和鄭六繼續維持婚姻關係之外；龍女化爲盧氏，助夫柳毅修道成仙，夫族也受惠；倩娘爲王宙之妻，也育有二子。這些敘述在某種程度上是顯示出異類女性的人倫實現場所，仍然是在家庭之中。脫離了父母，脫離了丈夫，異類情緣和一般志怪豔遇就沒什麼兩樣，大大降低了文人刻意造奇的旨趣，而不離經叛道的情節設計安排，更可一窺唐代文人一貫的價值觀與禮教規範。

四、閨房外的天地正義/兩性平權之省思

　　唐傳奇中的俠女是極爲特殊的人物類型，但在唐以前的志怪小說中並沒有出現女俠的角色，一般學者提及《搜神記・李寄》中的李寄雖然爲鄉里除害，可視爲唐代俠女的雛型，但作爲小說中的人物塑造，和唐代俠女是不能相提並論的。[30]傅樂成《漢唐史論集》一書中指出由於南北朝時北方婦女的地位較高，《北齊書・孝友傳》中記載北齊女子「以制夫爲婦德，能妒爲女工」，此種情形也延續至唐朝。[31]唐代婦女因受胡風影響，地位較高，甚至唐代早期的中央政權多半集中在女子身上，唐傳奇中塑造出俠女角色，自歷史背景與社會環境中是可以尋出蛛絲馬跡的。基本上唐代俠女的角色塑造是跳脫人倫的道德規範，從父，從夫，從子的觀念被家庭外的人際關係取代，不論是報恩，報仇，她都呈現出一種「忍人所不能忍」的精神，伸張正義是她的天職，待任務達成後，她卻選擇自複雜的人倫關係中抽身，遠離人群，回歸山林。

29　西蒙波娃《第二性—女人》，湖南：湖南文藝出版社，1986 年，P204。

30　張雪嫻〈唐代傳奇中的女俠〉，收入《當代》8:126，1988 年 2 月，P114~127。

31　傅樂成《漢唐史論集》，台北：聯經出版社，1977 年，P350。

　　但唐傳奇俠女淡薄的男女情感描繪，是否象徵俠女是自絕於家庭人倫之外的形象？而由女俠出面主持天地正義，替男性解決問題，是否是兩性平權的角色安排呢？本文試就〈謝小娥傳〉、〈紅線傳〉及〈聶隱娘〉等三篇論析之。

　　〈謝小娥傳〉敘述謝小娥爲父夫報仇的事蹟。她在遭逢喪夫喪父之痛後，下定決心「誓志不捨，復父夫之仇」，一改柔弱女子形象，主動出擊。在得知仇家所在後，女扮男裝，隱身賊窩，智報不共載天之仇。復仇事畢，上嘉其志行，免死得返本里。里中豪族爭相求聘，小娥卻誓心不嫁，剪髮披褐，求道於牛頭山。整個故事情節圍繞在復父夫之仇一事，男強女弱的傳統形象被扭轉，她的決心不輸給豪氣男子，她的忍辱負重，智勇雙全，突顯出俠女的不平凡之處。跳脫傳統社會對女性的角色期待，柔弱的小娥肩負血海深仇，完成了或許連男性都無法達成的任務，她的俠女形象，爲她贏得美名，免死金牌的獎勵更讓她一時聲名大噪。表面上她維持了天地正義，但在兩性平權上卻是沒有正面助益的，傳奇結尾君子的贊詞也透露出相同的訊息：

> 「誓志不捨，復父夫之仇，節也。傭保雜處，不知女人，貞也。女子之行，唯貞與節能終始全之而已。如小娥，足以儆天下逆道亂常之心，足以觀天下貞夫孝婦之節。」[32]

小娥成就的是貞夫孝婦之節，俠女的復仇成了禮教世界婦德的依循。林保淳〈中國古典小說的「女俠」形象〉一文指出：

> 「代表女性正式介入了純屬男性的俠客世界，意義相當深遠。不過，這種介入，事實上並未使女性在俠客世界中有更進一層的拓展，充其量不過可視爲《列女傳》的延伸而已，所強調的仍是傳統婦女的道德節操，而與「貞」、「烈」、「節」、「孝」緊

32　張友鶴選註《唐宋傳奇選・謝小娥傳》，台北：明文書局，1982 年，P71。

密繫聯在一起。」[33]

因此她再怎麼英勇，表現出一般女性所不及的能力，她的所有作爲仍舊必須以父系社會爲準則，仍舊脫離不了傳統社會對女性主觀價值的要求。原先她是在禮教人倫的規範之中的，爲人女，爲人妻，但外來的橫逆，改變了她的角色扮演，女扮男裝進入一般社會大眾的交際活動。如果〈謝小娥傳〉傳達出男女平權的訊息，她就不須女扮男裝了；如果她的能力和一般男性相同，探求仇家的名姓，也就不須要父夫託夢告知，自然就更用不著旁人解夢中隱語了；如果她復仇之後，恢復女兒身另結良緣，就不會獲得這麼高的評價。爲了復仇，改裝、殺人都成了一時權宜的作法，但仍和社會傳統有所違礙，因此她的求道牛頭山，成了最完滿的結局，父已死，家仇已報；夫已死，誓不再醮；此等的貞節女性，又豈是維持天地正義的俠女所能做到的？兩性平權的模式，在謝小娥身上是遍尋不到的。

〈紅線傳〉中的紅線，是潞州節度使薛嵩的貼身女侍，爲了替主人解憂，她使出了驚人的本領，千里盜盒，平息了一場一觸即發的藩鎮爭鬥。故事的主角人物紅線，雖僅是女侍，地位不高，但她非凡的武藝卻間接解救百姓於戰爭水火之中。安史亂世，外有藩鎮割據鬥爭，內有宦官結黨作奸，社會充斥強權橫行，富凌貧，強欺弱的動亂情形，人們在無可奈何之際，寄望有除暴安良的俠客出現，爲百姓救苦救難。紅線在這樣的背景之下被刻意創造出來，基本上心靈補償的意味是很濃厚的。忠心爲主分憂解勞的舉措，被視爲是維持天地正義的行爲，紅線俠女的形象是健康的，尤其濃厚的報恩思想，更是紅線千里盜盒行爲合理化的依據。

諷刺的是紅線在文中自述，盜盒報恩完全是爲了贖回男身，因此

---

33 林保淳〈中國古典小說的「女俠」形象〉，收入《中國文哲研究集刊》第 11 期，1997 年，P58。

任務完成後，她就自請歸隱山林，修鍊長生之道去了。而俠女對男女之情可放可收，另外一個方外世界的追求才是她們最後的依歸。她的超能力，除了千里盜盒之外，洞悉前世今生，甚至是來世，也都讓她不同凡響：

> 「某前世本男子，歷江湖間，讀神農藥書，救世人災患。時里有孕婦，忽患蠱癥，某以芫花酒下之。婦人與腹中二子暴斃。是某一舉殺三人。陰司見誅，降為女子，使身居賤隸，而氣稟賊星。」[34]

婢女是賤民階層，降為女子被視為一種懲罰，反映出唐代仍存在男女不平等的思想，至於有無性別歧視，則有討論空間。紅線立功，為女性吐氣揚眉，維持天地正義，重新建構女性角色，但卻因前世的因果輪迴，得在今世以女兒身立功贖罪，成了兩性平權思想中美中不足之處。

> 「男性利用文學作品，塑造出了女俠此一可以在男性的生命中增添光采的理想人物，而不在於描繪女性生命自足圓滿的可能發展。」[35]

紅線完成使命，退隱山林，修鍊成仙回歸男身的結局，其實非常合乎傳統的社會規範要求。女性原本就無法介入專屬男性的社會舞台，俠女是在男性作家的主觀角度去設計出來的，尤其紅線因前世男子受罰而生，當然和兩性平權的思考是背道而馳的。「女俠的塑造，其實體現的是男性的心理，而此一心理在傳統男尊女卑的觀念影響下，無論是在視角，立意上，都是有諸多局限的。」[36] 紅線/薛嵩→婢女/

34　張友鶴選註《唐宋傳奇選・紅線》，台北：明文書局，1982 年，P147。

35　林保淳〈中國古典小說中的「女俠」形象〉，《中國文哲研究集刊》第 11 期，1997年 9 月，P80。

36　林保淳〈中國古典小說中的「女俠」形象〉，《中國文哲研究集刊》第 11 期，1997年 9 月，P80。

主人關係互動，根本上仍是在傳統的人倫規範內，而婢女與主人在社會階層的懸殊地位，更是和兩性平權的思想漸行漸遠。

〈聶隱娘〉一篇敘述聶隱娘習得奇技，並幫助節度使劉昌裔解除危機的過程。聶隱娘十歲被女尼偷走，五年之中，習得各種神怪功夫，女尼又將她送回。聶隱娘的特異武功，讓她成爲父母眼中的異數，其父對她遇夜失蹤，及明而返的行爲，也不敢詰問。她在門口遇見磨鏡少年，就直接告訴父親說「此人可與我爲夫」，其父不敢不從，遂嫁之。後受魏帥請託，刺殺陳許節度使劉昌裔，隱娘因劉昌裔神明豁達，反而做了劉的忠實護衛。功成後，隱入山林。

和前述俠女紅線、謝小娥不同的是，聶隱娘奇特的言行與獨特的思考模式，使她在唐傳奇眾俠女之中成爲特殊的角色。她的學藝，蒙上神秘色彩；她和父親的互動，有別於在家從父的規範；她的自擇夫婿，不過是掩人耳目的假象；她棄魏投劉，更脫離俠客重義，講信諾的行爲模式。王夢鷗《唐人小說校釋》中指出，俠女結婚的行爲，過是屈從社會禮俗，目的只是在掩飾他們的異行。[37]但果真如此嗎？她十歲學藝是被偷走，被迫學習各種武藝，這五年女尼是她的師父，一日爲師終生爲父，女尼取代了聶父的角色與地位。既已身懷絕技，自然和一般良家女子有別，她雖和父親互動不佳，但學藝返家居住，在形式上仍是保有在家從父的假象。她的自擇夫婿，表面上是獨斷獨行，選擇一個只會磨鏡的少年爲夫，或許如王夢鷗所言，是掩人耳目的行爲。但她向劉昌裔求得一虛職來安置其夫，卻也表露出佐夫的婦職傾向。人在紅塵俗世之中，其行爲準則自然是以社會禮俗來檢驗。她和丈夫或許沒有濃厚的情感，但她少時爲女尼子弟，對人世情感原本就淡薄，對父、對夫的淺情，基本上是可以理解的。反倒是她報答劉昌裔的知遇之恩，讓她的俠義行爲發揮到極致，不但讓劉昌裔避禍，甚

---

37 王夢鷗《唐人小說校釋》，冊一，台北：正中書局，1983 年，P305。

至連劉之子也獲隱娘贈藥脫厄。林保淳在解讀隱娘助劉昌裔的行爲時，就認爲必須回歸到以夫爲貴的傳統，以男性至上的角度來剖析：

> 「描摹女俠，規範的意味，掩蓋了女性的自我成長，因此，無論是若何的女俠，首先須面目姣好，以滿足男性的審美意識；其次須道德完美，尤其是貞德節烈；武藝可以超群，甚至遠勝於男性；智慧可以超卓，甚至足以安邦定國，但是只有在「輔佐」男性的層面上才受到允許。」[38]

因此隱娘即使武藝高強，但在傳統社會中，夫爲妻綱，侍夫仍是她在俗世中的責任。她向劉昌裔求一虛給與其夫，安頓丈夫的下半輩子的生活，仍然脫離不了女性的人生準則。陳葆文〈唐代小說中「俠女」形象探析〉一文指出：

> 「儘管外在行止方面，風氣如此自由，但唐人對婦女的價值方面，卻仍不脫傳統保守色彩，女人仍被視為男人的附屬品，而她的終極價值，也必須藉著對家庭丈夫的貢獻來加以肯定。」[39]

隱娘的俠義行爲，除了報答，劉昌裔的知遇之恩外，還表現在她專殺不義昏官的任務執行，忍情斷愛的作法，視爲隱娘「忍人所不能忍」的非凡勇氣，讓她得以壓抑她的同情心，爲了伸張正義而殺不義之人。[40] 因爲隱娘的忍情斷愛，使得她成爲唐傳奇俠女中的強勢代表，在唐代文人筆下展現兩性權的特例，雖然她的行爲仍是在傳統禮教的約制之中，不見得是女性意識的抬頭，或是女權思想的表現，但在劉紹銘的論述中就指出唯有武俠小說中女子和男人不分高下。[41] 隱娘/女尼→

38　林保淳〈中國古典小說中的「女俠」形象〉，《中國文哲研究集刊》第 11 期，1997年 9 月，P80。

39　陳葆文〈唐代小說的「俠女」形象探析〉，收入《東吳大學歷史學報》第 11 期，1999 年 4 月，P44。

40　相關論述，參見張雪媄〈唐代傳奇中的女俠〉一文，收入《當代》8:126，1988年 2 月，P120~121。

41　Joseph S. M. Lau, "Discoverism: Translation as Endorsement," Translation Quarterly 2 (1995):64.

隱娘/聶父→隱娘/自擇夫→隱娘/魏帥→隱娘/劉昌裔→隱娘/劉昌裔之子等對應關係的轉變中，隱娘是受到禮教規範的約制，但絕大多數的對應關係，均是在家庭之外的人際關係建構上。因爲她的不同流俗，因爲她和男性平起平坐，所以在威脅正常的人倫規範後，最後只得選擇遠離人世，歸隱山林。留在人間紅塵的俠女，在社會禮教的模式中，被造就成儒家人倫規範的擁護者，成了正規的女子，不再是兩性平權思考模式中的俠女了。故此，聶隱娘的女俠形象，是可以視爲兩性平權表徵的代表。

五、結　論

　　綜觀本文所論述的唐傳奇，雖然是性格鮮明，各具特色，爲了完滿實現她們的人生規劃，展現出女性特有的堅持與勇氣。歌妓與文人的愛情悲喜劇，反映出唐代文人社會中對於歡場情感的認知，也透露出文人角色安排的價值取向。文中的男性享盡艷福，士人與歌妓的愛戀以悲劇作收，是合乎文人歡場作樂的要求；歌妓即便是傾其情感，仍無法換取婚姻或情感的依歸。這是身份懸殊的悲劇，也是女性角色扮演時無可奈何的悲哀。

　　異類情緣基本上就不是以常態基調出現，擁有超能力的女性，依然無法享有正常規範的幸福。因爲是異類，所以處處不合禮法規範，狐媚挑逗、離魂私奔都讓她們付出代價，人世間的價值標準，禮教規範，使得這些異類女性回歸到正常的人倫社會中，她們的超能力不是無用武之地，就是得在完滿人格實現的過程中功成身退。雖爲異類，但在文人的思維中，她們仍一步一步的邁向人道，實踐婦德。男性與女性的不平權，再加上異類與人類的三界差異，使得異類情緣的女性地位更加的卑微。

　　俠女的性格豪氣，主持正義的技能，使她有別於傳統女性，尤其

是替男性解決困境，在思想上已是突破女性柔弱的性別認定，可視爲
一種躍進。但女性家庭人格的實踐過程，卻也讓俠女有時也不免有著
一般婦女的角色扮演。不論是報仇或是報恩，她都陷入了家庭人倫的
傳統模式中。俠女的特異獨行，其實並不見容於世，於是功成身退成
了俠女的爲一結局，遠離人群、退隱山林，便是俠女自絕於社會禮教
規範的作法。

　　表面上唐傳奇女性表現出女性自我意識，也因此學者以爲是女性
覺醒的標誌。但女性自我價值的肯定，其實不過是扮演好她在父系社
會中被安排的角色---爲人母、爲人妻、爲人女，與其說是女性角色安
排，不如說是母性角色的安排。李小江《女性審美意識探微》也提到
女性覺醒的第一步，就是對家庭的反叛，顛覆「男主外、女主內」的
兩性分工模式。[42]。唐傳奇女性在某些程度上是顛覆了男女內外分工
的模式，但根本上卻離不開家庭，女人的歷史被視爲陷入家庭的歷史，
透過家庭的約制，女性被壓抑、被歧視。[43] 即便作者安排女性自家庭
出走，甚至男女主角並不在家庭場所推衍劇情，或可視爲一種爲女性
自覺代言的先兆。但是兩性平權的思維模式，在中國家庭制度的面前，
就不復存在，女性自我形象的建立與自我意識的覺醒變得遙不可及。
我們可以說，以現代價值來剖析，這樣的女性角色是受限於家庭、是
受制禮教規範，或許是種悲哀與無奈。但是對活在彼時的女性而言，
貞潔、顧家、慈愛、無私，終其一生竭力符合社會要求的行爲模式，
或許才是她們最大的幸福。能夠在家庭中完滿實現她的人生，也未嘗
不是件美事。唐傳奇女性已走出家庭的約制，雖仍跳脫不開社會禮教
的規範，兩性平權的思考不過是種迷思，但是文人筆下創造出女性自
覺的角色，或許不能不說是一種對女性的肯定吧！

---

42 李小江《女性審美意識探微》河南：河南人民出版社，1987，p211
43 陳曉蘭《女性主義批評與文學詮釋》甘肅：敦煌文藝出版社，1999，p171-172。

六、參考書目：

書　籍：

王平《中國古代小說文化研究》濟南　山東教育出版社，1998

王夢鷗《唐人小說校釋》，上下冊台北　正中書局，2000

西蒙波娃《第二性─女人》湖南　湖南文藝出版社，1986

何滿子《中國愛情與兩性關係》台北　商務印書館，1995

呂思勉《隨唐五代史》，台北：九思出版社，1977

汪辟疆《唐代傳奇小說》台北　世界書局，1993

李又寧.張玉法〈中國婦女史論文集─第二輯〉台北　台灣商務印書館，
　　1988

李小江《女性審美意識探微》河南：河南人民出版社，1987

吳禮權《中國言情小說史》台北　台灣商務印書館，1995

吳志達《唐人傳奇》台北　木鐸出版社，1983

杜芳琴《女性觀念的衍變》，河南：河南人民出版社，1988

高世渝《唐代婦女》，西安：三秦出版社，1988

長孫無忌等撰，劉俊文點校本《唐律疏議》台北：中華書局，1983

祝秀俠《唐代傳奇研究》中國文化大學出版部印行，1982

姜濤主編《中國文學欣賞全集》，台北：莊嚴出版社，1985

張友鶴《唐宋傳奇選》，台北：明文書局，1982

黃仕忠《負心婚變與古典文學》陝西人民教育出版社，1991

程國賦《唐代小說嬗變研究》廣東　廣東　人民出版社，1997

康正果《女權主義與文學》北京　中國社會科學出版社，1994

殷麗塔《唐代婦女地位研究》北京　人民大學出版社，2003

陳曉蘭《女性主義批評與文學詮釋》甘肅　敦煌文藝出版社，1999

陳東原《中國婦女生活史》台北：台灣商務印書館，1994

傅樂成《漢唐史論集》，台北：聯經出版社，1977

閔家胤《陽剛與陰柔的變奏》北京 ：中國社會科學出版社，1995

鄒小南主編《唐宋女性與社會》上下冊，上海：上海辭書出版社，2003

薛洪勣《傳奇小說史》杭州 浙江古籍出版社，1998

魯迅《中國小說史略》，北京：人民文學出版社，1973

劉燕萍《愛情與夢幻—唐傳奇中的悲劇意識》台北： 台灣商務印書館，
　　1996

劉開榮《唐代小說研究》上海 ：商務印書館，1955

鍾慧玲《女性主義與中國文學》台北： 里仁書局，1997

鮑家麟〈中國婦女論集.續集.四集.三集〉台北： 稻香出版社，1991、
　　1995、1993

期刊論文

王萌　〈論中國才子佳人文學中的兩性文人心態〉中州學刊第二期，
　　2003

林保淳〈中國古典小說中的「女俠」形象〉，《中國文哲研究集刊》第
　　11 期，1997 年 9 月，P80。

胡錦媛〈女子無容便是德：《水滸傳》中的兩性關係〉中外文學第二十
　　二卷第六期，1993

焦杰　〈仙女下凡----寄託唐代男子理想的文化現象〉歷史月刊 1999
　　年 4 月號，p122-126

張雪媖〈唐代傳奇中的女俠〉《當代》8:126，1998 年 2 月，P114~127。

陳少芳　〈唐代傳奇差的娼妓形象〉中國文化月刊 1998 年 12 月第 225
　　期，p95-119

陳寅恪〈讀鶯鶯傳〉，中研院史語所集刊第十本，台北：中央研究院，
　　1948。

劉梅君　〈挑戰賢妻良母----女性迷思的衝擊：評〈女性迷思〉「Betty
　　　Fridan 著」，聯合報：讀書人 186，1995/11/16 版 42
劉勇〈兩性關係中的權力歸屬〉邵陽學院學報(社會科學)第一卷第四
　　　期，2002 年第 4 期，p93-95
鄒登順〈女性邊緣化、男性中心化與男性權力話語的建構〉重慶師院
　　　學報「哲學社會科學版」2000 年第 2 期，p13-18
鍾慧玲〈為郎憔悴卻羞郎—論鶯鶯傳中的人物塑造及元積的愛情觀〉
　　　東海大學中文學報 第 11 期，1994 年 12 月

學位論文

朱美蓮《唐代小說中女性角色研究》台灣政大中文所碩士論文，1995
李殷模《唐代言情傳奇鶯鶯傳、霍小玉、李娃傳之研究》〉台灣東海大
　　　學中文研究所碩士論文，1987
詹麗莉《唐傳奇女性宿命觀研究》台灣南華大學文學所碩士論文，2003
陳雅玲《唐代妓女研究》台灣師大國文所碩士論文，1995
熊嘉瑜《唐傳奇女性傳記研究》暨南大學中國與文學系研究所碩士論
　　　文，2000。

外文資料

Joseph S. M. Lau, *"Discoverism: Translation as Endorcement,"*
　　　Translation Quarterly 2 (1995):64.

魏晉品鑒與文學之關係探討

新加坡國立大學中文系高級講師。

王 力 堅

提 要

　　本文試圖在較為廣泛的文化範疇上，探析魏晉品鑒跟當時的文學觀念及創作上的有機聯系。「品鑒」是魏晉時期一個十分重要的文化現象。人物品鑒只是魏晉品鑒的一個重要表現，魏晉士人除了品鑒人物外，還用形象生動而簡約玄澹的語言去品評各種事、物、書、畫乃至詩文。曹丕以人物為中心的文學批評體現了對東漢人物品鑒繼承的必然性與合理性，陸機的〈文賦〉將重點轉向以文體風格為中心，既反映了魏晉以降品鑒多元化發展的影響，也更意味著文學批評走向自身獨立發展的趨勢。由品人而品文，由文體分類而文體風格，顯示了魏晉品鑒對文學批評影響的邏輯演進及深化過程。在魏晉品鑒中，「佳句」和「清」是兩個很有意義的概念，這兩個概念跟當時的文學觀念關係密切。從更廣泛的意義上說，魏晉品鑒在觀念、方法、語言以及表達方式等方面，影響了當時乃至後世的文學批評。

關鍵詞：魏晉品鑒、風格、佳句、清、文學批評

一、導　言

魏晉（220-420）品鑒[1]，是所謂魏晉風流——魏晉名士文化的一個重要現象。魏晉品鑒緣起於東漢（25-220）的人物品鑒。東漢的品鑒，只是人物品鑒；而魏晉時期的品鑒除了品鑒人物之外，還發展到品事、品物、品畫、品書（法）、品詩、品文、品賦等諸多方面，呈現出多元化發展的勢態。而其對文學（包括文學批評與文學創作）的影響也在魏晉南北朝時期最為顯著。基於這個認識，本文嘗試將魏晉品鑒置於較為寬泛的文化背景之下，以「風格」、「佳句」與「清」等概念為切入點，進一步深入探討魏晉品鑒與文學批評及創作的關係。

二、品鑒對文學批評影響之邏輯演進

要討論人物品鑒與文學、尤其是文學批評的關係，不得不首先提及三國時代劉劭（189?-245?）的《人物志》。《人物志》是一部運用人物品鑒方式來討論人才的專著。劉劭雖沒有直接涉及文學創作問題，但他在〈材理〉篇中，討論到人的個性差異造成不同的言辭風貌：

> 剛略之人，不能理微，故其論大體，則弘博而高遠；歷纖理，
> 則宕往而疏越。抗厲之人，不能廻撓，論法直，則括處而公正；
> 說變通，則否戾而不入。堅勁之人，好攻其事實，指機理，則
> 穎灼而徹盡；涉大道，則徑路而單持。辯給之人，辭煩而意銳，
> 推人事，則精識而窮理；即大義，則恢愕而不周。浮沉之人，
> 不能沉思，序疏數，則豁達而傲搏；立事要，則熛炎而不定。
> 此所謂性有九偏，各從其心之所可以為理。[2]

---

1 品鑒的其他名稱尚有品評、品藻、品題、鑒識、題目、目等，本文為了論述方便，一般情況下統稱為品鑒。另外，品鑒作為一種風氣的消歇，當在隋文帝廢除九品中正制改行科舉制之後。然而，品鑒文化的黃金時代無疑是在魏晉時期。
2 明・程榮纂輯，《漢魏叢書》（長春：吉林大學出版社），頁 625-626。

《人物志》產生於漢末三國（220-280）亂世，當時各方豪傑尤爲重視
爭取人才重用人才，作爲曹魏集團智囊人物的劉劭，熟諳人物才性、
深知用人之道，其《人物志》當是順應時代需要而產生的著作。然而，
從其歷史淵源及社會背景看，《人物志》無疑就是「集當世識鑒之術」，
「爲漢代品鑒風氣之結果」[3]。倘若從更小的範圍上說，《人物志》當
產生於曹魏集團內部重視、盛行人物品鑒的風氣。曹魏集團領袖曹操
（155-220）就曾在建安十五年、十九年及二十二年相繼下達三次求賢
令[4]，提出「唯才是舉」[5]的用人方針，表達了他求賢似渴的心情。迎
合這麼一種現實政治的需要，人物品鑒風氣得到極大的推波助瀾的發
展。曹操本人就曾在不同場合對劉備（161-223）、袁紹（?-202）、荀
彧（163-212）、荀攸（157-214）、田疇（169-214）、邴原（生卒年不
詳）、張範（?-212）、郭嘉（170-207）等人品目。[6]曹魏集團中除劉
劭外，荀彧、彌衡（173-198）、賈詡（148-224）、王脩（生卒年不詳）、
崔琰（159-216）、毛玠（生卒年不詳）、華歆（157-231）、程昱（143-222）、
郭嘉、司馬朗（171-217）、傅嘏（209-255）、陳群（?-236）、許混（生
卒年不詳）、楊俊（生卒年不詳）、杜襲（生卒年不詳）、裴潛（生卒年
不詳）、王昶（生卒年不詳）、諸葛誕（?-258）、鍾會（225-264）及
管輅（209-256）等也都可說是知人善品者。[7]

3　湯用彤，〈讀人物志〉，《湯用彤學術論文集》（北京：中華書局，1983），頁196，
　　203。
4　見《三國志・魏書》，卷1〈武帝紀〉，同5，頁919，920，921。
5　《三國志・魏書》，卷1〈武帝紀〉，〈建安十五年求賢令〉，《二十五史》（臺北：
　　開明書店，1934）第2冊，頁919。
6　見《三國志・魏書》，卷1〈武帝紀〉，卷10〈荀攸傳〉，卷11〈田疇傳〉注引〈先
　　賢行狀〉，卷11〈邴原傳〉注引〈原別傳〉，卷14〈郭嘉傳〉，同5，頁918，949，
　　951，952，960。
7　見《三國志・魏書》，卷10〈荀彧傳〉，卷10〈賈詡傳〉，卷11〈王脩傳〉，卷12
　　〈崔琰傳〉，卷12〈毛玠傳〉，卷13〈華歆傳〉，卷14〈程昱傳〉，卷14〈郭嘉傳〉，
　　卷15〈司馬朗傳〉，卷21〈傅嘏傳〉，卷22〈陳群傳〉，卷23〈和洽傳〉，卷23
　　〈楊俊傳〉，卷23〈杜襲傳〉，卷27〈王昶傳〉，卷28〈諸葛誕傳〉，卷28〈鍾會

這時期的人物品鑒大多仍是言簡意賅的範式，如曹操品邴原：「名高德大，清規邈性，魁然而峙，不爲孤用。」[8]賈詡評蜀吳君臣：「劉備有雄才，諸葛亮善治國；孫權識虛實，陸遜見兵勢。」[9]不過也有的頗具論述之勢，如王昶〈戒子書〉中對諸子的品評：

> 潁川郭伯益好尚通達，敏而有知；其爲人弘曠不足，輕貴有餘；得其人重之如山，不得其人忽之如草；吾以所知親之昵之不願兒子爲之。北海徐偉長不治名高，不求苟得；澹然自守，惟道是務；其有所是非，則託古人以見其意，當時無所褒貶；吾敬之重之願兒子師之。東平劉公幹博學有高才，誠節有大意；然性行不均，少所拘忌，得失足以相補，吾愛之重之不願兒子慕之。樂安任昭先淳粹履道，內敏外恕；推遜恭讓，處不避洿；怯而義勇，在朝忘身；吾友之善之願兒子遵之。[10]

曹、賈的品評具有強烈的現實政治性，顯然是「唯才是舉」新思維下的產物；而王昶的品題則具有鮮明的道德倫理色彩，體現出對儒家傳統的回歸，當是對前者某種程度的反撥。這些都顯示了在才性學說[11]流行下人物品鑒的不同表現特徵。

正是在這麼一種品鑒人物風氣日盛的環境背景之下，曹魏集團的中生代領袖曹丕（187-226）所著的，歷來被視爲中國文學批評開山之作的《典論·論文》，便同樣體現出以人物品鑒爲中心的特點。與上引諸例的現實政治性及道德倫理性不同，曹丕是從個性與風格（氣）入

傳〉，卷 29〈管輅傳〉，同 5，頁 948，950，952，954，955，957，960，964，980-981，981-982，984，985，994，996，999，1001-1002。
8　《三國志·魏書》，卷 11〈邴原傳〉注引〈原別傳〉，同 5，頁 952。
9　《三國志·魏書》，卷 10〈賈詡傳〉，同 5，頁 950。
10　《三國志·魏書》，卷 27〈王昶傳〉，同 5，頁 994。
11　才性學說是魏晉玄學重要命題之一，但跟人物品鑒有相當密切的關係。有關論述，參看牟宗三，〈「人物志」之系統的解析〉，《才性與玄理》（臺北：人生出版社，1963），頁 43-66；唐長孺，〈魏晉才性論的政治意義〉，《魏晉南北朝史論叢》（北京：三聯書店，1962），頁 298-310；湯用彤，〈讀人物志〉，同 3，頁 196-213。

手，具體品評了同時代的作家及其作品：「王粲長於辭賦，徐幹時有齊氣……應瑒和而不壯，劉楨壯而不密。孔融體氣高妙，有過人者，然不能論持，理不勝辭，以至乎雜嘲戲。」[12] 在〈與吳質書〉中，曹丕也同樣是運用人物品鑒的方式品評建安（196-220）作家及其創作風格：

> 偉長獨懷文抱質，恬淡寡欲，有箕山之志，可謂彬彬君子者矣。著《中論》二十篇，成一家之言，辭義典雅，足傳於後，此子為不朽矣。德璉常斐然有述作之意，其才學足以著書，美志不遂，良可痛惜。……孔璋章表殊健，微為繁富。公幹有逸氣，但未遒耳。其五言詩之善者，妙絕時人。元瑜書記翩翩，致足樂也。仲宣獨自善於辭賦，惜其體弱，不足起其文，至於所善，古人無以遠過。[13]

這種立足於作家主體個性氣質的文學批評，既是建安時代文學自覺的重要表現，也無疑反映出東漢人物品鑒風氣的深刻影響。

就「風格」這一概念來說，最早便是運用於品評人物。在魏晉以品論人的社會風氣中，「風格」一詞已得到應用。「風」即風姿、神采；「格」即人格、品性，也就是從內美與外美兩方面對人物進行整體品評。如「（陸）機清厲有風格」[14]，「（庾亮）風格峻整，動由禮節」[15]，都是用「風格」來品評人物的顯例。六朝文論家將人物品評的方法移入文學中，以「風格」品人的方式亦轉為用來品文。確切地說，人物品鑒對人物個性氣質各異而形成風格各異這一認識，便是啟發文學批評之契機。曹丕《典論・論文》的「文氣」說，就是把作家的個性氣質同作品的風格聯繫起來討論，首開六朝風格論的先路。

---

12 郭紹虞主編，《中國歷代文論選》（上海：上海古籍出版社，1977），第 1 冊，頁 158。
13 〈與吳質書〉，同 12，頁 165。
14 《世說新語》〈賞譽〉39 注引〈文士傳〉，徐震堮，《世說新語校箋》（北京：中華書局，1994），上冊，頁 243-244。
15 《晉書》，卷 73〈庾亮傳〉，同 5，頁 1272。

　　由品人過渡到品文，這就是中國早期風格概念的表現特徵。這一特徵，顯示中國古代的風格論，從一開始就立足於作家的個性氣質。這與一千多年後十八世紀法國文學批評家布封(Buff‧n)所提出「風格即本人」(style is the man himself)有異曲同工之妙。

　　如果說曹丕以人物個體風格爲中心的文學批評體現了對東漢人物品鑒繼承的必然性與合理性，那麼，陸機（261-303）的〈文賦〉將重點轉向以文體風格爲中心，既反映了魏晉以降品鑒多元化發展的影響，也更意味著文學批評走向自身獨立發展的趨勢。

　　當然，曹丕的《典論‧論文》已有對文體風格的關注：「奏議宜雅，書論宜理，銘誄尙實，詩賦欲麗。此四科不同，故能之者偏也，唯通才能備其體。」[16]以今天的觀念看，前三者當屬文章，而詩賦已然純文學。曹丕以「欲麗」求之，顯示已觸及文學的生命本質——美。陸機〈文賦〉對文體風格的關注，便是沿著這一趨勢突進：「詩緣情而綺靡，賦體物而瀏亮，碑披文以相質，誄纏綿而悽愴，銘博約而溫潤……」[17]如果說曹丕的文體風格論尙嫌簡略，較側重於文體的分類及著眼於「雅」「麗」等外在風貌，那麼，陸機的文體風格論則已注意到內容與形式相結合的統一形態，不僅有對緣情體物的文學內容的強調，而且唯美的傾向也得到了增強（如曹丕對銘、誄只要求「尙實」，陸機則強調要「朗暢」「閒雅」）。不唯如此，陸機更進一步在風格的意義上，對上述諸類文體提出要求：「其爲物也多姿，其爲體也屢遷，其會意也尙巧，其遣言也貴妍。暨音聲之迭代，若五色之相宣。」[18]這段話是針對創作風格的要求，而這些風格的要求仍是傾向美的強調。可見陸機的文體風格理論，已不僅是對文體的簡單分類，而更深一步地通過對文體美學風格的探索，而走向對文學自身藝術生命的追求。換言之，

16　同12，頁185。
17　同12，頁171。
18　同12，頁172。

文體分類，只是對文學外在形態的規範；文體風格，方爲對文學內在生命的肯定。

到了南朝（420-589）的劉勰（465？-532？），直接將「風格」一詞引入文學批評：「漢世善駁，則應劭爲首；晉代能議，則傅咸爲宗。然仲瑗博古，而銓貫有敘；長虞識治，而屬辭枝繁；及陸機斷議，亦有鋒穎，而腴辭弗剪，頗累文骨：亦各有美，風格存焉。」[19] 這顯然是對作家個體風格的表述，然而劉勰更爲關注的卻是文體風格。基於文體分類的考量，劉勰《文心雕龍》建構了龐大的文體論體系（從〈明詩〉到〈書記〉共二十篇），但其文體論中也有不少關涉風格的論述，〈體性〉專章的設置，更表明劉勰給予風格極大的重視，對風格的闡述與分類也更爲詳盡。在〈體性〉中，劉勰列舉並分析了八種創作風格類型：

> 一曰典雅，二曰遠奧，三曰精約，四曰顯附，五曰繁縟，六曰壯麗，七曰新奇，八曰輕靡。典雅者，熔式經誥，方軌儒門者也；遠奧者，馥采典文，經理玄宗者也；精約者，核字省句，剖析毫釐者也；顯附者，辭直義暢，切理厭心者也；繁縟者，博喻釀采，煒燁枝派者也；壯麗者，高論宏裁，卓鑠異采者也；新奇者，擯古競今，危側趣詭者也；輕靡者，浮文弱植，縹緲附俗者也。故雅與奇反，奧與顯殊，繁與約舛，壯與輕乖，文辭根葉，范圍其中矣。[20]

這顯然已是一般意義上的風格論述。對這八種風格，劉勰表現出明顯的褒貶態度，即褒揚典雅、顯附、精約、壯麗，貶斥新奇、遠奧、繁縟、輕靡。相似的是，這八種風格都不同程度表現爲美的形態。鍾嶸（469-518）的「幹之以風力，潤之以丹彩，使味之者無極，聞之者動

---

19 《文心雕龍》〈議對〉，見陸侃如、牟世金，《文心雕龍譯註》（濟南：齊魯書社，1996），頁 327。
20 同 19，頁 368。

心」[21]，蕭繹（508-554）的「惟須綺縠紛披，宮徵靡曼，唇吻遒會，情靈搖盪」[22]，雖然不是就風格而提出的論述，但實質上，也正是基於鮮明的文學立場，闡明了綜合各種文學要素的風格形態。

概言之，由品人而品文，由文體分類而文體風格，顯示了魏晉品鑒對文學批評影響的邏輯演進及深化過程。儘管六朝文學批評已呈現長篇巨著的建構勢態，但在具體的品人論文時，仍呈現形象生動、簡約玄澹的語言表現特徵。而這也正是魏晉品鑒最為顯著的語言表現特徵。

三、「佳句」、品鑒與文學

在魏晉品鑒文化中，還有兩個跟文學有關的概念（及現象）值得進一步細加辨析。

其中之一概念（及現象）是「佳句」。語見《世說新語》〈文學〉86：「孫興公作〈天臺賦〉成，以示范榮期，云：卿試擲地，要做金石聲。范曰：恐子之金石，非宮商中聲。然每至佳句，輒云：應是我輩語。」[23]范榮期（生卒年不詳）認為「佳句」是「我輩語」，意味著他主張作者應該在文學創作中追求「佳句」。事實上，在形式主義主張盛行的晉代文壇，這是相當普遍的觀點。那麼，何謂「佳句」？試以分析如下：

> 謝公因子弟集聚，問：毛詩何句最佳？遏稱曰：昔我往矣，楊柳依依；今我來思，雨雪霏霏。公曰：訏謨定命，遠猷辰告。謂此句偏有雅人深致。[24]

21　〈詩品序〉，見何文煥輯，《歷代詩話》[上]（北京：中華書局，1982），頁 3。
22　《金樓子》〈立言〉，同 12，頁 340。
23　同 17，頁 144。劉孝標於「然每至佳句」下注云：「『赤城霞起而建標，瀑布飛流而界道。』此賦之佳處。」
24　《世說新語》〈文學〉52，同 17，頁 128。

王孝伯在京，行散至其弟王睹戶前，問：古詩中何句為最？睹思未答。孝伯詠所遇無故物，焉得不速老：此句最佳。[25]

桓宣武命袁彥伯作〈北征賦〉，既成，公與時賢共看，咸嗟嘆之。時王珣在坐，云：恨少一句，得「寫」字足韻當佳。袁即於坐攬筆益云：感不絕於余心，泝流風而獨寫。公謂王曰：當今不得不以此事推袁。[26]

由上例子可見，所謂「佳句」就是全詩或文最佳的表現部分。一首詩或一篇文章由於「佳句」的存在而頓生光彩，正如陸機〈文賦〉所云：「或苕發穎豎，離眾絕致。形不可逐，響難為係。塊孤立而特峙，非常音之所緯。心牢落而無偶，意徘徊而不能揥。石韞玉而山輝，水懷珠而川媚。彼榛楉之勿翦，亦蒙榮於集翠。」[27]因而，魏晉文士欣賞古詩的佳句，同時亦在他們的文學創作中追求佳句。張華（232-300）、張協（生卒年不詳）、陸機、潘岳（247-300）等人的詩作無不體現了這個追求。唯美詩風盛行的南朝詩壇更是推崇佳句之美，從史書的記述可見其風氣：「宋孝武殷貴妃亡，靈鞠獻挽歌詩三首，云：『雲橫廣階闇，霜深高殿寒。』帝摘句嗟嘆。」[28]「柳惲……少工篇什，始為詩曰：『亭皋木葉下，隴首秋雲飛。』琅琊王元長見而嗟賞，因書齋壁。」[29]「王籍……至若邪溪賦詩，其略云：『蟬噪林逾靜，鳥鳴山更幽。』當時以為文外獨絕。」[30]劉孝綽（481-539）還因佳句而上演了一幕人

---

25 《世說新語》〈文學〉101，同17，頁149。

26 《世說新語》〈文學〉92，同17，頁145。

27 同12，頁173。

28 梁·蕭子顯，《南齊書》，卷52〈丘靈鞠傳〉，同5，頁1747。

29 唐·姚思廉，《梁書》，卷21〈柳惲傳〉，同5，頁1795。

30 《梁書》，卷50〈王籍傳〉，同5，頁1832。另據唐·李延壽，《南史》卷21〈王籍傳〉載：「王籍……至若邪溪，賦詩云：『蟬噪林逾靜，鳥鳴山更幽。』劉孺見之，擊節不能已已。」，同4，第3冊，頁2600。北齊·顏之推，《顏氏家訓》〈文章篇〉載：「王籍〈入若耶溪〉詩云：『蟬噪林逾靜，鳥鳴山更幽。』……簡文吟詠，不能忘之；孝元諷味，以為不可復得。」同12，頁353。可見王籍

生悲喜劇：

> 劉孝綽詞藻為後進所宗，時重其文，每作一首，朝成暮遍，好
> 事者咸傳誦。嘗為詩曰：「塞外群烏返，雲中旅雁歸。」高祖見，
> 大怒，即奪侍郎。又為二首，其一曰：「鳴騶響夾轂，飛蓋倚盧
> （疑漏一字）」其二曰：「城闕山林遠，一去不相聞。」高祖嗟
> 嘆，復侍郎。沈約曰：「卿以詩失黃門，還以詩得黃門。」孝綽
> 曰：「此即既為風所開，復為風所落也。」後罷官不出，為詩題
> 門曰：「閉門罷慶吊，高臥謝公卿。」其妹續其後曰：「落花掃
> 乃合，叢蘭摘復生。」[31]

從這些例子可見佳句的魅力、影響力是頗大的，不僅令人（且多為王公貴族）為之「嗟嘆」，還令人為之丟官又為之復職。劉孝綽罷官後題詩於門及其妹之續詩，不僅是以佳句的形式闡發心聲，從中還可見其反應敏捷蘊藉多義，這也正是品鑒文化的特點。事實上，劉孝綽復職後沈約（441-513）「卿以詩失黃門，還以詩得黃門」的戲謔，及劉孝綽「此即既為風所開，復為風所落也」的應對，當可視為二人對此事件的品題（即所謂「品事」）。這裏還要注意的一點是，佳句使人反應的是「嗟嘆」、「嗟賞」、「擊節不能己」、「吟詠不能忘之」、「諷味以為不可復得」，無疑皆是藝術審美的狀態，從而可見這些佳句本身便是以藝術美感取勝的創作。鍾嶸《詩品》品評丘遲（464-508）詩為「點綴映媚，似落花依草」[32]，顯然是一個相當藝術化審美化的品狀，而其所描繪的景象也無疑是對佳句的形容。近人孫德謙在《六朝麗指》中稱：「至其〈與陳伯之書〉，通篇情文並茂，可謂風清骨峻。其間如『暮春三月，江南草長，雜樹生花，群鶯亂飛』，真有『點綴映媚，似落花

這兩句詩魅力之大。

31 引自張明高、鬱沉，《六朝詩話鈎沉》（北京：中國廣播電視出版社，1997），頁
　480-481。

32 同21，頁15。

依草』之致。……吾恐鍾記室品詩，即從此處悟出其詩境耳。」[33]「暮春三月」四句爲丘遲〈與陳伯之書〉的佳句，是爲不易之論，孫氏以「點綴映媚，似落花依草」來形容，即表明鍾嶸的「點綴映媚，似落花依草」之語，確實爲丘詩佳句之品狀。而且，孫氏還認爲這種佳句最能體現丘詩之境界，可見其對佳句藝術價值之高度評價。這種以佳句取勝的現象在南朝、甚至六朝詩壇是頗爲普遍的，明代著名詩論家胡應麟（1551-1602）便認爲六朝詩人的創作：「皆精言秀調，獨步當時。六朝諸君子生平精力，罄於此矣。」[34]

　　宋代著名詩論家嚴羽（1192？-？）曾高度評價漢魏古詩「氣象混沌，難以句摘」[35]。渾然天成，通篇高妙，固然是詩歌創作的優良傳統；但晉代文人卻是刻意突破這個傳統，而追求「佳句」之美。這也正是文學自覺時代的產物，是魏晉文人對詩歌語言藝術深入探索的表現。這種探索，其實在建安詩人的創作中已見端倪：「嚴（羽）謂建安以前，氣象渾淪，難以句摘，此但可論漢古詩。若『高臺多悲風』、『明月照高樓』、『思君如流水』，皆建安語也。子建、子桓工語甚多，如『丹霞夾明月，華星出雲閒』、『秋蘭被長阪、朱華冒綠池』之類，句法字法，稍稍透露。」[36] 在這麼個「稍稍透露」的基礎上，晉代文士大力展開了對工語佳句的自覺追求。這無疑是詩歌藝術的重要進步。詩歌，畢竟是語言的藝術。

　　事實上，魏晉文人在品鑒中也特別強調語言藝術與技巧，品鑒的語言往往是簡約玄澹──簡潔、精緻、含蓄以及多義的。在這個意義上說，魏晉品鑒本身就是別具一格的佳句，點畫入神亦兼具美感。這

---

33 古田敬一、福井佳夫，《中國文章論・六朝麗指》（東京：汲古書院，1990），頁316-317。

34 《詩藪》（北京：中華書局，1958），〈內篇〉卷2，頁32。

35 《滄浪詩話》〈詩評〉（北京：中華書局，1983），頁151。

36 同34，頁30-31。

或許也就是魏晉名士在品鑒中尤重佳句的原因。

魏晉文人對佳句的重視也確實影響了當時及後世的文學批評，上引陸機的文學主張便是一例，劉勰則在《文心雕龍》中的〈隱秀〉篇提出：「隱也者，文外之重旨者也；秀也者，篇中之獨拔者也。隱以複義爲工，秀以卓絕爲巧，斯乃舊章之懿績，才情之嘉會也。夫隱之爲體，義生文外，秘響傍通，伏彩潛發，譬爻象之變互體，川瀆之韞珠玉也。始正而末奇，內明而外潤，使玩之者無窮，味之者不厭矣。」「如欲辨秀，亦唯摘句：『常恐秋節至，涼飆奪炎熱』，意凄而詞婉，此匹婦之無聊也。『臨河濯長纓，念子悵悠悠』，志高而言壯，此丈夫之不遂也。『東西安所之，徘徊以旁皇』，心孤而情懼，此閨房之悲極也。『朔風動秋草，邊馬有歸心』，氣寒而事傷，此羈旅之怨曲也。」[37] 顯然，劉勰追求的就是簡約玄澹而深具藝術感染力的「隱秀」佳句美。[38]

鍾嶸《詩品》是一部在品鑒文化浸淫下所產生的、最具品鑒典型意義的文學批評專著，無論題名（《詩品》）、動機（品詩）、範式（品評）與體制（分品）皆深受魏晉品鑒影響，其中關涉佳句的品評亦處處可見：「然名章迥句，處處閒起；麗典新聲，絡繹奔會。譬猶青松之拔灌木，白玉之映塵沙，未足貶其高潔也。」「季鷹黃華之唱，正叔綠繁之章，雖不具美，而文彩高麗，並得虯龍片甲，鳳凰一毛。」「至如『懽言醉春酒』、『日暮天無雲』，風華清靡，豈直爲田家語邪？」「一章之中，自有玉石，然奇章秀句，往往警遒，足使叔源失步，明遠變色。」「曹公古直，甚有悲涼之句。」「安道詩雖嫩弱，有清上之句，裁長補短，袁彥伯之亞乎？」「庾、帛二胡，亦有清句。」「子陽詩奇

---

37 同 19，頁 482，485。

38 劉勰《文心雕龍》〈隱秀〉有更爲深邃的哲學及美學意涵，對此王鍾陵有甚爲精辟深入的論述。參看王氏，〈哲學上的「言意之辨」與文學上的「隱秀」論〉，載《古代文學理論研究》，第 14 輯（1989 年），頁 1-40。

句清拔，謝朓常嗟頌之。」[39] 從這些品評可知，鍾嶸與陸機一樣都喜歡運用珍貴及美麗的事物如青松、白玉、虯龍片甲、鳳凰一毛、玉石等去形容佳句，這也正是魏晉品鑒慣用的方式。

　　上引諸例中，第一例謝靈運（385-433）詩爲上品，二至四例張翰（生卒年不詳）、潘尼（250？-311？）、陶潛（365-427）、謝朓（464-499）詩爲中品，其餘五至八例曹操、戴逵（？-395）、道遒上人（生卒年不詳）、釋寶月（生卒年不詳）、虞羲（生卒年不詳）等人的詩皆爲下品。顯然低品位者爲多。儘管有品位高下之分（且不論鍾氏的流品鑒別標準是否得當），卻不能因此認爲鍾氏輕視佳句。相反，佳句是鍾氏肯定被品者的重要標準之一，某些詩人儘管整體創作欠佳，亦仍可憑佳句佔一席之地，對戴逵（居下品）的品題尤見此意：「安道詩雖嫩弱，有清上之句，裁長補短，袁彥伯之亞乎？」

　　鍾氏品評謝惠連（397-433）時所徵引的一則逸事或能進一步説明其對佳句的重視：「《謝氏家錄》云：「康樂每對惠連，輒得佳語。後在永嘉西堂，思詩竟日不就。寤寐間忽見惠連，即成『池塘生春草』。故嘗云：『此語有神助，非吾語也。』」[40] 佳句的產生簡直就被神化了，其價值也必然不可小覷，不僅鍾氏對謝靈運詩佳句的品譽「譬猶青松之拔灌木，白玉之映塵沙，未足貶其高潔」充分印證了這一點，就是對其他人的品題如「文彩高麗，並得虯龍片甲，鳳凰一毛」，「風華清靡，豈直爲田家語邪」，「奇章秀句，往往警遒，足使叔源失步，明遠變色」，「裁長補短，袁彥伯之亞乎」，「奇句清拔，謝朓常嗟頌之」等，或正面讚美，或反問相詰，或由他人映襯，無不表達出鍾氏對文學作品中的佳句決然肯定的態度。

　　「佳句」在文學創作中的運用及受到重視，無疑是由於作家對藝

---

39 同 21，頁 9、11、13、14、15、17、19、20、24，分別評謝靈運、張翰、潘尼、陶潛、謝朓、曹操、戴逵、道遒上人、釋寶月、虞羲等人詩語。

40 同 21，頁 14。

術技巧的追求。然而，「佳句」的概念及其在文學批評中的運用，無論是在歷時縱向的推源溯流，還是在共時橫向的參照比較，都體現出與魏晉品鑒的密切關係。或許，魏晉文人是自覺地將品鑒的範式與方法運用到文學批評之中。於是，簡約玄澹的佳句運用不僅作爲魏晉品鑒的範式之一，也成爲晉代以及後世文學批評的一個特殊範式（即所謂摘句點評式）。

四、「清」：一個貫通品鑒與文學之美學概念

魏晉品鑒文化中另一個常見的、跟文學有關的概念（及現象）是「清」。「清」是「濁」的反義。中國古代的元氣說認爲，清是陽氣所爲，濁是陰氣所致。陽氣清越，形成天；陰氣濁滯，構成地：「道始於虛廓，虛廓生宇宙，宇宙生氣，氣有涯垠，清陽者薄靡而爲天，重濁者凝滯而爲地。清妙之合專易，重濁之凝竭難，故天先成而地後定。」[41] 在這個認識中，「清-陽」與「濁-陰」的品位可以理解爲是平等的，只是用來表述一個自然常理。然而，自父系社會以來，尊陽卑陰觀念[42]的影響，形成了人們崇清貶濁的普遍心理。「清-陽」與「濁-陰」，便在更多時候形成有高下區別甚至是對立的範疇，如：「平日醉客謂酒：清者爲聖人，濁者爲賢人。」[43] 酒客以清聖濁賢來品定酒之優劣，顯然「清」的品位高於「濁」。「賢愚豈嘗類，秉性在清濁。富貴有人籍，貧賤無天錄。」[44]「賢-清-富貴」與「愚-濁-貧賤」，褒前貶後態度鮮

41　漢・劉安，《淮南子》〈天文訓〉，陳廣忠註譯，《淮南子譯註》（長春：吉林文史出版社，1994），頁 101。

42　最有代表性的便是《周易》所體現的觀念，如：「天尊地卑，乾坤定矣……乾道成男，坤道成女。」（〈繫辭上〉）「陰雖有美，含之以從王事，弗敢成也。地道也，妻道也，臣道也。地道無成而代有終也。」（〈坤卦第二〉）參看黃壽祺、張善文撰，《周易譯註》（上海：上海古籍出版社，1990），頁 527，35。

43　《三國志，魏書》，卷 27〈徐邈傳〉，同 5，頁 993。

44　《後漢書》，卷 110 下〈酈炎傳〉，同 5，，第 1 冊，頁 884。

明立判。東漢文士以「清流」與「濁流」來劃分人品之高下，亦應是這種觀念影響所致。在東漢選官制以及魏晉南北朝九品中正制中，「清」的觀念也同樣盛行。毛玠在曹操手下任東曹掾時，便「與崔琰並典選舉，其所舉用皆清正之士」。[45] 而在曹丕時代建創九品中正制的陳群，在推薦管寧（158-241）時，即稱譽管寧「清儉足以激濁，貞正足以矯時」。[46] 至晉朝立國後，晉武帝司馬炎（265-290 在位）更將「揚清激濁，舉善彈違」作爲選官原則，要求「士庶有好學篤道，孝弟（悌）忠信，清白異行者，舉而進之」。[47] 於是，「清」的意義在九品中正文化中益顯重要，不僅入仕要有「清正」、「清儉」、「清白」之類的「清」譽，九品中正的官僚體制也由此形成了以「清選」、「清舉」、「清官」、「清職」、「清階」、「清級」等爲標誌的「清途」體系。[48]

另一方面，由於陽氣清越爲天、陰氣濁滯爲地的認識，「清」便又具有超塵脫俗、淡泊物欲、精神自由的意義。因而，魏晉名士更是推崇「清」。正始（240-249）玄學家兼文學家阮籍（210-263）與嵇康（224-263）便宣稱：「清靜寂寞，空豁以俟。善惡莫之分，是非無所爭。故物反其所而得其情也。」[49]「夫清虛寥廓，則神物來集；飄搖恍惚，則洞幽貫冥；冰心玉質，則激潔思存；恬淡無欲，則泰志適情。」[50]「不虛心靜聽，則不盡清和之極。」[51] 清靜、清虛、清和，無不成爲魏晉名士所虔誠秉持的心境以及汲汲追求的境界。

45 《三國志，魏書》，卷 12〈毛玠傳〉，同 5，頁 954。
46 《三國志，魏書》，卷 11〈管寧傳〉注引，同 5，頁 952。
47 《晉書》，卷 3〈武帝紀〉，同 5，頁 1084。
48 參看張旭華，〈論魏晉時期的清途與非清途兩大任官體系〉，《許昌師專學報》1995 年第 4 期，頁 15-20；[日]葭森健介著、吳少瑤譯，〈就魏晉吏部官僚的選任論「清」的不同理念〉，《歷史教學問題》1996 年第 2 期，頁 31-36。
49 阮籍，〈達莊論〉，陳伯君校注，《阮籍集校注》（北京：中華書局，1987），頁 150。
50 阮籍，〈清思賦〉，同 49，頁 31。
51 嵇康，〈聲無哀樂論〉，殷翔、郭全芝注，《嵇康集注》（合肥：黃山書社，1986），頁 217。

　　以上積極入仕與崇尙自然兩種現象同時存在於魏晉名士之中，雖不無牴牾，但在現實中卻亦不乏相融並諧的表現。如王衍（256-311）「神情明秀，風姿詳雅」一派名士風度，十四歲即「辭甚清辨」，日後更「好論縱橫之術……口不論世事，唯雅詠玄虛而已」。就是這麼個清談玄學家，卻「累居顯職，後進之士莫不景慕仿效，選舉登朝皆以爲稱首」。但也正在其「居顯職」之時，仍然「終日清談而縣務亦理……妙善玄言，唯談老莊爲事」。[52] 簡直就是出儒入玄，臻於化境。

　　於是，這樣一種以「清」爲尙的觀念，貫徹於玄風彌漫的魏晉名士生活之中，形而上的玄談便被稱爲「清談」，人物品鑒，則往往以「清」字來推重超凡脫俗、神姿澄澈的風度，如「清遠雅正」、「岩岩清峙」、「標鮮清令」、「清蔚簡令」、「穆然清恬」、「清易令達」、「洮洮清便」、「爽朗清舉」等等。言及景物，也喜用「清」字：「水淡而清」、「清風朗月」、「日月清朗」、「清露晨流」、「芳林夾於軒庭，清流激於堂宇」。[53] 在魏晉名士看來，「清」已幾乎是「美」的同義概念。魏晉名士袁準（生卒年不詳）在〈才性〉中即稱：「凡萬物生於天地之間，有美有惡。物何故美？清氣之所生也。物何故惡？濁氣之所施也。」[54] 在這裏，「清」跟「美」是等義的，與「濁-惡」構成對立的範疇。由此也可說，在那個時代，「清」已儼然是一個審美的概念。

　　「清」的概念幾乎是在第一時間進入了魏晉文學批評的領域，所謂「魏文屬論，深以清濁爲言」[55] 便闡明了這一點。這就是曹丕在《典論‧論文》中所說的：「文以氣爲主，氣之清濁有體，不可力強而致。

52　皆見《晉書》，卷 43〈王戎傳附王衍傳〉，同 5，頁 1201。

53　以上例子，見於《世說新語》中〈言語〉、〈品藻〉、〈容止〉、〈賞譽〉、〈雅量〉、〈棲逸〉諸篇。見於同 17，頁 240、243、253、284、204、334、77、271，下冊，頁 360。

54　袁準，〈才性〉，見《全晉文》卷 54，嚴可均輯，《全上古三代秦漢三國六朝文》（臺北：世界書局，1969），第四冊。

55　《南齊書》，卷 52〈陸厥傳〉，同 5，頁 1748。

譬諸音樂，曲度雖均，節奏同檢。」[56] 在此，清指陽剛之氣，濁指陰柔之氣，即認爲不同的氣質導致不同的風格。[57] 清濁不同，卻沒有高下褒貶之意，葛洪（284-364）所論亦表示出相同的看法：「清濁參差，所秉有主，朗昧不同科，強弱各殊氣。」[58] 到劉勰之後，「清」則被推崇爲一種具有陽剛美的理想風格：「意氣駿爽，則文風清焉。」「風清骨峻，篇體光華。」[59] 然而，劉勰所推崇的這種陽剛理想風格在當時卻未能得到普遍響應，如鍾嶸雖然也主張「幹之以風力」，但「潤之以丹彩，使味之者無極，聞之者動心」[60]，則又趨歸於柔美風格；品評詩人時，雖然也言及「劉越石仗清剛之氣，贊成厥美」，「（劉琨）善爲淒戾之詞，自有清拔之氣」，但他所關注的顯然更多是「清音獨遠」，「詞旨清捷，怨深文綺」，「風華清靡」，「務其清淺，殊得風流媚趣」，「清便宛轉，如流風回雪」[61] 之類深具陰柔美的清新自然風格。然而，儘管剛柔各異，對「清」的執著卻是一致的。在這裡，「清」既是作者才質之美，亦是作品風格之美。

　　在文學創作中，「非必絲與竹，山水有清音」[62] 的美學觀，致使六朝山水文學蔚爲大觀，清新自然的風格廣受歡迎。儘管前面所引阮孚（生卒年不詳）的品評沒有明確地用「清」字去形容郭璞（276-324）清新自然（「泓崢蕭瑟」）的詩歌風格，但字裏行間隱然可見其意。值得一提的是，令阮孚「輒覺神超形越」的確實就是郭璞詩〈幽思篇〉的佳句：「林無靜樹，川無停流。」[63] 同樣地，范榮期（生卒年不詳）

56　《典論‧論文》，同 12，頁 158。
57　這裏是參考了郭紹虞主編《中國歷代文論選》的解釋，見同 12，頁 163。
58　葛洪，《抱朴子》〈尙博〉，同 12，頁 212。
59　《文心雕龍》〈風骨〉，同 19，頁 376，381。
60　〈詩品序〉，同 21，頁 3。
61　分別見於《詩品》，同 21，頁 2，12，6，13，14，15。
62　左思，〈招隱詩〉，見逯欽立輯校，《先秦漢魏晉南北朝詩》[上]（北京：中華書局，1998），頁 734。
63　同 62，[中]，頁 867。

對孫綽（314-371）〈天臺山賦〉佳句「赤城霞起而建標，瀑布飛流以界道」[64]的品評，也顯示了對清新自然風格的推崇。這表明魏晉文人喜用「清」與「佳句」的概念來品評文學作品。南朝詩壇對「清」的風格與「佳句」的追求更爲普遍，如前文所述，鍾嶸《詩品》不僅對佳句給予充分肯定，而且在評論詩人的創作及佳句時，更常常運用「清」的概念，諸如：「清音」、「清捷」、「清遠」、「清拔」、「清靡」、「清淺」、「清雅」、「清便」、「清怨」、「清上」、「清句」、「清巧」以及「清潤」等等。事實上，清新自然的風格與簡約玄澹的佳句就是南朝詩歌創作中兩個明顯的特徵[65]，二者相得益彰。清代詩評家陳祚明（1655-1673在世）對謝朓詩的品評，恰好概括了這兩個特徵：「輕清和婉，佳句可賡。」[66]

　　南朝詩歌對清新自然風格與簡約玄澹佳句的追求，與魏晉品鑒對「佳句」與「清」的崇尚，二者顯然同是時代審美風氣與文學觀念發展演變大背景下的產物，倘若從時間序列角度看，後者對前者的影響關係應是難以否認的。而實際上，魏晉品鑒本身也已因對「佳句」與「清」的崇尚與表現而「不由自主」地涉足文學領域。需要補充的一點是，通過上面的論述還可看到，魏晉文士喜歡運用形象（意象）來品評任何對象——包括人物、自然以及文學作品。魏晉文士常以「目」字指稱「品鑒」，這似乎表明魏晉文士在品鑒時，更爲關注被品對象的視覺與空間形態，因此，品鑒的形象化、意象化便是自然而然的了。

64　《世說新語》〈文學〉86：「孫興公作〈天臺賦〉成，以示范榮期，云：卿試擲地，要做金石聲。范曰：恐子之金石，非宮商中聲。然每至佳句，輒云：應是我輩語。」劉孝標於「然每至佳句」下注云：「『赤城霞起而建標，瀑布飛流而界道。』此賦之佳處。」見同17，頁144。

65　參看王力堅，《由山水到宮體：南朝的唯美詩風》（臺北：臺灣商務印書館，1997），頁31-82，125-164。

66　《采菽堂古詩選》卷20，引自北京大學中國文學史教研室編，《魏晉南北朝文學史參考資料》（香港：中華書局香港分局，1986），頁549。

眾所周知，意象的運用是中國古代文學的一個重要因素。在這個意義
上可以說，意象或許也就是聯結魏晉品鑒與文學創作的關鍵之一。事
實上，記載大量魏晉品鑒事跡的《世說新語》，即以其形象生動的記述
被視爲中國古代小說的早期代表作之一。

五、結　論

　　綜上所述，魏晉品鑒緣起於東漢人物品鑒，但除了品鑒人物外，
還運用形象生動而簡約玄澹的語言去品評各種事、物、書畫乃至詩文。
曹丕以人物爲中心的文學批評體現了對東漢人物品鑒繼承的必然性與
合理性，陸機的〈文賦〉將重點轉向以文體風格爲中心，既反映了魏
晉以降品鑒多元化發展的影響，也更意味著文學批評走向自身獨立發
展的趨勢。由品人而品文，由文體分類而文體風格，顯示了魏晉品鑒
對文學批評影響的邏輯演進及深化過程。魏晉品鑒中別具意義的「佳
句」和「清」兩個概念，體現出跟當時文學觀念的密切關係。雖然在
總體上說，六朝文學及六朝文學批評的繁榮發展，主要有賴於當時文
人自我意識的日漸覺醒、文學觀念的日益成熟，然而，作爲當時重要
的文化現象，魏晉品鑒在觀念、方法、語言、文體等方面，無不給當
時乃至後世的文學批評提供了極有價值的借鑒，間接、甚至直接地開
拓中國古代文學批評的新局面，後世大量品評式的文學（及藝術）批
評，其淵源亦當可追溯至魏晉品鑒，誠如宗白華所指出的：「中國美學
竟是出發於『人物品藻』之美學。美的概念、範疇、形容詞，發源於
人格美的評賞。……中國藝術和文學批評的名著，謝赫的《畫品》，袁
昂、庾肩吾的《畫品》（王案：疑爲《書品》）、鍾嶸的《詩品》、劉勰
的《文心雕龍》，都產生在這熱鬧的品藻人物的空氣中。」[67]

---

[67]〈論《世說新語》和晉人的美〉，《美學散步》（上海：上海人民出版社，1997），
　　頁 209-210。引文中「袁昂、庾肩吾的《畫品》」之「畫品」一語疑有誤。上海
　　人民出版社 1981、1983、1997 年出版的《美學散步》，北京大學出版社 1989 出

版的《藝境》和安徽教育出版社 1994 出版的《宗白華全集》第二卷皆作「畫品」。
然而，歷史上袁昂與庾肩吾都是書法評論家，袁有《古今書評》，庾有《書品》
傳世，卻皆無《畫品》之作載錄。而且，從行文習慣看，倘若謝赫、袁昂、庾
肩吾所作皆是《畫品》，謝赫後面只需用個頓號即可，不必如此累贅多一「畫品」
之語。以此看來，原文的「袁昂、庾肩吾的《畫品》」當是「袁昂、庾肩吾的《書
品》」——「畫」「書」因字形筆畫相似而導致的筆誤（或排版錯誤）。這樣也更
能闡明「人物品藻」對書畫藝術及文學批評各方面的廣泛影響。因此本文在引
述中特加以說明「疑爲《書品》」。

談筆記在唐代文史研究中的重要性

南京大學中文系教授
周　勛　初

提　要

「筆記」一名，作為文體來說，涵義很含混。它的內含與外延究竟怎樣確定，很難說明。人們往往是在不能確定而又似乎約定俗成的狀態下加以使用的。

唐代雖無以「筆記」命名的著作，但卻有很典型的作品傳世，吾人可將段成式的《酉陽雜俎》一書列為「筆記」的代表。

「傳記」「雜史」「故事」中的材料，往往以人為主，如稍具情節，人們也就往往以文學作品看待。因為這樣的作品兼具「筆記」、「小說」的特點，因此學術界也就興起了「筆記小說」一詞。因為這一名詞的覆蓋面比較大，既可以稱《國史補》之類敘述史實的「雜史」類著作，也可稱《杜陽雜編》之類侈陳怪異的「小說」類著作，也可稱《資暇集》之類考訂名物隨筆似的著作，也可稱《酉陽雜俎》之類包羅萬象類書似的著作。因此，目下使用「筆記小說」一詞的學者似有逐漸增多之勢。

近百年來，隨著貴族社會的不斷瓦解，平民文化日益得到重視。五十年代之後，人類學家雷德斐（Rodert　Redfield）的大傳統與小傳統之論風行一時，而史學界興起的所謂精英文化與通俗

文化之說，影響甚大。小傳統或通俗文化中的材料大多著錄於「筆記」或「小說」中，由此可知其價值之重大。可以說，近幾十年來唐代文史領域研究中許多成果之獲得，與人們開始關注小傳統或通俗文化有關。經過眾多專家的發掘，可知像《譚賓錄》、《芝田錄》、《大唐新語》等書中，都包含有好多國史材料。這樣的材料，即以史料價值而言，也不會比新、舊《唐書》與《資治通鑑》等書中的材料為差。一些記敘性的詩歌，如鄭嵎的《津陽門詩》、白居易的《長恨歌》等，也有其依據《國史》而寫作的背景。

關鍵詞：筆記、小說、筆記小說、小傳統、通俗文化、國史

　　「筆記」一名，作爲文體來說，涵義很含混。它的內含與外延究竟怎樣確定，很難說明。人們往往是在不能確定而又似乎約定俗成的狀態下加以使用的。

　　按前人著作以「筆記」冠名，起於宋祁的《宋景文公筆記》、蘇軾的《仇池筆記》和陸游的《老學庵筆記》等書。《宋史·藝文志》將宋、陸二人之作歸入史部的「傳記」類，這看來是適當的。因爲宋、陸二人都是宋代名人，閱歷多，見聞廣，所記內容，大都具有史料價值，足供治史者參考。《仇池筆記》的情況有所不同，此書是否真是蘇軾的作品，爭議很多。一般認爲，內有出自蘇軾筆下的一些零星文字，實爲蘇軾書寫的隨筆，內容五花八門，很難歸類。因此這裏使用的「筆記」一詞，也就和現代漢語中的定義差不多了。按目下在漢語區中廣泛通用的工具書《辭海》中，「筆記」一詞的釋義如下：

　　　　文體名。泛指隨筆記錄，不拘體例的作品，其題材亦很廣泛。有的著作可涉及政治、歷史、經濟、文化，自然科學、社會生

活等許多領域，但亦可專門記敍、論述某一個方面。[1]

如此說來，唐代雖無以「筆記」命名的著作，但卻有很典型的作品傳世，吾人可將段成式的《酉陽雜俎》一書列爲「筆記」的代表。

魯迅《中國小說史略》敍此書曰：「《酉陽雜俎》二十卷凡三十篇，今具在，並有續集十卷：卷一篇。或錄秘書，或敍異事，仙佛人鬼以至動植，彌不畢載，以類相聚，有如類書，雖源或出於張華《博物志》，而在唐時，則猶之獨絕之作矣。」[2]這裏說是其書「如類書」，可見其內容的豐富與龐雜了。

《酉陽雜俎》中記敍的東西，有的確是錄自「秘書」，但有相當大的比重其材料則出於傳聞。例如續集卷二《支諾臯中》曰：「上都渾瑊宅，戟門內一小槐樹，樹有穴，大如錢。每夜月霽後，有蚓如巨臂，長二尺餘，白頸紅斑，領蚓數百條如索，緣樹枝條。及曉，悉入穴。或時衆鳴，往往成曲。學士張乘言渾令公時，堂前忽有一樹從地踴出，蚯蚓遍掛其上。已有出處，忘其書名目。」說明這些故事口耳相傳，雖有典籍加以著錄，但段氏本人則重視其原始出處。又如同卷另一條云：「于季友爲和州刺史時，臨江有一寺，寺前漁釣所聚。有漁子下網，舉之重，壞網，視之，乃一石如拳。因乞寺僧置於佛殿中，石遂長不已，經年重四十斤。張周封員外入蜀，親睹其事。」張周封爲段氏同時人，此則故事當系張氏面告。

總的看來，段成式在《酉陽雜俎》中的記載得之傳聞者，其比例不會比閱讀所得者爲少，這就與古代目錄中有關「小說」一詞的定義相重合。

《漢書·藝文志》在《諸子略》中爲「小說家」下定義時說：「小說家者流，蓋出於稗官，街談巷語，道聽途說者之所造也。孔子曰：『雖

1 此據上海辭書出版社 1990 年 12 月縮印本第一版第 2112 頁。
2 此據北京人民文學出版社 1952 年據 "魯迅全集" 單行本紙版重印本。

小道，必有可觀者焉，致遠恐泥。」是以君子弗爲也，然亦弗滅也，閭裏小知者之所及，亦使綴而不忘，如或一言可採，此亦芻蕘狂夫之議也。」因爲「筆記」與「小說」的內容大都來自「街談巷議，道聽途說」，因此二者的內容經常混淆不清。這類著作，有人也就稱之爲「筆記」，有人則稱之爲「小說」。到底是「筆記」這一概念包容的東西多，還是「小說」這一概念包容的東西多，可不易說清。二者之間有相通處，又有其特指的地方，但要細列二者之間的同異，也有難處。鄭樵在《通志‧校讎略》中撰《編次之訛論》十五篇，內云：「古今編書，所不能分者五：一曰傳記，二曰雜家，三曰小說，四曰雜史，五曰故事。凡此五類之書足相紊亂。」「筆記」的內容近於「傳記」，已見前述，而「傳記」與「雜史」、「故事」又相近。總的看來，「筆記」的內容與「雜家」最爲接近。這裏說的「雜家」，非指思想家中《呂氏春秋》一類著作，而屬「四庫全書」內「小說家」中的「瑣語」或「雜事」一類著作。

　　晚近西學東漸，學術界每按西洋的學術觀點區分中國的典籍，學校中也按西洋的標準分科教學。像《酉陽雜俎》之類的著作，乃至《因話錄》、《資暇集》之類的書，有的歸入文學類，有的則歸入歷史類。因此，目下中文系或歷史系的教師都很關注這類著作，與前此學術界視之爲小道，觀念上已大不相同。

　　中國自清末起，受到西洋學術的影響，開始注意民間文學。中文系的課程中，已有民間文學之類的課程。胡適講授文學史時，提倡白話文學，其主要內容也以民間文學爲主。魯迅講授中國小說史，依傍西洋的小說觀念甄別材料，清理中國小說的發展線索。他在研究六朝小說時，將之區分爲志怪小說與志人小說兩大類；到了唐代時，也就突出介紹傳奇這一文體的巨大成就。但當他敘及另一類數量更多的著作，如《酉陽雜俎》等書時，也就無法歸類，只能另外標舉「雜俎」一名。這在小說史的研究中可以有此一舉，但在目錄學中卻無法形成

共識。

　　「傳記」「雜史」「故事」中的材料，往往以人爲主，如稍具情節，人們也就往往以文學作品看待。因爲這樣的作品兼具「筆記」、「小說」的特點，因此學術界也就興起了「筆記小說」一詞。因爲這一名詞的覆蓋面比較大，既可以稱《國史補》之類敍述史實的「雜史」類著作，也可稱《杜陽雜編》之類侈陳怪異的「小說」類著作，也可稱《資暇集》之類考訂名物隨筆似的著作，也可稱《酉陽雜俎》之類包羅萬象類書似的著作。因此，目下使用「筆記小說」一詞的學者似有逐漸增多之勢。

　　「筆記」「小說」二詞出現甚早，「筆記小說」一名的使用則很遲，因爲這一名詞不能徹底克服原有二詞中的含混，因此有的學者對此仍持異議。我認爲，這種質疑是有道理的，但在目下尚無最佳方案出現的情況下，筆記小說一名不妨試用。常言說「名無固宜，約定俗成謂之宜」，人們用久之後，是否可形成一些共識？當然，這一名稱也不能用之過濫，像《韓詩外傳》與《獨斷》等著作，自不能歸入筆記小說類。[3]

　　近百年來，隨著貴族社會的不斷瓦解，平民文化日益得到重視。五十年代之後，人類學家雷德斐（Rodert　Redfield）的大傳統與小傳統之論風行一時，而史學界興起的所謂精英文化與通俗文化之說，影響甚大。大傳統與精英文化爲上層知識階層所形成，小傳統或通俗文化則爲一般下層民眾所形成。前此人們研究文史時總是著眼於正經、正史，也就是在大傳統與精英文化的範圍內考察與研究。自從上述學說陸續傳入後，人們的觀念有所改變。大家認識到，大傳統或精英文化與小傳統或通俗文化實際上是無法割裂的，二者經常處在相互排斥

3　參看拙作《唐代筆記小說的內涵與特點》，載《周勛初文集》第五冊《唐人筆記小說考索》，江蘇古籍出版社 2000 年版。又程毅中《讀〈唐人筆記小說考索〉》，載《燕京學報》新四期，1998 年。

而又相互交融的狀態中。人們接受這種觀念後，視野大爲開闊，研究的成果也有了新的提高。例如唐人的宗教信仰，正史上很少記載。唐代開國君主的崇佛或崇道，帶有強烈的政治色彩，學者如對其時的宗教典籍無所涉獵，勢難作出新的結論。

但要研究唐代佛教，不光是閱讀《宋高僧傳》等幾本典籍就能了然的。研究者如能泛讀「筆記」「小說」，則可看到佛教在民間傳播的盛況。例如牛肅《紀聞》敘黃山瑞像曰：

> 魯郡任城野黃山瑞像，蓋生於石，狀如胚渾焉。昔有採栝者，山中見像，因往祈禱，如願必得，由是遠近觀者數千人。知盜官恐有奸起，因命石工破山石，輂瑞像，致之邑中大寺門樓下。於是邑人於寺建大齋，凡會數千人。齋畢衆散，日方午，忽然大風，黑雲覆寺，雲中火起，電擊門樓，飛雨河注。邑人驚曰：「門樓災矣。」先是僧造門樓，高百餘尺，未施丹艧，而樓勢東傾，以大木撐之。及雨止。樓已正矣。蓋鬼神以像故而扶持焉。（《太平廣記》卷一〇一引）

又如張鷟《朝野僉載》卷三敘白鐵餘謀反事曰：

> 白鐵餘者，延州稽胡也，左道惑衆。先於深山中埋一金銅像於柏樹之下，經數年，草生其上。紿鄉人曰：「吾昨夜山下過，每見佛光。」大設齋，卜吉日以出聖佛。及期，集數百人，命於非所藏處劚，不得。乃勸曰：「諸公不至誠佈施，佛不可見。」由是男女爭佈施者百於萬。更於埋處劚之，得金銅像。鄉人以爲聖，遠近傳之，莫不欲見。乃宣言曰：「見聖佛者，百病即愈。」左側數百里，老小士女皆就之。乃以緋紫紅黃綾爲袋數十重盛像，人聚觀者，去一重一迴佈施，收千端乃見像。如此矯僞一二年，鄉人歸伏，遂作亂，自號光王，署置官職，殺長吏，數年爲患。命將軍程務挺斬之。

再如段成式《酉陽雜俎》中的《金剛經鳩異》敘黨項羌中事曰：

永泰初，豐州烽子暮出，爲黨項縛入西蕃易馬，蕃將令穴肩骨，貫以皮索，以馬數百蹄配之。經半歲，馬息一倍，蕃將賞以羊革數百，因轉近牙帳。贊普子愛其了事，遂令執纛左右，有剩肉、餘酪與之。又居半年，因與酪肉，悲泣不食，贊普問之，云有老母頻夜夢見。贊普頗仁，聞之悵然，夜召帳中語云：「蕃法嚴，無放還例。我與爾馬有力者兩匹，於其道縱爾歸，無言我也。」烽子得馬極騁，俱乏死，遂晝潛夜走，數日後爲刺傷足，倒磧中。忽有風吹物窸窣過其前，因攬之裹足。有傾，不復痛，試起步走如故。經信宿，方及豐州界。歸家，母尚存，悲喜曰：「自失爾，我唯念《金剛經》，寢食不廢，以祈見爾，今果其誓。」因取經拜之，縫斷，亡數幅，不知其由。子因道磧中傷足事，母令解足視之，所裹瘡物，乃數幅經也，其瘡亦愈。

　　由此可知，唐代的佛教活動可注意者，非僅限於玄奘等人的譯經與播道，而是牽涉至廣，內容豐富。過去有一種說法，以爲中國人無宗教信仰可言，中國是一個沒有宗教的國家，這種說法顯然是不妥的。如果研究者能把眼光投向筆記小說類著作，則可明白中國實爲民間信仰極爲豐富而又特別複雜的國家。中國人自有其宗教信仰。由此切入，則對中國佛教與原有民間信仰的交融，民間文學、民間結社、民間習俗乃至周邊地區的民情風俗等問題，都可有新的認識。

　　《酉陽雜俎》中有《寺塔記》上、下二卷，詳記長安的許多寺院，內容極爲豐富。從中可見許多佛教故事，文人雅士衆多的題詠與畫像，以及建築與植被的壯麗。讀之可知，唐代的寺院實爲上至貴族下至平民時常前往的一種娛樂場所。人們研究唐代宗教時，如對這一類的著述缺乏認識，則在知識結構上也就會出現嚴重的局限。

　　如上所言，小傳統或通俗文化中的材料大多著錄於「筆記」或「小說」中，由此可知其價值之重大。可以說，近幾十年來唐代文史領域

研究中許多成果之獲得，與人們開始關注小傳統或通俗文化有關。但在中國這樣一個具有古老文明的國家，傳統往往成為一種惰性，束縛人們的視野，影響學術的開展。即使是像趙翼這樣的歷史名家，仍持排斥小說的態度，儘管他在《廿二史劄記》中列有《舊唐書前半全用實錄國史舊本》等目，但對唐代國史的來龍去脈不作深究。隨著近年來學術界對唐代國史問題的關注，人們對筆記小說中沿用國史材料的問題認識上有了很大的提高。因為唐代的國史並不深鎖內庭，外人如有機會，可以自由閱讀與運用。不管是紀傳體的《國史》抑或編年體的《實錄》，一般知識份子也有機會接觸。因此他們從事著述時，往往逕引國史入其著作。這樣的材料，人們自不能視之為道聽途說的「小說家言」而予以否定。

經過眾多專家的發掘，可知像《譚賓錄》、《芝田錄》、《大唐新語》等書中，都包含有好多國史材料。這樣的材料，即以史料價值而言，也不會比新、舊《唐書》與《資治通鑒》等書中的材料為差。一些記敘性的詩歌，如鄭嵎的《津陽門詩》、白居易的《長恨歌》等，也有其依據《國史》而寫作的背景。鄭詩有云：

> 四方節制傾附媚，窮奢極侈沽恩私。堂中特設夜明枕，銀燭不張光鑒帷。

原注：「虢國夜明枕，置於堂中，光燭一室。西川節度使所進。事載《國史》。」可知這一記載源出《國史》。

白居易作《長恨歌》，陳鴻作《長恨歌傳》，都是膾炙人口的名篇。按《長恨歌傳》傳世者有三種，一附《白氏長慶集》中的《長恨歌》前，又見《文苑英華》卷七九四；一附《文苑英華》中的《長恨歌傳》後，云出《麗情集》及《京本大麴》；一見《太平廣記》卷四八六雜傳類，當自陳翰《異聞集》中轉錄。此文末云「……使者還奏太上皇，上心嗟悼久之，餘具《國史》。」可知陳鴻撰文時看過《國史》中的有關記敘，於此他有所吸取，有所捨棄，但參考過《國史》則無可疑。

　　又《文苑英華》本《長恨歌傳》後云：

　　世所知者，有《玄宗本紀》在。

這一「本紀」決不可能出於其他史書，只能是紀傳體《國史》中的《玄宗本紀》。陳鴻《長恨歌傳》和白居易的《長恨歌》中當然會有很多文學上的創造，但二人在創作前都曾閱讀過《國史》，已是不爭的事實。

　　我們要問：《津陽門詩》與《長恨歌》、《長恨歌傳》都是人們常讀的文字，前人為什麼不能發現其與《國史》的關係？這是因為人們受到時代與學術觀念的限制，還是把詩文視為小道，把「國史」視為常人無法接觸的著作，因此對其中的《國史》、《玄宗本紀》等字樣視而不見，只作一般辭彙對待。現在我們瞭解到筆記小說與詩歌中都有《國史》的成份，那麼大家對這類叢殘小語的價值將會有新的認識，從而用作重要史料，從中得出新的研究成果。

唐代敦煌契約文書及其文學性質

逢甲大學中國文學系教授
林　聰　明

提　要

　　今所見唐代敦煌契約的內容性質，主要集中在六個類別：（1）買賣契（2）典押契（3）租佃契（4）僱傭契（5）借貸契（6）放書。從這些契約中，可以看出當時的土地買賣、耕作、交換、租佃等經濟型態，也能探究唐代西北民間風俗樣貌，以及婚姻狀況、奴婢買賣、計口授田、遺產繼承等制度，了解唐代社會的一些實際情形。

　　古代西北地區的法制依據，除了官府的政法規定外，民間亦有訂立契約的習俗，同樣具有法律效力。契約對於有人悔約時應當如何處理，通常都記載有明確的罰則。唐代敦煌契約中清楚記載違約罰則的，以借貸糧食契為最多，這種情形反映了唐代河西人民匱乏糧食，生活貧困，只得四處借糧的實際狀況。

　　敦煌契約中的放妻書，乃是夫婦協議的離婚書。多數的敦煌放妻書對於婚姻的意義，大抵強調夫妻私人感情的篤厚與家庭的和睦興旺，而不是著眼於家族世代的延續上，這一點明顯和中原傳統觀念略有不同，或許可視為河西社會文化的一種特色。

　　唐代敦煌契約所表現的情感，比較偏向於溫婉敦厚之風，尤

其在放妻書中更為明顯。而民間社會的疾苦樣貌，也會在契約中表現出來。此外，在唐代文學風氣興盛的影響下，敦煌契約雖屬於應用文書性質，多多少少都有文學性質存乎其間。有些契約文辭典雅，體式謹嚴；有些或許不夠雅致，但卻風格清新質樸，頗具表現情感的活力。

本篇探討的重點，大抵在唐代敦煌契約的內容特色及其文學表現兩大範圍，分別就敦煌契約的分類、違約罰則、反映的社會現象與經濟情況，以及語文結構、表現方式、情感特徵等項加以論述之。

關鍵詞：唐代、敦煌、契約文書

壹、前　言

當人類社會組織逐漸發達後，交接往來、經濟活動等各類事務，也跟著日益複雜，人與人之間因此有了權利義務的相關問題。在處理彼此相關事務之時，發展出了訂立共同信守的文書條款，它具有法律效力，規定雙方必須遵守的權利義務關係，這就是「契約」的產生。契約應用在處理實際事務上，以實用功能為主，取材於日常生活的內容，具有專門用語和固定格式，並且有特定的適用對象。

中國契約文書的起源甚早，原先稱為「契」或「券」[1]，從西周青銅器銘文可知當時已經有了交換轉讓的契約內容[2]。《周禮》一書中有

---

1 《文心雕龍·書記篇》云：「契者，結也。上古純質，結繩執契。今羌胡徵數，負販記繒，其遺風歟！券者，束也。明白約束，以備情偽，字形半分，故周稱判書。古有鐵券，以堅信譽，王褒髯奴，則券之楷也。」此處所說的「契」與「券」，即指契約文書而言。

2 西周青銅器銘文中，如共王三年衛盉、同五祀衛鼎和同九年衛鼎，記載了當時的

「傅別」[3]、「書契」[4]、「質劑」[5]等與契約相關的語詞，可知周代已經使用長短券書，以資止訟。降至戰國，隨著社會的進化，人際關係日益繁雜，公私事務也愈加密切。使用券書來處理金錢財物的借貸往來，這種方式已經普及於一般庶民，《史記》中便記載了戰國時期屬於借據性質的「券書」[6]。

　　秦漢以後，券書的內容樣式也有不同，乃是以簡牘爲契券。《史記》記載有漢高祖尚未顯達時，積欠酒債，因有異象在身，債主怪之，「常折券棄責」之事，可爲明證[7]。漢代的契約，主要稱爲「券」[8]，

領主矩伯、邦君歷和貴族裘衛等人，從事田地與手工產品交易的情事；而周穆王時期曶鼎的判例中，則記載了關於買賣奴隸使用匹馬絲之事。參見池田溫〈吐魯番、敦煌契券概觀〉，《漢學研究》第 4 卷第 2 期，1986；伊藤道治〈裘衛諸器考〉，《東洋研究》37—1，1978；松井嘉德〈西周土地移讓金文の一考察〉，《東洋史研究》43—1，1984；胡留元、馮卓慧〈從陝西金文看西周民法規範及民事訴訟制度〉，《考古與文物》，1983—6。

3　《周禮・天官・小宰》云：「以官府之八成經邦治。…四曰聽稱責以傅別。」「傅別」，鄭司農《注》云：「謂券書也，聽訟責者以券書決之。傅，傅著約束於文書。別，別爲兩，兩家各得一也。」鄭玄《注》云：「謂爲大手書於一札中字別之。」賈公彥《疏》云：「謂於券背上，大作一手書字，札字中央，破之爲二段別之。」可見當時使用木牘書寫，剖開兩段而爲憑據。

4　《周禮・天官・小宰》云：「以官府之八成經邦治。…六曰聽取予以書契。」「書契」，鄭玄《注》云：「謂出予受入之凡要，凡簿書之最目，獄訟之要辭，皆曰契。春秋傳曰：王叔氏不能舉其契。」又《周官・地官・質人》鄭玄《注》云：「取予市物之券也。其券之象、書兩札，刻其側。」

5　《周禮・天官・小宰》云：「以官府之八成經邦治。…七曰聽賣買以質劑。」鄭玄《注》云：「謂兩書一札，同而別之，長曰質，短曰劑。傅別、質劑皆今之券書也。事異異其名耳。」賈公彥《疏》云：「兩書一札同而別之者，謂前後二券，中央破之，兩家各得其一。背無手書字，異於傅別。故鄭云，傅別質劑，皆今之券書也。」又《地官・質人》云：「凡賣儥者質劑，大市以質，小市以劑。」鄭玄《注》云：「大市，人民馬牛之屬，用長券。小市，兵器珍異之物，用短券。」

6　《史記》卷 75〈孟嘗君列傳〉云：「食客三千人，邑入不足以奉客。使人出錢於薛，歲餘不入，貸錢者多不能與其息。…馮驩…至薛，召取孟嘗君錢者皆會，…能與息者皆來，不能與息者亦來。皆持取錢之券書合之。…貧不能與息者，取其券而燒之。」

7　《史記》卷 8〈高祖本紀〉云：「高祖…醉臥，武負、王媼見其上常有龍，怪之。高祖每酤留飲，酒讎數倍。及見怪，歲竟，此兩家常折券棄責。」司馬貞《索隱》：

王褒〈僮約〉存留了一些內容樣式[9]。六朝隋唐之時，或稱「契」，或稱「券」[10]，如《太平御覽》所載晉朝石崇的〈奴券〉便是[11]。至於「契約」一詞，最晚當在三國之時即已有之[12]，今日「契約」已經成為通用之語，並且廣泛的應用在各種社會事務的約定文書上。

敦煌寫本所存留的契約文書，總計約有三百件左右，其中屬於唐代者將近百件[13]，數量頗為豐富。除了大多數是正式的契約外，有些文書並無貸出者的姓名，也沒有貸入者的署名畫押，恐非正式的契約，而是當時的契約範本樣式，專門供社會大眾參考使用；另外，也有少數文書雖然抄錄了契約內容，卻抄得雜亂拙劣，應是屬於習字性質，並非真正使用的契約。

敦煌契約包含典租、買賣、借貸、放良、分家等類，反映了當時

「《周禮・小司寇》云：『聽稱責以傅別。』鄭司農云：『傅別，券書也。』康成云：『傅別，謂大手書於札中而別之也。』然則古用簡札書，故可折。至歲中總棄不責也。」賣酒者既不向高祖徵索酒錢，故將欠契折毀之，可知當時民間酤酒亦使用契券。

8　關於漢代券書式，參看永田英正《書契》(一○) 私文書 (1)券，林巳奈夫編《漢代の文物》，1976。

9　王褒〈僮約〉：「券文曰：神爵三年正月十五日，資中男子王子淵，從成都安志里女子楊惠，買亡夫時戶下髯奴便了。決賈萬五千，奴當從百役使，不得有二言。…」

10　《文心雕龍・書記第廿五》云：「契者，結也。上古純質，結繩執契。今羌胡徵數，負販記緡，其遺風歟。」「券者，束也。明白約束，以備情偽，字形半分，故周稱判書。古有鐵券，以堅信誓。王褒髯奴，則券之諧也。」

11　《太平御覽》598引晉石崇〈奴券〉云：「余元康之際，出在滎陽東住。聞主人公…買得一惡抵奴，名宜勤。…吾問公賣不？公喜，便下絹百匹。聞謂吾曰，吾胡王子，性好讀書。公府事一不上券，則不為公府作。券文曰，取東海巨鹽，東齊抵羊，朝歌蒲薦，八板桃床，負之安邑，梨栗之鄉。…宜勤供筆，更作多辭。乃斂吾絹，□□而歸。」

12　魏收《魏書》卷79〈鹿悆傳〉云：「時蕭衍遣其豫章王（蕭）綜據徐州，綜密信通（臨淮王）或云：欲歸款。綜時為蕭衍愛子，眾咸意謂不然，或募人入報驗其虛實，悆遂請行。…綜又遣腹心梁話迎悆密語。…還軍，於路與梁話誓盟。契約既固，未旬，綜果降。」

13　依沙知《敦煌契約文書輯校》(江蘇古籍出版社，1998) 收錄文書統計，其年代大多數屬於九世紀到十世紀的唐五代以至北宋之初。

河西地區的社會現象、法律規章、經濟型態、階級地位等各方面的情況，具有重要的史料價值。因此，透過唐代敦煌契約文書，可以瞭解當時敦煌社會的實際生活狀況及其經濟活動內容。

此外，藉由唐代敦煌契約所呈現的處世觀念、情感性質、語文結構等，亦可進而考求當時敦煌的通俗文化內涵。例如有些契約的作者，乃是一般社會大眾，而非文采斐然的文士，他們特別重視契約的實際應用需求，故其造語簡潔明確，不以雕琢辭章爲能事，甚至經常夾雜方言口語，充分顯現出民間書面語文的真實面目。這些契約因爲自由創作，不受傳統文律的拘束，或許不夠典雅，卻有清新質樸的風格，頗具通俗文學特有的活力。

還有一些內容特殊的契約，如「放妻書」、「放良書」等，則含有較強的文學成分，不僅文辭優美，甚且極具描述之能事，其字裡行間經常流露豐富的情感，與一般文學作品並無不同。這類契約應是當時通用的標準範本，可能經過文人潤飾而成，而流傳於敦煌民間者。故唐代敦煌契約不僅是普通的應用文書，也可視爲敦煌文學的一部份。

歷來學者對於敦煌契約的整理研究，除了總體契約文書的彙編考釋[14]之外，大抵皆重在探討契約的立契年代[15]、法律規章[16]、經濟制度[17]、階級地位等等事項[18]，成果相當豐碩。不過，筆者覺得契約所反映

---

14 如唐耕耦、陸宏基《敦煌社會經濟文獻真蹟釋錄》，書目文獻出版社，1986；池田溫〈吐魯番、敦煌契券概觀〉，《漢學研究》第 4 卷第 2 期，1986；池田溫〈契〉，《講座敦煌 5 · 敦煌漢文文獻》，大東出版社，1992；山本達郎、池田溫編〈契券〉，《敦煌吐魯番社會經濟文書集－第三卷》，東洋文庫敦煌文獻研究委員會，1986-1987；張傳璽主編《中國歷代契約彙編考釋》，北京大學出版社，1995；沙知《敦煌契約文書輯校》，江蘇古籍出版社，1998。

15 如陳國燦〈對未刊敦煌借契的考察〉，《魏晉南北朝隋唐史資料》1983；陳國燦〈敦煌所出諸借契年代考〉，《敦煌學輯刊》1984 年第 1 期。

16 如余欣〈敦煌出土契約中的違約條款初探〉，《史學月刊》1997 年第 4 期；楊際平〈也談敦煌出土契約中的違約責任條款－兼與余欣同志商榷〉，《中國社會經濟史研究》1999 年第 4 期。

17 如陳國燦〈唐代的民間借貸－敦煌吐魯番等地所出唐代借貸契券初探〉，《敦煌

的某些社會情況，仍可進一步來討論。此外，關於契約所表現的文學性質，則較少有人論及，本文亦擬就此一問題加以論述之。

貳、唐代敦煌契約的內容型態

契約的應用範圍廣泛，其內容型態自然繁多，在現今之時，大抵有「買賣契」、「典權契」、「抵押契」、「租賃契」、「借貸契」、「僱傭契」、「聘請契」、「承攬契」、「合夥契」、「保證契」、「繼承契」、「交換契」、「贈與契」、「和解契」等等。

古代社會事務雖然不像今日複雜，但古今的人類行為其實並無太大分別。是以唐代敦煌契約的類別，除了少數因為古今社會背景不同，所產生的差異之外，大致上與今日是相同的。學者曾將敦煌契券分類論述[19]，其主要內容大抵可分為「借貸」、「買賣」、「僱傭」、「租佃」、「典押」、「放書」、「分家」七大類。

一、借貸契

敦煌借貸契約乃是研究中國中古時期民間借貸關係的寶貴資料，此類契約最為多見。

借貸的東西，有日常生活用品，如糧穀（豆、麥、粟）[20]、布料

吐魯番文書初探》，武漢大學出版社，1983；唐耕耦〈關於唐代租佃制的若干問題－以吐魯番、敦煌租佃契為中心〉，《歷史論叢 5》，1985；唐耕耦〈唐五代時期的高利貸－敦煌吐魯番出土借貸文書初探〉，《敦煌學輯刊》1985、1986；鄭學檬〈從敦煌文書看唐代河西地區的商品貨幣經濟〉，《1983 年全國敦煌學學術討論會文集（文史遺書編上）》，甘肅人民出版社，1987；李清凌〈文書契約租佃制的產生、發展和作用〉，《西北師大學報》1990 年第 2 期；羅彤華《唐代民間借貸之研究》，台灣大學歷史研究所，1996；余欣〈唐代民間信仰借貸之利率問題－敦煌吐魯番出土借貸契券研究〉，《敦煌研究》1997 年第 4 期。

18 如楊惠玲〈敦煌契約文書中的保人、見人、口承人、同便人、同取人〉，《敦煌研究》2002 年第 6 期。

19 池田溫〈吐魯番敦煌契券概觀〉，《漢學研究》第 4 卷第 2 期。

20 「便麥」類最多，如伯 2502 號〈寅年六月思董薩部落百姓鉼興逸便麥契稿〉；「便粟」類如伯 3703 號背〈未年四月紇骨薩部落百姓吳瓊岳便粟契〉；「借豆」類如

（布、褐、生絹）[21]等，也有一部分契約內容屬於金錢的借貸[22]。綜觀唐代敦煌借貸契約，以借貸麥粟等穀類及布帛者最多，約占全部契約的三分之一；借穀時期從冬末到夏初都有。然而，借錢的契約為數極少。在某些借貸布料的契文中，記錄了布帛的尺寸大小，可以明白當時河西各地絹帛的尺寸情形[23]。

除「借貸契」外，敦煌文書中，借貸糧食的資料，在「牒」、「曆」中也多有所見[24]，由此可以窺知，唐代時期的敦煌，民間經濟活動基本上仍然以布帛或糧穀做為流通之物，和中原地區使用金錢的情況頗有不同。

不論借貸的東西是糧穀、布料或金錢，契約的基本格式大多相同，亦即有一個普遍的標準樣式在。唐代敦煌借貸契的標準樣式，依序大抵是：借貸日期、借貸人姓名、借貸之物、償還日期、借貸條件及違約罰則、貸物主人、借貸人畫押、保人、見人。

二、買賣契

買賣的內容包含田地[25]、宅舍[26]、牲畜[27]、車乘器物[28]，甚至買賣

伯 3444 號背〈寅年四月五日上部落百姓趙明明便豆契〉。

21 「貸絹」類如斯 766 號背〈甲申年五月二十二日曹延延貸絹契〉，「貸褐」類如斯 4445 號〈己丑年何願德貸褐契〉。

22 如斯 5867 號〈建中三年馬令痣舉錢契〉、斯 5869 號〈建中八年舉錢契〉。

23 伯 3124 號〈甲午年 (934)鄧善子貸絹契〉記載了鄧善子向寺院鄧上座借貸生絹二疋，每疋絹都明白記錄了尺寸大小，應是當時河西各地絹帛的尺寸不完全統一，布疋長短有所出入的緣故。

24 敦煌借貸穀糧的資料，除了「契」之外，在「牒」和「曆」中，也多有所見。如北圖鹹字 59 號背〈吐蕃辛丑年 (821)二月龍興寺寺戶團頭李庭秀等請便麥牒〉和〈吐蕃丑年 (821)二月開元寺寺戶張僧奴請便麥牒〉，記載了春二月寺戶數戶結團，從寺院教團都司倉請求借貸麥穀之事。至於借貸糧食的「便物曆」，並非正式契約，記明借貸人姓名、借貸的糧食名稱與數量、償還時間與利息，借貸者在便物曆上畫押為證。償還時，在「便物曆」劃上一個勾號，表示已經償還。如伯 3234 號背〈甲辰年 (944)沙州淨土寺東庫惠安惠戒手下便物曆〉，除末行「王幸豐」處未加勾號之外，其他便糧之人都在姓名上端畫有勾號，表示還穀完了之意。

25 如斯 1475 號背〈未年安環清賣地契〉、斯 3877 號背〈唐天復九年安力子賣地契〉。

兒女[29]等所訂立的契約。此類契約數量頗多，有的內容重在記載購買的相關事宜，有的則重在賣出的事宜。

　　購買田地、宅舍、牲畜，乃是爲了耕種、家務或居住等實際用途之需，契約內容主要是記載買賣雙方的權利義務關係，此類契約基本上比較不能顯示特殊的民間問題。

　　至於販賣類的契約，常可見到敘說販賣田地、宅舍、牲畜，甚至賣兒女的原因，如「爲突田債負，不辦輸納」[30]、「缺少糧用及有債負」[31]、「闕少用度」[32]、「夫主卑亡」[33]，甚至是因爲「無年糧種子」可供耕種[34]，則明顯的反映出當時敦煌民間社會並不富有，甚至是普遍的貧乏，才需販賣田產，以至販賣子女的困苦情況。

三、僱傭契

　　包括僱人[35]、僱牲畜〈牛、駝、驢〉[36]等契約，此類契約數量頗多。

26　如斯 3877 號背〈唐乾寧四年張義全賣舍契〉。

27　如斯 5820 號〈未年（803）尼明相賣牛契〉、斯 1475 號〈寅年（822）令狐寵寵賣牛契〉。

28　如斯 1350 號〈唐大中五年（851）僧光鏡負儭布買釧契〉。

29　如斯 3877 號背〈丙子年阿吳賣兒契〉。

30　斯 1475 號背〈未年安環清賣地契〉敘說賣地的原因是：「爲突田債負，不辦輸納。」所謂「突田」，乃是吐蕃佔領河西時期，實行計口授田制度，每人「一突」，即十畝。

31　斯 3877 號背〈唐乾寧四年張義全賣宅契〉敘說賣宅舍地基的原因是：「平康鄉百姓張義全爲缺少糧用，遂將上件祖父舍兼屋木，出賣與洪潤鄉百姓令狐信通兄弟。」斯 5820 號〈未年尼僧明相賣牛契〉敘說賣牛的原因是：「尼明相爲無糧食及有債負，今將前件牛出賣與張抱玉。」

32　斯 3877 號背〈唐天復九年安力子賣地契〉敘說賣地的原因是：「洪潤鄉百姓安力子及男□□等，爲緣闕少用度，遂將父祖口分地出賣與同鄉百姓令狐進通。」

33　斯 3877 號背〈丙子年阿吳賣兒契〉敘說賣兒的原因是：「爲緣夫主卑亡，男女碎小，無人求濟供急衣食，債負深壙。」

34　斯 1475 號〈寅年令狐寵寵賣牛契〉敘說賣牛的原因是：「令狐寵寵爲無年糧種子。」

35　如北圖鹹字 59 號背〈吐蕃寅年（822）僧慈燈僱博士氾英振壘佛堂契〉、斯 3877 號〈戊戌年（878）洪潤鄉百姓令狐安定僱工契〉。

36　如伯 2825 號背〈唐乾寧三年（896）平康鄉百姓馮文達僱駝契〉、上圖 174 號

「僱傭」契所以多見，大抵是因為僱傭應比購買奴婢節省費用，有時候也來得容易，而且聘僱之人更具有工作能力。

唐代敦煌僱傭類的契約，其內容相同之處，在於雇期都不長久，大抵從「正月至九月末」，正是一年之中農事耕作的時節；雇期較長者也僅一年。受雇者的工作，大都是負責「造作營種」之事，契約中也記載了雇價數量，以及曠職剋物的約定[37]。

四、租佃契

此類契約數量不算很多，主要是土地的承租佃種[38]，有的內容重在記載出租的相關事宜，有的則重在向人租借的事宜。

出租土地給他人耕作的原因，有的是「闕乏人力，佃種不得」[39]，有的則是必須「物色用度」[40]。

以務農維生的百姓，卻因自己貧窮之故，雖欲耕作，而「欠少田地」，只得向人租用土地[41]。耕種的作物，雖然以麥粟等穀糧為主，但也有契約記明了租來種瓜[42]。由此可知，唐代敦煌地區應該生產不少

〈丁丑年赤心鄉百姓郭安定僱驢契〉。

37 參見斯 3877 號〈戊戌年令抓安定雇工契〉、斯 6452 號〈癸未年樊再昇雇工契〉、斯 5509 號〈甲申年蘇流奴雇工契〉、伯 5008 號〈戊子年梁戶史氾三雇工契〉、斯 5578 號〈戊申年李員昌雇工契〉、斯 5583 號〈周年雇傭契〉、斯 3877 號〈甲寅年五月二十八日張納雞雇工契〉、斯 3011 號〈辛酉年李繼昌雇工契〉等。

38 如伯 2643 號〈唐咸通二年（861）齊像奴出租地契〉、斯 5927 號背〈唐天復二年（902）慈惠鄉百姓劉加興出租土地契〉、伯 3155 號背〈唐天復四年（904）神沙鄉百姓僧令狐法性出租土地契〉、伯 3211 號背〈丙戌年慶奴借地契〉等。

39 斯 5927 號背〈唐天復二年（902）慈惠鄉百姓劉加興出租土地契〉：「慈惠鄉百姓劉加興城東口渠上口地四畦，共十畝，因「闕乏人力，奠（佃）種不得」，「遂租與當鄉百姓樊曹子奠（佃）種三年。」

40 伯 3155 號背〈唐天復四年令狐法性出租土地契〉：「神沙鄉百姓僧令狐法性有口分地兩畦捌畝，…為要物色用度，遂將前件地捌畝遂共同鄉鄰近百姓價員子商量，…其前件地租與員子貳拾貳年佃種。」

41 伯 3211 號背〈丙戌年慶奴借地契〉：「慶奴□□欠少田地，遂□□□□太傅法律曹地一八畝…」

42 斯 6023 號〈乙亥年索黑奴等租地契〉：「敦煌鄉百姓索黑奴、程口子二人，伏緣欠闕田地，遂於侄男索□護面上，於城東憂渠中界地柒畝遂租種瓜。其地斷作

瓜類水果，與今日情況並無不同。

五、典押契

　　此類契約數量較少，包括典身[43]、典兒女[44]、典土地宅舍[45]等契約。農人欠債未能償還，必須將田地宅舍典押，充抵債負[46]，乃是窮苦之人不得已之舉。至於典押子女，甚至典押自身，有的是因為「早年喪夫，債負深壙」[47]，有的是「家中貧乏」[48]，都顯現出困窮的情狀。

　　唐代貧民因無力償還債負，不得已典押子女為奴婢的情況，不僅存在於當時的西北地區，也普遍存在於中原地區，這個現象甚至可以在唐人的文章中得到印證。例如韓愈在〈柳子厚墓誌銘〉一文中，記述了唐憲宗元和年間，柳宗元擔任柳州刺史的政績，其中有一項是：當時窮人如果欠債無力償還，必須將兒女沒為奴婢，柳宗元便設法讓窮人贖回子女；或者讓兒女替債主工作，工資抵償所欠債務後，便可回家，免除奴婢身份。觀察使將這個辦法施行於各州，一年之中，得免於奴婢身分者，有將近一千人之多[49]。

六、放　書

　　　價直，每畝壹碩二斗，不諫諸雜色目，並總收納。」
43　如北圖餘字 81 號背〈辛巳年洪池鄉百姓何通子典男契〉。
44　如伯 3964 號〈乙未年趙僧子典兒契〉。
45　如伯 3214 號背〈唐天復七年（907）洪池鄉百姓高加盈等典地契〉。
46　伯 3214 號背〈唐天復七年洪池鄉百姓高加盈等典地契〉：「洪池鄉百姓高加盈先負欠僧願濟麥兩碩、粟一碩，填還不辦。今將宋渠下界地伍畝，與僧願濟貳年佃種，充為物價。」可見高加盈先前向僧願濟借貸的糧穀無法償還，只得將自己的田地供願濟佃種二年，以充抵債務。
47　斯 3877 號〈丙子年阿吳賣兒契〉，敘說阿吳早年喪夫，救濟無人，債負深壙，故賣其兒慶德，典直價是乾濕共參拾石，期限則為永世。
48　伯 3150 號〈癸卯年慈惠鄉百姓吳慶順典身契〉敘說吳慶順兄弟三人，因為家中貧乏，長兄慶順願意自我犧牲，典身在龍興寺索僧政家為僕，換取糧穀幫助二位幼弟。
49　韓愈〈柳子厚墓誌銘〉云：「元和中，…子厚得柳州。…其俗以男女質錢，約不時贖，子本相侔，則沒為奴婢。子厚與設方計，悉令贖歸。其尤貧力不能者，令書其傭，足相當，則使歸其質。觀察使下其法於他州，比一歲，免而歸者且千人。」見《韓昌黎文集》第七卷「碑誌」。

　　此類契約數量並不多，包含「放良書」[50]和「放妻書」[51]，大都屬於標準樣文。其中，「放妻書」較「放良書」略爲多見。

（一）放良書

　　放良書乃是主人願意將奴婢解除僕從身分，放其從良所訂立的契約。此類文書前端的題名，通常爲「放良書」，也有題作「從良書」者。

　　唐代社會存在蓄養奴婢的習俗，但也有釋放奴婢的善行。依照唐代法制，畜養奴婢的多寡必須合乎品秩身份，不得超越法制的規定[52]。不過，敦煌「放良書」所顯現的放良原因，大抵並非是因爲受到法令限制之故，而是人情味十足的理由：一是奴婢本身的勤奮，獲得主人回報[53]；二是主人慈悲爲懷，藉放良以積德求福[54]。在佛教盛行的敦煌，這種放良行爲應該蘊含了因緣果報的思想。

（二）放妻書

　　敦煌文書中，有一些晚唐時期的離婚文書，大抵稱爲「放妻書」。此處的「放」字，乃放歸本宗之意。

　　唐代敦煌放妻書的內容，大抵是先讚美妻子美麗賢慧，卻因爲情緣已盡或彼此不和，於是協議離異，好讓妻子改嫁高官厚祿之人，生

50　如斯 4374 號〈從良書樣文〉、斯 5706 號〈放良書樣文〉、斯 6537 號背〈家童再宜放書〉、斯 343 號〈放良書樣文〉等。

51　如伯 4525 號〈劉盈放妻書〉、斯 343 號背〈某甲謹立放妻手書〉、伯 3730 號背〈某鄉百姓某專甲放妻書一道〉等。

52　《全唐文》卷 673 載白居易的一篇判詞云：「得丁上言，豪富人畜奴婢過制，請據品秩爲限約，或責其越職論事，不伏。對曰：品秩異倫，臧獲有數。苟逾等列，是紊典常…資雖積於鉅萬，僮僕之限數無逾。」由此可知唐代畜養奴婢的多寡，不得超過其品秩所規定的人數。

53　斯 5706 號〈放良書樣式〉敘述該奴因爲在「或桑梓堙沒，自鬻供親；或種落支離，因是爲隸」的情況下，不得已做爲奴僕。雖然如此，卻能「勤勤恪恭，晨昏匪怠」，所以深得主人讚賞，而欲將他放良。誰知遭逢戰亂，奴僕爲保衛主人，竟然身殉。斯奴雖死，但其忠心耿在，主人在亂後，仍舊依約要放他從良，任其自由。

54　斯 6537 號背〈家童再宜放書一道〉，說明家童再宜成爲奴僕五十餘年，由於工作勤奮不懈，主人欲放他從良，同時將此放良之舉看做是一種積德求福之舉。

活更加幸福[55]。「放妻書」中敘述的離婚理由，大多是夫妻不諧，乃屬於「和離」範疇，與「七出」、「義絕」等全然無涉。因此，「放妻書」中的語氣都很緩和，雖有怨懟之辭，絕不見「斥」、「逐」、「棄」之類的語詞[56]。這類契文讀來文意暢順，辭藻優美，婉曲感人，不見怨懟之辭，或悲傷之意，而有「溫柔敦厚」之旨，顯示敦煌人民接受儒家思想的深厚程度。

此外，敦煌放妻書中，夫妻協議離婚之時，通常都要會集雙方親屬商議。契文中有「六親眷屬」、「快會及諸親」之語[57]，皆爲明證。

七、分家契

兄弟均分財產，爲中國自古以來的傳統習慣[58]。這種習俗到了隋唐時期，更明訂於國家律令中，並且有效的實行著[59]。唐代敦煌的分家契約，大多數是兄弟分家之事，秉持均分的原則，不僅房屋、土地由兄弟均分，有時甚至連樹木也均分[60]。這個現象頗能反映出唐代河

---

55 斯 6537 號背與伯 3730 號背兩件〈放妻書〉寫本，內容大略相同，應是當時「放妻書」的文範。文中敘說夫妻之間「三年有怨，則來作讎隙，今已不和，想是前世怨家」，雙方因此而離異。又祝福妻子在離異之後，「更選重官雙職之夫」，過著幸福的生活。

56 斯 6537 號背〈放妻書〉云：「伉儷情深，夫婦義重，幽懷合巹之歡，須念同牢之樂。斯夫妻相對，恰似鴛鴦雙飛，並膝花顏共坐。兩德之美，恩愛極重。二體一心，生同床枕於寢間，死同棺槨於坟下。」又斯 5578 號〈放妻書〉云：「一從結契，要盡百年，如水如魚，同歡終日。…遠近似父之恩，九族邕怡，四時而不曾更改。奉上有謙恭之道，撫下無黨無偏。家饒不盡之財，妯娌稱長延之喜。」

57 伯 3212 號背〈夫妻相別書一道〉云：「今對兩家六親眷屬，團坐亭騰商量，當便相別分離」；斯 6537 號蓓〈放妻書〉與斯 5578 號〈放妻書〉：「六親眷屬」；斯 343 號背〈放妻書樣式〉：「快會及諸親。」

58 《續齊諧記》記載了兄弟均分家庭遺產之事云：「京兆田真兄弟三人，共議分財，生貲皆平均。」

59 《唐律疏議·戶婚》云：「諸居應分不均平者，計所侵，坐贓論減三等。准戶令，應分田宅及財物者，兄弟均分。妻家所得之財，在在分限；兄弟亡者，子承父份。違此令文者，是爲不均平。」

60 伯 3744 號〈沙州僧張月光兄弟分書〉：「是故在城舍宅，兄弟三人停分爲定。…

西地區在處理財產繼承的問題上，與中原的觀念是一致的。

參、唐代敦煌契約反映的一些社會情況

一、干支紀年

　　唐代的敦煌文書，通常都記有年號。但在八世紀末至九世紀中葉的中唐時期，吐蕃佔領沙州以後，大抵都不記年號。有的文書清楚的記上「大蕃國」之名[61]，有的則只記干支[62]，這是吐蕃佔領時期敦煌文書的特徵。而且，這種以干支紀年的習慣，在五代[63]、宋初[64]的敦煌文書中，仍可見到。

　　早在漢武帝以後，隨著曆法的改革，官府文書除了使用當時的年號之外，有時會用干支紀年，民間也有這種習慣，敦煌契約的記年方式也是這個情況。唐代敦煌契約使用干支紀年的，其年歲雖不一定能明確的判定，但仍有一個通則在：

　　（1）只用十二地支紀年，而無天干者，大多在吐蕃統治時期。

　　大門道及空地車敝並井水，兩家合，其樹各依地界爲主。又緣少多不等，更於日興地上，取白楊樹兩根，塞庭地及員佛圖地，兩家亭分。」此處說明張月光兄弟分家，不僅房屋、土地由三人均分，而且，土地內的樹木因不易遷移，也要均分。

61　如斯 2729 號之 5〈太史雜占曆〉末題：「大蕃國庚申年五月廿三日，沙州。」吐蕃統治沙州時期，干支爲庚申年者，僅有唐文宗開成五年（840），此卷當是開成五年抄於敦煌者。

62　如俄藏列圖Φ207 號〈金有陀羅尼經〉末題：「沙門月光奉資聖神贊普及法界蒼生，一心受持。戊午年後十一月，比丘讀建於瓜州龍泉寺寫記。」此卷有吐蕃統治者「贊普」的名稱，而吐蕃統治瓜沙時期，干支爲戊午者，僅有唐文宗開成三年（838），必當抄於此年。

63　陳國燦〈敦煌所出諸借契年代考〉斷爲五代的文書，如伯 3453 號〈辛丑年賈彥昌貸生絹契〉寫於後晉天福六年（941），伯 3473 號〈戊申年徐留通還絹契〉寫於後漢乾祐元年（948），伯 3124 號〈甲午年鄧善子貸生絹契〉寫於後唐清泰元年（934），伯 3051 號〈丙辰年僧法寶貸生絹契〉寫於後周顯德三年（956）。

64　陳國燦〈敦煌所出諸借契年代考〉斷爲宋代的文書，如斯 5832 號〈辛酉年富長貸絹契〉寫於宋建隆二年（961），斯 4884 號〈辛未年梁保德借斜褐契〉寫於宋開寶四年（971）。

　　此類文書多有所見，如斯 1475 號〈未年上部落百姓安環清賣地契〉[65]、斯 1475 號〈寅年令狐寵寵賣牛契〉[66]、斯 5820＋5826 號〈未年尼明相賣牛契〉[67]、斯 6233 號（寅年報恩寺寺主博換驢牛契）[68]、北圖鹹字 59 號〈丑年開元寺寺戶張僧奴等便麥牒〉等五件便麥牒文[69]、斯 1475 號〈卯年阿骨薩部落百姓馬其鄰便麥契〉等四件便麥契[70]等皆是。

　　（2）合用干支紀年者，有的在吐蕃統治時期，有的在歸義軍時期。

　　屬於吐蕃統治時期的此類文書，數量甚少，如北圖鹹字 59 號〈辛丑年龍興寺寺戶團頭李庭秀等請便麥牒〉[71]、斯 11332＋伯 2685 號〈戊申年善護邃恩兄弟分書〉[72]等是。

　　屬於歸義軍時期的此類文書，較為多見，如斯 3877 號〈戊戌年洪潤鄉百姓令狐安定僱工契〉[73]、伯 2633 號〈辛巳年康米子借生絹契〉[74]、伯 3869 號〈丙午年翟信子便麥粟契〉[75]等是。

65　斯 1475 號〈未年上部落百姓安環清賣地契〉所記立契時間為「未年十月三日」，乃是唐文宗太和元年（827）丁未歲。

66　斯 1475 號〈寅年令狐寵寵賣牛契〉所記立契時間為「寅年正月廿日」，乃是唐穆宗長慶二年（822）壬寅歲。

67　斯 5820＋5826 號〈未年尼明相賣牛契〉所記立契時間為「未年潤十月廿五日」，乃是唐德宗貞元十九年（803）癸未歲。

68　斯 6233 號（寅年報恩寺寺主博換驢牛契）所記立契時間為「寅年正月十八日」，乃是唐穆宗長慶二年（822）壬寅歲。

69　北圖鹹字 59 號〈丑年開元寺寺戶張僧奴等便麥牒〉、〈丑年安國寺寺戶氾奉世等請便麥牒〉五件牒文，所記立契時間皆為「丑年」，乃是唐穆宗長慶元年（821）辛丑歲。

70　斯 1475 號〈卯年阿骨薩部落百姓馬其鄰便麥契〉、〈卯年悉董薩部落百姓翟米老便麥契〉四件契文所記立契時間為「卯年」，唐穆宗長慶三年（823）癸卯歲。

71　北圖鹹字 59 號〈辛丑年龍興寺寺戶團頭李庭秀等請便麥牒〉所記立契時間為「辛丑年二月」，乃是唐穆宗長慶元年（821）辛丑歲。

72　斯 11332＋伯 2685 號〈戊申年善護邃恩兄弟分書〉所記立契時間為「戊申年四月六日」，乃是唐文宗太和二年（828）戊申歲。

73　斯 3877 號〈戊戌年洪潤鄉百姓令狐安定僱工契〉所記立契時間為「戊戌年正月廿五日」，乃是唐僖宗乾符五年（878）戊戌歲。

74　伯 2633 號〈辛巳年康米子借生絹契〉所記立契時間為「辛巳年二月十三」，乃是唐懿宗咸通二年（861）辛巳歲。

又者，在唐德宗建中年間，吐蕃佔領敦煌後，變革行政體制，將原來的鄉里制改爲部落制，百姓分屬各部落統領，瓜沙等州皆劃分爲「部落」。吐蕃時期的敦煌文書中，常可見到「部落」一詞[76]，而唐代敦煌契約中，記有「××部落」者，也不在少數[77]。

此外，從度量衡制度方面，有時也可以考知契約文書的時代。一般敦煌契約使用的量制，爲中原的「漢斗」，但有些契約使用的單位是「蕃馱」[78]，乃是吐蕃量制，可知此類契約的訂立年代，正是吐蕃統治時期。

唐宣宗大中二年（848）左右，吐蕃被張議潮逐出沙州後，有些敦煌文書會出現朝代年號與干支紀年兼行的情形，這種現象也出現在契約文書中。

二、法律事項

關於唐代敦煌契約中的各種法律事項，如違約罰責條款、保證人、知見人等，學者多有討論[79]，本文擬從唐代民間慣例和生活情況，略爲論述二個相關的法律事項。

---

75 伯 3869 號〈丙午年翟信子便粟契〉所記立契時間爲「丙午年六月廿四日」，乃是唐僖宗光啓二年（886）丙午歲。

76 如斯 3287 號〈氾履倩等戶手實〉中，有「擘三部落」之語。

77 斯 1475 號〈寅年令狐寵寵賣牛契〉中有「同部落武光暉」；斯 1475－4 號〈酉年曹茂晟便豆種契〉中有「下部落百姓曹茂晟」；北圖鹹字 59 號〈寅年僧慈燈雇工契〉中有「悉東薩部落」；伯 2502 號〈寅年釾興逸等便麥契兩件〉中有「思董薩部落百姓釾興逸」；斯 6829 號〈卯年張和和便麥契〉中有「悉董薩部落百姓張和和」等皆是。

78 如斯 4i92 號〈未年四月五日張國清便麥契〉的便麥數量「參蕃馱」，正使用吐蕃的量制。

79 陳國燦〈唐代的民間借貸－敦煌吐魯番等地所出唐代借貸契券初探〉，《敦煌吐魯番文書初探》，1983 年；余欣〈敦煌出土契約中的違約條款初探〉，《史學月刊》1997 年第 4 期；楊際平〈也談敦煌出土契約中的違約責任條款－兼與余欣同志商榷〉，《中國社會經濟史研究》1999 年第 4 期；楊惠玲〈敦煌契約文書中的保人、見人、口承人、同便人、同取人〉，《敦煌研究》2002 年第 6 期。

（一）官有政法，人從私契[80]

契約的成立可行，主要在於具有法律效力，讓訂約雙方信守。唐代敦煌契約中，不論是佃種、借貸、借糧、借錢、借絹帛、雇駝、雇人等，有不少都是私人訂立的契約。在契文中載錄了約定的內容及條件，如有違約，應如何處罰等事項。

這些私人訂立的契約雖非官府文書，契文中常見到「官有政法，人從私契」、「任依私契，官不為理」之語，表示除了官府法令規章之外，民間還可依照實際需要，另外訂立一種約束管制的規定，彼此互相信守。這個「人從私契」表明了民間私契依然具有法律的效力[81]。

唐代敦煌契約文書在提供我們瞭解古代法律訴訟上，具有二個意義：

（1）人民因為處理事務的需要而訂立契約，當雙方對契約的執行情況有所爭執時，除了官府法規之外，誰能合於雙方訂約條件者，便能在官司中得到勝訴，這些契約文書正是考察唐代民間法律文書的第一手資料。

（2）從唐代敦煌契約文書中，可知當時民間所沿襲的法律系統，乃是「官有政法，人從私契」。可見古代敦煌地區的法制依據，除了官府的政法規定外，民間所訂立的契約，同樣具有法律效力，這個精神和現代民法基本上是相合的。

（二）違約罰則與所罰之物

《隋書》[82]與《唐律》[83]中都有記載，人民財物的交易，由市司監

80　「人從私契」的「人」字，指一般人民，唐代避太宗李世民之諱。
81　《宋刑統》云：「諸公私以財物出舉者，任依私契，官不為理。每月取利不得過六分，租曰雖多，不得過一倍…諸以粟麥出舉，還為粟麥者，任依私契，官不為理，仍以一年為斷，不得因舊本更生新利，又回利為本。」
82　《隋書》卷24〈食貨志〉云：「晉自過江，凡貨賣奴婢馬牛田宅，有文券，率錢一萬，輸估四百入官，賣者三百，買者一百。無文券者，隨物所堪，亦百分收四，名為散估。歷宋齊梁陳，如此以為常。」

督立券，私人間的用契借債，如有違反約定者，亦由官府施加處罰。唐代敦煌契約不論是買賣、典押、博換土地舍宅、賣牛、租佃等契，除了記載雙方約定的內容及其時效外，對於有人悔約時應當如何處理，甚至如何處罰違約之人，通常都記載有明確的違約罰則。

今所見唐代敦煌契約中，記載有違約罰責的，約爲四十多件。檢視這些罰則內容，有輕有重，所罰的項目各有不同，略分如下：

（1）奪其家產抵償

在唐代「租佃契」和「借貸契」中，經常可以看到「掣奪家資，用充 × 值」之語[84]。意指欠債之人若無力償還債務，必須任憑債主從欠債人家中財產掣奪牛羊等牲畜或其他物品，用以抵償所欠的債務。

這樣的罰則相當嚴重，檢視《唐律》卷 26〈雜律上〉「負債強牽掣畜產」條云：「諸負債不告官司，而強牽財物過本契者，坐贓論。」條文反映了負債違約不償，可以告官司聽斷，牽掣欠債人的財物，但所奪取的財物不能超過本契的數量。可見此種罰則雖然有些不近人情，卻可保障債主的權益，而且是合乎當時法令的規定。

（2）逐月生利

不論是貸物契或舉錢契，有的違約罰則是「逐月生利」[85]。尤其

83　《唐律疏議》卷 26〈雜律〉云：「諸買奴婢馬牛駝騾驢，已過價，不立市券，過三日笞三十，賣者減一等。立券之後，有舊病者三日內聽悔，無病欺者市如法，違者笞四十。即賣買已訖，而市司不時過券者，一日笞三十，一日加一等，罪止杖一百。」又云：「諸負債違契不償，一疋以上，違二十日笞二十，二十日加一等，罪止杖六十，三十疋，加二等百疋，又加三等。各令備償。諸負債不告官司，而強牽財物，過本契者，坐贓論。」

84　伯 2858 號背〈酉年（829）索海朝租地契〉：「如違不還，及有欠少不充，任將此帖掣奪家資，用充麥直。」斯 1475 號背〈酉年（829）下部落百姓曹茂晟便豆契〉：「如違不納，其豆請倍，一任掣奪家資雜物，用充豆直。」伯 4053 號背〈唐天寶十三載（754）道士楊神岳便麥契〉：「壹任掣奪常住車牛雜物等，用充麥直。」

85　斯 4504 號背〈乙未年（875）押衙就弘子貸生絹契〉：「若一個月不還者，逐月於鄉原生里（利）。」

舉錢契約所記載的利息相當高，有舉錢一仟文，每月需納利息二佰文者[86]，等於是二分利，若是違約後，「逐月生利」的罰則當然是相當重的。

　　唐代敦煌農民在貧乏的窘境下，不但缺少食糧，連耕作所需的種子都不足，必須向人借貸。借契中說「急要錢用」，故不惜償付高額的利息，其困窮的情況由此可見。

　　（3）罰穀類布帛等物

　　大多數的契約所記的違約罰則是罰賠一些財物，有的罰糧食穀類，主要是「罰麥」[87]，偶有「罰豆」者[88]；有的罰牲畜，如「罰耕牛」[89]、「罰羊」[90]；有的「罰布」[91]；雖然也有「罰黃金」者[92]，甚為少見，僅在買賣宅舍的契約有所記載，一般借貸契、僱傭契中並未見到。

　　檢視最常提到的處罰之物，麥子是西北地區的糧食大宗，牛羊是生產工具與肉類主食，布乃是一般人民製作衣服的材料，皆為日常生活所需；而較少提到的豆類，乃是雜糧。這些處罰之物，可以看出當時的生活狀況。至於黃金，則為貴重物品，當然是在買賣較為值錢的宅舍時，才會用作違約罰賠之物。

86　大谷 8047 號〈大曆十六年楊三娘舉錢契〉：「楊三娘□□錢用，逐於藥方邑舉錢壹仟文，□月納貳伯文，計六個月本利並納□。」斯 5867 號〈建中三年馬令莊舉錢契〉：「健兒馬令莊為急要錢用，交無得處，逐於護國寺僧虔英邊舉錢壹仟文。其錢每月頭分生利（貳）佰文。」

87　斯 1475 號背〈未年上部落百姓安環清賣地契〉：「如若先翻悔，罰麥伍碩。」斯 3877 號〈唐天復二年壬戌歲曹大行迴換屋舍地基契〉：「如先悔者，罰麥兩馱。」斯 5578 號〈戊申年李員昌僱工契〉：「如先悔者，罰麥參馱。」

88　斯 1475 號背〈酉年（829）下部落百姓曹茂晟便豆契〉：「如違不納，其豆請倍，一任掣奪家資雜物，用充豆直。」

89　斯 3877 號〈唐天復九年安力子賣地契〉：「如先悔者，罰上耕牛一頭。」

90　斯 3877 號〈戊戌年洪潤鄉百姓令狐安定僱工契〉：「如先悔者，罰羊一口，充入不悔人。」

91　斯 1350 號〈唐大中五年僧光鏡賒買車小頭釧契〉：「如先悔，罰布壹疋。」

92　伯 3331 號〈丙辰歲宋欺忠賣宅舍契〉：「如先悔者，罰黃金參兩。」

三、婚姻觀念

中國人傳統上認爲家庭是社會結構中的重要一環，而婚姻關係則是家庭的凝聚力所在。中原地區自古所強調的婚姻關係，乃是「合二姓之好，上以事宗廟，下以繼後世」[93]的嚴肅觀念。

有一些敦煌放妻書對於夫妻關係的記述，和中原的觀念頗爲相近，將夫妻關係視爲具有維繫社會家族的重要地位[94]。但多數的敦煌放妻書中所敘述的夫婦關係，卻與中原有所歧異，注重在申論夫妻感情的篤厚與家庭的和睦興旺，而不是放在敬事宗廟，廣延家族繼嗣的儒家修齊治平觀念[95]。

此種婚姻觀念已有學者撰文指出[96]，筆者認同這個看法，而且認爲強調夫妻感情篤厚的婚姻觀念，正是敦煌放妻書的內容，所以會比較少斥責對方，甚至還要讚美妻子賢淑，敘說因爲雙方情緣已盡，不得已離婚的理由，使得放妻書中充分呈現溫婉敦厚的情感。

唐代敦煌放妻書的數量雖然不多，卻也顯現出古代河西地區的婚姻觀念和中原有所不同，這個現象或許可視爲河西漢胡文化交融的一種特色。不過，敦煌人民雖然重視夫妻感情的篤厚與家庭的和睦興旺，從放妻書中仍可看到依舊存在著夫妻不和，蹀躞東西的家庭婚姻問題，這種社會狀況和中原並無不同。

四、以穀帛爲市

唐代敦煌契約不僅以「租佃契」、「買賣契」、「僱傭契」、「借貸契」四類居多，契約中清楚記載違約罰則的，也以這四類爲多；而借貸麥

---

93 見《禮記・昏義》。
94 如斯 6537 號背與斯 5578 號兩件〈放妻書〉云：「一從結契，要盡百年。…遠近似父子之恩，九族邕怡，四時而不曾更改。奉上有謙恭之道，撫下無黨無偏。」
95 如斯 6537 號背〈放妻書〉云：「伉儷情深，夫婦義重，幽懷合巹之歡，須念同牢之樂。夫妻相對，恰似鴛鴦雙飛，並膝花顏共坐。兩德之美，恩愛極重。二體一心，生同床枕於寢間，死同棺椁於坎下。」
96 楊際平〈敦煌出土的放妻書瑣議〉，《廈門大學學報》1999。

粟等糧食的契約尤其多。許多人民必須向人借貸糧食以求溫飽，甚至
供播種之用，反映了唐代河西人民匱乏糧食，生活貧困，只得四處借
糧的實際窘況。

　　統計唐代敦煌借貸契約所借貸之物，以麥粟等穀類、種穀子，或
布帛者最多，約占全部契約的三分之一，而借錢的契約則爲數極少。
這個數據多多少少反映出唐代敦煌民間的交易型態，應該還存在貨幣
雜用穀帛的實際情況。

　　早在漢末三國之時，中國北方地區陷於「錢貨不行」，民間交易已
經是貨幣雜用穀帛[97]。魏文帝黃初二年，曾下令「百姓以穀帛爲市」[98]，
當時中原尚且貨幣不容易流通，河西地區在那個時期，社會民生凋弊，
貨幣更不易流通。前涼時代，張軌曾在涼州恢復貨幣的流通[99]，然而
北朝政治混亂，戰爭災荒頻仍，社會經濟並不景氣，河西民間仍然存
在「以穀帛爲市」的情況。

　　唐朝時期的河西，仍然有突厥、吐蕃的侵擾；加上歷經隋末戰亂，
使得唐初的河西經濟凋弊[100]。雖然經過長期的經營，實施屯田制度，
推行和糴政策[101]，努力開發農業，改善了社會經濟，但許多農民百姓
依然過著貧乏的生活。他們借貸之物，當然是少許的糧食、布帛等基
本民生必需品，而不是方便貿易往來的金錢。

肆、唐代敦煌契約的文學性質

97　見《三國志·魏志·董卓傳》。

98　見《晉書·食貨志》。

99　《晉書·張軌傳》：「立制准布用錢，錢遂大行，人賴其利。」

100　《舊唐書·李大亮傳》記載當時河西狀況云：「然河西氓庶，積禦蕃夷，州縣
蕭條，戶口鮮少。加因隋亂，減耗尤多。」

101　白居易《白氏長慶集》41云：「所謂和糴，則官出錢，人出穀，兩和商量，然
後交易也。」又《唐會要》卷88「倉及常平倉」條：「百姓有糴易者，爲收糴，
事須兩和，不得限數。」和糴乃是人民和官府之間的糧食交易。由官府出錢購
買民糧，以供軍用，雙方和好商量，議價交易，故曰和糴。

一、語文結構

《周易・繫辭》云：「其旨遠，其辭文。」《禮記・表記》云：「情欲信，辭欲巧。」文士作品使用巧妙的修辭方法，表達優美的意義與情感。敦煌通俗應用文書的性質，重在處理日常事務，以實用爲目的，似乎並不重在文辭的美化功夫，不必求其斐然成章，但在部分的應用文書之中，仍具有良好的修辭表現。

《文心雕龍・體性篇》云：「夫情動而言形，理發而文見。」蓋人心之中，皆具有情理二者，無論將所知之理筆之於書，或將悲喜之情加以稱述，都是自然的文辭，然欲達到適當貼切的境界，則有賴語言文辭的修養工夫。

唐代敦煌契約的句型，有駢有散，文中多見淺顯白話，而且雜用方言俗語，大抵屬於通俗文學的性質。

（一）句型有駢有散

以句型而言，唐代敦煌契約有通篇散文者，有駢偶者，也有奇偶交錯者，茲分別舉例說明之。

（1）以散文爲主的形式

此類句型，通篇以散文貫穿，少有偶句韻語夾雜其間。至其文辭，則大抵淺顯易懂，正是當時一般民眾通行的契約文書。如斯 1475 號背〈吐蕃寅年（822）令狐寵寵賣牛契〉：

> 紫犍牛壹頭陸歲，並無印記。寅年正月廿日，令狐寵寵爲無年糧種子，今將前件牛，出買（賣）與同部落武光暉。斷作麥漢豆斗壹拾玖碩。其牛及麥，當日交相付了，並無懸欠。如後牛若有人識認，稱是寒盜，一仰主保知當，不忓賣（買）人之事。如立契後，在三日內牛有宿疹，不食水草，一任卻還本主。三日已外，依契爲定，不許休悔。如先悔者，罰麥伍碩，入不悔人。恐人無信，故立私契。兩共平章，書指爲記。

本篇全爲散文，敘述簡潔質直，就事論事，並未添加修飾語詞，以求

增飾其美，正是民間應用文書的本色。

（2）以排偶為主的形式

此類句型，大抵通篇使用四字句或六字句，亦有四六駢體者。如斯 6537 號〈放妻書〉：

> 蓋聞夫婦之禮，是宿世之因。累劫共修，今得緣會。一從結契，要盡　百年。如水如魚，同歡終日。生男滿十，茲受公卿。生女柔容溫和，內外六親歡美。遠近似父子之恩，九族邕怡，四時如不曾更改。奉上有謙恭之道，恤下無儻無偏。家饒不盡之財，妯娌稱長延之樂。何乃結為夫婦，不悅鼓□，六親聚而成怨，鄰里見而含恨。蘇乳之合，尚恐異流；貓鼠同窠，安能得久。二人違隔，大小不安。更若流連，家業破散，顛鐺損卻，至見宿活不殘。擎鏊築瓷，便招困弊之苦。男饑耕種，衣結百穿。女寒績麻，怨心在內。夫若舉口，婦便生嗔；婦欲發言，夫則捻棒。相憎終日，甚時得見。飯飽衣全，意隔累年，五親何得團會。乾沙握合，永無此期。羊虎同心，一向陳話美詞。心不合和，當頭取辦。夫覓上對，千世同歡。婦娉毫宋，駕鴦為伴。所要活業，任意分將。奴婢驅馳，幾口不勒。兩共取穩，各自分離。更無□期，一言致定。今請兩家父母、六親眷屬，故勒手書，千萬永別。忽有不照驗約，倚巷曲街，點眼弄眉，思尋舊事，便招解脫之罪。為留後憑，謹立。

此篇文辭駢儷雕琢，藉對偶句法、排比敘說，讀來鏗鏘有致，似是經過文士修飾的文範。契文中述及夫妻對於財產的分配，乃是「所要活業，任意分將」，明顯的點出兩人不合的主要因素，並不完全在於爭奪產業，而在情感的不諧。文中描述夫婦反目的情狀，如「夫若舉口，婦便生嗔；婦欲發言，夫則捻棒」，生動有趣，極具詼諧。文末述及「倚巷曲街點取弄眉，思尋舊事，便招解脫之罪」，則雙方怨恨之情，於此表露無遺。

（3）以奇偶夾雜為主的形式

有些契約的句型，運用散句與偶句錯綜交雜的形式而成。如斯5647號〈吳再昌養男契〉：

> 百姓吳再昌，先世不種，護果不圓。今生孤獨壹身，更無子息。忽至老頭，無人侍訓養。所以五親商量，養外甥某專甲，易姓名為如。自後切須恭勤，孝順父母，恭敬宗諸，懇苦力作，待養六親，成豎居本。莫信閑人構閃，左南直北。若不孝順者，仰至親情，當日趙卻，更莫再看。兩共對面平章為定，更無改亦（易）。如若不憑信約，更生翻悔者，便召五逆之罪。恐人無信，故勒私契，用為後憑。

此篇以四言句為主，雜以五言、六言，排偶與散行交錯遞用，奇中有偶，偶中有奇。用字通俗而不鄙野，理順而辭達。

文章使用對偶，可使文辭有整齊頓挫之美；再雜以散句交互使用，則能盡其奇偶變化之妙。這種奇偶夾雜的方式，也常見於敦煌通俗應用文書之中。

（二）使用淺顯白話

敦煌契約的對象，大都是社會大眾。這些契約既然是因應日常生活事務之需，訂約雙方彼此約定的文字紀錄，當然必須符合社會大眾易於閱讀，文意明確的需求。

少數的敦煌契約雖然略帶駢文儷辭，但仍然文白夾雜，讀來平易順暢。至於一般敦煌契約，則較少典麗之作，多數還摻雜了淺顯的白話語詞。如斯1475號背〈吐蕃寅年（822）令狐寵寵賣牛契〉中的一段：

> 今將前件牛，出買（賣）與同部落武光暉。斷作麥漢豆斗壹拾玖碩。其牛及麥，當日交相付了，並無懸欠。如後牛若有人識認，稱是寒盜，一仰主保知當，不忏賣（買）人之事。如立契後，在三日內牛有宿疹，不食水草，一任卻還本主。

此件契約敘事簡單明白，文辭淺顯，如「當日交相付了，並無懸欠」、「一任卻還本主」諸語，頗爲口語化。

（三）多雜方言俗語

敦煌契約中，經常夾雜著一些方言俗語，其用法與涵義，和其他敦煌通俗文學，如變文、詩歌、曲子詞等所見者，並無二致。研究這些方言俗語，不僅有助於作品的解讀，也是我們了解唐代口語最直接的材料，更可窺見當時民間語言的面貌，進而做爲探討中國古代語言發展與變遷問題的重要史料。

在唐代敦煌契約中所見到的方言俗語，舉例如下：

1. 平　章

商討、計議之意。此爲敦煌通俗應用文書習見之語，唐代敦煌契約所見及者，如：

（1）斯 1475 號背〈未年上部落百姓安環清賣地契〉
官有政法，人從私契。兩共平章，書指爲記。

（2）斯 3877 號背〈唐乾寧四年張義全賣宅舍地基契〉
恐人無信，兩共對面平章，故勒此契，各各親自押署，用後憑驗。

（3）斯 3877 號背〈唐天復九年安力子賣地契〉
兩共對面平章，准法不許休悔。

（4）伯 3155 號背〈唐天復四年令狐法性出租土地契〉
一定已後，兩共對面平章，更不休悔。

（5）伯 2502 號背〈寅年六月思董薩部落百姓金并興逸便麥契稿〉
恐人無信，故立此契。兩共平章，畫紙爲記。

（6）斯 5871 號〈大歷十七年霍昕悅便粟契〉
恐人無信，故立私契，兩共對面平章，畫指爲記。

按「平章」一詞，在六朝時已習用之。《顏氏家訓·風操篇》云：「近在議曹，共平章百官秩祿。」此語原本是用於法律政事性質的文

字，唐以後廣泛使用，如《王梵志詩》云：「有事須相問，平章莫自專」。
敦煌《燕子賦》亦云：「仲春二月，雙燕翱翔，欲造宅舍，夫妻平章。」

2. 口 承

　　允諾，許下，承認之意，又作保證解。此為敦煌通俗應用文書習
見之語，唐代契約也經常使用。在買賣類的契約中，賣主稱為「口承
人」，這是表示賣主於立契約之後，願意承擔的契約義務。如：

（1）斯3877號背〈唐天復九年（909）洪潤鄉百姓安力子賣地契〉
　　　中間若親姻兄弟及別人諍論上件地者，一仰口承人男檻搓兄
　　　弟祇當，不干買人之事。

（2）斯1403號〈某年十二月程住兒雇驢契〉
　　　口承人父兵馬使程慶慶。

（3）伯3964號〈乙未年趙僧子典男契〉
　　　只（質）典口承兄佛奴。

（4）伯3150號〈癸卯年慈惠鄉百姓吳慶順典身契〉
　　　同取物口承弟吳万昇；同取物口承兄吳慶信；口承見人房叔
　　　吳佛婢。

（5）北圖殷字41號〈癸未年王多敦貸絹契〉
　　　多敦身故，東西不在，一仰口承人丈白面上，顧為本絹。

3. 便

　　借貸之意。如便麥、便豆、便粟。《資治通鑑》「後唐同光二年」
云：「豆盧革嘗以手書便省庫錢數十萬。」胡三省《注》云：「今俗謂
借錢為便錢，言借貸以便用也。」可見「便」字應是當時習用的俗語
方言。敦煌文書中常有所見，唐代契約之例亦不在少數，舉例如下：

（1）斯4192號背〈未年張國清便麥契〉：
　　　未年四月五日，張國清逐於　處便麥參蕃馱，其麥並限至秋
　　　八月末還。…便麥人張國清，年四十三。

（2）伯3444號背〈寅年上部落百姓趙明明便豆契〉：

寅年四月五日，上部落百姓趙明明爲無種子，今於處便豆兩
碩八斗。其豆自限至秋八月內還足。…

（3）伯2502號背〈寅年思董薩部落百姓鉼興逸便麥契稿〉：

寅年六月，思（悉）董薩部落百姓鉼興逸爲無糧用，今於　處
便麥兩碩伍斗，並漢斗。其麥並限至秋八月還足。…

（4）伯3820號〈丙午年翟信子欠麥粟契〉

丙午年六月廿四日翟信子及男定男君二人，先辛丑年，於氾
法律面上，便麥陸石，粟兩石。

（5）伯3422號背〈卯年曷骨薩部落百姓武光兒便麥契〉

卯年正月十九日，曷骨薩部落百姓武光兒爲少年糧種子，於
靈圖寺便佛帳麥壹拾伍碩。…

4. 磳　磴

游蕩之意。如伯3443號〈壬戌年胡再成養男契〉：

自養已後，便須孝養二親，盡終之日，不發逆心。所有城
內屋舍、城外地水，家資□並共永長會子停之亭分，一般
各取一分。若有磳磴往□空身送出門外，不許橫說道理。

5. 迴博、迴換

交換、調換、轉換之意。如：

（1）伯2394號〈唐大中六年僧張月光呂智通易地契〉

大中年壬申十月二十七日，官有處分，許迴博田地，各取穩
便。

（2）斯3877號背〈唐天復二年壬戌歲曹大行迴換屋舍地基契〉

天成（復）貳年壬戌歲□□拾參日，赤心鄉百姓曹大行，遂
將前件舍地迴換與洪潤鄉百姓令狐進通。

（3）斯3877號背〈唐天復九年安力子賣地契〉

自賣已後，其地永任進通男子孫息侄，世世爲主記。中間或
有迴換戶狀之次，任進通抽入戶內。

6. 亭

均平之意。亭分，亭支，指均分之意。如：

（1）伯4075號背〈養男契樣文〉

家資諸雜物色，便共承分亭支。

（2）伯3443號〈壬戌年胡再成養男契〉

所有城內屋舍、城外地水，家資□並共永長會子停之亭分，

一般各取一分。

（3）斯5647號〈分書（樣文）〉

右件分割家沿活具什物，叔姪對坐，以諸親近，一一對直再

三，准折均亭，拋鉤爲定。

（4）斯2174號〈天復九年（909）神沙鄉百姓董加盈兄弟分書〉

園舍三人亭支，…城內舍、堂南邊舍壹口，並院落地壹條，

共弟懷盈二亭分，除卻兄加盈門道，園舍三人亭支。

二、表現方式

人類藉語言文辭，用以說理、敘事、抒情、詠物。使用文辭表達
時，乃是根據內容的需要，來調節形式的運用方式，唯有形式與內容
兩者妥切的配合，方能使用最美好的言辭來描寫事物，表達思想，發
抒感情。

相同的內容，可用二種不同的方式來表達：

（1）記述方式的表達

以平實的方式，記述事物的條理，力求客觀冷靜，避免主觀意識，
精細周密地記錄事物的形態、性質、組織等。其所使用的文辭，側重
概念的、理知的形式結構。文辭以邏輯思想、拘束嚴謹的說理方式來
表達，用詞簡潔，沒有華麗的語言，理性而不涉感情。

（2）表現方式的表達

以活潑生動的方式，表達思想感情。雖以客觀經驗爲依據，卻未
必使用概念、理知的形式結構，而是以感性的方式進行。在語言文辭

上，比較具有情趣。

　　一般而言，像契約這類的應用文書，講求處理日常事務的實用功能，自然不需具備文學作品那樣的藝術成分。但我們若去檢視古代各類應用文書，卻經常帶有文學的性質，唐代敦煌契約正是有此現象。

　　唐代敦煌契約的表現方式，約可分為三種說明之。

（一）簡潔明確的方式

　　法理性應用文書的本質，旨在記述事件的內容，重在實用性或法律性，因此，其表達方式，必力求客觀理智、文辭簡潔明確。茲舉斯5867號〈建中三年馬令莊舉錢契〉為例：

> 建中三年七月十二日，健兒馬令莊為急要錢用，交無得處，遂於護國寺僧虔英邊舉錢壹仟文。其錢每月頭分生利□〔貳〕佰文。如虔英自要錢用，即仰馬令莊本利並還。如不得，一任虔英牽掣令莊□〔家〕資牛畜，將充錢直，有剩不追。恐人無□〔信〕，故立私契。兩共平章，畫指為記。

　　此為馬令莊向護國寺僧虔英借錢的契約。內中記明「舉錢壹仟文」、「每月頭分生利貳佰文」，以及還錢的規定。其內容僅止於契約法理上的需要，並沒有額外的抒論，如感歎自己的困窮，或感謝金主救助之德之語。故此篇文辭的表現方式，乃是以簡潔為主，符合契約文書的實用要求。

（二）委婉曲折的方式

　　有些應用文書，以情感與趣味做為訴求的內容，此類作品通常是利用感性的方式，將作者的主觀體驗，委婉曲折的加以論說，藉以打動人心。如斯5706號〈放良書樣文〉：

> 素本良家，賤非舊族。或桑梓堙沒，自鬻供親；或種落支離，因是為隸。一身淪陷，累葉沈埋。興言及茲，實所增歎。更念驅驅竭力，歲月將作；勤勤恪恭，晨昏匪怠。尋欲我並放，逡巡未間。復遇犬戎大舉，凌暴城池，攻圍數重。戰爭非一，汝

等皆亡軀徇節，供命輸誠。能繼頭須之忠，不奪斐豹之勇。想
茲多善，□□甄甄昇，既申白刃之勞，且焚丹書之答。放從良，
兼改名，任（以下殘）

此件放良書敘述這位奴僕「素本良家」，卻因爲「桑梓堙沒，自鬻
供親」；或是因爲「種落支離，因是爲隸」的情況下，不得已放棄良好
的身世，變成奴僕，過著低賤的生活。雖然如此，這位奴僕仍然能夠
「勤勤恪恭，晨昏匪怠」，所以深得主人讚賞。主人本欲將他「放良」，
誰知遭逢亂世，由於戰亂，奴僕爲了保衛主人而死。主人感念其忠耿
之心，決定還奴僕清白，任其自由。整篇契文婉曲敘說奴僕的好處與
善良，讓主人懷念不已，確實是感性之作，可能是當時放良書的一種
範本[102]。

（三）放言高論的方式

有些應用文書，其內容除敘說實際世界的事務外，尚可包含非親
見耳聞，甚或邏輯理論不能推定的意境在內。易言之，其文辭往往架
空而言，具有高度的藝術特徵，可以讓人獲得情理上的高度滿足。如
斯343號背〈放良書樣文〉第二件：

蓋婢以人生於世，果報不同。貴賤高卑，業緣歸異。上以使下，
是先世所　配。放伊從良，為後來之善，其婢厶乙，多生同處，
勵力今時，效納年幽。放他出離，如魚得水，任意沈浮；如鳥
透籠，翱翔弄翼。娥媚秀柳，美娉窈窕之能（態），拔鬢抽絲，
巧逞芙蓉之好。徐行南北，慢步東西，擇選高門，娉為貴室。
後有兒侄，不許忤論。一任從良，榮於世業。山河為誓，日月
證盟。依此從良，終不相遺者。于時年月日謹立放書。

此篇起首便縱論人有貴賤尊卑之別，而今放婢從良，乃爲後來之

102　高國藩《敦煌民俗學》中，認爲斯5706號〈放良書〉，乃是一位妻子在丈夫身
　　亡之時，寫一份〈放良書〉祭奠亡者，以便改嫁。但從這件文書的措辭內容看
　　來，應是爲殉職而死的奴僕放良。

善。放良之後，此婢便能如魚得水，如鳥透籠，又如娥媚秀柳，拔鬢抽絲，美態洋溢，且能「擇選高門，娉爲貴室」。契文運用排比手法，歌頌婢女被放良之後的種種順遂美事。而且在文末以「山河爲誓，日月證盟」，表明遵守承諾，堅定不移的心意，語多潤飾，令人信服。

三、情感性質

文學蘊含著人類一切的情感，無論喜、怒、哀、樂、愛、惡種種情緒，經過文學的表現，可以灌注無限的情趣。文學中的情感常常發自作者內心，所以能夠將最深切的感動性，儘量地表現出來。

唐代敦煌契約呈現的情感，有兩個主要的性質，即「溫婉敦厚」和「窮苦悲哀」。分述如下：

（一）溫婉敦厚的情感

契約旨在處理日常的實際事務，其中屬於借貸、分家、放良類的契約，因與自身的遭遇有密切關係，故容易引發各種情思，仍然具有文學的性質。

敦煌契約所表現的情感，比較偏向於溫婉敦厚之風，尤其在放妻書中更爲明顯。唐代敦煌放妻書的內容，通常是先讚美妻子賢慧，而後敘說因爲情緣已盡，或因彼此不和，於是協議離異。契文中所強調的，乃是夫妻「宿世因緣」，「累劫共修」，因雙方「結緣不合」，反成「宿世冤家」[103]，以致婚姻破裂，家庭不諧。

敦煌放妻書常將離婚責任歸咎於夫妻雙方，而非全抵賴在一方上。如伯 3212 號背〈夫妻相別書一道〉中，敘述的離婚理由，雖與「七出」中的「不事舅姑」有關[104]，但契文也未侈言新婦不孝的問題，而

---

103 斯 343 號背〈放妻書樣文〉：「凡爲夫婦之因，前世三年結緣，始配今生夫婦。若結緣不合，比是宿世冤家，故來相對。」斯 5578 號（c）〈放妻書樣式〉：「夫婦之禮，是宿世之因。累劫共修，今得緣會。」斯 6537 號背〈放妻書〉：「三載結緣，則夫妻相和；三年有怨，則來作仇隙。」

104 伯 3212 號背〈夫妻相別書一道〉云：「蓋聞人生一世，夫妻語讓爲先。…夫取妻意，妻取夫言。□□事奉郎姑叔伯，新婦便得孝名。今則夫婦無良，便坐互

是敘說由於「夫婦無良」，夫不敬岳父岳母，婦不敬夫主及其親屬，男女雙方都有過失，故雙方協議「和離」[105]。進而言之，放妻書更且祝願妻子相離之後，找到「重官雙職之夫」，有美好的新歸宿[106]，能夠千世同歡，鴛鴦爲伴，如魚得水，任自波游。由此看來，敦煌放妻書所持的離婚理由與態度，應屬於「和離」的範圍，充分顯現出了委婉深情，並不像「七出」[107]、「義絕」[108]那樣的絕情，頗具感動人心的文學效力。

　　漢胡交雜的敦煌地區，何以在離婚的情況下，放妻書中只見「相離」、「分離」、「離別」、「相別」的無奈語，而無「斥」、「逐」、「棄」之類的嚴厲語辭，表現出溫婉敦厚的情感？筆者認爲應該和敦煌的儒學教育有密切關係。

　　敦煌雖然僻處中國西北邊陲，當地居民仍以漢族居多數。加上長期受中原王朝統治，故敦煌的社會文化發展，受到中原文化的影響極爲深遠。自漢代經營河西之後，中原文化已經大量進入敦煌地區，中西文化的融會，形成和中原相對應的敦煌文化系統。

　　由於曹魏、西晉以至十六國時期，中原紛亂，學者爲了避難，許

逆之意，不敬翁嫁（家），不敬夫主，不事六親，眷屬污辱，梟門連累。」
105 據《唐律疏議》卷 14〈戶婚律〉，只有在「兩願離」時，方可以「和離」。
106 斯 343 號背〈放妻書樣文〉：「願娘子相離之後，重梳蟬鬢，美掃娥媚，巧逞窈窕之姿，選聘高官之主。」伯 3730 號背〈放妻書樣文〉：「相隔之後，更選重官雙職之夫，弄影庭前，美逞琴瑟合韻之態。」
107 唐代律令規定，妻若有七出之狀者，可由夫家提出離婚。「七出」的範圍，《唐律疏議》卷 14〈戶婚律〉引《戶令》曰：「七出者，依《令》：『一無子，二淫泆，三不事舅姑，　四口舌，五盜竊，六妒忌，七惡疾』。」
108 唐代律令規定，夫妻以義結合，義絕則離。《唐律疏議》卷 14〈戶婚律〉：「夫妻義合，義絕則離。違而不離，合得一年徒罪。」「義絕」的定義，依《戶令》的說法是：「毆妻之祖父母、父母，及殺妻外祖父母、伯叔父母兄弟姑姊妹，若夫妻祖父母、父母、外祖父母、伯叔父母兄弟姑姊妹自相殺，及妻毆詈夫之祖父母、父母、外祖父母、伯叔父母兄弟姑姊妹，及與夫之緦麻以上親若妻母奸，及欲害夫者，皆爲義絕。」

多人都避遷河西，河西因此聚集了不少儒者。五涼之時，推崇儒學，自有其時代環境的背景[109]。在此時期的敦煌，漢文化水準並不亞於中原北方。許多著名學者，如宋纖、郭瑀、劉昞、闞駰、宋繇、張湛等，著作傳寫到南朝[110]。有些人對北魏、北周乃至隋、唐的制度與文化，則有相當的貢獻[111]。到了唐代，河西地區的文化教育相當發達，造就許多學者，儒家思想在敦煌地區的分量，可謂與佛教思想齊等並重。

專就敦煌地區的教育言之，除朝廷設有州郡官學外，私學[112]與寺學[113]也相當發達。從敦煌文書的題記，可以見到受業的士子人數眾多，他們無論是在官學或私學，以至於寺學中就讀，皆須修習四部典籍，而儒家經典當然為主要教材，故敦煌文書中，存留了不少儒家典籍[114]。這個現象可以解釋邊遠的敦煌人民，具有和中原相近的儒家思想的原因。

（二）窮苦悲哀的情感

古代的詩歌，如《詩經·國風》、漢魏六朝樂府，以至於唐代白居易的新樂府等，經常以民間實際生活為題材，傾吐人民的「窮苦」、「悲哀」之言，藉以抒發幽摯的情感。而唐代河西地區，物質本就不大充裕，兼且戰亂頻仍，許多百姓過著貧乏艱困的生活。當時敦煌社會的

---

109 五涼的統治者，如前涼張軌、西涼李暠、北涼沮渠蒙遜等人，本身具有良好的文化素養，注重提倡學術，他們身邊也都有漢族士人幫助經邦論道，藉著文治和教化來穩定統治秩序。故能敦崇儒學，昌明文教，致力於河西地區文化的發展。

110 見《魏書》、《晉書》等所載相關儒者本傳。

111 參看陳寅恪《隋唐制度淵源略稿》有關論述，上海古籍出版社，1982年。

112 此處「私學」指鄉里坊巷或私人興辦的學校，包含鄉學與私人學塾。

113 敦煌由於是佛教傳入中國首先必經的門戶之地，僧侶和信徒逐漸增多，寺院不斷興建，因此成為佛教城市。當時寺院不僅負責宗教活動，也擔任教學工作。其教學內容以有關佛教經律論的內典為主，但亦兼及一般學問的外典。講授者大抵為學養豐富的僧侶，也有俗家人士擔任。

114 敦煌儒家典籍主要包含《周易》、《尚書》、《毛詩》、《禮記》、《春秋左氏傳》、《春秋穀梁傳》、《孝經》、《論語》、《爾雅》等書。

實際樣貌，也在敦煌契約中表現出來。

　　唐代敦煌契約中所吐露的民間疾苦是什麼？我們在「賣舍契」中看到的是「闕少糧用」[115]；「賣地契」中看到的是「突田債負，不辦輸納」[116]、「闕少用度」[117]；「賣牲畜契」中看到了「無糧食及有債負」[118]、「無年糧種子」[119]等等，這些都充分反映了民間生活「悲哀」、「窮苦」的情懷。

　　唐代敦煌百姓爲何必須賣土地、子女、奴婢？爲何必須典租、借貸、受僱？契文中顯現了他們無可奈何的悲苦情懷。如斯 3877 號背〈丙子年阿吳賣兒契〉中，敘說了一段痛楚之語：「爲緣夫主早亡，男女碎小，無人求濟供急衣食，債負深壙」。又斯 1475 號背〈未年安環清賣地契〉云：「爲突田債負，不辦輸納，今將前件地出賣與同部落人武國子。」因爲窮苦而無法輸納，只好忍痛賣地，其怨情雖不在言詞文字之中明顯傾訴，卻已充滿在整個字裡行間。

　　《文心雕龍・體性篇》云：「夫情動而言形，理發而文見。」蓋人心之中，皆具有情理二者，無論將所知之理筆之於書，或將悲喜之情加以稱述，都需依賴自然而不造作的文辭，才能表達優美的意境與婉曲的情感。敦煌契約基本上出自民間之手，以實用爲目的，似乎並不重在文辭的美化功夫，也不必求其斐然成章，但在委婉深情的表現上，仍具有良好的成果。

伍、結　語

　　唐代敦煌應用文書雖然內容各異，卻具有不少共性，筆者曾有所

---

115 見斯 3877 號背〈唐乾寧四年（897）平康鄉百姓張義全賣舍契〉。
116 見斯 1475 號背〈未年（827）上部落百姓安環清賣地契〉。
117 見見斯 3877 號背〈天復九年己巳（909）洪潤鄉百姓安力子賣地契〉。
118 見斯 5820 號〈未年（803）尼明相賣牛契〉。
119 見斯 1475 號背〈寅年（822）令狐寵寵賣牛契〉。

論述[120]。契約種類雖然多端，具有共性的特質也不例外，略述如下：

（1）作品性質相同

契約既爲社會日常真實事件的紀錄，而非作者個人談愁道喜或高論哲理的主觀抒情寫意之作，故唐代敦煌契約皆記述當時人的生活情況，以至整個社會現象，其性質基本上是相同的。

（2）時代思想相同

《文心雕龍·時序篇》云：「歌謠文理，與世推移。」任何人皆容易受其所處時代風氣的感染，故時代精神常充分反映於作品中。唐代敦煌契約所記載的，都是當時當地的事務，自有其共同的時代思想。

（3）社會背景相同

敦煌契約乃當地人士所作，其社會結構、宗教信仰、法理觀念、風土民情、經濟活動等一切民生日用之事，皆出自同一環境，社會背景相同，作品的特徵自有其共同點。

（4）文學風格相同

文學風格的表現，包含作者的生活環境、學習經驗等因素。敦煌契約的作者，大抵爲敦煌地區的庶民，其生活環境既同，而文學素養亦相差無多，故文學風格的表現頗爲接近。

以上這些共性，說明中古時期敦煌地區人民的生活規範與習性，正是研究當時河西地區社會文化史的最直接材料。

從唐代契約文書中，可以窺見當時敦煌地區的土地買賣、耕作、受田、退田、交換、租佃等情形，甚至能探究敦煌民間的風俗習慣，以及婚姻狀況、奴婢制度等，瞭解唐代敦煌社會的一些實際情形。

總而言之，唐代敦煌契約所呈現的樣貌與內涵，約有三個特殊性：

一、注重日常事務的應用功能

---

[120] 林聰明〈談敦煌通俗應用文書的文學性質〉，中國通俗文學民間文學學術研討會，台北政治大學；（會議論文集 pp.223-238），1994 年 5 月。

　　就性質而言，契約文書乃是處理人與人之間有關買賣交易、質押雇用等等日常事務之需，所記載下來，供雙方取信的應用文字。它取材於實際生活，有專門的用語、固定的格式及特定的適用對象。其性質形態與一般創作性文學頗有不同，對於實際應用功能的要求，超過了藝術性的需要。

　　敦煌契約強調其日常事務的應用功能，因此具備了以下幾個要件：

（1）敦煌民間的實際生活模式，因其作者多為民間大眾。

（2）敦煌民間的通俗語言，故其文字質樸，甚至夾雜方言俚語。

（3）敦煌民間通行的思考形式，故其內容平實，多為日常生活的反映。

（4）敦煌民間共同的應用文規範，故其篇幅不長，合乎社會實際應用的需求。

二、反映社會經濟文化現象

　　敦煌文書層面廣泛，呈現的內容正是中古時期隴右河西地區社會文化的縮影，頗能反映敦煌地區的社會、經濟、政治現象。其中，契約文書可謂當代人民生活的縮圖，確實能夠反映河西地區的社會生活、文化制度、經濟活動、農業生產、家族組織等種種現象。透過敦煌契約文書，也可以瞭解一部份的唐代通俗文化實際狀況。

　　唐代敦煌契約文書，如租佃契、雇工契、借貸契等，可以考探唐代的租佃關係、雇用關係、借貸關係等實際經濟活動情況；瞭解雇主、農夫、奴婢、典身者的實際地位；夫妻之間的對等關係，以至於吏民僧俗的分家析產問題，這些都是可供研究的主要範圍。

三、具有民間文學的特色

　　文士作品具有優美的形式、豐富的想像、雋永的情趣，當然是文學佳作，卻非文學表現的唯一標準，因為文學的面貌是多方面的。民間作品固然較為通俗，卻常有文士所不及的自由抒寫、清新質樸之感，也同樣具有不可否認的文學性質，敦煌契約正具備此種民間作品的本

質。

　　雖然有些敦煌契約形式固定，文字質樸，比較缺乏文學氣息，但這些文書卻最能真實的反映敦煌的民間情況，表現出社會的真實脈動。

　　唐代敦煌契約雖然並不以誇詞囂聽為能事，但為求明白生動，文辭的修飾之功仍不可免，少數甚至有雕琢文辭，放言縱論者，這些契約文書仍具有相當的文學價值。

參考書目

1．唐耕耦、陸宏基，《敦煌社會經濟文獻真蹟釋錄》，書目文獻出版社，1986 年。

2．沙知，《敦煌契約文書輯校》，江蘇古籍出版社，1998 年。

3．永田英正，《書契》(一〇) 私文書 (1) 券，林巳奈夫編《漢代の文物》，1976 年。

4．池田溫，〈吐魯番、敦煌契券概觀〉，《漢學研究》4 卷 2 期，1986年。

5．山本達郎、池田溫，〈契券〉，《敦煌吐魯番社會經濟文書集－第三卷》，東洋文庫敦煌文獻研究委員會，1986-1987 年。

6．池田溫，〈契〉，《講座敦煌 5・敦煌漢文文獻》，大東出版社，1992年。

7．陳國燦，〈唐代的民間借貸－敦煌吐魯番等地所出唐代借貸契券初探〉，《敦煌吐魯番文書初探》，武漢大學出版社，1983 年。

8．陳國燦，〈對未刊敦煌借契的考察〉，《魏晉南北朝隋唐史資料》1983年。

9．陳國燦，〈敦煌所出諸借契年代考〉，《敦煌學輯刊》1984 年第 1 期。

10．余欣，〈敦煌出土契約中的違約條款初探〉，《史學月刊》1997 年第 4 期。

11．楊際平，〈也談敦煌出土契約中的違約責任條款－兼與余欣同志商

權〉,《中國社會經濟史研究》1999 年第 4 期。

12. 唐耕耦,〈關於唐代租佃制的若干問題－以吐魯番、敦煌租佃契爲中心〉,《歷史論叢 5》, 1985 年。

13. 唐耕耦,〈唐五代時期的高利貸－敦煌吐魯番出土借貸文書初探〉,《敦煌學輯刊》1985、1986 年。

14. 鄭學檬,〈從敦煌文書看唐代河西地區的商品貨幣經濟〉,《1983 年全國敦煌學學術討論會文集（文史遺書編上）》,甘肅人民出版社, 1987 年。

15. 李清凌,〈文書契約租佃制的產生、發展和作用〉,《西北師大學報》1990 年第 2 期。

16. 羅彤華,《唐代民間借貸之研究》,台灣大學歷史研究所, 1996 年。

17. 余欣,〈唐代民間信仰借貸之利率問題－敦煌吐魯番出土借貸契券研究〉,《敦煌研究》1997 年第 4 期。

18. 楊惠玲,〈敦煌契約文書中的保人、見人、口承人、同便人、同取人〉,《敦煌研究》2002 年第 6 期。

19. 楊際平,〈敦煌出土的放妻書瑣議〉,《廈門大學學報》1999 年。

20. 林聰明,〈談敦煌通俗應用文書的文學性質〉,中國通俗文學民間文學學術研討會,台北政治大學;（會議論文集 pp.223-238）, 1994 年。

21. 陳寅恪,《隋唐制度淵源略稿》,上海古籍出版社, 1982 年。

22. 王溥,《唐會要》,世界書局, 1989 年。

23. 李斌城等,《隋唐五代社會生活史》,中國社會科學出版社, 1998 年。

李白與選體及玉台體

上海古籍出版社總編輯，華東師範大學古籍所
兼職教授，中國唐代文學學會副會長。
趙　昌　平

提　要

　　本文以研究選體以及玉台體與李白詩歌創作的關係為核心，兼論初盛之交，唐詩傳承因革中的一些迄未引起充分重視的現象與走勢。文章著重論證了李白不僅以二體，尤其是選體為其詩歌創作的初階；更因時乘勢，由齊梁上窺晉宋，對二體的體勢作出了富於個性的創造性發展；而同時，由於始學初化的作用，李白前期創作的這種素養，也對他的其他詩體，如七古，在取勢佈局等方面產生了重要影響，自來對於李白大篇七古的一些誤解，蓋以未明朱熹所云「李太白終始學選詩」。作為盛唐詩人的典型，李白前期創作的上述走勢，其實是初盛之交詩史演進的個性化體現。清理選體、選學在初盛之交的隆盛態勢，辨析選體與玉台體在當時的複變消長，應當是深化此一段詩史研究的重要課題。本文是作者李白新探系列研究的第三篇，對於在前二篇（《李白性格及其歷史文化內涵》、《李白的司馬相如情結》，載《文學遺產》1999 年 2 期、6 期）已論及的李白始學的其他因素，本文不再詳析。

關鍵字：李白、選體、大小謝、鮑謝、玉台體、複變。

　　「李侯有佳句，往往似陰鏗」，「清新庾開府，俊逸鮑參軍」，杜甫評李白此二聯詩爲論者所稔知。然而除鮑照之擬外，庾信、陰鏗二喻夙爲評家所忽視。其實如果細按李白詩的脈理，尤其是其早期作品，我們不僅會發現老杜可稱深知李白根蒂者，而且會對以李杜爲卓越代表的盛唐詩之底蘊與傳承，有更深切的解會。李白恰恰是從習學陰、庾所擅長的選體以及玉台體開始其詩歌創作歷程的，這對他的詩歌修養有著終始以之的重大影響；而這一點也恰恰是初盛唐詩人始學的普遍特徵。盛唐詩風貌大異於選體與玉台體[1]，但盛唐詩的淵源恰恰與此兩種詩體密切相關。這一二律背反，是李白與盛唐詩研究中應當十分注意的現象。由於李白與玉台體的關係，前人時有論及，故本文以論析李白與選體的關係爲主兼及玉台體，並進而引出對初盛唐際詩史演進大勢之我見。不當處，尚祈方家指正。

一、李白與選體關係的記載與評述

　　李白與選體的關係，不僅見於老杜上述評述，更見於唐人記載。《酉陽雜俎》記：「李白前後三擬《文選》，不如意，悉焚之，唯留《恨》、《別》二賦」。有宋以來承段成式說者不乏其人，如：

　　　　宋朱熹《晦庵說詩》：李太白終始學《選》詩，所以為好。

　　　　明楊慎《丹鉛總錄》卷十八：人謂李詩出自樂府、古、選，信

1　選體即《文選》所選的主要詩體，亦即相對於古體與律體而言，講究藻辭、對仗、調聲，但未完全律化的詩體。也就是律體定型前，包括永明體在內的晉宋以降的主要詩體形式，當然也包括後學者。習慣上又多指五言。又由於《文選》與《玉台新詠》之清濁、雅鄭對峙，《選體》又代表傳統的雅正一路，而玉台體代表競新的豔俗一路——雖然《玉台》所錄就詩體形式言也多近選。參本文第一節所錄朱熹後諸家評。

矣。

清龐塏《詩義固說》卷上：太白五言，純學選體，覺詞多意少，讀之易厭。

清喬億《劍谿說詩》又編：太白五言，神明於選體之外，太白古詩往往音調似律，蓋體源齊梁，興酣落筆而不自覺，然逸氣橫生，高出齊梁萬萬也。至於今體反入古調，老子猶龍，吾于太白詩亦云。

以上諸家所論，褒貶雖或不同，但以太白詩為與選體關係密切則一。其中喬億所論最有見地，實質上也道出了朱熹所論「終始學《選》詩」應如何來理解。所謂「太白五言，神明於選體之外」，並非說太白五言詩非關選體，而是指其體格本導源於選體（體源齊梁），然而神明以之，化去畦畛（興酣落筆而不自知），故「高出齊梁萬萬也」；也正因為體源齊梁，反過來「太白古詩，往往音調似律」這與其今體因習學古詩而「反入古調」相反相成，正有以見出詩人的各種素養其實融鑠於一心而不可絕然分割。朱熹所謂李白「終始學《選》體」，其實也正是指出選體作為其始學的主要詩體，對其各體具有伴隨一生的潛在影響。

二、李白初前期的選體詩創作

對於李白的詩歌始學，日本崗村繁先生《李白研究》在列舉其可確定為蜀中所作的《訪戴天山道士不遇》、《登錦城散花樓》、《登峨眉山》三詩後論云：「對於這三首詩，平心而論，誰都會為它們構思之平凡。缺乏抑揚的措辭之無聊而灰心失望，阿塞維伊利評李白蜀中時期的作品云：『這些詩雖巧而不精彩，承襲傳統而已，幾乎沒有能夠指引我們找到李白那獨創的風格的，閃現出光芒的兆頭來。』」

按《文心雕龍·體性》云：「大才有天資，學慎始習，斫梓染絲，

功在初化。器成綵定，難可翻移。」李白的始學是否就全然不同於這一爲無數文學史事實所證明了的現象，而真正與其以後的創作絕然不同呢？筆者認爲，如果不拘墟於以盛唐詩爲齊梁詩的反動，而將六朝至唐的詩史發展作爲一種通變的歷史進程來考察；如果不僅僅從對句等辭采因素，而進而從更重要的作品的氣脈體勢來分析，則對於上舉李白三詩將會獲得一種更爲公允的認識。其中五律《訪戴天山道士》歷來佳評如林，《唐詩三百首》五律卷錄爲第一首，可暫置以待後詳；茲先列舉其他二詩如下：

> 日照錦城頭，朝光散花樓。金窗夾繡戶，珠箔懸銀鉤。
> 飛梯綠雲中，極目散我憂。暮雨向三峽，春紅繞江流，
> 今來一登望，如上九天遊。

（《登錦城散花樓》）

> 蜀國多仙山，峨眉邈難匹。周流試登覽，絕怪安可悉。
> 青冥倚天開，彩錯疑畫出。冷然紫霞賞，果得錦囊術。
> 雲間吟瓊簫，石上弄寶瑟。平生有微尚，歡笑自此畢。
> 煙容如在顏，塵累忽相失，儻逢騎羊子，攜手凌白日。

（《登峨眉山》）

　　說二詩繼承「傳統」是不錯的；不僅如此，二詩還相當稚嫩。如《登峨眉山》「青冥倚天開」句以青冥指山就不甚切當，然而二首可賞者在「文體開合作用之勢」（皎然《詩式》語）

　　二詩均爲選體，依《文選》的分類，都屬遊覽詩。作法上，《登錦城散花樓》不直接寫登覽，而是先樹四句總寫散花樓的光鮮亮麗，「飛梯」二句爲全詩中樞，上句入題「登」字，其飛動的氣勢，似乎是從前四句望樓所見麗景蘊蘗而來，下句順勢以「極目」帶出「散我憂」，轉入全詩主旨，並從而引出另一幅不同於前的彌高彌遠頗具開遠之勢的大境界，從而結爲「九天遊」的登覽之感，以回應中樞之「散我憂」，結束全篇。

《登峨眉山》於登覽中融入遊仙詩體，似更勝一籌。詩以「蜀國多仙山」映襯「峨眉邈難匹」喝起，接著以「周流試登覽」句領脈，「絕怪安可悉」句反問蓄勢，四句二折，引出「青冥」、「彩畫」二句聳拔絢麗的大境界。「泠然紫霞賞，果得錦囊術」是全詩中樞，上句在伸足「青冥」、「錯彩」的同時為前八句作一頓束，下句以「果得」應「泠然」二句，以「錦囊術」啟開以下「雲間」、「石上」「得仙術」後逍遙自在意態的描寫，不難揣味，中樞一聯初見跳脫之致的意識流貫在後半的描寫中。

由上析可見，李白早年選體詩，對於此體的詩體特徵確有因繼承而中規中矩的一面。就登覽體而言，把握了其周覽宇寰，俯仰上下，掇拾散點景物以構成全景式描繪的特點（參葛曉音《山水田園詩派研究》），就選體結構特點來看也對法工整。首尾一貫。這是習學過程中的「摹體以定習」，但是另一方面他的習學又並非亦步亦趨。讀二詩，我們首先感到的是一種英發之氣，一種初出茅廬而胸懷大志的少年才士面對新世界且極欲把握這一世界的樸茂鮮活的靈動意興。也因此不僅在景物的攝取方面已初步表現出李白嚮往大境界與憧憬光晶意象的特徵，同時也減少了六朝初唐選體詩的過多襞積，並在中規中矩中初見能頓束離合，循體得勢，從而在「摹體以定習」中「因性而練才」。循體得勢，因性練才，亦即在規範之中初見其個性，是李白早年選體詩學習中最值得注意的現象。

初盛唐時《選》學大盛，選體詩在初唐與開元詩人的創作中實為大宗，這是由永明體向律體轉化期間的歷史現象。李白早年習學選體對其嗣後創作的第一個影響便是在選體本身創作中的精進。試以作於初入長安期間的《讀諸葛武侯傳書懷贈長安崔少府叔封昆季》為例說明。

　　漢道昔雲季，群雄方戰爭。霸圖各已立，割據資豪英。
　　赤伏起頹運，臥龍得孔明。當其南陽時，隴畝躬自耕。

　　魚水三顧合，風雲四海生。武侯立岷蜀，壯志吞咸京。

　　何人先見許，但有崔州平。餘亦草間人，頗懷拯物情。

　　晚途值子玉，華髮同衰榮。托意在經濟，結交為弟兄。

　　無令管與鮑，千載獨知名。

　　本詩最可注意處是在精嚴的選體格局中，結合靈動渾成的對法、詞法、用典在取勢佈局上的二處轉接，一處回廣旋。詩分二層意。前十四句（至「崔州平」）詠史，切題面「讀諸葛武侯傳」；「餘亦」句起八句切題面後半「書懷贈長安崔少府叔季」，這也是六朝以來贈答類選體詩的典型格局。然而全詩氣勢動盪，關鍵首先在二大層次的轉接。詩至「武侯」，「壯志」二句，頌孔明功業已極，詩勢已遠揚開去，這時李白出人意表地用「何人先見許，但有崔州平」收轉，並極其自然地以「餘亦草間人」接續。崔州平影借崔少府，餘自比當初在野的孔明，從而不著痕跡地完成了上下的銜接。從時序看崔州平識薦在「三顧」之前，但如順敘史事，便難以接轉，今以逆筆補敘崔事，不僅使轉接自然，更於順逆變化間，形成一種矢矯鼓蕩的氣勢。

　　另一處轉折在詩的上半部分。詩題「讀武侯傳」，卻以漢末群雄割據的大背景領起，這固然格局寬大，氣勢雄渾，但如何轉入所詠主角孔明呢？庸手作來必節節鋪敘，但李白卻又出人意表地接以「赤伏起頹運，臥龍得孔明」一聯。上句闌入劉秀復國事，振起以收束上文，下句「得孔明」，既隱含主語劉備——群雄之一，又順勢帶出所詠主角。此一轉接，既將從劉秀復漢到劉備興漢這一段時間跨度很長的歷史濃縮於一聯之中，更以「赤伏」與「臥龍」、「頹運」與「孔明」的字面對仗作暗示，使人產生由亂到治應歸功於孔明的聯想。因為伏即潛，劉秀是漢家潛龍，意脈下通下句之「臥龍」，而「孔明」這一諸葛亮的字，又語含雙關，呼應著上句代表大漢火德的「赤伏」。其對法精嚴中見渾成雄大，從而意含向下地完成了常人難以措手的轉接。

　　與這兩處大轉折相關相映的，尚有一處波瀾值得玩味。本來「赤

伏」、「臥龍」之對後可以直接詠孔明功業，然而李白卻以一個散句「當其南陽時，隴畝躬自耕」作一迴旋，然後接寫「魚水三顧合，風雲四海生，武侯立岷蜀，壯志吞咸京」。這兩個化用史書，高度濃縮的對句，因著上文迴旋的蓄勢，而產生拔地而起，氣壯山河的崇高感，而南陽躬耕的迴旋又與下文崔州平識薦的逆筆補述形成筆勢上的呼應，這樣全詩便在矢矯的意脈中將對法、詞法，用事融會貫通於章法之中。整嚴的選體格局中便透現出李白特有的奔騰起伏的氣勢來。

不難看出，這首作於初入長安，約三十歲時的作品是其蜀中始學階段選體詩的大而化之。事實上李白的選體詩並非如岡村先生所說一承初唐上官體而專注於對偶工巧。必須充分注意到在初盛之交詩壇實際存在著中朝體格與在野體格的區分。在野詩人因中朝風氣所尚，也必然會在詩體上接受新興的進一步格律化的詩歌樣式，但是在實際創作中，特別是在像李白那樣並非世冑，亦少家學的詩人中，既因為缺乏專門的嚴格的修辭訓練，卻也因此而突破了宮廷生活的狹窄圈子，而表現出與宮廷新體詩體同神異的創作趨向，也就是說他們更多地是在自然而然地用六朝至初唐宮廷詩形成前的氣格來寫新體詩。後人常說李杜以古詩句法入律體八句之中，其實至少在盛唐前期，這一點並非有意為之，而是慣性使然。這類作品，先有王績之《野望》，再有陳子昂之《渡荊門》等。而李白正是這一路向的傑出後繼者。這在其第一首作品《訪戴天山道士不遇》中已有明確表現。此詩對句雖不出奇，用語也多有犯重，但是氣脈已自不群。首聯「犬吠」二句寫往訪而漸近道觀，二聯「時見鹿」，「不聞鍾」，暗示到觀而不見道士，三聯野竹分靄，飛泉掛峰，寫不見後遠眺道士可能去處，由此自然歸到末二句的不知所之而悵惘倚松。就律體的聲韻對仗形式來看它是中規中矩的，然而從筆法氣脈來看，由民俗化的起筆開始，李白特有的風行水上般的逸氣一路貫串於四聯的起承轉合之中而泯去了針痕線跡。不難見出這詩是後來皎然與賈島名篇《尋陸鴻漸不遇》與《山中問童子》

的先聲，也是以古詩筆法入律體的好例，王琦注本詩引唐仲意評，在指出本詩語多犯重的同時盛讚云「籲，古人於言外求佳，今人於句中求隙，失之遠矣」。正說明了對於李白這類在野詩人的新體詩創作，如僅就對法論其得失而不注重其氣脈，是難中肯要的。

三、由小謝體上窺大謝體──兼說李白
對謝氏的家族性崇敬

李白選體詩的這種個性特徵，究竟是怎樣形成的呢？這是一個綜合性的問題。最根本的是才性使然，同時也得力於其自小習學辭賦、古詩與民歌的某些素養。這些不遑評論。然而更有尚未見論及的二點。一是其選體與玉台體的相互影響，留等下節詳論；本節先論第二點：就選體本身而言，李白有著由小謝體上窺大謝體亦即由齊梁上窺晉宋的明顯傾向，這從他對小謝體與大謝體的效學情況可以清楚地看出。

李白對小謝的傾慕為大家熟知。其實這本是初唐以來詩壇的一種趨向。元兢《古今詩人秀句序》云：

> 余以龍朔元年，為周王府參軍……常與諸學士覽小謝詩……美哉玄暉，何思之若是也……餘於是以情緒為先，直置為本，以物色留後，綺錯為末，助之以質氣，潤之以流華，窮之以形似，開之以振躍，或事理俱愜，詞調雙舉，有一於此，罔或子遺。時歷十代，人將四百，自古詩為始，至上官儀為終，刊定已詳，繕寫斯畢。

由此序可見，元兢此編，體例頗學《文選》，唯雖追蹤古詩，卻以小謝體為祈向而以上官體為之殿軍。其以「直致為本」實際上包含了齊梁以來，詩界對於顏鮑謝，尤其是大謝體時見闡暖繁蕪的反思。但正如鍾嶸所評，小謝「微傷細密」，「意銳而才窘」，以至「末句多躓」。這種弱點在初唐宮廷詩人中的狹窄圈子與尚美的藝術氛圍中尚不明顯，但到詩壇的主體由宮廷移向市井，由台閣移向大漠，特別是在初

盛之交，詩史的主要承載者已由集群性的侍從型詩人轉爲分散的才士、游士型詩人群時，就日益彰露。因此從四傑到初盛之交主詩界壇坫的張說、張九齡，其選體詩篇製日漸宏放，詞氣逐漸開宕，已隱隱透露了由小謝體向體格逸蕩的大謝體回歸的趨勢。這一唐詩史上的複變，至李杜更立爲標格並大而化之。杜甫云：「久爲謝客尋幽慣，細學周顒冤興孤。一重一掩吾肺腑，山鳥山花吾友于。」（《岳麓山道林二寺行》），又云「賦詩何必多，往往淩鮑謝。」（《遣興》），而李白則不僅酷學大謝體者達數十章（其流放與居宣城時期尤夥），更早在初下東南期間，於《入彭蠡經松門觀石鏡緬懷謝康樂題詩書遊覽之志》中，明確以大謝作爲繼跡風雅的效學對象。詩云：

> 謝公之彭蠡，因此遊松門。余方窺石鏡，兼得窮江源。
> 將欲繼風雅。豈徒清心魂？前賞逾所見，後來道空存。
> 況屬臨泛美，而無洲渚喧。漾水向東去，漳流直南奔。
> 空濛三川夕，回合千里昏。青桂隱遙月，綠楓鳴愁猿，
> 水碧或可采，金精秘莫論，吾將學仙去，冀與琴高言。

前四句切題面「入彭蠡經松門觀石鏡」，妙在化用大謝《入彭蠡湖口》「攀崖窺石鏡，牽葉入松門」原句，而以「謝」與「餘」，「松門」與「石鏡」互文見義，省淨而跳宕有致地述明瞭自己此遊與謝公當年行程正同，爲下文緬懷作鋪墊。

「將欲」六句切題面「緬懷謝康樂題詩」，前四句的句序極有意思，「豈徒」「將欲」是關聯詞，但李白倒置之，從而先有效地突出了「繼風雅」的重點，然後以「前賞」與「後來」呼應「謝公」與「餘」，以「逾所見」與「道空存」對照見意。從而可知「道」字語含雙關，既實指山道，又隱喻謝公所秉承的「風雅」之道。而「空」字更畫龍點睛，營造起一種山行道上唯余與謝公今古遙應的時空感。暗示謝公已降，四百年來，風雅之道幾乎失墮，而有志追跡前修者，唯「餘」一人而已。而五、六二句「況屬臨泛美，而無洲渚喧」，更將這種對前修

大謝的遙欽遠仰，淳蘊於一片空靜悠遠的境界之中，既爲詩題第一層次收束，又爲下文重新提起蓄勢。這正是前已屢次論析的李白選體詩的頓挫收放之法。

以上十句爲第一層次。而由空靜之境放眼望去，進入第二層次，切題面「書遊覽之志」。「漾水」四句應前「兼得窮江源」，寫彭蠡、潯陽一帶「三江既入」、「九江孔殷」的水勢，唯三江，九江古來已眾說不一，以致謝公原詩即慨歎「三江事多往，九派理空存」，李白即此生法，極寫潯陽城下眾水交激匯流；夕陽返照之下水氣空濛，回環合邐。而透過這水氣，遠山青桂叢中遙月漸漸升起，綠楓林裏傳來山猿的愁啼，「隱」字、「遙」字都似乎又將奔騰的水勢淳蘊於一派依然以「靜」爲主調而略帶空惘的境界中。至此，詩人終於明白，謝公原詩收尾「金膏明滅光，水碧綴流溫，徒作千里曲，弦絕念彌敦」四句之感喟所以會產生的情境，對此，他也感到「或可采」，「秘莫論」，然而好在我正當學仙訪道之時，不妨將謝公與我的此種疑問留與仙人琴高去討論吧。

從以上解析可見李白對大謝的極度崇敬，以致將他作爲風雅的繼承者，而與之空山獨對，冀存其道，這種崇敬可分爲兩個層次。

首先是學謝：從詩體看，除起結外全用工整的對仗而聲律上尚未達永明體的程度，是謝客當時的典型形態；從語句看又多化用謝客原詩，甚至韻部也相同；尤其是以「況屬」兩句爲中樞將遊覽分爲兩層，形成遊—情—遊—情的詩歌脈絡，更是謝客遊覽詩的典型格局。

其次是角謝。如同他崇敬前輩鄉賢司馬相如，而又希望「作賦淩相如」一般，李白學謝也並非亦步亦趨。如以「漾水向東去，漳流直南奔。空濛三川夕，回合千里昏。青桂隱遙月，綠楓鳴愁猿」，與謝客原詩名句「洲島驟回合，坼岸屢崩奔。乘月聽哀狖，浥露馥芳蓀。春晚綠野秀，岩高白雲屯」相對讀，可見並不以寫景擅長的李白，這次卻似乎非常用心。「青桂」二句的空靜境界似乎是從前四句三川交激的空濛水氣中蘊生出來一樣，並與前面的景語「況屬臨泛美，而無洲渚

喧」遙應，在整體的渾然性上似略勝於謝客，從而於整飭中體現了李詩一氣揮灑跳脫有致的個性特色來。

從全詩的主旨是敬謝、學謝、角謝，境界是以靜美爲主，以及起四句的跳蕩有致與其中「余方窺石鏡，兼得窮江源」的初遊口吻來看，本詩絕非抒憤之作，而應爲初次游彭蠡時作，當在初遊東南期間。而無論這一推斷是否可確立，本詩仍爲我們研究李白與選體詩的關係提供了一把鑰匙。

首先以本詩聯繫其蜀中《登錦城散花樓》、《登峨眉山》與初遊長安《讀諸葛武侯傳》三詩可見出；儘管四詩稚嫩與老成不一，但卻體現出一種共同的特點：主氣重勢，格局開闊，並以頓束離合之法結合凝練清勁，跳脫動盪的對法，在多層次的物象中，顯示出跌宕起伏的詩歌意脈來。

格局開闊，跌宕重勢是大謝選體詩有別於小謝的最顯著的特徵，鍾嶸稱其「逸蕩」，齊高帝評其「放蕩」，其十世孫皎然的《詩式》，在總序下即設《明勢》節，並下接以謝靈運爲標格的《文章宗旨》節。後代詩家評謝客重勢甚夥，如王夫之云：「以意爲主，勢次之，勢者，意中之神理也。唯謝康樂爲能取勢。宛轉屈伸以求盡其意。意已盡則止，殆無剩語。夭矯連綣，煙雲繚繞，乃真龍，非畫龍也。」李白選體詩之重勢特點與謝客同趣，絕非偶然。其蜀中諸作，即使不足斷定是在三擬《文選》的過程中，對大謝體有所揣摩所至，也必當是性之所近而初露近似的端倪，而至本詩已明確地顯示出他以謝客爲繼跡風雅的標格而加以仔細揣摩與效學，至讀《諸葛武侯傳》詩則已臻於老成，其氣象宏大，詞氣軒舉，即體成勢而辭必已出，已確實凌勝於大謝。

李白由小謝體上窺大謝體是勢所必然與性之所之的泊然湊合。就選體本身而言，《文選》一集大抵以建安（曹植爲主）。正始（阮籍爲主）太康（陸機爲主），元嘉（謝客爲主）永明（謝朓爲主）作爲標格，

當小謝體風行而弊端漸顯的初盛之交，在選體詩上，由小謝體上窺大
謝是勢之必然，而大謝體又如鍾嶸所評「其源出於陳思，頗協景陽之
體」，故進而由大謝上探建安古詩也正是情理中事。

　　就個性而言，李白有天真純明與飛揚跋扈兩面，他推重小謝，多
取其明淨一面，但就體勢而言，其張揚的個性側面又非小謝體所能牢
籠，相反，狂傲不拘的大謝正與他這一側面聲氣相應。值得注意的是
在李白所推尊的前賢中大多是以個體面目出現的，如姜尚、魯仲連、
孔明等。唯獨對南朝謝氏，表現出家族性的推崇。小謝、大謝而外，
乃祖謝安是他又一位原極其崇敬的物件，集中直接歌詠謝安的近二十
例。對謝安—謝客—謝朓這一世系的推崇，應當是他身為社會地位低
下的富商子弟卻企望一鳴驚人的特殊心理的反映。在政治上以高臥東
山的謝安自比，詩學上以從小謝上窺大謝為至少是前期創作的標格，
正是他人生理想的完美寄託。這一點是李白研究中應當尤其加以關注
的。

四、李白選體修養與他七古成就的關係—鮑謝兼熔說

　　《文心雕龍·體性》揭示了詩歌創作的主體為「成心」，「成心」，
是各人由先天的才、氣與後天的學、習四者凝鑠而成的相對於原初本
心的各具性情的心體。而就後天的學習而言，始學初化的作用尤其重
要。因此，作為一種素養，李白包括初學在內的前期創作中的選體詩
修養及其創作祈向，必然會作為成心的一種潛在因素，對其他詩體的
創作產生重要影響，由於篇幅所限，這裏只想就其最為突出的七古創
作來作些分析。

　　在李白七古研究中有三事一直使我感到困惑。

　　其一、一般將李白七古溯源於鮑照，這也是有事實可按的。如李
白《行路難》明顯與鮑照《行路難》有一脈相承的聯繫。又如李白豔
歌體的七古《白頭吟》、《長相思》等，也與鮑照豔體七言歌行顯然相

關。然而代表李白七古最高成就的大篇七古，尤其是中後期的《將進酒》、《梁甫吟》、《答王十二寒夜獨酌有懷》等，甚至某些中型篇章，如《宣州謝朓樓餞校書叔雲》等，在鮑照七古中除了俊快的氣體外，卻找不到體勢上的必然聯繫；或說是參以漢魏古詩或者辭賦氣格融而化之，這也有案可稽，如《蜀道難》、《遠別離》之於楚辭，《獨漉篇》之於其漢魏本辭，但在取勢佈局上多數仍大異其趣。

其二，李白以七古稱，但為何至初入長安期間，除了豔歌體的《白頭吟》、《長幹行》等外，幾乎見不到代表他勢若奔雷般的主體風格的的七古，而其大篇更都在後期。相反，至初入長安時，其選體五言詩已相當老成。

其三，李白七古中最見組織功力的傑出長篇如《梁甫吟》、《遠別離》、《答王十二》，為什麼屢屢被譏為顛倒錯亂而斥為偽作？

然而當我全面地研究李白各體詩，打破了一線單傳的思維定式後，便發現，李白七古的成就十分典型地體現了劉勰「成心」說的原理，是其成心的綜合素質的體現。就其七古各名篇的具體特點來看，或於前代某一體有所傳承（如《蜀道難》之於騷）；但就總體而言，其所有中長篇七古名篇，都具有一種共同的特點，即在密集的詩歌意象（含用典）、奔越的詩歌節奏中，潛注著似斷而續、草蛇灰線般的意脈。看似「顛倒錯亂」，實則章法井然。老杜稱「精熟文選理」，李白同樣得益於此，只是俊快奔注，使人不覺痕跡。今以一中一長二詩試析之。

《宣州謝朓樓餞別校書叔雲》素稱「天馬行空」，但其中一處頓束、二處斷而複續、三個時間詞足見其善於取勢。

前四句由「昨日之日」遠遠領起，引出「今日之日」，至五六句「長風萬里送秋雁，對此可以酣高樓」方入題登樓送別，作一頓束，是為全詩關鎖。既收束飄然而來的上文，以見詩人受秋景感召，努力借酒由煩愁中振起，又因「酣」而引起下文升天攬月醉歌式的逸想，詩勢由抑而揚。其中「蓬萊文章」、「中間小謝」二句，看似與上不續，實

則以跨度極大的文學史典實關合叔與我（行者與送者），斷隙處綑縕有古今相通的時空感。「抽刀斷水」句更由揚而抑，又似與前不續，而「舉杯銷愁」句，再次斷而複續，逆溯酒「酣」而綰合「煩愁」，終於結出「人生在世不稱意，明朝散髮弄篇舟」的詩旨。而由「明朝」返觀開首之「昨日之日不可留」，「今日之日多煩愁」，更可悟篇首飆然而來的浩歎，其實是將積年憾恨，歸到送別無緒。則樓頭一醉，其萬般無奈，盡在不言之中。不難看出本詩的頓束離全，取勢抒情，在其前期選體創作中早已臻於成熟。

　　七古長篇《答王十二寒夜獨酌有懷》，元人蕭士贇譏爲「造語敍事，顛倒錯亂，絕無倫次」而指爲偽作。今試稍理其意脈（詩長不錄）：

　　詩分四層，自「昨夜吳中雪」至「且須酣暢萬古情」十句爲第一層，探題「答王十二寒夜獨酌」。先二句借王子猷雪夜訪戴事起興，主客合提，且暗示王與我皆性情中人，絕非虛設。接著寫「寒夜」數句，構畫出一派孤月滄浪，星漢橫斜的孤清氣氛，似乎像喻著二者的人格，也渲染出全詩的基調，而「人生飄忽百年內，且須酣暢萬古情」則爲前八句作頓束，並挑明醉「酌」之意，從而啓開以下醉歌般的「有懷」以「答」。從兩個「君不能」起，到「有如東風射馬耳」八句是第二層次；從「魚目亦笑我」至「讒言三及慈母驚」十四句爲第三層次，乃由合而分：上八句爲王十二飽學高節而見棄於世鳴不平；下十四句則以「魚目亦笑我」領起，「亦」字由彼及我，而彼我兩者憤世嫉俗之情一以貫之。彼寫、自寫二層後，複以「與君論心握君手」句由分而合，直到結束十八句爲第四層次：徵引史實，夾敘夾議，由古及今，由個人及國事。其中前十二句四句一組，分爲三個意群，每組兩句抒憤，兩句証史，其中貫穿有由「榮辱於我亦何有」至「一生傲岸苦不諧」，再至「達亦不足貴，窮亦不足悲」的層遞以進的人生解悟，語如貫珠，勢若奔流，逼出最後同樣以兩個「君不見」領起的全詩高潮，既從節奏上回應前片，又攬入李邕、裴敦複之死，古與今，國事與我輩打成

一片，遂在廣闊的歷史背景下結出「五湖去」、「鐘鼎疏」之夙志；而「少年早欲」、「見此彌將」的上下勾結，則更似將出蜀到今近四分之一世紀的功名追逐，付之一夢，從而與開篇之孤清氣象虛實遙應，結束全篇。

《答王十二》與先後所作的《遠別離》、《梁甫吟》（同樣似亂而有序，不贅析）是李白研究中極可注意的篇章：

其一，都是李白七古的後期大篇，結構也最複雜；而與此同時，李白的選體詩也尤多長篇。二者顯有交互影響。一方面可見其選體取勢佈局能力越來越強，也因而在七古中以符合七古體勢的形態得以運用；另一方面，其選體長篇也越來越奔越激蕩而近乎其七古氣體。如果說李白七古氣體俊逸似鮑照，那麼其取勢佈局同時得力於大謝；反之，其長篇選體固溯源謝客，但氣體上則以鮑照式的俊逸來消解了大謝體原有的時見滯重。鮑謝並爲元嘉之雄，李白雖體各有自，但用乎成心，故能兼熔二家而各開生面。

其二、雖曰兼熔鮑謝，但小謝體之明淨仍爲李白心儀。這不僅表現於他的短制上，也同樣參融於其大篇之中。如果說前期李白詩多以晶明意象疊加以見其開朗與希望，那麼中後期，尤其是大篇中更多以晶明意象與晦暗意象之對沖以見其拗怒之中的孤清。「萬里浮雲卷碧山，青天中道流孤月。孤月滄浪河漢清，北斗錯落長庚明。懷余對酒夜霜白，玉床金井冰峥嶸」，《答王十二》詩之景語就是好例。

其三，氣動爲勢，勢主文體開合，是爲取勢。李白選體與七古之佈局越趨複雜，是與其閱歷心態相關的。本詩作於天寶九載，正當李林甫誅殺李邕、裴敦複集團四年之後，是今存唐人詩中第一首直接指陳此一關乎國運與才士集群命運的重大政治事件的作品。多年積鬱，用此一宣洩，通過頓束離合的佈局迴蕩奔越衍爲大篇，可見李白詩的「開合作用之勢」，洵如王夫之評大謝所云：「夭矯連蜷，煙雲繚繞，是真龍，非畫龍也。」

五、李白玉台體習學與選體習學的關係──雅俗兼熔

李白與玉台體的關係已多有論析，不須煩陳，這裏僅從與其選體創作關係的角度作些新的探討。

眾所周知玉台體得名於《玉台新詠》，它與得名於《文選》的選體，是同一講究聲辭清麗的文學思潮中標舉不同宗旨的兩種詩體。選體以複變雅正為標格，玉台體則以競新香豔為歸趣。岡村繁先生以「清流」與「濁流」目之，甚有見地。因其殊流同趣，故二集所收既有重疊，而李白早年習選又習玉台，更是情理中事。

從論者經常引述的《彰明逸事》關於李白早作百篇「大抵宮中行樂詞」可知，少年人當時習學玉台體數量當多於選體。雖然今存李白此類作品都不甚可靠，但《逸事》所云「英氣溢發……雖頗體弱，然短羽褵褷，已有鳳雛態」卻極可注意。此評實際上也貼合李白蜀中選體詩的狀況。在習學承繼時初見個性其實是少年李白各體的共同特徵。

能切實印證《逸事》所評的其實尚有繁簡不同的《白頭吟》二首。詹鍈先生以起筆「錦水東北流」斷為開元八年李白初遊成都作，或以此為起興而質疑。然而從繁簡二本的較讀中，仍可確定二詩，尤其是繁本一首為初遊成都作無疑。茲迻錄二詩如下：

其一為簡本，凡三十句：

> 錦水東北流，波蕩雙鴛鴦。雄巢漢宮樹，雌弄秦草芳。
> 寧同萬死碎綺翼，不忍雲間兩分張。此時阿嬌正嬌妒，
> 獨坐長門愁日暮。但願君恩顧妾深，豈惜黃金買詞賦。
> 相如作賦多黃金，丈夫好新多異心。一朝將聘茂陵女，
> 文君因贈白頭吟。東流不作西歸水，落花辭條羞故林。
> 兔絲故無情，隨風任傾倒。誰使女蘿枝，而來強縈抱。
> 兩草猶一心，人心不如草。莫卷龍須席，從他生網絲。

　　且留琥珀枕，或有夢來時。覆水難收豈滿杯，棄妾已去
　　難重回。古來得意不相負，祗今唯見青陵台。
其二爲繁本，凡四十二句：

　　錦水東北流，波蕩雙鴛鴦。雄巢漢宮樹，雌弄秦草芳。
　　相如去蜀謁武帝，赤車驪馬生輝光。一朝再覽大人作，
　　萬乘忽欲凌雲翔。聞道阿嬌失恩寵，千金買賦要君王。
　　相如不憶貧賤日，位高金多聘私室。茂陵姝子皆見求，
　　文君歡愛從此畢。淚如雙泉水，行墮紫羅襟。五起雞三唱，
　　清晨白頭吟。長籲不整綠雲鬢，仰訴青天哀怨深。
　　城崩杞梁妻，誰道土無心。東流不作西歸水，落花辭條羞故林。
　　頭上玉燕釵，是妾嫁時物。顧君長相思，羅袖幸時拂。
　　莫卷龍紋席，從他生絲網。且留琥珀枕，或有夢來時。妾有秦
　　樓鏡，照心勝照井。願均照新人，雙對可憐影。覆水卻收不滿
　　杯，相如還謝文君還。古來得意不相負，祗今唯見青陵台。

　　先析繁本。詩分上下兩片。上片十四句，起興四句後，兩句一組，
節節舖陳從相如去蜀到文君見棄全過程。下片（「淚如」句起）二十八
句，廣用雜史、小說、梁陳豔歌原句，化爲梁陳宮體式的豔句，極寫
文君欲訴無門、流連難捨的怨思而少見憤詞，最後又歸到文君回歸的
情節。全詩如故事體，其才氣過人，巧思迭出而婉轉流美確有「鳳雛
態」，但平舖直敘，大抵不脫梁陳豔體歌行牢籠，且顯有逞才炫博之嫌。
歷來於《白頭吟》尙有傷王皇后與長安去官，寄託幽憤作二說，但繁
本以上情況可徹底否定二說。因爲在這兩種情況下都：一不可能完整
敍述故事，特別是寫到文君回歸；二不可能怨而無憤；三不可能如此
逞才炫博而自陷輕薄。此外從技巧看，其繁而稚嫩，不可能是晚於《長
干行》的作品。因此繁本是純粹的豔情詩，當爲初遊成都，覽古而懷
相如文君悲歡離合所作。

　　簡本明顯是約略繁本，略添關鍵句所成。立意上明顯突出文君雖

留戀而更憤而決絕之情，更切《白頭吟》本辭原意。作法上變平鋪直敘爲熔裁得體，於婉轉流美中濟以跌宕起伏之致。它提取繁本後片化用本辭的「東流不作西歸水，落花辭條羞故枝」二句爲中樞。省淨而有頓挫感地完成了上下片的轉接；同時上應上片起興後新增的主題句「寧同萬死辭碎綺翼，不忍雲間兩分張」；下照篇末「覆水難收」（變繁本「覆水卻收」而來）的決絕之辭，構成全詩主脈，來安排素材：上片刪削次要情節，突出相如「多金」而「好新」；下片大量刪削繁豔。卻增入化用古詩「與君爲新婚」章的菟絲女蘿之喻，巧而能質。不但以十四句僅及繁本一半的句數寫活了文君的感情波瀾，且消除了繁本以「杞梁妻」典、「青陵台」典二次收束卻未見層次感的結構不足。可見簡本已較繁本成熟多多。其改定時間雖難以確定，但從它是節略繁本所成，及與《長干行》、《長相思》等名篇相比，雖各有千秋而化用齊梁豔體句仍較多來看，似應在二詩略前而仍可排除傷後與自抒二說。

　　《白頭吟》繁簡二本的情況說明了三個問題：

　　其一，與其選體由小謝上窺大謝同趨，李白玉台體始學表現出由齊梁豔體上窺漢魏樂府的趨向，取法乎上，循體得勢，因性練才而復古通變是李白習學二體的共同特徵，所謂「已具鳳雛態」，除性情而外，這種詩學趨向也不容忽視。

　　其二，李白此二體雖各有淵源，但作爲積澱於其「成心」中的文學素養又互相融鑠。選體修養不僅使其玉台體創作的豔麗（時俗）得以洗汰，更在取勢佈局上濟以跌宕之致，從而表現出豔詩選化的趨向，而李白選體詩的遣詞造句，較大謝甚至小謝都來得通俗而無滯澀感，這又與其對直致清便的玉台體的習學相關，而在他進一步吸納與玉台體相關的古樂府尤其是當代民歌營養後，就更有長足進展。

　　其三，我們知道，豔體歌行是初唐七古的主要樣式，盛唐復古通變的七古經歷由王岑高李到李杜的系列，由此蛻出。《白頭吟》簡本在取勢佈局上相對於繁本的進展，爲我們提供了李白選體詩取勢佈局對

其七古體格產生影響的一個中間狀態，從而有力地證明了本文上節的
論點。要之作為始學階段的主要體式，選體確如朱熹所云對李白有終
始以之的影響。

六、代結論——從李白與選體玉台體 的關係看初盛唐間詩史走向。

　　以上我們論述了李白由選體與玉台體開始其詩歌創作歷程。說明
其二體由齊梁上窺晉宋之前的共同趨向和二者的交互關係，以及因其
始學初化作用，對以七古為例的他的其他詩體以取勢為主的重要影
響。作為盛唐最有代表性的詩人，李白前期創作的這種情況在初盛之
交，同樣是具有代表性的。

　　通常認為，恢復風雅傳統，取法漢魏、南北詩風交融，是初盛唐
詩的主要走向，其結果是齊梁豔麗詩風的廓清與律體的確立。這其實
是一種粗略而有所偏頗的看法。

　　唐初到開元前期，南北詩風的結合是與朝野詩風的交融相互滲透
的（參拙文《開元十五年前後》），而恢復風騷、漢魏精神，其實又是
與對六朝詩的複變相統一的。然而風格風氣的變化，雖以「成心」（性
情之心）為最活躍的能動因素，而最終還是要落腳於文體的。也就是
說，只有細按詩體的演進，風氣風格演進方能獲得具體形態。而初盛
之際，上述種種風氣風格的碰撞交融，其實是與齊梁以來最盛行的兩
種同趨分流的詩體選體與玉台體的消長與轉化密切相關的。

　　新朝上下總體上的進取精神與選學的日益隆盛，使得選體終於一
改陳隋之際的弱勢，而從初唐起就開始凌勝於玉台體。不僅如《玉台
新詠》般的豔體詩集失去了堂而皇之產生的可能，而且豔體的創作也
轉而選化，這從《翰林學士集》、《珠英學士集》、《丹陽集》二朝一野
三集的存詩情況可清楚看出。而由初盛之交始，變小謝（齊梁）崇尚

為由小謝體上窺謝鮑（元嘉），正如前述，也繼之發生。所謂標舉風騷、
建安，在選學極盛的態勢下，是由選體與玉台體上述複變過程首先體
現並進而上探的。也正因此，唐代古詩，如李於麟所說非古詩，是唐
人詩；而由選體殿軍永明體演變而來的律體，也因此終於在保留其詩
體特點及技法累積的同時，扭轉了唐初宮廷主要用於應酬、宴遊而過
於注重聲辭的偏向，從而獲得了廣闊的生存空間與渾成秀朗的品格。
殷璠說：「開元十五年後，聲律風骨兼備也」，反過來看，至開元前期，
詩壇仍處於上述由初入盛的轉型時期。

次山詩之成就與評價

逢甲大學中國文學系教授
李 立 信

提 要

在唐代作家中，元次山向來被定位為以文名而不以詩名。一來是由於他在古文方面成就頗高，而掩蓋了他在其他方面的成就。二來則由於他的詩作數量太少總共不到一百首，所以，他的詩，並不能引起太多的注意。

但仔細觀察次山的詩歌，頗不同於流俗，一則在次山的詩作中，沒有一首近體的作品，在當代詩人中，恐怕極不尋常；二則唐人極少寫作的四言及騷體，在次山詩中卻佔了極大的比例，四言及騷體合計，超過全部作品的五分之二，而且頗受肯定；三則常於詩中紀年，詩前有序，且多記當時時事，敘事極多，一如杜之詩史；四則好於詩中抒發、議論，頻頻說理，文字時出鋪排，尤好以虛字入詩，堪稱唐代以文為詩之先驅；五則創為新樂府，不僅寫作新樂府的時間早在杜甫之前，杜甫於天寶十一載作兵車行，為其新樂府中最早之作品，而次山於天寶五載作〈閔芒詩〉、天寶六載作〈二風詩〉，十一載作〈系樂府十二首〉等，時間都在杜甫之前。見其〈系樂府十二首〉以詩組形式寫作，並於詩前有序，序中論及其承詩經以下之樂府理論，並首創「為引其義以

名之」，以確立「即事名篇」的新樂府標誌。可見元次山在唐代詩壇的份量，及對當代詩壇的影響，實不可等閒視之。

關鍵詞：次山詩、詩史、以文爲詩、新樂府

緒　言

唐代作家中，元次山以往一直被定位爲以文名而不以詩名。長久以來，學術界論及元結的文學成就時，似較少談到他的詩歌；而且歷來的文學史及詩歌史，談到唐代的詩人，大概不會有幾個人會想到元結。他的詩，總共不過九十七首[1]。就唐人詩作數量而言，以李白的六百餘首和杜甫的一千四百多首來看，次山之作還不到他們的六分之一和十四分之一。詩作數量當然是明顯偏低的。就作品寫作的形式而言，杜甫的各體咸備及各體咸工，古、近兼擅，早已有了定評；李白的絕句和古風，尤其是雜言諸作，整個唐朝大概是難遇敵手的，但李白的近體諸作也非等閒；而處在盛唐末到中唐初的元次山，作中只有古詩，竟然沒有一首律詩。在唐代有名的詩人中，這是極罕見的現象。

但是從另一個角度來看，次山的四言及騷體，無論從量與質來看，和其他唐人比較起來，都是遠遠在他們之上的。而且次山的詩，每每隱含著古文的影子，如作詩年月之紀錄、詩前序文之氾濫、詩中常作議論說理、敘事以虛字入詩及排比的句法之使用，在在讓次山的詩大異於當時。

他在詩序上詳記寫作年月，每每用序說明作詩緣由，或在序中意寓規諷，甚至以詩記史，在在都展現出詩史的架勢。次山詩作雖不多，

---

[1] 本文一以台北世界書局於民國七十三年再版刊行之《新校元次山集》爲據。是集以四部叢刊影印上海涵芬樓借江安傅氏雙鑑樓藏明正德郭氏刊本爲底本，而取四部備要，坊刻淮南黃又研旅編訂本，及全唐詩、全唐文校之，堪稱目前次山集的善本。

但在當時，他卻編選過一本頗爲有名的《篋中集》，一直流傳至今；而且他所首創的諷諭性新樂府，引起許多作家的仿作，整個仿作過程，甚至被文學史家視之爲一種文學運動。從這個角度來看，次山詩豈可等閒視之。

元結的憤世嫉俗、與世不合是所有研究他的人都十分清楚的。這種個性，不僅影響到他的待人接物，而且也影響到他對詩文的好惡。他在〈篋中集序〉[2]中云：

> 元結作篋中集，或問曰，公所集之詩，何以訂之？對曰：風雅不興，幾及千歲，溺於時者，世無人哉。……近世作者，更相沿襲，拘限聲病，喜尚形似，且以流易爲辭，不知喪於雅正，……吳興沈千運，獨挺於流俗之中，強攘於己溺之後，窮老不惑，五十餘年，凡所爲文，皆與時異，故朋友後生，稍見師效，能似類有五六人。

「凡所爲文，皆與時異」，這是他選文的標準。其實何嘗不是他自己寫作的標準呢？元結在唐代詩壇，其實是擁有一定的地位的，只不過他不同於流俗，不會去遷就當時的流行，從以下幾點，大體上可以看出元結在詩歌方面的成就，並不多讓於古文。

壹、四言及騷體之佼佼者

唐人之詩，固盛極一時，但一般詩人，幾乎只作近體律、絕及五、七言古詩；至於騷體及四言，唐代作者殊不多見。次山詩作雖然不多，但所作騷體及四言爲數頗爲可觀。

（一）四言：

《詩經》三百五篇，幾全以四言寫作，雖偶有非四言者，但究係少數。所以文學史稱《詩經》時期（BC570—BC1122）爲四言詩時代。

2　見注1《新校元次山集》卷七，頁一百。

《詩經》之後，就很不容易看到四言的作品了，曹操是《詩經》以後四言詩之健者，所作〈短歌行〉尤其膾炙人口。降及有唐，未聞有擅於四言者，一般詩人，也絕少有四言之作。次山不但有四言，而且數量也頗爲可觀，他的〈補樂歌十首〉雖然以騷體寫作，但其中有許多四言句。〈二風詩〉分爲治風五篇及亂風五篇，這十篇基本上全都是用四言寫的，只是治風五篇中的一、二、五篇及亂風五篇中的三、四首，開頭第一句都有「兮」字，其餘則全爲四言；治風的三、四篇及亂風的一、二、五篇全是用四言寫的，自有一種雍容大度之態。姑引〈治風〉第三篇以見一斑：

〈治風詩〉五篇之三[3]

　　古有勞王，能執勞儉，以大功業，故為至勞之詩三章

　　至哉勤績，不盈不延；誰能頌之，我請頌寫。

　　於戲勞王，勤亦何極；濟爾九土，山川溝洫。

　　至哉儉德，不豐不敷；誰能頌之，我請頌夫。

　　於戲勞王，儉亦何深；戒爾萬代，奢侈荒淫。

　　至哉幾功，不升不圮；誰能頌之，我請頌矣。

　　於戲勞王，功亦何大；去爾兆庶，洪湮災害。

　　右至勞六韻二十四句

依〈二風詩論〉[4]所言，此章當係頌夏禹之勞儉。此詩無論句式、體製、用韻等皆仿三百篇，甚至連各章之間的複沓句式，也仿得維妙維肖。唐代其他的詩人恐怕很難再找到類似的作品了。

　　此外，次山還有許多四言的頌、銘，尤以上元二年所作〈大唐中興頌〉[5]最爲膾炙人口，頌云：

　　噫嘻前朝，孽臣姦驕，為昏為妖，邊將騁兵，毒亂國經，群生

---

3 同注2，卷一，頁六。
4 同注3，頁十。
5 同注2，頁一〇六。

失寧，大駕南巡，百寮竄身，奉賊稱臣，天將昌唐，繄曉我皇，匹馬北方，獨立一呼，千麾萬旗，我卒前驅，我師其東，儲皇撫戎，蕩攘群兇，復服指期，曾不逾時。有國無之，事有至難，宗廟再安，二聖重歡。地闢天開，蠲除袄災，瑞慶大來，兇徒逆儔。涵濡天休，死生堪羞。功勞位尊，忠烈名存，澤留子孫。聖德之興，山高日昇。萬福是賚，能令大君。聲容汍汍，不在斯文。湘江東西，中直浯溪。石崖天齊，可磨可鐫。刊此頌焉，何千萬年。

次山此頌歷來頗多好評，宋黃庭堅所撰〈書磨崖碑後〉[6]，對次山此頌，評價甚高：

> 春風吹船著浯溪，扶藜上讀中興碑，……。臣結舂陵二三策，臣甫杜鵑再拜詩。安知忠臣痛至骨，世上但賞瓊琚詞。同來野僧六七輩，安有文士相追隨。斷崖蒼蘚對立久，凍雨為洗前朝悲。

山谷此詩對次山的〈大唐中興頌〉，自是感動莫名。范成大也有〈書浯溪中興碑後〉[7]，其序云：

> 乾道癸巳春三月，余自西掖出守桂林，九日，渡湘江，游浯溪，摩娑中興石刻，……。今元子乃以魯史筆法，婉辭含譏，……。

對次山〈大唐中興頌〉揣摩至深，頗有所悟。明人楊慎〈升庵詩話〉[8]更直言：

> 元次山集凡十一卷，大唐中興頌一篇，足名世矣，……。

足見歷來評價之高。此外，次山的四言銘，不僅量多，而且質精，集中如〈抔樽銘〉、〈抔湖銘〉、〈退谷銘〉、〈縣令箴〉、〈陽華岩銘〉、〈窊樽銘〉、〈丹崖翁宅銘〉、〈瀍泉銘〉、〈汸泉銘〉、〈澅泉銘〉、〈忠泉銘〉、

---

6 見《豫章黃先生文集》卷十三。台北世界書局本，再版。
7 見《石湖居士詩集》卷十三。台北世界書局本。
8 見明·楊慎《升庵詩話》卷十。台北世界書局本。

〈澪泉銘〉、〈漫泉銘〉、〈東泉銘〉、〈五如石銘〉、〈浯溪銘〉、〈峿台銘〉、〈吾廎銘〉、〈東崖銘〉、〈寒泉銘〉等[9]。這些銘文，皆係韻語，鏗鏘抑揚，非詩而何？有唐詩人，有大量四言詩、銘者實極罕見；唐人四言詩能如次山〈大唐中興頌〉一樣受到肯定、推崇的，就更是鳳毛麟角了。

（二）騷體

唐詩人的四言之作固然不多，騷體也不多見，王維、李白、韓愈、柳宗元諸人偶一見之，他則頗爲罕見。次山作中，屢見騷體。秦觀〈漫郎詩〉[10]云：

> 元公機鑒天所高，中興諸彥非其曹，……心知不得載行事，俛首刻意追風騷……。

所言甚是。清人章學誠在〈元次山集書後〉[11]說得更是一針見血：

> 次山於文，前人評論已詳，大約抗節勵志，不可規隨，讀其書，可想見其人，……。其心切於憤世，故氣尤亢，蓋其所處然也。
>
> 元之面目，出於諸子，人所共知，其根蓋本之騷人，而感激怨懟，奇怪之作，亦自天問、招魂，揚其餘烈，人不知也。……

似頗能直探次山之詩心。作中騷體如〈補樂歌十首〉，凡十篇，十又九章，一以騷體出之。〈二風詩〉中，治風與亂風各五首，其中適有半數爲騷體，〈引極三首〉，全用騷體，而〈演興四首〉也是騷體。以騷體寫作者，總計三十一首，接近全部詩作的三分之一。

這些騷體，寫來也極有變化，〈二風詩〉及〈補樂歌十首〉基本上都是在三言或四言的奇數句尾加上「兮」字。這種句法略近於〈橘頌〉；而〈引極三首〉和〈演興四首〉中的前兩首，都是用騷體七言，即七言句中之第四字易以「兮」字，一如〈國殤〉、〈山鬼〉之句式。而〈演

9　以上諸銘，但見注1，卷八至卷十。
10　見宋・秦觀《淮海集》卷二。台北世界書局本。
11　見清・章學誠《章氏遺書》卷十三，台北世界書局本。

興〉之三、四首，有騷體七言、騷體五言，或於七言句末加一兮字，或連續數句不用一「兮」字，又或連續數句，句句有「兮」字，變化莫測；且兩首皆爲二、三百字之長篇，與前三、五十字成篇者，顯然有別。茲僅引〈引極三首〉[12]中的第一首，可以概見其餘了：

引極三首之一

天曠漭兮杳決茫，氣浩浩兮色蒼蒼。上何有兮人不測，積清寥兮成元極。

彼元極兮靈且異，思一見兮藐難致。思不從兮空自傷，心懍揊兮意惶懷。

思假翼兮鸞鳳，乘長風兮上阰。揖元氣兮本深實，餐至和兮永終日。

這不正是章學城所謂「亦自天問、招魂，揚其餘烈」之作嗎？

他的〈引極三首〉，甚至和王粲〈登樓賦〉、陶淵明〈歸去來兮辭〉、李白〈鳴皋歌〉、王維〈山中人〉、〈魚山迎送神〉等作並列，被朱熹收入所編的《楚辭後語》[13]並謂：

……天寶之亂，或仕或隱，自謂與世聾牙，故其見於文字者，亦沖澹而隱約，譬古鐘磬不諧於里耳，而詞義幽眇，玩之脩然若有塵外之趣云。

可見次山騷體之見重於朱熹。朱熹對騷體之鑑賞，要求頗高，就算對王維的作品，也頗有微詞，卷四收王維〈山中人〉等作，前有序云：

……詞雖清雅，亦萎弱少氣骨，獨此篇(即〈山中人〉)與〈望終南〉、〈迎送神〉為勝云。

---

12 同注2，卷一，頁十一。
13 《楚辭後語》爲朱熹所編，收在《楚辭集註》後面，全書六卷，共收作品51首，始荀子〈成相辭〉終呂大臨之〈擬招〉。次山之〈引極〉收入卷四，和王粲〈登樓賦〉、陶淵明〈歸去來兮辭〉、李白〈鳴皋歌〉、王維〈山中人〉、〈魚山迎送神〉等作同在一卷。

可見朱熹眼界之高。更可見次山〈引極〉等騷體之成就,殊非泛泛。

唐代詩人,幾乎都將筆力集中在五七言古詩或五七言律絕的寫作上,絕少看到四言和騷體的作品,尤其不會有像元結那麼多的四言和騷體,光只就四言及騷體的創作數量而言,元結已經壓倒群彥,成爲唐代四言和騷體的佼佼者了。更何況,他的四言和騷體,都極受後人之重視。

貳　以詩記史的詩史

談到詩史,很自然會想到杜甫。杜甫之所以被譽爲詩史,重要的原因之一是,在杜詩裡頭,充分反映了他所處的那個時代,甚至也充分的反映了他的生活,在杜詩中,讓我們清楚的看到他的一生,清楚的看到那個時代的縮影。所以在杜詩中,有相當篇幅的敘事成分,也有相當清楚的紀年、紀時,這些紀年紀時,多見於詩歌的開端,如「皇帝二載秋,閏八月初吉」(北征)等;而敘事的成分則往往是作者對老百姓生活的所見所聞,及個人身世的片段記錄,如〈秋雨嘆〉、「三吏」、「三別」、〈北征〉等是。

(一) 詳記年月

次山之詩,也有明確紀年紀時者,但他和杜甫不同,杜甫幾乎都是直接在詩中標誌出年、月,而次山則清一色在序中詳記年月,如〈二風詩〉、〈閔荒詩〉、〈系樂府〉、〈與黨侍御〉……等都是如此。只有極少數的詩,在詩中敘及時間,如〈招陶別駕家陽華作〉[14]云:「海內厭兵革,騷騷十二年」,此詩作于永泰二年(776AD)距天寶十四年(755AD)安史之亂開始至此時正十二年,故云。次山詩中詳細記年的計有:

---

14 見註2,卷三,頁三十九。

次山詩序紀年表

詩　題	紀　年
二風詩序	天寶丁亥中……
閔荒詩序	天寶丙戌中……
系樂府十二首	天寶辛未中（孫望云：天寶無辛未，疑為辛卯）
與黨侍御	庚子中……
寄源休	庚丑中……
與讓溪鄰里	乾元元年……上元二年……
漫歌八首	壬寅中……
舂陵行	癸卯歲
賊退示官吏	癸卯歲
欸乃曲五首	大曆丁未中……
劉侍御月夜讌會	兵興以來，十一年矣，按……

　　次山詩計九十七首，共五十組詩題，其中有十一組詩的序明確記載寫作年代，可知次山詩中超過百分之二十以上的作品明確標示出寫作的時間，其他還有一部分的作品，在詩中或序中所記所言，大約可以推出詩歌之寫作時間者，也有數首。在作品中刻意記下寫作時間，大概是次山的一種寫作習慣。次山集中，除詩之外，文有一〇一篇，其中無論在序中或文中明確記下寫作時間的，就有三十七篇[15]。可見次山無論在詩或文中都相當習慣的記下寫作的時間。對次山而言，這無疑是一種極具歷史意識的表現。

---

15 《元次山文集》中，文前有序的計有〈浪翁觀化〉、〈自述三篇〉、〈訂古五篇〉、〈七不如七篇〉、〈虎蛇頌〉、〈異泉銘〉、〈瀼溪銘〉、〈大唐中興頌〉、〈漫論〉、〈抔樽銘〉、〈抔湖銘〉、〈退谷銘〉、〈辯惑二篇〉、〈陽華岩銘〉、〈窊樽銘〉、〈朝揚岩銘〉、〈丹崖翁宅銘〉、〈七泉銘〉、〈五如石銘〉、〈浯溪銘〉、〈峿台銘〉、〈吾廎銘〉、〈冰泉銘〉、〈東崖銘〉、〈寒泉銘〉等均於文前有序。

（二）詩前有序

詩前有序其來有自，但歷代詩人於詩前加序者並不太多，唐詩人於詩前加序者尤少。但次山每每喜歡在詩前加序，次山五十組詩題中，竟然有二十一組是詩前有序的[16]。也就是說，次山每十組詩歌，就有四組以上是於詩前加序的，比例之高，幾冠唐人。寫序的目的，基本上是爲了說明寫作此詩之緣由。將寫作此詩的緣由和動機交代清楚，這無疑也是一種歷史意識之表現。

這些序從內容來看，大約可以分爲以下幾種：

（1）借詩序以說明作詩緣由：

這一類的序所佔份量最多，如〈補樂歌〉、〈二風詩〉、〈系樂府〉、〈與黨侍御〉……等即是。又如〈寄源休〉有序[17]，序云：

> 辛丑中，元結與族弟源休皆爲尚書郎，在荊南府幕，休以曾任湖南，久理長沙。結以曾遊江州，將兵鎮九江。自春及秋，不得相見，故抒所懷以寄之。

序中所言，一則補充詩中不足之內容，再則清楚說明寫作此詩之緣由，使讀者更能瞭解詩中所言的來龍去脈。

（2）意寓規諷者：

此類多半係爲民喉舌之作，如〈閔荒詩〉、〈春陵行〉、〈賊退示官吏〉、〈劉侍御月夜讌會〉等是，序多係爲民請命。如〈賊退示官吏〉[18]有序云：

> 癸卯歲，西原賊入道州，焚燒殺掠，幾盡而去，明年，賊又攻

---

16 詩前有序的計有〈補樂歌十首〉、〈二風詩〉、〈引極三首〉、〈演興四首〉、〈閔荒詩〉、〈系樂府十二首〉、〈與黨評事〉、〈與黨侍御〉、〈寄源休〉、〈與瀼溪鄰里〉、〈喻瀼溪鄉舊遊〉、〈招孟武昌〉、〈漫歌八曲〉、〈漫酬賈沔州〉、〈春陵行〉、〈賊退示官吏〉、〈劉侍御月夜讌會〉、〈送孟校書往南海〉、〈石魚湖上作〉、〈潓楊亭作〉、〈石魚湖上醉歌〉、〈欸乃曲五首〉等二十二個詩題於詩前有序。

17 見註 2，卷二，頁二十四。

18 見註 2，卷三，頁三十五。

　　永州，破邵，不犯此州邊鄙而退，豈力能制敵歟？蓋蒙其傷憐

　　而已。諸使何為忍苦徵斂？故作詩一篇，以示官吏。

可見次山作此詩，基本上全在說明「諸使何爲忍苦徵斂？」他對百姓
的同情、憐憫，不覺溢之於言表了。

（3）意在明志者：

　　賦詩言志，本是詩人之常情，詩人恐志之不見知於友儕，所以借
序以明志，如〈漫歌八曲〉、〈漫酬賈丏州〉、〈送孟校書往南海〉等是。
〈漫歌八曲〉[19]有序云：

　　壬寅中，漫叟得免職事，漫家樊上，修耕釣以自資，作漫歌八

　　曲與縣大夫孟士源，欲士源唱而和之。

　　這和陶淵明賦歸去來，豈不異曲同工。除明志外，兼敘緣由。屬
此類者，僅得三篇。

　　這些詩序，在在都說明了次山擅於用其所長。次山古文，名重一
時，因此得以一展所長，在詩前以古文作序；再則詩序相互輝映，或
以序輔詩之不足，合成兩美。是知次山詩序，不僅詳記作詩年月，尤
其將作詩之緣由，清楚的呈現，或抒懷明志，或規諷勸誡，令我們讀
到次山的詩，格外感到敘事詳明，對作詩的前因後果、來龍去脈，交
代得極爲詳盡，幾乎每一首詩都蘊含一個故事似的。

（三）以詩記史

　　依據孫望所撰的〈元次山年譜〉，次山生於唐玄宗開元七年
（719AD），卒於代宗大曆七年（772AD），得年五十四歲。他的一生，
歷經玄宗、肅宗、代宗三朝。這個時候，正是唐代由盛而衰的多事之
秋。安史之亂，幾乎把唐朝搞的天翻地覆，社會動盪、生靈塗炭，自
然歷歷在目。對一個一如杜甫般，「窮年憂黎元，嘆息腸內熟」的詩人，
不可能視而不見。次山的詩，緊緊抓住時代的脈動，從次山的詩，讓

---

19 見註 2，卷二，頁二十八。

我們看到了弄臣的誤國，看到了宮廷中父子兄弟的鬩牆，看到了一幅接著一幅的流民圖，看到了一個大時代的縮影。他和杜甫同時，也和杜甫一樣有著民胞物與的胸懷，也和杜甫一樣以詩記史。茲舉次山詩數則為例，以見一斑。

　　六朝以來，胡漢雜居、通婚，以致胡人頗漢化，而漢人自亦十分胡化，尤以音樂之胡化為甚。新、舊〈唐書〉對於雅樂之淪亡，記載頗詳。《舊唐書·音樂志》[20]云：

> ……宋、梁之間，南朝文物，號為最盛；人謠國俗，亦世有新聲。後魏孝文、宣武，用師淮、漢，收其所獲南音，謂之清商樂。隋平陳，因置清商署，總謂之清樂，遭梁、陳亡亂，所存蓋鮮。隋室以來，日益淪缺。武太后之時，猶有六十三曲，今其辭存者，惟有白雪、公莫舞、巴渝、明君……等三十二曲。……又七曲有聲無詞。上林、鳳雛、平調、清調……通前四十四曲存焉。……自長安已後，朝廷不重古曲，工伎轉缺，能合於管絃者，惟明君、楊伴、驍壺、春歌、秋歌、白雪、堂堂、春江花月夜等八曲。

所謂「自長安已後，朝廷不重古曲，工伎轉缺」可以看出當時官方對古曲之忽視，已到淪亡殆盡的地步了。

　　唐人詩中，亦每有相關之紀錄，如王建〈涼州詞〉云：「……域頭山雞鳴角角，洛陽家家學胡樂」又白居易〈立部伎〉[21]云：

> 立部伎……太常部伎有等級，堂上皆坐堂下立，……立部賤，坐部貴，坐部退為立部伎。擊鼓吹笙和雜戲，立部又退何所任，姑就樂懸操雅音，雅音替壞一至此，長令爾輩調宮徵……。

樂天並於詩後的自注云：「太常選坐部伎無性識者，退入立部伎；又選

---

20 見舊《唐書·音樂志》卷二十九。
21 見白居易《白居易集》卷三，北京中華書局 1979 年本。

立部伎絕無性識者，退入雅樂部，則雅聲可知矣。」由坐部退為立部，立部又再退下來，才去操雅樂，則雅樂之淪亡至此，如何不令「其人古、其心古、其言古」的次山難以緘默，不吐不快呢？

次山〈補樂歌十首〉[22]有序云：

> ……嗚呼，樂聲自太古始，百世之後盡無古音，嗚呼！樂歌自太古始，百世之後遂無古辭。今國家追復純古，列祠往帝，歲時薦享，則必作樂，而無雲門咸池韶夏之聲，故探其名義以補之。誠不足全化金石、反正宮羽而或存之，猶乙乙冥冥有純古之聲，豈幾乎司樂君子道和焉爾。

可見〈補樂歌〉之作，乃因雅樂淪亡，以致「無雲門、咸池、韶夏之聲，故探其名義以補之」。而〈系樂府〉十二首中的〈頌東夷〉[23]，則更能彰顯次山追慕古雅樂的用心。〈頌東夷〉云：

> 嘗聞古天子，朝會張新樂。金石無全聲，宮商亂清濁。來驚且悲歎，節變何煩數。始知中國人，耽此亡純朴。爾為外方客，何為獨能覺。其音若或在，蹈海吾將學。

次山對於當時「金石無全聲，宮商亂清濁」顯然是極在意的，這和次山向來好古、復古的傾向是一致的。又《資治通鑑》卷二百一十四[24]玄宗開元二十二年：

> 吏部侍郎李林甫，柔佞多狡數，深結宦官及妃嬪家，伺候上動靜，無不知之。由是每奏對，常稱旨，上悅之。時武惠妃寵幸傾後宮，生壽王瑁，諸子莫得為比，太子浸疏薄。林甫乃因宦官言於惠妃，願盡力保護壽王；惠妃德之，陰為內助，由是擢黃門侍郎。五月……林甫為禮部尚書、同中書門下三品。
>
> 二十四年……上之為臨淄王也。趙麗妃、皇甫德儀、劉才人皆

---

22 見註2，卷一，頁一。
23 見註2，卷二，頁十九。
24 見《資治通鑑》卷二百一十四。世界書局本，頁六八〇六。

有寵，麗妃生太子瑛，德儀生鄂王瑤，才人生光王琚。及即位，幸武惠妃，麗妃等愛皆弛；惠妃生壽王瑁，寵冠諸子。太子與瑤、琚會於內第，各以母失職有怨望語。駙馬都尉楊洄尚咸宜公主，常伺三子過失，以告惠妃。惠妃泣於上曰：「太子陰結黨羽，將害妾母子，亦指斥至尊。」上大怒，以語宰相，欲皆廢之。

二十五年……楊洄又奏太子瑛、鄂王瑤、光王琚，云與太子妃兄駙馬薛鏽潛搆異謀，上召宰相謀之。李林甫對曰：「此陛下家事，非臣等所宜豫。」上意乃決。乙丑，使宦者宣制於宮中，廢瑛、瑤、琚為庶人；流鏽於瀼州；瑛、瑤、琚尋賜死城東驛，鏽賜死於藍田。瑤、琚皆好學有才識，死不以罪，人皆惜之。

宮廷裡的結黨營私，明爭暗鬥，無代無之，但是像玄宗那樣權臣誤國，皇帝被蒙蔽，為了寵幸武惠妃，不惜演變成兄弟鬩牆、父子猜忌，甚至一發不可收拾，玄宗竟一口氣殺了三個兒子，這種人倫慘劇，即使連被時人視為蠻夷之邦的戎狄，也不至於發生，但它竟然發生在自視為禮義之邦的泱泱大國，怎不令次山痛心呢？〈系樂府十二首〉中的〈隴上歎〉[25]，正刺諷此事，詩云：

援車登隴阪，窮高遂停駕。延望戎狄鄉，巡迴復悲吒。滋移有情教，草木猶可化。聖賢禮讓風，何不遍西夏。父子忍猜害，君臣敢欺詐。所適今若斯，悠悠欲安舍。

在次山的時代，唐朝的宮廷，父子居然忍猜害，君臣也居然敢欺詐，這種地方，如何能安居呢？

又《通鑑》卷二百一十五，玄宗天寶二年云：

江、淮南租庸等使韋堅引滻水抵苑東望春樓下為潭，以聚江、淮運船，役夫匠通漕渠，發人丘壟，自江、淮至崶城，民間蕭

然愁怨，二年而成，……。

這段記載，可能和次山作〈閔荒詩〉頗有關連，〈閔荒詩〉[26]序云：

> 天寶丙戌中，元子浮隋河。至淮陰間，其年水壞河防，得隋人
> 冤歌五篇。考其歌義，似冤怨時主，故廣其義，採其歌，為閔
> 荒詩一篇，其餘載於異錄。

從詩序可以知道，次山顯然是借題發揮，以古諷今，開頭幾句「煬皇
嗣君位，隋德滋昏幽。日作及身禍，以為長世謀。……」其實和白居
易〈長恨歌〉的「漢皇重色思傾國……」有異曲同工之妙。詩中對隋
帝的荒逸，舉證歷歷，「不知新都城，已為征戰丘」諷刺已極，「欲歌
當陽春，似覺天下秋。更歌曲為終，如有怨氣浮。奈何昏王心，不覺
此怨尤。」明的罵煬帝，實則刺玄宗。最後兩句，已無法隱忍，不覺
想要將昏君點出，所以說「嗟嗟有隋氏，惛惛誰與儔」，次山果然是憤
世嫉俗。

經過安史之亂，肅宗、代宗似乎都沒有什麼大作為，《通鑑》代宗
廣德二年[27]載：

> 吐蕃之入長安也，諸軍亡卒及鄉曲無賴子弟，相聚為盜，……。
> 自喪亂以來，汴水埋廢，……庚戌，又命晏與諸道節度使均命
> 賦役，聽便宜行畢以聞。時兵火之後，中外艱食，國中斗米千
> 錢。百姓穗以給禁軍，宮廚無兼時之積，……國中蟲蝗、霖雨，
> 米斗千餘錢。五谷防禦使薛景山討南山群盜，連月不克，……。
> 是歲戶部奏，戶二百九十餘萬，口一千六百九十餘萬。

史書所載，條條忧目驚心，次山有名的〈春陵行〉[28]即作於此年。序
云：

> 癸卯歲，漫叟授道州刺史，道州舊四萬餘戶，經賊以來，不滿

---

26 見註 2，卷二，頁十七。
27 同註 23，卷二百二十三，頁七一五九。
28 同註 2，卷三，頁三十四。

四千，大半不勝賦稅。……。

天寶元年，戶有八百五十二萬餘，口則四千八百九十餘萬[29]。但經賊以來，至廣德二年，戶只剩下二百九十餘萬，口則只有一千六百餘萬，大約是安史亂前三分之一的人口。序所謂道州舊有四萬餘戶，經賊以來不滿四千，絕不是故作誇大。而盜賊遍野，連宮廚都「無兼時之積」可見民窮國盡。窮到什麼程度，史書不載，但〈舂陵行〉卻清楚的紀錄下來：

> ……州小經亂亡，遺人實困疲。大鄉無十家，大族命單嬴。朝餐是草根，暮食是木皮。出言氣欲絕，言速行步遲。……。

老百姓吃樹根、樹皮，身體虛弱至極，以致於「出言氣欲絕」，連說句話都沒力氣，更別說行走了，除了記錄所見，次山仁民愛物的胸懷，隨時都會在詩中流露。對於吃草根樹皮的百姓，「追呼尚不忍，況乃鞭捕之」，「奈何重驅逐，無使存活為」，次山永遠是為民請命的。

此外，他的〈悆官引〉、〈賊退示官吏〉及有名的〈系樂府十二首〉……等，都是針對當代或前代之「可稱歎者」形諸歌詠，不僅可印證史書的記載，甚至可以補史書之不足。可見詩史不是杜甫的專利，次山的作品又何嘗不可以詩史視之呢？次山與杜甫，堪稱詩史雙璧。

參、以文為詩之先驅

說到唐人以文為詩，很自然會想到韓愈，以往的文學史和詩歌史認為，以文為詩不但是韓愈詩的特色，也是韓愈夾其古文運動成功之餘力所創。其實在韓愈之前，元結的詩早就表現出這樣的特色。次山詩中，每每好發議論，頻頻說理，或敘首尾；又多以排比為之，或以虛字入詩，在在都是所謂以文為詩的特色。茲分別舉例如下：

（一）**好發議論：**

　　抒情是中國詩歌的歷史傳統，以議論入詩，次山之前殊不多見，而次山則每每在詩中抒發議論。其〈閔荒詩〉[30]云：

> 煬皇嗣君位，隋德滋昏幽；日作及身禍，以為長世謀。居常恥前王，不思天子遊，意欲出明堂，便登浮海舟……

一開始就發議論。又如〈漫問相理黃州〉[31]云：

> ……公為二千石，我為山海客，志業豈不同，今已疏名跡，相里不相類，相友且相異，何況天下人，而欲同其意，人意苟不同，分寸不相容……

全詩幾通篇如此。同年所作〈喻常吾直〉[32]云：

> 山澤多飢人，閭里多壞屋，戰爭且為息，徵斂何時足。不能救人患，不合食天粟，何況假一官，而苟求其祿。近年更長吏，數月未為速；來者罷而官，豈得不為辱……

這種內容，和傳統的抒情言志，大相逕庭。是非對錯，越辯越明。置於退之詩中，恐亦難作分別。

（二）頻頻說理：

　　說理之詩，六朝以來，偶可一見，而尤以說佛理為多。然次山詩中，但說一般常理，初與浮圖無關。其〈寄源休〉[33]云：

> 天下未偃兵，儒生預戎事；功勞安可問，且有忝官累；昔常以荒浪，不敢學為吏；況當在兵家，言之豈容易；忽然向三歲，境外為偏帥，時多尚矯詐，進退多欺貳。縱有一直方，則上似姦智，誰為明信者，能辨此勞畏。

全詩通篇說理，喋喋不休，了無韻緻可言。其〈喻瀼溪鄉舊遊〉[34]云：

30　同注 2，卷二，頁十七。
31　同注 2，卷二，頁二十七。
32　同注 31。
33　同注 31，頁二十四。
34　同注 33。

> 往年在瀼濱，瀼人皆忘情；今來遊瀼鄉，瀼人見我驚；我心與
> 瀼人，豈有榮與辱；瀼人異其心，應為我冠纓；昔賢惡如此，
> 所以辭公卿；貧窮老鄉里，自休還力耕，況曾經逆亂，日厭聞
> 戰爭……

從詩的題目〈「喻」瀼溪舊遊〉，就一望而知，這是一篇說理的詩，不
過還好，結尾才稍有點「餘味」，此詩末四句云「尤愛一溪水，而能存
瀼名，終當來其濱，飲啄全此生」一方面回應題目，再方面對瀼人也
總算有個交代。次山另一首名作，〈舂陵行〉云：

> ……州小經亂亡，遺人實困疲，大鄉無十家，大族命單贏。朝
> 餐是草根，暮食是木皮，出言氣欲絕，言速行步遲。追呼尚不
> 忍，況乃鞭扑之……奈何重驅逐，不使存活為……

對流離失所，靠草根、樹皮度日的可憐百姓，追呼尚且不忍，更何況
鞭扑呢？但奈何州官還是不放過他們，難道真不讓他們活嗎？為小老
百姓，據理力爭。正如他在此詩的序中所言，「故作〈舂陵行〉以達下
情」

（三）長於敘事

　　詩主言情，而次山每以之敘事，新樂府諸作固然如此，即非新樂
府，次山詩中亦每每敘事。如〈與黨侍御〉[35]：

> 眾坐吾獨歡，或問歡為誰，高人黨茂宗，復來官憲司，昔吾順
> 文和，與世行自遺，茂宗正作吏，日有趨走疲，及吾汙冠冕，
> 茂宗方矯時，誚吾順讓者，乃是干進資。今將問茂宗，茂宗將
> 何辭……

此詩有序云：「庚子中，元子次山為監察御史，黨茂宗罷大里評事。次
山愛其高尚，曾作詩一篇與之。及次山未辭殿中，茂宗已受監察，採
茂宗嘗相誚戲之意，又作詩與之」序明作詩之緣由，而詩則詳敘首尾，

詩與序之配合，益見原委。又〈退賊示官吏〉[36]云：

> 昔歲逢太平，山林二十年，泉源在庭戶，洞壑當門前，井稅有
> 常期，日晏猶得眠，忽然遭世變，數歲親戎旃。今來典斯郡，
> 山夷又紛然，城小賊不屠，人貧傷可憐……

這是次山的名作，頗為老杜所稱許，仁民愛物，一如老杜，全詩但為
永州百姓說話，將永州之窮困，連山賊都不忍相犯，使臣何忍再徵斂？
原原本本，說與官吏。

又〈與黨評事〉[37]云：

> 自顧無功勞，一歲官再遷，跼身班次中，常竊愧恥焉，加以久
> 荒浪，惛愚性頗全，未知在冠冕，不合無拘牽……

次山為好友黨茂宗陳述辭官緣由，娓娓道來，一如自述。

（四）時出鋪排

　　鋪排句式，賦中常見，諸子散文中亦每每用之。韓愈詩中，亦每
用之，如其〈南山詩〉竟連用五十一「或」字領句，極盡鋪排能事。
詩用鋪排，是我們觀察「以文為詩」的依據之一。次山詩中，即時時
用之。如〈舂官引〉[38]：

> ……冤辭何者苦，萬邑餘灰燼；冤辭何者悲，生人盡鋒刃；冤
> 辭何者甚，力役遇勞困；冤辭何者深，孤弱亦哀恨……

連續四句排比，意在突顯冤辭之「苦」、「悲」、「甚」、「深」。又如〈漫
酬賈沔州〉[39]：

> 以茲忘時世，日益無畏憚；漫醉人不嗔，漫眠人不喚；漫遊無
> 遠近，漫樂無早晏……

---

36 同注 2，卷三，頁三十五。
37 同注 35。
38 同注 31，頁二十五。
39 同注 31，頁三十一。

也是連續使用排比句。而〈招孟武昌〉[40]亦係排比之架式：

> ……湖盡到谷口，單船近墙埠；湖中更何好，坐見大江水；奇
> 石為水涯，半山在湖裡；谷中更何好，絕壑流寒泉；松桂蔭茅
> 舍，白雲生坐邊……

這些鋪排句式，原在賦及散文中常見，詩中殊爲罕用。而次山詩則每
以排比出之，一如韓愈古風。

（五）虛字入詩

一般說來，大量使用虛字，是古文的特色，詩中用虛字本來就不
多見，尤其是用在句末，當語尾助詞用的機會更是少見。因爲那是古
文的句法，不是詩的句法。這正是我們檢驗以文爲詩的標準之一。次
山詩中，不僅有許多虛字，而且往往當語尾助詞用。如：

> 跼身班次中，常竊愧心焉（與黨評事）
>
> 茂宗方矯時，誚言順讓者（與黨侍御）
>
> 吾欲喻茂宗，茂宗宜聽之（與黨侍御）
>
> 誰為明信者，能辨此勞畏（寄源休）
>
> 且欲學耕釣，於斯求老焉（樊上漫作）
>
> 古之賢達者，與世竟何異（酬孟武昌苦雪）
>
> 皇天復何思，更又恐斃之（酬孟武昌苦雪）
>
> 追呼尚不忍，況乃鞭扑之（春陵行）
>
> 奈何重驅逐，不使存活為（春陵行）
>
> 使臣將王命，豈不如賊焉（賊退示官吏）
>
> 今彼徵斂者，迫之如火煎（賊退示官吏）
>
> 公欲舉遺材，如此佳木歟（題孟中丞茅閣）
>
> 公方庇蒼生，又如斯閣乎（題孟中丞茅閣）
>
> 吾見何君饒，為人有是夫（別何員外）

---

40 同注31，頁二十八。

　　但恐抵忌諱，未知肯聽無（別何員外）

　　陽華洞中人，似不知亂焉（招陶別駕佳陽華作）

　　醉中一盥漱，快意無比焉（石魚湖上作）

集中似此等例，不勝枚舉，後來韓愈詩中的「有窮者孟郊」（薦士）、「乃一龍一豬」（符讀書城南）等用法，和次山實在沒有什麼差別。次山在詩中使用的虛字，可能比韓愈更多。

　　凡此種種，都足以看出次山實挾其古文之所長，用之於詩歌，致使其詩一如其文。這種詩歌，大異於時，自然無法受到當時人的賞識。但這也正是次山之所以爲次山之所在，否則處處同於流俗，還成其爲次山嗎？一般文學史都只提到韓愈「以文爲詩」，殊不知早韓愈幾十年的元結，才是真正的「以文爲詩」的開山祖師。

肆、新樂府之創始

　　唐人樂府有聲詩、舊題樂府及新樂府等，本節所論與聲詩及舊題樂府無關。新樂府亦名新題樂府，得名自元、白諸作，元稹有〈和李校書新題樂府〉十二首，白居易則有〈新樂府五十首〉等作。「新樂府」之名，當來自白居易此一詩組，而「新題樂府」之名，則來自元稹和李紳之作。正確的說，應該是來自李紳和元稹相互唱和之作，但因李紳之作，今已不傳，目前所能見者，只有元稹之和作[41]而已。

　　但所謂新樂府或新題樂府，是指前所未有，到唐代才出現的詩題，即所謂「即事名篇，無復倚旁」的詩題；而且還必需是郭茂倩所謂「辭實樂府而未嘗被之於聲」[42]的作品。這些作品，大體上可分爲兩大類：一是一般抒情言志的新題；一是針對當代時事，具有大量敘事成份意

41　見《元氏長慶集》卷二十四，頁三〇二。台北中文出版社據明弘治元年楊循吉據宋本傳抄重印本。這應該是目前《元氏長慶集》流傳坊間最好的一個本子了。以上係根據中文出版社的「出版說明」。

42　郭茂倩《樂府詩集》卷九十，頁一二六三，台北里仁書局本。

在諷喻的新題。第二類的作品，就是被一般文學史家稱為「新樂府」的詩歌。

　　歷來的詩歌史和文學史，談到唐代的新樂府，基本上都是指第二類的作品，而且大概都清一色集中介紹白居易的〈新樂府五十首〉，並且認為這種「即事名篇，無復倚旁」的新樂府是杜甫首創的。[43]可是殊不知這種說法與事實完全不符。本人十年前所撰〈論元結在新樂府運動中的地位〉[44]一文，已曾論及，茲更申前說。

　　一般文學史認定新樂府之所以創始於杜甫，他們共同所引的資料是元稹的〈樂府古題序〉[45]中的一段話：

> 自風雅至於樂流，莫非諷興當時之事，以貽後代之人，沿襲古題，唱和重複，於文或有短長，於義咸為贅賸，尚不如寓意古題，刺美見事，猶有詩人引古以諷之義焉。曹、劉、沈、鮑之徒，時得如此，亦復稀少，近代唯詩人杜甫〈悲陳陶〉、〈哀江頭〉、〈兵車〉、〈麗人〉等，凡所歌行，率皆即事名篇，無復倚旁。予少時與友人樂天、李公垂輩，謂是為當，遂不復擬賦古題……

顯然，問題出在元稹。元稹直言「近代唯杜甫……〈兵車〉、〈麗人〉等，凡所歌行，率皆即事名篇，無復倚旁。」所以後人都據元稹之言，認定杜甫是「即事名篇，無復倚旁」的新樂府首創者。但事實上從寫作新樂府的時間上來說，元結於天寶五載寫了〈閔荒詩〉，天寶六載作了〈二風詩〉，天寶十載作〈系樂府十二首〉[46]，這些新樂府的寫作年

43　這個說法，普遍存在於目前坊間所見之《中國文學史》中。如劉大杰《中國文學發展史》、葉慶炳《中國文學史》……注4等，均持此種說法。

44　該文發表於第二屆唐代文化學術研討會，民國八十三年，見《第二屆唐代文化學術研討會論文集》，頁二一七至二二六。

45　同注41，卷二十三，頁二八二。

46　元結之〈閔荒詩〉，詩前有序，開頭就說「天寶丙戌中……」，按天寶丙戌是天寶五載；又〈二風詩〉序謂「天寶丁亥中……」是知為天寶六載；又〈系樂府

代，都比杜甫集中最早的一首新樂府，作於天寶十載的〈兵車行〉，至少早了四、五年。元、杜為同時代人，兩人交往雖不十分頻繁，但至少是認識的，杜甫且有和元結的一首新樂府〈同元使君舂陵行〉[47]，足見杜甫知道次山寫作新樂府，而且還以詩相和。但在寫作時間上，杜甫新樂府之作顯然在次山之後，所以從時間上來講，元結寫作新樂府，是在杜甫之前，這是無庸置疑的。

元結以後的新樂府作家，往往喜用詩組的形式寫作，如李紳〈新題樂府二十首〉，元稹〈和李校書新題樂府十二首〉，白居易〈秦中吟十首〉、〈新樂府五十首〉，皮日休〈正樂府十首〉等，都是用詩組寫新樂府。其實用詩組寫作新樂府始於元結，元結的〈二風詩〉、〈系樂府十二首〉等，都是用詩組寫作的。元結不但這兩組新樂府是用詩組來寫，他寫其他的詩也極喜歡用詩組，如〈補樂府十首〉、〈引極三首〉、〈演興四首〉、〈漫歌八首〉等，全是詩組。可見用詩組寫作是元結的寫作習慣。可是在《杜工部集》一千四百多首詩中，只看到兩個詩組。一是〈八哀詩〉，另一是〈江頭五詠〉，但這兩組詩都不是新樂府，在杜甫所寫的新樂府中，沒有任何一個題目是用詩組寫作的。有名的〈三吏〉、〈三別〉，原本是一首一首獨立的，由於膾炙人口，而被後人將六首結合在一起，看似完整的，有計劃寫作的詩組。但事實不然；至於〈秋雨歎三首〉，也是一組「聯章詩」，不是詩組。最早用詩組還寫作新樂府的作家，自然非次山莫屬。

再者，所有採詩組寫作新樂府的作家，詩前都有序，都用以說明寫作緣由及表達個人之樂府主張；在他們之前，次山的〈系樂府十二首〉，就正是如此，詩前有序，序中說明系樂府寫作緣由，說明其個人對樂府之主張，並說明所以名為「系樂府」的原因。他的〈二風詩〉

十二首〉序中之：「天寶辛未中，元子……」孫望謂天寶只有辛卯無辛未，當作辛卯為是，按辛卯為天寶十載。

47　見《杜詩鏡詮》卷十二。台北新興書局民國五十三年版。

不但也是如此，而且似乎嫌詩前序言尚不足以充分說明，還另外寫了
一篇〈二風詩論〉，詳細解說〈二風詩〉之命名及寫作緣由。其實詩前
有序，也是次山的習慣，總共九十七首詩，五十個詩題（因為有的是
詩組，有的是聯章詩，所以詩題數目必然比詩作總數為少），其中卻有
二十一個詩題於詩前有序，可見詩前有序，確係次山的寫作習慣。這
種寫作習慣，也為後來的新樂府作家奉為典範。新樂府作家中，只有
杜甫的新樂府沒有詩組，詩前也沒有序，除了〈戲為六絕句〉也從未
看到杜甫對詩歌提出過什麼主張。可見中、晚唐的新樂府作家，明顯
的受到元結新樂府形式的影響，而不是受到杜甫的影響。

　　而且，所謂「新樂府」最重要的條件之一就是——詩題不可用樂
府舊題，必需是一個全新的題目，而且題目與詩歌內容必需相符。因
為許多詩人過去都採用樂府舊題，而所寫的內容又與題目無關，以至
名實不符。新樂府作家則強調「即事名篇，無復倚旁」。就是因為元稹
在〈樂府古題序〉中提到杜甫的兵車、麗人等作，是「即事名篇，無
復倚旁」，所以很多人都認為杜甫是新樂府的創始者。其實元結在〈系
樂府十二首〉的序中就已提到：

　　　　天寶辛未（孫望疑未為卯之誤）中，元子將前世嘗可稱歎者，
　　　　為詩十二篇，為引其義以名之，總命曰系樂府……

　　所謂「為引其義以名之」亦即「「即事名篇」之意。可見「「即事
名篇」之說，不待元稹提出，元結早在天寶十載的〈系樂府十二首〉
的序中已經提到了。後來的新樂府作家，都依循元結「為引其義以名
之」的創作理念去寫新樂府；可見元結「為引其義已名之」的主張，
引導了新樂府作家走上了一條坦途，元結才是新樂府的創始者。

結　論

　　歷來學者提到元結，大抵都十分推崇他的古文，對於他的詩，似
乎並沒有太多的掌聲。而且幾乎都只提杜甫和過的〈舂陵行〉或〈賊

退示官吏〉；至於元結其他的詩作，似乎一直都不爲人所注意。楊慎甚至認爲「春陵行及賊退示官吏雖爲杜公所稱，取其志，非取其辭也。」[48]好像次山的詩是不值得一提的。

其實，次山詩自有其成就與價值。明，清以來，也有部分學者開始注意到次山的詩了。如王闓運《王志》卷二〈論唐詩諸家源流〉中，對次山詩有十分肯定的評價，他認爲「……次山在道州諸作，筆力遒勁，充以時事，可誦可謠，其體極雅。少陵氣勢較博，而深永勻飭不若也」[49]，可謂評價極高。而洪亮吉在《北江詩話》中，對次山的整體評價，也十分與眾不同，《北江詩話》[50]卷二云：

> 有唐一代，詩文兼擅者，惟韓、柳、小杜三家；次則張燕公、
> 元道州。他若孫可之、李習之、皇甫持正，能為文而不能為詩。

洪亮吉基本上視次山爲既能文又能詩的大作手。有唐三百年，被肯定爲能文能詩的，也不過三、五個人，次山即爲其中之一，可見評價之高。

唐代詩人寫的四言詩，的確是少之又少，佳作尤其鳳毛麟角，但次山不但有十餘篇四言詩，如連四言頌、銘等計算在內，則次山至少有三十首以上的四言。對唐人而言，三十幾首四言，即使不一定是空前絕後，大概也少有其敵手了。尤其他的〈大唐中興頌〉，歷來都十分受到推崇；至於以騷體寫作者，次山集中，總計約三十一首，此一數字，對唐人而言，幾乎也是空前絕後的，他的〈引極三首〉，甚至被朱熹收入所編之《楚辭後語》中，與王粲〈登樓賦〉、陶淵明〈歸去來兮辭〉、李白〈鳴皋歌〉、王維〈山中人〉、〈魚山迎送神〉等作並列，則其騷體之見重於朱熹，可以想見矣。

再者，次山詩之好發議論，頻頻說理，長於敘事，而且詩中每出

48　同注 8。
49　民國王闓運《王志》卷二，世界書局本。
50　清・洪亮吉《北江詩話》卷二，世界書局本。

排比，好用虛字，在在都顯示次山擅於運用其古文之所長以入詩。是知韓愈並非「以文爲詩」之首創者，早他數十年的元結，早已披荊斬棘的爲他開出一條康莊大道了。

更值得注意的是次山的詩，一如他的古文一樣，將寫作的時間交代得清清楚楚，尤其喜歡在詩前加上序，說明作詩的緣由，或者在序中明確表達規諷之意。總而言之，就是要將詩中事情說清楚，而且他經常將當時所見所聞之史事，寫入詩中，雖其目的意在規諷，然「以詩紀史」確爲次山詩中頗爲常見的題材。論者多稱杜甫爲詩史，而不知次山亦足以當之。

次山寫作新樂府的時間，至少比杜甫早了四、五年；新樂府作家喜歡用詩組來寫作，自然是仿元結的〈系樂府十二首〉；新樂府作家都喜歡在詩前有序，以說明寫作新樂府的緣由及主張，也是仿自元結的作法；新樂府作家所詠之內容，必係唐代當時的時事，這也是元結首先提出的；而且新樂府的詩題必須「爲引其義以名之」也是元結在〈系樂府十二首〉的序中所提出。所有和新樂府有關的一切，都是由元結開其端，其他新樂府作家躡其後，則新樂府之創自於元結，已是不爭的事實了。

這位只有九十幾首作品的詩人，對中唐初期的詩壇，自有其一定的影響，這是何其值得肯定的一位詩人？然而民國以來，許許多多的《中國文學史》對元結在詩歌方面的成就，並沒有給予應有的評價。本文之寫作，意在爲元結翻案。元結詩之成就，及其在詩歌史上的地位，是不容忽視的。

唐律賦之典律

逢甲大學中國文學系教授
簡 宗 梧

提 要

　　本文有兩部分：第一部分先從今可考見的唐律賦中，篩選出典律化的經典之作；第二部分則進一步歸納那些典律之作的體格風貌。

　　第一部分乃選取有關唐律賦的歷代選本二十一種，核計唐律賦作品在選本中出現的頻率，以客觀的數據，判選頻率最高者，即列入典律之作。選出 46 篇唐律賦典律之作，逐一考其篇章出處與旨趣，析其句式與用典，計其字數，標舉其韻字，並擇引其相關之評騭。

　　第二部分則取前人之作為參考，尋求那些列入經典之作在形式結構與內容取向的共相。其形式結構部分，盡可能以列表分項量化方式顯示，以表格化之資料，歸納作品之特質。其形式結構方面，大致可考知：一、唐律賦以八字韻為主，題韻與題義大體相比附；二、唐律賦每韻用二至六個韻字為最多，換韻頻仍；三、唐律賦以 320 字以上，400 字以下為大宗；四、題韻以平仄各半為多，但未必平仄相間排列；賦文用韻則以平仄相間為原則；五、句式大量使用四六隔句對，但也常用一兩聯長偶對或股對以炫才

學，並疏宕其氣。至於內容取向方面，則見三點特色：一因命題作賦，所以首重破題，講究氣象；二、律賦既用之於科舉，述德頌聖便成為最常見之內容；三、以穿穴經史為務，用事配合聲律以炫其博學與工巧。

關鍵詞：賦體、律賦、題韻、典律

一、前　言

　　唐代是中國歷史上十分輝煌的時期，不論在政治、經濟、社會、文化等各方面，都得到重大的發展。民族的融合，促成文化生態的蓬勃多元，其成就之高，影響之大，更是空前。就文學而言，詩歌、散文、駢文、辭賦、小說、俗文學，唐代都大放異彩，光耀古今，歷史上再沒有第二個朝代可以與之比倫。

　　通常在一般文學史，都說詩是唐代文學的代表。其實在唐人的心目中，賦也是當代主流文學之一，所以將詩賦並列為科舉的考試科目，而且為考試的需要，逐漸發展出新的規範，制定新的「遊戲規則」，應用這規範的作品稱之為「甲賦」或「時賦」，後人大多稱之為律賦。所以就辭賦的發展來說，在唐代有所創新，也是一個重要的轉折點，是研究文學史不可疏忽的脈絡。

　　不過，邇來文學史家對於律賦的抨擊不餘遺力，非但貼以「形式僵化」、「內容空洞」、「桎梏性靈」等標籤，以便宣告其「不足與於著作之林」、「不足與於文學之林」，更視它的出現乃「標明賦體文學的衰敗」、「墮落到不能自拔的地步」。儘管如此，在「國學常識」或「中國文學史」一類的書，仍經常為它保留一席之地，常說：「賦至唐代變成律賦」，將「唐賦」與「律賦」儼然成為可以代換的名詞。到底被列為

罪大惡極的律賦，是什麼樣的面貌?它何以能在唐賦取了代表地位?這是牽動唐代政治、社會、文化生態的文學問題。不但研究唐代文學應有所注意的問題，其實也該是研究文學史不可疏忽的環節。

二、相關研究、文獻之檢討

本文是本人唐賦研究的一部分。本人〈律賦在唐代「典律化」之考察〉(刊載於《逢甲人文社會學報》第 1 期，2000 年 11 月)，大體已就律賦在唐代「典律化」[1]發展之外緣因素，作詳細的研究，如今則擬就在唐代律賦中，已典律化的作品，作全面性的探討。前者屬於背景研究，後者則屬於作品本身的研究。

有關唐律賦作品之研究，目前可見知者，乃馬寶蓮之《唐律賦研究》，乃本人所指導之博士論文[2]。其所探討者，除唐律賦名家名作之分期評騭外，乃以題材之分類，體制與技巧之探討，評價與影響之檢討等爲綱目，與本研究之面向與方法，完全不同。鄺健行《科舉考試文體論稿》[3]，其中收〈唐代律賦對科舉考試的黏附與偏離〉，說明了唐代律賦與科舉考試的關係，與本研究以作品爲主，研究重點與進路，並不相同。

---

1 所謂「典律化」(canonize)，是指「某些文學形式和作品，被一種文化的主流圈子接受而合法化，並且其引人矚目的作品，被此共同體保存爲歷史文化的一部分。」(Steven Totosy de Zepentnek 演講，馬瑞琦譯，《文學研究的合法化》，北京：北京大學出版社，1997，頁 43)。「canon」在臺灣多譯爲「典律」，如陳東榮、陳長房主編，《典律與文學教學》(臺北：書林出版有限公司，1995)，大陸則多譯爲「經典」。有關「canon」意義的衍化，請參見 M.H.Abrams，*A Glossary of LiteraryTerms* (Orlando: Harcourt Brace Jovanovich College Publisher，1993)，"canon of literature" 頁 19—20；Jeremy Hawthorn，*A Concise Glossary of Contemporary Literary Theory* (New York：Edward Arnold，1992)， "canon" ，頁 15。凡此爲本研究所謂「典律」之所本。

2 馬寶蓮《唐律賦研究》(臺北：中國文化大學博士論文，1993)，全書 404 頁

3 鄺健行《科舉考試文體論稿：律賦與八股文》(臺北：臺灣書店，1998)

至於尹占華《律賦論稿》[4]則是以「律賦與科舉」以及「律賦發展史」為主軸，與本研究以作品分析為主，尋求其共相，研究之面向與方法也截然不同。另外如詹杭倫《清代賦論研究》[5]，有關律賦的討論雖佔一半篇幅，但其討論者在清代，其研究對象與本研究又有所不同。

本論文之提出，或可使學者對唐律賦的形構與內容，會有比較客觀而深切的認識。對賦體發展脈絡的理解，以及對牽動唐代政治、社會、文化生態的文學問題的體認，也都將更為深入，可以與已有的研究成果相得益彰。

三、研究方法與過程

本文分為兩部分:第一部分先探討唐律賦中,哪些作品算是典律化的經典之作;第二部分則進一步歸納那些經典之作的體格風貌。

第一部分將取有關唐律賦的歷代選本，核計唐律賦作品在選本中出現的頻率，將以客觀的數據，判定哪些作品在選本中入選的頻率最高，即列入典律之作。為研究需要選出 50 篇左右為唐律賦典律之作。

第二部分則取前人之作為參考，尋求那些列入典律之作的共相，考察題目出典、形式結構以及內容取向。形式結構方面，盡量列表分項分目圈記，完成表格化之資料，歸納作品之特質，以量化方式呈現唐律賦的體格風貌。

本文以探討典律為主軸，探究哪些作品被奉為經典，列為典律之作的共相是什麼?盡量採取列表計量的方法，進行研究。與本人向國科會申請之「賦體因子之解析與再造」專題研究的方法相同。不過本人國科會專題研究「賦體因子之解析」之部分，雖涉及律賦典律之作的解析，但基準大不同。就時間來說，國科會專題研究「賦體因子之解

---

4 尹占華《律賦論稿》(四川成都：巴蜀書社，2001)，全書 464 頁。
5 詹杭倫《清代賦論研究》(臺灣：學生書店，2002)，全書 428 頁。

析」律賦部分，作品乃包括唐代到清代，本研究乃斷限於有唐一代；就其共相之探討而言，國科會研究案重在所有賦體(含古賦、俳賦、律賦、文賦)共相之歸納，而本研究則在分析唐律賦典律之作的共相。

四、歷代賦總集及選本的挑選

由於有關律賦特質，前人已提出一些說明，如今學者也大多有其定見，因此本文也不免先提出某些預設的篩選項目，或不免引發是否「先有答案再找證據」有失客觀的疑慮。

其實，只要小心求證，大膽假設又有何妨？本研究所分析有關律賦之特質，係取賦之名篇加以歸納，而名篇之選定，則依古今選集的作品出現率為準據，已完全排除個人之好惡，所以立場不能說不客觀。依圈選出已典律化作品，逐篇依表格圈記其特質，作為研究分析的基本材料，所以在方法上也不能說不客觀吧！

在研究步驟上，我們既然是取歷代選集，依據作品出現率的多寡，以為典律化(canonize)作品之依據。其先決條件，是先確定用哪些總集及選本。

挑選歷代賦總集及選本，其最大的限制是選本已佚的問題。那些選本早已亡佚的，如今只見史志載記卷數，已難以知其梗概。

至於《歷代賦彙》、《全上古三代秦漢三國六朝文》、《全唐文》、《漢魏六朝百三家集》、《元文類》、《四家賦鈔》、及個別作家的全集，都是輯佚求備的性質，基本上沒有去蕪存菁的意圖，既不是精選擇優，其所收錄在作品成為典律的過程中，便沒有發生影響；另外如《藝文類聚》、《初學記》等唐人或後世類書，雖都選有不少賦篇，但其所關注者為題材，選賦的目的與奉為典律的意圖不侔，所以篇章在這些書中獲選，都不計入本文出現率的統計之中。

至於有掬取精華的選本，也可能有兩種不同的考量標準：一是以

作品本身的審美考量；一是以體制的代表性做爲考量。二者頗難區隔，不過就作品成爲經典之作而言，兩項標準不妨等量齊觀，可以不分軒輊。

另外，吳曾祺所編選的《涵芬樓古今文鈔》，全書一百冊，選文近九千篇，賦類四百餘篇，可視爲大型的辭賦選集，但其辭賦類多以前人著名選本爲基礎，稍加刪補。如梁以前依《昭明文選》，唐五代依《唐文粹》，北宋依《宋文鑑》，元依《元文類》，清依《國朝文錄》，明無所據，便選錄甚少。爲避免使這些選本重複計數，本書便不列入出現率之統計。

今取用爲統計資料者如下：(茲爲與列表編碼一致，乃以英文字母爲序。又因本研究只考其所收篇目，並不勘校賦文，所以以下有關版本選擇，應無實質影響，故不加以考論)

A《文苑英華》：北宋李昉、徐鉉、宋白等編，是一部通代文學總集。全書一千卷，上續《昭明文選》，起自梁末，下迄唐五代。但南北朝作品不及十分之一。

賦佔一百五十卷，作品一千多篇，唐律賦佔三分之二。

B《唐文粹》：北宋姚鉉編，序稱「纂唐賢文章之英粹」。全書一百卷，選唐賦凡九卷五十五篇。

C《唐律賦鈔》：清道光時潘遵祁箋注，謂「唐人律賦，制藝中之明文也」「擇其清麗有則、輕圓可誦者，得二十四篇」。

D《歷朝賦格》：清康熙時陸葇(1630—1699)輯，選先秦到明代的賦，分文賦(一百一十一篇)、騷賦(八十五篇)、駢賦(一百七十四篇)三格。各格分天文、地理、帝治、人事、物類等五類分五卷。

E《歷朝賦楷》：清康熙時王修玉輯，凡八卷。從宋玉到他自己，諸體咸收，兼選各體代表性的賦篇。共選一百二十五家一百六十篇作品。

F《賦鈔箋略》：清乾隆時雷琳、張杏濱箋注，是一部周秦至清初

賦的選注本。從先秦宋玉到清初張映斗，共選九十家一百二十六篇作品。多選言志小賦，唐賦二十七家最多，清賦二十四家次之。

G《律賦必以集》：清嘉慶時顧蒓(1765—1832)選，凡二卷。蓋以任學政時爲指導諸生作賦而編。所選以唐律賦爲主，上選漢及六朝古賦俳賦數首以溯其源，下選宋賦數首以觀其變，共七十三首。

H《唐人賦鈔》：清嘉慶時邱先德選、邱士超箋評，凡六卷。原先邱先德手錄三百餘篇，邱士超刪其半，得一百七十篇。

I《選注六朝唐賦》：清同治時馬傳庚選注，凡二卷。蓋選錫山華氏所選六朝唐賦選本，加以損益，得四十篇，以爲家塾讀本。

J《鋤月山房批選唐賦》：清光緒時楊承啓編。批選唐賦凡十五篇。

K《中華名賦集成》：郭預衡主編，中國工人出版社 2000 年出版。依先秦兩漢、魏晉南北朝、唐宋元明清，共分三卷，分別由姜逸波、楊仲義、袁長江編注，共收一百三十八家一百七十二篇作品，所選含未以賦名篇的作品。

L《中國古典散文基礎文庫抒情小賦卷》許結選注，廣西師範大學出版社 1999 年出版。選各歷史階段的名家名作和各類具代表性作品，採取一家一賦的選錄方法，並避免風格與題材的重複。計七十一家七十一篇。所選除〈招隱士〉外，皆以賦名篇的作品爲限。

M《歷代賦廣選新注集評》：曲德來、遲文浚、冷衛國主編，遼寧人民出版社 2001 年出版。全書分六卷：第一二卷選先秦兩漢賦七十九篇；第三四卷選魏晉南北朝賦一百一十五篇；第五六卷選唐宋元明清賦一百五十四篇。所選含不以賦名篇者。

N《中國歷代賦選》：尹賽夫、吳坤定、趙乃增編選，山西教育出版社 1989 年出版。從戰國至清選八十篇作品，所選含並未以賦名篇的作品。

O《中國歷代賦選》：畢萬忱、何沛雄、羅忼烈規劃，江蘇教育出版社從 1990 年起分冊分年出版。先秦兩漢卷和魏晉南北朝卷，由畢萬

忱執筆；唐宋卷和明清卷，編輯加入洪順隆，採篇章分工，分篇析注。四冊共選一百二十六家一百九十七篇作品，所選含未以賦名篇的作品。

P《古代辭賦》：程千帆推薦，曹虹、程章燦編注。遼寧少年兒童出版社 1992 年出版。選三十七家五十二篇含楚辭等作品，所選含不以賦命題者。

Q《歷代賦辭典》：遲文浚、許志剛、宋緒連編，遼寧人民出版社1992 年出版。其中選注六十五家一百一十篇作品。所選含未以賦篇者。

R《文史英華》：林邦均選，湖南出版社 1993 年出版。其辭賦卷選五十二家六十篇作品。所選含未以賦命題者。

S《歷代名賦譯釋》：田兆民譯釋，黑龍江人民出版社 1995 年出版。選八十四家一百二十五篇作品，所選並未以賦名篇的作品爲限。

T《中國歷代名賦金典》：吳萬剛、張巨才編，中國文聯出版公司1998 年出版。選一百五十五家一百七十六篇作品，所選並未以賦名篇的作品爲限。

U《歷代山水名勝賦鑑賞辭典》：章滄授主編，中國旅游出版社 1997年出版。選先秦至當代二百一十四位家二百六十七篇以賦名篇的作品(但有〈秋風辭〉與〈歸去來兮辭〉例外)。

五、典律化作品的量化篩選

律賦是限韻的賦，這原本是無庸置疑的。但歷來標榜律賦的選集，都常摻雜沒有限韻的賦於其中。如《律賦必以集》，題以律賦，所選固然是以唐律賦爲主，但編者還是上選漢及六朝古賦俳賦數首以溯其源，其中也包括不見題韻又換韻達八次的駱賓王〈螢火賦〉，自不免造成律賦義界的模糊。

如今選唐律賦典律化作品，目的不在爲其溯源，自以明定限韻並標有題韻者爲限。如王棨〈江南春賦〉律賦選本大多選了它，該賦亦用八段韻，合乎律賦體制，但各家選本皆未載其題韻，爲明確選文標

準，乃予以割捨。

　　茲依以上選本篩選，凡見之於四種以上選本者爲膺選，得 46 篇：
（爲便於檢索，依作者姓名筆畫爲次，字數不含標點）

碼	作　者	題　　目	題　　韻	字	選本代碼
1	丁春澤	日觀賦	千載之統平上去入	320	AEFGHI
2	元　稹	觀兵部馬射賦	藝成而動舉必功	529	GHMO
3	元　稹	郊天日五色祥雲賦	以題爲韻	457	ACGH
4	王　勃	寒梧棲鳳賦	孤清夜月	223	AEHKMS
5	王　起	庭燎賦	早設王庭輝映葶辟	361	AEHIMOQ
6	王　起	宣尼宅聞金石絲竹之聲賦	聖德千祀發於五音	363	ACGHI
7	王　起	墨池賦	臨池學書水變成墨	361	AFGH
8	王損之	飲馬投錢賦	好善馳名葉乎前志	351	ADEGH
9	王損之	曙觀秋河賦	寥天曉清景曜昭晰	348	ACEFGHI
10	王　棨	曲江池賦	城中人日同集池上	462	CFGH
11	王　棨	珠塵賦	輕細若塵風來遂起	356	BFGH
12	王　棨	芙蓉峰賦	峰勢孤異前望似之	380	FHIJ
13	王　棨	沛父老留漢高祖賦	願止前驅得申深意	374	ACEFGHIJ
14	王　維	白鸚鵡賦	容日上海孤飛色媚	254	ABDOQ
15	白行簡	五色露賦	率土康樂之應	336	AEFH
16	白居易	荷珠賦	泣珠之鮮瑩	326	AEFHI
17	白居易	賦賦	賦者古詩之流	350	ADHQMNOT
18	白敏中	息夫人不言賦	此人不言其義安在	410	AEFGHIJ
19	宋　言	漁父辭劍賦	濟人之急取利誠非	393	ACGHJ
20	李君房	海人獻文錦賦	珍物時來以應君德	348	ADGH
21	李　程	日五色賦	日麗九華聖符土的	378	ACDEFGHI

·

22	李　程	金受礪賦	聖無全功必資輔佐	379	AHMOQ
23	李　遠	題橋賦	望在雲霄居然有異	363	ACEGH
24	李　遠	蟬蛻賦	變化逢時飛鳴有日	377	ACGH
25	周　鍼	登吳嶽賦	崇巒險同永鎮西疆	371	AEHU
26	林　滋	小雪賦	寒律變時因風有漸	355	ACDEGHIJ
27	柳宗元	披沙揀金賦	求寶之道同乎選才	397	ADEH
28	浩虛舟	盆池賦	積水盈器如望深池	377	ACDEFGHIJ
29	康　僚	漢武帝重見李夫人賦	神仙異術變化通靈	377	ACGHIJ
30	陳　章	風不鳴條賦	天下和平則如此	349	ADEGH
31	黃　滔	秋色賦	雨作愁成然知興起	359	CFGHU
32	黃　滔	漢宮人誦洞簫賦賦	清韻獨新宮娥諷誦	388	CEGHJ
33	黃　滔	館娃宮賦	上驚空壞色碧草	370	FHLPQ
34	賈　餗	太阿如秋水賦	如彼秋水容色	352	ADEGHR
35	賈　餗	莊周夢蝴蝶賦	昔者莊周夢爲胡蝶	398	AEGHI
36	裴　度	鑄劍戟爲農器賦	天下無事務農息兵	353	ACDGHI
37	劉禹錫	平權衡賦	晝夜平分鈞銖取則	368	ADGH
38	蔣　防	姮娥奔月賦	一升天中永棄塵俗	378	AEGHIJR
39	鄭宗哲	溫洛賦	上天何言因物表聖	349	ADEH
40	鄭　濆	吹笛樓賦	時平故事有吹笛樓	365	AFHJ
41	盧　肇	天河賦	天空色際寧見浮槎	374	ADHU
42	薛　逢	天上種白榆賦	垂陰天上歷代不凋	345	ACEGHI
43	謝　觀	周公朝諸侯于明堂賦	九垓向序爲方同心	392	ADEGH
44	韓　愈	明水賦	玄化無宰至精感通	356	CEGH
45	錢　起	晴皋鶴唳賦	警露清野高飛唳天	292	ALMO
46	趙　蕃	月中桂樹賦	中秋夕望光彩扶疏	378	ADFH

六、典律作品形式的量化分析

顧名思義，律賦之所以有別於一般所謂古賦，主要是在形式格律有所不同。

如今乃就以上三十三家四十六篇典律化的唐代律賦，涵蓋初唐王勃到晚唐鄭宗哲、陳章等，為其形式特質，略做以下量化分析：

（一）唐律賦以八字韻為主，題韻與題義大體相比附

律賦是限韻的賦，隨著為科舉考試的防弊及因難見巧的需要，而有所演化。

文人除了在應試和為應試而習作之外，也用來寓物言志或寫景抒情，甚至歌功頌德，但有題韻規範其用韻，是不可或少的要件。一般說來，押韻依題韻不得率意增減。

在取樣的 46 篇中，八字題韻者(含以題為韻，也正好八字者)，有39 篇，佔絕對多數的 84.78%；題韻七字者，只 1 有篇，佔 2.17%；題韻六字者，有 3 篇，佔 6.52%；題韻五字者，有 2 篇，佔 4.35%；至於王勃〈寒梧棲鳳賦〉，只有四韻，那時律賦尚未用之於科舉，只能算是律賦形成期的作品，非以後應用之常規。

不過，由於不只是中唐的白居易、白行簡、賈餗有五、六韻的律賦之作，晚唐陳章也還有七字韻的〈太阿如秋水賦〉，可見題韻在有唐一代，發展到以八字韻為大宗，但並未以此為絕對的定式。

唐律賦之題韻與題義大體相比附，但也有例外。如丁春澤〈日觀賦〉以「千載之統、平上去入」為韻，王芑孫《讀賦卮言·官韻例》便特別指出：此乃題韻與題義不相比附之例。在取樣的 46 篇中，題韻與題義比附者佔 97.83%。

（二）唐律賦每韻用二至六個韻字為最多，賦題所限之韻不率意押過。賦原本是韻文為主，可以雜之以無韻散文的一種文類，律賦則

是和韻而換韻頻仍的韻文，但賦題所限之韻不可率意押過。

在取樣的 46 篇中，幾乎都是對偶精工，完全沒有不押韻的句子。而每韻用一至六個韻腳即換韻者最爲常見，但如元稹〈觀兵部馬射賦〉用「而」爲韻字時，連用「伾、詩、絲、遲、之、追、龜、而、遺、期、辭」十個韻字；謝觀〈周公朝諸侯於明堂賦〉用「九」爲韻字時，連用「九、霤、牖、偶、首、走、手、有、後」九個韻字，都是少見的特例。46 篇用 353 個韻 1323 個韻腳，平均每韻用 3.75 個韻字，即可見換韻之頻仍。

律賦雖換韻之頻仍，但一般說來用韻的限制還是很嚴苛，因爲除同用韻之外，它們不使用非題韻的韻，這在組句謀篇方面這便成爲令人難以施展的桎梏。

余丙照《賦學指南·論押韻》(卷一)說：

> 作賦先貴煉韻，凡賦題所限之韻，字字不可率意押過。易押之字，須力避平熟，務出新意，庶不至千手雷同。難押之字，人皆束手，爭奇角勝，正在於此。但不得過於鑿空，反欠大雅。押官韻最宜著意，務要押得四平八穩。凡虛字、陳腐字、怪誕字，總以典切不浮者押之，要知試官注意全在此處。

依資料所見，如王維〈白鸚鵡賦〉等[6]，有所限韻字未盡用的情形，謂之偷韻。但依《唐摭言·載應不捷聲價益振》(卷十)記載：

> 乾符中，蔣凝應宏辭，為賦止及五韻，遂曳白而去。試官不之信，逼請所試，凝以實告。既而比之諸公，凝有得色，試官嘆息久之。頃刻之間，播於人口。或稱之曰：「白頭花鈿滿面，不若徐娘半妝。」

可見場屋中，作品再好，只要用韻不當或有偷韻的情形，就無法

---

6 依浦銑《復小齋賦話》(卷上)所載：「唐律賦有偷一韻或兩韻，不可悉數。」便舉王起〈披露見青天賦〉、裴度〈二氣合景星賦〉、周鍼〈羿射九日賦〉、陸贄〈月臨鏡湖賦〉，都有偷韻。

及第了。

（三）唐律賦以 320 字以上，400 字以下為大宗

唐律賦以八字韻為主，而平均每韻用 3.75 個韻字，如果六六言每 12 個字押韻一次計算，則每篇應有 360 字。所以唐律賦以 320 至 400 字為大宗，是很合理的。在取樣的 46 篇中，320 至 398 字的篇章就有 39 篇，佔 84.78%。王勃〈寒梧棲鳳賦〉只有 223 字，是因為只有四韻；王維〈白鸚鵡賦〉254 字，是因為只用五韻。若以 25 字為級距加以統計，則 326 字至 350 字有 7 篇；351 字至 375 字有 18 篇；376 字至 400 字有 13 篇。此三級距即佔 82.61%。取樣的 46 篇總平均數為 366.13 字。

（四）題韻以平仄各半為大宗，但未必平仄相間排列；賦文用韻則以平仄相間為原則

八字題韻以平仄各半為大宗，在取樣的 46 篇中，八字題韻者佔 39 篇，而韻字平仄各半者 32 篇，佔八字題韻的 82.05%。例外的只有：李程〈日五色賦〉以「日麗九華聖符土德」為韻，為二平六仄。丁春澤〈日觀賦〉以「千載之統平上去入」為韻；王維〈白鸚鵡賦〉以「容日上海孤飛色媚」為韻；王起〈宣尼宅聞金石絲竹之聲賦〉，以「聖德千祀發於五音」為韻，為三平五仄；王棨〈曲江池賦〉以「城中人日同集池上」為韻；柳宗元〈披沙揀金賦〉以「求寶之道同乎選才」為韻；趙蕃〈月中桂樹賦〉以「中秋夕望光彩扶疏」為韻，為五平三仄。

在取樣的 46 篇中，賦文依題韻之次序用韻者，僅：丁春澤〈日觀賦〉、王勃〈寒梧棲鳳賦〉、柳宗元〈披沙揀金賦〉、賈餗〈莊周夢為胡蝶賦〉、韓愈〈明水賦〉等五篇而已。

李調元〈賦話〉(卷三)說：

> 唐人賦韻有云次用韻者，始依次遞用，否則任以己意行之。晚唐作者取音節之諧暢，往往以一平一仄相間而出。宋人則篇篇順敘，鮮有顛倒錯綜者矣。

　　但整體觀察，唐律賦用韻大體還是以平仄相間爲原則，所以題韻設計便以平仄各半爲大宗。在取樣的 46 篇中，賦文完全以平仄相間換韻絕不例外者，就有 29 篇，佔 63.04%。其他未完全遵守平仄相間者，或因題韻原本就不是平仄各半，或其中偶一變動，原爲規則所容許所致。至於集中連用三平韻或三仄韻者，百中無一，爲 46 篇典律之作所未見。

　　命題時除非有依次用韻之限制，否則題韻並沒有以平仄相間排列出現的必要，所以題韻以平仄相間之形式出現者不多。

　　（五）句式大量使用四六隔句對，但也常用一兩聯長偶對以炫才學，並疏宕其氣明代攻擊律賦極力的徐師曾，在其《文體明辨·序說·賦》說：「至於律賦，其變愈下，始於沈約四聲八病之拘，中於徐、庚隔句作對之陋，終於隋、唐、宋取士限韻之制。但以音律諧協、對偶精切爲工，而情與辭皆置而弗論。」雖就其負面立論，但其形式之極則，卻也頗得精要。

　　今將各賦所使用四言對[7]、五言對、六言對、七言對[8]、四六隔句對[9]、十言以上長言對[10]，分別加以計數，並核算四六對偶句在賦篇中所佔之百分比，茲表列如下：

7　含四言隔句對。
8　字數計算偶對的部分，以丁春澤〈日觀賦〉爲例：「夫其夜刻未終，曙色猶昧」，夫其二字並非偶對的發語部分不計，以四言對計之。楚辭句語中稽詞「兮」字亦不計。本表以核計四六對爲主，爲便於查考詩賦合流，亦表列五言對及七言對，其它如三言對、九言對等，不予備載。
9　含六四言隔句對。
10　不含四六言隔句對與六四言隔句對。

編碼	作者	賦　　篇	字數	四言	五言	六言	七言	四六	長言	比率
1	丁春澤	日觀賦	320	10	1	9	2	2		71.25
2	元　稹	觀兵部馬射賦	529	8	2	8	4	6		52.93
3	元　稹	郊天日五色祥雲賦	457	4		4	6	2	4	26.29
4	王　勃	寒梧棲鳳賦	223	4	1	2	1	1	2	34.08
5	王　起	庭燎賦	361	10	1	6	2	2	2	53.19
6	王　起	宣尼宅聞金石絲竹之賦	363	10	5	5	5	2	1	52.89
7	王　起	墨池賦	361	7		6	4	4		57.62
8	王損之	飲馬投錢賦	351	7		7	2	4	1	62.68
9	王損之	曙觀秋河賦	348	8		9		7		89.66
10	王　棨	曲江池賦	462	10	2	8	4	5	1	57.14
11	王　棨	珠塵賦	356	8		7	2	4	2	64.05
12	王　棨	芙蓉峰賦	380	8	1	4	2	7		66.32
13	王　棨	沛父老留漢高祖賦	374	12			3	2	6	36.36
14	王　維	白鸚鵡賦	254	9		10		1		83.46
15	白行簡	五色露賦	336	8	1	8	4	2		59.52
16	白居易	荷珠賦	326	6		10	5	2	1	63.80
17	白居易	賦賦	350	10	1	5		2	2	51.43
18	白敏中	息夫人不言賦	410	5	2	9	2	4	3	55.61
19	宋　言	漁父辭劍賦	393	7		7	4	7		71.25
20	李君房	海人獻文錦賦	348	4		12	1	6		85.06
21	李　程	日五色賦	378	11	1	8	3	3	1	64.55
22	李　程	金受礪賦	379	4	1	5	6	3	1	40.31
23	李　遠	題橋賦	363	9		6	5	3	2	56.20

24	李　遠	蟬蛻賦	377	8	1	6	3	5	1	62.60
25	周　鍼	登吳嶽賦	371	16		8	2	4		81.94
26	林　滋	小雪賦	355	5		4	6	4	3	47.32
27	柳宗元	披沙揀金賦	397	9		6		5	1	61.46
28	浩虛舟	盆池賦	377	7		4	6	4	3	48.81
29	康　僚	漢武帝重見李夫人賦	377	7		10		6	1	78.52
30	陳　章	風不鳴條賦	349	6		8	3	2	1	52.72
31	黃　滔	秋色賦	359	9		3	4	3	3	46.80
32	黃　滔	漢宮人誦洞簫賦賦	388	5		2	10	1	4	21.65
33	黃　滔	館娃宮賦	370	7			9	5	1	42.16
34	賈　餗	太阿如秋水賦	352	6	1	3	3	3	3	40.91
35	賈　餗	莊周夢蝴蝶賦	398	9	1	11	2	5		76.39
36	裴　度	鑄劍戟爲農器賦	353	5		7	4	3	1	49.86
37	劉禹錫	平權衡賦	368	7		5	2		3	31.52
38	蔣　防	姮娥奔月賦	378	7		9	1	2		75.13
39	鄭宗哲	溫洛賦	349	7		5	3	1	4	38.97
40	鄭　瀆	吹笛樓賦	365	6		2	5	1	2	25.21
41	盧　肇	天河賦	374	8		5	3	3	3	49.20
42	薛　逢	天上種白榆賦	345	6		5	7	4	1	54.49
43	謝　觀	周公朝諸侯于明堂賦	392	8		5	7	1	2	34.69
44	韓　愈	明水賦	356	8	2	6	1	5		66.29
45	錢　起	晴皋鶴唳賦	292	7	1	11	5	1		71.23
46	趙　蕃	月中桂樹賦	378	9		8		7		81.48

使用四言對、六言對、四六隔句對，佔全賦的比例頗高：佔 85.01—90%者 2 篇；80.01—85%者 3 篇；75.01—80%者 3 篇；70.01—75%者 3 篇；65.01—70%者 2 篇；60.01—65%者 6 篇；55.01—60%者 5 篇；

50.01—55%者 6 篇；45.01—50%者 5 篇；40.01—45%者 3 篇；35.01
—40%者 2 篇；30.01—35%者 3 篇；25.01—30%者 2 篇；20.01—25%
者 1 篇。平均值爲 56.41%。

　　其實，上表所列五言對與七言對，大多是四言對、六言對加「之」
「於」而成，並非五七言詩句。此跡象可以解讀爲：律賦受到古文運
動的影響，散文特性在加強，於是詩賦合流的現象不再，與同爲科舉
考試的詩，也就有所區隔而漸行漸遠。

　　律賦在散文特性方面加強，與詩便漸行漸遠，也可以從長偶對的
使用看得出來。長偶對有它一定的難度，所以也是逞才的一種表現。
它除了一般使用長言偶對，如鄭瀆〈吹笛樓賦〉：「竟無六律，繼當時
紫府之清音；空有一條，是往日翠華之來路」；浩虛舟〈盆池賦〉：「沉
蛛絲爲羨魚之網，深抵百尋。浮芥葉爲解纜之舟，遠同千里」，只用一
個韻字於下聯，有四六或六四句的韻味之外，更有下聯換韻，上下聯
各自押韻者之股對。如柳宗元〈披沙揀金賦〉：「其隱也，則雜昏昏，
淪浩浩，晦英姿兮自保，和光同塵兮合於至道；其遇也，則散奕奕，
動融融，煥美質兮其中，明道若昧兮契彼元同」，長達 48 字，混合散
文句與騷句，上聯用「浩、保、道」爲韻字，是押皓韻；下聯用「融、
中、同」爲韻字，則換押東韻，前後雖押不同韻，但對偶工整，可見
長偶對運用之靈活。

七、典律作品內容之分析

（一）因命題作賦，所以首重破題，講究氣象

　　賦原本以其所鋪張之事物爲題，如〈上林賦〉；或以賦中之人物名
篇，如〈子虛賦〉，見賦題未必知其題意，賦首交代緣起。律賦則因命
題作賦，所以首重破題。通常以起首兩句，渾括題目之義，交代重點，
有如作精妙之解題，然後再作發揮，俾得考官之肯定。有如比箭，必
先一箭中的。余丙照《賦學指南》便說：「賦之首段，與文之起講同。

凡一題到手，必先聚精會神，烹煉一段，令全題在握，閱者自覺神旺。」
被列爲典律之一的李程〈日五色賦〉，便因破題備受肯定。《唐摭言‧
已落重收》云：

> 貞元中，李繆公(程)先榜落矣。先是出試，楊員外於陵省宿歸
> 第，遇程於省司，詢之所試，程探靿中得賦稿示之。其破題曰：
> 「德動天鑒，祥開日華」。於陵覽之，謂程曰：「公今年須作狀
> 元。」翌日雜文無名，於陵深不平，乃于故策子末繕寫，而斥
> 其名氏，攜之以詣主文，從容紿之曰：「侍郎今者所試賦，奈何
> 用舊題？」主文辭以非也。於陵曰：「不止題目，向有人賦次韻
> 腳亦同。」主文大驚，於陵乃出程賦示之。主文賞嘆不已。
>
> 於陵曰：「當今場中若有此賦，侍郎何以待之？」主文曰：「無
> 則已，有則非狀元不可。」於陵曰：「苟如此，侍郎遺賢矣，乃
> 李程所作。」亟命取程所納，面對不差一字。主文因而致謝，
> 於陵于是請擢爲狀元，前榜不復收矣。或曰出榜重收。

有關李程〈日五色賦〉的破題，《唐摭言‧惜名》還載有後續的故
事：

> 李繆公貞元中試〈日五色賦〉及第，最中的者賦頭八字，曰：「德
> 動天鑒，祥開日華」。後出鎮大梁，聞浩虛舟應宏辭復試此題，
> 頗慮浩賦逾己，專馳一价取本。既至啟緘，尚有憂色。及睹浩
> 破題云：「麗日焜煌，中含瑞光。」程喜曰：「李程在里。」

可見律賦常常以賦首破題互別苗頭。類似的故事，於唐宋所在多有。

如今被列入典律的作品，因破題特出而備受肯定的，除李程〈日
五色賦〉之外，尚有裴度〈鑄劍戟爲農器賦〉和王棨〈芙蓉峰賦〉等。
李調元《賦話》(卷四)評裴度〈鑄劍戟爲農器賦〉說：

> 作賦起法，切要堂皇整肅，遇大題目，更宜留心。如唐裴度〈鑄
> 劍戟爲農器賦〉起句云：「皇帝嗣位之十三載，寰海鏡清，方隅
> 砥平。驅域中盡歸力穡，示天下不復用兵」，數語是何等氣象，

　　所謂大人物方有大手筆。」

《賦話》(卷二) 評王棨〈芙蓉峰賦〉說：

　　作賦全在起首，須令冠冕涵蓋，出落明白。余最愛唐王棨〈芙
　　蓉峰賦〉，首聯云：「疊翠重重，數千仞兮，峭若芙蓉。非華岳
　　之高掌，是衡山之一峰。朝日耀而增鮮，嵐光欲坼，秋風擊而
　　不落，秀色長濃。」點撇明劃。末句云：「夸娥二子，胡不移來，
　　與蓮峰而相向？」繳應起處，章法最密。

（二）律賦用之於科舉，述德頌聖便成為最常見的內容

　　律賦用之於科舉，算是一種朝廷的文書，國人常在往返文書上頌
揚對方而不以為諱，至於奏摺，稱頌時君更不可免。所以用之於科舉
的律賦，多述德頌聖，是很自然的現象，更何況律賦常以所謂的祥瑞
之象命題，歌功頌德就更免不了。

　　如鄭宗哲〈溫洛賦〉，以「天上何言因物表聖」為韻，就挑明要述
德頌聖，賦末即云：「方今地不藏寶，天惟瑞聖。茲水也有時而溫，由
一人之德盛。」是諛之太過。如白行簡〈五色露賦〉，以「率土康樂之
應」為韻，也挑明要述德頌聖，賦末云：「是知天降休祥，聖為明證。
淡汪濊之仁擇，得文質之善稱。天何言哉，國有感而善應。」也都失
之太露。再如陳章〈風不鳴條賦〉，既以「天下和平則如此」為韻，也
不能沒有述德頌聖，賦末云：「我國家化將時茂，德與風傳。佇見傾梧
之後，棲儀鳳於君前。」則略見含蓄。盧肇〈天河賦〉所謂「悠矣久
矣，配吾君之永寧」，則傾向祝禱的性質。

　　至於李程的〈日五色賦〉，以「日麗九華聖符土德」為韻，更是述
德頌聖題，李程起首破題：「德動天鑒，祥開日華」，已頌美時政，賦
末引夏桀「時日曷喪」典故之後，翻轉為：「今則引耀神州，揚光日域。
設象以啓聖，宜精以昭德。彰燭遠於皇明，乃備彩於方色。故曰惟天
為大，吾君是則。」

　　即使像王棨《曲江池賦》，以「城中人日同集池上」為韻，不涉及

禎祥，也要說「帝澤旁流，皇風曲暢。固知軒后，徒遊赤水之媚；何必穆王，遠宴瑤臺之上。」穿鑿古神話頌美一番。

其實，頌聖有時未嘗不就是諷諭，正所謂寓諷於頌。因爲述德頌聖，常是一種委婉提出期許的方式，如司馬相如〈上林賦〉罷獵一段便是。律賦也可以如此看待。如李程〈金受礪賦〉，賦末云：「況今聖上欽明，英髦迭出。恭默思道，曷高宗之可侔；輔弼納忠，豈傅巖之攸匹。宜乎哉！超羲而越虁，勗而自必」，很明顯是一種高標準的期待，所以律賦述德頌聖也可以說是古賦諷諭傳統的變形。

當然律賦作家有時也會有比較急切的諷諭心態，也就很直接提出諷諭。如黃滔〈館娃宮賦〉，便在繁華與荒蕪對比敘述之後，未頌時君，直接以「彼雕牆峻宇之君，宜鑒邱墟於茂草」作結。

由此看來，律賦用之場屋，不論命題者或應試者，都難免有歌功頌德的傾向，不過也不能全然以其「述德頌聖」而一筆抹殺其文學價值，而「述德頌聖」，同時有些未嘗不可以以諷諭看待。

（三）以穿穴經史爲務，用事配合聲律以炫其博學與工巧

賦到六朝，便有用事的崇尙。律賦用事，較少是《文心雕龍·事類》所謂的援古以證今，[11]大體是將類似或可以比擬的典故交織於作品中，以顯示作者讀書之廣，見聞之博，但用之於場屋，更賴鍊句之巧，才能夠脫穎而出。這從李廌《師友談記》所載秦觀的話，可以略知一二：

> 少游言賦中作用雜文不同，雜文則事詞在人主氣變化，若作賦則唯貴鍊句之工，鬥難、鬥巧、鬥新。借如一事，他人用之不過如此；吾之所用，則雖與眾同，其語之巧，迴與眾別，然後為工也。

11　劉勰《文心雕龍·事類》：「事類者，蓋文章之外，據事以類義，援古以證今者也。」（臺北：明倫出版社，民 60）頁 614。

> 少游言賦家句脈自與雜文不同，雜文語句或長或短，一在於人；
> 至於賦則一言一句必要聲律，凡所有語言須當用意曲折研磨，
> 須令協於格調，然後用之。不協律，義理雖是，無益也。
> 少游言賦句全藉牽合而成，其初兩事不甚相佯，以言貫穿之，
> 便可為吾所用，此煉句之工也。

正如浦銑《復小齋賦話》卷上所說：「食古而化，乃為善用故實，若堆垛填砌，毫無生趣，奚取哉？」他標榜王棨〈涼風至賦〉「悄絲管於上宮，陳娥翠斂；颭楹檻於華省，潘鬢霜凋。」說：「如此用〈長門〉、〈秋興〉二賦，令人無以下注腳，真上乘矣。」律賦之內容與趣味，殆由此可見；其所以受到批評，亦在於此。

又如李調元《賦話》十分稱讚林滋的〈小雪賦〉，說他：「體物最工，ㄠ么小題，卻能穿穴經史」。今觀〈小雪賦〉如「輕同柳絮之因風」一句，藉謝道韞之句賦雪；更用了「謝氏林亭」「梁王池館」之典，形容雕梁畫棟之美；而「映書之子」是用了晉朝孫康映雪讀書之典；「訪戴之人」則是用了王子猷夜訪戴安道之典，是可以見其運用事典之功。

八、結　論

以上所得典律作品與分析所得之特色，或不免為一般所共知。其實這也是原先所預知的。因為取大家有共識奉為典律的作品，加以分析，所得到的結論，當然也就不外乎大家早先所見到的。只不過透過量化處理，使一般較模糊的認識，有了較精確的數量統計，得到比較合乎科學的數據與實證。更何況我們藉這些數據，使若干現象如：律賦何以 360 字上下 40 字為大宗；四六句的使用與散文化，都得到明確的理解。因此其他文類其實也值得做類似的基礎研究工作。

精選唐律賦典律化作品的部分，得到丁春澤〈日觀賦〉、元稹〈觀兵部馬射賦〉、元稹〈郊天日五色祥雲賦〉、王勃〈寒梧棲鳳賦〉、王起〈庭燎賦〉、王起〈宣尼宅聞金石絲竹之聲賦〉、王起〈墨池賦〉、王損

之〈飲馬投錢賦〉、王損之〈曙觀秋河賦〉、王棨〈曲江池賦〉、王棨〈珠塵賦〉、王棨〈芙蓉峰賦〉、王棨〈沛父老留漢高祖賦〉、王維〈白鸚鵡賦〉、白行簡〈五色露賦〉、白居易〈荷珠賦〉、白居易〈賦賦〉、白敏中〈息夫人不言賦〉、宋言〈漁父辭劍賦〉、李君房〈海人獻文錦賦〉、李程〈日五色賦〉、李程〈金受礪賦〉、李遠〈題橋賦〉、李遠〈蟬蛻賦〉、

周鍼〈登吳嶽賦〉、林滋〈小雪賦〉、柳宗元〈披沙揀金賦〉、浩虛舟〈盆池賦〉、康僚〈漢武帝重見李夫人賦〉、陳章〈風不鳴條賦〉、黃滔〈秋色賦〉、黃滔〈漢宮人誦洞簫賦賦〉、黃滔〈館娃宮賦〉、賈餗〈太阿如秋水賦〉、賈餗〈莊周夢爲胡蝶賦〉、裴度〈鑄劍戟爲農器賦〉、劉禹錫〈平權衡賦〉、蔣房〈姮娥奔月賦〉、鄭宗哲〈溫洛賦〉、鄭瀆〈吹笛樓賦〉、盧肇〈天河賦〉、薛逢〈天上種白榆賦〉、謝觀〈周公朝諸侯於明堂賦〉、韓愈〈明水賦〉、錢起〈晴皋鶴唳賦〉、趙蕃〈月中桂樹賦〉共 46 篇。

綜觀各家選本挑選的典律作品，不難發現：他們多少都考慮了歷史因素。律賦的格律，與時俱進，因難見巧所以大體轉趨嚴苛，如果完全以後設的要求標準作爲繩墨，那麼先前的作品便有不合乎典律之處。但我們發現：各家挑選典律作品，還是以作品創作時的典律要求做爲篩選的標準，而不是以後來發展完成的典律要求做爲挑選的依據。

再者，今人所挑選的，更不免是基於對作家個人成就的肯定，所以刻意去挑選他的作品，而不全然是該作品被奉爲典律。如韓愈〈明水賦〉與柳宗元〈披沙揀金賦〉的入選，大體便是如此。

以此得知：有些詩文格律並不是很刻板的絕對規範，其好惡也隨時代而有所變化，所以我們看待歷代各類作品時，固然有我們的標準，但也不能完全以今律古，了解歷史，還原歷史的真相，更是我們研究者應肩負的責任。

主要參考文獻

王定保，《唐摭言》，古典文藝出版社，1957。

王修玉，《歷朝賦楷》，臺南：莊嚴文化公司，1997。

尹占華，《律賦論稿》，四川成都：巴蜀書社，2001。

尹賽夫、吳坤定、趙乃增，《中國歷代賦選》，山西教育出版社，1989。

田兆民，《歷代名賦譯釋》，黑龍江人民出版社，1995。

曲德來、遲文浚、冷衛國，《歷代賦廣選新注集評》，遼寧：遼寧人民
　　出版社 2001。

李元度，《賦學正鵠》，清光緒 18 年夏五茹古山房校刊本。

李昉、徐鉉、宋白等，《文苑英華》，北京：中華書局，1986。

李調元，《賦話》，叢書集成初編排印本。

何沛雄，《賦話六種》，香港：讀書　新知三聯書店。

余丙照，《賦學指南》，道光文質堂刻本。

吳萬剛、張巨才，《中國歷代名賦金典》，中國文聯出版公司，1998。

林邦均，《文史英華》，湖南出版社，1993。

邱先德，《唐人賦鈔》，清同治間刻本。

洪邁，《容齋隨筆》，臺北：大立出版社，1981。

馬傳庚，《選注六朝唐賦》，清同治 13 年京都玉燕書巢本。

馬寶蓮，《唐律賦研究》，中國文化大學博士論文，1994。

姚鉉等，《唐文粹》，上海：上海商務印書館影印明嘉靖刊本。

畢萬忱、何沛雄、羅忼烈，《中國歷代賦選》，南京：江蘇教育出版社，
　　1990。

曹虹、程章燦，《古代辭賦》，遼寧少年兒童出版社，1992。

許結，《中國古典散文基礎文庫抒情小賦卷》，廣西師範大學出版社，
　　1999。

章滄授，《歷代山水名勝賦鑑賞辭典》，中國旅游出版社，1997。

陸棻，《歷朝賦格》，臺南：莊嚴文化公司，1997。

陳元龍等，《御定歷代賦彙》，日本：中文出版社。

郭預衡，《中華名賦集成》，中國工人出版社，2000。

董誥等，《全唐文》，北京：中華書局，1996。

詹杭倫，《清代賦論研究》，臺北：臺灣學生書店，2002。

雷琳、張杏濱，《賦鈔箋略》，清乾隆 31 年刻本。

楊承啓，《鋤月山房批選唐賦》，清光緒丁丑刊本。

歐陽脩等，《新唐書》，臺北：鼎文書局，1980。

潘遵祁，《唐律賦鈔》，清同治八年景賢書院重刊本。

劉勰，《文心雕龍》，臺北：明倫出版社，1971。

遲文浚、許志剛、宋緒連，《歷代賦辭典》，遼寧人民出版社，1992。

鄺健行，《科舉考試文體論稿：律賦與八股文》，臺北：臺灣書店，1998。

簡宗梧，〈律賦在唐代「典律化」之考察〉，《逢甲人文社會學報》第 1
　　期，臺中：逢甲大學人文社會學院，2000 年 11 月。

顧蒓，《律賦必以集》，清道光壬午重刊本。

M.H.Abrams, *A Glossary of Literary Terms*, Orlando: Harcourt Brace
　　Jovanovich College Publisher, 1993.

Jeremy Hawthorn, A Concise Glossary of Contemporary Literary Theory,
　　New York：Edward Arnold, 1992.

別 裁 僞 體 親 風 雅
——從仇注談杜詩的〈詩經情懷〉

中台醫護技術學院講師
蘇 慧 霜

提 要

　　杜甫是唐代偉大詩人，歷來論杜者甚多，以為杜甫直追《三百篇》，如仇兆鰲在〈進杜少陵集詳註表〉所云：「自國風降為離騷，離騷降為漢魏，淵源相接，……杜（甫）混茫而性以學成，昔人謂其上薄風騷，下該沈宋，氣吞曹劉，掩顏謝之孤高，雜徐庾之流麗，千古以來，一人而已。[1]」

　　仇兆鰲《杜少陵集詳注》匯集了清代康熙以前各家注杜之集釋[2]，並對杜詩詳注集解：「先挈領提綱以疏其脈絡，復廣搜博徵以討其典故，汰舊註之檀釀叢脞，辯新說之穿鑿支離」[3]，仇注所注二十四卷，并連譜序傳文，廣搜博徵，裨補缺略，是近世研究杜甫詩之集大大成。根據粗略統計，《杜少陵集詳註》中以《詩

1　《杜少陵集詳註》一表，上冊，頁2。北京圖書館出版社，1999年4月。
2　據仇兆鰲〈進杜少陵集詳註表〉自書進表之年為「康熙三十二年十一月」。
　　《杜少陵集詳註》一表，上冊，頁2。北京圖書館出版社，1999年4月
3　文詳見仇兆鰲〈杜少陵集詳註自序〉。《杜少陵集詳註》一自序，上冊，頁2。北京圖書館出版社，1999年4月版。

經》注杜詩者，約有五八〇條[4]。本文擬以仇注《杜少陵集詳註》為本，首先，從詩史觀點上溯《詩經》現實主義的精神。再者，就「上薄風騷」的觀點，論證杜詩的比興傳統。第三，從「杜詩無一字無來歷」之說，分析杜甫的詩法與寫作技巧。並借杜甫〈戲為六絕句〉詩「別裁偽體親風雅」句為題，從仇注談杜詩的《詩經》情懷。

關鍵詞：杜甫、詩經、風騷、賦比興

壹、前言：寂寞風騷主

　　杜詩研究自唐代以來，散見於各家文集詩話，學者注析解杜的作品很多，杜甫的偉大無庸置疑。歷來評釋杜詩，關注所在不外下列陳述觀點：

　　第一，推為「詩史」：「詩史」一詞首見於晚唐孟棨《本事詩》：「杜逢祿山之難，流離隴蜀，畢陳於詩，推見至隱，殆無遺事，故當時號為詩史[5]。」晚唐以來詩人無不肯定杜甫詩歌反映社會眾生苦難的現實主義精神。

　　第二，「上薄風騷」：原見於唐代元稹應杜甫之孫杜嗣業所作之墓誌銘並序：「至於子美，蓋所謂上薄風騷，下該沈宋，言奪蘇李，氣吞曹劉，掩顏謝之孤高，雜徐庾之流麗，盡得古今之體勢，而兼文人之所獨專矣。[6]」元稹從文學發展的演變，強調杜甫盡得古今體勢，在詩

---

4 統計數字係據曾亞蘭、趙季兩位學者所撰：〈說仇兆鰲以詩經注杜詩〉。原載於「杜甫研究學刊」1999 年第 4 期，總第 62 期。頁 22。但杜甫援引《詩經》句時，或增衍，或減字，或取義，真確徵引條文數字或有異議，此為概數耳。

5 見馮至《杜甫傳》：「把杜詩稱為詩史，最早見於晚唐孟棨的〈本事詩〉」，天津，百花文藝出版社，頁 180。

6 仇注本下冊附錄引唐元稹〈唐檢校工部員外郎杜君墓係銘〉並序，頁 1297。

歌史上具有承先啓後的地位。

第三，「無一字無來歷」說：此出自宋代黃山谷的評論，以爲：「杜詩無一字無來歷」，指出杜詩疾虛妄的創作過程。

杜甫譽爲一代詩聖，在他追求政治理想與人生價值的生命過程中，將滿懷理想與仁者情感融注在詩歌創作的風骨、興寄與諷諭裡，他對詩壇的影響不僅及於魏晉六朝以後，從詩歌發展的整體歷史看來，其詩歌體勢之淵源更「上薄風騷」，所謂「寂寞風騷主，先生第一材。」[7] 宋以後之論杜者均極重視杜甫與《詩經》的淵源傳承，如北宋歐陽脩〈子美畫像〉詩云：

〈風〉、〈雅〉久寂寞，吾思見其人。杜君詩之豪，來者孰比論，

生焉一身窮，死也萬事珍。言苟可垂後，士無羞賤貧。[8]

南宋陸游〈詠杜〉：

古詩三百篇，刪取材十一。每讀先再拜，若聽〈清廟〉瑟。

詩降爲楚騷，猶足中六律。天未喪斯文，老杜乃獨出。[9]

王十朋〈謁杜工部祠文〉：

風雅頌息，嗣之者誰？後代風騷，先生主之。[10]

至清代仇兆鰲尤其重視杜甫上薄《詩經》的淵源，並大量援引《詩經》爲杜詩作注，以仇本卷二〈曲江三章章五句〉爲例：[11]

曲江蕭條秋氣高，菱荷枯折隨風濤。遊子空嗟垂二毛，

白石素沙亦相蕩。哀鴻獨叫求其曹。（其一）

仇注引《詩》：「白石鑿鑿。」爲之注，並於末引王嗣奭言曰：「此公學三百篇，遺貌而傳神者也。」又接引盧世㴶之言，以爲：「曲江三

7　語見仇注本下冊附錄，引張伯玉《讀子美集》，頁 1328。
8　詩見仇注本下冊，頁 1325。
9　詩見仇注本下冊附錄，頁 1332。
10　詩見仇注本，下冊附錄，頁 1337。
11　仇注本，上冊，頁 191。

章，塌翼驚呼，忽遨天際，國風之後，又續國風。」凡此種種，皆極意地透過諸家援引《詩經》注詩的注解析評，使人理解杜甫「上薄風騷」的創作取向。

　　杜甫自言「讀書破萬卷」，他博通經典，下筆爲詩自然典麗渾成，「溫柔敦厚，託諸變風變雅之體；沈鬱頓挫，形於曰比曰興之中[12]」，然而杜甫的沈鬱頓挫並不盡在於詞章表面的寫作技巧上，更重要的是在他深情擁抱民生疾苦的深切情思，一千四百多首詩，仇兆鰲大量援引《詩經》爲杜詩作注解，根據粗略統計，《杜少陵集詳註》中以《詩經》文句注杜詩的條文大約有 580 條。因此，本文依仇注《杜少陵集詳註》爲本，從文學藝術的觀點分析杜甫的作品，深入杜詩在詩歌內容、形式與技巧的探析外，並探究杜甫在「現實主義精神」、「賦比興傳統」、「創作技巧應用」等詩歌創作上出神入化的寫作工力，深入發微杜詩的《詩經》風雅餘韻，領會杜甫詩歌的藝術成就和興寄之所由。

貳、風雅餘韻

一、詩史：《詩經》現實主義精神再現

　　杜甫的作品真實地反映社會現實與唐代歷史戰亂，所以有「詩史」之譽，這與《詩經》記錄社會各階層生活與鄉野民風的現實主義精神是相通的，歷來視杜詩與《詩經》爲風雅一系，如唐人裴說〈經杜工部墳〉詩：「擬掘孤墳破，重教大雅生。[13]」簡單幾語，道盡杜甫感時傷懷，憂民憂國的情衷與深意，是繼《詩經》以來，中國文人一貫的社會關懷與愛民入世之心。

　　《詩經》本爲采集自民間的詩歌總集，它最大的特色，是在詩歌創作上成功建立了現實主義的優良傳統。東漢何休首先注意到《詩經》

---

12 仇兆鰲《杜少陵集詳註》一，頁 1。北京圖書館出版社，1999 年 4 月版。
13 見《全唐詩》，卷 270，頁 8268，北京，中華書局，1979。

反應現實的特點,《公羊傳、宣公十五年》注曰:「男女有所怨恨,相從而歌。饑者歌其食,勞者歌其事。」注中所謂「饑者歌其食,勞者歌其事」,即強調詩歌以真實生活內容在現實基礎上創作的原動力。在《詩經》現實精神的影響下,杜甫將一己之感發興寄與敘事議論相融爲一,著力於在詩中描繪戰亂的社會風貌,〈三吏〉、〈三別〉詩慘訴閭閻疾苦[14],藉征兵主題,刻畫不同的悲情人物形象,垂垂老矣的老人、喪親無依的老婦、新婚遭離的亂世夫妻,凡詩中對市井小人物的的細微體察和情感描述,扣人心弦,幽怨情深,篇篇呈露作者與民同憂患的現實人道關懷,因此仇兆鰲在《杜少陵集詳註》自序中指出:[15]「宋人之論詩者,稱杜爲詩史,謂得其詩,可以論世知人也。」

至是所謂:「杜曲千篇,詠歌作詩中之史。上承三百篇遺意,發爲萬丈光芒。[16]」既強調杜甫繼承《詩經》現實主義精神發而爲詩史紀實,更顯見杜甫繼承《詩經》「觀民風」的詩教傳統。徧觀杜甫詩作,〈兵車行〉、〈奉先詠懷〉等作品中對現實悲苦的深刻描寫,深情擁抱蒼生庶民的悲喜哀樂,與《詩經》中的〈碩鼠〉取意一貫,對於暴政的絕忍與慘滅寫來絲絲入扣,詩中描寫現實世界的困阨流離,那份觀照天地的心情,相對於理想世界的現實,獨有許多不堪與悲憫,杜甫對悲苦眾生的不忍情,表現在詩中是對生民憂樂的關懷,儒者愛民體物的胸襟,使杜甫的詩作走向寫實關懷路線,這是繼《詩經》之後,現實主義精神的傳承與延續,爾後並啓示中唐白居易〈新豐折臂翁〉、〈賣炭翁〉、〈買花〉等陳述庶民生活疾苦之作,進而提倡「文章合爲

---

14 即〈新安吏〉、〈潼關吏〉、〈石壕吏〉與〈新婚別〉、〈垂老別〉、〈無家別〉。〈新安吏〉下原注:「收京後作。雖收兩京,賊猶充斥。」蓋唐肅宗至德二年(757年)郭子儀兵亂,杜甫目睹社會戰亂流離,寫了這兩組詩。

15 仇注此言有商榷處,據馮至《杜甫傳》:「把杜詩稱爲詩史,最早見於晚唐孟棨的《本事詩、高逸第三》:『杜逢祿山之難,流離隴蜀,畢陳于詩,推見至隱,殆無遺事,故當時號爲詩史。』」可見至少早在晚唐,杜甫即被推爲詩史。

16 見仇兆鰲《杜少陵集詳註》卷一,北京圖書館出版社,上冊,頁2351。

時而著，歌詩合爲事而作」（與元微之書）的寫實文學運動之先。

　　除了對《詩經》現實主義精神的繼承之外，杜甫更時時於詩中援引《詩經》詩句入詩，更彰顯杜甫對《詩經》的傳承脈絡，如卷二〈兵車行〉：[17]

　　　車轔轔，馬蕭蕭，行人弓箭各在腰，爺孃妻子走相送，

　　　塵埃不見咸陽橋，牽衣頓足攔道哭，哭聲直上干雲霄。

仇注：《詩》有車轔轔。又：蕭蕭馬鳴。又：行人彭彭。

末引蔡寬夫曰：「唯老杜兵車行等篇，皆因時事，自出己意。」

又引海寧周甸曰：「少陵值唐運中衰，其音響節奏，駸駸乎變風變雅。」

又引胡應麟曰：「少陵嗣跡風雅，…兵車行、新婚別等作，述情陳事，懇惻如見。」

　　因時記事，本是社會詩所強調的內容，杜甫忠實記錄當時的民生疾苦，一字一句，鏤出肺腸，引《詩經》成句毫不粉墨妝飾，自然天成，真情至性而感人至深，以極淺近的語言，印證了《詩經》的風雅精神。又如卷三〈自京赴奉先縣詠懷五百字〉：[18]

　　　杜陵有布衣，老大意轉拙，許身一何愚，竊比稷與契。

　　　居然成濩落，白首甘契闊，蓋棺事則已，此事常覬豁。……

　　　　仇注：《詩》死生契闊。

　　末引胡夏客曰：「感慨成文，此最得變雅之法而成章者也。」

「死生契闊」本是〈詩‧擊鼓〉篇敘述戰亂離情的愁思語[19]，生命有許多的不圓滿，白首契闊是何等悲痛的人生體驗，而杜甫透過文字的傳述，這份生命的難處，被記錄在現實行旅之中，當下當境，讀

17 仇注本上冊，頁178。

18 仇注本，上冊，頁259。

19 朱熹《詩集傳》〈邶風‧擊鼓〉：「…死生契闊，與子成說，執子之手，與子偕老。」台灣，中華書局，1982。頁19。

者同感悲戚。再如卷五〈北征〉[20]：

　　皇帝二載秋，閏八月初吉，杜子將北征，蒼茫問家室。

　　　　仇注：《詩》二月初吉。初吉，朔日也。

　　　　　《詩》宜其家室。

　　這首〈北征〉是杜甫遭逢安祿山之亂時，從鳳翔前往鄜州探望妻子途中所見所感之作，這時他因爲房琯辯解而遭貶斥，「經年至茅屋，妻子衣百結。慟哭松聲回，悲泉共幽咽。」杜甫經亂的現實經歷在這裡充分詳細記錄，特別的是，此詩中引用《詩經》語詞甚多，歸納仇注本即有十一條徵引。所以仇兆鰲在詩末除引范梈曰：「若書一代之事，與國風雅頌相爲表裡，則〈北征〉不可無。」外，又引於附錄援引宋祁〈和賈相公覽杜工部北征篇〉詩曰：[21]

　　　　〈北征〉之篇詞最切，讀者心隕如搖艣，莫肯念亂〈小雅〉怨，
　　　　自然流涕袁安愁。

〈北征〉詩是杜甫的長篇自敘詩，大手筆，大氣闊，敘事述史，極豪氣寫實，以〈北征〉詩比《詩‧小雅》戰亂之象，流離之苦，古今家國之痛，無限今昔之感，再再引人悲嘆，從先秦到唐，詩人儘管身處年代不同，但反映社會真情的悲憫之情則無二致。再觀卷五〈述懷〉[22]：

　　去年潼關破，妻子隔絕久，今夏草木長，脫身得西走。

　　麻鞋見天子，衣袖露兩肘。朝廷愍生還，親故傷老醜。

　　涕淚受拾遺，流離主恩厚，柴門雖得去，未忍即開口。

　　　　仇注：《詩》流離之子。

　　　　末引申涵光曰：「有聲有淚，真三百篇嫡系。」

　　所謂「有聲有淚」，是因詩中傳達真實的思想情感，情真，景真，

20　仇注本，上冊，頁 324
21　仇注本，下冊，附錄，頁 1330。
22　仇注本，上冊，頁 307。

正如劉勰所言：「風雅之興，志思蓄憤。」[23]，根據現實生活所蓄發的「志思」，發爲吟詠，既有真切的感動，復有充實的內容，是現實主義創作的精髓。此外，卷六〈春宿左省〉：[24]

> 花隱掖垣暮，啾啾棲鳥過，星臨萬戶動，月傍九霄多。
>
> 不寢聽金鑰，因風想玉珂，明朝有封事，數問夜如何？
>
> 　仇注：《詩》夜如何其，夜未央。庭燎之光，君子至止。鸞聲
> 　鏘鏘。此詩下半截，全用其意。

以及卷二十〈又呈吳郎〉[25]：

> 堂前撲棗任西鄰，無食無兒一婦人。不爲困窮寧有此，
>
> 祇緣恐懼轉須親。即防遠客雖多事，便插疏籬卻任真。
>
> 已訴徵求貧到骨，鄭思戎馬淚盈巾。
>
> 　仇注：《詩》八月剝棗。
>
> 　《毛注》剝，擊也。

仇兆鰲注曰：「此詩，是直寫真情至性，唐人無此格調，然語淡而意厚，靄然仁者痌瘝一體之心，真得三百篇神理者。」

又引盧世㴶曰：「杜詩溫柔敦厚。其慈祥愷悌之衷，往往溢於言表，」

　「溫柔敦厚」本是《詩》旨最可貴之處，所以孔子讚譽《詩》曰：「溫柔敦厚，詩之教也。」杜甫一生感遇窮途，不遇於世，卻又堅持執著，透過平實單純的生活意象，忠實記錄生命的憂喜苦樂。在此詩中，借著一無依婦人，述亂離之世情，仁心宅厚，懷憂憤憤，真情至性真得三百篇之神理。田野老翁的樂天亦見於卷十一〈遭田父泥飲美嚴中丞〉[26]：

> 步屟隨春風，屯屯自花柳。田翁遏社日，邀我嘗春酒。

23　語見《文心雕龍、情采篇》
24　見仇兆鰲《杜少陵集詳註》卷六。頁347。北京圖書館出版社，1999年4月版。
25　仇注本下冊，頁1039。
26　仇注本上冊，頁581。

仇注：《詩》爲此春酒，以介眉壽。

末引郝敬仲輿曰：「此詩，情景意象，妙解入神…昔人稱其爲詩史。」

從「現實主義」的角度觀察杜甫詩歌的寫實精神，最能體悟國風「觀風俗，知得失」的詩學社會意義。除了上述所引詩例以外，最明顯的例子是卷六〈偪側行贈畢四曜〉詩。詩中有句：

街頭酒價常苦貴，方外酒徒稀醉眠。

速宜相就飲一斗，恰有三百青銅錢。

據仇本引趙次公曰：「真宗問近臣，唐酒價幾何？眾莫能對。丁謂奏曰：每斗三百文。帝問何以知之？丁引此詩以對。帝大喜曰：子美真可謂一代之史」[27]，朝廷問政援引杜詩以對，正可以說明杜詩對社會民生的關懷，如實紀錄社會的悲喜，不論詩中所引三百銅錢是否真爲時酒之價，至少詩中真切反映庶民生活之實相，對蒼民眾民的關懷，是繼三百篇以後，「興、觀、群、怨」的詩旨教化之揚善。

中國早期文學作品中，有關歷史詠頌的詩歌，在詩〈大雅〉中一系列的作品，從〈生民〉、〈公劉〉、〈綿〉、〈皇矣〉、〈大明〉、〈文王〉、等詩篇，宣揚頌讚后稷、周武王等人的王政，是一系列的詠史詩[28]，其他則多政治諷喻的作品，如〈大雅·瞻卬〉：「人有土田，女反有之。人有民人，女覆奪之。」尖銳深刻地指出當時社會的亂象。從記錄史實的觀點看來，杜甫的詩同樣具有美刺的社會功能，與三百篇同爲表

---

27 引文見仇注本，上冊，頁 364。

28 〈詩序〉：「生民，尊祖也。后稷生於姜嫄，文王之功起於后稷，故推以配天焉。」
「公劉，召康公戒成王也。成王將蒞政，戒以民事，美公劉之厚於民，而獻是詩也。」
「綿，文王之興，本太王也。」
「皇矣，美周也。天監代殷莫若周，周世世修德，莫若文王。」
「大明，文王有明德，故天復命武王也。」
以上諸詩均以祖先開國之艱辛作爲殷鑑之素題，敘述客觀的歷史事蹟，具有所謂自覺的歷史意識。

露社會大眾的心聲與共鳴，這種本於政教的情志，影射著社會環境治亂的影像，所謂「治世知音安以樂，亂世之音怨以怒」，面對社會的不安與變易，詩人以其敏銳的心靈，書寫對社會懷抱的理想，今人陳伯海論杜甫詩歌特別推崇杜甫一改唐前期詩歌言志抒懷而感事寫意之精神，他說：「盛唐以前的詩歌創作，畢竟以詩人自我情懷的抒述爲主，直陳時事的篇章不爲多見。正是杜甫在安史變亂期間所寫的那些編年史式的感諷時事之作，奠定了我國古代以時事入詩的『詩史』精神[29]」。

身逢亂世之際，杜甫沒有採取隱逸避世的冷漠，也沒有趨炎附世的炎涼，他以擁抱民生疾苦爲情志，透過文字血淚見證時代的悲歌，積極的入世情懷，救濟蒼生的熱情，表現強烈的諷諫精神，是繼三百篇之後文藝精神的再一次奔騰，面對是非黑白日漸混淆的亂世，杜甫還能以一腔忠貞與熱情去擁抱社會關懷生靈，「安得廣廈千萬間，大庇天下寒士盡歡顏」[30]，儒者憂天下的悲壯，充分體現對人間之愛與詩人的責任感。

二、興寄：賦比興傳統之創新

《詩》有六義，「賦、比、興」本指《詩》的體裁作法而言[31]，三百篇爲詩法之祖，後世雖有代新，但法不離宗，儘管杜甫去《詩經》時代已遠，但《詩經》「賦、比、興」手法的應用，卻融注巧會於杜甫詩歌創作之中。以下仍依仇注本，援例說明，以見杜甫詩中興寄之妙：

＊卷二〈曲江三章章五句〉：[32]

曲江蕭條秋氣高，菱荷枯折隨風濤。遊子空嗟垂二毛，
白石素沙亦相蕩。哀鴻獨叫求其曹。（其一）

---

29 《唐詩學引論》，東方出版中心，1988 年，頁 119。
30 杜甫〈茅屋爲秋風所破歌〉，仇注本，頁 551。
31 賦比興之名，首見於《周禮春官太師》：「教六詩，曰風，曰賦，曰比，曰興，曰雅，曰頌，稱爲「六詩」，毛公則稱爲「六義」。
32 仇注本，上冊，頁 191。

仇注:「首章自傷不遇,其情悲。在第三句點意,上二屬興,
下二屬比。」

*卷二〈同諸公登慈恩塔易〉:[33]

高標跨蒼穹,烈風無時休。自非壯士懷,登茲翻百憂。
方知象教力,足可追冥搜。仰穿龍蛇窟,始出枝撐幽。
七星在北戶,河漢聲西流。羲和鞭白日,少昊行清秋。
秦山忽破碎,涇渭不可求。俯視但一氣,焉能辯皇州。
回首叫虞舜,蒼梧雲正愁。惜哉瑤池飲,日晏崑崙丘。
黃鵠去不息,哀鳴何所投。君看隨陽雁,各有稻粱謀。

仇注:引三山老人胡氏曰:「賢人君子,多去朝廷,故以黃鵠
哀鳴比之。小人貪祿戀位,故以陽雁稻粱刺之。」

又引:錢謙益曰:「高標烈風,登茲百憂,岌岌乎有漂搖析崩
之懼,正起興也。」

*卷三〈病後過王倚飲贈歌〉:[34]

麟角鳳嘴世莫辯,煎膠續絃奇自見。
尚看王生抱此懷,在於甫也何由羨。
且過王生慰疇昔,素知賤子甘貧賤。
酷見凍餒不足恥,多病沈年苦無健。
王生怪我顏色惡,答云伏枕艱難遍。
瘧癘三秋孰可忍,寒熱百日相交戰。
頭白眼暗坐有胝,肉黃皮皺命如線。
惟生哀我未平復,為我力致美肴膳。
遣人向市賒香粳,喚婦出房親自饌。
長安冬葅酸且綠,金城土酥淨如練。

---

33 詩見仇注本,上冊,頁173。
34 詩見仇注本,上冊,頁224。

兼求畜豪且割鮮，密沽斗酒諧終宴。

故人情義晚誰似？今我手足輕欲旋。

老馬為駒信不虛，當時得意況深眷。

但使殘年飽喫飯，只願無事長相見。

　　仇注：「杜詩長篇起局或比或賦，多是攝起全篇。」

＊卷四〈奉同郭給事湯東靈湫作〉：[35]

東山氣濛鴻，宮殿居上頭。君來必十月，樹羽臨九州。

陰火煮玉泉，噴薄漲巖幽。有時浴赤日，光抱空中樓。

閶風入轍跡，廣原延冥搜。沸天萬乘動，觀水百丈秋。

幽靈斯可怪，王命官屬休。初聞龍用壯，擘石摧林丘。

中夜窟宅改，移因風雨秋。倒懸瑤池影，屈注滄江流。

味如甘露漿，揮弄滑且柔。翠旗澹偃蹇，雲車紛少留。

簫鼓蕩四溟，異香洊滿浮。鮫人獻微綃，曾祝沈豪牛。

百祥奔盛明，古先莫能儔。坡陀金蝦蟆，出見蓋有由。

至尊顧之笑，王母不遺收。復歸虛無底，化作長黃虯。

飄飄青瑣郎，文采珊瑚鉤。浩歌綠水曲，清絕聽者愁。

　　仇注：引王嗣奭曰：「祿山常如陰蟲伏處，今一旦憑藉寵靈，
　　窺竊神器，妄自意為天矯飛天之物，豈非蝦蟆而黃虯，上下
　　失位者乎。蓋始終以蝦蟆事為比也。」

＊卷六〈送賈閣老出汝州〉：[36]

西掖梧桐樹，空留一院陰。艱難歸故里，去住損春心。

宮殿青門隔，雲山紫邏深。人生五馬貴，莫受二毛侵。

　　仇注：引黃生曰：「起語醇深雅健，興體之妙。」

＊卷六〈題鄭縣亭子〉[37]

35　詩見仇注本，上冊，頁266。

36　詩見仇注本，上冊，頁350。

37　仇注本，上冊，頁372。

鄭縣亭子澗之濱，戶牖憑高發興新。雲斷岳蓮臨大路，

天晴宮柳暗長春。巢邊野雀群欺燕，花底山峰遠趁人。

更欲題詩滿青竹，晚來幽獨恐傷神。

　　仇注引黃生曰：「中四言景，先遠後近，先賦後比。」

　此詩是杜甫在乾元元年赴華州時所作，上半段登亭發興，以敘景
為主，下半段則自傷憂獨，感懷傷神，以雀欺蜂比喻眾謗交侵之孤立。
是先賦後比的寫作形式。

＊卷七〈無家別〉：[38]

寂寞天寶後，園廬但蒿藜。我里百餘家，世亂各東西。

存者無消息，死者為塵泥。賤子因陣敗，歸來尋舊蹊。

久行見空巷，日瘦氣慘悽。但對狐與狸，豎毛怒我啼。

四鄰何所有，一二老寡妻。宿鳥戀本枝，安辭且窮棲。

方春獨荷鋤，日暮還灌畦。縣吏知我至，召令習鼓鞞。

雖從本州役，內顧無所攜。近行止一身，遠去終轉迷。

家鄉既蕩盡，遠近理亦齊。永痛長病母，五年委溝谿。

生我不得力，終身兩酸嘶。人生無家別，何以為蒸藜。

　　仇注：引王嗣奭曰：「垂老無家，其苦自知而不能自達，一
　　一刻畫宛然，同工異曲，隨物賦形，真造化也。」

＊卷七〈夏夜歎〉：[39]

永日不可暮，炎蒸毒我腸。安得萬里風，飄颻吹我裳。

昊天出華月，茂林延疏光。仲夏苦夜短，開軒納微涼。

虛明見纖毫，羽蟲亦飛揚。物情無巨細，自適固其常。

念彼荷戈士，窮年守邊疆。何由一洗濯，執熱互相望。

竟夕擊刁斗，喧聲連萬方。青紫雖披體，不如早還鄉。

---

38 詩見仇注本，上冊，頁400。
39 詩見仇注本，上冊，頁403。

北城悲笳發，鸛鶴號且翔。況復煩促倦，激烈思時康。

仇注：引王嗣奭曰：「二歎俱以旱熱起興，而所以歎。」

＊卷七〈新婚別〉：[40]

兔絲附蓬麻，引蔓故不長。嫁女與征夫，不如棄路旁。

仇注：《詩》征夫遑止

又曰：杜臆，通篇作新人語，起用比意，逼真古樂府，是三百篇興體。

＊卷九〈堂成〉：[41]

背郭堂成蔭白茅，緣江路熟俯輕郊。

豈林礙日吟風葉，籠竹和煙滴露梢。

暫止飛鳥將數子，頻來語燕定新巢。

旁人錯比揚雄宅，懶惰無心作解嘲。

仇注：引羅大經曰「詩莫尚乎興，興者，因物感觸，言在於此而意在於彼，非若比賦之直言其事也。故興多兼比賦，比賦不兼興。古今皆然。……若感時花濺淚，恨別鳥驚心，則賦而非興矣。〈堂成〉云暫止飛鳥將數子，頻來語燕定新巢。蓋因鳥飛燕語，而喜己之攜雛卜居，其樂與之相似，此比也。亦興也。」

＊卷十七〈秋興〉八首其一：[42]

玉露凋傷楓樹林，巫山巫峽氣蕭森。

江間波浪兼天湧，塞上風雲接地陰。

叢菊兩開他日淚，孤舟一繫故園心。

寒衣處處催刀尺，白帝城高急暮砧。

仇注：引吳渭曰：「〈風〉、〈雅〉多起興，而楚騷多賦比。漢

---

40 詩見仇注本，上冊，頁397。
41 詩見仇注本，上冊，頁500。
42 詩見仇注本，下冊，頁889。

魏至唐，杰然如老杜〈秋興〉八首，深詣詩人義奧，興之入
律者宗焉」

〈秋興〉八首是杜甫流寓夔州時感念顛沛流離之苦所作，以第一
首起興，八首連貫，渾然一體，前四首表達自我的意象情懷，以「孤
舟一繫故園心」（其一）爲旨，寫戰亂漂泊之苦。後四首著重描述長安
懷舊，「回首可憐歌舞地，秦中自古帝王州」（其六），八首一氣呵成，
滿是京華之思，家國之痛，是興體之作。

*卷十七〈哭王彭州掄〉：[43]

執友驚淪沒，斯人已寂寥。新文生沈謝，異骨降松喬。
北部初高選，東床早見招。蛟龍纏倚劍，鸞鳳夾吹簫。
歷職漢廷久，終年胡馬騎。兵戈闇兩觀，寵辱自三朝。
蜀路江干窄，彭門地理遙。解龜生碧，驅狟ㄚ阻青霄。
頃壯戎麾出，叨陪幕府要。將軍臨氣候，猛士塞風飆。
井渫泉誰汲，烽疏火不燒。前籌自多暇，隱几接終朝。
翠石俄雙表，寒松竟後凋。贈詩焉敢墜，染翰欲無聊。
再哭經過罷，離魂去住銷。之官方玉折，寄葬與萍漂。
曠望渥洼道，霏微河漢橋。夫人先即世，令子各清標。

仇注：「公詩得三百篇遺意，賦中必兼興比。此章蛟龍鸞鳳，
是比。渥洼河漢，是興，於排律中見之，尤不易得。」

*卷十九〈見螢火〉：[44]

巫山秋夜螢火飛，疏簾巧入坐人衣。忽驚屋裡琴書冷，
復亂簷前星宿稀。卻遶井欄添箇箇，偶經花蕊弄輝輝。
滄江白髮愁看汝，來歲如今歸未歸。

仇注：「杜臆本意全在末二，借螢發端，正詩之興也……」

---

43 詩見仇注本，下冊，頁902。
44 詩見仇注本，下冊，頁995。

　　非熟讀仇注，不足以讀杜詩。杜甫作詩章法結構素來謹嚴，他深諳六義詩法，變化出新時有蟬蛻之妙，不論古體、近體，絕句、律詩，感憤時事，慷慨蘊藉，或興寄諷諭，或以議論為抒情，即使寫景，亦寄託深遠，深有寓意，其中師法《詩經》寫作手法自不待言。

　　不同於《詩經》的是，傳統詩論中所謂「賦、比、興」，乃是指詩歌寫作形式而言，但杜甫對於詩「興」卻另有深層體悟。〈三吏〉、〈三別〉寫於安史之亂後，杜甫自云：「曾為掾吏趨三輔，憶在潼關詩興多。[45]」莫礪鋒論杜詩，亦以為：「杜詩的題材豐富，內容廣闊，但詩人絕不是有見即書的，一部杜詩中絕少有為文造情的無病呻吟之作，其奧妙就在於他是有『興』才作詩，也即有了靈感才創作。[46]」「興」固然是指詩歌創作的藝術技巧，一如葉嘉瑩論「興」以為：「所謂興者，有感發興起之義，是因某一事物之觸發而引出所欲敘寫之事物的一種表達方法。[47]」，漢儒之後，傳統詩六義被賦予了政治倫常的內容與價值，從而使「興」在詩歌創作形式之外，更具有了道德寓意與寄託，唐代白居易提倡的「美刺比興」之論，便是強調詩歌的社會意義與現實精神，杜甫亦然。

　　杜甫目睹民間疾苦，這是他詩興之所由，所謂：「愁極本憑詩遣興，詩成吟詠轉淒涼」[48]、「詩盡人間興」之語[49]，是因目見所感才觸動大詩人心中的詩興，民間疾苦是他詩興的泉源，這也是杜甫詩作中非常重要的創作源頭。所以杜甫所謂「比、興」體制，換言之正是指「《詩

45　語見杜甫詩〈峽中覽物〉

46　引莫礪鋒《杜甫評傳》第五章「轉益多師的文學觀點與掣鯨碧海的審美理想」，南京大學出版社，1993 年 10 月，頁 337。

47　葉嘉瑩《嘉瑩談詩二集》「中國古典詩歌中形象與情意之關係例說：從形象與情意之關係看賦、比、興之說」，台北，東大圖書公司，1985 年 2 月，頁 119。

48　引杜甫〈至後〉詩

49　杜甫〈西閣〉二首之二。

經》所開創的美、刺規諷傳統。[50]」

三、《詩經》技巧之應用：

文學貴在創新，所謂「出新意於法度之中，寄妙理於豪放之外」，以舊題塑造新意象，不僅考驗作者的學識，更能表現作者的才情，杜甫情深於《詩經》，不但出新意於法度之外，遣詞用意更迭見機杼，既掙脫《詩》中四言體制發而爲五、七言之冠冕，其技巧運用之妙，更令人嘆爲觀止，舉凡疊字修辭、用詞化句、變化取意，皆深入而高明：

（一）《詩經》疊字的應用：

杜詩應用《詩經》疊字的情形頗盛，正如《黃常明詩話》所云：「杜詩多用經語，如車轔轔，馬蕭蕭，鱣發發，鹿呦呦，皆渾然嚴重，如入天陛赤墀。」以下列舉實際詩作，具體詮釋杜詩融會《詩經》疊字的作法：

＊卷一〈題張氏隱居二首〉：[51]

「春山無伴獨相求，伐木丁丁山更幽。」（其一）

　　仇注：《詩》伐木丁丁，鳥鳴嚶嚶，嚶其鳴矣，求其友聲。

　　【小序】伐木，燕朋友故舊也。

　　【注】丁丁，伐木聲。

「之子時相見，邀人晚興留。霽潭鱣發發，春草鹿呦呦。」（其二）

　　仇注：《詩》彼其之子。

　　《詩》鱣鮪發發。

　　【齊風碩人篇正義】以鱣爲江東黃魚，今案霽潭中恐無此大魚，毛傳作鯉爲是。發發，盛貌。

＊卷二〈兵車行〉：[52]

---

50 引莫礪鋒語，見《杜甫評傳》第五章「轉益多師的文學觀點與掣鯨碧海的審美理想」，南京大學出版社，1993 年 10 月，頁 312。

51 詩見仇兆鰲《杜少陵集詳註》卷一，北京圖書館出版社，上冊，頁 119，

「車轔轔，馬蕭蕭，行人弓箭各在腰。」

　　　仇注：《詩經》有車轔轔。又：馬鳴蕭蕭。

＊卷二〈前出塞九首〉：[53]

「悠悠赴交河」

　　　仇注：《詩經》悠悠南行。

＊卷二〈送高三十五書記十五韻〉：[54]

「慘慘中腸悲」

　　　仇注：《詩經》或慘慘畏咎。

＊卷三〈苦雨奉寄隴西公兼呈王徵士〉：[55]

「悄悄素滻路」

　　　仇注：《詩經》憂心悄悄。

＊卷十五〈牽牛織女〉：[56]

「秉心鬱忡忡」

　　　仇注：《詩經》憂心忡忡。

＊卷十六〈贈司空王公思禮〉：[57]

「肅肅自有適」

　　　仇注：《詩經》肅肅在廟。

＊卷十六〈贈太子太師汝陽郡王璡〉：[58]

「萬馬肅駪駪」

　　　仇注：《詩經》駪駪征夫。

＊卷十七〈秋興八首〉：[59]

52 見仇注本，上冊，卷二，頁178。
53 見仇注本，上冊，卷二，頁181。
54 見仇注本，上冊，卷二，頁185。
55 見仇注本，上冊，卷三，頁232。
56 見仇注本，下冊，卷十五，頁805。
57 見仇注本，下冊，卷十六，頁832。
58 見仇注本，下冊，卷十六，頁841。

「信宿漁人還汎汎」

　　仇注：《詩經》汎汎揚舟。

＊卷十九〈園人送瓜〉：[60]

「種此何草草」

　　仇注：《詩經》勞人草草。

＊卷十九〈課伐木〉：[61]

「尚聞丁丁聲」

　　仇注：《詩經》伐木丁丁。

　　疊字修辭普遍應用於《詩經》作品之中，爾後漢樂府民歌與古詩十九首迭見不窮，如十九首之「青青河畔草，鬱鬱園中柳」之屬，疊字修辭成爲詩歌創作的技巧手法，杜甫詩中襲用《詩經》疊字之例不勝枚舉，可貴的是，杜甫在用字之餘，能自出新意，如「信宿漁人還汎汎，清秋燕子故飛飛」（卷十七〈秋興八首〉），其中舟泛、燕飛，本人情物性之常，但詩用疊字之後，則倍增清秋漂泊之感，《詩經》有：「汎汎揚舟」句，杜甫於此應用《詩經》既成的疊字，轉而爲千態萬狀的詩境，爲後世詩學開啓無限法門與學習步徑。

（二）取鎔《詩》意，自鑄偉詞：

　　杜甫「讀書破萬卷[62]」，所以能左右逢源，積學多才，所以能涵容古今，創作應用揮灑自如，他的詩句往往是經過反復錘鍊，深積力學而成，黃庭堅云：「非廣之以《國風》、《雅》、《頌》，深之以《離騷》、《九歌》，安能咀嚼其意味，闖然入其門耶？[63]」，最是深闇杜詩與《詩經》的淵源。

---

59 見仇注本，下冊，卷十七，頁 891。
60 見仇注本，下冊，卷十九，頁 976。
61 見仇注本，下冊，卷十九，頁 977。
62 杜甫〈奉贈韋左丞丈二十二韻〉回憶自己赴長安之初：「讀書破萬卷，下筆如有神。賦料揚雄敵。詩看子建親。」
63 見《大雅堂記》，〈豫章黃先生文集〉卷十七。

　　杜甫對於《詩》句的運用已達鬼斧神工之妙，除了疊字的襲用外，更進一步取鎔詩意，有化石點金之趣，尤其甚者，大詩人進一步以詩中成句點染意境，有意識地造成一種別於《詩經》意象的藝術感染力，一篇之中不再用三百篇迴環反復的疊唱形式，而是通過刻意的形容再經鎔鍊，以律、絕形式展現其文字藝術的創造力，援引詩例不但借鑒《詩經》的詞句，而且加以轉化，表現他以才學爲詩的一面，進而變化《詩經》四言之體式，成爲五言或七言的近體形式。這種融裁《詩經》古詩的形式，轉化爲近體格律的創作，變化應用技巧如下：

　　1、引《詩》四言成句化爲五言句：

　　＊卷一〈夜宴左氏莊〉：[64]

　　　「林風纖月落，衣露靜琴張。」

　　　　　仇注：《詩經》琴瑟在御，莫不靜好。

　　＊卷一〈與李十二白同尋范十隱居〉：[65]

　　　「攜手日同行」

　　　　　仇注：《詩經》攜手同行。

　　＊卷一〈贈比部蕭郎中十兄〉：[66]

　　　「有美生人傑」

　　　　　仇注：《詩經》有美一人。

　　＊卷二〈麗人行〉：[67]

　　　「鸞刀縷切空」

　　　　　仇注：《詩經》執其鸞刀。

　　＊卷三〈雨〉：[68]

64　見仇注本，上冊，卷一，頁127。
65　見仇注本，上冊，卷一，頁140。
66　見仇注本，上冊，卷一，頁152。
67　見仇注本，上冊，卷二，頁202。
68　見仇注本，下冊，卷十五，頁808。

「清霜九月天，髣髴見滯穗」

仇注：《詩經》彼有遺秉，此有滯穗。

＊卷四〈九日楊奉先會白水崔明府〉：[69]

「鳧鳥共羞池」

仇注：《詩經》燕燕于飛，差池于野。

＊卷五〈送從弟亞赴河西判官〉：[70]

「青海天軒輊」

仇注：《詩經》如輊如軒。

＊卷十一〈觀薛稷少保書畫壁〉：[71]

「不崩亦不騫」

仇注：《詩經》不騫不崩。

＊卷十四〈別唐十五誡因寄禮部賈侍郎〉：[72]

「病肺臥江沱。」

仇注：《詩經》江有沱。

＊卷十五〈雨〉：[73]

「樵舟豈伐枚」

仇注：《詩經》伐其條枚。

＊卷十六〈往在〉：[74]

「祠官樹椅桐」

仇注：《詩經》樹枝榛栗，椅桐梓漆。

＊卷十六〈故秘書少監武功蘇公源明〉：[75]

---

69 見仇注本，上冊，卷三，頁 258。
70 見仇注本，上冊，卷五，頁 310。
71 見仇注本，上冊，卷十一，頁 618。
72 見仇注本，下冊，卷十四，頁 741。
73 見仇注本，下冊，卷十五，頁 812。
74 見仇注本，下冊，卷十六，頁 862。
75 見仇注本，下冊，卷十六，頁 850。

「吾與誰游衍」

仇注:《詩經》及爾游衍。

＊卷十六〈贈左僕射鄭國公嚴公武〉:[76]

「小心事友生」

仇注:《詩經》矧伊人兮,不求友生。

＊卷十六〈夔府書懷四十韻〉:[77]

「凡百慎交綏」

仇注:《詩經》凡百君子。

＊卷二十一〈和江陵宋大少府暮春雨後同諸公及舍弟宴書齋〉:[78]

「朋酒日歡宴」

仇注:《詩經》朋酒宴饗。

＊卷二十二〈宿鑿石浦〉:[79]

「日沒眾星嘒」

仇注:《詩經》嘒彼小星。

＊卷二十三〈題衡山縣文宣王廟新學堂呈陸宰〉:[80]

「征夫不遑息」

仇注:《詩經》征夫遑止。

＊卷二十三〈迴棹〉:[81]

「瓶罍易滿船」

仇注:《詩經》瓶之罄矣,維罍之恥。

＊卷二十三〈題衡山縣文宣王廟新學堂呈陸宰〉:[82]

---

76 見仇注本,下冊,卷十六,頁 838。
77 見仇注本,下冊,卷十六,頁 860。
78 見仇注本,下冊,卷二十一,頁 1103。
79 見仇注本,下冊,卷二十二,頁 1147。
80 見仇注本,下冊,卷二十三,頁 1208。
81 見仇注本,下冊,卷二十三,頁 1212。
82 見仇注本,下冊,卷二十三,頁 1210。

「凡百慎失墜」

　　　仇注：《詩經》凡百君子，敬而聽之。

＊卷二十三〈幽人〉：[83]

「棄我忽若遺」

　　　仇注：《詩經》將安將樂，棄予如遺。

2、引《詩》四言成句轉爲七言詩句：

＊卷一〈今夕行〉：[84]

「今夕何夕歲云徂」

　　　仇注：《詩經》今夕何夕。

＊卷三〈沙苑行〉：[85]

「苑中騋牝三千匹」

　　　仇注：《詩經》騋牝三千。

＊卷三〈哀王孫〉：[86]

「骨肉不得同馳驅」

　　　仇注：《詩經》載馳載驅。

＊卷三〈沙苑行〉：[87]

「王有虎臣司苑門。」

　　　仇注：《詩經》矯矯虎臣。

＊卷三〈病後過〉：[88]

「在於甫也何由羨」

　　　仇注：《詩經》無然歆羨。

＊卷四〈蘇端薛復筵簡薛華醉歌〉：[89]

---

83 見仇注本，下冊，卷二十三，頁1181。
84 見仇注本，上冊，卷一，頁148。
85 見仇注本，上冊，卷三，頁239。
86 見仇注本，上冊，卷四，頁282。
87 見仇注本，上冊，卷一，頁239。
88 見仇注本，上冊，卷三，頁222。

「急觴為緩憂心擣」

仇注：《詩經》我心憂傷，焉如擣。。

*卷二十三〈人日寄杜二拾遺〉：[90]

「心懷百憂復千慮」

仇注：《詩經》逢此百憂。

陸時雍在《詩鏡總論》中說：「少陵七言律，蘊藉最深。有餘地，有餘情。情中有景，景外含情。一詠三諷，味之不盡。」證之杜詩，諸詩中放縱收放之筆，開闔奔馳，凌空飛舞，有若筆走龍蛇，造字練句精鍊雄深，傳神妙極。援引《詩》句而成七言佳句，句入化境，爐火純青，絲毫不見文字雕琢之功。

取融詩意的化句工力，來自於作者的才學與氣魄，看似輕描淡寫之間，風淡雲清卻變化萬千，從詩中，我們看到杜甫在創作上的執著與新變，前人謂「杜詩無一字無來歷」，是很高的才情才能從《詩》中入，自《詩》中出，杜甫詩中的意喻已明顯迥異於《詩》中意象，所謂以才學為詩，不僅顯示作者的學識積力深厚，更表現作者的詩歌理趣，方回在《瀛奎律髓》稱「老杜為唐詩之冠」，是因杜甫以才學為詩，雖取自《詩》句，但詩歌結構形式，詩律的精妙，曲折跌宕則更出於《詩》之外。

（三）變化取意：

所謂「變化取意」是指善用三百篇成句以託喻，杜甫以縱橫才氣，出入古詩之中，轉換騰挪變化，往來自如，無不佳妙，「棣萼一別永相望」是何等淒切之語，細細讀來頗有《詩經》：「瞻望弗及，佇立以泣」〈擊鼓〉之悲歌顧嘆；再回顧《詩》：「棠棣之華，萼不韡韡」語，更有似曾相識燕歸來的熟稔。這些詩語經杜甫信手捻來，毫無斧鑿痕跡，

---

89 見仇注本，上冊，卷四，頁273。
90 見仇注本，下冊，卷二十三，頁1189。

詩筆佳成之妙，不愧是千古詩聖。

　　劉中和《杜詩研究》論杜甫的成就，以爲：「綜合前人之所長，發而成爲千態萬狀，開後世無數法門[91]」，建安曹氏父子的詩作固然得力於《詩經》成語，但三曹詩文多直接擷用，以曹操〈短歌行〉爲例[92]：「呦呦鹿鳴，食野之苹。我有嘉賓，鼓瑟吹笙。…」句，即直接援引自《詩·小雅·鹿鳴》：「呦呦鹿鳴，食野之苹。我有嘉賓，鼓瑟吹笙。吹笙鼓簧，承筐是將…[93]」，杜甫則不然，杜詩用《詩經》之語，卻能化詞取意，不著堆疊之跡，句句匠心獨運自然成詩，隨手拈來，斐然成章。例如：

＊卷一〈同李太守登歷下古城員外新亭〉：[94]

　　「筵秩宴北林」

　　　　仇注：《詩經》賓之初筵，左右秩秩。

＊卷一〈送孔巢父謝病歸遊江東兼呈李白〉：[95]

　　「自是君身有仙骨，世人哪得知其故」。

　　　　仇注：《詩經》僭不知其故。

＊卷一〈前出塞九首〉：[96]

　　「驅馬天雨雪，軍行入高山」

　　　　仇注：《詩經》驅馬悠悠。【又】雨雪霏霏。【又】高山仰止。

＊卷三〈城西陂泛舟〉：[97]

　　「春風自信牙檣動，遲日徐看錦纜牽。」

　　　　仇注：《詩經》春日遲遲。

91　劉中和《杜詩研究》，台北，益智書局，1985。頁 7。
92　《樂府詩集》第三十卷相和歌辭五，里仁書局，1984 年 9 月版。頁 447。
93　朱熹《詩集傳》卷九〈小雅·鹿鳴〉，台灣中華書局印行 1982 年。頁 99。
94　見仇注本，上冊，卷一，頁 136。
95　見仇注本，上冊，卷一，頁 146。
96　見仇注本，上冊，卷二，頁 183。
97　見仇注本，上冊，卷三，頁 212。

＊卷四〈白水崔紹甫十九翁高齋三十韻〉：[98]

　「何得空裡雷，殷殷尋地脈」

　　　仇注：《詩經》殷其雷。

＊卷十四〈長江二首〉：[99]

　「眾水會萬培，瞿塘爭一門。朝宗人共挹」

　　　仇注：《詩經》沔彼流水，朝宗於海。

＊卷十四〈至後〉：[100]

「棣萼一別永相望」

　　　仇注：《詩經》棠棣之華，萼不韡韡。

＊卷十五〈八陣圖〉：[101]

　「江流石不轉」

　　　仇注：《詩經》我心匪石，不可轉也。

＊卷十六〈故秘書少監武功蘇公源明〉：[102]

　「有恨石可轉」

　　　仇注：《詩經》我心匪石，不可轉也。

＊卷二十四〈朝享太廟賦〉：[103]

　「福穰穰於絳闕」

　　　仇注：《詩經》絳福穰穰。

＊卷二十四〈有事於南郊賦〉：[104]

　「豈上帝之降鑒及茲」

　　　仇注：《詩經》天命降鑒。

98　見仇注本，上冊，卷四，頁277。
99　見仇注本，下冊，卷十四，頁761。
100　見仇注本，下冊，卷十四，頁744。
101　見仇注本，下冊，卷十五，頁785。
102　見仇注本，下冊，卷十六，頁849。
103　見仇注本，下冊，卷二十四，頁1233。
104　見仇注本，下冊，卷二十四，頁1244。

　　北宋詩人黃庭堅在詩歌創作的思想和方法上提出「點鐵成金」、「奪胎換骨」論[105]，強調詩文創作重來處，更重化陳爲新，所謂「不易其意而造其語」、「窺入其意而形容之」，詩歌具有推陳出新的意境，這是杜甫之所以爲杜甫之所在，呂本中稱此爲作詩「活法」[106]，其後江西詩派有「一祖三宗」說，以杜甫爲一祖，即是肯定杜甫的詩歌創作精神。易言之。杜甫的偉大，不僅僅在詩境的寫實教化精神，更在詩法的超越規則之外，透過仇注詳謹的引《詩》考證和分析，更能瞭解杜甫詩歌創作的審美取向。

參、結語：情深於詩騷

　　杜甫一生遭逢亂世，顛沛流離，無處訴說之苦楚，詩歌於是成爲他直抒性情的本真，而三百篇自來給予歷代詩人許多創作的靈感，是孕育詩人佳句的溫床。仇兆鰲具體徵引《詩經》以注杜詩，使我們對杜詩與《詩經》的淵源脈絡有更深一層清楚的認識。

　　詩、騷本爲文學傳統揭示了不同的創作典範與藝術形式，爲「中國抒情傳統的兩個精神上的原型[107]」，杜甫自云：「別裁僞體親風雅，轉益多師是汝師。」〈戲爲六絕句〉即自以「風」、「雅」爲宗旨，繼承《詩經》的現實主義傳統，以敘事書寫時代映象，藉抒情寫景刻畫亂離世情，特別和現實生活內容結合，體現了作品的真實性，更延貫《詩

105　一說見於《答洪駒父書》：老杜作詩，退之作文，無一字無來處；蓋後人讀書少，故謂韓杜自作此語耳。古之能爲文章者，真能陶冶萬物，雖取古人之陳言入於翰墨，如靈丹一粒，點鐵成金也。」
　　一說見於惠洪《冷齋夜話》：「詩意無窮而人之才有限，以有限之才，追無窮之意，雖淵明、少陵不得工也。然不易其意而造其語，謂之換骨法；窺入其意而形容之，謂之奪胎法。」
106　呂本中《夏均父集序》云：「所謂活法者，規矩備具，而能出於規矩之外；變化不測，而亦不背於規矩也。」
107　蔡英俊《比興物色與情景交融》，第一章「情景交融理論探源」，台北，大安出版社，19856 年 5 月初版，頁 32。

經》從來所著重的寫實風格。

　　在現實主義精神的啓導下，杜甫深深體恤庶民疾苦，寫天寶亂離，深刻反映生靈悲苦，所以意象特別深廣；寫戰後亂世，著力於客觀生活感受，扑棄的悲痛，一方面很悲，另一方面卻使人感受到一股真切的現世真情與生活熱度，深刻的生活體驗和高超的藝術創作能力結合，使杜詩歸真於溫柔敦厚，有別於刻意賣弄文字的矯情，杜甫以平淡深遠的筆力，紀錄時代的真實。

　　至於興寄之思，一如惠周惕《詩說》所云：「人之心思，必觸於物而後興，即所興以爲比而賦之。」在寫作技巧上，杜甫兼融賦比興的創作手法，以諷諫比喻寄託興寄，並進一步在詩歌內容上豐富並深化了「賦詩言志」的比、興藝術，蒼莽之氣終不可掩。

　　在寫作手法上，杜甫借重於《詩經》的地方，全在氣韻，或借詞，或取意，或變化句型，或以疊字形容，或取意託興，或陳古諷今，在造句遣詞的運用上多樣而豐富，自鑄偉詞，筆力萬鈞，既豐富了有唐一代輝煌的詩界，也啓迪宋代江西詩派作詩的法則。杜甫以自己卓越的創作實踐，塑造十分豐富的詩歌風格，詩歌史上深刻影響了唐宋以來，如韓愈、元稹、白居易、蘇軾、黃庭堅及江西詩派[108]等詩家，其成就至今無人能超越。印證杜甫詩作，正如章學誠《文史通義》所云：「遇有深沈，時有得失；畸才彙於末世，利祿萃其性靈，廊廟山林，江湖魏闕，曠世而相感，不知悲喜之何從。文人情深於詩騷，古今一也。[109]」文人情深於詩騷，正是老杜的胸中丘壑。

108　阮忠《唐宋詩風流別史》第五章〈杜甫詩風〉云：「韓愈得其奇，元白得其俗，蘇、黃得其以才學爲詩。」語見頁 223。湖北，武漢出版社，1997 年 12 月 1 版。

109　章學誠《文史通義》內編〈詩教〉上，台北，鼎文書局，1973 年 11 月，頁 18。

參考資料

【專書】

仇兆鰲，《杜少陵集詳註》（上下冊），北京圖書館出版社，1999 年 4
　　月初版。

浦起龍，《讀杜心解》（上下冊，）北京，中華書局，1961 年 10 月 1
　　版。

莫礪峰，《杜甫評傳》（中國思想家評傳叢書），南京大學出版社，1993
　　年 10 月。

馮至，《杜甫傳》，百花文藝出版社，1999 年 1 月版。

劉中和，《杜詩研究》，益智書局印行，1985 年 10 月 4 版。

王力，《漢語詩律學》，中華書局 ，1999 年 5 月再版。

黃國彬，《中國三大詩人新論》 ，明倫出版社。

傅庚生，《杜詩析疑》，西安，陝西人民出版社，1978。

葛曉音，《詩國高潮與盛唐文化》，北京，北京大學出版社，1998。

華文軒，《杜甫卷》，古典文學研究資料彙編，中華書局，1965 年。

蔣寅，《大歷詩風》，上海，上海古籍出版社，1992 年。

蔣寅，《大歷詩人研究》，北京，中華書局，1995 年。

蕭滌非，《杜甫研究》，濟南，山東人民出版社，1957 年。

許總，《唐詩史》，南京，江蘇教育出版社，1994 年。

阮忠，《唐宋詩風流別史》，湖北，武漢出版社，1997 年 12 月 1 版。

陳文忠《中國古典詩歌接受史研究》，合肥，安徽大學出版社，1998
　　年 8 月 1 版。

袁行霈《中國詩歌藝術研究》，北京大學出版社，1996 年 6 月 1 版。

【期刊論文】

曾亞蘭、趙季，〈說仇兆鰲以詩經注杜詩〉《杜甫研究學刊》，1999 年
　　第 4 期，總第 62 期。頁 22 至 32。

曾亞蘭、趙季,〈說仇兆鰲以詩經注杜詩〉《杜甫研究學刊》,1999 年第 4 期,總第 60 期。頁 33 至 38。

胡明華,〈論杜甫的民胞物與情懷〉,《文學遺產》,1994 年 5 期,頁 50-60。

胡小石,〈杜甫北征小箋〉,《胡小石論文集》,上海,上海古籍出版社,1982 年,頁 115-129。

謝思煒,〈杜甫敘事藝術探微〉,《文學遺產》,1994 年 3 期,1994 年 6 期,頁 44-133。

許東海,〈杜甫鳥獸賦之特色及其風格異同〉,《中正大學中文學報年刊》三期,2000 年 9 月,頁 83-114。

余恕誠,〈杜甫在肅代之際的政治心理變化〉,《文學遺產》,1992 年 4 期,1992 年 8 月,頁 40-50。

張惠仁,〈談談杜甫戲為六絕句〉,《文學遺產》,1 期,1979 年 6 月,頁 40-46。

蔡英俊,〈論杜甫「戲為六絕句」在中國文學批評史上的理論意義〉,古典文學,第六集,頁 179-211。

論孟郊爲詩有理致
——以文學風格為闡析角度

中興大學中國文學系副教授
李 建 崑

提 要

　　孟郊以五言古詩知名於世，在中唐時期，頗負時譽。後世對孟詩之評價，有褒有貶。其中有謂「孟郊為詩有理致」，頗堪關注。孟郊在語言運用上有何特殊？孟詩的語義有何內涵？如何理解「孟郊為詩有理致」？筆者擬就個人粗淺的了解，對此加以考察。

　　孟郊一生沈淪下僚，仕途蹭蹬；晚年喪子，悼獨愁慘；又性格矯激，不諧世俗；凡此，都足以決定孟郊詩歌創作題材與面向。孟郊身懷物質與精神之雙重壓力，從事詩歌寫作，雖缺乏李杜「海涵地負」之才情與心量，卻篤好古道，堅持使用五言為主要創作工具，使其詩作，別具古澹、簡淨之風。而處身在「元和尚怪」之時代風會，不免有「奇澀變怪」之作。

　　就本文的考察，孟郊為詩，雖多哀情苦語，然因深入觀察人情世態；親歷藩鎮變亂，憂患時事；又於佛道教義，深刻體悟；以苦吟態度，精心結撰，寄託幽微。用字約潔、筆法繁複，篇體簡短，的確思致深刻，不乏情理意味。

關鍵詞：孟郊、理致、語言風格

壹、前　言

　　孟郊以五言古詩知名於世，在中唐時期，頗負時譽。唐・李觀在〈與梁肅補闕書〉[1]、李翱在〈薦所知於徐州張僕射書〉中舉薦孟郊，均讚揚孟郊五言詩創作成就。元和二、三年間孟郊喪子，作〈杏殤九首〉，竟造成洛陽城裏「家傳一本〈杏殤〉詩」（王建〈哭孟東野〉）。唐・趙璘《因話錄》提及：「韓公文至高，孟長於五言，時號『孟詩韓筆』。」唐・李肇《國史補》卷上也將孟郊列入「元和體」。

　　其後，孟郊以「清奇辟苦」之格，被張爲列入「清奇辟苦主」（參《詩人主客圖》）

　　賈島〈弔孟協律〉謂孟郊：「詩集應萬首，物象徧曾題。」則孟郊在世作品數量應該不少；論其詩歌內容，似乎不僅「矯激」之作，應有相當程度的多樣性，只是不幸多數詩篇都已亡佚。

　　宋朝以後，對孟詩之評價，有褒有貶，持負面評價者卻相對居多。論者起先注意到孟郊詩思「寒苦」。歐陽修《六一詩話》曾舉〈移居詩〉、〈謝人惠炭〉爲例，說明：「孟郊賈島皆以詩窮至死，而平生尤喜自爲窮苦之句。」蘇軾在〈祭柳子玉文〉譏諷：「郊寒島瘦，元輕白俗」，又在〈讀孟郊詩〉說：「何苦將兩耳，聽此寒蟲號？不如且置之，飲我玉色醪。」自此，孟郊被視爲「草間吟蟲」。蘇轍在〈詩病五事〉中，嘲笑孟郊「陋於聞道」。宋・張耒《張右史文集》卷四十六甚至連孟郊的諡號都要譏諷一番。金元好問〈放言〉、〈論詩三十首〉十八都稱孟

1　以下所徵引孟郊之詩例及評論資料，可參邱燮友、李建崑校注《孟郊詩集校注》
　　（國立編譯館主編，台北：新文豐出版公司，1997 年出版）或華忱之、喻學才校
　　注《孟郊詩集校注》（北京：人民文學出版社，1995 年出版）兩書之正文及附錄。
　　本文所引詩例，皆僅附篇名或卷數，不再加注頁碼。

郊為「詩囚」，如此評論，已將孟郊詩的價值，極度貶抑。

展讀宋朝以來評孟資料，可以發現前賢並未全然否定孟郊。在這些資料中，有屬於資料考證者、有摘句評賞者、有呼應前賢評論者；或給予孟郊相當程度肯定，或僅就特定詩作給予認同；如謂「孟郊為詩有理致」，即為一例。

詩人感於事而動於情，動於情而後形於詩。孟郊在語言運用上有何特殊？孟詩的語義有什麼內涵？如何理解「孟郊為詩有理致」？都屬於極有意義的論題。筆者擬就個人對孟郊語言運用的粗淺了解，運用語言風格及文藝美學的方法深入考察，或能對此作出比較具有學理意義的說明。

貳、決定孟詩語言風格之因素

近代語言學者在論及語言風格時，強調語言與文藝互參，認為「風格是常規之變異」[2]。任何時代之作家，無一不在共同的語言運用慣例上，尋求變異；並將此視為創新的辦法。所謂「文風」、「詩風」，究其實質，不過是作者世界觀與思想作風在詩文運用中的反映；或者說，是思想內容和語言形式特點的綜合反映。作家為適應題旨情境，增強表達效果，必然使用一切語言手段或修辭方法；因此，語言風格也是修辭效果的集中表現[3]。

風格不僅是語言單位的局部表現，更是語音、詞彙、語法、修辭等風格手段和其他非語言風格手段交錯融合之結果。語言風格研究，強調完整、綜合、統一。各種風格要素若切斷聯繫，必無法連成有機組合，展現整體風格特色。

---

2 參見劉玉麟《風格是常規的變異》，《外國語》1983 年第 3 期。
3 參見張德明《語言風格學》第八章「語言風格和語言修辭」，（高雄：麗文文化公司，1995 年 10 月）頁 119。

　　據宮廷璋《修辭學舉例》(風格篇)引威克列格爾(即威克納格)的話說:「所謂風格乃以語言文字陳述之方式,半由陳述者特異心性決定,半由陳述之物質與目的決定,易言之,及風格有主客觀兩面。」[4] 因此,作者的心性、獨特的思想、陳述的方式;以及表現的工具、呈顯的內容、創作的意圖,都足以決定作家整體的風格特徵。以下擬先說明影響孟郊語言風格之主客觀因素。

　　孟郊早年隱居嵩山,讀書於洛中。貞元七年,孟郊四十一歲,到本籍地湖州取鄉貢進士,然後前往長安赴進士試。中年求官,已經太晚;不幸事與願違,名落孫山。貞元九年,應進士試,再度落第;貞元十二年,三度應舉,始得及第,已是四十六歲的中年人。而孟郊進士及第,卻未能如願授官,在這數年之間,遊食各地,居無定所,生活十分貧困。

　　隨後孟郊往來於長安、和州、汴州,陸長源曾經給與生活照顧。貞元十五年汴州發生兵變,陸長源被叛軍殺害,使孟郊頓失依託,於是離汴州前往吳、越各地遊歷。其身世之感,一一發諸詩詠。貞元十六年,孟郊在洛陽應朝廷之銓選,終於獲選為溧陽尉。初入官場,行年已五十歲高齡。可是孟郊在溧陽的政績不佳,據《新唐書》本傳載:孟郊常在投金瀨平陵城「徘徊賦詩,曹務多廢,令白府以假尉代之,分其半俸。」貞元二十年,孟郊不得不辭去官職,奉母歸返湖州故鄉。

　　直到元和元年,孟郊再度客居長安,河南尹鄭餘慶辟為水陸轉運從事,試協律郎。孟郊復入仕途,已經五十六歲。自此卜居洛陽立德坊。元和九年,鄭餘慶出任山南西道節度觀察使,辟孟郊為節度參謀試大理評事,孟郊自洛陽赴任,暴卒於河南閿鄉,享年六十四歲。由以上的簡述,可見孟郊一生沉淪下僚,仕途蹭蹬,其貧病潦倒的生活,

---

4 原文見宮廷璋《修辭學舉例》甲篇(風格篇),北平中國學院,1933 年版。此轉引自見張德明《語言風格學》第十一章,頁 157。

自然成爲吟詠題材。

　　此外，晚年喪子對孟郊的重大打擊，也是使孟郊自鳴寒苦的原因。憲宗元和三年，正當孟郊生活逐漸步入安定之際，幼子不幸夭折，從此造成老而無後的遺憾。

　　據韓愈〈孟東野失子〉詩序說：「東野連產三子，不數日輒失之。」[5]可知孟郊先後三子，皆幼年夭折。由其〈悼幼子〉：「負我十年恩，欠爾千行淚。」〈老恨〉：「無子抄文字，老吟多飄零。有時吐向床，枕席不解聽。」〈濟源寒食〉：「風巢嫋嫋春鵁鵁，無子老人仰面嗟。」等詩句來看，孟郊心境十分慘黯。然而，不幸的事總是接踵而來，元和四年，又丁母憂。到元和五年時，六十歲的孟郊，已成爲「哀哀孤老人，戚戚無子家」。惸獨愁慘，自然盡入詩詠。

　　除了仕途的坎坷、無後的悲哀，不諧世俗的性格，更添世路之崎嶇，使孟郊難免遭受挫折。韓愈在〈孟生詩〉中形容他：「古貌又古心」，游於公卿之門，不改傲骨，應對多有參差。張籍在〈贈別孟郊〉中說他「立身如禮經」，可見他是一位鏗鏗自守的人。孟郊在〈勸善吟〉中自述：「顧余昧時調，居止多疏慵。見書眼始開，聞樂耳不聽。視聽互相隔，一身且莫同。天疾難自醫，詩癖將何攻？」（本集卷二）證諸孟郊在時務上的枘鑿不通，溧陽尉任內的不治吏事，益知《舊唐書》本傳所稱：「性孤僻寡合」絕非虛言。孟郊將現實生活中種種抑塞偃蹇、嫌隙玷缺，直率抒寫，肯定都是寒苦之音。

　　孟郊早年非無奮世之志，歷盡宦途的坎坷與現實生活的磨難，懷著一種精神的痛苦與沉重的壓力。詩歌創作不僅是自我實現的理想，也是自我舒解的憑藉。他說：「初識漆鬈髮，爭爲新文章。」（〈弔盧殷〉）又說：「君子業高文，懷報多正思。」（〈答友人〉）足見他年輕便對詩歌創作懷有極大抱負。然而，回顧前代詩人，他有感於曹植、劉楨這樣

5　見錢仲聯《韓昌黎詩繫年集釋》卷六（台北：學海出版社，1985年）頁675。

優秀的詩人，都不免早死，誰能自負年華，浪擲生命呢？他深深感受到：「詩人命屬花」，能不及時操觚，一騁長才嗎？另一方面，又深刻感到：「倚詩爲活計，從古多無肥。」(〈送淡公十二首〉)，「賢哲不苟合，出處亦待時。而我獨迷見，意求異士知。」(〈答姚怤見寄〉)，可知孟郊從事創作的心情是相當複雜的。

　　現實生活的窮窘，使得孟郊期待在文學世界中自由自在，驅遣文辭。孟郊〈送鄭夫子魴〉說：「天地入胸臆，吁嗟生風雷。文章得其微，物象由我裁。」正是這種理想。所謂「天地入胸臆，吁嗟生風雷」，不正是希冀以詩歌包攬天地間一切事物，吁嗟之間，如風雷之動人心目？所謂「文章得其微，物象由我裁」，不正是任心放意的驅遣物象、裁制自然嗎？而「苦吟」正是實現此一理想的創作態度與手段。後世甚至公推孟郊爲「苦吟詩人」的典型。

參、孟詩之情理內涵

　　「理」原是中國古代哲學範疇，蘊義繁多[6]。名理、物性、人情、道理皆在其中；所謂「理致」，南朝宋·劉義慶·《世說新語·文學》有言：「郭陳張甚盛，裴徐理前語，理致甚微，四坐咨嗟稱快。」[7]北齊·顏之推，《顏氏家訓·文章》也說：「文章當以理致爲心腎，氣調爲筋骨，事義爲皮膚，華麗爲冠冕。」[8]兩者所言之「理致」，大致指文人在作品中抒發感興、講述道理、發表議論，所呈現的「義理情致。」畢竟孟郊不是哲人，批覽《孟郊詩集》，不難發現孟郊詩中，常言人情事理，而較少名物哲理之意蘊。尤其是抒寫情理之作，句句警策，最

---

6 據唐君毅《中國哲學原論》，中國哲學史所謂「理」，主要有六義：一是文理之理，二是名理之理，三是空理之理，四是性裡之理，五是事理之理，六是物理之理。參考《中國哲學原論》第一章，(香港：人生出版社，1966年)頁4。

7 見余嘉錫《世說新語箋疏》文學第四，(台灣：華正書局，1989年)頁209。

8 轉引自郭紹虞《中國歷代文論選》上冊，(台灣：華正書局，1989年)頁314。

能引人入勝。而這些宛若格言的句子，卻都是飽經貧寒磨難、在不良的生活處境中寫成。以下分爲四項概述之：

一、人情世態之觀察

元‧辛文房《唐才子傳》說：「郊拙於生事，一貧徹骨，裘褐縣結，未嘗俛眉爲可憐之色。」（卷五）雖長期貧寒困頓，科場失意，卻有一身傲骨，對人情世態之觀察，極爲深刻。

孟郊在〈湘絃怨〉說：「昧者理芳草，蒿蘭同一鋤。狂飆怒秋林，曲直同一枯。」面對「蒿蘭同一鋤」之世態，的確使人憤慨，孟郊卻寧願以堅忍的態度去面對。他說：「我願分衆泉，清濁各異渠；我願分衆巢，梟鸞相遠居。」（本集卷一）則孟郊處世的態度如何，由此可見一斑。

在〈寓言〉一詩中，孟郊以反詰語氣說：「誰言碧山曲？不廢青松直！誰言濁水泥？不污明月色！我有松月心，俗騁風霜力！貞明既如此，摧折安可得？」（本集卷二）在此，他以青松爲喻，暗示環境的「屈曲」，並不能折服正直的人；又以濁水爲喻，暗示環境的污濁，同樣無法染污如月之心性；秉持這樣孤直、皎潔之心性，孟郊遂能坦率發抒對於世道的針砭：

> 涉江莫涉凌，得意須得朋。結交非賢良，誰免生愛憎？（本集卷二〈寒江吟〉）

> 君子芳桂性，春榮冬更繁。小人槿花心，朝在夕不存。（本集卷二〈審交〉）

> 古人形似獸，皆有大聖德。今人表似人，獸心安可測？（本集卷三〈擇友〉）

> 人心忌孤直，木性隨改易。既摧棲日輪，未展擎天力。（本集卷二〈衰松〉）

此外在〈傷時〉（本集卷二）一詩，對於人際關係之冷暖，有痛快淋漓之描述；在〈勸友〉（本集卷二）之中，對友道規箴，也深入肯綮；在〈求

友〉(本集卷三)之中，更以堅冰下的波瀾以及百鍊成金之比喻，告誡人們擇善而交。在〈古意贈梁肅補闕〉(本集卷六)更寄望梁肅在「金鉛同鑪」之際，能夠分辨精麤。凡此，皆有深刻之寄寓。

清·余成教《石園詩話》卷二曾提及孟郊：「誰言寸草心，報得三春暉。」、「世有百役身，官無一姓宅。」、「從來一智萌，能使眾利歸。」、「枯鱗易爲水，貧士易爲施。」爲「集中名言」[9]，由此亦可知孟郊人倫鑑識之精深。

二、親歷變亂之感喟

孟郊處身中唐，親歷藩鎮變亂，對於時局，曾有「天下無義劍，中原多瘡痍。」(〈亂離〉本集卷三) 之感慨。在〈殺氣不在邊〉一詩，記述藩鎮李希烈截斷淮、汴兩河，曾說：

> 道險不在山，平地有摧輈。河南又起兵，清濁俱鎖流。豈唯私客艱，擁滯官行舟…。(本集卷二)

僅此短短數語，即已能夠說明李希烈割據兩河，對社稷民生所造成之戕害。當藩鎮割據愈演愈烈，朝廷在兩河用兵時，孟郊自述：「朝思除國讎，暮思除國讎。計盡山河畫，意窮草木籌。」(〈百憂〉本集卷二) 其憂患社稷之心，可謂溢於言表。

處在這樣的時勢中，孟郊對於匡復之良將，社稷之能臣，甚至堅持理念之高人，都不吝給與頌揚。例如貞元初，荊南節度觀察使樊澤對叛亂之藩鎮展開掃蕩，獲得德宗之賞識，其後擔任襄州刺史，孟郊在〈獻漢南樊尚書〉中，如此頌揚樊澤：

> 天下昔崩亂，大君識賢臣。眾木盡搖落，始見竹色真。兵勢走山嶽，陽光潛埃塵。心開玄女符，面縛清波人。異俗既從化，澆風亦歸淳。自公理斯郡，寒谷皆變春。旗影卷赤電，劍鋒匣

---

9 轉引自邱燮友、李建崑校注《孟郊詩集校注》附錄（國立編譯館主編，台北：新文豐出版公司，1997 年出版）頁 619。

青鱗。如何嵩高氣，作鎮楚水濱。雲鏡忽開霽，孤光射無垠。

乃知尋常鑒，照影不照神。（本集卷六）

此詩起首四句，謂於崩亂之際，德宗識拔賢臣。草木變衰之時，方知竹色不凋。「兵勢」四句，寫涇原兵變，擁立朱泚爲帝，德宗蒙塵，出奔奉天事。此時樊澤猶如擁有玄女所授之兵符，一舉擒降李希烈部將張嘉瑜、杜文朝等。「異俗」四句，謂樊澤自貞元八年任襄州刺史以來，治郡有成。「旗影」、「劍蜂」二句，寫大賢用事，兵氣盡消，軍旗刀劍，皆可收藏。結尾四句，以太陽開霽、孤光無垠爲喻，頌揚樊澤如朗朗日照，遍及下土。

　　同樣在〈上河陽李大夫〉一詩中，孟郊也誠敬頌揚河陽節度使李元淳：

上將秉神略，至兵無猛威。三軍當嚴冬，一撫勝重衣。霜劍奪衆景，夜星失長輝。蒼鷹獨立時，惡鳥不敢飛。武牢鎖天關，河橋紐地機。大將奚以安，守此稱者稀。貧士少顏色，貴門多輕肥。試登山嶽高，方見草木微。山嶽恩既廣，草木心皆歸。（本集卷六）

詩中「上將」四句頌揚李元淳有神異之韜略，用兵雖勇，卻無猛威；嚴冬之時，恩撫兵士，如與重裘。「霜劍」四句，謂霜白劍芒，奪彼衆景，夜星亦去失光輝。又以蒼鷹獨立、惡鳥退避，借喻李元淳之威望懾人。虎牢關，自古爲天險，而李元淳得以鎮守，可謂適才適所。「貧士」六句，以歸附之意作結。細觀這些詩句，固然有干謁的動機，而其愛國的熱誠，卻也不容懷疑。

　　至於在〈大隱訪三首〉中，孟郊對於「以直隳職」的崔郾，給予如此的讚揚：

古人留清風，千載遙贈君。破松見貞心，裂竹看直文。殘月色不改，高賢德常新。…（本集卷六）

此以松幹破裂，可見貞固樹心；剖開竹管，能顯徑直紋理；雖爲殘月，

不改皎潔之光爲喻，稱頌崔郾之德行，日久常新。對於棄官守貧的章
仇良，孟郊說他：

> 揖君山嶽德，誰能齊嶽岑？東海精爲月，西岳氣凝金。進則萬
> 景畫，退則群物陰。…（本集卷六）

詩中以章仇良如山嶽之德，無人能齊。東海之精爲月，西嶽之氣如金。
章仇良如得進用，則其精光照耀萬景；如其退官，則群物爲之黯淡。
對於在職無事的趙儆，孟郊說他：

> 卑靜身後老，高動物先摧。方圓水任器，剛勁木成灰。大道母
> 群物，達人腹眾才。時吟堯舜篇，心向無爲開。彼隱山萬曲，
> 我隱酒一杯。公庭何所有，日日清風來。（本集卷六）

按「卑靜」四句，謂人之處事，宜卑而靜。蓋水性柔，木性剛。「大道」
四句，謂大道爲萬物之母，趙儆在記室任內，非以自任爲能，然而兼
有眾才，故能無爲而治。結尾四句，寫趙儆大隱於酒，稟性曠達：其
公庭無事，唯有清風之來。

三、古道淪闕之憂慮

韓愈曾在〈孟生詩〉中如此描述孟郊：「孟生江海士，古貌又古心。
嘗讀古人書，謂言古猶今。作詩三百首，窅默咸池音。騎驢到京國，
欲和薰風琴。…」可知孟郊有志復古，對於古道淪闕，常懷深沉之憂
慮。在〈夜憂〉詩中，以今人無法讀懂科斗文，影射文教之不行。深
致慨歎：

> 豈獨科斗死，所嗟文字捐。蒿蔓轉驕弄，菱荇減嬋娟。未逐擺
> 鱗志，空思吹浪旋。何當再霖雨？洗濯生華鮮。（本集卷三）

所謂科斗，指科斗文。相傳魯恭王壞孔子宅，得《尚書》、《春秋》、《論
語》，其字形皆頭粗尾細，一如科斗。詩以科斗借稱古文；「科斗死」
喻今人不文，無法解讀古經。至於「蒿蔓」，是無用之草；「菱荇」爲
祭祀之菜，此以草爲喻，對於不文之人，高傲侮慢；脩美之士，反而
減色，感到十分憂慮。自恨身無長策，無能使萬物再生華鮮。至於其

〈教坊歌兒〉，則慨嘆聖賢發憤之作，反不如十齡歌兒之見重。

> 十歲小小兒，能歌得聞天。六十孤老人，能詩獨臨川。去年西
> 京寺，眾伶集講筵。能嘶竹枝詞，供養繩床禪。能詩不如歌，
> 恨望三百篇。（本集卷三）

教坊為唐代掌女樂之官署。《唐書·百官志》：「武德後，置內教坊于禁
中。開元中，又置內教坊於蓬萊殿側。」聞天，意謂被天子所羅致。
詩謂十齡歌兒得以聞天，六十詩翁，卻只能臨川慨歎。貞元元和間，
竹枝詞曾風行兩京，在講筵間，能歌竹枝，可得繩床供養；難怪孟郊
要慨嘆：「能歌不如詩，恨望三百篇。」

　　唐代以詩賦取士，士子互相剽竊詩文者，所在多有，孟郊曾在〈偷
詩〉諷刺此一現象，詩云：

> 餓犬齚枯骨，自喫饞飢涎。今文與古文，各各稱可憐。亦如嬰
> 兒食，餳桃口旋旋。惟有一點味，豈見逃景延。繩床獨坐翁，
> 默覽有所傳。終當罷文字，別著逍遙篇。從來文字淨，君子不
> 以賢。（本集卷三）

詩中以餓犬齧咬枯骨，比喻無才士子之剽切詩句，真切而傳神。「今文」
二句，曹植〈與楊德祖書〉曾說：「人人自謂握靈蛇之珠，家家自謂抱
荊山之玉。」今人何嘗不是如此？孟郊以嬰兒緩緩食糖飴為喻，慨言
費盡心力，亦不過博得淡薄詩味，然而拋擲之年光可挽回嗎？末尾六
句，孟郊警悟到：不如脫去文字牢籠，追求逍遙，蓋自古以來，未有
以文字明淨為賢！

　　雖然如此，孟郊還是終夜辛勤，自云：「夜學曉未休，苦吟鬼神愁。」
（卷三〈夜感自遣〉）「自卑風雅老，恐被巴竹嗔。」（本集卷三〈自惜〉）。「願於
堯琯中，奏盡鬱抑謠。」（卷三〈晚雪吟〉）因為自己辛勤苦吟，雖可能曲
高和寡，卻雅不願從俗而流；因此，孟郊寧願寫反映民生疾苦、卻充
滿抑鬱情懷之歌謠。

四、佛道教義之體悟

　　孟郊早年即曾與僧道往來，而私心尊奉儒教。中年關懷國事，也有解懸拯溺之志，但是，長期貧寒困頓，遭逢不偶。晚年在〈白惜〉中說：「徒有言言舊，慚無默默新。始驚儒教誤，漸與佛乘親。」所以對於佛、道教義，都有深刻體悟。例如在〈嬋娟篇〉中，孟郊曾列舉花、竹、月、妓四種色態美好之事物為例，說明人間一切美好事物皆難長久，其詩云：

> 花嬋娟，泛春泉；竹嬋娟，籠曉煙；妓嬋娟，不長妍；月嬋娟，真可憐。夜半姮娥朝太一，人間本自無靈匹。漢宮承寵不多時，飛燕婕妤相妒嫉。（本集卷一）

此謂花容之美，在漂泛春泉；竹態之美，在曉煙籠罩；歌妓之美，難保常妍；月色之美，實堪憐惜。世間如是，上界亦然！君不見姮娥竊取不死之藥，即往月宮，是故人間本無神仙眷屬；班婕妤雖得一時之承寵，終將不敵趙飛燕之相爭。在這首詩中，雖無任何佛語，卻充滿佛禪意蘊。

　　孟郊對於道教也頗有認識，曾作遊仙、步虛之曲。例如〈列仙文〉四首，描寫道教神祇：東華大神方諸青童君、清虛真人王褒、魏夫人修道有成進入仙班、太極真人安度明等，對於仙人降世之場景與情境，都有傳神之描寫。再如〈爛柯石〉中，寫爛柯山之神仙傳說。謂：「仙界一日內，人間千歲窮。雙碁未徧局，萬物皆為空。樵客返歸路，斧柯爛從風。唯餘石橋在，猶自凌丹虹。」（本集卷九）凡此，都有道教神仙之意蘊。

　　然而在〈求仙曲〉中，孟郊卻譏刺服食之虛妄，他說：「仙教生為門，仙宗靜為根。持心若妄求，服食安足論？」（本集卷一）在唐代皇帝之中，憲宗、武宗、宣宗皆有服食以求長生之行為。士人也有這種風氣。孟郊勸人「鏟惑」、「餌真」，雖無進一步的指引，然其詩旨與張籍〈求仙行〉很接近。

　　此外，孟郊在〈嘆命〉一詩中說：「三十年來命，唯藏一卦中。題

詩還怨易，問易蒙復蒙。本望文字達，今因文字窮。影孤別離月，衣破道路風。歸去不自息，耕耘成楚農。」（本集卷三）詩中「問易蒙復蒙」一語，寫他卜卦以求指引人生，在易卦六十四卦之中，持續卜得「蒙卦」。《易·蒙》：「彖曰：蒙，山下有險，險而止，蒙。」孔穎達疏：「坎在艮下，是山下有險。艮為止，坎上遇止，是險而止也，恐進退不可，故蒙昧也。此釋蒙卦之名。」孟郊自謂「本望文字達，今因文字窮」，正是寫「蒙卦」象詞中進退兩難之窘境。

　　孟郊與僧徒道士往來也十分頻繁，所作酬贈詩，頗多佛禪意蘊。茲以〈夏日謁智遠禪師〉（本集卷九）為例，徵引詩句，略窺一斑。按〈夏日謁智遠禪師〉云：

> 吾師當幾祖？說法云無空。禪心三界外，宴坐天地中。院靜鬼神去，身與草木同。因知護王國，滿缽盛毒龍。抖擻塵埃去，謁師見真宗。何必千萬劫，瞬息去樊籠。盛夏火為日，一堂十月風。不得為弟子，名姓挂儒宮。（本集卷九）

起首二句設問，釋氏宗派祖師有三十三祖，而智遠以「無空」為說，當為禪門高僧，故問智遠當為幾祖？「禪心」二句接敘佛教將生死流轉之人生分為三界：即欲界、色界、無色界。詩寫智遠禪師，禪坐於天地之中，心存三界之外，其境之高可知。「院靜」四句謂駐錫之禪院十分僻靜，而智遠身似草木，如如不動。「因知」六句，頌揚智遠，謂其護持王國，制服愚妄嗔癡之禍害，抖擻精神，塵垢盡去，謁見智遠，即能得佛法真傳；不必歷經千萬劫，蓋瞬息之間，即可開悟，獲得解脫。末尾四句，言謁見智遠時，正當夏日，既得師教，清涼如十月之風。末句自惜已經學儒，無法成為佛門弟子。

肆·孟詩之語言風格

　　孟郊詩現存五百一十八首，包括樂府詩六十九首、五言古詩四百

一十五首、七言古詩十六首、五言絕句二首、七言絕句二首和聯句詩十三首。就詩體而言，以五言詩居大宗，七言詩最少。與律詩相較，古詩句數奇偶無定，句式平仄自由，句法變化較多，用韻方式靈活，依據具體情況不同，允許通韻、轉韻。五、七言古中可以雜用長短句。簡言之古體詩是古代的自由詩。孟郊的詩作，既以五言古體爲主要形式，故其用韻方式，十分自由。

如果從語言結構體系來看，可劃分爲語音單位、語彙單位、語法單位語義單位。如果從語法研究的傾向性來看，其傾向性爲詞法→句法→句群→章法→篇法[10]。就語言風格單位的劃分，從大到小之順序應爲：詞、詞組（短語）、句子、句群（段落）、篇章。在古典修辭觀念中，則大約分爲選詞、煉句、謀篇三項。以下分爲「奇正之用字」、「繁複之修辭」、「奇巧之章法」諸項分述之：

一、奇正之用字

從用字的層面來看，孟郊用字，有平淡古雅者，有而尖新奇詭者，既可自然平易，也不避晦澀；而用字平易、精警是其最大特色，奇崛、險拗反而不是孟詩用字之常態。試以下列十首詩爲例，說明孟郊用字平易一面：

1 淚墨灑爲書，將寄萬里親。書去魂亦去，兀然空一身。（本集
卷一在〈歸信吟〉）

按：在〈歸信吟〉中孟郊用「淚」、「墨」、「灑」三字，寫出作書之狀貌，極爲簡淨。在此以拙樸之語言、出奇之設想，寫入骨之至情，全以苦吟得之，最是孟郊本色。

2 試妾與君淚，兩處滴池水。看取芙蓉花，今年爲誰死？（本集
卷一〈古怨〉）

---

10 參王茂松《漢語語法研究參考資料》，（中國社會科學出版社，1993 年版）頁469
－470

按：〈古怨〉一詩孟郊用平易的字句抒寫怨情。「兩處」，兩地也。玩詩意，可知夫妻分居二處。清・黃叔燦《唐詩箋注》曾經讚嘆：「不知其如何落想得如此。四句前無可裝頭，後不得添足，而怨恨之情已極，此天地間奇文至文。」

3　楚血未乾衣，荆虹尚埋輝。痛玉不痛身，抱璞求所歸。（本集卷二〈古興〉）

按：〈古興〉一詩詠卞和獻璞玉而慘遭刖足之故事。短短二十字，有悲壯之色彩和幽憤之情懷。試看其用字：「楚血」，原指卞和遭刖足之血，兼指不白之冤。「荆虹」，比喻璞玉。埋輝，喻美玉不爲人知。不惜刖足之刑，但悲所蘊美玉爲世所忽。抵死亦必將玉璞歸與識貨者。全詩氣勢悲壯，非徒疼惜卞和，也是孟郊之自剖。

4　萱草生堂堦，遊子行天涯。慈親倚堂門，不見萱草花。（本集卷三〈遊子〉）

按：〈遊子〉一詩寫慈親盼遊子歸來，倚門而望，不見堂前之萱草也。本詩用字精簡至極，慈親企盼兒歸之情景，宛然即目。

5　池邊春不足，十里見一花。及時須遨遊，日暮饒風沙。（本集卷四〈邀花伴〉）

按：孟郊青壯年時，曾漫游朔方，留下不少奇異之山水詩。〈邀花伴〉一詩中「春不足」、「饒風沙」，簡單的用字，就將邊塞寒苦，春風不到，寫得意味十足。

6　揚帆過彭澤，舟人訝嘆息。不見種柳人，霜風空寂歷。（本集卷六〈過彭澤〉）

按：〈過彭澤〉寫孟郊遊彭蠡湖，（一作彭澤，又名宮亭湖，即今江西鄱陽湖。）遙想五柳先生之高逸，以及遊觀湖上內心之寂寞、湖景之冷落。而「寂歷」一詞，正結合孟郊之主觀情感與彭澤之客觀情境。

7　青山臨黃河，下有長安道。世上名利人，相逢不知老。（本集卷八〈送柳淳〉）

按:〈送柳淳〉中,「長安道」,是奔赴帝都所必經之路。「名利人」,指一般逐名競利之人。詩語固然在說長安道上,多逐名競利之人,往往不知老之將至。但是這句話也彰顯孟郊與柳淳獨守古道,迴異常人。國成德《孟東野詩集》評云:「古意、世情,二十字盡有。」十分有見地。

> 8 朝見一片雲,暮成千里雨。淒清濕高枝,散漫沾荒土。(本集卷九〈喜雨〉)

按:〈喜雨〉是寫景小詩,「一片雲」、「千里雨」,相對成文,寫境甚廣。「淒清」,蕭條;此兼狀高枝之稀也。「散漫」,瀰漫四散,兼指雨勢之細。都是尋常字句,卻能形成強大的表現效果。

> 9 昨夜一霎雨,天意蘇羣物。何物最先知?虛庭草爭出。(本集卷九〈春後雨〉)

按:〈春後雨〉也是寫景小詩,「一霎」,謂突如其來。「蘇」,再生、復生。「知」,謂體知天意。「虛庭」,空庭。也是尋常字句,卻有強大的表現效果。

> 10 心心復心心,結愛務在深。一度欲離別,千迴結衣襟;結妾獨守志,結君早歸意。始知結衣裳,不如結心腸。坐結行亦結,結盡百年月。〈卷一〈結愛〉)

按:〈結愛〉爲孟郊所創之新題樂府。結,積聚也。「結」字原尋常字眼,妥貼安置,竟造成獨特的表現效果。

當然,孟郊也有大量作品,用字奇澀,韓愈在〈貞曜先生墓誌〉所說:「劌目鉥心,刃迎縷解,鉤章棘句,搯擢胃腎。」又說:「神施鬼設,間見層出,唯其大翫於詞,而與世抹摋,人皆劫劫,我獨有餘。」可能就是針對這一類詩例之用字而發:

> 1.篙工磓玉星,一路隨迸螢。朔凍哀澈底,獠饞咏潛鯉。冰齒相磨齧,風音酸鐸鈴。(本集卷五〈寒溪〉之四)

按:「磓」,撞擊。「玉星」,形容冰屑飛迸之狀。此寫篙工敲冰之

狀，迸散如螢，又自奇險。「獠饞」謂饞食之野人，以溪水冰凍，故「哀詠」、「吟嘯」，誘引潛藏冰下之魚。「冰齒」形容河冰恍如齒牙，「相磨囓」指河冰相磨相囓；寒風吹動鐸鈴，其聲淒酸，有如「鐸鈴」一般。

> 2.荒策每恣遠，戇步難自迴。已抱苔蘚疾，尚凌潺湲限。驛驥
> 苦銜勒，籠禽恨摧頹。實力苟未足，浮誇信悠哉。顧惟非時
> 用，靜言還自咍。（本集卷四〈石淙〉之二）

按：孟郊在詩中自歎下第之後，恣意遨遊。「荒策恣遠」，謂持杖恣意遨遊。「戇」，癡愚、疾直。「苔蘚疾」，濕疾。「摧頹」，衰敗。「驛驥苦銜勒」，「籠禽恨摧頹」言己未得大用。「咍」，相調笑，自咍，自己苦笑，自我解嘲。在此，「荒策」、「戇步」，都是孟郊自造之險語。

> 3.竹風相戛語，幽閨暗中聞。鬼神滿衰聽，恍惚難自分。商葉
> 隨乾雨，秋衣臥單雲。病骨可剸物，酸呻亦成文。瘦攢如此
> 枯，壯落隨西曛。裊裊一線命，徒言繫絪縕。（本集卷四〈秋懷〉
> 之五）

按：起首二句謂竹風相互磨櫟，「戛然」而鳴。暗室之中，清晰可聞。「鬼神」二句，以「鬼神」形容秋聲之詭異，以「衰聽」形容聽覺之微弱；二句連言，寫竹風戛語，詭異萬分，鬼神乎？秋聲乎？恍惚難分。孟郊善寫秋聲，將秋風寫得如此不凡。「商葉」句係就秋葉著筆，謂秋葉隨風飄落，聲乾若雨下；「秋衣」句謂秋衣單薄，如臥雲下。「乾雨」、「單雲」之喻，十分新穎。以下「病骨」二句，寫其病中體衰，身骨幾可截物；病中酸吟，亦成文章。「瘦攢」二句，謂身骨之纖弱瘦削，如此秋葉之枯萎；年命之疾急衰落，若彼夕陽之西沉。「裊裊」二句，「絪縕」，指陰陽二氣交互作用之狀態，此喻造化也。二句謂己命弱如游絲，不過暫繫於天地之間而已。本詩作選辭用字，頗見匠心獨運。

> 4.峽亂鳴清磬，產石為鮮鱗。噴為腥雨涎，吹作黑井身。怪光
> 閃眾異，餓劍唯待人。老腸未曾飽，古齒蘄嵩嗔。嚼齒三峽

泉，三峽聲齗齗。（本集卷十〈峽哀〉之三）

按：橫決其流而渡爲之「亂」。「鳴清磬」，謂鳴聲清泠如磬。「鮮鱗」，魚族。「噴」、「吹」，狀水勢。「涎」，口液，喻濤。譬語奇險，言峽爲深坎。「怪光」，峽中怪異之光。「眾異」，異狀紛陳。「劍」指暗礁，「餓劍」，喻峽底暗礁，狠狠待人觸之。「老腸」，喻古峽溝。「古齒」，喻古岩。「嶄」，音產，同巉，高峻貌。「嵓」，音言，同巖、岩、喦。嗔，怒也。「古齒」如山高，喻峽石之高。「齗」，音吟，爭辯貌。本詩寫景，使用之字面，十分詭怪。

再如「哀猿哭花死，子規裂客心。」（卷六〈連州吟〉三首之一）「天色寒青蒼，北風叫枯桑。」（卷一〈苦寒吟〉）「柧（音觚，柧棱，木也。）榆（古文棧字）吃無力」（〈寒溪〉）、「凍馬四蹄吃，陟卓難自收」（〈冬日〉）、不勝枚舉。諸如此類之用字，使孟郊營造出一種奇崛僻澀之詩境。

二、繁複之修辭

就句法的層面來看，孟郊之句法修辭，十分繁複。孟詩的句式，除了一般五言詩常有的「二、三」、「三、二」句式之外，也有「一、四」句式。例如：「江南萬里寒，曾未及如此。整頓氣候誰？言從生靈始。」（卷二〈和丁助教塞上吟〉）、「太行簪巍峨，是天產不平；黃河奔濁浪，是天生不清。」（卷三〈自歎〉）即明顯採用這類怪異的句式。但在孟郊全部詩作中，僅佔少數，並非構句之典範。一般而言，孟郊在五言詩的寫作上，仍然遵循「二、三」、「三、二」的傳統句式。

孟郊詩句之修辭方法，舉凡比喻、起興、比擬、誇飾、移就、對偶、排比、借代、變換、頂真、設問、反覆、對比、曲達、雙關、反語、映襯、引用、摹擬、警策。無一不有。本文限於篇幅，無法盡舉，僅以抽樣方式，列舉其中數種，略窺一斑：

1.比喻例：

「欲知惜別離，瀉水還清池。」（卷八〈監察十五叔東齋招李益端公會別〉）

按：此以瀉水還歸清池，喻惜別望歸之意。

「擊石乃有火，不擊元無煙；人學始知道，不學非自然。」(卷二〈勸學〉)

按：此用拊石得火，非擊不能得火生煙爲喻句，說明《禮記・學記》：「玉不琢不成器，人不學不知道。」之寓義也。

「寒日吐再艷，穨子流細珠。鴛鴦花數重，翡翠葉四鋪。雨洗新糚色，一枝如一姝。」(卷九〈和宣州錢判官使院廳前石楠樹〉)

按：前二句「鴛鴦」、「翡翠」皆喻語，狀花葉之妍麗青翠。四句託物爲喻，詳寫其異采。後二句面又以靚梉美女（「一姝」）擬之。

2.比擬例：

「嘯竹引清吹，吟花成新篇。乃知高潔情，擺落區中緣。」(卷五〈題陸鴻漸上饒新開山舍〉)

按：嘯竹，謂擫笛爲曲，樂音清越。詠花成篇，詩境新穎。

「迴鴈憶前叫，浪鳧念後漂。」(卷八〈壽安西渡奉別鄭相公二首〉)

按：迴鴈，南飛之雁鳥也。前叫，謂前侶。浪鳧，謂漂游之鳧鳥。後漂，遲來之同類。

3.移就例：

「欲識貞靜操，秋蟬飲清虛。」(卷五〈北郭貧居〉)

按：「飲」字本爲人之動作，移就於蟬，藉謂己之清虛自守。

4.對偶例：

「地寒松桂短，石險道路偏。」(卷四〈遊終南龍池寺〉)

「頺廊芙蓉霽，碧殿琉璃勻。」(卷五〈與王二十一員外涯遊昭成寺〉)

5.排比例：

「古若不置兵，天下無戰爭；古若不置名，道路無欹傾。太行聳巍峨，是天產不平；黃河奔濁浪，是天生不清。」(卷三〈自歎〉)

按：此於句法有特色。用一四句法。又用複沓句式以達意。

「寶玉忌出璞，出璞先爲塵；松柏忌出山，出山先爲薪。」(卷二〈隱士〉)

按：此排比兼有頂真句法。

「古人結交而重義，今人結交而重利。」（卷二〈傷時〉）

6.頂真例：

「公子醉未起，美人爭探春；探春不為桑，探春不為麥。」（卷二
〈長安早春〉）

「家家有芍藥，不妨至溫柔。溫柔一同女，紅笑笑不休。」（卷五
〈看花五首〉）

7.設問例：

「誰言碧山曲？不廢青松直！誰言濁水泥？不污明月色！」（卷二
〈寓言〉）

按：誰言，反詰語也。此謂碧山雖曲，焉能屈青松之直哉？濁水
之泥，焉能污明月之色？

「誰開崑崙源，流出混沌河？積雨飛作風，驚龍噴為波。」（卷五
〈泛黃河〉）

按：《水經注》：『《山海經》曰：崑崙虛在西北，河水出其東北隅』。
《爾雅》曰：『河出崑崙虛，色白，所渠并千七百，一川色黃。』」混
沌，元氣未分之貌。此用以形容黃河之洪流。按：積雨、作風，此以
龍喻之也。

8.對比例：

「白鶴未輕舉，眾鳥爭浮沉。」（卷三〈湖州取解述情〉）

按：此以「白鶴」自喻，「眾鳥」喻同年諸生。有對比之意。

「鶡鴠失勢病，鷦鷯假翼翔。」（卷三〈落第〉）

按：鶡鴠，自喻也。「失勢病」，病於失勢也。《莊子・逍遙遊》：「鷦
鷯巢於深林，不過一枝。」東野以鷦鷯小鳥，展翼而翔，致其不偶之
憤怨。

「貧士少顏色，貴門多輕肥。試登山嶽高，方見草木微；山嶽恩
既廣，草木心皆歸。」（卷六〈上河陽李大夫〉）

按：「貧士」、「貴門」身份對比；「山嶽」、「草木」地位對比。

9.映襯例

「杜鵑聲不哀，斷猿啼不切。月下誰家砧？一聲腸一絕。杵聲不爲客，客聞髮自白。杵聲不爲衣，欲令遊子歸。」(卷三〈聞砧〉)

按：「砧」，搗衣聲也。《荊楚歲時記》：「杜鵑初啼，先聞者主別離。學其聲，令人吐血。」《異苑》：「此鳥啼至血出乃止。」斷猿啼，王胄詩：「三聲斷絕猿。」《搜神記》：「有人得猿子，將歸。猿母隨至，搏擊哀求，竟殺之。猿母悲喚自擲而死，破腸視之，寸寸斷裂。」起首二句，所以反襯砧聲之哀切也。」「杵聲」二句謂杵聲原不爲羈客而發，然羈客聞之，牽動鄉愁，爲之髮白。

10.用典例

「子路已成血，嵇康今尚嗤。爲君每一慟，如劍在四肢。」(卷三〈亂離〉)

按：子路爲孔悝宰時，衛國發生宮廷篡奪，子路馳往，爲太子蕢聵所殺，並剁成肉醬。「成血」，指子路之成肉醬。嵇康，字叔夜，與魏宗室通姻，官中散大夫，世稱嵇中散。因不滿司馬氏之專權，遭鍾會構陷，死於非命。後人頗譏其訐直露才，過於峻切。嗤，輕藐也。「尚嗤」，謂今人尚嗤笑其訐直露才，過於峻切。按：此處以子路、嵇康相比擬，蓋深惜陸長源之死。

「洞隱諒非久，巖夢誠必通。」(卷五〈題韋少保靜恭宅藏書洞〉)

按：傅巖，爲傅說版築之處。洞隱非久、巖夢必通，喻韋少保必將大用也。

「上山復下山，踏草成古蹤；徒言採蘼蕪，十度不一逢。」(卷二〈古意〉)

按：〈古詩〉有：「上山采蘼蕪，下山逢故夫。」之句，此爲翻案。用以寄託閨情，表達淪落不遇之感。

「萊子真爲少，相如未免窮。」(卷六〈贈轉運陸中丞〉)

按：此用司馬相如、老萊子之典故，自寫貧窮。

11.疊字例：

「夫子說天地，若與靈龜言；幽幽人不知，一一予所敦。」(卷八〈贈別殷山人說易後歸幽墅〉)

按：幽幽，深遠貌。敦，治理。按：此謂幽遠深邃、人所不知之理，皆我所善治也。

「灼灼不死花，蒙蒙長生絲。」(卷九〈宇文秀才齋中海柳詠〉)

按：灼灼，鮮明、光盛貌。蒙蒙，繁盛貌。

「弱弱本易驚，看看勢難定。」(卷九〈搖柳〉)

按：看看，細看也。孟浩然〈耶溪泛舟〉：「看看似相識，脈脈不得語。」可證。此謂柳樹初看似柔弱易驚，再細看則丰姿難定。

「江潮清翻翻，淮潮碧徐徐。」(卷九〈忽不貧喜盧全書船歸洛〉)

按：翻翻，飛貌。屈原〈九章〉：「漂翻翻其上下兮。」徐徐，安穩貌。《莊子‧應帝王》：「泰氏其臥徐徐，其覺于于。」

12.倒裝例：

「種稻耕白水，負薪砍青山。」(卷二〈退居〉)

按：二句倒裝。耕耘種稻於白水，砍伐負薪於青山。

「影孤別離月，衣破道路風。」(卷三〈嘆命〉)

按：此倒裝句法。謂月下離別，因覺形影孤獨；道途經風，愈感衣衫殘破。

13.借代例

「天下無義劍，中原多瘡痍。」(卷三〈亂離〉)

按：無義劍，猶孟子言：「無義戰也」。

14.警策例：

「天璞本平一，人巧生異同。」(卷九〈弔元魯山〉十首之一) P524

「浮情少定主，百慮隨世翻。」(卷六〈抒情因上郎中二十二叔監察十五叔兼呈李益端公柳繽評事〉)

按：此類語句，精闢如格言。

孟郊在篇中煉句，句中煉字，寧願用字不工，也不使句俗。雖非做到氣韻清高，卻能平字見奇，常字見新，以格力取勝。誠如清・胡壽芝《東目館詩見》卷一所說：「東野五言兼漢魏六朝體，真苦吟而成其劌目鉥心，致退之嘆爲咸池音者。須于句法、骨力求之，不然退之拔鯨牙手，何取乎憔悴枯槁？」雖然胡壽芝對孟郊之「憔悴枯槁」持負面評價，仍肯定孟詩句法求變之苦心。孟郊如無傑出的修辭，的確會減色不少。

三、奇巧之章法

孟郊的五言古詩，論其句數，最短四句，最長四十四句。根據統計，四至二十句之「短古」多達四百一十首以上，爲數佔孟郊現存五百一十八首之八成。就章法的層面來看，前賢其實早已注意到孟郊善作短古。

明・許學夷《詩源辨體》卷二五竟曾經說：「退之奇險豪縱恣于博，故長篇爲工；東野矯激琢削歸于約，故短篇爲勝。」同卷又說：「東野五古不事敷敍而兼用興比，故覺委婉有致。」假使我們能秉持上述之意見去考察孟詩，可以發現孟郊之五古，的確不事敷敍，比興爲多，而且章法結構，奇巧多變。

例如〈列女操〉：「梧桐相待老，鴛鴦會雙死。貞婦貴徇夫，舍生亦如此。波瀾誓不起，妾心井中水。」（本集卷一）先以木、禽取興，喻夫婦至老不渝其志；中敍以死相從，聊表貞心；末以井水無波爲喻，明其貞潔，信實可守。像這類簡古易讀、章法嚴謹的例子，還有〈塘下行〉、〈靜女吟〉、〈遊子吟〉、〈薄命妾〉、〈古意〉等詩，命意真摯，古意婉轉，最具古樂府氣象，也是論者所最稱賞者。

在〈衰松〉、〈遣興〉諸詩中，託物爲喻，抒寫世道。例如：「近世交道衰，青松落顏色。人心忌孤直，木性隨改易。既摧棲日榦，未展擎天力。終是君子材，還思君子識。」（卷二〈衰松〉）說天道交衰，青松

亦凋落顏色，語意雙關，寄慨無窮。再如：「弦貞五條音，松直百尺心。貞絃含古風，直松凌高岑。浮聲與狂葩，胡爲欲相侵？」（卷二〈遣興〉）全詩採用比體，構思奇警，慨言雅正不敵俗豔。再如〈貧女詞寄從叔先輩簡〉（卷一）全詩以貧女自喻，寄託落第之悲憤。〈空城雀〉（卷一）以雀居空城，無弋者之篡，喻人不必羨慕榮華。〈黃雀吟〉（卷一）甚至使用寓言，以刺貪取。作法與〈覆巢行〉、〈空城雀〉相同。在〈蜘蛛諷〉借蜘蛛爲喻，多憤世之句，應屬有感而發。〈蚊〉（卷九）詩全篇都是斥責蚊子之語，設想奇特。再看〈燭蛾〉（卷九）慨陳雙蛾撲火，有絃外之音。上述這些篇章，都在章法上有奇巧之設計。

孟郊在〈酒德〉中，似議非議，似諷非諷，章法極爲特殊：

> 酒是古明鏡，輾開小人心。醉見異舉止，醉聞異聲音。酒功如此多，酒屈亦以深。罪人免罪酒，如此可爲箴。（卷三）

這首詩說：鏡可照見肝膽，酒可輾開人心，就此而言，酒之爲功，與鏡相似。醉後能見小人情態，此即酒之功；而世人每每指責酒能亂性，故孟郊爲酒深深抱屈。最後兩句，孟郊說道：醉後亂性，所當責者在人，而不是酒，世人應當引爲鑑戒。孟郊在〈酒德〉一詩，以這樣的方式頌揚酒德，設想實在十分奇特；而篇局如此短小，尤其出人意料。而在〈苦寒吟〉中，則用簡煉而險峭之詩筆，摹寫物象，抒發感興：

> 天色寒青蒼，北風叫枯桑。厚冰無裂文，短日有冷光。敲石不得火，壯陰正奪陽。調苦竟何言，凍吟成此章。（卷一）

按〈古詩十九首〉有：「枯桑知天風，海水知天寒。」之句，而孟郊「叫」字，形容北風怒吼，險峭而妥貼。嚴冬晝短，故謂之「短日」。嚴冬陽氣潛藏，陰氣正盛，故謂「壯陰正奪陽」；而全詩點睛之筆，在最後二句。「調苦竟何言」？似未言之，盡在不言之中；既然「凍吟成此章」，實已言之。如此收束，其章法有「虛實相生」之妙。

類似的摹寫功力，在〈秋懷十五首〉（卷四）、〈石淙十首〉（卷四）、

都有大量展現。孟郊在〈秋懷十五首〉(卷四)中，描摹物象，驅遣悲懷，攄發忿懣，評騭世俗。以哀苦之心情，描寫時光流逝、秋景之冷落。章法之變化，使詩中哀情苦境，讀來不覺煩悶。再如〈石淙十首〉(卷四)、對朔方名勝反覆雕繪，巖間之木、幽奇之谷、倒影之狀、登躋遊遨之趣、甚至前賢之遺跡彝範等題材，以多種篇局，不同章法，構造成絢麗之多樣之表現效果。再如〈寒溪八首〉(卷五)、〈峽哀十首〉(卷十)之中，摹寫手法及構篇形式，更爲繁複多變。限於篇幅，無法詳述。

綜觀孟郊之五古，也許沒有陶淵明之樸拙淡雅，也無法像杜甫之才博力雄，更無法如范梈《木天禁語》論及五古篇法所說：「言語不可說盡，含糊則有餘味。」然而孟郊之短古，善用比興，刻苦琢削，而多奇特之開創。相對於五古之常規作法，雖有很大的變異，不能不說有其獨到之處。

肆、結　論

前賢在描述孟郊詩歌之總體風格特色時，不外乎「苦思深遠」(許顗《彥周詩話》)、「寒」(蘇軾〈祭柳子玉文〉)、「澹且古」(阮岳《詩話總龜》)、「刻苦」(嚴羽《滄浪詩話》)、「峻直」(《漢⑬詩話》)、「矯激刻削」(許學夷《詩源辨體》)、「蹇澀」(宋濂〈答張秀才論詩書〉)、「寒削」(翁方綱《石洲詩話》)等等[11]，無論持正面肯定或負面評價，大體都是就孟郊之心性、思想、寫作方式、詩歌內容、創作意圖出發，各有其面向及一定的準據。

誠如明．高棅《唐詩品彙》所說：「東野之少懷耿介，齷齪窮困。晚擢一科，竟淪一尉。其詩窮而有理，苦調淒涼，一發於胸中而無吝

11　詳見自邱燮友、李建崑校注《孟郊詩集校注》(國立編譯館主編，台北：新文豐出版公司，1997年出版)附錄，頁604至694。

色。如古樂府等篇，諷詠久之，足有餘悲，此變中之正也。」[12]孟郊一生沈淪下僚，仕途蹭蹬；晚年喪子，惸獨愁慘；又性格矯激，不諧世俗；凡此都足以決定孟郊詩歌創作題材與面向。

他懷著沈重的物質與精神壓力，從事詩歌寫作，又缺乏李杜那種「海涵地負」之才情與心量，加上篤好古道，不苟同俗尚，堅持使用五言作爲主要創作工具，使其詩作，別具一種古澹、簡淨之風。而處在「元和尚怪」之時代風會，自不免也有「奇澀變怪」之作，其實這些詩作，並非孟郊創作理想之所繫。

宋·宋祁、歐陽修《新唐書》卷一七六《韓愈傳》附《孟郊傳》謂：「郊爲詩有理致，最爲愈所稱。然思苦奇澀，李觀亦論其詩曰：『高處在古無上，平處下顧二謝』云。」這是所有資料中，最能論及孟郊詩風，又兼顧創作心態之批評；引錄李觀之評語，更把孟郊放在詩歌傳統中，去評比他應有的位置。所以，能得到後代論者的認同。僅就筆者蒐羅所及，至少宋·晁公武《郡齋讀書志》（孟郊詩集十卷）、元·辛文房《唐才子傳》（卷五）、明·胡震亨《唐音癸籤》（卷七〈評彙〉三）、清·丁儀《詩學淵源》（卷八）均曾引述「孟郊爲詩有理致」[13]。

就本文的考察，私意以爲孟郊之詩作，雖多哀情苦語，然由於他對人情世態有深入觀察；親歷藩鎮變亂時，滿懷憂患社稷之心；在佛道教義，又有深刻體悟；以苦吟的態度，精心結撰，寄託幽微。就語言風格來看，孟郊用字約潔、筆法繁複，篇體簡短，優越之用字技巧，使得孟郊詩，思致深刻，不乏情理意味。清·毛先舒《題孟東野集》曾經言及自己閱讀孟詩之經驗：「昔人評東野之詩爲『寒』，余以爲寒耳。偶友人餉以全集讀之，則生澀仄僻，其用筆步步不欲從平坦處行，

---

12 轉引自華忱之、喻學才校注《孟郊詩集校注》（北京：人民文學出版社，1995年出版）附錄，頁658。

13 詳見自邱燮友、李建崑校注《孟郊詩集校注》附錄（國立編譯館主編，台北：新文豐出版公司，1997年出版）頁604至694。

中有雋語，足以驚神。近世鍾、譚似乎托足於此。然此等或自名一家則可，倘欲倚此而廢初盛諸公，則悖矣。」[14]其說甚確，引錄以饗讀者，並作爲拙文之結束。

參考書目

華忱之、喻學才校注《孟郊詩集校注》，北京：人民文學出版社，1995年。

邱燮友、李建崑校注《孟郊詩集校注》，國立編譯館主編，台北：新文豐出版公司，1997年。

錢仲聯《韓昌黎詩繫年集釋》，臺北：學海出版社，1985年。

余嘉錫《世說新語箋疏》，臺北：華正書局，1989年。

胡經之、王岳川主編《文藝美學方法論》，北京：北京大學出版社，1994年。

王力《漢語詩律學》，北京：中華書局，1999年5月再版。

朱任生《詩論分類纂要》，臺北：臺灣商務印書館，民國60年(1971)初版。

張德明《語言風格學》，高雄：麗文化公司，1995年10月。

竺家寧《語言風格與文學韻律》，臺北：五南圖書出版公司，民國90年(2001)初版。

周生亞《古代詩歌修辭》，北京：語文出版社，1995年。

鄭文貞《篇章修辭學》，廈門：廈門大學出版社，1991年。

王茂松《漢語語法研究參考資料》，中國社會科學出版社，1993年。

鄭奠、譚全基《古漢語修辭學資料彙編》，臺北：明文書局，民國73年（1984）。

郭紹虞《中國歷代文論選》上冊，臺北：華正書局，1989年。

---

14 同上頁 649。

傅璇琮等主編《中國詩學大辭典》，杭州：浙江教育出版社，1999 年
　　12 第一版。

從「韻高才短」比論孟浩然張先承先啓後的特色及其文化史意義

安慶師範學院中文系教授

孫 維 城

提　要

　　從文學時代來看，孟浩然身處唐詩由初唐到盛唐的交接時期，同樣，張先亦身處宋詞由初起到興盛的交接時期；從人物風神來看，孟浩然「骨貌淑清，風神散朗」，張先則「鹽米不繼」而「嘯歌自得」，都繼承了晉宋人物風流；從作品創作看，孟浩然寫作的是唐代開始興起的近體詩，張先寫作的亦是小令與慢詞，篇幅都比較短小，他們都以名句出名，看出他們的作品氣局不大而韻味頗足。蘇軾稱孟浩然「韻高而才短」，晁補之稱張先「子野韻高」，李之儀認為張先「才不足而情有餘」。「韻高而才短」，可以認為是承啓人物的文化特點。他們作為某種文體走向成熟期的承啓人物在文學史上顯示出作用。首先，他們影響到這種文學品類的代表人物，李白詩歌的飄逸受到孟浩然的影響；蘇軾詞的曠達也是受到張先的影響；其次，他們影響到這一文學品類的主導審美傾向，孟浩然上承陶謝，開啓古代詩歌的平淡風格，張先開啓了宋代慢詞講究韻味的審美風貌。他們的人格風神

在文化史上有著特殊的意義，他們代表了中國古代文人的最普遍的人文形象與藝術審美形象，反映了這一形象的歷史發展過程。

關鍵字：承啓人物、人物風神、韻高才短、主導審美傾向

說起唐代詩人孟浩然，一般都想到他是盛唐山水田園詩人的代表，說起宋代詞人張先，一般也就只會想到他的「三影」名句，沒有人會想到他們之間有什麼聯繫。而孟浩然不僅是盛唐山水田園詩的代表人物，他還是唐詩由初唐到盛唐的承啓人物，張先也不僅以「雲破月來花弄影」等名句流芳後世，他還是宋詞由初起到興盛的承啓人物。一種文學品類的承啓人物往往影響甚至部分決定了這種文學品類的發展走向及最終成就，孟浩然對於盛唐詩，張先對於北宋詞的影響就是這樣。比較孟浩然與張先，可以發現許多規律性的東西。下面我們試加比較。

一

從文學時代來看，孟浩然（689—740）比一般盛唐詩人年齡要大，他比王維（701—761）、李白（701—762）大 12 歲，比另一山水詩人儲光羲（706？—762？）大 17 歲，裴迪則生年不詳，想來與王維、儲光羲相上下；比邊塞詩人高適（700—765）大 11 歲，比另一邊塞詩人岑參大得更多；比早出的邊塞詩人王昌齡（694？—756？）也大 5 歲。孟浩然生活的時代，初唐四傑王勃（650—676）、楊炯（650—？）、盧照鄰（約 630—約 680）、駱賓王（638？—685？）基本已經故去；主張比興寄託、喜作古體詩的陳子昂（661—702）死時，孟浩然 13 歲；而把當時興起的近體詩的體制固定下來的沈佺期（656？—714）、宋之問（656？—712）死時，孟浩然在 23—25 歲之間；文章四友中較有影

響的杜審言（648？—708）死時，孟浩然 19 歲，李嶠（645—714）死時，孟 25 歲，[1]可以說，孟浩然年輕時期正是沈宋、四友影響文壇的時期，六朝以來的新體詩、陶淵明、二謝的山水田園詩經過初唐的發展，到此時開始成熟，以一種明秀爽朗的基調影響著盛唐詩歌的審美風格，沈宋、四友多寫近體詩，使得當時詩壇幾乎成了近體詩的天下，孟浩然多寫近體詩的原因在此。可見孟浩然身處由初唐到盛唐的交接時期，是一個承前啓後的人物。

　　張先（990—1078）亦身處宋詞由初起到興盛的交接時期，曾與晏殊（991—1055）、歐陽修（1007—1072）、宋祁、王安石、蘇軾（1036—1101）諸人遊。宋初晏歐小令流行，承五代南唐李氏父子與馮延巳之詞風。張先 1050 年曾任晏殊京兆府中通判，與之詞酒酬作，時年 61 歲，1061 年入京見歐陽修、宋祁，被宋祁稱爲「雲破月來花弄影」郎中，被歐陽修稱爲「紅杏嫁東風」郎中，[2]可見張先受晏歐影響，亦以小令行世。當時柳永（987？—1053？）[3]大量創制慢詞，張先亦有慢詞 17 首，其慢詞寫作不同於柳永的鋪敍，而是「以小令作法寫慢詞」[4]以保持其詞的韻味，這一做法影響到後出的蘇軾。張先約在 1063 年致仕居杭州，1072 年蘇軾任杭州通判，張先已經 83 歲，猶及與蘇軾交遊，並影響到蘇軾的「以詩爲詞」。劉毓盤《詞史》云：「永既卒，先獨享老壽。以歌詞聞天下，而協之以雅，蘇軾猶及與之遊，故亦好爲詞」，可見張先當時正是一個承前啓後的人物。清人陳廷焯說：「子

1　此處所引唐代詩人年齡，依據袁行霈主編的《中國文學史》，高等教育出版社 1999 年版。

2　此處所引宋代詞人年齡、經歷，依據夏承燾著《唐宋詞人年譜·張子野年譜》，上海古典文學出版社 1955 年版。

3　柳永年齡依據唐圭璋〈柳永事迹新證〉，見唐氏《詞學論叢》，上海古籍出版社 1986 年版。

4　夏敬觀〈映庵詞評〉說：「子野詞凝重古拙，有唐五代之遺音，慢詞亦多用小令作法。」見華東師大出版社《詞學》第 5 輯。

昂高古，摩詰名貴，則子野碧山，正不多讓」(《白雨齋詞話》)，以張氏比陳子昂，正是從承啓角度的比較。

二

從人物風神來看，孟浩然襄陽人，終生布衣，史傳說他曾「隱鹿門山，以詩自適」。王維曾用畫來表示對孟浩然的欽敬，《新唐書·文藝傳》記載：「王維過郢州，畫浩然像于刺史亭，因曰浩然亭」，又爲其畫了幅絹本像，此像已失傳，但張泊題識還在，其云：「襄陽之狀，頎而長，峭而瘦，衣白袍，靴帽重戴，乘款段馬，一童總角，提書笈負琴而從，風儀落落，凜然如生」(葛立方《韻語陽秋》引張泊題識)。王士源是孟浩然的熟人，爲其集作序，稱其「骨貌淑清，風神散朗。救患釋紛，以立義表。灌蔬藝竹，以全高尚」(〈孟浩然集序〉)。這一形象使我們感到在歷史上似曾相識，聞一多先生認爲：「孟浩然可以說是能在生活與詩兩方面足以與魏晉人抗衡的唯一的人。他的成分是《世說新語》式的人格加上盛唐詩人的風度」，[5]原來孟浩然表現出來的正是一種晉宋以來的人物風流形象。

建安風骨與晉宋風流是兩個相對的審美範疇，既指詩歌的審美特點，也涵蓋了人的精神面貌。建安時期，人們對外在事功的追求往往掩蓋了他們對內在生命本體的擔憂，所以建安文學表現出來的是慷慨悲涼的憂世特點。到了晉宋時期，士大夫的入世熱情逐漸消退，對生命的憂患開始凸現出來，劉宋時代的謝靈運在〈擬魏太子鄴中集詩八首並序〉中說：「公子不及世事，但美遨遊。然頗有憂生之嗟」，正式在文學作品中提出了憂生的主題。這一時期的動蕩時局使得士人們遠離現實，關注生命本體，他們流連山水，崇尚節操，尋找超邁逍遙的生活，表現他們體玄適性的高雅韻度與風流，謝靈運的山水詩主要以

---

5 鄭臨川編《聞一多論古典文學》，129 頁，重慶出版社 1984 年版。

山水來適性暢神。晉宋人物風流已經不僅是一種生活態度，同時也是
一種藝術態度，是生活審美與藝術審美的有機統一，是一種士人的文
化人格的體現，當時人以「韻」來加以概括，如晉代葛洪說：「若夫偉
人巨器，量逸韻遠，高蹈獨往，蕭然自得」(《抱朴子·刺驕》)，宋劉義慶
說：「阮渾長成，風氣韻度似父」(《世說新語·任誕》)。晉宋以後，對晉宋
人物的嚮往，對韻度的追求，成爲士人或隱或顯的心理認同方向。

　　晉宋人物風流明顯帶有南方文化的特點。魏徵《隋書·文學傳序》
說：「江左宮商發越，貴於清綺；河朔詞義貞剛，重乎氣質。」初盛唐
的詩人大多來自北方，如王勃，絳州龍門（今山西河津）人，王維，太原
祁（今山西祁縣）人，王之渙，絳州（今山西絳縣）人，王翰，並州晉陽（今
山西太原）人，王昌齡，京兆（今陝西西安）人，崔顥，汴州（今河南開封）人，
李頎，嵩陽（今河南登封）人，高適，滄州人，杜審言、杜甫，京兆（今
陝西西安）人，[6]李白甚至出生於中亞碎葉，故當時詩風頗多北方剛健之
氣。其實，李唐王朝繼承的是北朝的周、隋，而非南朝的齊、梁，本
來就不是正統的漢族文明，葛兆光說：「漢族生活中勤勉樸素、溫文爾
雅、禮儀中節等等儒家確立的人倫標準，卻被異族生活中所崇尙的豪
放不羈、奢靡腐化、自然隨意取代」。[7]這些詩人中只有少數人出身於
南方，如孟浩然，如張若虛，他們的詩明顯帶有南方的溫柔與清綺，
是他們的努力，使得晉宋人物風流得以隱性地傳承。

　　孟浩然隱居鹿門山，對陶淵明無比景仰，對襄陽的高人節士如東
漢龐德公、晉代羊祜、山簡等人無限仰慕。其詩云：

> 嘗讀高士傳，最嘉陶徵君：日耽田園趣，自謂羲皇人。……扇
> 枕北窗下，采芝南澗濱。因聲謝朝列，吾羨潁陽真。(《仲夏歸南
> 園寄京邑舊遊》)

6　此處所引唐代詩人籍貫，依據袁行霈主編的《中國文學史》。
7　葛兆光《中國思想史》第二卷，34頁，復旦大學出版社 2001 年版。

昔聞龐德公，采藥遂不返。金澗養芝術，石床臥苔蘚。紛吾感者舊，結纜事攀踐。隱迹今尚存，高風邈已遠。(〈登鹿門山〉)

隱居是漢魏晉宋時代的普遍現象，尤其晉宋的隱居已經不是純粹的與當權者的不合作，而是一種頤情山水，涵養性情，超逸逍遙的生活方式。山水對他們來說是觀照的物件，是物我合一的生命的一部分。上古時代逸士的生存方式到晉宋成了一種生活方式，「逸」具有了人文內涵與審美內涵。「逸」是當時對「韻」的要求的一種具體體現。[8]晉宋以來的人物風流到了唐代，被北方文化的豪放不羈所掩蓋，唐代開疆拓土的偉大事業也需要北方文化的清剛頓挫之氣，一時之間，成爲了時代的風尚，似乎沒有人再注意那種清綺儒雅的晉宋風流了，孟浩然等人的人生與藝術表現在當時不占主流，處於隱性的、不自覺的發展之中。

張先，烏程（今湖州）人，入仕後歷任宿州、吳江、嘉禾、渝州，致仕居湖州、杭州，基本在江南一帶。蘇軾〈祭張子野文〉稱其「唯予子野，歸及強銳。優遊故鄉，若複一世。遇人坦率，真古愷悌。……坐此而窮，鹽米不繼。嘯歌自得，有酒輒詣」，宋人王瑋記載：「歐陽永叔雅敬重之，嘗言與其同飲，酒酣，衆客或歌或呼起舞，子野獨退然其間，不動聲氣，當時皆稱爲長者」(《道山清話》)。沒有形貌寫真，但給我們的感覺亦是清癯有韻的，其人的「退然其間，不動聲氣」，與孟浩然的「骨貌淑清，風神散朗」神韻相似，其人的「遇人坦率，真古愷悌」，與孟浩然的「救患釋紛，以立義表」人格相類，其人的「鹽米不繼」而「嘯歌自得」，與孟浩然的「灌蔬藝竹，以全高尚」旨趣、節操相近，質言之，都是晉宋以來的人物風流。

盛唐時代對風骨的推崇代表了我們民族年輕時的意氣風發，不能

---

8 參看徐複觀《中國藝術精神》，191—195 頁，華東師大出版社 2001 年版，葉朗《中國美學史大綱》，312—313 頁，上海人民出版社 1985 年版。

代表我們民族的主導傾向。隨著唐代社會從其頂峰的跌落，封建社會走向後期形態，尤其到了宋朝，士人的注意力開始向內轉，生命的意義再一次凸現出來了，唐代孟浩然等人所延續的晉宋人物風流得到了生存的合適土壤，從而盡情舒展。宋人重新撿起「韻」這一字眼來加以概括，「韻」是人生與藝術的審美統一。蘇軾對此加以闡發，他說：

> 蘇李之天成，曹劉之自得，陶謝之超然，蓋亦至矣。而李太白、杜子美以英瑋絕世之姿，凌跨百代，古今詩人盡廢，然魏晉以來高風絕塵，亦少衰矣。李杜之後，詩人繼作，雖間有遠韻，而才不逮意。獨韋應物、柳宗元發纖穠于簡古，寄至味於淡薄，非餘子所及也。　　（〈書黃子思詩集後〉）

蘇軾在這兒談的是詩，其實也談了人物風流。他以「高風絕塵」、「間有遠韻」來肯定這種人生與藝術的審美統一。蘇軾以後，「韻」成了宋人評價人物風神與藝術風神的最高標準。從作家評價看，他實際批評了李白、杜甫的豪縱沈鬱，而肯定天成、自得、超然的陶謝等人，對唐代韋柳的肯定也就是對孟浩然的肯定。對於身邊的人物，他十分讚賞張先，在〈祭張子野文〉中，稱讚他「龐然老成，又敏且藝。清詩絕俗，甚典而麗」，這是對其人物風神與藝術風貌的綜合評價，在此文的結尾，他還無比感慨地歎息其「人亡琴廢，帳空鶴唳」，於感歎中流露出對其人其藝之「韻高」的追慕。蘇軾對張先的評價，還有一個記載，據時人葉夢得記載：

> 張先郎中字子野，能爲詩及樂府，至老不衰。居錢塘，蘇子瞻作倅時，先年已八十餘，視聽尚精強，家猶畜聲伎，子瞻嘗贈以詩云：「詩人老去鶯鶯在，公子歸來燕燕忙。」蓋全用張氏故事戲之。先和云：「愁似鰥魚知夜永，懶同蝴蝶爲春忙。」極爲子瞻所賞。

一方面年八十尚蓄聲伎，一方面鹽米不繼，嘯歌自得，這正是宋人藝術的人生態度，也就是蘇軾所主張的「韻勝」。蘇軾正是把張先其

人作爲晉宋人物風流在宋代的再現來提倡的。

三

　　從作品創作看，孟浩然在寫作古體詩的同時，主要寫作當時開始興起的近體詩，尤其其中的五言律絕。張先亦是在寫作唐末五代及宋初流行的小令同時，開始寫作當時開始興起的慢詞。有人統計過當時詞人寫作慢詞的數量，柳永當然遠遠超前，創作了 125 首，其他詞人晏殊 3 首，歐陽修 13 首，而張先創作了 17 首，在以詩的作法寫詞的圈子裏，張先寫作的慢詞無疑是最多的，看出他對慢詞的重視。張先即使寫慢詞，篇幅也比較短小，他沒有用柳永慣用的〈戚氏〉、〈多麗〉、〈夜半樂〉等長調，而是用一些六七十字的中調，最多是百字左右的長調。孟浩然的五古篇幅也都不長。他們都以名句出名，孟浩然有「微雲淡河漢，疏雨滴梧桐」、「氣蒸雲夢澤，波撼岳陽城」的名句，張先更有「雲破月來花弄影」、「嬌柔懶起，簾壓卷花影」、「柳徑無人，墮風絮無影」的三影名句，這些名句都以韻味取勝。從上述這些地方可以看出他們才氣不充，氣局不大而韻味頗足。頗有意思的是，蘇軾及其門下對他們的評價幾乎一致，而且用的是別人不用而蘇門慣用的「韻」字來評價：

> 子瞻謂孟浩然之詩，韻高而才短，如造內法酒手，而無材料爾。
> （陳師道《後山詩話》）

> 張子野與柳耆卿齊名，而時以子野不及耆卿；然子野韻高，是耆卿所乏處。　　　　　　　　　（晁補之〈評本朝樂章〉）

> 至柳耆卿始鋪敍展衍，備足無餘，形容盛明，千載如逢當日，較之花間所集，韻終不勝。由是知其爲難能也。張子野獨矯拂而振起之，雖刻意追逐，要是才不足而情有餘。
> （李之儀〈跋吳思道小詞〉）

　　陳師道、晁補之、李之儀都是蘇軾門下。他們認為：孟浩然「韻高而才短」，柳永「韻終不勝」，張先「韻高」、「才不足而情有餘」，也就是說，張先也是「韻高而才短」。這些評價又極近蘇軾在〈書黃子思詩集後〉一文中對李杜以後之詩壇的評語：「雖間有遠韻，而才不逮意」，看出蘇門評價的一貫性。對於文藝作品中的「韻」的表現，蘇門再傳弟子范溫有一篇長文加以闡發，其核心意思為：「行於簡易閑澹之中，而有深遠無窮之味」。[9]孟浩然的詩與張先的詞確實達到了這一境界。試看孟浩然的兩首詩：

　　　　掛席幾千里，名山都未逢。泊舟潯陽郭，始見香爐峰。嘗讀遠
　　　　公傳，永懷塵外蹤。東林精舍近，日暮但聞鐘。

　　　　　　　　　　　　　　　　　　　　　（〈晚泊潯陽望廬山〉）

　　　　山寺鳴鐘晝已昏，漁梁渡頭爭渡喧。人隨沙岸向江村，余亦乘
　　　　舟歸鹿門。鹿門月照開煙樹，忽到龐公棲隱處。岩扉松徑長寂
　　　　寥，惟有幽人自來去。　　　　　　　（〈夜歸鹿門山〉）

　　明代高棅說：「襄陽氣象清遠，心悰孤寂，故其出語灑落，洗脫凡近，讀之渾然省淨，而采秀內映，雖悲感謝絕，而興致有餘。」（《唐詩品彙》）明桂天祥說：「浩然體本自沖澹中有趣味，故所作若不經思，而盛麗幽閒之思時在言外。」（《批點唐詩正聲》）說的也是其詩的韻味。孟浩然詩十分沖澹，如「掛席幾千里，名山都未逢。泊舟潯陽郭，始見香爐峰」，如對面談心，漫不經意，說出人人眼中所見之景，卻一片空靈，風行水上，自然高遠，使知味者歎息：人人眼中所見，卻人人筆下難描，真可謂「羚羊掛角，無迹可求」。下文東林已近，卻只是聞鐘，並不近前，又使人感其沖澹，有深遠無窮之味。「山寺鳴鐘晝已昏」四句也寫得舉重若輕，若不經意，只在於引出鹿門山，到了鹿門山，

9　此文保存在《永樂大典》卷 807，錢鍾書先生發掘出來，見《管錐編》第 4 冊，
　　第 1362—1363 頁，中華書局 1979 年版。

自然想到龐德公，卻又不重筆濃墨的寫感受，只寫景緻，月照煙樹，岩扉松徑，真是「出語灑落，洗脫凡近」，這些地方足見孟浩然詩的韻高，也許他善於揚長避短，如果長篇大論，恐怕就會後力不加，這樣疏澹點染，反而顯得韻味無窮。

我們再看張先的名詞〈天仙子〉：

〈水調〉數聲持酒聽，午醉醒來愁未醒。送春春去幾時回？臨晚鏡、傷流景，往事後期空記省。沙上並禽池上暝，雲破月來花弄影。重重簾幕密遮燈，風不定，人初靜，明日落紅應滿徑。

這首詞六十八字，比小令略長，黃昇《花庵詞選》題作〈春恨〉，當時詞人已 52 歲，故此詞爲臨老傷春之作。上片寫愁，下片寫景，以迷離春夜之景襯托傷春之情。〈水調〉一曲傳爲隋煬帝所製，「曲成奏之，聲韻悲切」（郭茂倩《樂府詩集》引《樂苑》），於不經意中已經點出悲愁，再寫送春之悲，臨鏡傷老之悲，同樣寫得自然而不著力。下片以春夜景緻烘托這種傷春歎老之情，更見韻味。沙上並禽雙棲，若有若無地對比自己的年老孤獨，而「雲破月來花弄影」的警句只似在寫景：天上雲破月出，地上花影明暗，不費筆墨寫花的色豔形美，甚至不寫本身，只寫其朦朧的身影，正如清人劉熙載所說：「山之精神寫不出，以煙霞寫之；春之精神寫不出、以草樹寫之」（《藝概·詩概》）。以影寫花，略貌取神，傳神入微，盡得花之風流體態。此句之妙，還不僅在「影」字，王國維說：「著一『弄』字而境界全出」（《人間詞話》）。「弄」字借景物以傳情思。使朦朧花影傳達出朦朧的情思，暗示出此歎老嗟卑傷春之人沈重的人生之感、生命之悲。這才進而寫出結句：「明日落紅應滿徑」，以花的生命凋殘對比人的生命凋殘。所以，我們認爲張先「三影」名句之精髓，決不僅僅是描寫景物的朦朧，那只是表層的美，其深層之美還在於化景物以爲情思，以朦朧之景表達一種微妙的、難以著摸的朦朧之情。景之朦朧烘托出情之朦朧，表達得不即不離、若有若無，出於平淡，而有無窮之韻味。其「沈恨細思，不如桃杏，猶解

嫁東風」亦如此，寫花之解嫁，更爲了襯托人的不如桃杏，不解嫁，而桃杏解嫁的飛花朦朧同樣烘托人的情感之朦朧。

四

　　前人愛將宋詞比唐詩，將宋詞作者比唐詩作者，雖然沒有將張先比孟浩然，但卻有類似的比較，如劉熙載說：「詞品喻諸詩，……其有似韋蘇州者，張子野當之」（《藝概》），良有深意。韋應物上承孟浩然；張先既可比韋應物，自亦可比孟浩然。劉氏以比韋應物，也許覺得張先與韋應物都入仕，而孟浩然終生未仕。其實張先官止于都官郎中，並不戀棧，蘇軾稱其「歸及強銳，優遊故鄉，若復一世」，其作官的目的也不在仕途本身，他任晏殊京兆府中通判，在於與之詞酒酬作，故一次張先議事府中，再三未答，晏殊作色操楚語說：「本爲辟賢會，賢會道無物似情濃，今日卻來此事公事」（見張舜民《畫墁錄》）。張先與孟浩然似乎還有一點不同，孟浩然是山人、隱者，而張先不離紅塵俗世。其實古人有所謂隱於朝、隱於市之說，張先可謂隱於朝市者，其蓄伎風流，既是晉宋風流之繼續，也是宋代社會之普遍現象，如蘇軾十分欣賞的隱者陳季常，既毀棄車馬，隱居光、黃間，又「細馬遠馱雙侍女」（蘇軾詞〈臨江仙〉），正表現出宋人的人生態度。張先、陳季常等宋人的這一面，在本質上與孟浩然並沒有衝突。

　　孟浩然與張先，一在初盛唐之交的詩壇，一在初盛宋之交的詞壇，其人繼承了晉宋人物之風流，其作韻高而才短，諸多相似昭示著某種內在的聯繫。

　　比較孟浩然與張先有什麼意義？這個困擾著所有比較類論文的難題，也同樣困擾著孟浩然與張先的比較。我們認爲：對孟浩然與張先的比較是圍繞「韻高而才短」的文化特質的比較，其意義與價值在「韻高而才短」的文化特質上體現出來。

　　第一，「韻高而才短」，可以認為是某種文體走向成熟期的承啟人物的典型特點。這一特點使他們在文學史上顯示出其特定的作用。

　　首先，他們影響到這種文學品類的代表人物。孟浩然對於盛唐詩歌的頂峰人物李白影響巨大。李白有詩說：「吾愛孟夫子，風流天下聞。紅顏棄軒冕，白首臥松雲。醉月頻中聖，迷花不事君。高山安可仰，徒此挹清芬」，既可看出對這位前輩詩人的景仰，也可看出對他的生活方式與審美情調的無比追慕。孟夫子的風流，諸如白首松雲、醉月迷花，正是晉宋風流的再現，其審美的人生與藝術體現出「逸」的特點。前文已經指出，「逸」是「韻」的具體表現。「逸」有飄逸，有縱逸。飄逸者平淡，縱逸者豪放。盛唐時代詩歌之主流駿發踔厲，作為這一主流的代表人物，李白詩歌的主要特點是縱逸，最早的李白詩歌評論者、其同時代人殷璠說：「李白性嗜酒，志不拘檢，常林棲十數載。故其為文章，率皆縱逸」（《河岳英靈集》），這一點主要繼承了陳子昂。宋人嚴羽始論其飄逸：「子美不能為太白之飄逸，太白不能為子美之沈鬱」（《滄浪詩話》），李白的飄逸則與孟浩然更近一些。清代沈德潛說：「太白之論曰：『寄興深微，五言不如四言，七言又其靡也』，若斯以談，將類於襄陽孟公以簡遠為旨乎」（《石洲詩話》）雖是不信，卻道出了李白與孟浩然的一種聯繫。

　　張先對於北宋詞的代表作家蘇軾的影響更為巨大。蘇軾在杭州開始作詞，就是受到張先的直接影響，他嘗試「以詩為詞」，也是受到張先「以小令作法寫慢詞」以保持詞的韻味的啟發，他推重張先「微詞婉轉，蓋詩之裔。坐此而窮，鹽米不繼。嘯歌自得，有酒輒詣」，是作為人生態度與審美態度有機統一的評價，這就是「韻」。蘇軾詞的主要特點是曠達，曠達同樣是「韻」的具體表現。徐復觀先生在談到南朝時期的氣韻時，說道：「韻是當時在人倫鑒識上所用的重要觀念。他指的是一個人的情調、個性，有清遠、通達、放曠之美。而這種美是流注於人的形相之間，從形相中可以看得出來的。把這種神形相融的韻，

在繪畫上表現出來，這即是氣韻的韻」。[10]徐復觀先生在這兒僅就繪畫立論，從文學來看，也是一樣的。所以蘇軾的曠達從某種意義上講，也一定受到張先「韻高」的影響。可見，開啓人物對於代表人物的影響是巨大的，有時甚至有決定性的作用。

其次，他們影響到這一文學品類的主導審美傾向。孟浩然上承陶謝，開啓古代山水詩以至古代詩歌的平淡風格。盛唐時代對風骨的強調代表了我們民族年輕時的意氣風發，不能代表我們民族詩歌的主導風格。中國人主張中庸、中和，在藝術上最欣賞的是平淡中和之美，中國的山水田園詩具有一種田園牧歌式的韻調，尤爲契合於這種平淡的審美風格。自晉宋山水田園詩出現，就同時産生了平淡的表現方式，陶謝是始作俑者，這種平淡中蘊涵著無窮的韻味。孟浩然在唐代初盛之交大力創作平淡有韻的山水田園詩，對前人是繼承，對後來者是開啓。後此王維，再後之韋應物、柳宗元等無不奉爲圭臬，守其燈傳。張先是蘇門之前講究慢詞韻味的第一人，開啓了宋代慢詞以迄後代慢詞講究韻味的審美特點。蘇軾、晏幾道、秦觀、周邦彥、李清照、姜夔等人無不以韻味作爲慢詞的主導審美傾向。孟浩然、張先對詩、詞主導審美傾向的影響，意義更爲深刻。李白、蘇軾是天才，他們高高在上，俯視眾生，揮灑指斥。天才是少數人，是不可仿效的，對天才的影響往往被天才的光焰所掩蓋，因爲影響天才者，在天才面前顯得「才短」；而對一種文學品類的影響則影響著同樣「才短」的一群人，貼近了普通士大夫的人生態度與審美態度，範圍最大，時間最久遠，具有普遍意義。

第二，「韻高」的核心是人格風神。孟浩然、張先的人格風神在文化史上有著特殊的意義，他們代表了中國古代文人的最普遍的人文形象與藝術審美形象，反映了這一形象的歷史發展過程。

---

10 徐復觀《中國藝術精神》，106 頁。

　　孟浩然與張先，還有此前的「晉宋人物」如謝靈運等，作爲歷史文化長廊中一類「韻高而才短」的文人群像，他們「向外發現了自然，向內發現了自己的深情」，[11]從而風神瀟灑、飄逸不群、流連山水、親近自然、飲酒賦詩、賞愛藝術，甚至愛戀美人、出入歌樓舞榭，體現了古代文人普遍而又普通的人格風神。他們把平常的生活藝術化、雅化、韻化，向往一種寧靜淡泊、超逸塵埃之外的現實生活，一種詩意的、審美的、理想的現實生活，主張一種平淡的人生，一種平平常常，不離世俗卻又含有哲理深意的人生，它借自然展現一種形上超越，而這種形上超越又依然把人引向對現實生活的關懷，既能夠緩解現實的嚴峻所造成的緊張，使人的心靈得到撫慰，同時又不放棄對美好生活的嚮往，對未來理想的追求。這樣一種文化人格，自然得到後世士子的賞愛與仿效。

　　孟浩然與張先，作爲古代文人這種理想的文化人格在不同時期的代表，上承晉宋風流，而由唐到宋，正好完成了這一文化人格的成長過程。

　　宋代以後，隨著士這一群體的人數擴大，並越來越下移，越來越平民化，士的生活方式與生活趣味，他們的審美人格與藝術品格也越來越被平民所接受。「韻」作爲士群體的一種人文精神與審美形態，在封建社會後期，走進了千家萬戶，正如錢穆先生所說：「宋以後的文學藝術，都已平民化了，每一個平民家庭的廳堂牆壁上，總會掛有幾幅字畫，上面寫著幾句詩，或畫上幾根竹子，幾隻小鳥之類，幽雅淡泊。當你去沈默欣賞的時候，你心中自然會感覺到輕鬆愉快。這時候，一切富貴功名，都像化爲烏有，也就沒有所謂人生苦痛和不得意。甚至家庭日常使用的一隻茶杯或一把茶壺，一邊總有幾筆畫，另一邊總有

11　宗白華《美學散步·論〈世說新語〉和晉人的美》，183 頁，上海人民出版社 1981 年版。

幾句詩。甚至你晚上臥床的枕頭上，也往往會繡有詩畫，令人日常接觸到的，儘是藝術，儘是文學」。[12]由此，我們更能體會到孟浩然、張先所代表的文化人格在文化史上的特殊意義。

---

12 錢穆《中國文化史導論》修訂本，249 頁，商務印書館 1994 年修訂版。

唐郊廟歌辭之樂章體制
與內容意義初探

逢甲大學中文系兼任講師
陳　鍾　琇

提　要

　　唐郊廟歌辭主要為唐代朝廷祭祀典禮所用之重要辭章，其製定雅樂之初始，是以「十二和」樂為基礎，爾後各朝視祭祀典禮實際需要，逐漸擴製而成，從樂曲角度觀之，唐郊廟歌辭是以整套樂曲為模式，並以「樂章」為總篇名的成套歌辭。經初步研究顯示，唐郊廟歌辭在樂章體制上，尤其樂曲定名是以《禮記‧樂記》所言「大樂與天地同和」的觀念為出發點，明白揭示唐代祭祀雅樂的製樂理想，而在內容意義上，隨著祭祀典禮程序之進行，所用以祭祀之樂曲與歌辭亦隨著祭典程序而作適當之變換，換言之，由樂曲名稱以及歌辭內容可得知祭典所進行之程序步驟，而這些歌辭亦反映出，朝廷對天地神祇之崇敬與對宗廟祖先之緬懷追思。

關鍵詞：郊廟歌辭、禮記、唐代、祭祀、樂章

前　言

　　所謂「郊廟」，其中包含兩層意義，一是「郊」、二是「廟」。郊者，據《說文》曰：「距國百里曰郊。」；[1]廟者，《說文》曰：「尊先祖皃也。」，[2]「郊」與「廟」就祭祀意義來說，「郊祀」泛指祭祀天地山川社稷而言；「廟祀」則爲祭祀宗廟之意。《舊唐書‧音樂志》[3]以及郭茂倩《樂府詩集》第四卷至第七卷與《全唐詩》卷十至卷十五收錄了唐代各朝之郊廟歌辭，[4]這些歌辭所呈現之模式皆爲完整之樂章形式，爲朝廷祭祀郊廟、配合音樂所用之歌辭。唐郊廟歌辭呈現完整樂章形式，並以「樂章」爲整組樂曲歌辭之總稱，這在唐以前之歷代郊廟歌辭是前所未見的，[5]這可從《舊唐書‧音樂志》所收錄的唐代郊廟歌辭，以及目前所存見的詩歌總集，如：郭茂倩《樂府詩集》以及逯欽立（1910-1973）《先秦漢魏晉南北朝詩》二書所收之郊廟歌辭究竟得知。

1　段玉裁《說文解字注》曰：「杜子春注《周禮》曰：『五十里爲近郊，百里爲遠郊』；《玉藻》說『郊祭』曰：『於郊』，故謂之郊。」（台北：黎明事業文化公司）民國 80 年 4 月，頁 286。余案：說文注以《玉藻》之說證之，然而，「於郊」此詞，乃出於《禮記‧郊特牲》曰：「於郊，故謂之郊。」，並非出於《禮記‧玉藻》。孫希旦《禮記集解》（上），（台北：文史哲出版社）民國 79 年 8 月，頁 689。

2　段玉裁《說文解字注》曰：「尊其先祖，而以是儀皃之，故曰：『宗廟』。諸書皆曰：『廟，皃也。』《祭法》注云：『廟，之言皃也。』，宗廟者，先祖之尊皃也。古者，廟以祀先祖。凡神不爲廟也。爲神立廟者，始三代以後。」（台北：黎明事業文化公司）民國 80 年 4 月，頁 450。

3　見《舊唐書‧音樂志三》至《舊唐書‧音樂志四》，《四部備要‧史部》中華書局據武英殿本校刊，（台灣：中華書局），民國 71 年 6 月。

4　《全唐詩》卷十至卷十六爲〈郊廟歌辭〉，其中卷十六所收錄之朝代爲五代郊廟歌辭，故本文參考研究取材爲《全唐詩》卷十至卷十五。

5　如漢代〈郊祀歌〉有「練時日」、「帝臨」、「青陽」、「朱明」、「西顥」、「玄冥」諸篇，雖爲組詩，然而是以〈郊祀歌〉爲總篇名；又如齊〈南郊樂歌〉有「肅咸樂」、「引牲樂」、「嘉薦樂」、「昭夏樂」、「永至樂」、「登歌」、「文德宣烈樂」、「武德宣烈樂」、「嘉胙樂」、「昭夏樂」、「昭遠樂」、「休成樂」；隋〈五郊歌〉有「角音」、「徵」、「宮音」、「商音」、「羽音」等，在唐以前之郊廟樂歌，雖已具備組詩型態，然而以「樂章」一名爲組詩總稱者，至唐始有之。

　　唐郊廟歌辭樂章之組成，依各朝所祭祀之對象與進行方式而有所不同，在祭祀對象方面，有祭天地、山川、日月、風雨、農稷之神以及先祖、先皇、先后、先太子等。在製樂上，是以樂章爲總篇名，而在所組成的各個樂曲以「和」字定名上，更有其政治上之考量。唐郊廟歌辭多半爲當朝大臣所寫，歌辭內容結合樂章篇名，初步觀察反映出祈祝政通人和的意義。本文即通過文本之考察分析，希望能對唐郊廟歌辭之組成結構，以及內容意義有進一步之認識。

壹、唐郊廟歌辭之製樂

　　據《新唐書‧禮樂志》所載，[6]唐在立朝之初始，在樂制方面，是承襲隋朝而來。自從高祖武德九年（626）之後，此段時間距離開國武德元年（618）也已過了將近九年，在國家安定的穩健基礎上，於是朝廷便有了製樂之舉，即所謂「功成作樂」是也。[7]於是高祖便下詔，命太常少卿祖孝孫、協律郎竇璡等人定樂，而在宮廷雅樂鐘律的行用上，因隋朝本來只行用黃鐘一宮，而其中又只擊用七鐘，其中有五鐘只設而不擊用，謂之「啞鐘」，因此協律郎張文收依古斷竹爲十二律之法來調製鐘律，[8]使得製樂有了依準，高祖便命令祖孝孫用以吹調五鐘，於是乎十二鐘便皆可爲樂用。其後，祖孝孫便又以十二月相承爲六十聲

6　見《新唐書‧禮樂志十一》，《四部備要‧史部》，中華書局據武英殿本校刊。

7　同註6。

8　《呂氏春秋‧古樂》曰：「...昔黃帝令伶倫作爲律，伶倫自大夏之西，乃之阮隃之陰，取竹於嶰谿之谷，以生空竅厚鈞者、斷兩節間，其長三寸九分而吹之，以爲黃鐘之宮，吹曰『舍少』。吹制十二筒，以之阮隃之下，聽鳳皇之鳴，以別十二律。其雄鳴爲六，雌鳴亦六，以比黃鐘之宮，適合。黃鐘之宮，皆可以生之，故曰黃鐘之宮，律呂之本。」，（成都：巴蜀書社），2002 年 1 月，頁 541-547。；《隋書‧律曆志第十一‧和聲》曰：「傳稱黃帝命伶倫斷竹，長三寸九分，而吹以黃鐘之宮，曰含少。次制十二管，以聽鳳鳴，以別十二律，比雌雄之聲，以分律呂。上下相生，因黃鐘爲始。」，《四部備要‧史部》，中華書局據武英殿本校刊。

與八十四調，[9]如此一來，聲與調皆有其固定之旋律，遂成「雅樂」，曰「雅樂成調，無出七聲，本宮遞相用」也[10]。而樂章則是「隨律定均」，再加上笙、磬，節以鐘、鼓，製定成樂。

高祖朝製定雅樂，爲廟堂雅樂奠定初步規模，然而到了太宗朝，在朝廷雅樂之製作上，卻出現了一段插曲，其原因就是太宗對於音樂與治國二者關係上，有其獨到見解，唐 吳兢《貞觀政要》與《新唐書·禮樂志》均記載這段史實，大抵意思相同，只是二者文字稍有出入，《貞觀政要》成書較早，是爲唐人所著；《新唐書·禮樂志》亦記載甚詳，因此筆者將兩段文字條列於下，可互爲參詳：

唐·吳兢《貞觀政要》卷七〈論禮樂〉

太常少卿祖孝孫奏所定新樂。太宗曰：「禮樂之作，是聖人緣物設教，以爲撙節。治政善惡，豈此之由！」御史大夫杜淹對曰：「前代興亡，實由於樂。陳將亡也，爲〈玉樹後庭花〉；齊將亡也，而爲〈伴侶曲〉。行路聞之，莫不悲泣，所謂"亡國之音"也。以是觀之，實由於樂。」太宗曰：「不然。夫音聲豈能感人？歡者聞之則悅，哀者聽之則悲；悲悅在於人心，非由樂也。將亡之政，其人心苦。然苦心相感，故聞之則悲耳。何樂聲哀怨能使悅者悲乎？今〈玉樹〉、〈伴侶〉之曲，其聲具存，朕能爲公奏之，知公必不悲耳。」尚書右丞魏徵進曰：「古人稱："禮

9　《新唐書·禮樂志十一》曰：「…其法，因五音生二變，因變徵爲正徵，因變宮爲清宮。七音起黃鐘，終南呂，迭爲綱紀。黃鐘之律，管長九寸，王於中宮土。半之，四寸五分，與清宮合，五音之首也。加以二變，循環無間。故一宮、二商、三角、四變徵、五徵、六羽、七變宮，其聲絲濁至清爲一均。凡十二宮調，皆正宮也。正宮聲之下，無復濁音，故五音以宮爲尊。十二商調，調有下聲一，謂宮也。十二角調，調有下聲二，宮、商也。十二徵調，調有下聲三，宮、商、角也。十二羽調，調有下聲四，宮、商、角、徵也。十二變徵調，居角音之後，正徵之前。十二變宮調，在羽音之後，清宮之前。雅樂成調，無出七聲，本宮遞相用。…」。

10　同註9。

云禮云，玉帛云乎哉？樂云樂云，鐘鼓云乎哉？”樂在人和，
不由音調。」太宗然之。[11]

《新唐書·禮樂志》

太宗謂侍臣曰：「古者聖人沿情以作樂，國之興衰，未必由此。」
御史大夫杜淹曰：「陳將亡也，有〈玉樹後庭花〉，齊將亡也，
有〈伴侶曲〉，聞者悲泣，所謂亡國之音哀以思。以是觀之，亦
樂之所起。」帝曰：「夫聲之所感，各因人之哀樂。將亡之政，
其民苦，故聞以悲。今〈玉樹〉、〈伴侶〉之曲尚存，為公奏之，
知必不悲。」尚書右丞魏徵進曰：「孔子稱：『樂云樂云，鐘鼓
云乎哉？』樂在人和，不在音也。」十一年，張文收復請重正
餘樂，帝不許，曰：「朕聞人和則樂和，隋末喪亂，雖改音律而
樂不和。若百姓安樂，金石自諧矣。」[12]

　　從這兩段文字可知太宗反駁杜淹之言，並提出對於音樂與政治關
係的獨特見解，太宗認為音樂是外在客觀存在物，與人內在主觀的哀
樂情感，是無必然相關的。在此之前，三國曹魏時期之名士嵇康
（223-262A.D）曾提出「聲無哀樂論」的論點，[13]二人之觀點似乎有
其共通性，嵇康是三國曹魏時期，在思想、文學、音樂三大領域各有
專擅的大家，其所提出的「聲無哀樂論」自不諱言是玄學特定時代所
產生的思想觀點，嵇康在「聲無哀樂論」中，藉託東野主人與秦客兩
位人物討論音聲與個人哀樂情感之間的關係，來闡述個人音樂觀，曰：
「…音聲自當以善惡為主，則無關於哀樂；哀樂自當以情感而後發，
則無繫於聲音，名實俱去，則盡然可見矣。…」[14]此段文字顯示，嵇

---

11 唐 吳兢《貞觀政要》卷七，《四部備要·史部》，中華書局據明刻本校刊。
12 見《新唐書·禮樂志十一》。
13 見《嵇中散集》卷五〈聲無哀樂論〉，《四部備要·集部》，中華書局據明刻本校
　　刊。
14 同註 13。

康認爲聲音與個人哀樂情感之聯繫並非有絕對關係；太宗認爲「…悲悅在於人心，非由樂也。將亡之政，其人心苦。然苦心相感，故聞之則悲耳。何樂聲哀怨能使悅者悲乎？…」[15]政治若已隳亂在先，百姓之悲痛早已無法承受，則無論何種音樂聽來皆是亡國之音，有如喪鐘之響。人之情感，會因外在事物而牽動者，本無侷限在音樂一事上，舉凡生活環境、萬事萬物皆爲客觀之存在，人之感物動情最爲基本與直接者，實與實際之生存環境最爲相關，政治若通達清明，百姓安樂，才能真實的感受到音樂之美。因此，魏徵認爲「樂在人和，不在音也。」；太宗亦認爲「人和則樂和」，人和是樂和的基礎，治國要以「人和」爲出發點，而這也足以反映出太宗的治國理念，必以人爲本的政治理想。所以在貞觀十一年（637A.D），張文收再次請求朝廷繼續制定雅樂時，便被太宗拒絕。《新唐書·禮樂志》曰：「唐爲國而作樂之制尤簡，高祖、太宗即用隋樂與孝孫、文收所定而已。其後世所更者，樂章舞曲。」[16]此段文字說明唐代在製定雅樂上，是沿用隋樂、以及祖孝孫與張文收所製定之雅樂而已，日後各朝所更增者，亦僅止於樂章舞曲。不過就實際上而言，這段文字記載卻過於簡略，不但忽略了武后朝以及玄宗朝製新樂之史實，而且後世所更增的也未必僅止於樂章舞曲，這在下一節討論〈十二和〉樂的樂章性質與結構時，會加以說明。

　　而除了政治上的考量外，唐初製樂以「和」爲基礎的觀念亦有歷史淵源上的意義，《新唐書·禮樂志》曰：「初，祖孝孫已定樂，乃曰『大樂與天地同和者也』。」[17]其中「大樂與天地同和」一句，便是出於《禮記·樂記》，曰：「大樂與天地同和，大禮與天地同節。和，故百物不失；節，故祀天祭地。」[18]禮樂制度所講求的即是宇宙萬物

---

15 同註 12。

16 同註 12。

17 同註 12。

18 見《禮記·樂記第十九》，《十三經注疏》分段標點本第十一冊，國立編譯館主

之秩序與和諧，萬物皆有其物性，而人爲其一，人俯仰於天地之間，與萬物各保其性。人之成樂，而與天地合和；人之成禮，而與天地合節，[19]以虔敬之心看待世界萬物，因此祭祀天地以感其作育之恩澤。又曰：「樂者，天地之和也。禮者，天地之序也。」，[20]「樂」是天地和諧之具體呈現；「禮」則是用以呈現天地井然有序之規則樣貌，禮樂之興，才能彰顯宇宙萬物和諧有序的狀貌。

　　筆者認爲《禮記・樂記》將儒家聖人制禮作樂的人文精神觀點向上提升，人以「禮」、「樂」結合天地化育之功，將製定禮樂等同於看待天地化育萬物，天地化育萬物自有其生化之理，必有其生存之秩序；而人製定禮樂，其所呈現者，亦爲人治社會中之秩序倫理之常道表現，「天」、「地」、「人」三才之精神即爲如此。《禮記・樂記》又曰：「若夫禮樂之施於金石，越於聲音，用於宗廟社稷，事乎山川鬼神，則此所與民同也。」，[21]禮樂之作是本於天地，行用於宗廟社稷與山川鬼神，而下達於民，因而治國者，祭祀宗廟社稷與山川鬼神，此爲禮樂推行之首要，因此使得人民有遵循之方向，並藉以教導臣民禮樂之節。若以《禮記・樂記》此種觀點來看唐初製樂之功，可直言的是，唐初定雅樂之制，以行祭祀宗廟社稷、山川鬼神之禮，便是直接承續《禮記・樂記》儒家聖人製樂之精神。《新唐書・禮樂志十一》曰：

　　　初，祖孝孫已定樂，乃曰：「大樂與天地同和者也。」，製〈十
　　　二和〉，以法天之成數，號〈大唐雅樂〉：一曰〈豫和〉、二曰〈順
　　　和〉、三曰〈永和〉、四曰〈肅和〉、五曰〈雍和〉、六曰〈壽和〉、
　　　七曰〈太和〉、八曰〈舒和〉、九曰〈昭和〉、十曰〈休和〉、十

編，（台北：新文豐出版公司），2001 年 6 月，頁 1672。

19 許慎《說文解字》曰：「節，竹約也。」，段玉裁注曰：「約，纏束也。竹節如纏束之狀。〈吳都賦〉曰：『苞筍抽節』，引伸爲節省、節制、節義。…」，（台北：黎明文化事業公司）民國 80 年 4 月，頁 191。

20 同註 18，頁 1676。

21 同註 18，頁 1677。

一日〈正和〉、十二日〈承和〉。用於郊廟、朝廷，以和人神。
孝孫已卒，張文收以為〈十二和〉之制未備，乃詔有司釐定，
而文收考正律呂，起居郎呂才叶其聲音，樂曲遂備。[22]

　　唐初製樂用以行於祭祀之樂者，為唐之「雅樂」，此〈十二和〉之
樂為祖孝孫所製，亦為其所定名。其中〈肅和〉與〈雍和〉兩樂名源
於詩經，《禮記・樂記》引詩經曰：「詩云：『肅雍和鳴，先祖是聽。』
夫肅肅，敬也。雍雍，和也。夫敬以和，何事不行？」，[23]可知「肅」
與「雍」兩字取其莊敬之義。而這〈十二和〉樂，起先由祖孝孫所製，
後來祖孝孫卒後，張文收認為此〈十二和〉之樂制尚未完備，上詔張
文收考正律呂、呂才叶音，之後樂曲才完善。而自高宗以後，這〈十
二和〉有時會變更曲名，直到〈開元禮〉製定後，才又恢復祖孝孫之
〈十二和〉樂名，[24]此外，郭茂倩在《樂府詩集・郊廟歌辭》序中亦
說明，唐初作〈十二和〉是法天數，後來有繼續增造樂曲，有隨時製
名之舉。[25]但仍是以十二和樂為擴增基礎，以「和」字定名。

　　〈十二和〉樂主要製樂目的為「用於郊廟、朝廷，以和人神」，觀
乎此十二篇名，皆以「和」為命名，更能彰顯出制樂精神之最高境界
是以「和」為貴，這在唐朝以前，歷代之郊廟歌辭篇名之命名上，是
前所未見的。吾人甚至可以說，唐初所製之〈十二和〉雅樂是《禮記・
樂記》人文精神的最具體呈現。

貳、唐郊廟歌辭之樂章結構與類別

　　唐郊廟歌辭之體制所呈現之形式，為完整之樂章結構，大體上，

22　同註 12。
23　同註 18，第十二冊，頁 1730。
24　同註 12。
25　見郭茂倩《樂府詩集》第四卷〈郊廟歌辭四〉，（台北：里仁書局）民國 70 年 3
　　月，頁 58。

分為兩部分，一為樂曲，一為歌辭。在樂曲上，有新製之樂、有襲隋舊樂之分；而在歌辭方面，則依實際祭典之需要與祭祀對象配樂而歌，部分樂章除了歌辭之外，再加上舞辭，以配合祭典所進行之舞蹈。唐代郊廟歌辭整體呈現出完整樂章形式，每一樂章均由若干樂曲組合而成，這些樂曲之組合與程序，亦需配合祭祀對象之不同身份與性質，而有所調整與增減。大體而言，一個完整之樂章，其樂曲之先後安排亦需伴隨著祭祀典禮之程序而進行的。

　　上一節談到的〈十二和〉樂之製定經過，而唐郊廟歌辭樂章中之樂曲，基本上是以這〈十二和〉樂為基礎，逐漸增製而成，再依祭祀典禮之性質，依序組合成一完整之樂章結構。首先筆者介紹〈十二和〉樂之特性與所適用之祭典，再依祭祀對象之不同類別，介紹樂章之結構與樂曲之性質。

一、以〈十二和〉樂為基礎[26]

1. 〈豫和〉：以降天神。冬至祀圓丘，上辛祈穀，孟夏雩，季秋享明堂，朝日，夕月，巡狩告于圓丘，燔柴告至，封祀太山，類于上帝，皆以圓鍾為宮，三奏；黃鍾為角，太簇為徵，姑洗為羽，各一奏，文舞六成。五郊迎氣，黃帝以黃鍾為宮，赤帝以函鍾為徵，白帝以太簇為商，黑帝以南呂為羽，青帝以姑洗為角，皆文舞六成。

2. 〈順和〉：以降地祇。夏至祭方丘，孟冬祭神州地祇，春秋社，巡狩告社，宜于社，禪社首，皆以函鍾為宮，太簇為角，姑洗為徵，南呂為羽，各三奏，文舞八成。望于山川，以蕤賓為宮，三奏。

3. 〈永和〉：以降人鬼。時享、禘祫，有事而告謁于廟，皆以黃鍾為宮，三奏；大呂為角，太簇為徵，應鍾為羽，各二

---

26 同註12。

奏。文舞九成。祀先農，皇太子釋奠，皆以姑洗為宮，文舞三成；送神，各以其曲一成。蜡兼天地人，以黃鍾奏〈豫和〉，蕤賓、姑洗、太簇奏〈順和〉，無射、夷則奏〈永和〉，六均皆一成以降神，而送神以〈豫和〉。

4.〈肅和〉：登歌以奠玉帛。于天神，以大呂為宮；于地祇，以應鍾為宮；于宗廟，以圜鍾為宮；祀先農、釋奠，以南呂為宮；望于山川，以函鍾為宮。

5.〈雍和〉：凡祭祀以入俎。天神之俎，以黃鍾為宮；地祇之俎，以太簇為宮；人鬼之俎，以無射為宮。又以徹豆。凡祭祀，俎入之後，接神之曲亦如是。

6.〈壽和〉：以酌獻、飲福。以黃鍾為宮。

7.〈太和〉：以為行節。亦以黃鍾為宮。凡祭祀，天子入門而即位，與升降，至于還次，行則作，止則止。其在朝廷，天子將自內出，撞黃鍾之鍾，右五鍾應，乃奏之。其禮畢，興而入，撞蕤賓之鍾，左五鍾應，乃奏之。皆以黃鍾為宮。

8.〈舒和〉：以出入二舞，及皇太子、王公、群后國老若皇后之妾御、皇太子之宮臣，出入門則奏之。皆以太簇之商。

9.〈昭和〉：皇帝、皇太子以舉酒。

10.〈休和〉：皇帝以飯，以肅拜三老，皇太子亦以飯。皆以其月之律均。

11.〈正和〉：皇后受冊以行。

12.〈承和〉：皇太子在其宮，有會以行。若駕出，則撞黃鍾，奏〈太和〉。出太極門而奏〈采茨〉，至于嘉德門而止。其還也亦然。

從以上《新唐書・禮樂志》所介紹之〈十二和〉樂之內容與祭典

之行用，可知是依照祭祀對象之別與祭典進程，選用合適之樂曲，從皇帝主祭到皇太子、王公貴臣之參祭等，均有其特定的祭典程序與樂曲，其中亦包括皇后親祠時受冊典禮之樂。[27]祭祀對象有天神、地神、人鬼、先農等，而祭典之每一步驟與行進之法，亦有配用之音樂，甚至在祭祀行進轉換連接下一個祭祀片段時，其祭祀樂舞之演出，亦考量到樂曲之合適性。而除了以此〈十二和〉樂爲基礎之外，有時會依照祭祀典禮之需要擴製新樂與新辭，尤其是武后朝時期，增製許多新樂，諸如：〈咸和〉、〈九和〉、〈顯和〉、〈欽和〉、〈齊和〉、〈德和〉、〈通和〉、〈歸和〉、〈禋和〉等，姑且不論武后爲政時，是否爲突破傳統李唐王朝之禮教窠臼，所以才製定新樂，然而這也突顯出朝廷在製樂上，能不受傳統禮法所限，依照祭祀性質，製作合宜之祭祀樂曲，進而配合新辭，以求祭祀典禮之完善，進而達到禮樂合一之境界。

　　而在朝廷祭祀舞樂與舞辭的製作方面，祭祀舞曲分爲文舞與武舞兩種，舞辭則爲配合祭祀舞樂所行用之歌辭。唐代朝廷在廟祀典禮的進行當中，絕大部份會穿插樂舞，關於樂舞之製定，《新唐書·禮樂志》曰：「初，隋有文舞、武舞，至祖孝孫定樂，更文舞曰〈治康〉，武舞曰〈凱安〉，…凡初獻，作文舞之舞；亞獻、終獻，作武舞之舞。」[28]而唐代舞樂在祭祀典禮之行用方式，據《新唐書·禮樂志》曰：「太廟降神以文舞，每室酌獻，各用其廟之舞。禘祫遷廟之主合食，則舞亦如之。」[29]在朝廷禘祫之祭典時，行用文舞。而唐代武舞則在太宗朝

27　皇后受冊以行奏〈正和〉樂，據《新唐書·禮樂志第二》曰：「皇后親祠，冊祝之意。」，（《四部備要》本）。

28　同註 12。

29　同註 12。又許慎《說文解字》曰：「祫：大合祭先祖，親疏遠近也。從示合聲。周禮曰：『三歲一祫。』」段注曰：「春秋文二年八月丁卯，大事於大廟。《公羊傳》曰：『大事何？大祫也。大祫者何？合祭也。毀廟之主，陳於大祖；未毀廟之主，皆升，合食於大祖。』」；《說文》曰：「禘，祭也。從示帝聲。周禮曰：『五歲一禘』。」

製定後，在往後各朝則歷經多次變更，大抵唐太宗以後諸朝君王，均有其特定行用之廟舞，廟祀時以配合祭祀舞樂。[30]

二、唐郊廟歌辭樂章之類別

據《新唐書·禮樂志》所記載，有所謂「五禮」，即「吉禮、齋戒、陳設、省牲器、奠玉帛」，其中「吉禮」將唐代祭祀分為「大祀」、「中祀」、「小祀」三等。[31]「大祀」之內容為「天、地、宗廟、五帝及追尊之帝、后」；「中祀」之內容為「社、稷、日、月、星、辰、岳、鎮、海、瀆、帝社、先蠶、七祀、文宣、武成王及古帝王、贈太子。」；「小祀」內容則為「司中、司命、司人、司祿、風伯、雨師、靈星、山林、川澤、司寒、馬祖、先牧、馬社、馬步，州縣之社稷、釋奠。」以上三者，將唐代祭祀之內容與等級，分類巨細靡遺，更可見其祭祀之規模。而唐郊廟歌辭由祭祀性質之類別而言，又大抵可分為郊祀與廟祀兩種，郊祀主要祭祀之對象為天地、日月、山川、五方等神祇；而廟祀主要祭祀對象則為先聖與唐先祖宗室等先人。其他尚有在這兩類之外者，如：玄宗朝的〈享龍池樂章〉，則別立其他類，以下依此三類分述之。

（一）郊祀

---

30 《舊唐書·音樂志第一》曰：「儀鳳二年十一月六日，...萬石又與刊正官等奏曰：『謹按〈凱安舞〉是貞觀中所造武舞，準貞觀禮及今禮，但郊廟祭享奏武舞之樂即用之。凡有六變：一變象龍興參野，二變象克靖關中，三變象東夏賓服，四變象江淮寧謐，五變象獫狁譬伏，六變復位以崇，象兵還振旅。』」（《四部備要》本）；《新唐書·禮樂志第十一》曰：「初太宗時，詔秘書監顏師古等撰定弘農府君至高祖太武皇帝六廟樂曲舞名，其後變更不一，而自獻祖而下廟舞，略而可見也。獻祖曰：光大之舞，懿祖曰：長發之舞；太祖曰：大政之舞；世祖曰：大成之舞；高祖曰：大明之舞；太宗曰：崇德之舞；高宗曰：鈞天之舞；中宗曰：太和之舞；睿宗曰：景雲之舞；玄宗曰：大運之舞；肅宗曰：惟新之舞；代宗曰：保大之舞；德宗曰：文明之舞；順宗曰：大順之舞；憲宗曰：象德之舞；穆宗曰：和寧之舞；敬宗曰：大鈞之舞；文宗曰：文成之舞；武宗曰：大定之舞；昭宗曰：咸寧之舞。其餘闕而不著。」，（《四部備要》本）。

31 《新唐書·禮樂志第一》，（《四部備要》本）。

　　據《新唐書·禮樂志》曰：「古者祭天於圜丘，在國之南，祭地於澤中之方丘，在國之北，所以順陰陽，因高下，而事天地以其類也。其方位既別，而其燎壇、瘞坎、樂舞變數亦皆不同，而後世有合祭之文。則天冊萬歲元年，親享南郊，始合祭天地。」，[32]此段文字說明，隨著祭天與祭地其方位與祭祀之法不同，所用之樂舞亦不同，而到了武則天天冊萬歲元年，親自享祭南郊，才合祭天地。

　　〈祀圜丘樂章〉為貞觀六年冬至所行祀，馬睎孟曰：「祭天於地上圜丘。」[33]，主要是祭祀昊天上帝，此樂章之結構，其樂曲先後依序為〈豫和〉、〈太和〉、〈肅和〉、〈雍和〉、〈壽和〉、〈舒和〉、〈凱安〉、〈豫和〉。此樂章祭祀對象為天神，首先〈豫和〉之樂奏，為祭祀典禮揭開序幕；其後為〈太和〉，是主祭天子入門即位主持祭典，天子之行儀舉止均照典禮之規範；接著天子登歌奠玉帛奏〈肅和〉，「奠玉帛」為祭祀六節之一，[34]整個祭典到這裡逐漸進入高潮，之後，奏〈雍和〉，雍和之樂為郊廟俎入所用，再來〈壽和〉為酌獻、飲福酒所奏。接著祭典進入尾聲時，奏〈舒和〉樂，舒和樂主要是用在王公出入，送文舞出、迎武舞入時，接著奏武樂〈凱安〉樂，而當祭典結束時，又奏〈豫和〉樂。而唐代各朝之祭天樂章，除了上述貞觀六年的〈祀圜丘樂章〉之外，另有武后〈大享昊天樂章〉、中宗景龍三年〈祀昊天樂章〉、玄宗開元十一年〈祀圜丘樂章〉等，其中武后時期的〈大享昊天樂章〉與其它祭天樂章不同的是，其樂章結構中的樂曲篇名，是為序號而非樂曲名。

　　唐代祭地樂章有貞觀中的〈祭方丘樂章〉、據郭茂倩云：「《唐書·

32　《新唐書·禮樂志第三》，(《四部備要》本)。
33　孫希旦《禮記集解》，(台北：文史哲出版社)，民國79年8月，頁1194。
34　《新唐書·禮樂志第一》曰：「凡祭祀之節有六：一曰卜日，二曰齋戒，三曰陳設，四曰省牲器，五曰奠玉帛、宗廟之晨祼，六曰進熟、饋食。…」、「五曰奠玉帛。祀日，未明三刻，郊社令、良醞令各帥其屬入實尊、罍，太祝以玉幣置於篚，太官令帥進饌者實諸籩、豆、簋、簠於饌幔。」，(《四部備要》本)。

樂志》曰：『貞觀中，夏至祭皇地祇於方丘：迎神用〈順和〉，皇帝行用〈太和〉，登歌奠玉帛用〈肅和〉，迎俎用〈雍和〉，酌獻飲福用〈壽和〉，送文舞出、迎武舞入用〈舒和〉，武舞用〈凱安〉。其〈太和〉、〈壽和〉、〈凱安〉三章，詞同冬至圓丘。並褚亮等作。』」，[35]此段說明祭典用樂之步驟與專屬樂曲，最後亦配合武舞之樂，而其中有〈太和〉、〈壽和〉兩章文樂之歌辭，以及〈凱安〉舞樂之歌辭，與冬至祭圓丘樂章相同。[36]其它祭地樂章尚有貞觀中〈祭神州樂章〉與睿宗太極元年〈祭方丘樂章〉。〈祭方丘樂章〉爲〈順和〉、〈肅和〉、〈雍和〉、〈舒和〉、〈順和〉等樂曲構成，〈順和〉樂爲迎地祇神之曲，爲祭典揭開序幕，接著皇帝登歌奠玉帛用〈肅和〉、迎俎用〈雍和〉、酌獻飲福用〈壽和〉、送文舞出迎武舞入用〈舒和〉、以及武舞用之〈凱安〉，這些均與祭天之樂相同。此外，貞觀中又有所謂的〈五郊樂章〉，所謂五郊者，即所謂的五方之神，亦稱爲五天帝，[37]唐貞觀年之〈五郊樂章〉所祀者與所用樂音篇章之首分別爲〈黃帝宮音〉、〈青帝角音〉、〈赤帝徵音〉、〈白帝商音〉、〈黑帝羽音〉，此五篇章中，除了篇章之首外，接下來均用〈肅和〉、〈雍和〉、〈舒和〉三樂。

而在祭祀山川方面，據《新唐書・禮樂志》曰：「其非常祀，天子有時而行之者，曰封禪、巡守、視學、耕藉、拜陵。」，[38]可知，唐代祭典有所謂常祀與非常祀。其中「封禪」大典則爲登臨泰山祭祀，唐

---

35 郭茂倩，頁 86。

36 郭茂倩《樂府詩集》對於每個樂章同用之歌辭，均不再重複著錄，只在樂章前面之小序稍作說明。

37 《新唐書・禮樂志第三》曰：「《禮》曰：『以禋祀祀昊天上帝。』此天也，玄以爲天皇大帝者，北辰耀魄寶也。又曰：『兆五帝於四郊。』此五行精氣之神也，玄以爲青帝靈威仰、赤帝赤熛怒、黃帝含樞紐、白帝白招拒、黑帝汁光紀者，五天也。由是有六天之說，後世莫能廢焉。唐初《貞觀禮》，冬至祀昊天上帝于圓丘，正月辛日祀感生帝靈威仰於南郊以祈穀，而孟夏雩于南郊，季秋大享于明堂，皆祀五天帝。」，《四部備要・史部》，中華書局據武英殿本校刊。

38 《新唐書・禮樂志第四》，（《四部備要》本）。

登封泰山之祭祀樂章者，有明皇開元十三年〈封泰山樂章〉，其中樂章首篇爲〈豫和〉，共有六首，其他依序之篇章樂名爲〈太和〉、〈肅和〉、〈雍和〉、〈壽和〉、〈壽和〉、〈舒和〉、〈凱安〉、〈豫和〉等。而唐代祭水樂章則有武后永昌元年〈武后大享拜洛樂章〉與玄宗開元十一年〈祭汾陰樂章〉。〈武后大享拜洛樂章〉作於武后永昌元年，而據《新唐書·本紀·則天皇后》所記載，在垂拱四年時，武后曾得「寶圖」於洛水，並加尊號爲「聖母神皇」，之後又改「寶圖」爲「天授聖圖」，改洛水爲「永昌洛水」，封其神爲「顯聖侯」，[39] 由這史籍記載可知，武后拜洛一事，實是爲其登基作準備。而〈拜洛樂章〉之樂曲篇章依序分別爲〈昭和〉、〈致和〉、〈咸和〉、〈九和〉、〈顯和〉、〈昭和〉、〈敬和〉、〈齊和〉、〈德和〉、〈禋和〉、〈通和〉、〈歸和〉、〈歸和〉等十三篇。另外，玄宗〈祭汾陰樂章〉主要爲祭祀皇地祇所作之樂章，[40] 這篇樂章主要是由韓思復、盧從愿、劉晃、韓休、王晙、崔玄童、賈曾、蘇頲、何鸞、蔣挺、源光裕等十一位當朝大臣所作，其中迎神曲〈順和〉共有四位作辭。

　　在祭祀日月方面，有貞觀年中之〈朝日樂章〉與〈夕月樂章〉，據《禮記·祭義》曰：「郊之際，大報天而主日，配以月。」[41]；又曰：「祭日於壇，祭月於坎，以別幽明，以制上下。祭日於東，祭月於西，以別外內，以端其位。日出於東，月生於西，陰陽長短，終始相巡，以致天下之和。」，[42] 由上述兩段文字可知，朝日爲報天之德而祭祀，而夕月主要則是配日而成，兩者互爲依存，因此才能夠有幽明之別、

39　《新唐書·本紀第四》，（《四部備要》本）。

40　郭茂倩《樂府詩集》引《唐書·樂志》曰：「玄宗開元十一年，祭皇地祇於汾陰：迎神用〈順和〉八變、皇帝行用〈太和〉，登歌奠玉用〈肅和〉，迎俎用〈雍和〉，酌獻飲福用〈壽和〉，送文武出、迎武舞入用〈舒和〉，武舞用〈凱安〉，送神用〈順和〉。」（台北：里仁書局）民國70年3月，頁91。

41　見《十三經注疏》分段標點本，頁2034。

42　同註41，頁2035-2036。

有上下之分，如此一來，天下便能和諧。貞觀年之〈朝日樂章〉與〈夕月樂章〉之結構篇章依序均爲〈肅和〉、〈雍和〉、〈舒和〉。

在祭祀風雨方面，祭祀風師與雨師是屬於小祀。唐代通常在立春後丑日祀風師，立夏後申日祀雨師。[43]唐有〈祀風師樂章〉與〈祀雨師樂章〉，其結構篇章依序均爲〈迎神〉、〈奠幣登歌〉、〈迎俎酌獻〉、〈亞獻終獻〉、〈送神〉等，亦均爲包佶撰辭。

而有關農業方面之祭祀上，則有貞觀中之〈祈穀樂章〉、〈雩祀樂章〉、〈享先農樂章〉，與顯慶中〈享先蠶樂章〉等，其中祈穀與雩祀之祭祀性質相似，《禮記·月令》曰：「…命有司爲民祈山川百源，大雩帝，用盛樂。乃命百縣雩祀百辟卿士有益於民者，以祈穀實。」，[44]由此可見，據《禮記》所記載，雩祀之目的是爲了祈穀，祈求農作豐收。然而到了唐代，唐初《貞觀禮》與高宗時期之《顯慶禮》以及玄宗時期之《開元禮》三者對於雩祀與祈穀之間的關聯說法不一，[45]所爭議之處爲祭祀對象認定不同所致。唐初《貞觀禮》之觀念爲「正月辛日祀感生帝靈威仰于南郊以祈穀，而孟夏雩于南郊。」，所祭祀者爲感生帝；《顯慶禮》爲禮部尚書許敬宗等認爲「郊祀后稷，以祈農事。」，因此，南郊祈穀、孟夏雩都應祭祀昊天上帝；《開元禮》則認爲《貞觀禮》是祭五方帝，而《顯慶禮》是祭昊天上帝，然祈穀本以祭天，而五方帝又行生九穀，因此宜於兼祭，唐〈祈穀樂章〉與〈雩祀樂章〉之結構篇章均依序爲〈肅和〉、〈雍和〉、〈舒和〉。此外，據《新唐書·禮樂志》曰：「皇帝孟春吉亥享先農，遂以耕藉。」；[46]又曰：「皇后歲祀一，季春吉巳享先蠶，遂以親桑。」，[47]皇帝享先農；皇后享先蠶，

43　《新唐書·禮樂志第二》，（《四部備要》本）。

44　見《十三經注疏》分段標點本，頁782。

45　《新唐書·禮樂志第三》，（《四部備要》本）。

46　《新唐書·禮樂志第四》，（《四部備要》本）。

47　《新唐書·禮樂志第五》，（《四部備要》本）。

這是唐代皇帝與皇后在農業祭祀上的份際與職責。唐貞觀中之〈享先農樂章〉，其結構篇章依序為〈咸和〉、〈肅和〉、〈雍和〉、〈舒和〉；而顯慶中之〈享先蠶樂章〉，其結構篇章依序為〈永和〉、〈肅和〉、〈展敬〉、〈潔誠〉、〈昭慶〉[48]。

（二）廟祀

　　唐代廟祀主要祭祀對象為先聖先師與唐先祖宗室等。首先在祭祀先聖先師方，最主要之祭祀對象為周公與孔子。這當中，各朝對於周公、孔子二人，誰是先聖先師之尊封，認定標準不一。在高祖武德時期，以周公為先聖，孔子配；太宗貞觀時期，以孔子為先聖，顏回為先師；高宗永徽時期，復以周公為先聖，孔子為先師，顏回、左丘明以降皆從祀；[49]高宗顯慶中，以周公配武王，而孔子為先聖。關於祭祀先聖先師對象認定之差異問題，主要是根據朝廷所判定之祭祀對象地位而論，在高祖武德二年，詔命「爰始姬旦，主翊周邦。」故以周公為先聖；[50]貞觀二年，尚書僕射房玄齡、國子博士朱子奢認為晉、宋、梁、陳以及隋各代均以孔子為先聖，顏回為先師，並且聲稱這是「歷代所行，古人通允。」有歷史可循，於是便請停祭周公，改升孔子為先聖，以顏回配享，而現存唐〈享孔子廟樂章〉作於顯慶中，當知為祭先聖孔丘，其樂章現今僅存〈迎神〉與〈送神〉兩樂曲歌辭。

　　而在明堂方面，據《禮記·明堂位》曰：「昔者周公朝諸侯于明堂之位，天子負斧依，南鄉而立。」，[51]又曰：「明堂也者，明諸侯之尊

48　郭茂倩《樂府詩集》引《唐書·樂志》曰：「(明)〔顯〕慶中，皇后親蠶，內出享先蠶樂章：迎神用〈永和〉亦曰〈(頌)〔順〕德〉，皇后升壇用〈肅和〉，登歌奠幣用〈展敬〉，迎俎用〈潔誠〉，飲福送神用〈昭慶〉。」（台北：里仁書局）民國70年3月，頁97-98。

49　《新唐書·禮樂志第五》，(《四部備要》本)。

50　《唐會要》卷35〈褒崇先聖〉。

51　《十三經注疏》分段標點本，頁1434。

卑也。」[52]而《新唐書‧禮樂志》曰:「隋無明堂,而季秋大享,常寓雩壇;唐高祖、太宗時,寓於圓丘。」[53]現存唐代〈明堂樂章〉有二,在貞觀年間所作之〈明堂樂章〉,其樂章結構依序之篇章為〈肅和〉、〈雍和〉、〈舒和〉。[54]而武后時期亦作〈明堂樂章〉,《新唐書‧禮樂志》對此認為,武后毀東都乾元殿,以其地立明堂,其制是極淫侈之事,因而不多著錄。[55]然而《舊唐書‧禮儀志》將武后臨朝毀東都乾元殿,並就地立明堂之過程記載甚詳,詔曰:「夫明堂者,天子宗祀之堂,朝諸侯之位也。…來年正月一日,可於明堂宗祀三聖,以配上帝。」[56],而武后所建明堂落成之後,並使東都婦女及各州父老入內參觀,各藩屬國亦遣使祝賀,不但如此,武則天又親祀明堂,合祭天地,祭祀周文王以及武氏先考、先妣,僭位改唐立周之事實到此已昭然若揭。[57]武后〈明堂樂章〉與貞觀年之〈明堂樂章〉相較,在體製上有很大不同,貞觀朝之〈明堂樂章〉所祀對象仍為上天;而武后〈明堂樂章〉其結構樂曲篇章依序為〈外辦將出〉、〈皇帝行〉、〈皇嗣出入升降〉、〈迎送王公〉、〈登歌〉、〈配饗〉、〈宮音〉、〈角音〉、〈徵音〉、〈商音〉、〈羽音〉,觀其樂章中所用樂曲名稱可知,是武后新製之樂。

在祭太廟方面,所謂「太廟」,據《禮記‧祭統》曰:「夫祭有昭穆,昭穆者,所以別父子、遠近、長幼、親疏之序而無亂也。是故,

---

52 同註 51,頁 1438。

53 《新唐書‧禮樂志第三》,(《四部備要》本)。

54 郭茂倩《樂府詩集》引《唐書‧樂志》曰:「季秋享上帝于明堂:降神用〈豫和〉,皇帝行用〈太和〉,登歌奠玉帛用〈肅和〉,迎俎用〈雍和〉,酌獻飲福用〈壽和〉,送文舞出、迎武舞入用〈舒和〉,武舞用〈凱安〉,送神用〈豫和〉。其〈豫和〉〈太和〉〈壽和〉〈凱安〉五章,詞同冬至圓丘。貞觀中,褚亮等作。」(台北:里仁書局)民國 70 年 3 月,頁 70。

55 同註 53。

56 《舊唐書‧禮儀志第一》,(《四部備要》本)。

57 同註 56。

有事於大廟，則群昭群穆咸在而不失其倫。此之謂親疏之殺也。」，[58]
清人　孫希旦解釋曰：「宗廟之禮，始祖爲大廟。」，[59]可知，祭祀太廟
爲朝廷祭祀先祖先皇之大典。郭茂倩在《樂府詩集》中，其分類是將
「郊祀」與「廟祀」分立在不同卷數，而所收之唐代廟祀歌辭之始篇
爲〈唐享太廟樂章〉。[60]現存唐代〈享太廟樂章〉分別作於太宗貞觀年、
高宗永徽年以後、武后時期、明皇開元七年、以及「肅」（代）宗寶應
以後等，這些樂章最大的特點，即大多穿插廟舞，以壯大祭典儀式。
例如：貞觀中之〈享太廟樂章〉[61]之結構篇名依序爲〈永和〉、〈肅和〉、
〈雍和〉、〈長發舞〉[62]、〈大基舞〉、〈大成舞〉、〈大明舞〉、[63]〈壽和〉、
〈舒和〉、〈雍和〉、〈永和〉，而由組成之篇章舞名可知，唐宗廟先祖均
有特定之祭祀樂舞，由舞名可知，所祭祀者爲哪些先祖。又例如：明
皇開元七年〈享太廟樂章〉[64]之結構篇名依序爲〈永和〉三章、〈太和〉、

58　《十三經注疏》分段標點本，頁 2089。

59　《禮記集解》，（台北：文史哲出版社）民國 79 年 8 月，頁 1245。

60　郭茂倩，（台北：里仁書局）民國 70 年 3 月，頁 141。

61　郭茂倩《樂府詩集》引《唐書·樂志》曰：「貞觀中，享太廟樂：迎神用〈永和〉，
　　九變詞同，皇帝行用〈太和〉，登歌酌鬯用〈肅和〉，迎俎用〈雍和〉，獻皇祖宣
　　簡公、皇祖懿王同用〈長發之舞〉，景皇帝用〈大基之舞〉，元皇帝用〈大成之
　　舞〉，高祖用〈大明之舞〉，皇帝飲福用〈壽和〉，送文舞出、迎武舞入用〈舒和〉，
　　武舞用〈凱安〉，撤俎用〈雍和〉，送神用〈永和〉。其〈太和〉〈凱安〉詞同多
　　至圜丘。並魏徵、褚亮等作。」，（台北：里仁書局）民國 70 年 3 月，頁 141。

62　郭茂倩《樂府詩集》引《唐會要》曰：「貞觀十四年，詔用顏師古、許敬宗議，
　　皇祖宣簡公、懿王廟，並奏〈長發之舞〉，取《詩》云『濬哲惟商，長發其祥』
　　也。」，（台北：里仁書局）民國 70 年 3 月，頁 141。

63　郭茂倩《樂府詩集》引《唐會要》曰：「貞觀十四年，詔用顏師古等議，高祖廟
　　奏〈大明之舞〉，取《易》曰『大明終始，六位時成』，《詩》有〈大明之篇〉稱
　　『文王有明德』也。」（台北：里仁書局）民國 70 年 3 月，頁 142。

64　郭茂倩《樂府詩集》引《唐書·樂志》曰：「玄宗開元七年，享太廟樂：迎神用
　　〈永和〉，登歌酌瓚用〈肅和〉，迎俎用〈雍和〉，皇帝酌醴齊用文舞，獻宣皇帝
　　用〈光大舞〉，光皇帝用〈長發舞〉，景皇帝用〈大政舞〉，元皇帝用〈大成舞〉，
　　高祖用〈大明舞〉，太宗用〈崇德舞〉，高宗用〈鈞天舞〉，中宗用〈太和舞〉，
　　睿宗用〈景雲舞〉，皇帝飲福受脤用〈福和〉、送文舞出、迎武舞入用〈舒和〉，
　　亞獻終獻行事，武舞用〈凱安〉，撤豆用登歌，送神用〈永和〉。按景皇帝舊用

〈肅和〉、〈雍和〉二章、〈文舞〉、〈光大舞〉、〈長發舞〉、〈大政舞〉、〈大
成舞〉、〈大明舞〉、〈崇德舞〉、〈鈞天舞〉、〈大和舞〉、〈景雲舞〉、〈福
和〉、〈舒和〉、〈凱安〉四章、〈登歌〉、〈永和〉，此樂章結構龐大，由
迎神開始至文舞之後，依照祭祀對象呈現廟舞，相較於郊祀只有送文
舞、迎武舞入的固定祭舞來說，這也是祭祀太廟與郊祀最大不同之處。
根據郭茂倩所云，在代宗寶應以後，亦續造享太廟樂章，這點則與郊
祀續造新樂的意義相同，均能推陳出新、因時制宜，爲祭祀典禮實際
之需要與性質製作出合宜的祭祀樂曲。

　　此外，追尊帝號亦立廟祭祀，再者，根據《新唐書·禮樂志》所
云，朝廷如果追贈皇后、追尊皇太后以及贈皇太子時，又往往皆立別
廟。[65]因此在追尊皇帝上，明皇天寶二年三月追尊皐繇爲德明皇帝、
涼武昭王爲興聖皇帝，因而作〈德明興聖廟樂章〉，[66]其樂章之結構篇
名爲〈迎神〉、〈登歌奠幣〉、〈迎俎〉、〈德明酌獻〉、〈興聖酌獻〉、〈亞
獻終獻〉、〈送神〉。而在追贈皇后與皇太后方面，有〈儀坤廟樂章〉[67]
與〈昭德皇后廟樂章〉。[68]〈儀坤廟樂章〉主要祭祀昭成皇太后與肅明
皇后，[69]其樂章之結構篇名爲〈永和〉、〈金奏〉、〈太和〉、〈肅和〉、〈雍

　　〈大基〉，至是改用〈大政〉云。」頁，149。

65　《新唐書·禮樂志第三》，（《四部備要》本）。

66　郭茂倩，頁 158。

67　郭茂倩《樂府詩集》引《唐書·樂志》曰：「儀坤廟樂：迎神用〈永和〉，次金
　　奏，皇帝行用〈太和〉，酌獻登歌用〈肅和〉，迎俎用〈雍和〉，肅明皇后室酌獻
　　用〈昭升〉，昭成皇后室酌獻用〈坤貞〉，飲福用〈壽和〉，送文舞出、迎武舞入
　　用〈舒和〉，武舞用〈安和〉，撤俎用〈雍和〉，送神用〈永和〉。」（台北：里仁
　　書局）民國 70 年 3 月，頁 159。

68　郭茂倩《樂府詩集》引《唐書·樂志》曰：「昭德皇后廟樂：迎神用〈永和〉，
　　登歌酌鬯用〈肅和〉，迎俎用〈雍和〉、酌獻用〈坤元〉，飲福用〈壽和〉，送文
　　舞出、迎武舞入用〈舒和〉，武舞用〈凱安〉，撤俎用〈雍和〉，送神用〈永和〉。
　　其辭內出。」（台北：里仁書局）民國 70 年 3 月，頁 162。

69　《新唐書·后妃列傳》曰：「睿宗肅明順聖皇后劉氏，祖德威，自有傳。儀鳳中，
　　帝在藩，納爲孺人，俄爲妃。生寧王、壽昌代國二公主。帝即位，爲皇后。會
　　帝降號皇嗣，復爲妃。長壽二年，爲戶婢誣與竇德妃挾蠱道祝詛武后，並殺之

和〉、〈昭升〉、〈坤貞〉、〈壽和〉、〈舒和〉、〈安和〉、〈雍和〉、〈永和〉。
而〈昭德皇后廟樂章〉則主要祭祀德宗昭德皇后，[70]其樂章之結構篇
名爲〈永和〉、〈雍和〉、〈雍和〉、〈坤元〉、〈壽和〉、〈舒和〉、〈凱安〉、
〈雍和〉、〈永和〉。此外，武后本人也作廟祀樂章歌辭，《樂府詩集》
作〈唐武氏享先廟樂章〉，而《舊唐書》則作〈則天大聖皇后崇先廟樂
章〉，而據《全唐詩》記載，此歌辭亦載入本集當中。[71]最爲特殊的是，
中宗爲其皇后韋氏祖考立褒德廟，[72]爲皇后之祖考立廟一事，據現存
資料而言，僅此一件。在祭祀皇太子方面，有貞觀中〈享隱太子廟樂
章〉、[73]神龍初〈享章懷太子廟樂章〉[74]與〈享懿德太子廟樂章〉、[75]景
雲中〈享節愍太子廟樂章〉、[76]〈享文敬太子廟樂章〉、[77]〈享惠昭太子

宮中，葬秘莫知。景雲元年，追謚肅明皇后。睿宗昭成皇后竇氏，曾祖抗，父
孝諶，自有傳。后婉淑，尤循禮則。帝爲相王，納爲孺人；即位，進德妃。生
玄宗及金仙、玉真二公主。與肅明同追謚，並招魂葬東都之南，肅明曰惠陵，
后曰靖陵，立別廟曰儀坤以享云。帝崩，追稱皇太后，與肅明祔橋陵。后以子
貴，故先祔睿宗室。肅明以開元二十年乃得祔廟。」

70 《新唐書·后妃列傳》曰：「德宗昭德皇后王氏，本仕家，失其譜系。帝爲魯王
　　時納爲嬪，生順宗，尤見寵禮。⋯」。

71 《全唐書》則作〈武后崇先廟樂章〉，並於詩題下注云：「載本集。」，（北京：
　　中華書局）1996 年 1 月，頁 147。

72 郭茂倩《樂府詩集》引《唐書·樂志》曰：「神龍中，中宗爲皇后韋氏祖考立廟
　　曰褒德，其廟樂：迎神用〈昭德〉，登歌用〈進德〉，俎入初獻用〈褒德〉，次武
　　舞作，亞獻及送神用〈彰德〉，詞並內出。」（台北：里仁書局）民國 70 年 3 月，
　　頁 172。

73 《新唐書·高祖諸子列傳》曰：「隱太子建成，⋯建成死年三十八，⋯太宗立，
　　追封建成爲息王，謚曰隱，以禮改葬，⋯十六年，追今贈。」，（《四部備要·史
　　部》，中華書局據武英殿本校刊）。

74 《新唐書·三宗諸子列傳》曰：「章懷太子賢字明允。⋯武后得政，詔左金吾將
　　軍丘神勣檢衛賢第，迫令自殺，年三十四。⋯睿宗立，追贈皇太子及謚。」，（《四
　　部備要》本）。

75 《新唐書·三宗諸子列傳》曰：「懿德太子重潤，本名重照，避武后諱改焉。⋯
　　大足中，張易之兄弟得幸武后，或譖重潤與其女弟永泰郡主及主婿竊議，后怒，
　　杖殺之，年十九。⋯神龍初，追贈皇太子及謚。」，（《四部備要》本）。

76 《新唐書·三宗諸子列傳》曰：「節愍太子重俊，⋯睿宗立，加贈謚」，（《四部
　　備要》本）。

廟樂章〉[78]等。而根據史實記載，除了朝廷追尊皇帝之外、追贈皇后
與追贈皇太子則多半爲其聲名作平反。

（三）其他：〈享龍池樂章〉

唐玄宗時期之〈享龍池樂章〉在唐代歷朝之郊廟歌辭甚爲特別，
有異於前面所論述之郊廟祭祀，通常郊祀所祭祀者，大抵爲天地四方
鬼神，這些神祇在唐以前歷代均已記載於史籍，而玄宗朝之〈享龍池
樂章〉其所祭祀者爲龍池神女，這在唐代祭祀甚至在各代郊廟祭祀上，
是獨特之創舉。據郭茂倩〈唐享龍池樂章〉前小序曰：

> 《唐書·樂志》曰：「玄宗龍潛時，宅隆慶坊，宅南坊人所居，
> 忽變爲池，望氣者異焉。故中宗季年，泛舟池中。玄宗正位，
> 以坊爲宮，池水愈大，彌漫數里，因爲《龍池樂》以歌其祥。」
> 《新書·禮樂志》曰：「《龍池樂》，舞者十二人，冠芙蓉冠，攝
> 履。備用雅樂，唯無鐘磬。」《唐逸史》曰：「玄宗在東都晝寢，
> 夢一女子，容艷異常，梳交心髻，大袖寬衣。帝曰：『汝何人？』
> 曰：『妾凌波池中龍女也，衛宮護駕，妾實有功。今陛下洞曉鈞
> 天之樂，願賜一曲，以光族類。』帝於夢中爲鼓胡琴，倚歌爲
> 凌波池之曲，龍女拜謝而去。及寤，盡記之，命禁樂，自御琵
> 琶，習而翻之。因宴於凌波宮，臨池奏新聲。忽池波湧起，有
> 神女出於波心，乃夢中之女也。望拜御坐，良久方沒。因置祠
> 池上，每歲祀之。」《會要》曰：「開元元年，內出祭《龍池樂》
> 章。十六年，築壇於興慶宮，以仲春月祭之。」[79]

郭茂倩根據唐史、《唐會要》以及《唐逸史》當中，有關玄宗〈享龍池

---

77 《新唐書·十一宗諸子列傳》曰：「文敬太子謜，見愛於帝，命爲子。…十五年
　　薨，年十八，追贈及諡。」（《四部備要》本）。
78 《新唐書·十一宗諸子列傳》曰：「惠昭太子寧，貞元二十一年，始王平原，與
　　同安、彭城、高密、文安四王同封。…明年薨，年十九。」，（《四部備要》本）。
79 郭茂倩《樂府詩集·郊廟歌辭七》，（臺北：里仁書局）民國70年3月，頁102。

樂章〉製作之背景一一著錄，其中《唐逸史》之記載，對於龍池神女
獻曲一事繪聲繪影，頗具傳奇色彩。在唐代歷朝之國君當中，唐玄宗
個人是具有極高之音樂素養，對於音律樂理非常專擅，其「梨園弟子」
奏樂若有錯誤之處，必覺而正之。[80]而〈龍池樂章〉作於開元元年，
是時，玄宗剛登基不久，這對於玄宗個人在即天下大統之位上，似乎
多了一份天賦皇權之意味。

　　〈享龍池樂章〉以序號分篇章，共有十章，其歌辭分別為大臣姚
崇、蔡孚、沈佺期、盧懷慎、姜皎、崔日用、蘇頲、李乂、姜晞、裴
璀等所作。

參、唐郊廟歌辭之內容意義

　　本小節主要根據唐郊廟歌辭所反映出之內容意義進行探索。就體
制而言，唐郊廟歌辭以樂章定總篇名，其中結構篇章由祭祀之樂曲組
成，祭祀歌辭則大致為當朝大臣所作，而據《舊唐書‧音樂志》所說，
貞觀六年時，上詔褚亮、虞世南、魏徵等分制樂章，後來到了武則天
朝，則多所改制，許多祭祀歌辭均是由武則天所自作，例如：《舊唐書‧
音樂志三》收錄〈則天大聖皇后大享昊天樂章十二首〉、〈則天大聖皇
后享明堂樂章十二首〉、〈則天皇后永昌元年大享拜洛樂章十五首〉以
及〈則天大聖皇后崇先廟樂章一首〉等，均在樂章名下注為「御撰」。
而到了開元初期，郊廟歌辭則由中書令張說奉敕所作，然而有部分祭
祀歌辭則是雜用貞觀舊辭[81]。

　　大抵唐郊廟歌辭為配合祭祀典禮之樂曲所作，若祭祀過程穿插樂
舞，則又有配合舞曲的祭祀舞辭，就內容意義而言，大致可歸納出以
下三點：

---

80 見《新唐書‧禮樂志第十二》，（《四部備要》本）。
81 見《舊唐書‧音樂志三》，（《四部備要》本）。

一、配合樂曲與祭祀典禮之進程而作

觀乎唐代之郊廟歌辭樂章，其歌辭爲配合樂章中之樂曲而作，從中可看出祭祀典禮行進之步驟，例如：祭祀之樂，一開始多半是迎神曲，祈求天神降臨祭祀場所，在許多郊廟祭祀之典禮上，迎神曲多半是使用〈豫和〉樂，例如：貞觀六年〈祀圓丘樂章〉之〈豫和〉歌辭曰：「上靈睠命膺會昌，聖德殷薦叶辰良。景福降兮聖德遠，玄化穆兮天曆長。」、景龍三年〈祀昊天樂章〉之〈豫和〉歌辭曰：「天之曆數歸睿唐，顧惟菲德欽昊蒼。〔選〕昔日兮表殷薦，冀神薦兮降閟陽。」觀兩組迎神歌辭，內容所反映之迎神降福意義是相同。又如：〈壽和〉樂多半使用在祭祀典禮中之酌獻與飲福酒上，而貞觀年〈享太廟樂章〉中之〈壽和〉歌辭曰：「八音斯奏，三獻畢陳。寶祚惟永，暉光日新。」、〈昭德皇后廟樂章〉之〈壽和〉歌辭曰：「工祝致告，徽音不遏。酒醴咸旨，馨香具嘉。受釐獻祉，永慶邦家。」這兩組〈壽和〉樂之歌辭內容意義，均爲飲福酒獻祝詞，祭祀典禮行進於此，即將告一段落。

此外，祭祀舞曲所配合的舞辭，亦切實的配合祭祀典禮所進行之程序而行用，例如，武后朝〈唐大享拜洛樂章〉在送文舞出、迎武舞入用〈齊和〉曰：「沉潛演賾分三極，廣大凝禎總萬方。既薦羽旄文化啓，還呈干鏚武威揚。」辭中所謂的「羽旄」與「干鏚」爲祭祀廟舞時，武舞所用之舞具，舞辭以羽旄與干鏚描繪出行用武舞時壯大的氣勢。又如：玄宗朝〈唐太清宮樂章〉在登歌發爐奏〈沖和〉曰：「虛無結思，鐘磬和音。歌以頌德，香以達心。禮殊祼鬯，義感昭臨。雲車至止，慶垂愔愔。」辭中以爐火馨香傳達祭祀者之心意，並歌頌祖德。

因此，由祭祀所用之樂曲性質來看，多半能知其祭典之進行到了何等階段，因爲，其歌辭之寫作，必須切實的爲祭典而作，而歌辭仍附於樂曲所寫，既然樂曲爲整個樂章之組成結構，此結構又必須貼切於祭典之性質，所以，歌辭、樂曲、樂章三者關係，鱗比節次，絲毫不容紊亂，此三者構成井然有序的祭典歌舞規模。

二、具有天地人三才和諧共存之思想

　　從整體觀之，基本上而言，唐郊廟歌辭是祭祀典禮時，配合樂曲所唱之歌辭，以郊祀歌辭來說，其內容多半爲祈福與祝禱，這些歌辭反映出封建制度禮樂教化的深層義涵，《禮記・樂記》曰：「樂者，天地之和也。禮者，天地之序也。和，故百物皆化；序，故群物皆別。」，[82]禮與樂合一，在中國上古時代爲代表天地秩序和諧之最高象徵。郊廟歌辭之祭祀對象舉凡天地、山川、社稷、先祖等，其主祭者是由號稱天子之國君擔任，以天子之身分行祭祀之大典是別具意義的。《禮記・祭義》曰：「是故昔者天子爲藉千畝，冕而朱紘，躬秉耒，以事天地、山川、社稷、先古，以爲醴、酪、齊盛，於是乎取之，敬之至也。」，[83]因爲主祭者出發點爲以「敬」對天地，以「敬」之態度對待天地，遂使得天地人三才處於宇宙之中，達到和諧之境界。例如：〈五郊樂章〉之〈白郊送神〉歌辭曰：「祀遵五禮，時屬三秋。人懷肅敬，靈降禎休。」；〈祀雨師樂章〉之〈奠幣登歌〉辭曰：「歲正朱明，禮布元制。惟樂能感，與神合契。」因此，郊祀是對於天地神祇最尊崇虔敬的祭禮。以〈唐祭方丘樂章〉之歌辭爲例，曰：

〈順和〉

　　萬物資以化，（文）〔交〕泰屬昇平。易從業惟簡，得一道斯寧。
　　具儀光玉帛，送舞變〈咸〉〈英〉。黍稷良非貴，明德信惟馨。

〈肅和〉

　　至矣坤德，皇哉地祇。開元統紐，合大承規。九宮肅列，六典
　　相儀。永言配命，長保無虧。

〈雍和〉

　　柔而能方，直而能敬。厚載以德，大享以正。有滌斯牷，有馨

斯盛。介兹景福，祚我休慶。

〈舒和〉

玉幣牲牷分薦享，羽旄干鏚遞成容。一德惟寧兩儀泰，三材保
合四時邕。

〈順和〉

陰祇協贊，厚載方貞。牲幣具舉，蕭管備成。其（豐）〔禮〕惟
肅，其德惟明。神之聽矣，方鑒虔誠。

在迎神曲〈順和〉歌辭言「萬物資化，（文）〔交〕泰屬昇平。」
說明地祇之神資化萬物之功；而在送文舞出、迎武舞入時，用〈舒和〉
之樂，其歌辭言「一德惟寧兩儀泰，三材保合四時邕。」道出天、地、
人三材（才）和諧共存的祈願。

前面談到唐初製樂時，唐太宗提出治國與雅樂關係時，對於朝廷
製樂一事，說道「國之興衰未必由此」，認為「人和則樂和」，人和是
樂和的基礎，顯示出治國以民為本的理念。然而，觀察整個唐代郊祀
歌辭內容，大抵普遍呈現出對於天地神祇之尊仰崇敬的思想。作為教
化萬民的當朝主政者，以行敬天之禮教化百姓，這亦反映出禮教體制
下的政教觀，《禮記・禮運》曰：「…故聖人參於天地，並於鬼神，以
治政也。…」[84]；《新唐書・禮樂志第一》亦云：「…古者，宮室車輿
以為居，衣裳冕弁以為服，尊爵俎豆以為器，金石絲竹以為樂，以適
郊廟，以臨朝廷，以事神而治民。…」，當朝主政者行禮樂教化於萬民，
本諸於對郊廟崇敬尊仰之心，使得上行下效，達到治理人民的政治目
的。

三、具有尊祖追遠之禮教觀念

在廟祀歌辭中，其內容意義則有尊祖追遠之涵義，又包含對於先
人文治武功之德，表達極度之讚揚，並祈祝國祚綿長，例如：〈享太廟

---

84 《十三經注疏》分段標點本，頁 1067。

樂章〉之〈廣運舞〉辭，爲郭子儀所作，曰：「於赫皇祖，昭明有融。
惟文之德，惟武之功。」，而且亦考量祭祀對象之身分寫祝禱辭，如：
〈德明興聖廟樂章〉之〈迎神〉辭曰：「元尊九德，佐堯光宅。列祖太
宗，方周作伯。」；〈昭德皇后廟樂章〉之〈坤元〉辭曰：「於穆先后，
儷聖稱崇。母臨萬宇，道被六宮。昌時協慶，理內成功。殷薦明德，
傳芳國風。」辭中對於先皇、先后之德，表達一份出於真誠之祝禱與
讚揚。此外，根據《新唐書‧禮樂志》記載，武則天改唐國號爲周，
並立周七廟於東都洛陽以祭祀周氏祖先，[85]並作〈則天大聖皇后崇先
廟樂章〉曰：

> 先德謙撝冠昔，嚴規節素超今。奉國忠誠每竭，承家至孝純深。
> 追崇懼乖尊意，顯號恐玷徽音。既迫王公屢請，方乃俯遂羣心。
> 有限無由展敬，尊罍每闕親斟。大禮虔申典冊，蘋藻敬薦翹襟。[86]

武則天這首祭祀歌辭表達出對於武氏祖先的崇敬孝心，辭中表揚
先祖之德，充滿尊祖恭慎的謙卑心態，若不咎其改唐立周的事件，而
單從爲武氏祖先立宗廟的觀點來看，武則天確實克盡子孫祭祀先祖的
至孝心意。再者，祭祀崇敬祖先本無關乎祖先生前實際上是否有德亦
或無德，因爲在中國儒家傳統教化之下，祭祀即是教化之本。如：

《禮記‧祭統》曰：

> 夫祭之爲物大矣，其興物備矣。順以備者也，其教之本與？是
> 故君子之教也，外則教之以尊其君長，內則教之以孝於其親。
> 是故明君在上，則諸臣服從；崇祀宗廟、社稷，則子孫順孝。
> 盡其道，端其義，而教生焉。是故君子之事君也，必身行之；
> 所不安於上，則不以使下；所惡於下，則不以事上。非諸人，
> 行諸己，非教之道也。是故君子之教也，必由其本，順之至也，

85　《新唐書‧禮樂志第三》，(《四部備要》本)。
86　《舊唐書‧音樂志第三》，(《四部備要》本)。

祭其是與？故曰：『祭者，教之本也已』。[87]

儒家思想重倫理秩序、君臣父子之禮，認爲祭祀是教化之本，作爲主政者的人君，行天地化育之德以教化百姓，使之對內修身孝親，對外尊長事君，以呈天地秩序之祥和，而這也是祭祀本身最大的意義。前面提到的唐代祭祀樂章當中，例如：〈明堂樂章〉，據《禮記‧祭義》云：「祀乎明堂，所以教諸侯之孝也。」[88]天子藉著祭祀明堂之事，是爲了教導諸侯大臣對歷代先王行孝。唐代廟祀歌辭所反映的，意即後世子孫感念先人所表現出追遠孝祖的觀念與心思。而人的一切教化，均能從祭祀當中體會出來。

筆者亦認爲郭茂倩《樂府詩集》將〈郊廟歌辭〉列爲卷首，其中效宗法祖，尊天敬地之深意也必然和《禮記‧祭統》所闡揚的道理相同，因爲，中國自有禮樂制度以來，尊祖追遠之祭祀活動即爲教化之根本。

結　論

唐郊廟歌辭在製樂上，強調以「和」爲貴，並以祖孝孫所製之「十二和」樂爲基礎，爾後各朝視祭祀之實際需要，再逐漸擴製，形成樂章之基礎規模。而唐郊廟歌辭是以完整之樂章形式呈現，其中包含樂曲、歌辭，一個完整之郊廟樂章是由歌辭配上樂曲爲篇章結構組成，樂曲名稱之組成順序，則完全依照祭祀典禮之性質與步驟而立，由樂曲名稱，可知祭典行進之步驟，而歌辭內容則完全配合祭祀對象所用之樂曲而作。雖然朝廷在製樂之初始，由於唐太宗個人對於音樂與治國關係上，提出「人和則樂和」的觀點，認爲人和是樂和的基礎，然而從樂曲以「和」字定名之觀點來看，仍是反映出主政者以禮樂教化

87　《十三經注疏》分段標點本，頁 2084。
88　《十三經注疏》分段標點本，頁 2061。

萬民，以和天地秩序的目的，亦切實反映出《禮記‧樂記》所言「大樂與天地同和」的製樂理想。

　　而在歌辭內容意義上，主要根源於《禮記‧祭統》中之觀念，祭祀爲教化之本。從郊祀歌辭來說，反映出對於天地神祇之崇敬尊仰，以達到天人和諧共存的理想；而廟祀歌辭則實際表達後代子孫尊祖追遠之禮教觀念。

參考書目

1.清‧段玉裁《說文解字注》，台北：黎明事業文化公司，民國 80 年 4 月。

2.清‧孫希旦《禮記集解》，台北：文史哲出版社，民國 79 年 8 月。

3.《舊唐書》，《四部備要‧史部》，中華書局據武英殿本校刊，台灣：中華書局，民國 71 年 6 月。

4.《新唐書》，《四部備要‧史部》，中華書局據武英殿本校刊，台灣：中華書局，民國 71 年 6 月。

5.宋‧郭茂倩《樂府詩集》，台北：里仁書局，民國 70 年 3 月。

6.清‧彭定求等《全唐詩》，北京：中華書局，1996 年。

7.逯欽立《先秦漢魏晉南北朝詩》，北京：中華書局，1998 年。

8.《呂氏春秋》，成都：巴蜀書社，2002 年 1 月。

9.唐‧吳兢《貞觀政要》，《四部備要‧史部》，中華書局據明刻本校刊，台灣：中華書局，民國 71 年 6 月。

10.《嵇中散集》，《四部備要‧集部》，中華書局據明刻本校刊，台灣：中華書局，民國 71 年 6 月。

11.《禮記》，《十三經注疏》分段標點本，國立編譯館主編，台北：新文豐出版公司，2001 年 6 月。

陸德明之經學觀及其在
經學史上之貢獻

逢甲大學中國文學系教授
李 威 熊

提　要

　　陸德明身經陳、隋、唐三朝，所著《經典釋文》是中國經學發展史上很重要的文獻。他有明確的經學觀，如說經以古文為主，把傳記列為經，視《易經》於占卜之書，主張以禮安上治民；認為《春秋》為孔子作，是遵周公遺制，明將來之法；這些觀點都合乎經學本質。

　　他在經學上重要貢獻有四：一、綜合統整了南北經學，二、保存了唐以前經學重要著作；三、正訂群經文字，四、標注群經音讀，建構諸經傳授系統。唐代經學統一以及後來發展，《經典釋文》提供了很重要基礎。

關鍵字：陸德明、《經典釋文》、經學觀

一、前　言

　　陸德明(西元 554~631)身經陳、隋、唐三朝，所著《經典釋文》是中國早期很重要的經典文獻，欲了解唐以前的經學發展，《釋文》提

供了很重要線索。歷來學者也都很重視這一部書，余行達撰有〈經典釋文在學術上的價值〉，楊向奎有〈唐宋時代的經學思想—《經典釋文》、《十二經正義》等書所表現思想體系〉都注意到了《經典釋文》的價值。[1]但就唐代經學統一、標準化的角度來看《釋文》的重要性，至今未見專文，本文擬先從陸德明的經學觀及對經學史研究的貢獻先做一鳥瞰，並作爲後續唐代經學相關研究的前提，諸如唐代經學典範的建立、抗拒標準化的經學多元發展、從經學標準化到文化典型(唐型文化)的形成等，都可在此基礎上，掌握唐代經學的內容和特色。

　　陸德明本名元朗，字德明，後以字行。蘇州吳地人。其生卒年不詳；但他在《經典釋文》自序說：「癸卯之歲，承乏上庠」；[2]那時他年過弱冠不久，考此癸卯應是陳後主至德元年(西元 683)，如果往上推三十年，陸氏應生於梁元帝、敬帝之間(西元 554)。《舊唐書》說他：「貞觀初，拜國子博士，封吳縣男，尋卒。」[3]如果以貞觀前五年(西元 631)爲初，那麼陸德明享年約七十餘歲。《舊唐書》本傳說：

> 德明初受學於周弘正，陳太建中，太子徵四方名儒，講於成德殿，德明年始弱冠，往參焉。[4]

而依《舊唐書》陸德明初任國子助教時間應在陳後主未亡國之前。《經典釋文》也是草創於此時。陸氏序云：

> 粵以癸卯之歲，承乏上庠，循省舊音，苦其太簡，況微言久絕，大義愈乖，攻乎異端，競生穿鑿。不在其位不謀其政，既職司

1　見林慶彰編《中國經學史論文選集》(台北：文史哲出版社，民國八十年十一月)頁 619-658。

2　陸德明《經典釋文‧序》(台北：藝文印書館　影印四庫善本叢書)頁 1。

3　《舊唐書》(台北：鼎文書局)。

4　吳承仕《經典文序錄疏證》(台北崧高書社 民國 74 年 4 月)云：「弘正之卒在太建六年(西元 574) 德明受業，疑在太建之初；或當太建六、七年間；至德癸卯，年近三十矣。」但陸氏在序中明明說：「癸卯之歲，承乏上庠」，依《舊唐書》當時應任「國子助教」，可稱「上庠」。

其憂，寧可視成而已？遂因瑕景，救其不逮，研精六籍，採摭
九流，搜訪異同，校之《蒼》、《雅》，輒撰集《五典》、《孝
經》、《論語》及《老》、《莊》、《爾雅》合為三袟三十卷，號曰
《經典釋文》。

　在隋文帝大業年間陸德明亦再任「國子助教」[5]，唐高祖武德年間
又任「太學博士」[6]，太宗貞觀初拜「國子博士」[7]，因所司官職之故，
面對魏晉南北朝以來，政局的混亂，南北分立，所帶來學術的分歧，
有必要加以統整，這應是陸氏撰述《經典釋文》的用心，待全書完成，
在序中標明官銜是「唐國子博士兼太子中允贈齊州刺史吳縣開國男」，
這是在唐太宗貞觀年間，也是全書真正完成定稿的時間，所以《玉海》
卷四十二引《舊唐書》別本云：

　　貞觀十六年(西元 642)四月甲辰，太宗閱德明《經典音義》，美
　　其弘益學者，賜其家布帛百匹。

可見貞觀十六年《釋文》已行世，且德明已卒，所以太宗才以布帛賜
其家。[8]也可看出《釋文》所受到的重視。

二、陸德明之經學觀

《經典釋文》前一卷為序錄，〈序〉首在敘述其寫作原委，次為〈條
例〉、〈次第〉旨在說明全書體例，經典排列順序，及經典發展源流，
從中不難看出陸德明經學的重要觀點：

5　同注3。
6　吳承式云：「〈《舊書云》〉：『王世充平，太宗徵(德明)爲秦府文學館學士。尋
　補太學博士。』按《太宗紀》：『武德四年二月，王世充降』，而德明辟秦府學
　士，則在武德五年以後。又褚亮《秦府十八學士贊》作於武德九年，稱德明官太
　學博士，證之武德九年以前已由秦府學士遷太學博士，至貞觀初乃拜國子博士。〉
　同注4，頁3。
7　同上。
8　同上，頁3-4。

(一)採古文家說

　　兩漢經學今古文之爭，經東漢鄭玄綜合之後，今文逐漸式微，所以今文學者皮錫瑞才說經學之衰從鄭玄始。[9]魏晉南北朝時期經學發展，大抵以古文為主。陸德明撰《經典釋文》，亦主古文，如群經排列順序，依《禮記·經解》即以《詩》為首[10]，此乃今文學家之觀點。《漢書·藝文志》《阮孝緒·七錄》都以《易經》居前，這便是古文學家的說法。因為古文學家認為「六經皆史」，時代的先後自然重要，所以陸德明說：「今欲以著述早晚，經義揔別，以成次第」。[11]首為《周易》，依次為《古文尚書》、《周禮》、《儀禮》、《禮記》、《春秋》、《左傳》、《公羊》、《穀梁》、《孝經》、《論語》、《爾雅》。《經典釋文》云：

> 　　《易》雖文起周代，而卦肇伏犧，既處名教之初，故易為七經
> 　　之首。
> 　　《古文尚書》既起五帝之末，理後三王之經，故次於《易》。
> 　　《毛詩》既起周文，又兼商頌，故在堯舜之後，次於《易》、
> 　　《書》。
> 　　《周、儀》二禮，並周公所制，宜次文王，《禮記》雖有戴聖
> 　　　所錄，然忘名已久，又記二禮闕遺，相次於《詩》下。
> 　　《春秋》既是孔子所作，理當次於周公，故次於《禮》。
> 　　《左傳》左丘明受經於仲尼；公羊高受之於子夏；《穀梁傳》

9　皮錫瑞《經學歷史》云：「鄭君兼通今古文，溝合為一；於是經生皆從鄭氏，
　　不必更求各家。鄭學之盛在此，漢學之衰亦在此。」(台北：河洛圖書出版社，
　　民國63年9月。)頁134。

10　《禮記·經解》：「孔子曰：入其國其教可知也，其為人溫柔敦厚，詩教也；
　　疏通知遠，書教也；廣博易良，樂教也；絜靜精微，易教也；恭儉莊敬，禮教
　　也；屬辭比事，春秋教也。」(台北：藝文印書館《禮記注疏》卷50，《禮記》
　　為今文，以《詩》為先，《春秋》為後。

11　同注2，頁6。

　　乃後代傳聞，三傳次第自顯。

　　《孝經》雖與《春秋》俱是夫子述作，然《春秋》周公垂訓，
　　　史書舊章；《孝經》專是夫子之意，故宜在《春秋》之後。
　　《論語》此是門徒所記，故次於《孝經》。
　　《爾雅》周公，復為後人所益，既釋於經，又非次，故奠末焉。
　　12

　　群經作者為誰?又成書於何時?後人爭論很多，陸德明本著古文家
的說法，認為卦是伏羲所畫，《尚書》是起於五帝之末，《周禮》、
《儀禮》為周公所制，《禮記》是在記二禮闕遺，《春秋》為孔子所
作，《左傳》出自左丘明，《公羊傳》傳自公羊高，《穀梁傳》為穀
梁赤所傳。《孝經》為夫子述作，《論語》為孔子門徒所記，《爾雅》
始創周公，復為後人所增益。有關群經產生的時代和作者，說得具體
明確，但陸氏並未交代此說據何而言，今將其與《漢書‧藝文志》作
一比較，大體上是襲自《漢志》，而《漢志》又本之向、歆的說法[13]，
古文色彩當然濃厚，不過陸氏並非全鈔《漢志》，如《孝經》《漢志》
是把它列在《論語》之後，並稱《孝經》是孔子為曾子陳孝道，與《釋
文》稍有差別。陸德明直接稱《書》為《古文尚書》，稱《詩》為《毛
詩》；又說：「伏生所誦，是曰今文，闕謬處多，故不別記」，又說：
「詩有四家，齊、魯、韓世所不用，今亦不取。」[14]《釋文》採用古
文的傾向，十分明顯。

（二）視傳、記為經

　　《禮記》、《孝經》、(論語)、《爾雅》等諸經在先秦兩漢被視

---

12 同上，頁 6-8。
13 《漢書‧藝文志》：「至成帝時，以書頗散亡，使謁者陳農求遺書於天下。詔
　　光祿大夫劉向校經傳諸子詩賦…每一書已，向輒條其篇目，撮其指意，錄而奏
　　之。令向卒，哀帝復使向子侍中奉車都尉歆卒父業，歆於是總群書而奏其七略，
　　故有輯略，有六藝略…今刪其要，以備篇籍。」（台北：世界書局）卷 30。
14 同注 2，頁 7。

爲傳或記，連後世出土簡牘長短規格，都與五經有別。[15]到了《漢志》才將其歸到六藝略，不過《爾雅》卻置在《孝經》目中。《釋文》都將其視爲經典，今日所謂十三經，《釋文》已有《周尙書》、《毛詩》、《周禮》、《儀禮》、《禮記》、《左傳》、《公羊傳》、《穀梁傳》、《孝經》、(論語)、《爾雅》，共十二部，只差《孟子》一經。

（三）列老子、莊子為經典

《經典釋文》雜子書《老子》、《莊子》於群經之列，乍看之下，至爲突兀，但陸氏定有用意，《釋文》云：

> 老子雖人不在末，而眾家皆以為子書，在經典之後，故次於《論語》。《莊子》雖是子書，人又最後，故次《老子》。[16]

陸氏都說《老》、《莊》是子書，竟又把它列於經書中，應該是受到魏晉南北朝玄學思想的影響。一般稱《周易》、《老子》、《莊子》爲三玄，更稱玄學是以《周易》爲經，老、莊爲傳[17]。既然以《老子》、《莊子》作爲《周易》之傳，性質與《春秋三傳》、《孝經》、《論語》等，就無太大的差別，所以陸氏將其與群經並列，可惜沒有被後人所認同，但卻可以反映出唐初的思潮仍具有六朝遺風。

（四）以易為卜筮之書

《周易》爲卜筮之書，這是傳統的說法，《漢志》說：「易爲卜筮之事，傳者不絕」，陸氏《釋文》云：「及秦焚書，易爲卜筮之書，獨不禁，故傳授者不絕。」與《漢志》說法相同。魏晉以後以義理說

---

15 易、書、詩、禮、春秋等五經，其策長二尺四寸，孝經半之，論語八寸，此乃經籍簡冊規格(參見李威熊《中國經學發展史論》台北：文史哲出版社，民國77年12月)頁2。

16 同注12，頁8。

17 劉修士〈魏晉思想論〉：「魏晉時代，士大夫愛好《老》、《莊》的，一定也愛《周易》。如王弼向秀一面注《老》、《莊》，一面又注《周易》。魏晉有幾位皇帝，也很喜歡研究這本書。」（台北《魏晉思想》里仁書局）其實玄學是以儒家《周易》爲經，而藉《老》、《莊》方式表達，是儒道的綜合體。

易，或以史實說易，逐漸盛行，但象數易仍是民間易學的大流。

（五）重視詩的教化功能

《釋文》上承《尚書》詩言志[18]，及孔子認為詩可以興、觀、群、怨，多識鳥、獸、草、木之名的說法[19]，重視詩的教化功能，十分明顯，陸氏說：

> 詩者所以言志，吟詠性情，以諷其上下者也。古有采詩之官，王者巡狩，則陳詩以觀民風，知得失，自考正也。動天地，感鬼神，厚人倫，美教化，移風俗，莫近乎詩。[20]

「重視教化」是《詩》三百篇被視為經，而非一般抒情的純文學作品的重要關鍵，孔子、《詩序》、《毛傳》、《鄭箋》都持此觀點，《漢志》、《釋文》亦未偏離「教化」的角度以視《詩經》。

（六）以禮安上治民

儒學重視人文化成，所以特別強調禮，孔子曾告訴兒子鯉，「不學禮，無以立」[21]，《周易·序卦》：「有夫婦、父子、君臣、上下，禮義有所錯。」《漢志》云：

> 帝王質文，世有損益，至周曲為之防，事為之制，故曰：「禮經三百，威儀三千。」[22]

依《漢書》顏師古注，稱「禮經三百」指《周禮》，「威儀三千」

18　《尚書·舜典》：「詩言志，歌永言，聲依永，律和聲。」鄭注：「詩所以言人之志意也」。（見曾運乾《尚書正讀》台北：聯貫出版社，民國 60 年 8 月，26 頁）。

19　《論語·陽貨》：「子曰：小子，何莫學夫詩?詩可以興，可以觀，可以群，可以怨。邇之事父，遠之事君。多識鳥、獸、草、木之名。」

20　同注 2，頁 17。

21　《論語·季氏》：「陳亢問於伯魚曰：『子亦有異聞乎?』對曰：『未也。』嘗獨立，鯉趨而過庭。曰：『學詩乎?』對曰：『未也』。『不學詩，無以言。』鯉退而學詩。他日，又獨立，鯉趨而庭。曰：『學禮乎?』對曰：『未也』『不學禮，無以立。』鯉退而學禮。」

22　同注 13，頁 170。

指《儀禮》[23]。《漢志》未將三禮作明顯區分。《釋文》三禮之說已很明確，並特別重視《周禮》。陸氏說：

> 安上治民，莫善於禮。鄭子太叔云：「夫禮天之經，地之義，民之行也。」《左傳》云：「禮所以經國家，定社稷，序民人，利後嗣者也。」禮教之設，其源遠哉。[24]

陸氏又說：「三禮次第，周爲本，儀爲末」[25]，他身經南北朝、隋唐之際，天下變亂，不得一統，人民毫無幸福可言。爲國定制，乃當務之急，《釋文》遂以《周禮》列三禮之首。

（七）《春秋》乃孔子因魯《史記》而作，旨在尊周公遺制，明將來之法。

古代王者世有史官，君舉必書，讓國君能「慎言行，昭法式」，而「左史記言，右史記事，事爲《春秋》，言爲《尚書》。」[26]在六經中，《春秋》一經與孔子關係最爲密切。但奇怪的是在《論語》書中卻未提到《春秋》。最早提及孔子作《春秋》者，是見於《孟子·滕文公下》云：

> 孟子曰：世衰道微，邪說暴行有作，臣弒其君者有之，子弒其父者有之。孔子懼，作《春秋》，《春秋》天子之事也，是故孔子曰：「知我者，其唯《春秋》乎？罪我者，其唯《春秋》乎？」

孟子把孔子作《春秋》的背景用意，已說得很清楚。在《孟子·離婁下》又說：

> 王者之迹熄而詩亡；詩亡然後《春秋》作。晉之乘，楚之檮杌，魯之春秋一也。其事則齊桓、晉文，其文則史，孔子曰：其義

---

23 同上，1711。
24 同上，頁2021。
25 同注2，頁7。
26 同注24，頁1715。

則丘竊取之矣!

說明《春秋》乃因魯《史記》而作,孔子只不過寄以深意。司馬遷《史記》也說:孔子因(魯)史記作《春秋》,「筆則筆,削則削,子夏之徒不能贊一辭。」[27]《漢志》、《釋文》大致根據《孟子》、《史記》的說法加以鋪陳,《釋文》云:

> 古之王者必有史官,…諸侯亦有國史;《春秋》即魯之史記也,
> 孔子應聘不遇,自衛而歸,西狩獲麟,傷其虛應,乃與魯君子
> 左丘明觀書於太史氏,因魯史記而作《春秋》,上遵周公遺志,
> 下明將來之法,褒善黜惡,勒成十二公之經。[28]

所謂「遵周公之制,明將來之法」、「褒善黜惡」,即孔子作《春秋》的微言大意。《釋文》稱孔子作《春秋》,這是傳統說法,與《論語·述而篇》稱孔子「述而不作」並不衝突。因《春秋》資料是根據魯史,所以稱述。但經孔子筆削之後,則有「大義」在,所以說孔子作《春秋》亦無不可。

三、陸德明在經學史上的貢獻

陸德明因受特殊歷史條件的影響,所著《經典釋文》,除反映當時的學術現況外,對唐宋孔穎達、賈公彥等人所作的《正義》、《疏》當有直接的影響,甚至對唐以後的學術研究,則更具有相當大的價值[29]。以下專就陸氏在經學史上的貢獻,加以探討:

---

27 司馬遷《史記·孔子世家》:「至於為《春秋》,筆則筆,削則削,子夏之徒不能贊一辭。」(台北:鼎文書局)卷47,頁1944。

28 同注25,24頁。

29 陸德明《經典釋文》可說是唐修《五經正義》或私人所修的其他《十三經正義》的藍本。楊向奎〈唐宋時代的經學思想〉說:「陸德明所代表的學風,在《十三經正義》中還充分地表現出來。雖然正義之學是集南北學派之大成,而主流是南學。」見林慶彰編《中國經學史論文選集》(台北:文史哲出版社,民國81年10月)頁630-658。

（一）統一南北經學

魏晉六朝將近四百年，由於政局處於南北對立的局面，南北文化也有所不同，治經內涵更各具特色。如所採之傳注，南方《周易》用王弼《注》，《尚書》用孔安國《傳》，《左傳》採杜預《集解》；北方《左傳》採服虔注，《尚書》與《周易》採鄭《注》。南朝雜有玄理，北朝則不失樸實；南朝說經受佛學影響較北朝深；北方解經墨守經師家法，南方則貴在自得。北方經學著作多偏義疏，南方除義疏之外，還有講疏；又南朝君王重視經學的態度，不如北朝[30]；這些差異十分明顯。

陸德明著《經典釋文》，其雖身為南方人，但並不全取南方經注，北學亦不忽略，唯求其至當。如《易》以王弼、韓康伯為主，間採馬融、荀爽、鄭玄等北方儒者經說。《尚書》則主孔安國《傳》，但對南方謝沈《注》、范寧《集解》亦不排斥。《詩》則遵《毛傳》、《鄭箋》，但也採南方人孫毓《詩同異評》、陸璣《毛詩草木鳥獸蟲魚疏》的說法。三禮是以鄭《注》為主，其間也採用干寶《周禮注》、孔倫《喪服注》、雷次宗《略注喪服經傳》等家的說法，均屬南學。《左傳》採杜預《集解》，是為南學，但也間採賈逵《左傳解詁》、服虔《解誼》等家的說法。《公羊傳》則以何休《注》為主，為北學。《穀梁傳》採范寧《集解》，范氏雖為北方人，但在東晉為官，很難說他是屬於南學或北學。所以有些學者認為陸氏多採南方之學，恐非正確；就上述各經所採用重要傳注來看，已無南北之分。陸氏將因政局關係，而分立的南北方經學，復歸於統一，使漢武帝欲以經學一統作為治國理念，卻在荊州學派又被區域化後，直至陸德明《釋文》的問世，才把漢武帝的此種心志，再次地做了初步的整合。

---

30 見李威熊《中國經學發展史論》(台北：文史哲出版社，民國 77 年 12 月。)〈南北經學的比較〉頁 238-240。

（二）保存隋、唐以前重要的經學著作

陸德明為各經作《釋文》，採用了不少唐以前的諸家著作，其書大都已亡佚，幸有《釋文》保存了部分資料，至為珍貴，如：

《周易》：有鄭玄《注》、王弼《注》、韓康伯《注》、子夏《易傳》、孟喜《章句》、京房《章句》、費直《章句》、馬融《傳》、劉表《章句》、宋衷《注》、虞翻《注》、陸績《述》、董遇《章句》、王肅《注》、姚信《注》、王廙《注》、張璠《集解》、干寶《注》、黃穎《注》、蜀才《注》、尹濤《注》、費元珪《注》、荀爽《注》、謝萬《注》、韓伯《注》、袁悅之《注》、桓玄《注》、卞伯玉《注》、荀柔之《注》、徐爰《注》、顧懽《注》、明僧紹《注》、劉瓛《注》。並指出從謝萬以下十人，並注《繫辭》。又說「梁褚仲都，陳周弘正並作易義」。

《尚書》：採孔安國《古文尚書傳》、馬融《注》、鄭玄《注》、王肅《注》、謝沈《注》、李顒《注》、范寧《集解》、姜道盛《集解》、《尚書大傳》。及梁，國子助教費甝所作《義疏》。

《毛詩》：以《毛詩故訓傳》為主(含《鄭箋》)外，還有馬融《注》、鄭玄《詩譜》、孫毓《詩同異評》、陸璣(機)《毛詩草木鳥獸蟲魚疏》。另梁，崔靈思有《毛詩集注》、沈重有《詩音義》。

《周禮》：有鄭玄《注》、馬融《周官注》、王肅《注》、干寶《注》。

《儀禮》：除鄭玄《注》之外，尚有馬融、王肅、孔倫、陳銓、裴松之、雷次宗、蔡超、田僑之、劉道拔、周續之等家。

《禮記》：有盧值、鄭玄、王肅、孫炎、業遵等五家注。宋庾蔚之有《略解》。皇侃有《禮記義疏》、《喪服義疏》。

《左傳》：以杜預《春秋左氏經傳集解》為主，另採士燮《注》、賈

　　　　　　逵《左氏解詁》、服虔《解誼》、孫毓《注》、杜預《春
　　　　　　秋釋例》、沈文阿《春秋義疏》(陸氏指出闕下袟而由王元
　　　　　　規續成)。

《公羊》：除何休《注》外，還有王衍期《注》、高龍《注》、孔衍
　　　　　　《集》。

《穀梁》：有范寧《集注》、唐固《注》、靡信《注》、孔衍《集解》、
　　　　　　徐邈《注》、徐乾《注》、段肅《注》、胡諦《集解》。

《孝經》：陸氏所提爲孝經作注的有孔安國、馬融、鄭眾、鄭玄、王
　　　　　　肅、蘇林、何晏、劉邵、韋昭、徐整、謝萬、孫氏、楊泓、
　　　　　　袁宏、虞槃佑、庾氏、殷仲文、車胤、荀昶、孔光、何承
　　　　　　天、釋慧琳、王玄戴、明僧紹等。

《論語》：除何晏《集解》所蒐集的孔安國、包咸、周氏、馬融、鄭
　　　　　　玄、陳群、王肅、周生烈諸家注之外；還引用了虞翻《注》、
　　　　　　譙周《注》、衛瓘《注》、崔豹《注》、李充《集注》、
　　　　　　孫綽《集注》、盈氏《注》、孟整《注》、梁覬《注》、
　　　　　　袁喬《注》、尹毅《注》、江熙《集解》、張馮《注》、
　　　　　　孔澄之《注》、虞遹《注》、王弼《釋疑》、欒肇《釋疑》
　　　　　　等家。還有皇侃的《論語義疏》。

《爾雅》：採用郭璞《注》、樊光《注》、李巡《注》、孫炎《注》、
　　　　　　沈旋《集注》等。

　　《釋文》把漢魏六朝經學的重要傳注作了綜合的工作。但經仔細
核對，陸氏在諸經釋文中所引的並不止於〈序錄〉所著錄的著作，如
《詩經·魚麗》：「陳氏云：數，細也」，在《詩經·序錄》所提各
家傳注，就沒有提及「陳氏」這個人。而陳氏究竟爲何人，今查各家
目錄，只在《隋志》有陳綜；《難孫氏毛詩評》和《七錄》所錄也是
陳綜的《毛詩表隱》；但《釋文》所引的「陳氏」，是否就是「陳綜」，
至今無相關文獻可以證明。又如《易·旅》：「得其資斧，子夏傳及

眾家並作齊斧，張軌云：齊斧蓋黃鉞斧也。張晏云：整齊也。應劭云：齊利也。」這裡引用張軌、張晏、應劭，亦末見於〈序錄〉所提注家。其中張軌著有《易義》（見《經義考》），今亦亡佚。《經典釋文》不管〈序錄〉所提，或在本文中稱引，家數眾多，對魏晉經學確有綜合總結的意義。余行達〈「經典釋文」在學術上的價值〉說：

> 《釋文》所總結的學術著作，不但大多數已亡佚，甚至有些著作連《隋書‧經籍志》、《唐書‧經籍志》、《唐書‧藝文志》等，都沒有記載。如《易經》……像袁悅之、顧懽、明僧紹三家「繫辭注」，沒有《釋文》，我們就無法知道他們三人對於《繫辭》有注釋。又如張璠《集解》所集的二十二人中，向秀、庚運、張輝、王宏、王濟、衛瓘、杜預、揚瓚、張軌、刑融、裴藻、許適、揚藻等人，《隋書‧經籍志》諸書也沒有記載他們對《易經》有注解的。僅僅這一點，也顯出《釋文》對於我國典籍的記載，有一定的功績。[31]

余氏是從學術史的角度闡釋《釋文》的貢獻。如果就經學的發展來看，它很具體簡明的反映出唐以前經學研究的成果與面貌。

（三）正訂群經文字

經籍文字，因今古文家別的不同、版本的差異，加上地區遼闊，流傳時間久遠，又經南北朝長期政治分離的不穩定，這對於典籍的損毀至大。到了隋、唐之際，諸經文字已相當分歧，爲了治經的需要，須先求文字的統一，陸氏《釋文》在文字的正訂工作，也作了很大的貢獻。

陸氏除《孝經》，因爲「童蒙始學」，《老子》「眾本多乖」，特紀全句外，其他各經都是摘字作注，凡標示者都是陸氏所正訂之字，但別本異字，亦會標出。如《易‧乾》：「所處，一本作可處」；又

---

31 同注29，頁261。

「不謬，本或作繆」。又《尙書・皋陶謨》：「有庸，馬本作五庸」等。此指因版本不同，造成文字的差異。又如《易・坤》：「坤本又作巛，巛今字也」。又《尙書・序》：「伏，古作虙」。又如《毛詩・周南》：「故訓傳，今或作詁」等，可以看出《釋文》是以古文爲主，但偶爾也會採取今文，如伏羲之「伏」。

　　另外值得注意的是在〈序錄〉說：「古文《孝經》世既不行，今隨俗用鄭注十八章本」。說明古文《孝經》在唐初已不行，而《釋文》所用的是鄭注十八章本。今將二本作一比對，在章句、文字上，差別甚大。如《開宗明義章》：「先王有至德「要道」和「民用和睦」間應有「孝悌」一詞，今鄭注本是「以順天下」。《釋文》：「孝悌，大記反，又順也，今本無此字」。依據陸氏《釋文》全文應作「先王有至德要道，以孝悌天下，民用和睦」。亦與今所見古文本「以訓天下」不同。又「女知之乎?」，《釋文》：「女，音汝，或作汝。」鄭注本即用「汝」，古文本作「女」，與《釋文》同。再如《釋文》：「曾子辟，音避，注同，本或作避。」鄭注即作「曾子避」，古文本亦同《釋文》。從這些現象可以推測，《釋文》本採鄭注十八章之本，但文字則多用古字，在章句上和鄭注本、御注本亦有許多出入，是研究六朝《孝經》文字或篇章用句，很寶貴的素材[32]。

　　唐太宗貞觀四年(西元 630)曾勅云：「經籍訛舛，今後並以六朝舊本爲證」[33]，所以正訂經字是出自時代需要。《釋文》：

> 五經字體乖替者多，至如黿、鼉從龜，亂、辭從舌，席下爲帶，惡上安西，析旁著片，離連作禹，直是字譌，不亂餘讀；如寵

---

32 陸氏〈孝經釋文〉保留的經文較爲完整，今《十三經注疏》本是採唐玄宗御注。在唐以前是以鄭玄和孔安國兩家注爲主。由於當時《孝經》已辭多紕繆。玄宗便鄭招群儒集議。劉知幾「辨鄭注有十謬七」(《十三經注疏・孝經序》台北：藝文印書館)玄宗親爲註解，至天寶二年，頒行天下。所以《釋文》保留早期的《孝經》，可以作爲研究鄭注本很重要的文獻。

33 宋孔平仲《談苑》引唐太宗語(見《古書版本學》台北：洪氏出版社，頁1)。

字為寵，錫字為錫，用攴代文，將无混旡。若斯之流，便成兩
失。又來旁作力，俗以為約勑字，《說文》以為勞徠之字；水
旁作曷，俗以為飢渴字，字書以為水竭之字。如此之類，改便
驚俗，止不可不知耳。[34]

陸氏將經字講字，或不辨聲誤用之字，分別加以釐清，但世俗襲
用已久，雖非本義，因怕「改變驚俗」，只好「隨事用之」。稍後《五
經文字》、《九經字樣》，將文字分爲正體、通體、俗體，在陸德明
《釋文》，已有此一概念。

陸氏稍後，顏師古有《五經定本》，此書已亡佚，此或爲《五經
正義》的底本，與《釋文》上應有的密切關係，但並非完全襲用。唐
代的字樣學[35]，相當發達，應該濫觴於陸氏的《經典釋文》。

（四）標採經字音讀

陸德明爲了便於讀經辨音別字，標有各家音讀反語，以利後人認
識字音，他在〈條例〉中說：

先儒舊音，多不音注，然注既釋經，經由注顯。……文字音訓，
今古不同，前儒作音，多不依注，注者自讀，亦未兼通。……
或字有多音，眾家別讀，苟有所取，靡不畢書，各題氏姓，以
相甄識。

陸氏已注意到音義的關係，而提出「音訓」問題，這對群經訓詁，
大有助益。他也提到古人音讀演變的情形。〈條例〉又說：

古人音書止為譬況之說，孫炎始為反語，魏朝以降漸繁，世變

---

34 陸氏《經典釋文‧敘錄‧條例》、吳承仕《經典釋文敘錄疏證》云：「經字字
多乖，不亂餘讀者易知，形聲相近者難憭，學者所當深辨。若積非來久，改變
驚俗者，亦隨事用之，不得悉改也。」(台北：崧高書社，民國 74 年 4 月。)頁
11。
35 重要字樣學著作除顏師古《五經定本》、張參《五經文字》、唐玄度《九經字
樣》外，還有顏元孫《干祿字書》；其實像《開成石經》的刊刻，也是爲了天
下經文的標準化。

人移，音訛字替，如徐先民反易爲神石，郭景純反食炎爲羽鹽，劉昌宗用承音乘，許叔重訐皿爲猛，若斯之儔，今亦存之。音內不敢遺舊，且欲俟之來哲書音之用。本示童蒙，前儒或用假借字爲音，更令學者疑昧。余今所撰，務從易識，援引眾訓，讀者但取其意義。

《經典釋文》除採用當時通行音讀外，也錄了各家音和各地方音。如《易》音有王肅、李軌與徐邈三家。《尚書》音有孔安國、鄭玄、李軌、徐邈四家。《詩》音有鄭玄、徐邈、蔡氏、孔氏、阮侃、王肅、江惇、干寶、李軌、徐爰等，還有沈重的《詩音義》。《三禮》音有鄭玄、王肅、李軌、劉宗昌、徐邈、射慈、謝楨、孫毓、繆炳、曹耽、尹毅、蔡謨、范宣、徐爰、王曉等，陸氏還特別提到戚襃作《周禮音》、沈重撰《問禮禮記音》。《左傳》音有服虔、高貴鄉公、嵇康、杜預、李軌、荀訥、徐邈等，又有王元規的《春秋音》。《公羊傳》音有李軌、江惇二家。《論語》音有徐邈《音》。《爾雅》音有施乾國、謝嶠、顧野王等。在十二經中只《穀梁傳》未提音注。至於《孝經》則特指出「先儒無爲音者」[36]，可知漢魏六朝爲群經注音者，家數甚多，這還是只見於〈序錄〉中所提到。如果仔細檢查各經釋文，還有許多家不見於〈序錄〉；如《詩經・葛覃》：「煩撋，諸詮之音而專反，何胤、沈重皆而純反」。「諸詮」、「何胤」則未見於〈序錄〉；又《周禮・地官下・均人》：「嘗嘗，音均，聶氏常純反」，聶在〈地官下〉引「聶氏」就有九條，亦不見於〈序錄〉所提《三禮》音。又《易・渙卦》：「王假，梁武帝音賈。」梁武帝亦末見〈序錄〉[37]。

讀經須先辨音識字，《經典釋文》提供了豐富的群經音讀之資料，可惜這些著作幾乎全部亡佚，由於陸氏的引用，保留了部分佚文，雖

---

36 同注 2，卷一，頁 30。

37 同注 29，頁 620。

吉光片羽，但都彌足珍貴。藉這些文獻，不但有助於群經的音讀、音訓，對研究六朝音讀狀況，也提供了寶貴的素材，甚至透過這種情形，可以證明聲韻是明經訓詁的重要前提。

（五）建構群經傳承系統

兩漢經學有家法、師法之別，經由傳經系統的建立，不但可分辨家法、師法，也可以大概掌握經學發展的情形。在《漢書‧藝文志》對各經傳授系統，已有敘述，《釋文》也作了相當完整的介紹。如《周易》，其系統爲：孔子傳給商瞿(子木)，商瞿傳給僑庇(子庸)，僑庇傳給馯臂(子弓)，馯臂傳給周醜(子家)，周醜傳給孫虞(子乘)，孫虞傳給田何(子莊)。田何在漢徙杜陵稱杜田生。田氏分別傳王同、周王孫、丁寬、服生四家；丁寬又授田王孫，再傳孟喜、梁丘賀。這一般所謂施、孟、梁、丘之學；以後由師法演變成家法，枝繁葉茂，一直到六朝，沿枝尋根，脈絡可循。

《尚書》、《釋文》稱：「秦禁學，孔子末孫惠，壁藏之。」漢初，無通《尚書》者，濟南伏生口授晁錯，張生、歐陽生授兒寬，寬又從孔安國受業，再傳歐陽子，直到曾孫歐陽高作(章句)，再傳歐陽地餘，至歐陽歙八代，皆爲尚書博士，這是漢代《尚書》學的大支。歐陽高也授平當，後漢時歐陽歙又傳曹曾，又衍出一些支流。至於張生系統爲：張生傳給夏侯都尉，夏侯都尉傳給夏侯始昌，夏侯始昌傳給夏侯勝(大夏侯)，夏侯勝傳給周堪、孔霸、夏侯建(小夏侯)，以後又傳多家，成爲《尚書》另一大支派。以後《尚書》學，也大致來自這二個系統。

《詩》由孔子授子夏並作序，春秋戰國時代，只以口授相傳，未有章句[38]。漢興，傳詩者有魯人申公，從浮丘伯受詩，稱爲《魯詩》，弟子爲博士者有十餘人，再傳弟子眾多，爲魯學系統。另有齊人轅固

---

38 同注 2，頁 17。

生曾作《詩傳》，號稱《齊詩》，傳夏侯始昌，再傳后蒼，蒼傳翼奉、蕭望之、匡衡，日後傳齊詩者，人數亦眾，自成大派。再有燕人韓嬰，推詩之意，作《內外傳》，是爲《韓詩》，賁生、趙子及嬰孫、韓商皆傳《韓詩》，又自成一家。《釋文》曾引徐整[39]話說子夏，另一傳師系統即：子夏傳給高行子，高行子傳給薛倉子，薛倉子傳給帛妙子，帛妙子傳給大毛公(爲詩故訓傳)，大毛公傳給小毛公；這是古文詩經傳授家法。西漢以今文三家詩爲主，東漢則古文代興。到魏晉南北朝三家詩亡佚，只剩《韓詩外傳》，《毛詩》便成爲當時詩學的主流。

　　秦氏焚書，禮經崩壞，漢興，高堂生傳士禮(儀禮)。景帝時，河間獻王開獻書之路，有李氏上《周官》，少事官(多官)一篇，後取（考工記）以補之[40]。當時傳禮系統爲：蕭奮、孟卿、后蒼、閭丘卿。那時又有古禮經，共五十六篇，后蒼傳十七篇，其餘三十九篇爲「逸禮」。蒼說禮數萬言，號稱「后蒼曲台記」，傳聞人通漢、戴德、戴聖、慶普等人。戴德刪古禮二百四篇爲八十五篇，是爲《大戴禮》，戴聖刪大戴禮爲四十九篇，稱爲《小戴禮》，即今之《禮記》。馬融、盧植，曾加以整理，鄭玄即依馬、盧本作注，《周禮》、《儀禮》、《禮記》並列學官[41]。東漢中晚期以後，《三禮》便以鄭氏學爲主。

　　孔子曾與魯君子左丘明，因魯史記而作《春秋》，左丘明怕失其真，因論本事而爲之傳，以明天子不容空言說經。《釋文》稱《春秋》所貶損的人都是當時君臣，所以左氏就隱其書密而不宣，以免遭到時

---

39 《釋文》引徐整說法後，又引另外一說云：「子夏傳曾申，申傳魏人李客，客傳魯人孟仲子，孟仲子傳根牟子，根牟子傳趙人孫卿子，孫卿子傳魯人大毛公」。《漢書‧儒林傳》云：「毛公（（襪毛公）趙人也治詩，爲何間獻王博士。）這一說法與徐整的傳詩系統，稍有差別。(同注 2)頁 19。

40 同上，頁 21。

41 根據《釋文》的說法，三禮在東漢時，已並列學官，今文古文並重。(同上)頁 23。

難[42]；於是戰國時未顯揚。至於口說流行者有公羊、穀梁、鄒氏、夾氏四家，因鄒氏無師，夾氏有錄無書，所以不顯揚於世。漢初，治公羊學有胡毋生、董仲舒，他們子弟甚眾，後有嚴彭祖、顏安樂，稱嚴顏之學，衍為大支，為西漢《春秋》的主流。到宣帝時，宣帝好穀梁說，江公為博士，太傅蕭望之亦善《穀梁》，因此《穀梁》大為盛行。

《左傳》傳授系統，《釋文》稱：左丘明傳給曾申，曾申傳給吳起，吳起傳給吳期，吳期傳給鐸椒，鐸椒傳給虞卿，虞卿傳給荀卿，荀卿傳給張蒼，張蒼傳給賈誼，賈誼傳給賈嘉(誼孫)，賈嘉傳給貫公，貫公傳給貫長卿(公之子)，貫長卿傳給張敞、張禹，張敞、張禹傳給蕭望之、尹更始，蕭望之、尹更始傳給尹咸(更始子)、翟方進、胡常，翟方進、胡常傳給賈護，賈護傳給陳欽。東漢左氏學大興，和帝時，鄭興父子奏上左氏，乃立於學官。魏以後，《春秋》則以左氏學為主。

《孝經》在秦焚書時，有河間人顏芝私藏，漢氏尊學，芝子貞出示《孝經》，是為今文，當時傳《孝經》的有長孫氏、江翁、后蒼、翼奉、張禹等人，又孔壁有古文《孝經》，孔安國、馬融曾為之作傳，但世不傳，所以當時流行的應是今文《孝經》。

《論語》方面，《釋文》引鄭康成話說，主要是由仲弓、子夏等所撰定[43]。漢代《論語》有《魯論》、《齊論》、《古論》三家，各有傳人。鄭玄就《魯論》考之齊、古二論而為注[44]，後來魏何晏作《集解》，成為當時治《論語》學的主要依據。

《爾雅》陸氏認為〈釋詁〉是周公所作，〈釋言〉以下為仲尼所增，子夏所足，叔孫通所益，梁文所補。郭璞作注後，《爾雅》便受到後世的重視。

---

42 《釋文》說左丘明傳左氏「隱其書而不宣」，但又述其明確的傳授系統，可能只是私傳授。(同上)頁 24。
43 見同上，頁 30。
44 見同上，頁 31。

《釋文》注解諸經傳述人，看來瑣碎，但卻極爲扼要具體。惜未全面交代所依據資料的出處，但大致上是依據《史記‧儒林傳》和《漢書‧藝文志》，而補上漢以前的傳授系統，如有異說的也加以存錄，如《毛詩》的傳授系統，先引徐整的說法後，又引另外一說[45]，可證陸氏所陳述的傳經系統相當慎重。雖然它只是唐以前傳經統緒的簡介，亦與其他文獻所記，難免會有些出入，但陸氏將十二經作完整的處理，經學發展脈絡清晰可尋，這是陸氏很大的貢獻，後人討論唐初前的經學發展，大多以《釋文》爲基礎，再加以增補而已。

四、結　語

陸德明《經典釋文》充分地反映了他的經學觀，這種觀點也是傳統對經學的看法，也有當時的經學風尚，如他將《老子》、《莊子》列入經典，與當時的玄學風絕對有關[46]。另他說經較偏於古文家說，把傳記也列爲經，將《易經》視爲卜筮之書，並主張以禮來安上治民，也認爲《春秋》是孔子因魯史記而作，只在遵周公遺制，明將來之法，這些觀點很合乎經學的本質，不但前有所承，後世的治經學者，大體上都沿襲了陸氏的觀點。

《釋文》可說是最早普遍介紹經學發展狀況的書籍，不管從文獻學、語音學、詞彙學、漢語語法學、考據學的研究上，有它不可磨滅的價值外[47]；在經學史的探討更有莫大的貢獻。重要的有下列幾項：

（一）綜合統整了南北經學

---

45 見注 39。

46 章權才《魏晉南北朝經學史》云：「史書稱：他(陸德明)『善玄理』；他的著作除《經典釋文》外，尚有《老子疏》、《易疏》等。他把《老子》、《莊子》一類歸入「經典」。這原是可以理解的事情。」(廣東：人民出版社，1996 年 8 月)頁 245-246。

47 同注 29，頁 624-628。

（二）保存了唐以前經學重要的著作

（三）正訂群經文字

（四）標注群經音讀

（五）建構群經傳承系統

　　唐以後經學的發展，《釋文》提供了很重要的基礎。學術思想的統一，是政治、社會大一統的前提，唐太宗、高宗時《五經正義》和各經注疏的編修，是漢武帝表彰六經、獨尊儒術的具體落實；《經典釋文》也是這些正義、注疏的藍本。但《釋文》曾在唐、宋經過二次後人的修改[48]，幸有敦煌《尚書釋文》殘本的出世，對我們利用《釋文》文獻作為經學的研究，提供了寶貴的資料。

---

48 同注 34。

棄俗尚而從於寂寞之道
──談韓愈對揚雄的認同與超越

台灣大學中國文學系教授
方　介

一、前　言

　　蘇軾曾以「文起八代之衰，道濟天下之溺」二語稱許韓愈[1]，可以說是十分中肯地指出了韓愈的歷史功績。一直到今天，韓愈提倡「古文」以取代駢文，標舉「道統」以振興儒學，仍然是文學史與儒學史上備受矚目的焦點。相形之下，西漢末期的儒者揚雄，雖然寫了不少辭賦，作了幾部大書，卻很難引起眾人，特別是今人一讀的興趣。因此，在一般人心目中的地位，就遠不如韓愈了。但，值得注意的是，韓愈一再稱許揚雄，甚至以之自比，而細究他們的文章、學行，也可以發現：這個反俗、寂寞的揚雄，正是帶領韓愈走過寂寞，成功拓出一條新路的精神導師。因此，本文擬以韓文為基礎，上溯揚雄，加以比較，指出韓愈何以自覺其生命處境同於揚雄，而在文學與儒學兩方面對揚雄心摹手追；又是如何在寂寞中超越揚雄，而得到生前、身後的盛名。透過此一比較研究，當可在文學與儒學發展史上，為揚、韓

1　〔宋〕蘇軾著，孔凡禮點校：〈潮州韓文公廟碑〉，《蘇軾文集》（北京：中華書局，1986 年）卷 17，頁 509。

二人做更準確的定位，並使其間相承、轉變的軌跡清楚呈現出來。

二、揚雄的生命處境 —— 反俗與寂寞

　　就生命處境而言，揚雄的一生，可以反俗、寂寞加以概括。《漢書·揚雄傳》言其先世避仇入蜀，「五世而傳一子，故雄無它揚於蜀」；[2] 又謂其「家產不過十金，乏無儋石之儲」，可見他沒有叔伯兄弟，在孤寒貧苦中成長。加上「口吃不能劇談」，想必更加寂寞。

　　揚雄「少而好學，…博覽無所不見，…默而好深湛之思」。當時經學發達，儒生多好章句之學，藉以入仕。揚雄雖貧，卻不願勉強自己去追逐利祿，所以「不為章句，訓詁通而已。…自有大度，非聖哲之書不好也」。又曾從學於嚴君平，[3] 受老子之學，「清靜亡為，少嗜欲」。可見，在求學過程中，他默默地堅持自己的喜好，不肯隨俗俯仰。

　　當時作賦之風已不若武、宣時期盛行，學子多捨辭賦而以經學求仕。揚雄卻喜好辭賦，常常模擬司馬相如作賦，又好讀屈原之辭，往往依傍其文習作。年四十餘，「有薦雄文似相如者」，成帝召之，乃獻〈甘泉〉、〈羽獵〉之賦，有所諷諫。就此「除為郎，給事黃門」，而步入仕途。

　　就世俗看來，四十多歲始仕，已嫌太晚，而他為郎以後，不思如何晉升，竟自請三年不受薪、不當值，以便「觀書於石室」。[4] 可見，他的仕宦不是為了利祿，而是為了「追求知識的便利」。[5] 而當他向成

2　〔漢〕班固撰，〔唐〕顏師古注：《漢書》（台北：鼎文書局，1986 年）卷 87，頁 3513。本節所述事蹟，大抵依據《漢書·揚雄傳》，引文亦多節自該傳，不復一一註出。少數引自他處文字，則另以他註說明。

3　班固：《漢書·王貢兩龔鮑傳》云：「蜀有嚴君平…卜筮於成都市，…得百錢足自養，則閉肆下簾而授《老子》，…揚雄少時從游學。」卷 72，頁 3056。

4　揚雄：〈答劉歆書〉，頁 264。

5　徐復觀：〈揚雄論究〉，《兩漢思想史》（增訂再版）（台北：台灣學生書局，1979 年）卷 2，頁 463。

帝獻了四大賦以後，發現這些辭賦未能產生預期的諷諫效果，「又頗似俳優淳于髡、優孟之徒，非法度所存，賢人君子詩賦之正也，於是輟不復爲」，轉而用心去寫《太玄》、《法言》和《方言》之類的大著。在這樣的仕宦生涯裡，無論政局如何變化，都似與他無關，而他也「三世不徙官」，甘心守著書閣，寂寥度日。

　　對世俗來講，揚雄這樣做官，已令人不解，更可怪的是，竟然寫了這些艱深難讀、眾所不好的書，完全處在當時學術潮流之外。《方言》一書費時二十七年以上，四方郡國派人入京，「雄常把三寸弱翰，齎油素四尺，以問其異語，歸即以鉛摘次之於槧。…令人君坐帷幕之中，知絕遐異俗之語」，[6]如此勤苦，甘爲人之所不爲，尚有實用價值可言。而最最難懂的，就是他仿《周易》所作的《太玄》，竟然另創一套符號系統，使「觀之者難知，學之者難成」。故「客有難《玄》太深，眾之不好也」，他作〈解難〉曰：

> 若夫閎言崇議，幽微之塗，蓋難與覽者同也。昔人有觀象於天，視度於地，察法於人者，天麗且彌，地普而深，昔人之辭，乃玉乃金。彼豈好爲艱難哉？勢不得已也。獨不見…泰山之高不嶕嶢，則不能浡滃雲而散歕烝。…典謨之篇，雅頌之聲，不溫純深潤，則不足以揚鴻烈而章緝熙。…是以聲之眇者不可同於眾人之耳；形之美者不可棍於世俗之目，辭之衍者不可齊於庸人之聽。…師曠之調鐘，俟知音者之在後也。…老聃有遺言，貴知我者希，此非其操與？

他說自己並非「好爲艱難」，而是「勢不得已」。就像昔人面對美麗而巨大的天、廣博而深奧的地、複雜而多變的人生，就必須運用金玉般的文辭，才能表現其中的奧祕。這樣的文辭，難免艱深，當然是會超乎眾人理解能力之外。就好像泰山之高、《詩》、《書》之美，都是勢所

---

6 同註 4，頁 264-265。

必然。而真正美妙的聲音、形象與文辭，絕不是世俗所能領略的。但，對高明的作者而言，既能超乎世俗，獨得其妙，就表示這樣的玄妙還是可以領略，可以期待後世之知的。而知者愈是難逢，就愈見其可貴，故眾人之不好，早在他的預料之中。《太玄賦》曰：

> 觀大易之損益兮，覽老氏之倚伏。省憂喜之共門兮，察吉凶之同域。…麟而可羈，近犬羊兮；鸞鳳高翔，戾青雲兮。不掛網羅，固足珍兮。…屈子慕清，葬魚腹兮…孤竹二子，餓首山兮。…辟此數子，智若淵兮。我異於此，執太玄兮。蕩然肆志，不拘攣兮。[7]

可見，正當「丁、傅、董賢用事，諸附離之者，或起家至二千石時」，他卻專心寫作《太玄》，取《易》、《老》之說，大談吉凶趨避，正是因為洞燭了吉凶之理，願如麟、鳳般不被羈執，而不願步屈子、伯夷、叔齊的後塵，死於非命。故「客嘲揚子…作《太玄》五千文，支葉扶疏，獨說十餘萬言，…而位不過侍郎，擢纔給事黃門」時，他作〈解嘲〉曰：

> 客徒欲朱丹吾轂，不知一跌將赤吾之族也。…當今縣令不請士，郡守不迎師，…言奇者見疑，行殊者得辟，是以欲談者宛舌而固聲，欲行者擬足而投跡。…是故知玄知默，守道之極；爰清爰靜，游神之廷；惟寂惟寞，守德之宅。

可見，處在那樣一個禍機四伏的政治環境中，保持玄默，守住清靜、寂寞，才是最明智的抉擇。而他在此時寫一本無人能懂的書，不僅是最安全的做法，也可以將他的聰明才智完全用在抽象思考上，而得以自娛。故當劉歆說他「空自苦，…恐後人用覆醬瓿」時，他「笑而不應」，不僅是因為自信其書必有知音在後，也的確是樂在其中。這樣的快樂，不但不會因為後人用覆醬瓿而稍減，反而更可證明他所發現、

---

7 揚雄：〈太玄賦〉，頁 138-144。

所書寫的是宇宙間最高深奧妙、只有最上智者才能領略的玄理，而使他更爲快樂。

但，如此小心避禍，不惹是非的他，卻還是意外地捲入符命事件中。王莽時，劉棻因假作符命獲罪，官府以「棻嘗從雄作奇字」，前來收捕。「時雄校書天祿閣上，…恐不能自免，乃從閣上自投下，幾死」。王莽以雄「素不與事」，並未加罪。然京師爲之語曰：「惟寂寞，自投閣；爰清靜，作符命」，使他成了笑柄。

其後，揚雄以病免官，又被召爲大夫，並作〈劇秦美新〉稱頌王莽，乃獲譏於後世。如李善曰：

> 王莽潛移龜鼎，子雲進不能辟戟丹墀，亢辭鯁議；退不能草玄虛室，頤性全真，而反露才以耽寵，詭情以懷祿，素餐所刺，何以加焉？[8]

朱熹注〈反離騷〉，亦曰：

> 王莽爲安漢公時，雄作《法言》，已稱美比於伊尹、周公；及莽篡漢，竊帝號，雄遂臣之，以耆老久次轉爲大夫。又放相如〈封禪文〉獻〈劇秦美新〉以媚莽意。…其出處大致本末如此，豈其所謂龍蛇者邪？然則雄固爲屈原之罪人，而此文乃〈離騷〉之讒賊矣。[9]

揚雄早年讀〈離騷〉，「未嘗不流涕也，以爲君子得時則大行，不得時則龍蛇；遇不遇，命也，何必湛身哉？」乃作〈反離騷〉以弔之。晚年仕莽，爲作〈劇秦美新〉，當是在同樣思維下，爲了避禍全身所作的抉擇。李善、朱熹譏之甚切，但，班固作傳，則未載〈劇秦美新〉事，而謂：

---

[8] 〔梁〕蕭統編，〔唐〕李善等註：〈劇秦美新〉，《增補六臣註文選》(台北：華正書局，1977 年)，卷 48，頁 908。

[9] 〔宋〕朱熹注：〈反離騷〉，《楚辭集注》(台北：國立中央圖書館善本叢刊，1991年) 卷 2，頁 324-325。

> 及莽篡位，談說之士用符命稱功德獲封爵者甚眾，雄復不侯，
> 以耆老久次轉為大夫，恬於勢利乃如是。

可見，揚雄在王莽朝，仍然與眾不同，「恬於勢利」。後人對〈美新〉
一文，亦或為之辯解，謂「非本情」、乃「不得已之作」。種種爭議，
迄無定論，殆皆因其言行不易了解所致。班固又贊之曰：

> 實好古而樂道，其意欲求文章成名於後世。以為經莫大於《易》，
> 故作《太玄》；傳莫大於《論語》，作《法言》；史篇莫善於〈倉
> 頡〉，作〈訓纂〉；箴莫善於〈虞箴〉，作〈州箴〉；賦莫深於〈離
> 騷〉，反而廣之；辭莫麗於相如，作四賦，皆斟酌其本，相與仿
> 依而馳騁云。用心於內，不求於外，故時人皆忽之，唯劉歆及
> 范逡敬焉，而桓譚以為絕倫。…家素貧，耆酒，人希至其門，
> 時有好事者載酒肴從游學，而鉅鹿侯芭常從雄居，受其《太玄》、
> 《法言》焉。

班固對他模擬聖人經傳、前賢辭賦的著述生涯，持肯定態度，認為他
能用心於內，斟酌模仿，一騁其才。但當時人卻忽視他，只有少數幾
人敬重他、向他問學。到他死後，有人懷疑其書能否傳於後世，桓譚
曰：

> 必傳。…今揚子之書，文義至深，而論不詭於聖人。若使遭遇
> 時君，更閱賢知，為所稱善，則必度越諸子矣。

其後如王充、張衡、陸績，均對揚雄贊譽有加，左思〈詠史〉之四亦
曰：

> 寂寂揚子宅，門無卿相輿。寥寥空宇中，所講在玄虛。言論準
> 宣尼，辭賦擬相如。悠悠百世後，英名擅八區。[10]

可見，揚雄守寂著書，已成後世文人用以自慰、自勉的典範。但，毀
之者亦不在少。如顏之推曰：

10　丁仲祐編：《全漢三國晉南北朝詩》（台北：藝文印書館，1975 年）上冊，頁 512。

著〈劇秦美新〉，妄投於閣，周章怖懾，不達天命，童子之為耳。
桓譚以勝老子，葛洪以方仲尼，使人歎息。…且《太玄》今竟
何用乎？不當覆醬醅而已。[11]

唐晏亦曰：

子雲為學最工於擬，…計其一生所為，無往非擬，而問子雲之
所以自立者無有也。故其晚節失身賊莽，正其不能自立所致也。
[12]

可見，儘管揚雄一生甘守寂寞，卻在身後引起無窮的爭議。但，班固
曰：

諸儒或譏以為雄非聖人而作經，猶春秋吳、楚之君僭號稱王，
蓋誅絕之罪也。自雄之沒至今四十餘年，其《法言》大行，而
《玄》終不顯，然篇籍具存。

對諸儒而言，揚雄擬經，僭越聖人，有誅絕之罪。但，由其《法言》
大行，而《太玄》亦未失傳看來，生前寂寞的揚雄，竟在身後無休無
止的爭議中，保住了他的大作，也成就了不朽之名。這樣一個反俗、
寂寞、不被了解、受盡譏嘲的儒生，竟能如此成功地佔據歷史的扉頁、
打動後人的心弦，實在令人驚異。而桓譚的預言也不僅在四十年後由
班固見證成真；歷時八百年，跨越八個朝代，進入中唐，更由韓愈挺
身而出，做了更有力的呼應。

三、韓愈對揚雄生命處境的認同

就生命處境而言，韓愈與揚雄有不少相似之處。揚雄在孤寒貧苦
中成長，韓愈自幼失去父母，由兄嫂撫養，十二歲隨兄貶官嶺南，未

---

11 王利器：〈文章〉《顏氏家訓集解》（增補本）（北京：中華書局，1993 年）卷 4，
頁 259-260。
12 〔清〕唐晏：《兩漢三國學案》（台北：世界書局，1962 年）卷 11，頁 21。

幾，兄喪，隨嫂扶柩北歸。旋又因亂，舉家南避宣城，亦可說是歷盡坎坷，備嘗孤苦。[13] 揚雄「少而好學，…非聖哲之書不好也。」韓愈亦極好學，「自以孤子，幼刻苦學儒，不俟獎勵」。[14] 而且正因爲「上有三兄，皆不幸早世…兩世一身，形單影隻」[15] 的強烈感受，使他在渴望早早自立，擔起養家重任的同時，更加迫切地需要如父如兄的庇蔭與引導。於是，他轉向古書去尋找典範，尋求支援。他說：

> 性本好文學，因困厄悲愁無所告語，遂得究窮於經傳史記百家之說。沈潛乎訓義，反復乎句讀，礱磨乎事業，而奮發乎文章。[16]

又說：

> 始專專於講習兮，非古訓為無所用其心。窺前靈之逸跡兮，超孤舉而幽尋。既識路又疾驅兮，孰知余力之不任。[17]

可見，在「困厄悲愁無所告語」的孤獨處境中，前賢的事業與文章就是指路的明燈。因此，他埋首讀書，潛心「古訓」，想要一窺「前靈之逸跡」，找一條通往成功的道路。他說：

> 今有人生二十八年矣，…其所讀皆聖人之書，楊、墨、釋、老之學無所入於其心。[18]

又說：

> 始者非三代兩漢之書不敢觀，非聖人之志不敢存。[19]

---

13 韓愈少時經歷見羅聯添：《韓愈研究》（增訂再版）（台北：台灣學生書局，1981年）頁 29-32。
14 〔後晉〕劉昫：〈韓愈傳〉《舊唐書》（台北：鼎文書局，1976 年）卷 160，頁 4195。
15 〔唐〕韓愈撰，馬其昶校注：〈祭十二郎文〉《韓昌黎文集校注》（台北：河洛圖書出版社，1975 年）卷 5，頁 196。
16 韓愈：〈上兵部李侍郎書〉，頁 83。
17 韓愈：〈復志賦〉，頁 3-4。
18 韓愈：〈上宰相書〉，頁 90。
19 韓愈：〈答李翊書〉，頁 99。

可見，他是以「聖人」做為最高的典範、不二的保證，以免迷失了正道。但，在學文的過程中，還有許多珍貴的作品，也是他用心學習的對象。他自稱：

> 先生口不絕吟於六藝之文，手不停披於百家之編，…沈浸醲郁，含英咀華，作為文章，其書滿家。上規姚姒，渾渾無涯；〈周誥〉、〈殷盤〉，詰屈聱牙。…下逮《莊》、《騷》，太史所錄，子雲、相如，同工異曲。先生之於文，可謂閎其中而肆其外矣。

他不斷地吟誦六藝、百家之文，模仿詩、書、前賢之作，這種學文方法，與揚雄何其相似？揚雄曰：「能讀千賦則能為之」，[20]韓愈正是如此，而揚雄便是他苦心模仿、學習的對象之一。

揚雄好辭賦，以獻賦入仕；韓愈「性本好文學」，亦欲藉以登科入仕。但，在他「焚膏油以繼晷，恆兀兀以窮年」[21]的苦學之後，卻還是免不了「四舉於禮部乃一得，三選於吏部卒無成」[22]的顛頓與狼狽。於是，他憤憤不平地向友人宣告：

> 夫所謂博學者，豈今之所謂者乎？夫所謂宏辭者，豈今之所謂者乎？誠使古之豪傑之士，若屈原、孟軻、司馬遷、相如、揚雄進於是選，必知其懷慚乃不自進而已耳。若使與夫今之善進取者競於蒙昧之中，僕必知其辱焉。然彼五子者，且使生於今之世，其道雖不顯於天下，其自負何如哉！肯與夫斗筲者決得失於一夫之目而為之憂樂哉？故凡僕之汲汲於進者，其小得蓋欲以具裘葛、養窮孤，其大得蓋欲以同吾之所樂於人耳，其他可否，自計已熟，誠不待人而後知。[23]

當時所謂博學宏辭科，乃「試之以繢繪雕琢之文，考之以聲勢之逆順、

20 揚雄：〈與桓譚書〉，頁274。
21 韓愈：〈進學解〉，頁26。
22 韓愈：〈上宰相書〉，頁90。
23 韓愈：〈答崔立之書〉，頁97。

章句之短長」，[24]在他看來，有若「俳優者之辭」，[25]原本不屑一爲。但，既「苦家貧，衣食不足」，[26]也只能投身這樣的試場。不料連番落第，使他在備感屈辱之餘，竟把屈原、孟軻、司馬遷、相如、揚雄一起拉進考場，陪他一起受辱，也陪他一起憤慨地拒絕再試。可見，長久以來，他早已習慣與古之豪傑爲伍，愈是感到孤立無援之時，就愈需要古聖先賢現身來支持。特別是當他決心向世俗宣戰時，抬出古聖先賢，更是必勝的保證，可使劣勢立刻扭轉。而揚雄，就如他的分身一般，在這場古文與時文的戰爭中，又適時現身，爲他吹起了反俗的號角向前衝。

　　但，這是一場艱苦而耗時的戰爭，儘管他與時文劃清了界線，堅定不移地作古文、教古文，卻仍陷在四面受敵的處境中孤軍奮戰。〈與馮宿論文書〉曰：

> 僕爲文久，每自則意中以爲好，則人必以爲惡矣。小稱意，人亦小怪之；大稱意，即人必大怪之也。時時應事作俗下文字，下筆令人慙，及示人，則人以爲好矣。小慙者，人亦謂之小好；大慙者，即必以爲大好，不知古文直何用於今世也？然以俟知者知耳。[27]

他從經驗知道，在「今世」作「古文」，就必須忍受世人的驚怪與惡評，而得不到應有的肯定。但，他深信總有一天可以等到知音。故又曰：

> 昔揚子雲著《太玄》，人皆笑之。子雲曰：「世不我知無害也，後世復有揚子雲，必好之矣。」子雲死近千載，竟未有揚子雲，可歎也。其時，桓譚亦以爲雄書勝老子。老子未足道也，子雲豈止與老子爭彊而已乎？此未爲知雄者。其弟子侯芭頗知之，

24　韓愈：〈上宰相書〉，頁92。
25　韓愈：〈答崔立之書〉，頁97。
26　同前註。
27　韓愈：〈與馮宿論文書〉，頁115。

以為其師之書勝《周易》。然侯之他文不見於世，不知其人果如何耳！以此而言，作者不祈人之知也明矣。直百世以俟聖人而不惑，質諸鬼神而不疑耳。足下豈不謂然乎？近李翱從僕學文，頗有所得。然其人家貧多事，未能卒其業。有張籍者，年長於翱，亦學於僕。其文與翱相上下，一、二年業之，庶幾乎至也。然閔其棄俗尚而從於寂寞之道，以之爭名於時也。久不談，聊感足下能自進於此，故復發憤一道。[28]

想到揚子雲著《太玄》受盡譏嘲，將近千載等不到第二個揚子雲，就令他感歎。但，揚子雲畢竟得以留名於後世，也畢竟等到了他的出現。這對於正在苦苦等待知音的他而言，又何嘗不是一種安慰呢？《太玄》是那麼艱深難懂，尚且有桓譚、侯芭稱許在前，韓愈肯定在後，何況自視不在揚雄之下的他，又何愁等不到知音！因此，他願意追隨揚雄寂寞草玄的身影，一同等待後世的知音，也自信能夠得到百世聖人、天地鬼神的肯定和支持。但，在寂寞的等待之中，他也希望馮宿、李翱、張籍努力學作古文，一同來走這條反俗而寂寞的道路，雖或難以「爭名於時」，卻可與之並傳於後，那就足以勝過桓譚、侯芭，再添一段歷史佳話了。

　　由這篇文章可知，韓愈推崇揚雄，不僅是因爲喜好他的文章，更因爲生命處境的相似，而有一種相知相惜的感應與共鳴。揚雄一生反俗、寂寞，做個小小郎官幾十年不升遷，卻仍「好古而樂道，…欲求文章成名於後世」；[29]而韓愈多年苦讀，也得不到現世的酬獎，宏辭落第以後，正在汴州節度府任推官，一心守著儒家聖人之道，排佛闢老、倡爲古文。此時的他，身邊雖有李翱、張籍等人一起談文論道，卻還是因爲自己的言論文章與世相違、不被了解，而深感寂寥。這樣的寂

---

28 同前註。
29 班固：〈揚雄傳〉，頁 3583。

寥固然與他陸沈下僚的現實處境有關,但,更深層、更徹骨的寂寞,
還是來自於知音難逢的悲哀,縱有千般苦心、萬般孤詣,多少真知灼
見、奇思異采寫成的文章,也怕終歸沈埋。因此,他要穿透時空,上
溯千載,去找揚雄;他要稱許揚雄、肯定揚雄、證明揚雄對知音的期
待沒有落空,也就同時將自己投入了永恆的時空,與百世聖人、天地
鬼神同在,而足以睥睨一切。這時的他,不只遠勝桓譚、侯芭,可以
斥彼「未爲知雄」;而且可以高高在上地裁斷:「老子未足道也,子雲
豈止與老子爭彊而已乎?」可見,他自視更在老子之上,而在他抬高
揚雄的同時,也就抬高了處境相似、同感孤寂的自己,而讓揚雄下接
千載,成了他必可以不朽的見證者與代言人。

　　當然,古往今來,在孤寒中成長,仕路寂寥、苦無知音的文人,
又何止千萬?而終能傳世者鮮矣!《太玄》艱深難讀,到底寫些什麼,
韓愈未必知道,所以他說:「子雲死近千載,竟未有揚子雲」。而侯芭
謂《太玄》勝《周易》,他也用存疑的態度說:「侯之他文不見於世,
不知其人果如何耳!」可見,就《太玄》一書而言,他並不是真正的
知音。但,他欣賞子雲能夠有這樣的勇氣與自信,不顧流俗譏笑,寫
成這部難懂的玄書,而這部玄書竟然也已傳世近千載,這正是「作者
不祈人之知」的最好證明,使他了解,反俗是一條通往永恆、成功的
路,流俗的驚怪與譏嘲也可以是作品傳世的一種保證。《太玄》在譏嘲
與爭議中流傳,他的「古文」也必在「今世」的笑罵中流傳。〈答李翊
書〉說:

> 將蘄至於古之立言者,則無望其速成,無誘於勢利。…抑又有
> 難者,愈之所為,不自知其至猶未也。雖然,學之二十餘年矣。
> 始者非三代兩漢之書不敢觀,非聖人之志不敢存,處若忘,行
> 若遺,儼乎其若思,茫乎其若迷。當其取於心而注於手也,惟
> 陳言之務去,戛戛乎其難哉!其觀於人,不知其非笑之為非笑
> 也。如是者亦有年,猶不改,然後識古書之正偽,與雖正而不

至焉者昭昭然白黑分矣，而務去之，乃徐有得也。當其取於心
而注於手也，汩汩然來矣。其觀於人也，笑之則以為喜，譽之
則以為憂，以其猶有人之說者存也。如是者亦有年，然後浩乎
其沛然矣。吾又懼其雜也，迎而拒之，平心而察之，其皆醇也，
然後肆焉。[30]

他告訴李生，要學古文，立言垂後，就必須「無望其速成，無誘於勢
利」。長期忍受寂寞，不被世俗所誘，便是不二的法門。因為，他就是
這樣一步一步走過來的。起先是很小心地避讀漢以後的書，緊緊守著
「聖人之志」，拋開一切俗念，「惟陳言之務去」，也不把他人的非笑當
非笑；然後便能識得古書正偽，得心應手地立言。此時的他，是以人
之非笑為喜、稱譽為憂，就怕文中還有「人之說」。及至浩乎沛然的階
段，他還擔心雜有俗見，可見，一路走來，他用以自勉、勉人的基本
信念，便是務反近俗，蘄至於古。故曰：「志乎古，必遺乎今」。[31]〈答
尉遲生書〉亦曰：

抑所能言者，皆古之道，古之道不足以取於今。…賢公卿大夫
在上比肩，始進之賢士在下比肩，彼其得之，必有以取之也。
子欲仕乎？其往問焉，皆可學也。若獨有愛於是而非仕之謂，
則愈也嘗學之矣，請繼今以言。[32]

可見，「無誘於勢利」，不在乎仕宦的前途，而與今俗畫清界線，是他
對學子的基本要求。他高高舉起了反俗的大纛，號召同志加入。又作
〈答劉正夫書〉說：

夫百物朝夕所見者，人皆不注視也，及觀其異者，則共觀而言
之，夫文豈異於是乎？漢朝人莫不能為文，獨司馬相如、太史
公、劉向、揚雄為之最，然則用功深者，其收名也遠，若皆與

30　韓愈：〈答李翊書〉，頁99。
31　同前註，頁100。
32　韓愈：〈答尉遲生書〉，頁84。

世沈浮，不自樹立，雖不為當時所怪，亦必無後世之傳也。足
下家中百物皆賴而用也，然其所珍愛者必非常物。夫君子之於
文，豈異於是乎？今後進之為文，能深探而力取，以古聖賢為
法者，雖未必皆是，要若有司馬相如、太史公、劉向、揚雄之
徒出，必自於此，不自於循常之徒也。若聖人之道不用文則已，
用則必尚其能者，能者非他，能自樹立，不因循者是也。[33]

這段話更清楚地說明了為何必須反俗，必須求「異」。常見、常用之物，
不能引人「注視」、受到「珍愛」；為文「不為當時所怪」者，亦「必
無後世之傳」。故唯有「深探而力取」、「以古聖賢人為法」、「能自樹立」，
而不「與世沈浮」、「因循」常俗者，名聲才能遠揚。相如、揚雄等人
深諳此理，而他也由揚雄《太玄》的傳世，悟得了此理。

但，反俗、求「異」，固是一條必走的路，求「是」、「以古聖賢人
為法」、「能自樹立」，更是揚雄等人能夠傳世不朽的根本原因。揚雄「好
古而樂道」，仿《周易》作《太玄》、仿《論語》作《法言》，便是以古
聖賢人為法。《法言》曰：

學者審其是而已矣！或曰：「焉知是而習之？」曰：「視日月而
知眾星之蔑也；仰聖人而知眾說之小也。」[34]

又曰：

或曰：「人各是其所是而非其所非，將誰使正之？」曰：「…眾
言淆亂則折諸聖。」或曰：「惡覩乎聖而折諸？」曰：「在則人，
亡則書，其統一也。」[35]

揚雄強調學者必須能審其「是」而「習之」，而在是非淆亂的諸多言論
中，「聖人」便是用以折中的標準。聖人既亡，便應睹其書以正是非。

33　韓愈：〈答劉正夫書〉，頁121。
34　揚雄撰，汪榮寶疏：〈學行〉《法言義疏》（北京：中華書局，1987年）卷1，頁
　　21。
35　揚雄：〈吾子〉，卷2，頁82。

可見，他所關切、取法的，並不只是文辭，而是聖人之道。韓愈〈答劉正夫書〉亦曰：

> 或問：「為文宜何師？」必謹對曰：「宜師古聖賢人。」「古聖賢人所為書具存，辭皆不同，宜何師？」必謹對曰：「師其意，不師其辭。」又問曰：「文宜易宜難？」必謹對曰：「無難易，惟其是爾，如是而已，非固開其為此，而禁其為彼也。」[36]

揚、韓二人皆以古聖賢為法，揚雄謂當審其「是」而習之，「豈好為艱難哉？勢不得已也！」韓愈謂「無難易，惟其是爾」。可見，在提倡古文的道路上，他是隨著揚雄的腳步，向著相同的大方向邁進。揚雄以聖人之道自任，擬《易》、《論語》作《太玄》、《法言》；韓愈亦以彰明孔道為己任，故每於友朋間，力斥佛、老。張籍來書，指其「囂囂多言」、「如任私尚勝者」，勸他效法孟軻、揚雄著書，勿與人作口舌之爭。[37]韓愈答曰：

> 昔者聖人之作《春秋》也，…至於後世，然後其書出焉。…今夫二氏之所宗而事之者，下乃公卿輔相，吾豈敢昌言排之哉？擇其可語者誨之，猶時與吾悖，其聲嘵嘵，若遂成其書，則見而怒之者必多矣。…夫子，聖人也，…猶且絕糧於陳，畏於匡，毀於叔孫，…其道雖尊，其窮也亦甚矣。…今夫二氏行乎中土也蓋六百年有餘矣。…非所以朝令而夕禁也。自文王沒，武王、周公、成、康相與守之，禮樂皆在，及乎夫子，未久也；自夫子而及乎孟子，未久也；自孟子而及乎揚雄，亦未久也，然猶其勤若此，其困若此，而後能有所立，吾豈可易而為之哉？其為也易，則其傳也不遠，故吾所以不敢也。…竢五、六十為之未失也。天不欲使茲人有知乎？則吾之命不可期，如使茲人有

---

36 韓愈：〈答劉正夫書〉，頁 121。
37 張籍來書見《韓昌黎文集校注》卷 2，頁 76，〈答張籍書〉題下注。

知乎？非我其誰哉？其行道、其為書、其化今、其傳後，必有
在矣。吾子其何遽戚戚於吾所為哉？前書謂吾與人商論不能下
氣，若好勝者然。雖誠有之，抑非好己勝也，好之道勝也。
非好己之道勝也，己之道乃夫子、孟軻、揚雄所傳之道也，若
不勝，則無以為道，吾豈敢避是名哉？[38]

他以孔子作《春秋》為例，指出此時排佛之艱困，比諸孔、孟、揚雄
所處之境，更有過之，豈可輕易為書？但，他還是充滿自信地期諸未
來，以為聖人之道必可因他而傳。而他之所以「若好勝者」，也是為了
傳揚孔、孟、揚雄之道，豈有不勝之理？可見，在他干犯眾怒、力闢
佛、老之時，揚雄又是他所認同的典範。《法言》曰：

古者楊、墨塞路，孟子辭而闢之，廓如也。後之塞路者有矣，
竊自比於孟子。[39]

揚雄處在一個經學步入歧途的時代，目睹經生爭逐利祿，「不思多聞闕
疑之義，而務碎義逃難，便辭巧說…說五字之文至於二、三萬言，…
終以自蔽」[40]之風氣，有意加以導正，故欲效法孟子之闢楊、墨，以
昌明孔道為己任。而韓愈之所以一再認同揚雄、信己必傳，就是因為
揚雄所傳乃孔、孟之道，而他所能恃以排佛闢老，與天子公卿、乃至
天下後世信徒相抗者，也就是這孔、孟、揚雄所傳之道，當然會有必
勝、必傳的信心。

因此，我們可以了解，揚、韓二人雖然相隔八百年，處在完全不
同的時空環境中，但就文化傳統而言，卻是前後相承，同受儒教洗禮，
不能自外於此。故當韓愈在孤苦困厄中學文、學道，在應舉求仕時落
第、蹭蹬，又在眾人非笑中為古文、闢佛老時，就會想起這個與他一
樣反俗、寂寞、受盡譏嘲，卻仍堅決維護孔、孟之道，而又能文、「善

38　韓愈：〈重答張籍書〉，卷2，頁78-79。
39　揚雄：〈吾子〉，卷2，頁81。
40　班固：〈藝文志〉《漢書》卷30，頁1723。

鳴」的揚雄。而揚雄最終可以走過寂寞，使作品傳世近千載，對他而言，便成了最大的支持、鼓舞和啓示。

四、韓愈對揚雄之道的繼承與超越

綜觀揚、韓之作可以發現，韓愈對揚雄之道與揚雄之文均有所學習。以道而言，《法言》曰：

> 或問道。曰：「道也者，通也，無不通也。」或曰：「可以適它與？」曰：「適堯、舜、文王者為正道，非堯、舜、文王者為它道，君子正而不它。」[41]

此所謂「道」既無不通，自無特定內涵，而可通向任何一家。但，揚雄強調只有通向堯、舜、文王的儒家之道才是正道，君子當走正道，不走它道。又說：

> 舍舟航而濟乎瀆者，末矣。舍五經而濟乎道者，末矣。弃常珍而嗜乎異饌者，惡睹其識味也？委大聖而好乎諸子者，惡睹其識道也？[42]

可見，在眾多通道中，他最重視的還是儒家「五經」與「大聖」所指示的正道，這條正道，早已行之久遠，故曰：

> 學之為王者事，其已久矣。堯、舜、禹、湯、文、武汲汲，仲尼皇皇，其已久矣。[43]

堯、舜、禹、湯、文、武、仲尼所學之事，亦即後之君子所當學者。可見，在揚雄心中，儒家先王、先聖一脈相承，有其統緒，實與諸子百家之道判然有別。此後韓愈〈原道〉曰：

> 由是而之焉之謂道。…道與德為虛位。…道有君子、小人。…

---

41 揚雄：〈問道〉，卷4，頁109。
42 揚雄：〈吾子〉，卷2，頁67。
43 揚雄：〈學行〉，卷1，頁22。

其所謂道，道其所道，非吾所謂道也。[44]

韓愈謂由此往彼爲道，又謂道爲虛位，無確定內涵，而有君子、小人之分，殆即承揚雄以「通」釋「道」，並分「正道」、「它道」而來。[45]至於〈原道〉曰：

斯道也，何道也？曰：斯吾所謂道也，非向所謂老與佛之道也。堯以是傳之舜，舜以是傳之禹，禹以是傳之湯，湯以是傳之文、武、周公，文、武、周公傳之孔子，孔子傳之孟軻。軻之死，不得其傳。荀與揚也，擇焉而不精，語焉而不詳。由周公而上，上而為君，故其事行；由周公而下，下而為臣，故其說長。[46]

這個堯、舜、禹、湯、文、武、周公、孔子、孟子相傳的道統，雖說已於孟子書中略見雛形，[47]但亦可說是上承揚雄之說。揚雄稱許孟子闢楊、墨，自比於孟子，又曰：「孔子習周公者也。」[48]故韓愈述道統時增添周公、孟子，乃更加完備。至其由周公而上、而下之言，殆即自揚雄所謂文武以上汲汲，孔子皇皇之說而來。不過，更值得注意的是，韓愈早年作〈重答張籍書〉時，猶稱「己之道乃夫子、孟軻、揚雄所傳之道也」，此時卻謂「軻之死，不得其傳。荀與揚也，擇焉而不精，語焉而不詳。」顯然是以更嚴格之標準剔除了揚雄，而暗以自己直承孟子。但這其實也還是從揚雄「竊自比於孟子」之精神而來。漢

---

44 韓愈：〈原道〉，卷 1，頁 7-8。
45 徐復觀：〈揚雄論究〉曰：「揚雄…把道空洞化。〈問道篇〉：『…君子正而不它。』…韓愈〈原道〉「由是而之焉之謂道」、「道與德爲虛位」，蓋由此而來。」
46 韓愈：〈原道〉，卷 1，頁 10。
47 《孟子·盡心下》：「孟子曰：『由堯舜至於湯，五百有餘歲，若禹、皋陶，則見而知之；若湯，則聞而知之。由湯至於文王，五百有餘歲，若伊尹、萊朱則見而知之；若文王，則聞而知之。由文王至於孔子，五百有餘歲，若太公望、散宜生，則見而知之；若孔子，則聞而知之。由孔子而來至於今，百有餘歲，去聖人之世，若此其未遠也；近聖人之居，若此其甚也，然而無有乎爾，則亦無有乎爾。』見朱熹：《四書章句集注》（北京：中華書局，1983 年 10 月），頁 376-377。
48 揚雄：〈學行〉，卷 1，頁 13 。

儒傳經，大抵出自荀子，而揚雄卻特尊孟子，《法言》曰：

> 或問「孟子知言之要，知德之奧」。曰：「非苟知之，亦允蹈之。」
> 曰：「子小諸子，孟子非諸子乎？」曰：「諸子者，以其知異於
> 孔子也。孟子異乎？不異。」[49]

揚雄稱許孟子能知言、蹈德，與孔子不異。又曰：

> 或曰：「孫卿非數家之書，儌也；至于子思、孟軻，詭哉！」曰：
> 「吾於孫卿，與見同門而異戶也，惟聖人為不異。」[50]

《荀子·非十二子》對子思、孟子亦有所非，揚雄不以爲然，謂荀子
雖出孔門，而不能無小異，只有聖人不異於聖人。可見，他已把孟子
提高到聖人的地位，不僅高于諸子，也高於荀子。其後，韓愈〈讀荀〉
曰：

> 始吾讀孟軻書，然後知孔子之道尊，王易王，霸易霸也。以為
> 孔子之徒沒，尊聖人者，孟氏而已。晚得揚雄書，益尊信孟氏。
> 因雄書而孟氏益尊，則雄者，亦聖人之徒歟？聖人之道不傳于
> 世，⋯火于秦，黃老于漢，其存欵而醇者，孟軻氏而止耳，揚
> 雄氏而止耳。及得荀氏書，於是又知有荀氏者也。考其辭，時
> 若不粹，要其歸，與孔子異者鮮矣，抑猶在軻、雄之間乎？孔
> 子刪詩、書，筆削春秋，合於道者著之，離於道者黜去之，故
> 詩、書、春秋無疵。余欲削荀氏之不合者，附于聖人之籍，亦
> 孔子之志歟？孟氏醇乎醇者也，荀與揚，大醇而小疵。[51]

韓愈因孟而尊孔，又因揚而益尊孟。他認爲荀子之辭「時若不粹」，但
「與孔子異者鮮矣」，顯然是對揚雄「同門而異戶」說的推衍。《法言》
曰：「惟聖人爲不雜。」[52]韓愈所謂「醇」，也就是揚雄所強調的「不

---

49 揚雄：〈君子〉，卷 12，頁 498。
50 同前註，頁 499。
51 韓愈：〈讀荀〉，卷 1，頁 21。
52 揚雄：〈問神〉，卷 5，頁 163。

雜」、「不異」，而孟子既與孔子不異，當然可以說是「醇乎醇者」；荀子不能無小異，所以是「大醇而小疵」。至於揚雄，雖然尊孟、尊孔、宗五經、斥諸子，但卻肯定老子道德之說，《法言》曰：

> 老子之言道德，吾有取焉耳，及搥提仁義，絕滅禮學，吾無取焉耳。[53]

《太玄》一書便是「以老子的道德觀念，即是所謂『玄之又玄』的玄，為貫通天人的基本原理。…以老子的道德為體，以儒家的仁義為用所建立起來的。」[54]故《法言》又曰：

> 或曰：「《玄》何為？」曰：「為仁義。」曰：「孰不為仁？孰不為義？」曰：「勿雜也而已矣。」[55]

揚雄謂《太玄》是為仁義而作，且以「勿雜」與他書區隔。故陸績稱其「建立玄經，與聖人同趣。…考之古今，宜曰聖人。」[56]但，在韓愈看來，揚雄既有取於老子道德之說，就是雜，就只能說是「大醇而小疵」。故〈原道〉篇謂其「擇焉而不精」，不能承接道統。相形之下，韓愈不僅排佛闢老，且欲本「孔子之志」以「削荀氏之不合者」，可見，他把自己放在與孔子等高的地位，自認取擇更精，可以代表聖人來軒輊三子，疵議荀、揚。至於〈原道〉曰：

> 其所謂道，道其所道，非吾所謂道也。…凡吾所謂道德云者，合仁與義言之也，天下之公言也；老子之所謂道德云者，去仁與義言之也，一人之私言也。[57]

這就很明顯地區隔了「吾所謂道」與「其所謂道」，而把自己放在一個可以代表天下之公、合仁與義的崇高位置上，可以理直氣壯地指斥不

53　揚雄：〈問道〉，卷4，頁114。

54　徐復觀：〈揚雄論究〉，頁488。

55　揚雄：〈問神〉，卷5，頁168。

56　〔吳〕陸績：〈述玄〉，見〔漢〕揚雄撰，〔宋〕司馬光集注，劉韶軍點校：《太玄集注》（北京：中華書局）頁231。

57　韓愈：〈原道〉，卷1，頁8。

仁不義、自私自利的老、佛。因此，下文便詳論老、佛如何爲害於中國，而聖人又是如何「教之以相生養之道」，維繫了人類的生存與文化的發展。這樣的「先王之教」，便是儒家聖聖相傳的道統，而荀、揚卻「語焉而不詳」，相形之下，能夠如此詳論「斯道」、嚴斥佛、老的他，不就比揚雄更像孟子之傳人？其後，憲宗迎佛骨，韓愈上表勸諫，被貶潮州，九死一生後，在袁州作〈與孟尙書書〉，更直言：

> 揚子雲曰：「古者楊、墨塞路，孟子辭而闢之，廓如也。」夫楊、墨行，正道廢，…以至於秦，卒滅先王之法，燒除其經，…其大經大法皆亡滅而不救，…所謂存十一於千百，安在其能廓如也？然向無孟氏，則皆服左衽而言侏離矣。故愈嘗推尊孟氏，以爲功不在禹下者，爲此也。漢氏以來，群儒區區修補，百孔千瘡，隨亂隨失，其危如一髮引千鈞，…寖以微滅。於是時也，而唱釋老於其間，…其亦不仁甚矣！釋、老之害過於楊、墨，韓愈之賢不及孟子，孟子不能救之於未亡之前，而韓愈乃欲全之於已壞之後，嗚呼！其亦不量其力，且見其身之危，莫之救以死也。雖然，使其道由愈而粗傳，雖滅死萬萬無恨。[58]

揚雄稱孟子廓清了楊、墨，韓愈卻認爲此後一連串焚經、坑儒的浩劫都是「楊、墨肆行而莫之禁」所造成，「安在其能廓如？」至於漢代以來的儒者，雖然小心翼翼地修補經書，「二帝三王群聖人之道」卻還是「寖以微滅」，因此，他必須一肩挑起傳道的重任，把自己的生死置之度外，以完成孟子未竟之志業。可見，此時他不僅早已越過揚雄，自比爲孟子，且欲超越孟子、完成更艱鉅的任務，他說「孟子之功不在禹下」，然則韓愈視己闢佛之功，又豈在大禹之下？這樣的自比，看似狂妄，但，相較於揚雄晚年投閣之事，韓愈能於垂暮之年，爲天下之公，不恤生死，以衛「斯道」，當然自信遠過揚雄、甚至想要勝過孟子、

---

58 韓愈：〈與孟尙書書〉，卷3，頁125-126。

直追大禹。

　　因此，我們可以發現，韓愈雖然一再稱引揚雄、肯定揚雄，並且多方學習揚雄，但，揚雄於他，就像一個跳板，當他跳得更高、看得更遠之後，爲了穩穩站在道統之中，凸顯「斯道」的尊嚴，就必須越過這個跳板，立在高峰之上。而當我們抬頭高看韓愈時，稍稍留意，還是處處可以看見做爲跳板的揚雄。例如《法言》曰：

> 或問：「人有倚孔子之牆，弦鄭、衛之聲，誦韓、莊之書，則引諸門乎？」曰：「在夷貉則引之，倚門牆則麾之。」[59]

揚雄認爲，已經靠近聖人門牆者，還被淫聲、異端所惑，就當揮斥；但夷狄慕化而來，則可引而教之。故韓愈〈浮屠文暢師序〉曰：

> 人固有儒名而墨行者，問其名則是，校其行則非，可以與之游乎？如有墨名而儒行者，問之名則非，校其行而是，可以與之游乎？揚子雲稱：「在門牆則揮之，在夷狄則進之」，吾取以爲法焉。浮屠師文暢喜文章，…柳君宗元爲之請，…如吾徒者，宜當告之以二帝三王之道，…不當又爲浮屠之說而瀆告之也。[60]

柳宗元曾爲文暢作序，又爲他請序於韓愈，韓愈乃取用揚雄之言，一方面爲這「墨名而儒行」、拘於夷狄之法卻喜接近「吾徒」的和尙，講講儒家聖聖相傳之道；另一方面，卻也趁機指斥像柳宗元這樣「儒名而墨行」、「倚孔子之牆」卻爲佛教所惑的文士。可見，這篇文章完全是立基於揚雄之言構思而成，而韓愈之所以一再爲浮屠、道士寫序，也是照著揚雄指示而爲。再如《法言》曰：

> 人之性也，善惡混。修其善，則爲善人；修其惡，則爲惡人。[61]

揚雄雖自比爲孟子，卻未採孟子性善之說，也未採荀子性惡之說，而另提善惡混之說，勉人修善去惡。韓愈則作〈原性〉曰：

59　揚雄：〈修身〉，卷3，頁102。
60　韓愈：〈送浮屠文暢師序〉，卷4，頁147-148。
61　揚雄：〈修身〉，卷3，頁85。

> 孟子之言性曰：「人之性善」，荀子之言性曰：「人之性惡」，揚
> 子之言性曰：「人之性善惡混」。夫始善而進惡，與始惡而進善，
> 與始也混而今也善惡，皆舉其中而遺其上下者也，得其一而失
> 其二者也。…堯之朱、舜之均、文王之管、蔡，習非不善也，
> 而卒為姦；瞽叟之舜、鯀之禹，習非不惡也，而卒為聖，人之
> 性，善惡果混乎？[62]

他根據史書記載，舉出若干實例做為反證，認為孟、荀、揚三子言性，
都是以偏概全。在他看來：

> 性之品有上、中、下三：上焉者，善焉而已矣；中焉者，可導
> 而上下也；下焉者，惡焉而已矣。其所以為性者五：曰仁、曰
> 禮、曰信、曰義、曰智。[63]

如此論性，顯然有意涵括三子，求其周備，韓愈自視之高，亦可由此
覘之。後人對揚、韓性說議論紛紜，大抵不盡滿意。如朱熹曰：

> 荀子曰性惡，揚子曰善惡混，韓子曰性有三品，皆非知性者也。
> [64]

但，朱熹又說：

> 熹嘗愛韓子說「所以為性者五」，「而今之言性者，皆雜佛老而
> 言之，所以不能不異」，在諸子中最為近理。[65]

> 退之說性，只將仁、義、禮、智來說，便是識見高處。如論三
> 品亦是，但以某觀人之性，豈獨三品，須有百千萬品。[66]

可見，韓愈上承孟、荀、揚三子作〈原性〉，雖不免粗疏，屢為後人疵
議，但亦自有所見，極為後人矚目。當時，皇甫湜作〈孟子荀子言性

62　韓愈：〈原性〉，卷 1，頁 12-13。
63　同前註，頁 12。
54　〔宋〕朱熹：〈讀余隱之尊孟辨溫公疑孟上〉《朱文公文集》卷 73，見吳文治：《韓
　　愈資料彙編》（台北：學海出版社，1984 年）頁 404。
55　朱熹：〈答林德久〉《朱文公文集》卷 61，見吳文治：《韓愈資料彙編》頁 401。
56　《朱子語類》卷 137，見《韓愈資料彙編》頁 415。

論〉、以及稍後杜牧作〈三子言性辨〉都是對〈原性〉的迴響。入宋以後，王安石、司馬光、蘇軾、程頤…諸人論性，無一不言及韓說。而元儒郝經曰：

> 自漢至唐八、九百年，得大儒韓子，以仁義為性，復乎孔子、孟子之言，其〈原性〉一篇，高出荀、揚之上。[67]

明儒薛瑄亦曰：

> 自孟子後，論性惟韓子為純粹，又豈荀、揚偏駁者可得同年而語哉？[68]

可見，在後儒眼中，韓愈論性，確有超越揚雄之處，可以上追孟子。

更值得注意的是，揚雄處於西漢後期，對於當時「一經說至百餘萬言，大師眾至千餘人，蓋祿利之路然也」[69]之現象多所批判，如《法言》曰：

> 好書而不要諸仲尼，書肆也；好說而不要諸仲尼，說鈴也。[70]

好書、好說，若不明孔子之道，不以孔子為本，就只不過如書舖、說鈴一般，徒亂人意而已。又曰：

> 一閱之市，不勝異意焉；一卷之書，不勝異說焉，…必立之師。[71]

當時學者往往為一卷經書當如何解說而爭論不休，故揚雄強調，必須立「師」才能解決爭端。《法言》曰：

> 師哉！師哉！桐子之命也。務學不如務求師，師者，人之模範也。模不模，範不範，為不少矣。[72]

---

67 〔元〕郝經：〈與漢上趙先生論性書〉《郝文忠公陵川文集》卷 24，見《韓愈資料彙編》頁 621。

68 〔明〕薛瑄：《薛文清公讀書錄》卷 1，見《韓愈資料彙編》頁 702-703。

69 班固：〈儒林傳〉《漢書》卷 88，頁 3620。

70 揚雄：〈吾子〉，卷 2，頁 74。

71 揚雄：〈學行〉，卷 1，頁 20。

72 揚雄：〈學行〉，卷 1，頁 18。

童子幼稚無知，非求師無以立身全性，故揚雄強調師為「人之模範」。但，當時所謂師，卻往往不足以為模範，故《法言》又曰：

> 或問：「小每知之，可謂師乎？」曰：「是何師與！是何師與！天下小事為不少矣，每知之，是謂師乎？師之貴也，知大知也。小知之師亦賤矣。」[73]

他認為師之所以可貴，是因為能「知大知」，而當時所謂師，多是「小知之師」，縱使知曉天下每一件小事，也不配稱為「師」。這些看法皆為韓愈所承，故韓愈特重師道，並作〈師說〉曰：

> 古之學者必有師，師者，所以傳道、受業、解惑也。…愛其子，擇師而教之；於其身也，則恥師焉。彼童子之師，授之書而習其句讀者，非吾所謂傳其道、解其惑者也。句讀之不知，惑之不解，或師焉，或不焉，小學而大遺，吾未見其明也。[74]

韓愈所謂「童子之師」，只能教句讀，正是揚雄所謂「小知之師」、「模不模」、「範不範」者。而當時士大夫卻多以從師為恥，「小學而大遺」。故韓愈強調：「道之所存，師之所存也」；「吾師道也」，這個「道」才是所謂「大」者，而能傳此「道」者，也才配稱為「師」。如此標明宗旨，貫串全篇，便較揚雄所謂「知大知」更為顯豁，也更能見「師」與「道」之尊嚴。柳宗元〈答韋中立論師道書〉云：

> 由魏、晉氏以下，人益不事師。今之世不聞有師，有輒譁笑之，以為狂人。獨韓愈奮不顧流俗，犯笑侮，收召後學，作〈師說〉，因抗顏而為師，世果群怪聚罵，指目牽引，而增與為言辭，愈以是得狂名，居長安，炊不暇熟，又挈挈而東，如是者數矣。[75]

魏晉以下，少了利祿的誘因，經學不振，從師問學者益少。到了唐代，

73　揚雄：〈問明〉，卷6，頁180。
74　韓愈：〈師說〉，卷1，頁24。
75　柳宗元：〈答韋中立論師道書〉《柳河東集》（台北：河洛圖書出版社，1974年）卷34，頁541。

科舉取士，重進士，輕明經，士人多尚文學、輕經學，又有官方頒布的五經正義為讀本，似更無須從師問學。因此，韓愈特別強調，為了「句讀之不知」而從師，只是「小學」；有「惑」而不肯從師問「道」，才是「大遺」，應當不畏恥笑，勇於從師。其實，當時士大夫有「惑」不能解，也會去從師，卻是走向寺觀，尊高僧、道士為師，而自居為弟子。這正是韓愈想要糾正的風氣，因此，他才不顧流俗，以儒家道統傳人之身份，作〈師說〉，抗顏而為師，希望能把學子都拉回儒家陣營。《新唐書‧韓愈傳》稱：「成就後進士，往往知名。經愈指授，皆稱韓門弟子。」[76]可見，勇於為師的他，雖然飽受時人笑侮，卻真收了不少弟子，而有所謂「韓門」立於佛門之外。相形之下，揚雄閉門著書，「人希至其門」，雖「時有好事者載酒肴從游學」，卻不像韓愈那樣積極地大張旗鼓，廣召生徒，當然也就只有侯芭這個弟子見載於傳中，而芭之文不見於世，也算不上真正有成，故韓愈〈與馮宿論文書〉言及侯芭，深盼李翱等人勝過侯芭，垂名後世。其後，李翱、張籍、皇甫湜果然知名於時，皆有文集傳後，可見，韓愈以道自任，勇於為師，確有一定成效。而他之所以終能走過寂寞，帶動風潮，成為蘇軾所謂「百世師」，就是因為他比揚雄更積極、更勇敢、也更善於招攬學生、成就後進。

五、韓愈對揚雄之文的學習與超越

揚雄早年好賦，中年以後，轉而去作《太玄》、《法言》，而對辭賦有所反省。《法言》稱：

> 或問：「吾子少而好賦？」曰：「然，童子雕蟲篆刻。」俄而曰：
> 「壯夫不為也。」或曰：「賦可以諷乎？」曰：「諷乎？諷則已，

76　〔宋〕歐陽修、宋祁：〈韓愈傳〉《新唐書》（台北：鼎文書局，1976 年）卷 176，頁 5265。

不已，吾恐不免於勸也。」[77]

他用「童子雕蟲篆刻」概括了早年對辭賦所下的工夫，將之視爲文字游戲，而宣稱「壯夫不爲」，主要還是因爲辭賦未能發揮諷諫的效益，反而助長淫侈。故《法言》論前輩賦家曰：「文麗用寡，長卿也。」[78]又曰：

> 或問：「景差、唐勒、宋玉、枚乘之賦也，益乎？」曰：「必也，淫。」「淫則奈何？」曰：「詩人之賦麗以則，辭人之賦麗以淫。如孔氏之門用賦也，則賈誼升堂，相如入室矣，如其不用何？」[79]

在他看來，賦有兩種：一種是過於靡麗、失了法度的「辭人之賦」，景差、唐勒、宋玉、枚乘之賦屬之；另一種則是麗而合乎法度的「詩人之賦」，相如、賈誼之賦屬之。[80]但，即便是相如之賦，也沒有多少實用價值，何況他人？故若想在孔子之門升堂入室，就不能憑藉這「雕蟲篆刻」的本領，還得去做「壯夫」當爲之事。《法言》曰：

> 或問：「君子尚辭乎？」曰：「君子事之爲尚。事勝辭則伉，辭勝事則賦，事、辭稱則經。足言足容，德之藻矣。」[81]

君子貴事實，賤虛辭。事勝辭，則不免枯乾無文采；辭勝事，則有如賦之虛辭濫說；唯有事、辭相稱者，才能如經典般有常存之價值。故

---

77 揚雄：〈吾子〉，卷2，頁45。

78 揚雄：〈君子〉，卷12，頁507。

79 同前註，頁49-50。

80 下文既謂相如、賈誼如在孔門，可以登堂入室，想必是以二人所作合乎法度爲前提，方有此喻。但，班固《漢書·藝文志》則曰：「大儒孫卿及楚臣屈原離讒憂國，皆作賦以風，咸有惻隱古詩之義。其後宋玉、唐勒，漢興枚乘、司馬相如，下及揚子雲，競爲侈麗閎衍之詞，沒其風諭之義，是以揚子悔之，曰：「詩人之賦麗以則，辭人之賦麗以淫…」。可見，在班固看來，荀卿、屈原之賦，始可謂「詩人之賦」；至於相如、子雲所作，則是「辭人之賦」，與宋玉等人同，故謂此爲揚雄自悔之言。

81 揚雄：〈吾子〉，卷2，頁60。

必「觀其辭則無闕於言，驗之事則無闕於用」[82]，做到「足言足容」，才足以為德之文。又曰：

> 書不經，非書也；言不經，非言也，言、書不經，多多贅矣。[83]

他認為一切著述、言論如果不以經典為準則，就是多餘無用的，故不僅是以經典做為辭賦創作的準則，更進而捨棄辭賦去擬經。《法言》曰：

> 或問：「聖人之經不可使易知與？」曰：「不可。天俄而可度，則其覆物也淺矣；地俄而可測，則其載物也薄矣。大哉！天地之為萬物郭，五經之為眾說郭。」[84]

聖人之經包羅萬有，就像覆載深廣的天地一般，自然艱深難曉。而他既以經典作為著述的準則，故亦以艱深之辭為之。又曰：

> 玉不彫，璵璠不作器；言不文，典謨不作經。

他認為寶玉必經雕琢，始能成為有用的器物；典謨之言若是未經文飾，也不能成為經典。因此，他的擬經之作，用辭亦重彫飾。蘇軾云：

> 揚雄好為艱深之詞，以文淺易之說，若正言之，則人人知之矣，此正所謂雕蟲篆刻者。其《太玄》、《法言》皆是類也，而獨悔於賦，何哉？終身雕蟲，而獨變其音節便謂之經，可乎？[85]

朱熹亦曰：

> 雄之《太玄》、《法言》，蓋亦〈長楊〉、〈校獵〉之流，而粗變其音節。[86]

蘇軾認為，揚雄好為艱深之詞，終身都在雕篆；朱熹也認為揚雄擬經之作，只是變了音節，根本就是漢大賦的另一種表現方式。可見，骨子裡，揚雄還是一個賦家，喜好雕蟲篆刻的游戲，而且難度愈高的游

---

82 汪榮寶疏語，見頁61。
83 揚雄：〈問神〉，卷5，頁164。
84 揚雄：〈問神〉，卷5，頁157。
85 蘇軾：〈謝民師推官書〉卷49，頁1418。
86 朱熹：〈讀唐志〉《朱文公文集》卷70，見《韓愈資料彙編》頁403。

戲，對他的吸引力也就愈大。因此，他不僅選擇各類文體的最高典範加以仿作，而且所作大抵艱深、好雕飾，對時人、後人形成挑戰，都可說是這種游戲心理有以促成。

反觀韓愈亦自承「性本好文學」，[87]「志在古道，又甚好其言辭」。[88]因此，他雖指斥當時科舉「試之以繡繪雕琢之文，考之以聲勢之逆順，章句之短長」，但，他自己為文，也頗用心於「言之短長與聲之高下」，並且好奇愛異，每每游戲於筆墨之間。當時裴度曾曰：

> 文者，聖人假之以達其心，達則已，理窮則已，非故高之、下之、詳之、略之也。…故文人之異，在氣格之高下，思致之淺深，不在其碟裂章句，骾廢聲韻也。…昌黎韓愈僕識之舊矣，…其人信美材也。近或聞諸儕類，云恃其絕足，往往奔放，不以文立制，而以文為戲，可矣乎？可矣乎？[89]

裴度謂韓愈「以文為戲」，故意「高之、下之、詳之、略之」，「碟裂章句，骾廢聲韻」。可見，韓愈骨子裡，亦頗好文字游戲，只是不好當時流行的駢儷游戲，而好與古人為戲。特別是像揚雄這樣的游戲高手，更能引起他去模仿、較量的興趣。因此，細讀韓文，隨處可見化用揚雄之文，或模擬揚雄為文之例證。如揚雄〈劇秦美新〉曰：

> 發祕府，覽書林，遙集乎文雅之囿，翱翔乎禮樂之場。[90]

韓愈〈復志賦〉乃化用其語曰：「朝騁騖乎書林兮，夕翱翔乎藝苑」。[91]再如《法言》曰：

> 虞夏之書渾渾爾，商書灝灝爾，周書噩噩爾。[92]

---

87 韓愈：〈答兵部李侍郎書〉，卷2，頁83。
88 韓愈：〈答陳生書〉，卷3，頁103。
89 裴度：〈與李翱書〉，見〔清〕董誥編：《全唐文》（台北：大通書局，1979年）卷538，頁6926。
90 揚雄：〈劇秦美新〉，頁221。
91 韓愈：〈復志賦〉，卷1，頁4。
92 揚雄：〈問神〉，卷5，頁155。

韓愈〈進學解〉乃櫽括其言曰:「上規姚姒,渾渾無涯,〈周誥〉〈殷盤〉,詰屈聱牙」;而〈上襄陽于相公書〉更直接引用其言以讚于頔之文曰:

> 揚子雲曰:「商書灝灝爾,周書噩噩爾」,信乎其能灝灝且噩噩也。[93]

至於《法言》「事、辭稱則經」之說,韓愈〈進撰平淮西碑文表〉取用其說曰:

> 其載於《書》,則堯、舜二典,…於《詩》則〈玄鳥〉、〈長發〉,…辭、事相稱,善並美具,號以為經。[94]

可見,韓愈屢用揚雄語為文。至於揚雄用字遣詞奇特處,如《法言》曰:

> 「顏不孔,雖得天下不足以為樂。」「然亦有苦乎?」曰:「顏苦孔之卓之至也。」或人瞿然曰:「茲苦也,祇其所以為樂也與!」[95]

「顏不孔」,意謂「顏不得孔」,與下「得天下者」意相連貫,省略「得」字,更覺有力。至於三「苦」字,「顏苦孔」之「苦」為動詞,而上下二「苦」字為名詞。「之卓之至」則複用兩「之」字於一短句內。類此修辭方法,亦為韓愈所用,如〈原道〉曰:

> 博愛之謂仁,行而宜之之謂義,由是而之焉之謂道,足乎己,無待於外之謂德。[96]

四句用了六「之」字,而詞性不一:「之謂」之「之」為介詞,「宜之」之「之」為代詞,「之焉」之「之」為動詞。又,〈原道〉曰:

> 老子之小仁義,…其見者小也。坐井而觀天曰天小者,非天小

---

93 韓愈:〈上襄陽于相公書〉,卷2,頁86。
94 韓愈:〈進撰平淮西碑文表〉,卷8,頁350。
95 揚雄:〈學行〉,卷1,頁41。
96 韓愈:〈原道〉,卷1,頁7。

也，彼以煦煦為仁…其小之也則宜。[97]

此用五「小」字，詞性亦不一，「小仁義」、「小之」之「小」為動詞，餘為形容詞。又，〈原道〉曰：

老者曰：「孔子，吾師之弟子也」；佛者曰：「孔子，吾師之弟子也」；為孔子者，習聞其說，樂其誕而自小也。[98]

「老者」、「佛者」意謂「為老者」、「為佛者」，與下「為孔子者」相貫，省略二「為」字，句法便奇。而「自小」之「小」為動詞，亦與前文相應。此文一再用「小」字言佛與老子之「小」，其實亦從《法言》而來。如：

仰聖人而知眾說之小也。[99]

吾見諸子之小禮樂也，不見聖人之小禮樂也。[100]

子小諸子，孟子非諸子乎？[101]

「仲尼之道不可小與？」曰：「小則敗聖，如何？」[102]

以上諸句之「小」，詞性亦不一。「眾說之小」之「小」字為形容詞，餘為動詞。揚雄一再用「小」字言諸子之「小」，相當醒目，故韓愈亦用以言佛、老，而足以見吾道之大。徐復觀曰：

《法言》字句的結構長短，儘管與《論語》極為近似，但奇崛奧衍的文體，與《論語》的文體，實形成兩個不同的對極。若說《論語》的語言，與人以「圓」的感覺，法言的語言卻與人以「銳角」的感覺。…而韓文的用字造句，也受了《法言》相當大的影響，似乎沒有人注意到。[103]

97　同前註，頁 8。

98　同前註。

99　揚雄：〈學行〉，卷 1，頁 21。

100　揚雄：〈問道〉，卷 4，頁 122。

101　揚雄：〈君子〉，卷 12，頁 498。

102　揚雄：〈五百〉，卷 8，257。

103　徐復觀：〈揚雄論究〉，頁 502。

徐氏謂韓文用字造句受法言影響，當可自上述〈原道〉文句得證。但，徐氏謂《法言》與人「銳角」之感，而劉海峰評〈原道〉，則曰：

> 老蘇稱公文如長江大河，渾灝流轉，魚黿蛟龍，萬怪惶惑，惟此文足當之。[104]

可見，韓文修辭奇特，如「萬怪惶惑」，雖有取於揚雄，卻能化「銳角」為「渾灝流轉」，比《論語》之「圓」，更為可觀。

至如揚雄〈羽獵賦〉曰：

> 若夫壯士忼慨，⋯騁者奔欲，挓蒼猨，跋犀、犛，蹶浮麋，斮巨狿，摶玄蝯，騰空虛，距連卷，踔天蟜，娭澗門，莫莫紛紛。[105]

此述壯士馳騁獵獸之情景，相當生動。文中「挓」同拖，「猨」同猱，「蝯」同猨，「距」同距，「娭」同嬉，揚雄卻刻意選用較冷僻者，使人讀之有如獵獸一般費力。又，同是與獸相搏，而刻意選用不同動詞，以凸顯獵者與各種野獸搏鬥之不同技巧，並連用八個有變化的三字短句，用極快的節奏進行，令人目不暇給，彷彿親見驚險萬狀、精彩無比之場景。類似修辭技巧，亦韓愈所習用，如〈曹成王碑〉云：

> 艦步二萬人，以與賊遌，嘬鋒蔡山，踣之。剟蘄之黃梅，大鞣長平，鐬廣濟，掀蘄春，撇蘄水，掇黃岡，筴漢陽，行跐汊川，還，大膊蘄水界中，披安三縣，拔其州，斬偽刺史。摽光之北山，　隨光化，搤其州。⋯大小之戰三十有二，取五州十九縣。[106]

此述曹成王李勣平賊事，同是與賊交戰，亦刻意選用不同動詞，且幾乎全是刺耳棘目、生澀難讀之字眼，以見王師之鋒銳與戰況之激烈。又靈活運用三、四字為主之短句，間以一、二或五、六字短句，歷敘

104　見高步瀛：《唐宋文舉要》（台北：學海出版社，1977年）甲編卷2，頁154。
105　揚雄：〈羽獵賦〉，頁99-100。
106　韓愈：〈曹成王碑〉，卷6，頁247。

大、小戰役，以示王師勢如破竹。

　　類此寫法，當有取於揚雄。林紓評此文曰：

> 觀他行文至嚴整有法，未嘗走奇走怪，獨中間用「剗」字、「鞣」
> 字、…學揚子雲，微覺刺目。實則不用此等字，但言收黃梅、
> 廣濟等州，豈無字可代？必作如此用法，不惟不奇，轉見喫力，
> 為全篇之累。[107]

林紓謂韓愈如此用字「轉見喫力，爲全篇之累」，其實，韓愈就是要讓
讀者感受到戰況的「喫力」，所以才捨他字不用。也正因爲有此一段出
現在這「嚴整有法」的碑誌中，是如此「刺目」，所以才使李皋討李希
烈的彪炳戰功格外令人矚目，而成爲他一生中最值得稱許、紀念的大
事。可見，這種寫法，不僅不是「全篇之累」，而且特見精彩。郭正域
評此文曰：

> 公所自謂閎中肆外，摘抉幽微，陳言務去是也。[108]

清高宗亦曰：

> 原本忠孝立言，已操領要，而敘事遣辭奇而能法，碑版之文，
> 此其極則也。[109]

可見，韓愈學揚雄造語，並不只是在玩「雕蟲篆刻」的游戲，而是用
以明道。故能把雕篆的技法用在最講究莊嚴典重的牌版文字中，而仍
「嚴正有法」，使忠孝之旨得彰。這樣的文字游戲，能以聖人之道爲準
則，就不致淫夸失度，實與揚雄強調「詩人之賦麗以則」的用心無異。
簡宗梧曰：

> 至於子雲，…凡其所奏獻之賦，莫不力言儒家所稱君臨天下之
> 道，堯、舜、禹、湯、文、武之統，較之長卿，尤刻意於諷諫。…
> 其〈甘泉〉、〈河東〉、〈羽獵〉、〈長楊〉諸賦，是皆以聖人之情

107　〔清〕林紓：《韓柳文研究法‧韓文研究法》，見《韓愈資料彙編》頁 1623。
108　〔明〕郭正域評選《韓文杜律‧韓文》卷首，見《韓愈資料彙編》頁 815。
109　〔清〕愛新覺羅弘曆《唐宋文醇》評語卷 8，見《韓愈資料彙編》頁 1252。

志為其情志。[110]

可見，揚雄所作大賦，雖以雕篆技巧為之，亦皆以聖人之道為其準則，而特重諷諭。這正是他對辭人之賦所作的改革，也是他不甘為俳優的表現。劉勰曰：

> 子雲屬意，辭義最深。觀其涯度幽遠，搜選詭麗，而竭才以鑽思，故能理瞻而辭堅矣。[111]

可見，他的辭賦往往寓有深意，並不僅是「搜選詭麗」的文字游戲而已。就連〈逐貧〉這樣的小賦，看似滑稽，也是「志隱而味深」。[112]此文假設揚子與貧一問一答，初欲逐貧而終留貧與居，與世俗之取捨恰恰相反，因而充滿諧趣。但在詼諧的對話中，卻大量取用《詩經》、《論語》及其他經典名句，[113]可見，他的主題其實是嚴肅的，是守道君子所必須面對與承擔的貧窮問題。因此，當韓愈面對相同處境時，亦仿〈逐貧〉作〈送窮文〉，一吐胸中鬱憤。林雲銘曰：

> 〈送窮文〉…與揚子雲〈逐貧〉…同調。…總因仕路淹塞，抒出一肚皮孤憤耳。篇中層層問答，鬼本無聲，忽寫了無數樣聲；鬼本無形，忽寫了無數樣形，奇幻無匹。…末段純是自解，占卻許多地步。覺得世界中利祿貴顯，一文不值，茫茫大地，只有五個窮鬼是畢生知己，無限得力，能使古今來不得志之士，一齊破涕為笑，豈不快絕！[114]

揚雄直接「呼貧與語」，末了亦僅述貧「色厲目張，攝齊而興，降

110 簡宗梧：〈司馬相如、揚雄辭賦之比較研究〉（台北：《中華學苑》18 期，1976年 9 月）頁 167-169。

111 〔梁〕劉勰撰，詹瑛義證：〈才略〉《文心雕龍義證》（上海：上海古籍出版社，1989 年）卷 10，頁 1779。

112 劉勰：〈體性〉曰：「子雲沈寂，故志隱而味深。」卷 6，頁 1025。

113 朱曉海：〈楊雄賦析論拾餘〉（台北：《清華大學學報》29 卷 3 期，1999 年 9 月）頁 287-288 以表舉例詳說，可參。

114 〔清〕林雲銘：《韓文起》評語卷 8，見《韓愈資料彙編》頁 1010-1011。

階下堂」，並未就其形狀多所描摹。韓愈則把一貧化爲五個窮鬼，先述其聲「若嘯若啼，昏敫嘤嘤」，令人「毛髮盡豎，竦肩縮頸」；而後再以「張眼吐舌，跳踉偃仆，抵掌頓腳，相顧失笑」數語，使其現形，誠可謂「奇幻無匹」，比〈逐貧〉更富諧趣。但，此文之所以有價值，並不在其善摹鬼之情狀，而在於寫出「茫茫大地只有五個窮鬼是畢生知己」的荒誕與堅持，使人在嬉笑中想哭，在涕淚中又想笑，似比〈逐貧〉更能引起共鳴。林紓亦曰：

> 〈逐貧賦〉，揚子與貧，但一問一答；〈送窮文〉則再問再答，
> 文氣似厚，而所以描寫窮之真相，亦較揚文爲刻深，真神技也。
> 揚之恨貧曰：「人皆文繡，余褐不完。人皆稻粱，我獨藜飱。貧
> 無寶玩，何以接歡。宗室之宴，爲樂不赦。」語氣凡近，似小
> 家子。而昌黎定其罪狀曰五窮，言衣食宴樂處寡，敘憤時嫉俗
> 處多，…似較揚子所言爲高亢。然揚賦結言「長與汝居，終無
> 厭極，貧遂不去，與我遊息」，則安貧之言也；昌黎之「燒車與
> 船，延之上座」，亦本此意。總之，文字不摹仿則已，一踐前人
> 故步，雖具倚天拔地之才，終不能擺脫範圍，但能於辭句機軸，
> 少爲變易而已。[115]

林紓謂〈送窮〉比〈逐貧〉，「文氣似厚」，寫窮相較刻深；又謂揚文言衣食宴樂「語氣凡近」，而韓文較「高亢」。可見，在〈送窮〉與〈逐貧〉的游戲中，韓愈技高一籌，幾爲定論。但，這樣的成就畢竟是從揚雄模仿而得，〈逐貧〉寓莊於諧，發揮安貧之旨，「在嬉笑中泣血連如」；[116]〈送窮〉亦發揮安貧、固窮之旨，「以游戲出之，而渾穆莊重，儼然高文典冊」，[117]正是得自揚雄。類此「詼詭」之文，「爲古今最難

---

115 林紓：《韓柳文研究法・韓文研究法》，見《韓愈資料彙編》頁 1629。

116 朱曉海：〈揚雄賦析論拾餘〉，頁 288。

117 〔清〕吳闓生：《古文範》評語卷 3，見《韓愈資料彙編》頁 1635。

之詣，從來不可多得」，[118]而韓愈最是擅長，所以極爲後人稱賞。

其後，韓愈又法揚雄〈解嘲〉作〈進學解〉。〈解嘲〉以客嘲、主答之方式，謂己之所以爲官拓落，是因爲「當今縣令不請士、郡守不迎師，…言奇者見疑，行殊者得辟」，不如寂寞自守，以全其身。而韓愈〈進學解〉則設爲國子先生勸學而爲諸生所嘲之問答，林雲銘曰：

> 首段以進學發端，中段句句是駁，末段句句是解，前呼後應，
> 最爲綿密。其格調雖本〈客難〉、〈解嘲〉、〈答賓戲〉諸篇，但
> 諸篇都是自疏己長，此則把自家許多伎倆，許多抑鬱，盡借他
> 人口中說出，而自家卻以心平氣和處之，看來無嘆老嗟卑之跡，
> 其實嘆老嗟卑之心，無有甚於此者，乃〈送窮〉之變體也。至
> 其文語語作金石聲，尤不易及。[119]

林氏謂此文雖本〈客難〉、〈解嘲〉而來，卻能變化出新，尤以其「語語作金石聲」，最不易及。蔡鑄亦曰：

> 此篇極修詞之妙，尤具排山倒海之勢。至篇中用韻語，亦步子
> 雲之後，更爲可誦云。[120]

可見，就聲韻而言，〈進學解〉較〈解嘲〉更爲瀏亮可誦。修詞之妙，已臻化境。而蔡世遠則曰：

> 公自敘其讀書衛道之苦心，不可沒也。且如「尋墜緒之茫茫」
> 數語，誰人能有此志向？「春秋謹嚴」數語，誰人能有此識解？
> 勿論〈七發〉、〈七哀〉等不足比倫，即〈賓戲〉、〈解嘲〉等篇，
> 亦相懸絕也。[121]

〈進學解〉自述讀書修業之勤，以及「牴排異端，攘斥佛老，…迴狂瀾於既倒」之勇，並謂爲文「上規姚姒，渾渾無涯，…春秋謹嚴，左

---

118 同前註。
119 林雲銘：《韓文起》評語卷 2，見《韓愈資料彙編》頁 972。
120 〔清〕蔡鑄：《蔡氏古文評註補正全集》卷 6，見《韓愈資料彙編》頁 1540。
121 〔清〕蔡世遠：《古文雅正》評論卷 8，見《韓愈資料彙編》頁 1141。

氏浮誇」云云，皆自艱苦學習中悟得。蔡氏謂其讀書衛道之苦心不可沒，志向、識解遠過揚雄等人。可見，此文不僅以修辭、聲韻見長，更能於筆墨游戲中見「道」。錢基博曰：

> 進學解雖抒憤慨，亦道功力；圓亮出以儷體，骨力仍是散文，濃郁而不傷縟雕，沈浸而能為流轉，參漢賦之句法，而運以當日之唐格。或謂進學解仿東方朔客難、揚雄解嘲，氣味之淵懿不及，祇是皮相之談。其實東方朔客難以「彼一時也，此一時也」柱意；揚雄解嘲則結穴於「亦會其時之可為也」一語，皆以時勢不同立論；而進學解則靠定自身發揮，此命意之不同也。客難瑰邁宏放，猶是國策從橫之餘；解嘲鏗鏘鼓舞，則為漢京詞賦之體；進學解跌宕昭彰，乃開宋文爽朗之意，此文格之不同也。所同者，則以主客之體自解以抒憤鬱耳。[122]

錢氏謂〈進學解〉「以主客之體自解以抒憤鬱」與〈客難〉、〈解嘲〉同，卻能道其「功力」，「靠定自身發揮」，而不以時勢立論，又能「參漢賦之句法，運以當日之唐格」，而「下開宋文爽朗之意」，無論命意、文格，均與〈客難〉、〈解嘲〉不同。可見，此文雖步東方朔、揚雄後塵而作，卻能不為前人所掩，而自鑄偉辭，別開生面，誠可謂善學前人之至者。柳宗元曾言：

> 退之所敬者，司馬遷、揚雄。…遷於退之，固相上下；若雄者，如《太玄》、《法言》及四賦，退之獨未作耳，決作之，加恢奇。至他文，過揚雄遠甚，雄之遣言措意，頗短局滯澀，不若退之猖狂恣睢，肆意有所作。[123]

柳宗元認為，韓愈只是不想作《太玄》、《法言》及〈甘泉〉、〈羽獵〉等大賦，否則一定比揚雄更「恢奇」，當是根據韓愈仿〈逐貧〉、〈解嘲〉

22　錢基博：〈韓集籀讀錄〉《韓愈志》(台北：華正書局，1975 年)，頁 121。
23　柳宗元：〈答韋珩論韓愈相推以文墨事書〉，卷 34，頁 548。

作〈送窮文〉與〈進學解〉之成就「過揚雄遠甚」而推斷的。他批評揚雄「遣言措意，頗短局滯澀」，而稱許韓愈「猖狂恣睢，肆意有所作」，可以說是相當中肯地指出了韓愈在文學上能夠超越揚雄的關鍵，就在於他比揚雄更善於「遣言措意」。揚雄雖有「事辭稱則經」的主張，卻不免辭勝事、事勝辭，而有滯澀之病。故蘇軾謂揚雄「好以艱深之詞文其淺易之說」，歐陽修亦謂其「勉焉以模言語，此道未足而強言者也。」[124]可見，揚雄在辭與意、文與道的結合上，往往不能令人滿意。就連他自己也對少作不滿，轉而擬經。可見，他終究未能妥善處理辭、意與文、道之關係，而看輕了辭賦，放棄了文學，轉而致力於儒學。

　　反觀韓愈，卻是文、道雙修，以氣運辭，把儒學融入文學之中。他自稱：「上規姚姒，渾渾無涯，周誥殷盤，詰屈聱牙」；又自稱其所著「皆約六經之旨而成文」，可見，他與揚雄一樣宗經為文。但，揚雄宗經的極致是捨辭賦而取經典之形式來作《太玄》、《法言》。韓愈卻僅「約六經之旨」為「古文」，而不採六經形式去著書。揚雄歎孔門不用賦，而以《法言》去明道；韓愈卻說：「若聖人之道不用文則已，用則必尚其能者」，而欲以古文去明道。因此，他始終是文、道並重，欲結合文、道，成為一個「能」以「文」傳「道」的文人。他說：

　　愈之為古文，豈獨取其句讀不類於今者邪？思古人而不得見，學古道，則欲兼通其辭，通其辭者，本志乎古道也。[125]

　　愈之所志於古者，不惟其辭之好，好其道焉爾。[126]

可見，他之所以倡為「古文」，是為了彰顯「古道」。而欲「蘄至於古之立言者」，不僅要兼通其辭，更必須重視道德的修養。〈答尉遲生書〉云：

124　（宋）歐陽修：〈答吳充秀才書〉《歐陽修全集》（北京：中華書局，2001年3月），頁664
125　韓愈：〈題哀辭後〉，卷5，頁178。
126　韓愈：〈答李秀才書〉，卷3，頁102。

　　夫所謂文者，必有諸其中。是故君子慎其實。實之美惡，其發
　　也不揜，本深則末茂，形大則聲宏。行峻而言厲，心醇而氣和。
　　昭晰者無疑，優游者有餘。體不備，不可以為成人；辭不足，
　　不可以為成文。[127]

此謂為文必慎其「實」，又謂「辭不足，不可以為成文」，似從揚雄「事
辭稱則經」、「足言足容」之說而來。但，韓愈論「文」與「實」之關
係，更清楚地指出作家的行事為人與心性修養可以左右文章的風格表
現。至於〈答李翊書〉，則言之更為詳切。他說：

　　將蘄至於古之立言者，則無望其速成，無誘於勢利，養其根而
　　俟其實，加其膏而希其光，根之茂者其實遂，膏之沃者其光曄。
　　仁義之人，其言藹如也。…行之乎仁義之途，游之乎《詩》《書》
　　之源，無迷其途，無絕其源，終吾身而已矣。氣，水也；言，
　　浮物也。水大而物之浮者，大小畢浮；氣之與言猶是也，氣盛
　　則言之短長與聲之高下者皆宜。[128]

孔子嘗言「有德者必有言」[129]，韓愈則藉由孟子養氣說，指出了德與
言的關聯在「氣」。孟子曰：

　　我善養吾浩然之氣。…其為氣也，至大至剛，以直養而無害，
　　則塞於天地之間。其為氣也，配義與道，無是，餒也。是集義
　　所生者，非義襲而取之也。[130]

浩然之氣是「集義」所生，因此，作家必須「行之乎仁義之途，游之
乎詩書之源」，才能養成浩然之氣。氣盛，則「言之短長與聲之高下者
皆宜」，就不致於有辭勝事或事勝辭之病，而足為「德之藻」矣。可見，
韓愈論文主張宗經、學古、明道，雖與揚雄方向一致，但，在理論上

27　韓愈：〈答尉遲生書〉，卷2，頁84。
28　韓愈：〈答李翊書〉，卷3，頁99。
29　《論語・憲問》，見朱熹：《四書章句集注》，頁149。
30　《孟子・公孫丑上》見朱熹：《四書章句集注》，頁231-232。

更爲詳切，而且由實際的學文和創作過程中體悟到養氣的重要性，提出了「氣盛言宜」說，把文與道做了很好的結合。在這樣的基礎上，他對如何師古爲文，與文章難易的問題也做了較好的處理。班固謂揚雄擬古是「斟酌其本，相與仿依而馳騁」，至於如何處理辭、意，並未明言。而韓愈則明確指導後進，當「師其意不師其辭」。也就是說，要把學習的重點放在「意」的領悟上，才能不被「辭」所陷溺，也才能夠推陳出新，成就一家之言。這樣的學習，其實就是奠基於〈答李翊書〉的「氣盛言宜」說。因爲，在他看來，言辭之宜與不宜，取決於作家的道德修養，若是胸中沒有浩然之氣，無論在文辭上下多少工夫，都沒有價值；而若是養成了浩然之氣，下筆之際，言所當言，爲所宜爲，也就無所謂難易。因此，他不像揚雄那樣強調「聖人之經不可使易知」，而刻意求難。〈答陳商書〉曰：

> 辱惠書，語高而旨深，三四讀尚不能通曉。⋯今舉進士於此世，⋯而爲文必使一世之人不好，⋯不利於求，求不得則怨且怒，不知君子必爾爲不也？[131]

陳商爲文過於艱深，使人不能通曉其意，韓愈頗不以爲然。可見，他雖提倡古文，不肯隨俗去做「時下文字」，卻也無意求難而「使一世之人不好」。但，正如揚雄辯稱「豈好爲艱難哉？勢不得已也」，他也並不刻意避難求易，故其所作不無較深較難者。這樣的深難，乃是爲文求「異」於俗，「深探力取」的自然結果，是作家以古聖賢人爲法，養成完美人格之後，能自樹立的表現，而不是故作艱深，所以常能恰到好處地結合辭、意，使事、辭相稱。

總之，韓愈爲文師古、宗經、明道，乃至好游戲、好雕琢、務爲奇崛、或深或難、求「異」、求「是」，多有得於揚雄者，但，他也從孟子養氣之說，與實際學文經驗中，悟到了氣盛言宜的道理，不斷地

---

131 韓愈：〈答陳商書〉，卷 3，頁 123。

修養自己，務去僞、雜，直到「其皆醇也，然後肆焉」，故能如柳宗元所言：「猖狂恣睢，肆意有所作」，而超越了揚雄。而也正因爲他能以其盛氣驅遣文辭，適當地表「意」、明「道」，而不像揚雄那樣務爲艱深，故其所作「古文」，雖與世俗相異、被世俗非笑，卻是可讀、可解、具有感召力量、而終可化今傳後的文章。李漢〈昌黎先生集序〉曰：

> 文者，貫道之器也，不深於斯道，有至焉者不也？…先生…經書通念曉析，酷排釋氏，諸史百子，皆搜抉無隱，…日光玉潔，周情孔思，卒澤於道德仁義，炳如也。洞視萬古，愍惻當世，遂大拯頹風，教人自爲。時人始而驚，中而笑且排，先生益堅，終而翕然隨以定。嗚呼！先生之於文，摧陷廓清之功，比於武事，可謂雄偉不常者矣。[132]

李漢總述韓愈一生結合文、道，倡爲古文的偉業，謂其終使時人「翕然隨以定」，有摧陷廓清之功。可見，甘心背棄俗尙、追隨揚雄去走寂寞之道的他，終究超過揚雄，走過寂寞，用他的「古文」帶動了風潮、改變了世俗，開出一條可以承前啓後，通往永恆的大道，而不再寂寞了。

六、結　論

　　綜合以上所論可知，韓愈與揚雄相隔八百年，跨越八個朝代，但就生命處境而言，卻有許多相似之處，因此，當韓愈在孤苦困厄中學文、學道，在應舉求仕時落第、蹔壁，又在眾人非笑中爲古文、闢佛老時，就會想起這個與他一樣反俗、寂寞、受盡譏嘲，卻仍堅決維護孔、孟之道，而又能文、「善鳴」的揚雄。

　　揚雄在歷史上並不是一個頂尖的人物，雖以辭賦著名，寫了幾部

32　〔唐〕李漢：〈昌黎先生集序〉，見《韓昌黎文集校注》頁 3。

大書，但多艱深難讀，而或被人束諸高閣；至於人品，更是屢受譏評。但，處於一個辭賦、經學、乃至政局都走下坡的時代，揚雄不屑為皓首窮經的章句儒，也不甘為有類俳優的詞臣，卻自比於孟子，不顧世俗非笑，閉門擬《易》、《論語》作《太玄》、《法言》，一肩挑起批判俗儒、諸子，傳繼聖道的大任。儘管他的大作艱深，《太玄》尤難，八百年來少人重視，但，他敢於違反世俗，堅持聖道的勇氣、自信與識見，卻使韓愈由衷折服。而他對辭賦的創作和改革，也為韓愈所重視。因此，韓愈對他的儒學與文學均極用心學習。

以道而言，韓愈上承揚雄之說，提出了更為完備的道統說，並謂荀、揚「大醇小疵」，而欲直承孟子，上追大禹。至於排佛、論性、作〈師說〉、抗顏而為師，也都是以揚雄之言為基礎，超而上之。以文而言，韓愈師古、宗經、明道、乃至求「異」、求「是」的主張，均有得於揚雄；對於揚雄雕篆的技巧、游戲的本領也瞭若指掌，可以翻新出奇，玩到出神入化，而又不失為高文典冊、仁義之言。但，揚雄遣言措意有短局滯澀之病，韓愈卻重視浩然之氣的培養，以盛氣運辭，故能「猖狂恣睢，肆意有所作」，而超越揚雄。揚雄未能妥善處理辭與意、文與道之關係，轉而擬經，引生不少譏議；而韓愈則能在他所奠定的基礎上，妥適處理辭、意，結合文、道，用「古文」完成傳揚聖道的重任。故蘇軾〈潮州韓文公廟碑〉云：

> 匹夫而為百世師，一言而為天下法，是皆有以參天地之化，關盛衰之運，…孟子曰：「我善養吾浩然之氣。」是氣也，寓于尋常之中，而塞乎天地之間。…其必有不依形而立，不恃力而行，不待生而存，不隨死而亡者矣。自東漢以來，道喪文弊，異端並起，…獨韓文公起布衣，談笑而麾之，天下靡然從公，復歸於正，蓋三百年于此矣。文起八代之衰，道濟天下之溺，忠犯人主之怒，而勇奪三軍之帥，此豈非參天地、關盛衰、浩然而獨存者乎？

蘇軾盛讚韓愈善養浩然之氣，故能成爲「文起八代之衰，道濟天下之
溺」的百世之師，而爲天下所法，可以說是一語道中韓愈終得不朽的
關鍵所在。《新唐書·韓愈傳》亦曰：

> 愈…以六經之文為諸儒倡，障堤末流，反刓以樸，剗僞以真。
> 然愈之才，自視司馬遷、揚雄，至班固以下不論也。當其所得，
> 粹然一出於正，刊落陳言，橫鶩別驅，汪洋大肆，要之無抵捂
> 聖人者。其道蓋自比孟軻，以荀況、揚雄為未淳，寧不信然？
> 至進諫陳謀、排難卹孤，矯拂媮末，皇皇於仁義，可謂篤道君
> 子矣。自晉汔隋，老佛顯行，…愈獨喟然引聖，爭四海之惑，
> 雖蒙訕笑，跲而復奮，始若未之信，卒大顯於時。昔孟軻拒楊、
> 墨，去孔子才二百年，愈排二家，乃去千餘歲，撥衰反正，功
> 與齊而力倍之，過況、雄為不少矣。自愈沒，其言大行，學者
> 仰之如泰山北斗云。[133]

《新唐書》稱許韓愈之文如「汪洋大肆」，而「無抵捂聖人者」；又稱
其「皇皇於仁義」，爲「篤道君子」，可見，韓愈文、行一致，能使文、
道合一。至於他不顧世俗訕笑而倡爲古文、排佛闢老的勇氣與功勳，
則更爲《新唐書》所盛讚，謂其「撥衰反正」之功與孟軻齊而力倍之，
「過況、雄爲不少」。可見，韓愈畢生想要超越揚雄，齊肩孟子，成爲
儒家道統傳人的心願終究沒有落空，而得到了史家的高度肯定。相形
之下，《漢書·揚雄傳》曰：

> 自雄之沒至今四十餘年，其《法言》大行，而《玄》終不顯，
> 然篇籍具存。

可見，在歷史的天平上，韓愈確實是以更重的份量超過了揚雄；而《新
唐書》的作者也沒有忘記《漢書·揚雄傳》，而特仿之以言韓愈，可以

---

133 歐陽修、宋祁：〈韓愈傳〉《新唐書》（台北：鼎文書局，1976 年）卷 176，頁
5269。

說是一語道破了韓愈的心事，不僅爲他與揚雄間的競勝做出了終極的裁判，而且忍不住技癢，也參與了揚、韓所最擅長的模仿游戲，爲這場跨時空的歷史大戲做了有趣的見證，亦可謂韓愈的後世知己了。

李賀詩的死亡意涵探索

逢甲大學中國文學系教授
黃　敬　欽

提　要

　　李賀英年早逝，才思勃發，詩作語言精鍊，心思細密，在凝鍊的語言中幽幽傳出抑鬱不安的內心狀態。詩人從自我存在的認知中，客觀的觀察到生命之不可恃。生命之不可恃，有兩種可靠的證據呈現出來。一種是生命體的脆弱，李賀詩中流露不少病體的自覺，軀體的乾枯與靈魂的喪失，構築成充滿詭異氣氛的死亡圖像。同時他也在變動不已的時間中，體悟到另一種生命不可恃的證據，他看到生命體的短暫，看到企圖永生的悲慘下場，儘管異想天開的想留住時間，終究最後仍需面對時間的急逝，仍需面對形體的消逝，死亡既然無可逃避，只有勇敢的面對。想留住時間是拒絕死亡的想法，由拒絕死亡而坦然面對死亡，接受死亡，心理上由激起恐懼而消除恐懼，李賀清楚的將這段生命歷程紀錄下來。

　　李賀面對死亡所採取的方式是積極的參與，所謂積極的參與是憑著豐富的想像力進行死亡的情境模擬。調適自我內心的死亡焦慮，適應幽冷淒清的死亡氛圍，並且追尋一個充滿虛幻理想的死亡歸棲，在失意的、沮喪的心緒中得到自我紓解的平衡。同時透過明確的死亡儀式模擬，演練生命的最後過程，讓焦慮不安的

情緒在不斷的演練中得到紓解。

關鍵字：李賀、死亡、靈魂、場域、病體、自覺、時間、急逝、儀式

一、前　言

　　馬端臨《文獻通考》云：「宋景文諸公在館嘗評唐人詩云：『太白仙才，長吉鬼才』」[1]此論一出，世皆目李長吉為鬼才。而鬼才所造設出來的鬼境，變成眾所注目的焦點。其實李賀詩所以鬼氣陰森是有跡可尋的，他在〈贈陳商〉詩中有一段自述：「長安有男兒，二十心已朽，楞伽堆案前，楚辭繫肘後。」[2]明明白白說出自己最喜愛的兩本書，《楚辭》與《楞伽經》。長期浸染於此兩本書中，自然可以在其詩篇中尋覓到《楚辭》中〈招魂〉、〈山鬼〉的陰森境界，以及《楞伽經》中生命無常的慨歎。因此李賀詩篇有近乎半數作品，內容與生死問題皆有直接或間接的關係[3]。在不斷追索生命的過程中，詩人無可避免的必須觸及死亡的幽冥世界，在身體早衰，仕途困蹇的雙重摧折下，敏感的體會出生命的悲劇內涵，並且一一體現於詩作中，而散發出濃濃的死亡氛圍。由於李賀獨特的思維與創作方式，直接影響到我們所使用的研究方法。必須集零碎為整全，透過全詩一一披索，一一歸納分析，使之多角度的呈現。《彈雅》云：

　　或問陸放翁曰：「李賀樂府極古今之工，具眼或未許之，何也？

　　放翁曰：「賀詞如百家錦衲，五色眩耀，光奪眼目，使人不敢

1　《文獻通考》卷二百四十二，文淵閣四庫全書第 614 冊，台灣商務印書館，頁 899

2　《李賀詩集》，里仁書局，頁 192。

3　陳允吉〈李賀與《楞伽經》〉一文，已提到焦慮衰老和死亡的念頭，幾乎無時不在纏繞著詩人的靈魂。參見《中國古代美學藝術論》，木鐸出版社，民 74 年 9 月頁 174。

　　熟視，求其補於用，無有也。」[4]

　　所謂賀詞如百家錦衲，從正面意義來看，是說明其作品內容的豐富性，五色眩耀，光奪眼目，十分華麗。從負面意義來看，是句與句間缺乏緊密的聯繫，所以是無補於用。正如李東陽《麓堂詩話》所云：「李賀詩有奇句」、「李長吉詩字字句句欲傳世」[5]黎簡〈李長吉詩集評〉：「昌谷於章法每不大理會，然亦有井然者，須細心尋繹始見。」[6]過於刻意雕琢文句的結果，自然在文章中少天真自然之趣。但是，如果從這些批評家所觀察出來李賀結撰詩篇的零碎性來看，似乎採用抽離篇章的研究方式，重新組織，以意識型態為核心，聯繫相同之意象，亦可完整的呈現其思想體系。《新唐書》載：

　　　　李賀每旦日出，騎弱馬，從小奚奴，背古錦囊，遇所得，書投
　　　　囊中，未始先立題，然後為詩。[7]

　　此種創作過程是以零碎詩句作為創作的原型，抽離篇章的研究方式，反而最接近作者最原始的思緒[8]。

　　其次，李賀詩是以強烈的五官感覺去感受外在的世界，以帶著震撼性的筆鋒直探物象之原始，在探索剖視的過程中，他也清楚的看到自己的身影。他所看到的身影是孤獨的，是不幸的，是受排擠的。正如李商隱撰〈李長吉小傳〉所載：

　　　　長吉生時二十七年，位不過奉禮太常，時人亦多排擯毀斥之。

他所沒有看到的是自己的個性。李維楨〈昌谷詩解序〉云：

　　　　長吉則鋒穎太露，蹊徑易見，調高而不能下，氣峻而不能平

王思任〈昌谷詩解序〉云：

4　《李賀詩集》，里仁書局，頁 362。
5　《麓堂詩話》收錄於《知不足齋叢書》，藝文印書館，頁 18。
6　《李賀詩集》，里仁書局，頁 368。
7　《新唐書》卷 203，鼎文書局，民 68 年，頁 3788。
8　參見拙文〈李賀的原我世界〉一文「從李賀苦吟的創作型態談起」一節。《逢甲學報》第二十期，民 76 年 11 月，頁 28。

李賀以僻性高才，拗腸盱眼。[9]

顯然李賀受排擠是有道理的，這與他傲忽的僻性有關，有傲忽個性的人自然處群不善，久而久之，形成自我封閉的個性，漸漸遠離人群，走入孤絕之境，進而在孤絕之境中，幻見死亡的景象[10]，本文所要探討的是作者在詩作中所透發出來的死亡意涵。

二、自我存在的醒覺

作者在文學作品中呈現自我是極爲普遍的現象，李賀感覺特別靈敏[11]，靈敏的觸鬚伸入幽冷淒絕幻變無常的物象世界，不斷地以自傷的口吻勾勒自己的身影，詩篇中反覆呈現自我存在的醒覺意識。〈出城寄權璩、楊敬之〉詩明明是寫給權璩、楊敬之，「自言漢劍當飛去，何事還車載病身。」卻鑲上自己的身影。寫給弟弟的〈示弟詩〉「病骨猶能在，人間底事無，何須問牛馬，拋擲任梟盧」也留下自己遭遇的慨歎。寄予杜鄦公子的〈唐兒歌〉，都還要附帶說一句「眼大心雄知所以，莫忘作歌人姓李」，有意的爲自己留下一些剪影。與朋友飲宴中寫下的〈浩歌〉詩，結尾「看見秋眉換新綠，二十男兒那刺促」也不忘卻自我勉勵一番。〈南園十三首〉詩看似寫景，卻滲透不少作者的圖像，如其四「三十未有二十餘，白日長飢小甲蔬。」其五「男兒何不帶吳鉤，收取關山五十州。」其六「尋章摘句老雕蟲」，不但憐憫自己窘困的處

9　〈李長吉小傳〉見《李商隱全集》，上海古籍出版社，1999 年 5 月，頁 210。，李維楨與王思任〈昌谷詩解序〉分見《李賀詩集》，里仁書局，頁 364、365。

10　方瑜認爲：「死亡森寒的陰影經常籠罩在詩人心上，由於身體的衰弱，境遇的偃蹇，以及超於常人的沉哀銳感，長吉比當時大多數詩人更能體會『死亡』，他所以把覓詩、鍊句、謀篇當作生命中最認真的事來處理。」方瑜《中晚唐三家詩析論》，牧童出版社，民 64 年 1 月，頁 36。

11　周誠真《李賀論》「詞法的啟示者」一節，特別提到李賀能體察各物體的微妙特徵，因此以感覺來詮釋李賀詩，爲研究賀詩的重要途徑，《李賀論》，文藝書屋，1971 年 1 月，頁 12。

境，亦反諷學文之無用，而興棄文學武的念頭。〈昌谷讀書示巴童〉「蟲響燈光薄，宵寒藥氣濃，君憐垂翅客，辛苦且相從。」〈巴童答〉「巨鼻宜山褐，龐眉入苦吟。」以問答的方式，交叉呈現自己的形貌、身體狀況與處境。他如：〈崇義里滯雨〉「落漠誰家子，來感長安秋。」〈贈陳商〉「長安有男兒，二十心已朽，楞伽堆案前，楚辭繫肘後。」〈開愁歌〉「我當二十不得意，一心愁謝如枯蘭。」〈春歸昌谷〉「束髮方讀書，謀身苦不早。終軍未乘傳，顏子鬢先老。……思焦面如病，嘗膽腸似絞。」〈高軒過〉「龐眉書客感秋蓬。」〈聽穎師彈琴歌〉「奉禮官卑復何益」[12]分別寫出李賀的體貌、心境、處境與思想淵源。其中更令人矚目的是〈馬詩二十三首〉[13]，篇篇都是自況詩，主題是馬卻無一不染上李賀衰頹的色彩，這種以成組的詩篇集中呈現的方式，顯示作者強烈凸顯自己存在的企圖心。

　　身處困境的感懷之作，固然有作者自我的投射，贈答友人詩中他也總是忘不了自己的存在，他有意識的將自己的圖像反覆印製於詩篇中，以宣示自己的存在。運用或遠或近、或明或暗的表達方式，表達一顆自己不受關懷的內心、表達備受排擠的窘境、以及衰弱不堪的病體。他的這種有意識的展現自己的存在，使讀者有更多與更精確的訊息了解作者，龐眉、巨鼻、病骨、心朽，作者生理以及心理上的特徵，莫不透過詩篇而得到理解。

（一）病體的自覺

　　李賀刻意地在詩篇中顯示自己的存在，究竟他所呈現的自己是怎樣的形影？《新唐書》云李賀「為人纖瘦，通眉、長指爪，能疾書。」李商隱撰〈李長吉小傳〉云「李長吉細瘦通眉，長指爪，能苦吟疾書。」

---

12 以上諸詩分見《李賀詩集》，里仁書局，頁 7、8、30、48、64、65、66、174、175、189、192、211、223、281、350。
3 《李賀詩集》，里仁書局，頁 81--99。

[14]客觀資料所描述的李賀與詩篇中自述的「龐眉」、「瘦骨」是一致的，他天生體質瘦弱，不能負荷過重的生活壓力，偏偏他又是一個具有狂熱創作慾望的詩人，要「嘔出心乃已爾」，更加重身體的負擔，對於這種不堪承擔大任的身子，李賀想必十分敏感，因此詩作中不時的呈現自己的病體。

〈昌谷讀書示巴童〉是一首相當具有代表性的詩篇，詩中所云：「蟲響燈光薄，宵寒藥氣濃，君憐垂翅客，辛苦且相從。」不但呈現他的病體，也描繪了他的境遇。「藥氣濃」說明已是不堪的病體，需要以藥來支撐。他得的是何種病並不清楚，但是羸弱的病體卻不時浮現於作品中。「歸來骨薄面無膏，疫氣衝頭鬢莖少」，或許是常年漂泊染上瘟疫，臉上乾枯沒有油脂，身子十分單薄，瘦骨嶙峋。「思焦面如病，嘗膽腸似絞。」或許是過度專注，狂熱的投入創作工作，嘔心瀝血，絞盡肚腸思考，導致臉面如染重病一般。「咽咽學楚吟，病骨傷幽素，秋姿白髮生，木葉啼風雨。」或許是受《楚辭》哀傷氣息的感染，受幽寂清冷的環境的影響，意識到自己多病的身子，加速向死亡推進，感覺自己是「燈青蘭膏歇，落照飛蛾舞」，瀕臨死亡的邊緣，生命已至枯竭的時刻，目前的身影只是奔向死亡的飛蛾「落花猶作迴風舞」而已。甚至透過馬詩「飢臥骨查牙，粗毛刺破花，鬣焦朱色落，髮斷鋸長麻」象喻自己的病體是如何的不堪，內骨外露，毛髮枯焦，元氣喪盡，而這些都是飢餓所引起的，病身病骨不斷地在他的詩篇中湧現。李賀清醒地意識到自己的病骨，疾病使他染上死亡的陰影，使他意識到生命力的衰竭。

〈昌谷讀書示巴童〉詩所透露的另一個訊息是蟲蝕的心靈，李賀不但自覺軀體的漸次衰殘，也意識到心靈遭受侵蝕。「蟲響燈光薄」寫

14　見《新唐書》卷 203，鼎文書局，民 68 年，頁 3788。〈李長吉小傳〉見《李商隱全集》，上海古籍出版社，1999 年 5 月，頁 210。

景中出現蟲的暗示，這是他慣用的意象，反復在詩篇中穿梭，用蟲的蛀蝕現象來刻劃受創的內心。在各種不同題材的賀詩中，蟲簡直成了自己的化身。南園十三首其六，他就明明白白地表示自己是「尋章摘句老雕蟲」，對於文人的角色，他自認為是像書中的蠹蟲一般，所謂「緗縹兩行書，螢蟲蠹秋芸」正是自己身影的寫照。

他在堂堂詩中藉堂屋破敗荒涼的景象發抒感傷的情懷，「十年粉蠹生畫梁，飢蟲不食堆碎黃」一方面暗示自己的飢餓形象，已到了蛀無可蛀，碎黃滿地的地步，一方面暗示自己心靈飽受創傷的程度。蛀蟲是自己的投影，所啃食的也正是自己的心靈，隱約間李賀已走上自毀的途路。其他如〈秋來〉詩「桐風驚心壯士苦，衰燈絡緯啼寒素，誰看青簡一編書，不遣花蟲粉空蠹。」〈勉愛行二首送小季之廬山〉其二「離家三載今如此，索米王門一事無，荒溝古水光如刀，庭南拱柳生螗蟧。」〈昌谷詩〉「攢蟲鎪古柳」[15]蠹蟲與絡緯同時出現於一首詩中，可見李賀的確對於以「蟲」的意象，來暗示自己蛀蝕心靈的表現手法是極為熱衷的。「攢蟲鎪古柳」與「拱柳生螗蟧」都是蟲與柳的意象組合，都在強調蛀蝕現象。而「拱柳生螗蟧」的念頭則又生在生活困頓，索求無門的時刻，面對幽冷的環境所滋生的自覺意識，顯然當他醒覺自己存在的同時，心靈便有被蛀蝕的焦慮感。

「蟲響燈光薄」固然強調出李賀慣用「蟲」的意象，來刻劃自己蛀蝕的心靈，但是蟲響的同時，「燈光薄」的意象也不能忽略。尤其是蟲與燈光的結合意象，在賀詩中更為常見，除〈昌谷讀書示巴童〉詩外，例如：〈傷心行〉「燈青蘭膏歇，落照飛蛾舞。」〈南山田中行〉「荒畦九月稻叉牙，蟄蟲低飛隴徑斜。石脈水流泉滴沙，鬼燈如漆點松花。」〈謝秀才有妾縞練，改從於人，秀才引留之不得，後生感憶，座人製詩嘲誚，賀復繼四首，其三〉「灰暖殘香炷，髮冷青蟲簪。夜遙

15　《李賀詩集》，里仁書局，頁 50、127、227。

燈燄短，睡熟小屏深。」〈秋涼詩寄正字十二兄〉「露光泣殘蕙，蟲響
連夜發。房寒寸灰薄，迎風絳紗折。」〈河南府試十二月樂詞，八月〉
「傍簷蟲緝絲，向壁燈垂花。」[16]蟲象徵外力的蛀蝕力量，燈光則象
徵支撐生命的元氣，是內在的支撐力量。蟲意象一出現，他的生命之
光便日漸衰薄。「蘭膏歇」、「落照」、「寸輝薄」、「燈垂花」、「燈燄短」
在在顯示生命力已漸次喪盡，所有的燈光的取象都是下墜的、衰頹的、
凋殘的、枯竭的。「一心愁謝如枯蘭」的他，是「勞勞一寸心，，燈花
照魚目」。仰望天空，在荒荒宇宙中，他體會到「元氣茫茫收不得」再
回視四周衰頹的燈花，已是「鬼燈如漆」的景象。

　　透過病體的自覺，作者強烈感受到自己衰殘的軀體，是與生俱來
的，而且已經到了羸弱不堪，需要藥物支撐的地步。更值得憂慮的是
連他的心靈也遭受蛀蝕，在自覺病體沉重的同時，他也不斷的在啃蝕
自己，元氣大喪，生命力隨之漸漸枯竭。王思任〈昌谷詩解序〉云：

　　　人命至促，好景盡虛，欲以其哀激之思，變為晦澀之調，喜用

　　　鬼字、泣字、死字、血字，如此之類，幽冷谿刻，法當夭乏。[17]

鍾伯敬說他：

　　　刻削處不留元氣。[18]

潘彥輔〈養一齋詩話〉云：

　　　好作鬼語，乃夭壽之兆。[19]

自從杜牧〈李昌谷詩序〉，有「牛鬼蛇神」之說後，說詩諸家特別關注
李賀詩中的鬼趣，也了解到作家苦吟的創作歷程，並且從創作過程中
體會出李賀氣力放盡，導至夭壽的原因。

16　《李賀詩集》，里仁書局，頁 105、112、172、239、40。
17　《李賀詩集》，里仁書局，頁 363。
18　《李賀詩注》，世界書局，民 53 年 2 月，頁
19　《李賀詩注》，世界書局，頁

（二）自我靈魂的喪失

　　病體的自覺，是作者透過自視、反思的過程而產生的生理感受。病體是生理上所呈現之事實，而病體之生成不能不說是與蟲蝕心靈的心理創傷有關。作者在自我鏡照的過程中，不只是看見自己衰頹的病體，也帶著自憐自傷的心情[20]，清楚的看到自己蹇困的運命。不遇的失望，使賀詩的風格走不出哀傷的氣息。不惟在自鏡中目睹自己憂傷的身影，從而在「哀憤楚激」、憤世嫉俗的情緒中，不斷的放大週遭幽冷淒清的環境氛圍，束縮自己與社會的互動空間。同時也醒覺自己存在的愈形渺小。愈是如此，愈封閉自己，形成一層「傲忽毒人」、「僻性高才」的自我保護層。過份的醒覺自我的存在，導致「疏離」、「無根」、「冷漠」、「麻木」、「寂寞」、「渾渾噩噩」的生活樣態。表現出「憤世嫉俗」、「害怕虛幻不實」的內心焦慮，因醒覺而焦慮，反而造成自我靈魂的喪失[21]，自我靈魂的喪失自然使賀詩呈現死亡意涵。

　　作者所以不時的醒覺自我的存在，不能忽略情境基因，當他自視到「思焦面如病，嘗膽腸似絞」的病體時，其實也目視到「束髮方讀書，謀身苦不早」所導致的宦途不順遂。此一自覺出現於〈春歸昌谷〉詩，作者在「歸」的時空情境前提下，交叉沖激，沖洗出扭曲的自我身影。〈出城〉詩也是同一情境的作品：

　　　　雪下桂花稀，啼烏被彈歸。關水乘驢影，秦風帽帶垂。入鄉誠
　　　　可重，無印自堪悲。卿卿忍相問，鏡中雙淚姿。

不諳社會交際是李賀運途蹇困的主因，〈始為奉禮憶昌谷山居〉詩「掃

20　拙作《李賀心態分析》，分析李賀具有自卑、自大、自傷之心態。《中華文化復
　　興月刊》十一卷九期，民 67 年 9 月。頁 51-53。
21　失去靈魂的人，是「疏離、無根、冷漠、耗竭、麻木、焦慮、憤世嫉俗，害怕
　　過的是虛幻不時的日子，……諸如此類，每一種病都有症狀，我們稱這種病的
　　症狀，就是執迷，就是暴戾，就是腐蝕生命的寂寞，就是漫無目標的渾噩，還
　　有鏡子堂的自戀。」Phil Cousineau 主編之《靈魂考》，立緒文化事業有限公司，
　　民 87 年 2 月，頁 6。

斷馬蹄痕，衙回自閉門」[22]，因為不諳社會交際，產生與社會的疏離感。自然認為所接觸的冷酷的社會，有如〈艾如張〉詩中的羅網，到處充滿殺機。歸家的自己，則是飽受創傷，「被彈」而歸。此詩中可以看到李賀掙扎宦途「無印」而歸的失望，「乘驢」的孤獨身影，以及「秦風帽帶垂」失意沮喪的面容。詩題與其說是「出城」，不如說是靈魂出竅。與其說是歸家，不如說是歸向死亡。歸家的情境使作者醒覺自己掙扎的目標化為泡影，自我靈魂竟不知何所歸止？

其實仔細尋繹賀詩由病體的自覺，轉向自我靈魂的喪失，脈絡是極為清晰的。〈傷心行〉詩先是提到「病骨傷幽素，秋姿白髮生」的病體自覺，進而「燈青蘭膏歇，落照飛蛾舞」的枯竭心靈的內視。最後則是「古壁生凝塵，羈魂夢中語」，在凝定荒壙的氛圍中，滯外的靈魂飄飄然游移於夢中。不但歸家呈現作者自我靈魂喪失的現象，「羈魂」也使作者產生無根的、虛幻不實的焦慮，同樣是自我靈魂喪失的表徵。此一現象〈崇義里滯雨〉詩有集中而深刻的呈現：

> 落漠誰家子，來感長安秋。壯年抱羈恨，夢泣生白頭。瘦馬秣敗草，雨沫寒溝。南宮古簾暗，濕景傳籤籌。家山遠千里，雲腳天東頭。憂眠枕劍匣，客帳夢封侯。[23]

作者一心追逐功名，卻「索米王門一事無」，羈旅生涯中長懷抱恨。不時面對著幽冷淒清的環境氛圍，自憐自傷，傷痛時間空間對人的生命摧折。同時以變裝的方式，呈現醒覺的自我。「瘦馬」是自己纖瘦身影的變裝，「雨沫」則是漂泊靈魂的化身。「瘦馬」在腐敗的食料中自嚙，彷彿在接受磨難一般。「雨沫」在陰冷的環境中飄散，渙散的水珠像是渙散失落的靈魂，不知要飄向何處？由壯年而白頭的時間感傷，與「滯外」到「家山遠千里」的空間感傷，導致作者在時空軸線中迷失方位。

---

22 〈春歸昌谷〉、〈出城〉、〈始為奉禮憶昌谷山居〉三詩分見《李賀詩集》，里仁書局，頁 223、176、11。
23 《李賀詩集》，里仁書局，頁 189。

「少年心事當拏雲，誰念幽素坐鳴呃」，少年時代的雄心壯志，在長期等待中煙消雲散，失意挫折使作者意識到「我有迷魂招不得」，顯然他自己也感受到自我靈魂喪失的迷茫。值得注意的是，作者迷失生活目標之後，放情縱樂的斬絕的自毀的行為模式[24]，正是喪失自我靈魂的重要表徵。

李賀蹇困的運途如影隨形，緊緊繫住李賀的一生，尤其讓他不能釋懷的是父名晉肅，導致功名之途阻絕之事。雖然韓愈為作〈諱辯〉極力抗爭[25]，仍無法改變現實。李賀長期的現實生活的磨難與蹇困的運途，以此事為重要的導因。與功名隔絕無異於與自己的家世隔絕，認為自己才華洋溢，應是天之驕子，卻在現實環境中一事無成。應是汗血馬、赤兔馬的自信心，與不順遂的客觀環境不斷牴觸，時時曲折地從與朋友酬和詩中投射自己艱困的處境[26]，心中累積的怨憤也成為詩篇最重要的推力。一切因「諱」而起，父大如天，又不可違，造成李賀極大的心理壓力，也形成一道心理障礙。「都門賈生墓，青蠅久斷絕」，功名的阻絕直接跳接死亡的聯想，賀詩言人所諱言的死亡課題不是沒有原因的，挑戰忌諱就是李賀面對心理障礙的變裝的反應方式。也清楚的看到李賀被阻絕的生命力，如何在掙扎過程中，漸次的消失。

三、時間觀念的認知

(一) 急逝的焦慮－榮枯遞轉急如箭

李賀詩中除了生理的病體的自覺、幽冷的環境、蹇困的運途、以及恐懼世界的摧折、死亡的導引外，時間的靈敏感受，更是驅使其作品染上死亡陰影的重要因素。有天縱之才的詩人所以能名留千古，不

---

24 參見拙作《李賀的原我世界》「愛慾的枯竭」與「自毀意識」兩節。
25 《李賀詩集》，里仁書局，頁 359。
26 如〈出城寄權璩楊敬之〉、〈示弟〉、〈仁和里雜敘皇甫湜〉、〈贈陳商〉等詩。

完全決定於作品的多寡，創作時間的久暫。而是在有限的時間有限的題裁中，是否能宏觀宇宙，遍覽古今，微觀人性，關懷蒼生。以年歲論，李賀英年早逝，未能以更充裕更沉穩的功力去墾植他的創作園地，但是在短暫的擦撞中，所迸發出來的閃電火光，卻足以照亮他的一生。有限的短暫的接觸，卻能輪廓宇宙，溯及生命之原始，覽盡時間之縱深，非有高度的靈敏感覺難以爲之。

　　如同一般人一樣，李賀也是在冷冷的無情現實中，看到了時代的衰頹[27]，看到了不斷流轉的，不可倒流的歷史的時間[28]。對少年人而言，時間藏在背後是看不見的，老年人而言時間就在眼前飛快流逝，無法視而不見。李賀則已超脫年歲的羈限，超然的目視整個時間動線的運行。〈嘲少年〉詩云：

　　　　少年安得長少年，海波尚變爲桑田。榮枯遞轉急如箭，天公豈肯於公偏。

　　　　莫道韶華鎮長在，髮白面皺專相待。

李賀最關注的是時光的不可「長在」，一切都在變動中，包括環境的變異，海沙都可以變爲桑田，還有什麼不能改變的事物，人生際遇，榮枯變化，以及由少年而面皺髮白的形像轉變，在時間洪流中「遞轉急如箭」。作者深深感受到時光洶湧而來，快速的流向未來，強大的浪濤下，自我被吞噬、被埋葬，現在所留駐的時間點，瞬即化爲水花，快速的時間變化，竟讓不同時間的自我圖像，扭曲的呈現於同一個空間。海波與桑田兩個不同時間的景物，詭異的在同一畫面中出現。

　　大抵李賀所意識到的時間觀念，是如箭矢一般的快速，正如他在

27　周誠真《李賀論》第三章〈李賀詩裡的現實世界〉(三)李賀的時代感中認爲「他在荒宮廢殿已預見到破碎的唐國山河的影子」。頁122。

28　西方學者艾良德(Mircea　Eliade)在《圖像與象徵》一書中提到我們日常生活所接觸到的現象的經驗的一般時間就是歷史的時間，歷史時間的特性刹那生滅，不斷流轉，一旦飛逝則去不復返。人們無法把歷史的光陰留住，也無法叫已過逝的時日倒流。參見關永中《時間與神話》台灣書店，民86年3月，頁118。

苦晝短一詩所云「飛光飛光」，時光飛逝如急奔之車向無盡的未來行駛。「羲和騁六轡，晝夕不得閑」，時光不舍晝夜的飛馳，永不停駐，沒有喘息的機會。「曉聲隆隆催轉日，暮聲隆隆催月出」（〈官街鼓〉詩），日月代行都是有一股催促的力量，這股快速的催促力量，對敏感的詩人而言，其實是催人老化的利器。〈嘲少年〉的「髮白面皺專相待」就是一種可預見的幻象，詩人在作品中有超年齡的老化現象，毋寧說是被時光快速的催折。其〈日出行〉詩云「暘谷耳曾聞，若木眼不見，奈爾鑠石，胡爲銷人」，帶著侵害性，「鑠石」、「銷人」是作者在快速的時間變化下，所受的嚴重戕傷。

　　面對快速流轉的時間，李賀天真的以超現實的想像手法，轉入神話時間，把有延展性的歷史時間，轉化爲單一的永恆的刹那，在永恆的境遇中，感覺不到過去與未來，一切時分都被濃縮爲圓滿的存在[29]。因此他異想天開的想設法留住時間。〈苦晝短〉詩：

　　　　天東有若木，下置啣燭龍，吾將斬龍足，嚼龍肉，使之朝不得
　　　　迴，夜不得伏，自然老者不死，少者不哭。

　　他假想時光快速流轉的原因是「啣燭龍」所導致，只要「斬龍足，嚼龍肉」讓龍死亡，時光就可以留住。令人玩味的是，李賀用龍的「死亡」來留住時間，也許只有死亡才可以使自己真正面對時間洪流之無垠，最容易在無垠的時間留下自我短暫的清晰的圖像，否則一切都將因繼續變動幻化而模糊不清。〈日出行〉詩「羿彎弓屬矢那不中足，令久不得奔，詎教晨光夕昏」，也是相中時光快速奔走的足，希望后羿能夠射足，使時光留住。〈梁臺古意〉詩「長繩繫日樂當年」則用繩繫的方式留住時光。〈後園鑿井歌〉「一日作千年，不須留下去」[30]，不但希望時光不須流下去，更放大一日的時間長度，一日作千年，也就是

29　關永中《神話與時間》，台灣書店，民 86 年 3 月，頁 120。
30　〈苦晝短〉、〈日出行〉、〈梁臺古意〉、〈後園鑿井歌〉分見李賀《李賀詩集》，里仁書局，民 69 年 8 月，頁 219、248、269、210。

希望把短暫的時日化爲永恆。顯然詩人意識到的時間廣度對人的一生而言太過逼仄，停繫時間，先使時間凝聚在一點之上，進而拓寬逼仄的時間廣度，詩人就是用此種方式在宇宙中力圖展拓自己的生存空間的。

在如箭矢的時間流中，空間沒入其間，與時驅馳。身處有限的時間裡，詩人越覺處境之蹇困，越清楚的目視自我圖像的與時消逝[31]，清楚的目視死亡的來臨。而停繫時間，其實也只是拒絕死亡的自我寬慰的做法，而賀詩縱情逸樂的糜爛生活刻寫，既是面對死亡生命力的鬆脫表現，也是歷經蹇困之後所作的價值判斷，從盡情的發洩中，自覺實存的我在。

（二）不死的缺憾－燒丹未得不死藥

時間是難以跡尋的，李賀詩所運用跡尋時間的語言策略卻極爲清晰。他先從當下所處的空間與所見的物象中，仔細觀察生命現象，再拉開時間長度推想。如〈巫山高〉詩李賀用「曉風飛雨生苔錢」、「丁香筇竹啼老猿，古祠近月蟾桂寒，椒花墜紅濕雲間」「苔錢」、「蟾桂寒」、「老猿」、「椒花墜紅」、「濕雲」當下物象的頹敗陰冷景象，來推想「瑤姬一去一千年」的時間距離。長期滯留於古都的李賀，對於前朝所留下的宮殿必然深具印象，他從殘宮廢苑中，努力搜尋此在「曾在」的時間面目。例如〈過華清宮〉詩，他所看到的華清宮是「雲生朱絡暗，石斷紫錢斜。玉碗盛殘露，銀燈點舊紗。」生命力漸次消失的空間圖像。〈堂堂〉詩，也可以看到宮殿剝蝕的影子。「堂堂復堂堂，紅脫梅灰香。十年粉蠹生畫梁，飢蟲不食堆碎黃。蕙花已老桃葉長，

---

31 鄭毓瑜《六朝情境美學》分析六朝文學中欺世、思舊內容，提到矢量時間中的如逝風景，分別以空間沒入時間之中、疾促與不可逆轉的人生困境、紛然自逝的自我圖像說明之，觀念極爲清晰，此處參考其說法。鄭毓瑜《六朝情境美學》，里仁書局，民 86 年 12 月，頁 61-79。

禁院懸簾隔御光」在剝蝕的宮殿中，李賀努力搜尋時間的痕跡。「十年粉蠹生畫梁」點出物象受侵蝕的頹圯空間，實是時間因素所促成，十年已足夠抹去畫梁富麗的過去。〈還自會稽歌〉詩寫台城殘破之後，宮殿荒涼的景象是「野粉椒壁黃，濕螢滿梁殿。」用顏色透漏時間消逝的訊息，用腐敗的「濕螢」意象，塡滿荒涼的空間。同樣的腐螢也出現在〈九月〉詩「離宮散螢天似水，竹黃池冷芙蓉死。月綴金鋪光脈脈，涼苑虛庭空淡白。」又濕又冷的蒼白場景中，李賀明確的用「芙蓉死」的「死」字，指引出自己的心理傾向，頹圯的空間乃是時間所腐蝕的。連帶的也「鑠石」「銷人」腐蝕作者的生命，時間的充分認知，可以直接探索到李賀詩的死亡意涵。

　　在流動不已的時間中，李賀對「曾在」的空間與物象十分敏感，也做過一番省思，但畢竟還只是停留在不關本己的思慮上，他更關心人的本己的存在問題。於是李賀提出兩個擎天柱般的歷史人物----秦王與漢武，作爲討論的焦點。李賀因父諱而阻絕功名之路與權力絕緣，秦王漢武則是偉大的權力象徵。然而在權力無限擴充當中，卻也使他們意識到作爲人的生命有限是一大缺憾。因此想假借無比的權力求得長生不死的仙藥以延留生命，偏偏生命又是無可延留的，求不死而死，道出生命無可逃遁的死亡事實。秦王漢武是努力由人企圖成仙的最有力的代表人物。賀詩中較爲明顯的秦王形象分別見於以下兩首詩。

　　〈秦王飲酒〉詩「秦王騎虎遊八極，劍光照空天自碧。羲和敲日玻璃聲，劫灰飛盡古今平。洞亭雨腳來吹笙，酒酣喝月使倒行。」與〈白虎行〉詩「秦王虎視蒼生群，……玉壇設醮思沖天。一世二世當萬年。燒丹未得不死藥，擎舟海上尋神仙。」[32]秦王「騎虎遊八極」與「虎視蒼生群」的威武有力，無所畏懼的形象，可謂人間之至尊至大，至勇至霸。然而此大亦感受到時間力量之尤大。「酒酣喝月使倒行」

32　〈秦王飲酒〉、〈白虎行〉詩分見《李賀詩集》，里仁書局，頁53、338。

是企圖扭轉時間，卻力有未逮。希望「一世二世當萬年」的生命延續的理想，立即要面對無可延留的死亡事實。求不死藥尋神仙的努力，最後皆成泡影。人跨越長生不死的唯一的路，卻是死亡，死亡無可逃遁的在未來的時間點上等候。李賀深切感受到人想要轉化為仙的不可能，永恆之不可追求，得到明確的答案。

另一位權力象徵的人物漢武帝，如〈馬詩二十三首〉其二十三所言：「武帝愛神仙，燒金得紫煙。」也是不斷的想追求神仙不死之境。〈崑崙使者〉詩「崑崙使者無消息，茂陵煙樹生愁色。金盤玉露自淋漓，元氣茫茫收不得。」追求神仙，最後的結局，仍是走向「元氣茫茫收不得」的死亡之途。在無涯無邊的時間軌跡裡，雄霸一方的帝王，分別是「劉徹茂陵多滯骨，嬴政梓棺費鮑魚」的下場。

歷史留下過去人類行為的軌跡，求不死成仙的荒謬舉止，已「千歲隨風飄」，他們企圖留下的不朽證據，也在淒冷哀傷的氛圍中，徒供憑弔而已。〈金銅仙人辭漢歌〉詩充滿著漢武帝不死的夢想，也留下他短暫生命的缺憾。「茂陵劉郎秋風客，夜聞馬嘶曉無跡」，帝王也只不是秋風中的草木，曉來不知魂歸何處？而凝鑄不死夢想的金銅仙人，在不同朝代中，不得不遷徙居所，流下傷感的鉛淚。勉強想要留下的不朽，畢竟留不住時間，只能反證時間的變動不居而已。宇宙自然在時間的操控下，不斷變異。李賀詩就是掌握到其中的變異法則，才能通透的看到整體的存在，人只不過是整體存在的共生體系的一部份而已。

整體存在如何觀照而得？「黃塵清水三山下，更變千年如走馬，遙望齊州九點煙，一泓海水杯中瀉」。李賀以超脫的高遠的視點，宏觀千年的時間流逸現象，宏觀空間的大小變異現象，探索宇宙的本體，進而追溯時間之原始。〈日出行〉詩之「暘谷耳曾聞，若木眼不見」就是企圖超越感官知覺，去印證神話世界中時間之最初。〈苦晝短〉詩之「天東有若木，下置啣燭龍」再次浮現時間之源頭，由此源頭流逸之

時間，快如箭矢。作者以不合理的停駐時間方式，強烈表達內心不死的想望，以及被時間摧折的焦慮。

（三）、永恆的質疑－天上幾回葬神仙

在時間縱軸上，另一端還有一個不可見的未來在等待我們，從「此在」觀察「曾在」滄海桑田的經驗推想，幾經物象質變的之後，未來會是怎樣的面目？「海塵新生石山下」？還是「南風吹山作平地」？還是「海沙變成石」？地形的異動，說明大自然在時間的摧折下扭曲的面目，時間無比的威力可以想見，變幻無窮的物象世界，也引起作者對「永恆」二字的質疑。

在現實世界裡，歷經蹇困運命的李賀，經常「客帳夢封侯」，心中一直存在著對功名的眷戀，但是他也看到了秦王漢武顯赫一世，對生命有限所產生的無奈。只有神仙世界才能撫平現實的苦悶，他既深信神仙世界的存在，幻想著陶醉在「三千宮女列金屋，五十絃瑟海上聞」的歡樂天地，又不斷的矛盾的質疑神仙的永恆性。當他需要紓解內心的壓力時，便以想像的神仙世界作為心靈的寄託。可是當他清醒的面對現實時，他也冷靜理智的分析「王母桃花千遍紅，彭祖巫咸幾回死。」以及「天上幾回葬神仙」。對神仙的永恆性提出質疑，認為神仙仍然無法避免死亡，連神仙也帶著死亡導向。甚至以揶揄的譬喻寫下「背有八卦稱神仙，邪鱗頑甲滑腥涎。」表達出消極的否定的人生態度。

賀詩再提出對神仙永恆的質疑時，也透露出他對時間與死亡的另一層認知。死則已矣，何來「幾回死」？「幾回葬神仙」是否意味著死而未死的訊息？如是神仙之死，又變成一個謎樣的問題。先撇開神仙是否死亡的問題，「幾回」二字透露出時間迴復不絕的循環特性，也因為時間具有這種迴復特性，導致力量源源不絕，同時時間的迴復現象，讓死亡與再生產生混淆的現象。〈拂舞歌辭〉當作者感知「千年重化玉井土。從蛇作土二千載」的時間變異所產生的物象變異時，馬上

接言「吳堤綠草年年在」，說明綠草因每年時間迴復展現出旺盛的生命力，然而此綠草已非彼綠草。時間詭譎的以「替代」與「再生」的方式，掩藏死亡的事實。〈蘭香仙女廟〉的「古春年年在，閑綠搖暖雲」也是透過當下充滿生命的綠色，印證時間迴復不已的特色，以及藉再生來安慰不得已的生命的消逝[33]。

迴復不已的時間是永生不滅的，是永恆的。李賀對永恆的質疑其實是侷限於物象世界的永恆。箭鏃、海沙、帝王儘管有無隙不入的尖刺、浩瀚無垠的寬闊與巨大無比的威權，相對於永恆的時間，只有接受摧折的命運。而帝王所追求長生不死的神仙，也只是永恆的錯覺而已。畢竟似可不死的神仙，擁有的卻是不死的假象，最終仍擺脫不了「幾回死」的死亡輪迴中。李賀知道神仙是物象世界的終極幻想，而幻想的神仙世界，只是困挫的人生中，暫時忘我的停棲之地，最終還是要接受質疑接受考驗的。

當時間與物象世界交錯浮現時，李賀肯定時間的永恆，由內而外，藉「此在」接壤過去與未來，以永恆作爲追逐嚮往的目標。另一方面，則又由外而內，反視自身所處的流變的物象世界，不斷的質疑永恆的存在。這種永恆的肯定與質疑交互出現的矛盾情結，處處盈溢於賀詩中。楊文雄解釋爲：

> 英年早衰，使他急欲把握住有限時日的心情非常殷切，以致有
> 使「瞬間」凝爲「永恆」的特殊時間觀。問題是時間的無限和
> 生命的有限之間的矛盾永遠無法克服，李賀懷才不遇而投閒置
> 散，卻讓時光消耗有涯之生命，對這種時間的矛盾深感痛苦，
> 而寫出異於他人的時間意識。[34]

整體言之，李賀以敏銳的觸鬚，觀察時間變動不已永不停駐的特

---

33 〈拂舞歌辭〉、〈蘭香仙女廟〉分見《李賀詩集》，里仁書局，頁 250、284。
34 楊文雄《李賀詩研究》，文史哲出版社，民 69 年 2 月，頁 238。

性。而帶著焦慮的心理，以質疑否定的態度，冷冷注視寄寓在時間線上的死亡事實。透過當下空間與物象的衰頹現象，感知時間的消逝，感知死亡的存在。並且從大自然的山川變異中感知時間對生命摧折力量。同時從秦王漢武各種企圖留下不朽證據的努力上，反證人力之渺小與時間那股源自太初，迴復不已的雄渾力量之無可抗拒。李賀將視點提高，觀察到整體的宇宙自然變異現象，觀察到時間縱軸，往復不已的規律，明確的將渺小的自己的生命軸線，從生到死一覽無餘，也預視到自己必然走向死亡的結果，毫不隱瞞的在詩篇中流露出來，因而形成濃厚的具有死亡意涵的詩作。

四、死亡儀式之進行

（一）死亡場域的情境模擬

李賀對時間的敏銳感受，是由物象世界的不斷變動所引起。同時他也在時間的消逝中，體會到生命流逝的恐懼，透過詩句他又將這種焦慮與恐懼的心裏感受投射到物象世界中，心理與景物互相交叉感染。透過寫景作品深深印染自己多病的身影，在精心雕琢的字句之間，每多寓意寄託於其中，他所觀察的物象世界彷彿是心景的投射[35]。因此對時間無情消逝一念，所產生的焦慮與恐懼，便構築了一片幽冷淒絕的死亡場域，他在自己所構築的死亡場域中，不斷的作情境模擬，以致元氣刻削，英年而逝。

想要了解李賀所構築的死亡場域，必須先了解其心理圖象。大致而言，依照其心理變化的形態，大約有三個進程是較為明顯的。一種

---

35 周誠真引姚經三語認為李賀的詠鬼詠神及詠樂府舊題的作品，幾乎篇篇都有寓意，是值得重視的問題。並且認為李賀詩多寄託寓意是近乎現代批評家所說的心景。心景所蘊藏的，不僅是詩人的身世之感，而且是他對時代社會的感應。周誠真《李賀論》文藝書屋，頁116。

是因焦慮與恐懼所形成的迫害意識的圖象，這個圖象呈現李賀心靈摧折的過程；一種是對生命絕望所產生的死灰般的圖象，這個圖象呈現李賀面對死亡的場景；一種是先驗的以爲自己死亡，幻見虛無飄渺的超現實世界的場景。在這幾種不同的死亡場域中，可以看出李賀正在作各種情境模擬，導致詩作鬼氣陰森，令人望而卻步。

1、迫害意識所構築的死亡場域—熊虺食人魂，雪霜斷人骨

追溯李賀焦慮恐懼的不安心理，是來自於他對所處環境的敏感，四周環境似乎危機重重，而且無影無形，不知災禍何時會降臨，所以他始終是如臨深淵如履薄冰，戰戰兢兢的防護著自己脆弱的身體。其〈艾如張〉[36]詩云：

> 齊人織網如素空，張在野田平碧中。網絲漠漠無形影，誤爾觸之傷首紅。艾葉綠花誰翦刻，中藏禍機不可測！

〈艾如張〉是漢鐃歌十八曲之一，艾字與刈同，乃芟除草木而張羅之義。溫子昇所作：「張機蓬艾側，結網槿籬邊。」以艾爲蓬艾，李賀取其義已稍離古題，然芟除草木之傷害義，仍隱約於字面中追索得見。而《歲楚荊時記》云：「五月五日，四民並蹋百草，採艾以爲人，懸門戶上，以禳毒氣。」艾草能禳毒避禍的功能，使此詩題更增添詭譎的變數。李賀感覺到天空大地似乎都張滿羅網陷阱，而且是以無所不在，無影無形的形式出現，尋之無跡，亦難以逃躲。連禳毒避禍的艾草，可能都是災禍的核心，面對這種隨時可能出現的不可測之傷害，作者怎能不焦慮，怎能不恐懼？

同時，此詩的地域背景也是值得關注的焦點。「素空」、「野田平碧中」寬闊的大自然場域，有助於觀察詩人潛藏的原始心靈，唯有此時詩人才能與宇宙天地契合，才能觀察到自己深藏的內心世界。荒荒宇宙，是觀察詩人生命進程最有利的場域。他在另一首〈公無出門〉詩

---

36 《李賀詩集》，里仁書局，頁 243。

中更強烈的散發出受迫害的恐懼感[37]：

> 天迷迷，地密密，熊虺食人魂，雪霜斷人骨。嗾犬狺狺相索索，舐掌偏宜佩蘭客。帝遣乘軒災自滅，玉星點劍黃金軛。我雖跨馬不得還，歷陽湖波大如山。毒虯相視振金環，狻猊奰貐吐饞涎。鮑焦不違天，天畏遭啣囓，所以致之然，分明猶懼公不信，公看呵壁書問天。

他在「天迷迷，地密密」的生命場域中，感受到強烈的摧毀壓力。有熊虺、有惡犬、有毒虯、有狻猊、有奰貐，整個大自然中充滿食人鬼魂的凶獸惡物，有限的生命惡劣的環境下，任爾擺佈，這是他面對宇宙大自然畏懼心態所產生的受啣囓圖象。〈公無出門〉的戒慎態度，也表明了在受侵犯的環境下，他所採取的退縮與保護的行爲模式。觀察宇宙讓他對未來的生命產生無限的焦慮，有時甚至在流動的生命場域中，乍見終止的死亡圖象。〈北中寒〉是首描寫北方寒冷的寫景之作[38]：

> 一方黑照三方紫，黃河冰合魚龍死。三尺木皮斷文理，百石強車上河水。霜花草上大如錢，揮刀不入迷濛天。爭瀯海水飛凌喧，山瀑無聲玉虹懸。

李賀以黑紫的背景描寫內心的顏色，氛圍的設色主導了生命光芒的長度。突然之間，天地凍結起來。時間與空間的僵止，意味著乍見的僵止的生命，而僵止的天地迷濛一片，隱約可以見到自己掙扎身影的揮刀姿勢，已凍結在天地之間，喧擾的世界漸漸走入無聲的死亡境地。單純的寫景中，暗寓自己的生命危機，從黃河冰合的魚龍屍體中，李賀超現實的看到冰層山之下自己的死亡圖象[39]。

〈艾如張〉、〈公無出行〉、〈北中寒〉詩所呈現的死亡場域中，有李賀自我的抵拒身影，與其說是模擬死亡情境，不如說是抵拒死亡，

---

37 《李賀詩集》，里仁書局，頁 271。
38 《李賀詩集》，里仁書局，頁 268。
39 心理學家用冰山比喻潛意識是極爲貼切的比喻。

只不過宇宙自然無比的威力,使他感到無力,在無力改變生命圖象之餘,僅能客觀的呈現無情的生命場域,一種含帶濃濃的死亡氣息的生命場域。

2、當下具臨場感的死亡場域—漆炬迎新人,幽壙螢擾擾

前文提到李賀對自己病體的自覺,已呈現出心如寒灰的灰燼意象,加上蛀蝕的心靈,彷彿已目睹其蒼白的身貌。真正能將這種瀕臨死亡的圖象完整勾勒出來的,是他的〈感諷五首其三〉,這首詩中他冷冷的觀察到自己已走向歸返之路,對死亡情境做深切的模擬[40]:

> 南山何其悲,鬼雨灑空草。長安夜半秋,風前幾人老。低迷黃昏徑,裊裊青櫟道。月午樹立影,一山唯白曉。漆炬迎新人,幽壙螢擾擾。

南山是李賀慣用的場域語,是長壽永恆的象徵,也是最終的歸返之路。有關地域與生命的關係,哲學家泰奧費拉斯托斯(Thoephrastus)主張「每一個生物體都有其吉祥地,那吉祥地的能量和條件,全都有助於該生物蓬勃生長。……有些地方影響人類,朝好的或是壞的方向發展。」進而言之,「地球表面上有某些地方,對於別的地方的健康和活力,會形成重大的影響」[41]。李賀反覆的以南山入詩,顯然南山在他的生命圖像中,具有相當的影響力。〈詠懷二首其二〉詩他驚覺自己病體,發爲感嘆,「鏡中聊自笑,詎是南山期」以永恆的南山對比屬弱的身體。〈二月〉詩「津頭送別唱流水,酒客背寒南山死」以南山的死寂作結歌舞人生。〈送韋仁實兄弟入關〉送別韋仁實之後,感傷的說「誰解念勞勞,蒼突唯南山」,南山成了孤獨時唯一必須面對的冷寂場域。〈官街鼓〉譏刺孝武秦皇追求長生不老,「獨共南山守中國」的可悲,也是將永恆與孤獨劃上等號。代表永恆長生不老之地的南山,其實也

40　《李賀詩集》,里仁書局,頁 154。

41　後段引號爲普塔克語。Phil Cousineau 主編《靈魂考》,立緒文化事業有限公司,民 87 年 3 月,頁 394-395。

是最終的死亡歸宿，因此李賀在使用南山意象時，多少可以感受到悲
傷與冷寂的死亡氛圍。甚至他自己也不自覺的成為南山的一部份，〈客
遊〉詩「悲滿千里心，日暖南山石」雖是寫景之作，亦含自寓之意，
隱約之間自己就是南山石，如〈孔雀東南飛〉之「命如南山石」一般，
南山引起他的感傷，才發為「悲滿千里心」之語。而〈仙人〉詩的「手
持白鸞尾，夜掃南山雲」更進一步將死亡場域提昇至仙界[42]。仙人的
迎賓之舉，是想像世界的情境模擬，〈感諷五首其三〉則將場景安置於
現實世界。

　　一提到南山仍然擺脫不了悲傷情懷，李賀以「鬼雨灑空草」當下
鋪染南山之悲，同時也影射自己空枯的身軀不堪鬼雨的摧折，這是李
賀對南山這個死亡場域的總體敘述。文學家探討靈魂意象的內涵，是
傾向陰柔的。他們常將心靈與幻想、夢與意象的關係，透過神話世界
轉化為靈魂與夜間世界，陰間冥府與月亮的關係。並且經由死亡經驗
裡、夜間作夢經驗裡、精神錯亂的意象裡，捕捉我們靈魂最根本的質
素[43]。南山如夢、如冥府加上懸月的夜色，不正是標準的靈魂出入的
場域。而「低迷黃昏徑，裊裊青櫟道。月午樹立影，一山唯白曉。」
則是更進一步的死亡氛圍營造，在近乎靜止的淒迷環境中，月色高懸，
樹影靜定，影子彷彿靈魂般立時歸返[44]。南山蒼白的面容，成了死亡
的標記。在充滿肅殺之氣的空氣中，正進行一場莊嚴肅穆的死亡儀式。
儀式中作者模擬自己一步步走向死亡，裊裊青櫟夾道觀禮，而幽暗的
賁塋似乎起了騷動，準備騰挪一個安置空間，眾鬼也手持漆炬，迎接
新人，恍惚中他看到死亡的接引者。這一段儀式性的死亡之旅，用當
下最悲慘的場景，進行情境模擬，藉著模擬消除死前的恐懼情緒。

2　〈詠懷二首其二〉、〈二月〉、〈官街鼓〉、〈客遊〉、〈仙人〉詩分見《李賀詩集》，
　里仁書局，頁 18、34、286、308、200。
3　Phil C ousineau 主編《靈魂考》，立緒文化事業有限公司，民 87 年 3 月，頁 170。
4　榮格將影子視為靈魂。參見《靈魂考》頁 60。

周誠真《李賀論》一書中，認爲此詩描寫的是「死亡的概念所引起的心境」，認爲[45]：

> 詩人並不隱藏他對死亡的恐懼，但是他對死亡愈恐懼，對生命愈事執著的留戀。這種倔強執著的求生精神，使他的鬼詩在陰森荒涼的境界中仍有活躍的生命力。

周氏詮釋李賀心境，以及不隱藏他對死亡的恐懼一端極爲貼切。至於具有活躍的生命力，筆者不表贊同。從病體的自覺敘述中，可以看出他對自己的生命現象是憂心忡忡的。此詩可以說是李賀大膽的面對死亡，勇敢的正視自己內心的畏懼，而以不同常人的直視態度，進行死亡體驗，經由情境模擬，穩定恐懼之內心。另外〈長平箭頭歌〉雖是一首懷古詩，但是面對古戰場之石田蒿塢，詩人也在詩中涉入「我」字[46]，自己親身體驗「風長日短星蕭蕭，黑旗雲濕懸空夜」，以及「左魂右魄啼飢瘦」，鬼哭神號的死亡場景，用「迴風送客吹陰火」與「漆炬迎新人」一迎一送交互輝映。

除了〈感諷五首其三〉之外，〈感諷五首其二〉之「都門賈生墓，青蠅久斷絕。寒食搖楊天，憤景常肅殺」。〈王濬墓下作〉之「白草侵煙死，秋藜繞地紅，……耕勢魚鱗起，墳科馬鬣封。菊花垂濕露，棘徑臥乾蓬。松柏愁香澀，南原幾夜風」。〈蘇小小墓〉之「幽蘭露，如啼眼。……冷翠燭，勞光彩。西陵下，風吹雨」。〈秋來〉之「思牽今夜腸應直，雨冷香魂弔書客。秋墳鬼唱鮑家詩，恨血千年土中碧」[47]，李賀透過墳墓的場景，凝聚其肅殺之氣，藉濕冷的氛圍，傳達內心深層的畏懼與傷痛。墳墓是死亡最直接的場景，在此場景中可以無所顧忌的與死人作交心的對談，詩人舒吐心中的怨氣，土中的死人也用千

---

45 周誠真《李賀論》文藝書屋，頁156。
46 方瑜談賀詩魅麗奇異的世界，亦談及「我」與鬼魂涉入之問題。方瑜《中晚唐三家詩析論》，牧童出版社，頁43。
47 《李賀詩集》，里仁書局，分見頁153、187、27、50。

年恨血應和，死亡場景的對話也是現在與過去與未來的時間對話。在陰冷的墳場的裡，李賀彷彿在憑弔自己漂泊的魂靈。這種臨場的死亡體驗，是極爲深切沉痛的，他不時的憑弔墳墓，試圖從死亡的場景中，拼貼出死者的精神力量。同時，經由死亡場域的情境模擬，安置自己的心靈與軀體，由此也可以看出詩人對生命所抱持的態度是莊嚴肅穆的。

3、超現實的虛無縹緲的死亡場域—碧峰海面藏靈書，上帝揀作仙人居

現實世界的死亡場域是幽冷哀慘的，充滿悲劇的色彩，因爲人間所有的歡樂，都必須在此作個總結。李賀所以有「斬龍足」留住時間的遐想，與其說是想留住時間，不如說是想留住歡樂，他想「長繩繫日樂當年」。身處長安，看盡榮華場景，他開始苦思對策，想留住歡樂，有限的時間就是最大的障礙。於是他一方面在有限的時間裡縱情歡樂，一方面爲死後的未來世界幻設虛無縹緲的死亡場域，用以延續人間的歡樂。這個神仙之境，可以說是具有精神官能症的李賀恍惚迷離中造設出來的[48]，反過來也可以療治不能滿足的歡樂慾望。雖是幻想之境，作者卻深信它的存在，甚至將神仙之境與人間世界揉混一處。神仙之境與人間世界是一體的，也是死後活動的場域，只不過這個超現實的死亡場域，有別於人間的哀凄愁慘，而充滿歡樂的氣息。

李賀觸及神仙世界的作品頗多，也許因爲曾職隸太常之故，所幻設之仙境與音樂亦有密切的關聯。〈李憑箜篌引〉描寫擅彈箜篌的梨園弟子李憑的樂藝時，渾然不覺的進入神仙世界[49]：

> 吳絲蜀桐張高秋，空白凝雲頹不流，江娥啼竹素女愁，李憑中
> 國彈箜篌。崑山玉碎鳳凰叫，芙蓉泣露香蘭笑。十二門前融冷

---

8 拙文《李賀的原我世界》，結語爲：李賀具有自我封閉的性格，因長期的憂鬱，而造成嚴重的精神官能衰弱症，時或自憐，時或自傷，頁48。

9 《李賀詩集》，里仁書局，頁1。

光，二十三絲動紫皇。女媧煉石補天處，石破天驚逗秋雨。夢
入神山教神嫗，老魚跳波瘦蛟舞。吳質不眠倚桂樹，露腳斜飛
濕寒兔。

賞聽李憑演奏卻出現了許多神話中的人物，江娥、素女、紫皇、
女媧、神嫗、吳質。因為李賀的忘我的欣賞態度，不自覺的將人間至
樂融入仙樂當中，這種混雜不清恍惚離神的精神狀態，卻是賀詩的重
要標幟。

其作品詩題如〈榮華樂〉、〈夜來樂〉、〈秦宮詩〉或寫權貴子弟[50]，
歌舞縱樂，酣嬉達旦的場面；或寫華麗的妓館，夜間飲宴的糜爛生活；
或寫佞寵私宴樓頭，帳裡笙歌，盡情揮霍的華奢情態。都是無力抗衡
無情的時間流逝，所採取的當下及時行樂的生活態度。他在這些作品
中鋪寫華麗的宮廷建築，金雕玉鏤的生活器皿，布列各色珍饌佳餚的
飲宴，歌女靈巧的歌舞伎藝，以及令人渾然忘情的美妙音樂，寫盡人
間歡樂，也暴露出沒落王孫貴族子弟恣樂頹廢的生活層面。其實在縱
樂的生活中，他也曾對生命做一番省思，只不過得意之餘，此一暫生
之念，即生即滅。其〈相勸酒〉詩：

羲和騁六轡，晝夕不得閑，……堯舜至今萬萬歲，數子將為傾
蓋間。青錢白璧買無端，丈夫快意方為歡。朧朣臘熊何足云，
會須鍾飲北海，箕距南山。歌泠泠，管愔愔，橫波好送雕題金。
人之得意且如此，何用強知元化心？

此首諷刺肅宗訪方士求長生的詩，一方面道盡令人欣羨的皇室歡
樂生活，一方面對汲汲營營追求長生發為省思。以當下令人滿足的生
活條件，對照未來不可知的世界。當下與未來的觀念衝突，李賀以「何
用強知元化心」為之解索，顯然他是十分迷戀歌舞飲宴的生活的。〈相
勸酒〉詩還有一些值得重視的問題，例如「羲和騁六轡，晝夕不得閑」

---

50 《李賀詩集》，里仁書局，分見頁 258、334、212。

「堯舜至今萬萬歲，數子將爲傾蓋間」出現詩人感懷時間如箭矢消逝，以及時間壓縮的落差，透過時間落差與時間的快速到達，古今互相溝通，亦即過去與現在交流，既然過去可以與現在交流，現在亦可與未來接壤。「羲和」的出現意味著作者向神仙世界探路的意圖，而前文所提到的兼有永恆與死亡兩義的「南山」意象再度出現，絕不只是巧合而已。

〈相勸酒〉雖已開始向神仙世界探路，但畢竟也只是過渡的性質，甚至還帶著濃濃的人間氣息。真正展現李賀心中理想的神仙境地的是〈神仙曲〉、〈天上謠〉詩[51]：

> 碧峰海面藏靈書，上帝揀作仙人居。清明笑語聞空虛，門乘巨浪騎鯨魚。春羅書字邀王母，共宴紅樓最深處。鶴羽衝風過海遲，不如卻使青龍去。猶疑王母不相許，垂霧妖鬟更轉語。(神仙曲)

> 天河夜轉漂流星，銀浦流雲學水聲。玉宮桂樹花未落，仙妾採香垂珮纓。秦妃捲簾北窗曉，窗前植桐青鳳小。王子吹笙鵝管長，呼龍耕煙種瑤草。粉霞紅綬藕絲裙，青洲步拾蘭苕春。東指羲和能走馬，海塵新生石山下。(天上謠)

李賀所假想的虛幻的死亡場域，其實也是人間的翻版，也是有歌有舞，有美人有飲宴，到處充滿歡樂。但是不同於豪宅高第，此處的空間是以遼闊的天空，無盡的大海作爲活動的場域。與原始民族崇天敬地畏懼大海畏懼大自然相同的心理，李賀原始的心靈，也是在寬敞的大自然裡，與天地交往，進而超脫昇華至神仙世界。這種魂遊現象可以從〈夢天〉詩中尋得[52]：

> 老兔寒蟾泣天色，雲樓半開壁斜白。玉輪軋露濕團光，鸞珮相

---

1 《李賀詩集》，里仁書局，分見頁 344、038。
2 《李賀詩集》，里仁書局，頁 28。

> 逢桂香陌。黃塵清水三山下，更變千年如走馬。遙望齊州九點
> 煙，一泓海水杯中瀉。

透過長久的觀天，沉思忘神，進而夢入天際。再從天際反視人寰，猶如莊子逍遙遊一般，將視點懸之天邊，更能清楚的看透物象之變，更能深刻體會時間的流動義。「東指羲和能走馬」、「更變千年如走馬」在變動的時間與環境中，生命已渺小到不可知甚至忘卻存在的地步，這就是死亡的前兆，生命已被無垠的大自然所取代。「海塵新生石山下」，另一種生命現象在未來世界中成長，成長於遙遠的天河以及大海奧秘的深處。因爲只有大自然能在時間的洪流中與未來接壤，大自然這個死亡場域，其實也是未來世界的生命場域，那裡也包含了所有人間的歡樂。

不同的生命階段有不同的生命圖象，李賀在每一個生命圖象中都罩上死亡的影子，而這些幻影都來自於李賀病態的心理。幻想自己的死亡流程，在不同時間不同生命階段不同死亡場域，不斷的作情境模擬。

（二）死亡儀式的情境模擬—呼星招鬼歆杯盤，山魅食時人森寒

李賀之〈感諷五首其三〉詩，在極具臨場感的死亡場域作情境模擬時，隱然已呈現列隊迎賓的儀式行爲，可以看出作者對死亡抱持著莊嚴肅穆的態度。生命有時而盡，有限的生命如何經由死亡跨越至鬼神的領域，其中必有一種溝通的管道，一種儀式行爲媒介人鬼之間。扮演這種角色的多半是巫，透過這些靈媒進行各類巫術活動，或者讓死亡圖象得以經巫師之溝通，再度呈現生人之前。或者藉巫師之神力生人之心志有所傳達，總之，消弭了生人與鬼神之間難以跨越的鴻溝。

巫的體裁，出現於賀詩中的〈神絃曲〉詩[53]，李賀對女巫饗神的

---

53 《李賀詩集》，里仁書局，頁 275。

儀式行為有極為細膩的觀察[54]，因為每個儀式的細節都是靈魂與鬼神溝通的途徑，與鬼魂溝通無異於自己的死亡模擬。其〈神絃曲〉詩云：

> 女巫澆酒雲滿空，玉鑪炭火香鼕鼕，海神山鬼來座中，紙錢窸窣鳴漩風。相思木帖金舞鸞，攢蛾一啑重一彈。呼星招鬼歆杯盤，山魅食時人森寒。終南月色低平灣，神兮長在有無間。神嗔神喜師更顏，送神萬騎還青山。

儀式進行既然是死亡的模擬，進行儀式之周邊環境亦相同於死亡的場域，在寬闊的大自然中進行，而且時辰選擇夜晚，唯有若有若無迷迷濛濛的夜晚才屬於鬼神的世界。「女巫澆酒雲滿空」、「終南月色低平灣」、「送神萬騎還青山」，記載了儀式進行的寬闊場域與饗神的時辰。女巫澆酒的舉止，是在祭奠神靈，酒是一種祭品，澆酒是向鬼神示好。同時酒也是媒介人鬼之間的祭具，酒可以祭神靈，也可以麻痺神經以便神靈附體。巫師與鬼神交往有一種方法是請神附身，宋兆麟《巫覡》書中提到[55]：

> 在請神附體的過程中，巫師必須渾身抖動，如醉如癡，進入超常狀態，是神靈附體，還是有其他奧秘？這是很迷惑人的。事實上，一般巫師除了都有一些神經質之外，他們還採用一些麻醉方法，在東漢《百草經》中有一段記載：「麻蕡，味辛平，有毒。多食令見鬼，狂走。久服通神明，輕身」。說明多食麻籽有麻醉作用。能「狂走」、「見鬼」、「通神明」，這正是巫覡服用麻籽以求麻醉狀態。又如貴州苗族在跳神前必須以布蒙面，用一種令人陶醉的香薰自己；廣西壯族巫婆用曼陀羅釀酒，跳神時喝曼陀羅花酒，……西伯利亞民族有些薩滿跳神前要吞煙、喝海水、咀嚼令人作嘔的喇叭茶根，使自己處於飄飄欲仙的狀態。

4　曾益云：「此饗神之曲。」見陳弘治《李長吉歌詩校釋》，嘉新水泥文化基金會，民 58 年 8 月。

5　宋兆麟《巫覡》，學苑出版社，2001 年 12 月，頁 107。

> 而更多的麻醉方法是酗酒，以便自己能如醉如癡，或語或跳，
> 模仿神靈的動作。

酒可以使祭者進入迷離狀態，進而神靈附身做出模仿神靈的動作。「神嗔神喜師更顏」就是神靈附身之後，經由巫師的表情，觀察到神靈的情緒變化。醉不只便於神靈附身，也是一種「娛尸」的儀式，永寧納西族的喪禮中「以醉為哀」，就是生者對死者一種祭奠方式。[56]

儀式進行時，「玉鑪炭火香鏖鏖」，炭火生煙，是向上天傳達訊息的直觀的物象，祭祀活動少不了火，尤其夜晚熊熊火勢，就像極力向上天攀爬的生命體一般，隱喻生命的昇華。火在死亡儀式中，滿足了亡靈昇天的欲求。因此許多死亡儀式都與火有密切的關聯，例如北方薩滿民族的跑火池；海南島黎族娘母為病人治病的跳火儀式；台灣乩童跳炭火驅邪治病；廣西壯族二次葬，採用火葬，孝子為死去之父母代罪的跳火煉[57]。不管炭火作用是否有試煉作用，亦或作為說服信徒的障眼法，至少熊熊火勢是視覺上的死亡昇華。

其實，火本身也是靈的喻體，瑞士心理學家卡爾·榮格(Carl Jung)發覺有「一種原始的靈魂觀裡，靈魂是火團或火焰，因為『溫暖』也是生命的徵兆[58]。」希臘小說家尼可斯·卡贊札奇斯(Nikos Kazantzakis)描述靈魂為「靈魂，即是熊熊的火舌，四處舔舐，奮力要在黑暗的世界當中，燃起火光。總有一天，整個宇宙都會成為一團熊熊烈焰。[59]」心理學家、小說家、詩人不約而同的藉火來傳達靈魂寄寓的訊息。與其說李賀參與一項饗神的儀式，不如說他在進行自己靈魂磨難的儀式，更能夠看出此儀式之必要。

---

56 楊知勇《西南民族生死觀》，雲南教育出版社，1992 年 10 月，頁 217。

57 宋兆麟《巫覡》，學苑出版社，頁 148-150。

58 參見 Phil Cousineau 主編之《靈魂考》，立緒文化事業有限公司，民 87 年 2 月頁 160。

59 Phil Cousineau 主編之《靈魂考》，立緒文化事業有限公司，頁 149。

　　另一種祭具是鼕鼕之鼓，鼓是藉內塡之氣發爲聲響的樂器，聲音的傳達與心臟的跳動幾乎結合爲一體，因此最能鼓動生氣，安排在死亡祭典中，亦最能敲醒亡靈。壯族以銅鼓爲雷神的工具；　苗族請神時擊木鼓以通神靈；　川西南西番人稱祭司爲帕比，因使用小鼓，又稱小鼓和尙，阿什因使用大鼓稱大鼓和尙，亦皆以鼓作爲通靈之具；達斡爾族對鼓更具有繁複的象徵認識。認爲上天、下地與入水時鼓皆能轉換成不同物象[60]，鼓在死亡儀式進行中是極受重視的通靈樂器。

　　相對於鼓的樂器使用，琵琶也是饗神的一種樂器。〈神絃曲〉中「相思木帖金舞鸞」，李賀詩的註解家有爭議性的看法。王琦認爲：

　　　以相思木爲琵琶，而金畫舞鸞之狀於其上。攢蛾者，蹙其眉也。嗺，音接，多言也；　一嗺重一彈者，每出一言則彈琵琶一聲以和之也。曾謙甫以金帖木鸞爲巫所執以憑神者，姚經三以爲畫板，皆非也，若依其說，下文彈字杳無根著」[61]。

　　王琦說法是有根據的，他引《太平廣記》的記載，云「唐婦以子中惡，令人召一女巫至，焚香彈琵琶召請，蓋唐時巫師之狀，大率如此。」李賀另一首〈神絃曲〉「畫絃素管聲淺繁」也是在饗神儀式中出現絃樂器，琵琶聲響用以營造迷離的情境，藉抽象的音樂上達天聽。但是曾謙甫的「以金帖木鸞爲巫所執以憑神者」的說法，也不能忽視，因爲女巫手持祭器祭祀是極爲常見的，例如羌族巫師持有拴獸毛、羊角、銅片等飾物的手杖；　西伯利亞的布里亞特族以樺木和鐵製成巫杖，杖頭雕成馬頭；　畬族巫師手杖雕成狗頭，狗爲該族圖騰物[62]。所

60　達斡爾族認爲鼓在通往不同的方向有不同的性質，上天求神時鼓是鳥，鼓槌爲鞭子；下地求神時鼓是馬，鼓槌爲鞭子；　入水求神時鼓是船，鼓槌爲船槳。雲南佤族巫師使用樂器是木鼓，製鼓過程尙有儀式活動，分請木鼓、做木鼓、安木鼓、祭木鼓四個階段。宋兆麟《巫覡》，學苑出版社，頁 141-142、頁 123、頁 269。

61　《李長吉歌詩王琦彙解》卷四，見《李賀詩注》，世界書局，頁 152。

62　宋兆麟《巫覡》，學苑出版社，頁 145。

以曾謙甫的說法也有一定的依據，而姚經三「手持畫板，舞奏哀絲」[63]雖被王琦批評，卻兼具兩種想法。不管祭器是琵琶或手杖，其形狀若何，皆一定有鸞鳳的圖騰，鸞鳳有飛升之義。女巫手持祭器作為指引作用，而「彈」是具有點醒意義的動作，不一定侷限於演奏動作。儀式是一種模仿行為，模仿鸞鳳升天的動作也是宗教舞蹈的方式。在巫舞中圖騰舞是極為重要的舞蹈方式，滿族薩滿跳鷹神舞納西族巫師則跳白鷹、白鶴、大鵬舞等[64]，皆是以鳥圖騰舞蹈作為饗神的重要儀式。

　　饗神活動中燒紙錢也是一個重要的儀式，「紙錢窸窣鳴漩風」句，王琦《李長吉歌詩彙解》引《封氏見聞記》：「紙錢，案古者享祀鬼神有圭璧幣帛，事畢，則埋之，後代既寶錢貨，遂以錢送死」[65]。錢既是寶物，人死之後以寶物相隨，可使死者在陰界亦不虞匱乏。又為了避免盜墓者覬覦，以錢陪葬改為燒紙錢。燒紙錢為送死儀式中的一部份，紙錢因燒而成灰，質變的過程，發出細微的響聲，有如身體化為靈魂一般，突然輕盈起來。再加上旋風的助勢，更具有強烈的升天意味。李賀尚有另一首〈神絃曲〉[66]：

> 西山日沒東山昏，旋風吹馬馬踏雲。畫絃素管聲淺繁，花裙綷
> 縩步秋塵。桂葉刷風桂墜子，青狸哭血寒狐死。古壁彩虯金帖
> 尾，雨工騎入秋潭水。百年老鴞成木魅，笑聲碧火巢中起。

也出現了旋風，同時「西山日沒東山昏」的昏暗場景，與「終南月色低平灣」也是極為一致的。驅鬼過程中，鬼哭神號的氛圍，亦是陰慘不已。青狸、寒狐、百年老鴞等，令人生懼的動物，如在週遭一般。「海神山鬼來座中」、「呼星招鬼歠杯盤，山魅食時人森寒」，就是將周圍山鬼參與祭祀的過程，紀錄下來。整個儀式進行極具臨場感，也是在充

63　《姚文燮昌谷詩集註》見楊家駱主編《李賀詩注》，世界書局，頁276。
64　宋兆麟《巫覡》，學苑出版社，頁260、265。
65　《李賀詩集》，里仁書局，頁275。
66　《李賀詩集》，里仁書局，頁273。

滿死亡氛圍的場景中進行的。

　　而女巫在驅鬼儀式中穿著是長長的拖地的花裙,「花裙綷縩步秋塵」,甚至在舞蹈當中,長裙拖地所發出的聲響,也能產生節奏感。抽象的音響是情緒最直接的表達,透過細微的聲響,可以傳達心中的想欲,也可以體驗微妙的未知世界。「山魅食時人森寒」,如何得知山魈正在進食?「笑聲碧火巢中起」,百年老鴞的笑聲會是如何刺耳?如何的令人悚懼?都是憑微妙的聲響感覺推想而得的。

　　死亡儀式的模擬,除了幽冷死亡場域的氛圍渲染外,整個儀式的進行透過音響、巫師裝扮、巫具以及動作模擬,力圖為死亡規範出進入的道路。同時形象化的出現出入人間與冥界交界的天門。李賀為吳道士夜醮作的〈綠章封事〉詩,以綠紙寫給上帝的表章,作為溝通人間與冥界的媒介。在打醮儀式中,「青霓扣額呼宮神,鴻龍玉狗開天門」,神話世界裡守天宮的青霓神獸,與守天門的鴻龍玉狗,象徵的,替代的出現天人之際[67]。邪道神獸掌管的天門,彷彿一道障蔽心理的磚牆,橫阻其間,天門的界域形象清楚的呈現詩中。更明確的說,打開天門就像是得到進入死亡場域的鎖鑰,整個道士作醮儀式,隨祭典與亡靈做進一步的接觸。怪不得詩末「願攜漢戟招書鬼,休令恨骨填蒿里」,以招魂方式平撫亡靈的傷口。李商隱撰李長吉小傳寫長吉將死時:

> 忽晝見一緋衣人駕赤虬,持一板,書若太古篆,或霹靂石文者。云當召長吉,長吉了不能讀。欲下榻叩頭言,阿㜷老且病。賀不願去,緋衣人笑曰:「帝成白玉樓,立召君為記,天上差樂不苦也。」長吉獨泣,邊人盡見之,少之,長吉氣絕,常所居窗中浡浡有煙氣,間行車嘒管之聲。太夫人急止人哭,待之如炊

---

67 姚文燮解「蒼雲圍軫,七蟠如霓」,故曰青霓。喬雲翔龍,喬,赤色,天上浮雲如白衣,須臾變化成蒼狗,鴻龍玉狗,皆雲也。《姚文燮昌谷詩集註》見楊家駱主編《李賀詩注》,世界書局,頁 215。

　　　五斗黍許時，長吉竟死。[68]

李賀恍恍惚惚隨煙氣入天的死亡方式，隱然與〈綠章封事〉詩的內容暗自契合，一切似乎都像做過死亡儀式的情境模擬一般，令人不可思議。

　　整體而言，李賀對死亡的態度，是莊嚴肅穆的，所塑造出來的死亡儀式進行也是令人怖懼的陰慘場景。每一儀式的細節如服裝、祭具、樂器、舞步，無不為達到情境模擬而準備。藉儀式之完成，消弭內心之焦慮[69]。

五、結　語

　　文學家之內心活動是創作的泉源，詩人以凝鍊的語言形式精準的傳達出複雜的心思。筆者在〈李賀心態分析〉與〈李賀的原我世界〉兩篇論文中，發覺李賀的內心世界彌探彌深，深邃處不期然碰觸到幽冥世界。也感受到患有精神官能症，帶著自毀意識與死亡焦慮的李賀，如何以超我的視點內視逐漸腐朽的軀體，如何在作品中面對即將燭滅的生命，如何自我調適冷靜的走向死亡。也發覺所謂「瑰詭」、「語奇而入怪」的幽隱晦澀的語言中[70]，其實有清晰的內心思路。周誠真提出從最原始的意識狀態「感覺」進行探索，認為「李賀的長吉體作品的意象所觸發的一連串聯想，都是與詩的中心意義有關的，而詩的中心意義也因之而繁富深化」[71]。因此直視李賀的內心世界，可以看出

68　〈李長吉小傳〉見《李商隱全集》，上海古籍出版社，1999年5月，頁210。
69　黃永武認為李賀詩的鬼神世界，大抵都是內心慾望需要的補償作用，如安全需要的補償、被尊敬需要的補償、苦悶傷害挫折的補償、自我實現需要的補償。黃永武《透視李賀詩中的鬼神世界》，頁47-53。
70　《滄浪詩話》稱「長吉之瑰詭」，周紫芝《古今諸家樂府序》稱「李長吉語奇而入怪」。
71　周誠真《李賀論》，文藝書屋，頁13。

李賀在焦慮中所構築的生命圖像，可以看出因焦慮而呈現於詩中的濃濃的死亡意涵。

大體而言，詩人是從自我存在的認知中，客觀的觀察到生命之不可恃。生命之不可恃，有兩種可靠的證據呈現出來。一種是生命體的脆弱，李賀不但看到整體的生命體的脆弱，更自視到「我」的生命體的脆弱。詩中流露不少病體的自覺，軀體的乾枯與靈魂的喪失，成為趨向死亡的生命圖像。錢鍾書《談藝錄》分析長吉詩動詞、形容詞多屬硬性，「皆變輕清者為凝重，使流易者具鋒芒」[72]，「凝重」是因為詩人掙扎於不順遂的現實世界，內心沉重的壓力所造成，過於沉重的結局造成生命的摧折，累積無數的凝重語詞便是趨向死亡的徵兆。另一方面，「輕清」與「凝重」，「流易」與「鋒芒」的屬性轉變，也透露另一個不可忽視的因素—時間，時間可以化滄海為桑田，變化大自然。從超我的時間洪流中反視自己，李賀看到另一種生命不可恃的證據，他看到生命體的短暫，看到企圖永生的悲慘下場，儘管異想天開的想留住時間，終究最後仍需面對時間的急逝，仍需面對形體的消逝，死亡既然無可逃避，只有勇敢的面對。想留住時間是拒絕死亡的想法，由拒絕死亡而坦然面對死亡，接受死亡，心理上由激起恐懼而消除恐懼，李賀清楚的將這段生命歷程紀錄下來[73]。

李賀面對死亡所採取的方式是積極的參與，所謂積極的參與是憑著豐富的想像力進行死亡的情境模擬。調適自我內心的死亡焦慮，適應幽冷淒清的死亡氛圍，並且構築一個充滿虛幻理想的死亡歸棲，在失意的、沮喪的心緒中得到自我紓解的平衡。同時透過明確的死亡儀式模擬，演練生命的最後過程。

---

72 錢鍾書《談藝錄》，香港龍門書店，頁 58。
73 王溢嘉解讀中國小說中之魂魄，以拒絕死亡/接受死亡反映人類對生命與死亡的矛盾雙情，賀詩亦存在此種現象。王溢嘉《不安的魂魄》，野鵝出版社，民 86 年 5 月，頁 99。

因為李賀對死亡問題的關注，連帶使賀詩鬼氣陰森，瑰詭神秘而不可知，但是當我們仔細清理賀詩的死亡導向時，卻又清楚的看到一股抑鬱難伸的怨氣，支撐著作品。也清楚的看到他瘦弱不堪的軀體，在狂濤巨浪中載浮載沉。「公無渡河」的悲劇，不也是李賀悲劇生命的寫照[74]。沒有悲劇的生命本質如何寫出死亡意涵的詩作？分析詩人作品的死亡意涵，其實就是在回顧詩人坎坷的生命過程，就是在省視詩人對待生命的態度。

---

74 李賀〈箜篌引〉詩：「公乎公乎，提壺將焉如？……公乎公乎其奈居。被髮奔流竟何如？」。就是描寫「公無渡河」事，無異於自己內心的寫照。另外〈公無出門〉詩則是描寫現實社會的強大阻力。

唐宋時代李賀詩歌的接受及理論思考

安徽省社會科學院文學研究所所長、研究員，黃山學院教授

陳　友　冰

提　要

　　主要從接受史角度尋繹唐宋時代對李賀詩作的接受演進歷程，找出其中的若干特徵，諸如接受過程中既表現出一種較有規律的起伏，又呈現某種批評上的穩定性；接受中的主體意識一旦形成，就會產生一種向後延伸的歷史積澱；唐人首次在接受中採用比較之法，至宋代已普遍運用，從而成為中國古典詩歌評論中的一個常式；宋人將唐人評論中飽含情感的印象式描述加以抽象，變成一種簡潔明要的概念，充分表現出宋人重思辯、多理性的特色等。在此基礎上，再對這些特徵的產生原因進行理論思考。

關鍵字：唐宋、李賀詩歌、接受、思考

　　尋繹一下歷代對李賀詩歌的接受，可以發現一些極有意思的現象：歷代對李賀詩歌的接受，既表現出一種較有規律的起伏，又呈現某種批評上的穩定性。他既反映時代思潮和文學主流意識在接受過程中的導向作用，也反映了文學批評中的主體意識一旦形成，就會產生一種向後延伸的歷史積澱。

　　從整個接受史的主要傾向來看：中晚唐對李賀及其詩作的接受和評價基本上是廣泛而正面的；到了兩宋開始意見紛呈，正反兩種看法壁壘分明。元代又大放異彩，推崇和喜好又成爲接受的主調；繼而又是從明代到清初的意見紛呈，排拒和推崇論短較長；清代中後期又是推崇和喜好者的天下並推至極至──基本上呈現這種有規律的波動和反復。下面主要述論唐宋時代的接受特徵及大致規律，元明清部分以後再論。

一、唐宋時代對李賀詩歌的接受及其特徵

　　李賀其人其詩，在其所生活的中晚唐時代即負盛名，戴叔倫、韓愈、張碧、沈亞之、無可、齊己、杜牧、李商隱、陸龜蒙、皮日休等二十位多名家皆稱譽過其人其詩。有的是欣賞其才華，如韋莊、李商隱稱其是「奇才」[1]，孫光憲是「慕其逸才」[2]，張碧是稱其能「補造化」[3]；有的是稱道其詩歌創作中的某一體裁如南北朝樂府或宮體，如友人沈亞之云：「余故友李賀善擇南北朝樂府故詞，其所賦不多，怨鬱淒艷之功，誠以蓋排古今，使爲詞者，莫得偶也」[4]，舊唐書本傳、趙璘、王定保在提及或稱贊李賀創作成就時也舉「樂府詞」、「長短之制」爲例[5]。杜牧在其《李賀詩集序》中所稱道的「雲煙綿聯，不足爲其態也；水之迢迢，不足爲其情也」等風格，並舉《補梁庾肩吾宮體謠》

1　韋莊《乞追賜李賀、皇甫松等進士及第奏》，李誼《韋莊集校注》，四川省社會科學出版社 1986 年版 572 頁；李商隱《李賀小傳》，《李義山文集》卷四。
2　《北夢瑣言》卷七。
3　《答張郎中分寄翰林貢余筆歌》，見吳企明《李賀資料彙編》，中華書局 1994 年版 4 頁。
4　《序詩送李嶧秀才》，《沈下賢文集》卷九，四部叢刊本，頁 47。
5　分別見：《舊唐書》卷 137，「李賀傳」；趙璘《因話錄》卷三；王定保《唐摭言》卷十。

等詩爲例[6]，也主要指其宮體。但更多的是指其絕去畦徑、奇詭幽冷的荒誕風格，如齊己在《讀李賀詩集》一詩中稱贊賀詩巧奪天工、無險不入，能抉赤水之虹、昆山之玉，兩手掀翻蓬萊[7]；陸龜蒙謂其風格是「抉摳刻削露其情狀」[8]；吳融亦以爲李賀詩歌的特色是「刻削峭拔，飛動文采」，意在「洞房蛾眉、神仙詭怪之間」[9]；最形象而全面地對李賀詩歌風格作出描繪和概括的當數杜牧的《李賀集序》，其中的「鯨呿鼇擲，牛鬼蛇神，不足爲其荒誕虛幻也」[10]，幾乎成了賀詩詭譎風格的定評。

　　中晚唐詩壇對李賀的接受有以下幾個特徵值得注意：

　　一是對李賀及其詩作的接受和評價既正面又廣泛。從接受對象來看，涉及官宦、幕僚、文士、詞人、僧侶、樂工等不同的社會階層。其中有李賀的師友，也有未謀一面的仰慕者，更多的是李賀之後晚唐、五代文士詞人。舊唐書本傳說李賀「文思體勢如重岩峭壁，萬仞崛起，當時文士從而效之，無能仿佛者。其樂府詞數十篇，至於雲韶樂工，無不諷頌」。韋莊在給皇上一封要求追賜李賀等人進士及第的奏章中，提到賀詩在當時受歡迎的程度：「麗句清詞，遍在詞人之口」[11]。從接受的內涵來看也各不相同：有的欣賞其才華，有的欣賞其語言的綺麗，更多的是稱贊其構思的奇特和表達的怪異。但也有一個共同點，即皆是正面的贊譽，不僅對其出乎意表的想象力和變化莫測的文思體勢多贊譽之詞，就連學六朝宮體的濃艷之詞和「牛鬼蛇神」的詭譎形象，也譽之爲「時花美女，不足爲其色也」，「求取情狀，離絕遠去筆墨畦

6　《樊川文集》卷十，上海古籍出版社 1978 年版，頁 148。
7　《全唐詩》卷 847，中華書局 1960 年版，9585 頁。
8　《甫裏先生文集》卷十八，四部叢刊本，150 頁。
9　《禪月集》卷首，轉引自吳企明《李賀資料彙編》，中華書局 1994 年版 16 頁。
10　見注 6，《樊川文集》卷十，上海古籍出版社 1978 年版，頁 148。
11　《乞追賜李賀、皇甫松等進士及第奏》，李誼《韋莊集校注》，四川省社會科學出版社 1986 年版 572 頁。

徑間」，而未見負面之評價。如果說有批評和不足，那就是杜牧和孫光憲所指出的可以「稍加以理」。孫光憲自言此語源自杜牧，而杜牧此言一是與《離騷》比較而言，有短有長：「理雖不及，辭或過之」，並非是指責批評；另外，其中所蘊含的更多是對李賀英年早逝的傷感和慨嘆，更應該看成是包括杜牧在內的讀者群對李賀詩作的一種期許，希望出現一個更爲成熟、更爲完善的李賀！李賀在中晚唐所受到的一致贊譽和寬容期許，是李白、杜甫這樣的偉大人物都未能達到的。

二是中晚唐詩壇在對李賀的接受中，其主體意識一旦形成，就會產生一種向後延伸的歷史積澱，爲後續者對李賀的接受和評價定下了一個主調，如杜牧云李賀是「騷之苗裔」，張碧將賀詩風格概括爲「奇峭」，沈亞之、趙璘、張讀等對其樂府詩和摹擬宮體麗句清詞的稱頌，齊己等人對其想落天外的文思體勢，乃至杜牧、孫光憲對賀詩「欠理」的惋惜，都一再爲後人所重複或發揮。至於杜牧對賀詩風格的概括，所謂「鯨呿鼇擲，牛鬼蛇神」，幾乎成了賀詩詭譎風格的定評，李維楨云「長吉鬼才」，嚴羽說「長吉鬼仙之詞耳」皆從此敷衍而來。接受美學的奠基者之一姚斯（H.R.Jauss）有一個觀點，他認爲「第一個讀者的理解將在一代又一代的接受鏈上被充實和豐富，一部作品的歷史意義就是在這個過程中得以確定，它的審美價值也就在這個過程中得以證實」[12]。姚斯這一理論，在李賀接受史中也得到了證實。

三是對賀詩淵源的探尋以及同類風格的比較亦從這個時段開始。張爲在《詩人主客圖》中將孟雲卿定爲「高古奧逸主」，將韋應物定爲「上入室」弟子，李賀定爲「入室」弟子。齊己在詩中將李白、李賀相提並論，所謂：「李白李賀遺機杼，散在人間不知處」，「長吉才狂太白顛，二公文陣勢橫前」[13]。張碧則認爲「李太白詞，天與俱高，青

---

12 《接受美學與接受理論》周寧、金元浦譯，遼寧人民出版社，頁24。
13 《還人卷》、《謝荊慕孫郎中見示樂府歌集二十八字》，《全唐詩》卷847，中華書局1960年版，9585頁。

且無際，鵬觸巨海，瀾濤怒翻。則觀長吉之篇，若陟嵩之巔視諸阜邪」[14]。自此之後，宋人將二李互論比較蔚然成風，或論短較長，或各有軒輊，乃至出現仙才、鬼才之說，唐人爲其發端。

宋人對李賀及其詩作的接受不似唐人多爲正面，而是褒貶不一，正反看法都得到充分的反映和表達，呈現繽紛多樣的豐富面貌。持批評意見者有石介、張表臣、李綱、陸游、張戒、敖陶孫、史繩祖、戴復古諸人，主要是不滿其「無理」和「牛鬼蛇神太甚」。如張表臣批評說：「李長吉錦囊句，非不奇也，而牛鬼蛇神太甚」[15]。朱熹說「李賀較怪得些子，不如太白自在」[16]，說的也是同樣的意思。張戒認爲「賀以詞爲主，而少失於理」，這同元、白、張籍「以意爲主，而少失于文」一樣，皆是很偏頗的[17]，陸游、敖陶孫、史繩祖、戴復古等也作如是觀。持讚賞觀點的有宋祁、張耒、周紫芝、姜夔、嚴羽、劉克莊、張炎、沈義父、釋道潛、吳正子、劉辰翁、周密等人。從接受者來看，多集中於南宋末年詩人群體之中，以江湖派詩人最爲突出；從喜愛和激賞的對象來看，多是賀集的樂府詩和風格上的奇峭。如宋祁評價唐代詩人：「言詩則杜甫、李白、元稹、白居易、劉禹錫，譎怪則李賀、杜牧、李商隱，皆卓然以所長爲一世冠，其可尙也」[18]；周紫芝云：「李長吉語奇而入怪」，這是周爲選本《古今諸家樂府》所作的序言，可見也是針對李賀樂府詩而發[19]；劉克莊也認爲「樂府李賀最工，張籍、王建輩皆出其下」，又云：「長吉歌行，新意語險，自有蒼生以來所絕無者」[20]；黃升、王灼、姜夔、劉辰翁等也作如是觀。宋人對李賀的

14　計有功，《唐詩紀事校箋》卷 45，巴蜀書社 1235 頁。
15　《珊瑚鈎詩話》卷一。
16　《朱子語類》卷 140。
17　《歲寒堂詩話》卷上，丁福保《歷代詩話續編》，中華書局 1983 年版，464 頁。
18　《文藝傳序》《新唐書》卷 201，上海古籍出版社 1986 年版，4737 頁。
19　《古今諸家樂府序》
20　《跋呂炎樂府》、《後村先生大全集》卷 100，《後村詩話新集》卷 6。

接受，除了意見紛呈、繽紛多樣，多有所認定的範圍外，還有以下三個特色：

第一，宋人在稱李賀爲「鬼才」時，常與唐代其他大詩人作比較，比較對象中用得最多的是與李賀風格相近的李白，如宋祁等人對唐詩的評語，就作如此比較：「太白仙才，長吉鬼才」，嚴羽的《滄浪詩話》也提到：「人言太白仙才，長吉鬼才」。錢易在《南部新書》中則將李賀與李白、白居易作一比較：「太白爲天才絕，白居易爲人才絕，長吉爲鬼才絕」[21]。李樗則將李賀與杜甫、李白作一比較：「世傳杜甫詩，天才也；李白詩，仙才也；長吉詩，鬼才也」[22]。也有的詩論家借李白來貶李賀，或者對兩家皆作貶斥，如張戒在《歲寒堂詩話》中批評賀詩說：「賀有太白之語，而無太白之韻」。蘇轍則連李白也加的類似風格以貶斥：「李白詩類其爲人，俊發豪放，華而不實，好事喜名，不知義理之所在也」[23]。

第三，強調天才，又強調苦吟，成爲一種「天才加勤奮」的經驗模式。宋人對李賀的贊譽，雖多來自唐人的傳說和資料，但往往強調其兩端。一端是強調天縱聰明，少年奇才，如宋祁在《新唐書‧本傳》中云李賀「七歲能辭章」，並在前輩名家韓愈、皇甫湜面前寫《高軒過》一詩，而且「援筆輒就如素構」，以至「二人大驚，自是有名」。這個故事采自傳說，並無實據也不可能有實據，劉昫的《舊唐書》就沒有稱引此事，可見宋人在選擇材料的傾向。晁公武在《郡齋讀書志》「李賀集」中也強調其「七歲能辭章」，並又一次稱引這個傳說。釋道潛則作詩詠歌此事：「賀初爲兒童，隨父事迎將。須臾命賦詩，英氣加激昂。

21　《南部新書》卷上。
22　《迂齋詩話》，作者有李樗、樓昉兩種說法，皆南宋人。郭紹虞認爲不可信，見《宋詩話考》。
23　魏慶之《詩人玉屑》卷14引。

長安衆詞客，聲問爭推揚」[24]。張耒也在詩中稱：「少年詞筆動時人，末俗文章久失真」[25]；司馬光稱讚李賀詩句「天若有情天亦老」是「人以爲奇絕無對」[26]；許顗也稱讚長吉詩句「揚花撲帳春雲熱」、「才力絕人甚遠」[27]；但另一端，又強調李賀詩歌成就的獲得，是他苦吟、重視字句鍛煉的結果。爲了證明這點，宋人多引用唐人李商隱《李賀小傳》中騎驢覓句和其母「是兒要當嘔出心乃已耳」的喟嘆。強幼安《唐子西語錄》，呂祖謙《詩律武庫・古錦囊》，劉克莊《跋方實孫樂府》，陳應行《詩學指南》，劉辰翁《箋注評點李長吉歌詩》，周密《讀李長吉集》中皆有此例。另外，劉克莊在《諸士友詞》中又強調：「長吉古錦囊，皆苦吟而得」[28]；劉昌詩則云「唐李賀苦吟能詩」[29]；李綱詩云：「長吉工樂府，字字皆雕鏤。騎驢適野外，五臟應爲愁」[30]；張炎則強調李賀對字句的鍛煉，他認爲，用詞「須是深加鍛煉，字字敲打得響，歌誦妥溜，方爲本色語。如賀方回、吳夢窗皆善於煉字面，多於溫庭筠、李長吉詩中來」[31]。宋人評論賀詩，一方面強調天資聰穎，一方面又強調苦吟鍛煉，兩者好像對立矛盾。但實際上，兩者的結合正是成就一位大詩人必要的條件，宋人的脈把得很準。

第四，作爲一個詩歌流派的「李長吉體」在此時段得以確認。此說爲南宋嚴羽首先提出。在唐宋諸論家中，嚴羽可算是對李賀最爲推崇者之一。他在《滄浪詩話》中提到所膺服深取的大曆以後諸家，開頭就是李長吉，繼之有柳子厚、劉言史、權德輿、李涉、李益，而刊

24　《觀明發畫李賀高軒過圖》，《參寥子詩集》卷一。
25　《李賀宅》，《張幼史文集》卷 26。
26　《續詩話》，何文煥《歷代詩話》中華書局 1981 年版，277 頁。
27　《彥周詩話》，何文煥《歷代詩話》中華書局 1981 年版，383 頁。
28　《後村先生大全集》卷 100。
29　《白玉樓賦》，《蘆蒲筆記》卷九。
30　《讀李長吉詩》，《梁谿全集》卷九。
31　《詞源》。

落韓愈、元稹、白居易、杜牧、李商隱等名家，固然有偏頗的一面，但也看出李賀在他心中的地位。就是他首先將李賀獨特的詩風作爲一個體派在批評史上確立起來。他在《滄浪詩話》中談及「詩體」時說：「以人而論，則有蘇李體、曹劉體、陶體、謝體……李長吉體、李商隱體」。在「詩評」中又一次提到「玉川之怪，長吉之瑰詭，天地間自欠此體不得」[32]。

二、李賀詩歌接受中文學批評與選本間存在巨大落差，反映了賀詩在唐宋時代只有流行性而無「經典性」

　　我們回溯一下李賀詩作在唐宋時代的接受情形，就會發現一個很有意思的接受現象，即文學批評上的推崇與詩歌創作上的摹擬成同步狀態，但與選本卻形成巨大落差，李賀詩歌在唐宋時代沒有更多地進入「理想讀者」的審美視野。下面對此略加述論：

　　李賀生前，就受到文學批評的推崇，與此同時就有人仰慕追攀其詩歌風格，皮日休提到一位劉棗強，說他「與李賀同時」，「所有歌詩千首，其美麗恢贍，自賀外，世莫得比」[33]。辛文房在《唐才子傳》中提到一位莊南傑，說他「詩體似長吉」。王定保在《唐摭言》中提到趙牧，說他在大中、咸通年間，「學李長吉爲長短歌，可謂蹙金結繡而無痕迹」。賀的好友沈亞之更提到「後學爭效賀，相與綴裁其字句，以媒取價」。晚唐吳融指出：「中唐後諸家，同李賀者不少，蓋風氣自開此一派」[34]。這是接受史上最早提出「長吉派」之說。至於那些中唐以後諸家，吳融雖未點出，但除了上述諸人以外，還應包括韋楚老、劉光遠、李商隱、牛嶠等人。韋楚老的《祖龍行》和《江上蚊子》，李

32　《滄浪詩話》，何文煥《歷代詩話》中華書局 1981 年版，689、698 頁。
33　《劉棗強碑》，《皮子文藪》卷四，上海古籍出版社 1981 年版，39 頁。
34　《禪月集》序。

商隱的《無愁果有愁北齊歌》、《射魚曲》、《效長吉》、《燕台四首》、《燒
香曲》、《宮中曲》、《日高》、《海上謠》等皆設色濃艷、奇麗峭拔，與
賀詩相類；劉光遠則有意識學習賀詩的缺乏思理，「劉光遠作詩，尤能
埋沒意緒」[35]。李賀詩派還應包括齊己提到的孫郎中和徐員外這兩位
鬼才，齊己在詩中分別稱讚孫郎中是「詩同李賀精通鬼」，而徐員外則
是李賀之後「奪得秦皇鞭鬼鞭」的「高手」[36]。與李賀同時代的張碧
對李賀尤爲推崇，他在《惜花三首》、《游春引三首》、《古意》、《鴻溝》、
《美人梳頭》、《秋日登岳陽樓晴望》等詩作中，或是追攀李賀濃艷錯
彩、婉麗輕靡的設色，或是摹擬賀詩的奇特峭拔、詭譎幽冷的風格。
有的詩名也與賀作相同，如《美人梳頭歌》。張碧在爲己詩所作的序中，
說到自己在閱讀賀詩時的感受：「碧嘗讀李長吉集，謂春拆紅翠，霹開
蟄戶，其奇峭不可及也」。其文學批評上當代推崇和創作上的追攀是同
步的。

　　與文學批評與詩歌創作的的同步狀態相反，選本卻極爲滯後，同
時代以及後來者在選本上對李賀詩作的排斥與冷淡與文學批評上的推
崇和詩歌創作上的追攀形成巨大的落差。如上所述，李賀詩歌及其逸
事在其生前就騰喧一時、遍在人口，但唐人選本中多將其排拒在外。
據傅璇琮編撰的《唐人選唐詩新編》（臺北·文史哲出版社 1999 年
版），共收唐五代人的唐詩選本十三種，僅有一種選了李賀的一首詩，
其餘皆付諸闕如。其中徐敬宗等編撰的《翰林學士集》，元結的《篋中
集》，殷璠《珠英集》，《河岳英靈集》，芮挺章《國秀集》，李康成《玉
台後咏》，高仲武《中興間氣集，佚名編的《搜玉小集》等八種，可能
因爲所收詩作的時代皆在李賀之前，未能將李賀詩作納入其視野，但
結集時間或與李賀卒年相近，或在李賀去世之後的一些選本也不選賀

35　王定保《唐摭言》卷十。

36　《謝荆幕孫郎中見示樂府歌集二十八字》《酬湘幕徐員外見寄》，《全唐詩》卷
　　847，中華書局 1960 年版，9585 頁

詩，如令狐楚的《御覽詩》（一名《唐新詩》），其成書時間，傅璿琮斷在「元和九年至十二年間」，與李賀的卒年（貞元十一年）相近，所收的三十位詩人 289 首詩作又「主要是大曆和貞元時代的詩人」和作品[37]，包括與李賀同時代的張籍、楊巨源和梁鍠，其中楊巨源選了十四首，梁鍠選了十首（梁在《全唐詩中只存有十五首，另兩句》），但其中卻無李賀的一首詩作。姚合的《極玄集》選了二十一位詩人的一百首詩。除王維外，皆大曆以後詩人，故何焯以爲「此書所采不越大曆以還詩格」（《義門讀書記》）。從時間上看，李賀死後三十年，《極玄集》的編者姚合（781 ？ -846）去世，比李賀稍早的戴叔倫（732-789），皎然（720-800 ？）、清江（ ？ -811 ？）、法振、靈一（727-762）皆有詩入選，其中戴叔倫選了八首，皎然選了四首，但聲望在當時遠遠超過他們的李賀則一首皆未入選。直到五代韋莊的《又玄集》和韋縠的《才調集》才將賀詩納入視野，《又玄集》選賀詩三首：《雁門太守行》、《劍子歌》和《杜家唐兒歌》，皆爲李賀代表之作，表現了選者的眼光。《才調集》是現存唐人選唐詩中選詩最多的一種，每卷一百首，共十卷一千首詩。其中與李賀時代相近或稍後的詩人溫庭筠選了 61 首，韋莊 63 首，許渾 20 首，張籍 7 首，李商隱 40 首，魚玄機 9 首，連無名氏還有 50 首，而李賀僅選《七夕》一首詩，不僅數量單薄不成比例，而且也未能顯示賀詩特色。可見即使到了五代，李賀在大多選者眼中，還是無足輕重的。

　　宋代尤其是北宋這種落差更爲明顯。如前所引，宋祁稱李賀「卓然以所長爲一世冠」，可以作爲學習的楷模；秦觀有首《秋興》，詩題中專門注明「擬李賀」，詩體風格幽清，詞采濃艷，頗類李賀[38]；蕭貫之的《宮中寒曉歌》，劉克莊的《李夫人招魂歌》、《趙昭儀春浴行》、《東

---

37 《唐人選唐詩新編》，臺北·文史哲出版社 1999 年版，363 頁。
38 《秋興九首擬李賀》，《淮海後集》卷四。

阿王紀夢行》三首樂府皆「效李長吉體」[39]。梅堯臣有首詩《答仲源太傅八日置酒》，詩中稱讚李賀的苦吟和才情：「李賀諸王孫，作詩字欲飛。聞多錦囊句，將報慙才微」[40]；張耒於歲末、仲春兩次探訪李賀故居，徘徊在山花寂寞的荒涼故園之中，傾吐著人去樓空、世事塵埃的感慨和對李賀這位少年才子的仰慕之情，寫了五首懷念詩章，其中一首寫到：「少年詞筆動時人，末俗文章久失真。獨愛詩篇超物象，只應山水與精神。清溪水拱荒涼宅，幽谷花開寂寞春。天上玉樓終恍惚，人間遺事已埃塵」[41]。類似的讚語或摹擬還見於劉斧《清瑣高議・書仙傳》，王直方的《王直方詩話》，釋惠洪的《冷齋夜話・古樂府前輩多用其句》等詩話和筆記之中。另外，用「奇詭」或「譎怪」來概括賀詩風格，用比較之法，將李白、李賀相提並論，以及作為一個詩歌流派的「李長吉體」也都確立在宋代。

　　但從選本而言，終至北宋則一本皆無。王安石編《四家詩選》，收錄唐人李白、杜甫、韓愈和宋人歐陽修四家詩，因只收唐人三家，似未可作排斥李賀之依據，但王在嘉祐五年（1060）又編《唐百家詩選》，收唐代詩人105家，詩1246首，李賀也無一首入選。南宋光宗年間趙蕃（1143–1229）、韓淲（1160–1224）編《唐詩絕句》，收唐人七言絕句51家101首，入選者多為中晚唐詩人，李賀前後的有韋應物、劉禹錫、賈島等，其中劉禹錫七絕14首，佔七分之一，但李賀一首皆無。直到光宗紹熙三年（1192），洪邁編《萬首唐人絕句》，方選了李賀的《馬詩二十三首》、《貴公子夜闌曲》等34首絕句。但在此之後的選家又多不以李賀為意，如卒於理宗寶祐丁巳（1257）前的周弼，在其所編撰的《三體唐詩》中，頻頻以賈島、鄭谷、陸龜蒙等李賀同時代或

39　楊慎《升庵詩話》卷12，見丁福保《歷代詩話續編》，中華書局1983年版，893頁。

40　《梅堯臣詩編年校注》卷22。

41　《歲暮福昌懷古四首李賀宅》，《柯山集》卷十九。

稍後的二流詩人詩作爲範例，獨刊落賀詩；四靈派詩人趙師秀編選的
《衆妙集》，收錄唐人 76 家 228 首詩，以中唐入選者爲最多，其中劉
長卿入選 23 首之多，但李賀亦付諸闕如。至於李賀詩集的刊行，以英
宗治平丁未本（1067）爲最早，其次爲理宗寶慶三年（1227）金谿本。
前者「大字白文，無評無注，亦不列刊者姓名，但題治平丁未而已」，
這其實是翻印唐人的蜀刻本；後者「大字不注，眉端略有批評，篇首
未載杜牧序，不知誰氏選本也」[42]。南宋末年，劉辰翁評點、吳正字
箋注的《箋注評點李長吉歌詩》開箋注賀詩之先河。劉辰翁以李賀千
年知己自居，其子劉將孫說他「評諸家詩，最先長吉」、「每見舉長吉
詩教學者，謂其思深情濃，故語適稱」，「若得其趣」，可以「動天地、
泣鬼神」[43]。但這已屬於文學批評的範疇了。

　　選本的滯後與文學批評上的推崇與詩歌創作上的摹擬所形成的巨
大落差，反映了賀詩在唐宋時代只有流行性而無「經典性」，沒有更多
地進入「理想讀者」的審美視野。這種流行性可能來自兩個方面：一
是與中晚唐的文學風尚有關。中唐詩壇雖然流派紛呈，究其主潮主要
有兩股趨勢，一種是尚實、尚俗、尚功利，以元、白等人爲代表；另
一種是尚奇、尚怪、尚主觀，以孟郊、韓愈等爲代表。前者秉承詩教
傳統，強調詩歌創作要爲君爲民，厚人倫、美教化；後者則志在務去
陳言、力求創新，要對抗和反撥傳統的中和之美。人們對美的欣賞和
追求有個很明顯特點就是趨新務奇，色彩、造型、音樂、服飾無不如
此，文學當然也不例外，何況趨新和叛逆也是人性一個重要特徵。所
以，違反思理、強調主觀世界乃至片斷印象，「師心」而「作怪」的李
賀詩作受到時人的歡迎，以致「當時文士從而效之」，正是這種時代風
尚和人們心理的一種反映。另一點是與中國人的「天才崇拜」有關。

42　田北湖《校訂昌谷集餘談》，《國粹學報》43 期。
43　劉將孫《刻長吉詩序》，《養吾齋集》卷九。

中國幾千年的封建社會一直强調「君權神授」，真命天子一生下來甚至母親懷孕就與衆不同，從詩經「生民」篇中的后稷，到二十五史中的各個帝王（尤其是開國之君）的「本紀」，不知記載了多少這類不同常人的故事。由帝王而至聖人、才子，人們的仰慕欣賞範圍也逐步推演，繼而就可見到孔子降生的不凡，項橐問孔子的少年聰穎，甘羅的七歲爲相，以及王融夙慧、曹沖稱象、司馬光破缸救友、駱賓王五歲咏鵝等一系列少年天才故事。以致一些名詩人也在詩中極力表白自己是少年聰慧。如李白說自己「十歲觀百家」，杜甫亦自稱「七齡思即壯，開口咏鳳凰」。李賀是爲少年奇才，去世時又很年輕。總角之年咏《高軒過》一詩爲名家韓愈、皇甫湜所嘆服的故事，從五代王定保的《唐摭言》到宋代晁公武的《郡齋讀書志》，一直傳頌於詩話之中，此事雖經學者考訂爲子虛烏有，這恰恰證明瞭人們對少年天才的偏愛，現實生活中沒有就乾脆製造一個。再加上李賀「唾地成文」和爲上帝撰白玉樓文的傳說，更增加了這位少年天才的傳奇色彩，當然也很容易形成仰慕和追摹的時尙。但選本的情況就有所不同，他不同於文學批評，中國古典詩論多爲語錄式或評點式，興之所至，三言兩語，有感而發，往往帶有接受者興趣愛好等强烈的主觀色彩和隨意性。選本却是在代聖賢立言，他必須遵從儒家道統和詩教所確立的美學標準，立風雅、厚人倫、美教化，因此在選擇標準上必須不偏不離，愼之又愼。這在宋代表現的尤爲突出，從北宋初年柳開的「文惡辭之華於理，不惡理之華於辭」（《上王學士第二書》），到中葉歐陽修的「道勝文至」（《答吳沖秀才書》）和王安石的「治教政令，聖人之所謂文也」（《與祖擇之書》），皆反對「章句聲病，苟尙文辭」，强調文學立風雅、厚人倫、美教化的實用功能。特別是歐陽修和王安石，一爲政界班首，一爲文壇領袖，他們的主張自然巨大而深遠，因此，「少理」又奇特詭譎的賀詩，自然會受到選家的排斥，整個北宋時代無一選家將其詩入選。由於資料的匱乏，我們還無法找到唐宋選家多不選賀詩原因的第一手資

料，但明清兩代有兩個事例可爲上述看法做點證明：清人沈德潛主編的《唐宋詩醇》，成書 47 卷，選詩 2500 多首，其中李白詩 8 卷，390 多首，杜甫詩 10 卷，650 多首，白居易詩 8 卷，390 多首，韓愈詩 5 卷，近 100 首，但李賀卻一首未收。但在他自選的《唐詩別裁》中却選了李賀十首詩作，而《唐詩別裁》選詩 1928 首，入選數量並不到《唐宋詩醇》。原因何在？就因爲《唐宋詩醇》是康熙敕編，每首詩後都有「御評」，書名又叫「詩醇」，當然要以雅正爲宗，沈氏在該書的「序」中就強調其編選標準是「去鄭存雅……去淫濫以歸雅正」，李賀那種「鯨呿鼇擲，牛鬼蛇神」「少理」之風，當然登不了「大雅」之堂了。而《唐詩別裁》是沈氏的自選本，反映的是他自己的不同於別人的審美愛好，入選標準，自然不同於《唐宋詩醇》。明人高棅在處理賀詩時也有類似的情況：他在編《唐詩正聲》時不選賀詩，可能是他認爲賀詩淫哇不近正聲。但在編《唐詩評彙》時，要將唐代詩人逐一分品列論，李賀詩作自然會系列其中。高將唐詩分爲「正始、正宗、大家、名家、羽翼、接武、正變、餘響、傍流」九等，把李賀的七古列於「正變」，五絕、七絕列於「接武」，可見在選家心目中，賀詩在整個唐詩中，不但算不上正宗、大家、名家，而且屬於變聲，接近於傍流。選本大大滯後於文學批評和文學創作上的摹擬，也就必然了。

三、接受過程中，對賀詩的優長和不足　生不同的乃至截然相反的闡釋，反映了賀詩在內涵和表達方式上的多元特點和人們理解上的差異。

　　首先是對賀詩「少理」的「理」的理解。這是由杜牧在《李賀集序》中提出。杜牧在這篇不到六百字的「序」中兩次提到賀詩少理：「蓋『騷』之苗裔，理雖不及，詞或過之」，「使賀且未死，少加以理，奴僕命騷可也」。杜牧所說的「理」，是指「言及君臣理亂」的思想內容

和「時有以激發人意」的社會作用。至於賀詩那種「鯨呿鼇擲，牛鬼
蛇神」的虛幻特色和荒誕風格，雖源自《楚辭》，但杜牧認爲已超過《楚
辭》。杜牧對賀詩這種內容和風格的理解，與李賀本人已有差距。李賀
不只一次說到他對《楚辭》的愛好和喜用《楚辭》的表達方式，但他
是包括「君臣理亂」思想內容的。例如在《贈陳商》中，他說到自己
對楚辭的喜愛：「楞伽堆案前，楚辭繫肘後」。緊接其後的便是：「淒淒
陳述聖，披褐鉏俎豆。學爲堯舜文，時人責衰偶」。丘象聲注云：鉏俎
豆，「蓋即耕治禮樂之意」[44]。至於「學文」二句，是說自己祖述堯舜，
爲文語高旨深，時人不解，看來後人杜牧對此也不解。杜牧之後，有
相當一批接受者都批評賀詩少理，而且皆將「理」理解爲「君臣理亂」
方面思想內容。唐人趙璘批評李賀「多屬意花草蜂蝶間」（《因話錄》），
孫光憲「慕其才逸奇險」而「疑其無理」（《北夢瑣言》）皆與杜牧的
理解相似。宋人從爲文有補於世的實用觀點出發，更是從「少理」、「無
理」來批評乃至否定賀詩。范晞文在《對床夜語》中引用陸游對賀詩
的批評：「賀詞如百家錦衲，五色炫耀，光奪眼目，使人不敢熟視，求
其補於用，無有也」[45]。張戒批評賀詩「以詞爲主，而失於少理」，說
賀詩「只知有花草蜂蝶，而不知世間一切皆詩」[46]，也是從不及君臣
理亂、無補於世來批判賀詩的「少理」。另外像戴復古說李賀：「錦囊
言語雖奇絕，不是人間有用詩」[47]，張表臣說李賀「牛鬼蛇神太甚」，
非廊廟之具[48]，周必大批評李賀「雕鎪肝腸」、「嘲弄萬象」而爲造物
主所殺，[49]也都是杜牧的「理雖不及，詞或過之」，不及「君臣理亂」
的印象式批評的發揮，只不過更帶上宋人爲文章需有補於世的強烈色

44 《三家評注李長吉詩》上海古籍出版社 1998 年版 111 頁。
45 丁福保《歷代詩話續編》，中華書局 1983 年版，422 頁。
46 見注 6，《樊川文集》卷十，上海古籍出版社 1978 年版，頁 148。
47 《昭武太守王子文……》，《石屏詩集》卷七。
48 《珊瑚鈎詩話》卷一，丁福保《歷代詩話續編》，中華書局 1983 年版，455 頁。
49 《平園續稿》，轉引自王琦《李長吉歌詩彙解》首卷。

彩。（分析宋人產生如此批評的原因）

　　不過宋人在接受中，對賀詩的少理也有不同的理解。一種是從賀詩的實際內容出發，正面拒絕這種印象式批評，認爲賀詩之中有憤怒、有抗爭，又對國事民瘼的關切，深得騷人之旨。如劉辰翁認爲杜牧僅舉兩三個詩例就說賀詩「少理」不及君臣理亂，是偏頗的，「微一、二歌詩，將無道長吉也」，他在《箋注評點李長吉歌詩》中除列舉大量詩理證明賀詩獨特的表述方式外，也列舉一些詩例來證明賀詩慷慨激烈，深得騷人之旨的，如說《浩歌》一詩「跌宕愁人」、「激烈」，《南園》（其七）「耿耿可念，其詞其事，興托皆妙」，《馬詩》（其八）「有風刺」，《致酒行》「末轉慷慨，令人起舞」。劉氏甚至據此懷疑杜牧沒有讀過李賀詩集，即使讀過也不瞭解李賀（「始知牧亦未嘗讀也，即讀亦未知也」）。吳正子也認爲李賀的《猛虎行》「末六句皆有屬，似言猛政也」，又說《綠章封事》是「以揚雄自況而言己之迤賤可悲也」，《章和二年中》一詩，「大意言時和歲豐，吏戢民安，無事賽神，以祝君壽也」等等，持與劉辰翁相近的看法。釋道潛也稱賀詩「風騷擬屈宋，妙處相頡頏」[50]。第二種則是作另一種解讀，認爲賀詩是一種變體，不能用「道」和常理來規範它，「賀詩所長正在理外」，這是常人所不理解的，南宋末年的劉辰翁就持此說。他以李賀的千年知己自居，認爲杜牧批評賀詩理不及騷，是「不知賀之所長正在理外，如惠施『堅白』，特以不近人情，而聽者惑也，是爲辯。若眼前語，衆人意，則不待長吉能之，此長吉所以自成一家歟」[51]。他在《箋注評點李長吉歌詩》中列舉大量詩例，來證明賀詩於常理之外的奇特構思和常情之外的表達方式。北宋的田錫則認爲李白、李賀之詩「豪氣抑揚，逸詞飛動」，是一種「爲文之變」，不應爲傳統的「道」所拘限。並舉李賀之

50　《觀明發畫李賀高軒過圖》，《參寥子詩集》卷一。
51　《箋注評點李長吉歌詩》卷首。

詩受到「美頌時政」,「激揚教義」的韓愈柳宗元的「嗟賞」,「豈非艷歌不害於正理,而專變於斯文哉」[52]!就認爲薛季宣則持第三種看法,他認爲從李賀的爲人來看,「箋富貴、達人倫,不以時之貴尙滯薊乎方寸」,只是因爲「生於末世,顧不可以厚人倫,美教化」[53]。

另外,對李賀注意詩句字面的鍛煉,也有不同乃至相反的理解。從唐人李商隱開始,多從推敲苦吟創作態度出發,對此加以肯定,前面提到的宋人劉昌詩、李綱、呂祖謙、強幼安、劉辰翁等人對此的揄揚也是如此。張炎則從正面强調李賀對字面的鍛煉,他認爲,用詞「須是深加鍛煉,字字敲打得響,歌誦妥溜,方爲本色語」,並舉賀鑄、吳文英爲例,說他們「皆善於煉字面」,而且「多於溫庭筠、李長吉詩中來」[54]。劉克莊在談到李賀詩集時,表示不相信被其表兄因妒忌而投入糞混之說,認爲李賀詩集之所以數量不多,可能是經過李賀的認真挑選,留下來的皆是精品,「天地間尤物且不多得,况佳句乎」?[55]陳應行《詩學指南》,但也有的接受者從「詩言志」這個儒家道統以及詩乃吟咏情性、貴乎自然這個傳統詩學觀念出發,認爲賀詩最大的弊端就是刻意以求、苦吟雕鏤。如南宋的袁燮就有這樣的批評:「唐人最工于詩,苦心疲神以索之,句愈新巧,去古愈遠……詩本言志,而以驚人爲能,與古異也。後生乘風,薰染積習,甚者推敲二字,毫釐必計;或其母憂之,謂是兒欲嘔出心乃已。孰知夫古人之詩,吟咏情性渾然天成者乎」[56]?唐人陸龜蒙則從不可暴殄天物這個生活原則出發,推演至詩歌創作應該追求渾成之美,從而批判賀詩在藝術追求上「抉摘

52　《貽陳季和書》,《咸平集》卷二。
53　《艮齋先生薛常州浪語集》卷三十,傳引自吳企明《李賀資料彙編》,中華書局 1994 年版 40 頁。
54　《箋注評點李長吉歌詩》卷首。
55　《詞源》。
56　《題魏丞相詩》,《絜齋集》卷八。

刻削露其情狀」[57]。張表臣在《珊瑚鉤詩話》中也是先確立 「篇章以含蓄天成爲上，破碎雕鏤爲下」，「以平夷恬淡爲上，怪險蹴趨爲下」這樣一個傳統的詩學標準，然後據此批判賀詩雖奇，但非廊廟之具。

　　以上這些接受現象一方面證明瞭李賀詩歌反理性的特徵對傳統美學標準的反叛，以致一些欣賞他的才華的接受者也不得不從賀詩並不「少理」或苦吟等角度來曲爲維護。但也有的論者從肯定賀詩的內涵及表達方式出發，進一步提出「爲文之變」，來對抗傳統的「道」和「理」，以及天成近古等傳統美學觀念，由李賀詩作出發進而導致中國古典文學批評觀念上的演進，其意義已超出李賀詩作批評的本身。另外，從劉辰翁將自己視爲李賀千年知己，作出「賀詩所長正在理外」、「時人不知」這種另類解讀，這也不能用「超時接受」或「共鳴」這類西方接受美學概念來套用。劉辰翁是南宋末年傑出的愛國詞人，他的人生選擇、詩詞創作以及文學觀念都有與常人不同之處。宋亡後他隱居不仕，用甲子紀年以懷舊，而且異常鄙視屈節仕元的士大夫。他的詞作也不似張炎、王沂孫等遺民那樣一味低回傷感，而是毫不隱晦地表達故國情懷和英雄失路的悲壯情懷。他評點的古人詩文有十種之多，有的雖失之尖刻却刻意標新，甚至用小說家的眼光和筆法來評點詩文史傳開中國古典批評史上小說批評之先河。劉辰翁這種生於末世、有才難用的飄零之感，作爲傑出詞人獨悟於心的創作感受，特別是他眼光獨到又可以創新的文學觀念，使他選擇了李賀，第一個爲賀詩作評點，更作出不同於傳統也不同於「時人」的解讀。

57　《甫里先生文集》卷十八，四部叢刊本，150 頁。

〈釋迦佛賦〉作者考辨

現任北京中國人民大學中文系教授

逢甲大學中文系客座教授

詹 杭 倫

提 要

《全唐文》卷一七七收錄有署名王勃的〈釋迦佛賦〉,《金文最》卷一收錄有署名丁暐仁的〈釋迦成道賦〉,這二賦其實是同一篇作品,分別冠在唐代和金代不同作者的名下。本文通過九個部分的考證,指出王勃作〈釋迦佛賦〉的三個疑點,同時又提出王勃作〈釋迦佛賦〉的三個可能性和丁暐仁作〈釋迦成道賦〉的三個可能性和疑點。認為根據現有的證據,仍然無法截然判定這篇賦作者的歸屬。學術研究中有時能夠提出問題可能比解決問題更為重要,這篇賦是否為王勃所作,牽涉到佛學史、科舉史和律賦發展史中的若干重要問題,希望對此有興趣的學者在本文的基礎上繼續研究。

關鍵詞:王勃、丁暐仁、釋迦佛賦、釋迦成道賦、作者考辨

清人董誥等編撰的《全唐文》卷一七七收錄有署名王勃撰寫的〈釋迦佛賦〉,張金吾編撰的《金文最》卷一收錄有署名丁暐仁寫的〈釋迦

成道賦〉，這二賦其實是同一篇作品，分別冠在唐代和金代不同作者的名下。《全唐文》中張冠李戴的情況所在多有，我曾寫過《〈全唐文〉誤收失收父二題》一文，考察《全唐文》失收孫逖文、誤收李純甫文的情況。[1]無獨有偶，署名王勃的〈釋迦佛賦〉是一篇八字韻腳限韻的律賦，這篇賦是否為王勃所作，牽涉到唐代佛學史、科舉史和律賦發展史中的重要問題，因此有必要再撰文作一番考辨。

為了說明問題，我先根據《全唐文》把署名王勃的〈釋迦佛賦〉過錄於下，並用《金文最》中署名丁暐仁的〈釋迦成道賦〉（以下簡稱「丁賦」）作一個簡要的校勘。

王勃〈釋迦佛賦〉（丁賦題作〈釋迦成道賦〉）：

> 原夫佛者覺也，神而化之。修六年而得道，統三界以稱師（「師」字，丁賦作「尊」，今按：「師」字押韻，「尊」字非是）。帝釋梵王，尚猶皈口（《全唐文》注：「缺一字。」丁賦作「敬」，可據補）；老聃宣父，甯不參隨？

> 昔如來下兜率天，生中印土。降神而大地搖動（「降神」，丁賦作「降身」），應跡而諸天擁護。九龍吐水，滿身而花落紛紛；七寶祥雲，舉足而蓮生步步。

> 蓋以玉輦呈瑞，金輪啓圖。恩沾九有，行洽三無。寶殿之龍顏大悅，春闈之鳳德何虞？方知灌頂之靈心，興王後嗣；必為萬類之化主，作帝中樞。

> 豈不知海量無邊，天情極廣？厭六宮珠翠之色，惡千妃絲竹之響。雪山深處，全拋有漏之身心；海月圓時，頓悟無為之法相。莫不魔軍振動，法界奔驚，覺閻浮之日出，睹優缽之華生（「華生」，丁賦作「花生」，是，可據改）。十方調禦，皆來圓光自在；六趣含霿（「霿」字，丁賦作「靈」），盡喜金色分明。

暨乎（「暨」字，丁賦作「既」）萬法歸空，雙林告滅。演摩訶
般若之教，示阿耨多羅之訣。普光殿裏，會十地之華嚴；耆闍
山中，投三乘之記別。

是知靈覺無盡，神理莫聞。芥子納三千之國，藕絲藏百萬之兵
（「兵」字，丁賦作「軍」，依韻似可從）。目容修廣於青蓮，寒
生定水；毫相分明於皓月，照破迷雲（「破」字，丁賦作「彼」，
與上聯失對，不可從）。

群機而不睹靈蹤，萬世而空留聖跡。嗟釋迦之永法將盡（「永
法」，丁賦作「末法」），仰慈氏之何日調伏？我今回向菩提（「回」
字，丁賦作「迴」），一心歸命圓寂。

　　（底本載《全唐文》卷一百七十七，校本載《金文最》卷一）

　　由上兩篇賦的比對可見，這兩篇賦雖然名稱略有不同，個別字句
也小有差異，但內容則幾乎完全是一樣的，可以肯定是同一篇作品。
那麼，這篇賦到底是誰的作品呢？

一、王勃作〈釋迦佛賦〉的疑點之一

　　王勃(650-676)是初唐時期重要的詩人、辭賦家。《舊唐書》卷一
九〇上和《新唐書》卷二〇一都有他的傳記。當代學者論及王勃賦，
多稱其存賦十二篇。如郭維森、許結稱：「勃賦今存十二篇，其《春思
賦》頗具特色。」[2]曹明綱稱：「在現存十二篇賦中，以《澗底寒松》
一篇最能反映他懷才不遇的身世感慨。」[3]所謂王勃現存的十二篇賦，
見載于《全唐文》[4]卷一七七，篇目如下：

郭維森、許結：《中國辭賦發展史》（南京：江蘇教育出版社，1996），頁378。
趙義山、李修生主編《中國分體文學史·散文卷》（上海古籍出版社，2001）頁292。
《全唐文》，北京：中華書局影印本，1985年。

〈九成宮東臺山池賦並序〉，頁 1798 上[5]；

〈春思賦並序〉，頁 1798 下；

〈釋迦佛賦〉，頁 1800 下；

〈寒梧棲鳳賦〉，頁 1801 上；

〈七夕賦〉，頁 1801 下；

〈遊廟山賦〉，頁 1802 下；

〈馴鳶賦〉，頁 1803 上；

〈采蓮賦並序〉，頁 1803 上；

〈江曲孤鳧賦並序〉，頁 1805 下；

〈澗底寒松賦並序〉，頁 1806 上；

〈青苔賦並序〉，1806 上；

〈慈竹賦並序〉，1806 下。

以上十二篇賦作是否全都是王勃的作品，首先有一個疑點，因為這十二篇賦作，只有十一篇見載於《四部叢刊》本的《王子安集》，它們是卷一的〈春思賦（並序）〉、〈七夕賦〉、〈九成宮東臺山池賦（並序）〉、〈廟山賦（並序）〉、〈寒梧棲鳳賦〉、〈江曲孤鳧賦（並序）〉、〈馴鳶賦〉，卷二的〈采蓮賦（並序）〉、〈澗底寒松賦（並序）〉、〈慈竹賦（並序）〉、〈青苔賦（並序）〉；而〈釋迦佛賦〉一篇，在《王子安集》中卻不見蹤影。不僅王勃本集未收，而且收采唐代律賦很多的《文苑英華》也未見收錄，說明〈釋迦佛賦〉有可能出現較晚。這是王勃作〈釋迦佛賦〉的疑點之一。

二、王勃作〈釋迦佛賦〉的疑點之二

《全唐文》中署名王勃的〈釋迦佛賦〉是一篇按照八字韻腳限韻

---

5 馬緒傳編《全唐文篇名目錄及作者索引》（北京：中華書局，1985），頁碼誤作1898，下《春思賦》索引頁碼同誤。

而且依照四平四仄，平仄相間格式的典型律賦。儘管〈釋迦佛賦〉題下沒有標注限韻，但我們可以根據各段押韻的情況，把這篇賦的限韻推測出來，試列韻字如下：

　　之、師、隨（平聲）

　　土、護、步（去聲）

　　圖、無、虞、樞（平聲）

　　廣、響、相（去聲）

　　驚、生、明（平聲）

　　滅、訣、別（入聲）

　　聞、兵、雲（平聲）

　　跡、伏、寂（入聲）

　　由上可見，〈釋迦佛賦〉很有可能是以「隨步圖相，明滅聞跡」為韻，完全遵守四平四仄，相間而行的規範。在律賦發展史上，一般認為這種規範的律賦出現在晚唐五代，到宋代才完全定型化。請看唐宋賦論家的有關論述：

（一）唐抄本《賦譜》云：

　　「近來官韻多勒八字，而賦體八段，宜乎一韻管一段，則轉韻必待發語，遞相牽綴，實得其便，若〈木雞〉是也。」[6]〈木雞賦〉是中唐浩虛舟長慶二年（822）登第的應試之作，其賦以「致此無敵，故能先鳴」為韻，闡述「以靜制動，以逸待勞」的道理，可視為中唐律賦押韻的正格。

（二）宋人吳曾《能改齋漫錄》卷二〈事始〉條：

　　「賦家者流，由漢晉曆隋唐之初，專以取士，止命以題，初無定韻。至開元二年，王邱員外知貢舉，試〈旗賦〉，始有八字韻腳，所謂

參見拙作〈唐抄本《賦譜》初探〉，《四川師範大學學報》增刊第七輯，1993 年 9 月。

『風日雲清、軍國清肅』。見偽蜀馮鑒所記《文體旨要》。」（按：今存〈旗賦〉以「風日雲野，軍國清肅」爲韻。）

（三）《舊五代史》卷九十三〈盧質傳〉：

「質以『後從諫則聖』爲賦題，以『堯舜禹湯，傾心求過』爲韻，舊例賦韻四平四側，質所出韻乃五平三側，由是大爲識者所誚。」

（四）宋洪邁撰《容齋續筆》卷十三〈試賦用韻〉條：

「自大和（823－835）以後，始以八韻爲常。唐莊宗時嘗復試進士，翰林學士承旨盧質以『後從諫則聖』爲賦題，以『堯舜禹湯傾心求過』爲韻。舊例賦韻四平四側，質所出韻乃五平三側，大爲識者所誚。豈非是時已有定格乎？國朝太平興國三年九月，始詔自今廣文館及諸州府禮部試進士律賦，並以平側次用韻。其後又有不依次者，至今循之。」按：洪邁詳述唐代律賦韻例，條理清晰，但仍有小誤。其後，彭叔夏《文苑英華辨證》卷一對洪邁之失誤有所糾正。比如洪邁云：「自(文宗)太和以後，始以八韻爲常。」彭叔夏即云：「按《登科記》，太和六年試〈君子之聽音賦〉，以『審音合志鏗鏘』爲韻，猶是六韻，第二、第三篇皆七韻。今云太和後八韻爲常，未必然也。」彭叔夏又云：「其八韻則有四平四側者，今爲定格。」說明自中唐之後，律賦限韻逐漸向四平四仄發展，至宋代成爲定格。參見拙撰《雨村賦話校證》卷二第四十三條注[7]。

（五）宋人王栐《燕翼詒謀錄》：

「國初進士辭賦押韻不拘平仄次第，太平興國三年九月，始詔進士律賦平仄次第用韻；而考官所出，官韻必用四平四仄。辭賦自此齊整，讀之鏗鏘可聽矣。」[8]由此可見，四平四仄乃宋代官方規定的律賦押韻規則。

7　詹杭倫、沈時蓉校證：《雨村賦話校證》(臺灣：新文豐出版公司，1993 年)。

8　王栐：《燕翼詒謀錄》(北京：中華書局《唐宋史料筆記叢刊》本，1981 年)。

如果依從上述諸人的論說，在王勃時代出現四平四仄整齊押韻的律賦是很難想象的。這是王勃作〈釋迦佛賦〉的疑點之二。

三、王勃作〈釋迦佛賦〉的疑點之三

顯然，〈釋迦佛賦〉是《全唐文》編者新編入的王勃作品，他們認定的依據何在呢？

查考書目著錄，宋人潛說友撰《咸淳臨安志》記載：「道誠，慧悟大師，錢塘人，居月輪山。天禧中，撰《釋氏要覽》三卷，又注王勃所撰〈釋迦成道記〉。」[9]又，明田汝成撰《西湖遊覽志餘》卷十四所載道誠事與此全同。又，康熙刊本《浙江通志》著錄：「《釋迦如來成道記》一卷，《百川書志》：唐太原王勃撰，錢塘慧悟大師道誠注。」[10]

今按：上述三家皆言王勃曾撰《釋迦如來成道記》，該文見載《全唐文》卷一八二、頁 1850。

阮元撰《古清涼傳二卷、廣清涼傳三卷、續清涼傳二卷提要》：

「唐釋慧祥撰《古清涼傳》、宋釋延一撰《廣清涼傳》。《續清涼傳》，宋張商英、朱并所撰[11]。《廣》《續》二編，藏書家多未著錄，惟《古清涼傳》，見《宋史‧藝文志》。凡方域名勝及高僧靈跡，莫不詳載。延一收掇故實，推廣祥《傳》，更記寺名勝跡以及靈異藥物，其中多涉及儒家，且有六朝人文，如晉釋支遁〈文殊像贊序〉，又殷晉安郡〈濟川贊〉，並世所希見，而遁〈序〉尤足補本集之所佚。若王勃《釋迦如來成道記》、〈釋迦佛賦〉，今《四傑集》、《文苑英華》俱無之。是編或以為金大定時寺中藏板，末附〈補陀傳〉〈峨嵋贊〉，乃元人所集，明釋又從而附

　見《咸淳臨安志》（《四庫全書》本）卷七十。
0 見《浙江通志》（《四庫全書》本)卷二四六經籍六子部中釋藏。
1 朱并：據《續清涼傳》本書，當作「朱弁」，即《風月堂詩話》作者。

綴之也。」[12]

根據阮元所說，署名王勃的〈釋迦佛賦〉，先見於宋張商英、朱弁等合編的《續清涼傳》[13]。張商英、朱弁皆北宋知名學者，如果王勃〈釋迦佛賦〉真是由張商英、朱弁採入，則可信度甚高。但是，仔細檢查該書，我們發現，張商英、朱弁其實只是各寫了一篇五臺山菩薩顯靈的傳記，附於《清涼傳》之後[14]，他倆並未承擔編書的任務。《續清涼傳》實際的編者是明朝的和尚。在該書所載王勃〈釋迦佛賦〉之前，有一篇文章敘述刊刻源起：「大明天順六年正月初一日，京都大興隆寺提點脩廣徒弟慧、徒孫善實，發心募緣，率眾重刊〈釋迦賦〉，〈帝王崇教事跡〉、〈成道記〉、〈補陀傳〉、《清涼傳》，合部印施。」[15]這清楚表明，署名王勃的〈釋迦佛賦〉是由明朝僧人收錄入《續清涼傳》的。根據《全唐文》卷首材料可知，該書的纂修，經始於嘉慶十三年，編成於嘉慶十九年。當時朝廷曾開設全唐文館，由董誥領銜，知名學者阮元、徐松等參預其事。我們有理由相信，署名王勃的〈釋迦佛賦〉是由阮元從《續清涼傳》摘出，編錄入《全唐文》的。由於阮元錯誤地認定《續清涼傳》乃知名學者張商英、朱弁所編，所以將署名王勃的〈釋迦佛賦〉摘出編入《全唐文》。但是，最早確認王勃著作權的是明朝和尚，並非宋人，這就不無可疑。

上面三個疑點說明，王勃〈釋迦佛賦〉的著作權受到嚴峻的挑戰。下面，我們換一角度來探討王勃作此賦的可能性。

---

12 阮元:《揅經室外集》(《四部叢刊》本）卷二《四庫未收書目提要》。

13 查〈釋迦佛賦〉，見於《宛委別藏》(江蘇古籍出版社，1988 年影印本）第九十一冊《五台山清涼傳》，279-280 頁，題下署名：大唐太原王勃撰。該書有金大定四年(西元 1164 年)九月十七日姚孝錫所作〈重雕清涼傳序〉。

14 張商英所作即名〈續清涼傳〉，載上書頁 230-245;朱弁所作名〈臺山瑞應記〉,載上書頁 268-272。

15 出處見《續清涼傳》,頁 277。

四、王勃作〈釋迦佛賦〉的可能性之一

　　既然《全唐文》收錄了王勃〈釋迦佛賦〉，而且材料可以查到出處，這就有了一定程度的可信性。因此，我們需要換一個角度，探討王勃作〈釋迦佛賦〉的可能性。首先看初唐能否產生八韻律賦。香港學者鄺健行先生認爲，「自大和以後，始以八韻爲常」的說法並不準確，實際的情況是：「早在律賦始創的初唐，從現存的十三首作統計，八字韻腳的共十一首，當中包括劉知幾的試賦和可能模仿試賦的梁獻〈大閱賦〉。這麼看來，以八字爲韻早就接近常態或者就是常態。」[16]在《全唐文》和《文苑英華》中，可以檢查到約略可以指認爲初唐的八韻律賦有下列諸篇：

　　　　劉允濟〈天行健賦〉，以「天德以陽，故能行健」爲韻。

　　　　　　　　　　　　　　（《全唐文》卷一六四、《文苑英華》卷一）

　　　　蘇珦〈懸法象魏賦〉，以「正月之吉，懸法象魏」爲韻。

　　　　　　　　　　　　　　（《全唐文》卷二〇〇、《文苑英華》卷六七）

　　　　徐彥伯〈汾水新船賦〉，以「虛舟濟物，利涉大川」爲韻。

　　　　　　　　　　　　　　（《全唐文》卷二六七、《文苑英華》卷一二二）

　　　　劉知幾〈京兆試慎所好賦〉，以「重譯獻珍，信非寶也」爲韻。

　　　　　　　　　　　　　　（《全唐文》卷二七四、《文苑英華》卷九二）

　　　　劉知幾〈韋弦賦〉，以「君子佩之，用規性情」爲韻。

　　　　　　　　　　　　　　（《全唐文》卷二七四、《文苑英華》卷九二）

　　　　封希顏〈六藝賦〉，以「移風易俗，安上理人」爲韻

　　　　　　　　　　　　　　（《全唐文》卷二八二、《文苑英華》卷六一）

　　　　梁獻〈大閱賦〉，以「國崇武備，明習順時」爲韻。

　　　　　　　　　　　　　　（《全唐文》卷二八二、《文苑英華》卷六四）

----

16 見鄺健行：〈初唐題下限韻律賦形式的審查及引論〉，載《科舉考試文體論稿》(台北市：台灣書店, 1999)，頁48。

胡璵〈大閱賦〉，以「國崇武備，明習順時」爲韻。

（《全唐文》卷四〇一、《文苑英華》卷六四）

　　上述諸篇皆是八字韻腳，劉知幾的〈韋弦賦〉的韻腳「君子佩之，用規性情」，也是以四平四仄，相間而行。我們知道，上述各賦的作者與時間也可能會有爭議，但如此多的八韻律賦作家作品至少可以證明，在初唐出現典型的八韻律賦不是完全沒有可能的事情。

五、王勃作〈釋迦佛賦〉的可能性之二：　具備寫作〈釋迦佛賦〉的佛學修養

　　在王勃作品中，我們可以看到他的一些寫佛寺的詩作，如〈遊梵宇三覺寺〉：「香閣披青磴，雕台控紫岑。葉齊山路狹，花積野壇深。蘿幌棲禪影，松門聽梵音，遽欣陪妙躅，延賞滌煩襟。」〈觀佛跡寺〉：「蓮座神容儼，松崖聖跡餘。年長金跡淺，地久石文疏。頹華臨曲磴，傾影赴前除。共嗟陵穀遠，俄視化城虛。」這些詩作表明王勃對佛寺建築與環境具有濃厚的興趣。我們還看到不少他爲佛寺寫作的碑文，如〈彭州九隴縣龍懷寺碑〉寫道：「商榷宇宙，指麾權實。演羣生而非其力，存庶品而非其有。千巒閉景，似居蓬艾之間；雙闕臨空，若在江湖之上。其釋迦之沖用乎？」〈梓州通泉縣惠普寺碑〉寫道：「若夫玄機默運，披睿烈於三精；素鍵潛融，肇神功於萬彙。則有靈期胙釁，龜龍負河洛之圖；帝緒氤氳，賢哲舉乾坤之策。雖功懸日月，終植軌於寰中；業靜雲雷，未逃規於象外。爾其譯雉林之寶偈，詮鷲嶺之真圖。抽紫玉於禪山，朗玄珠于智水。不生不滅，光臨妙物之津；無去無來，浚發乘時之契。仗三明而獨運，施治平分；據二諦而同歸，功超邃古。故能使三千法界，向風知衽席之師；百億大王，聞道失岩廊之貴。非釋迦之神化，其孰能與於此乎？」〈廣州寶莊嚴寺舍利塔碑〉寫道：「況乎釋迦妙相，如來真骨。雖八萬四千之寶塔，散在羣方；而

九十二道之靈虹，終聞間出。」這些碑文禮贊釋迦佛之法力功德，與〈釋迦佛賦〉學理相通。更接近的是那篇《釋迦如來成道記》寫道：

> 觀夫釋迦如來之垂跡也，淨法界身，本無出沒，大悲願力，示現受生。洎兜率陀天，爲護明菩薩；降迦毗羅國，號一切義成。金圍天子選其家，白淨飯王爲其父。玉象乘日，示來於大術胎中；金輪作王，創誕於無憂村下。八十種隨形之妙好，粲若芬花；三十二大士之相儀，皎如圓月。四方而各行七步，九水而共沐一身；現優曇花，作獅子吼。言胎分之已盡，早證常身，爲度生以還來，今垂化跡。於是還羈繼褓，示貌嬰兒。

試比較〈釋迦佛賦〉：

> 昔如來下兜率天，生中印土。降神而大地搖動（「降神」，丁賦作「降身」），應跡而諸天擁護。九龍吐水，滿身而花落紛紛；七寶祥雲，舉足而蓮生步步。

　　兩段文字在句法和用詞方面，顯然有近似之處。而《釋迦如來成道記》有一段寫道：「勃叨生季世，獲奉真譚，維陸續而以敘金言，在飄零而不逢玉相。見聞盡爾，宗致昭然。蓋委遺文，不復備而言也。」可見其的確是王勃作品，無可懷疑。這充分說明，王勃具備寫作〈釋迦佛賦〉的佛學修養。

六、王勃作〈釋迦佛賦〉的可能性之三：
具備寫作〈釋迦佛賦〉的賦學修養

　　〈釋迦佛賦〉是一篇律賦，寫作律賦需要具備限韻、句法、平仄聲律等三個方面的修養。

　　首先說限韻。王勃的〈寒梧棲鳳賦〉，題下注明「以孤清夜月爲韻」。這是唐代最早的一篇題下注明限韻的律賦。儘管這篇賦只是四字韻腳，但可以證明王勃是能夠寫作限韻律賦的。又如卒于唐高宗上元三

年（676）的蔣王李惲（唐太宗之子），其〈五色卿雲賦〉以題爲韻。說明初唐律賦限韻是可能的事情。

其次說句法。唐抄本《賦譜》起首便列出描述各種賦句的專門術語：「凡賦句有壯、緊、長、隔、漫、發、〔送〕，合織成，不可偏舍。」所謂壯，指三字句；所謂緊，指四字句；所謂長，指五字至九字句；所謂隔，指隔句對；所謂漫，指用在賦頭或賦尾的不對之句；所謂發，指各段開頭的發端之辭；所謂送，指用於煞尾的語氣詞。徐師曾《文體明辨·序說》談到：「至於律賦，其變愈下，始於沈約四聲八病之拘，中于徐、庾隔句作對之陋，終於隋唐宋取士限韻之制。」徐氏的論斷頗有疏漏，其實，六朝駢賦中隔句對很少，唐代律賦始以隔句對爲其句法特色。鈴木虎雄早已觀察到這種現象，他在論述六朝駢賦時指出：「此期文章，駢文中主四六體，多用隔對；然賦于初則四字六字之單對爲多，隔對則否。至梁時曾入北周之庾信，始見賦中用四六隔對。以齊梁四六文之盛，謂於賦亦多四六對者，恐止想象之詞。」[17]然而，我們看到王勃賦中已經嫻熟地運用隔句對，其〈寒梧棲鳳賦〉中的隔句對見下：

　　遊必有方，哂南飛之驚鵲；音能中呂，嗟入夜之啼烏。

　　之鳥也，將托其宿止；之人也，焉知乎此情？

　　雖璧沼可飲，更能適於醴泉；雖瓊林可棲，復相巡於竹樹。

　　若用之銜詔，冀宣命於軒階；若使之遊池，庶承恩於歲月。

王勃此賦以「孤清夜月」爲限韻，在每一韻中，他都使用了一聯隔句對。這種情形與中晚唐律賦是一致的，與〈釋迦佛賦〉中使用七聯隔句對的頻率也是大致相同的。

第三，說平仄聲律。律賦之學是講究平仄的聲律之學，如果不懂賦句平仄聲律格式，則不能通過試官的考核。如《冊府元龜》卷六四

---

17 見《賦史大要·賦中隔句對》(臺北：正中書局，1976)第二章，頁107。

二《貢舉部》品評舉子賦云：「盧價賦內『薄伐』字合使平聲字，今使側聲字，犯格。」清代賦論家徐斗光在《賦學仙丹·律賦秘訣》曾舉王勃的〈滕王閣序〉爲例，來分析律賦的平仄問題，其文云：

「凡律賦中所論平仄，則可於歇斷讀處調度。若果爲字字論之，〈滕王閣序〉，四六體也，其調協者，可一舉似之。如句有上截兩字，下截兩字者，上兩字用平平，則下兩字用仄仄；或上兩字用仄仄，則下兩字用平平。若『星分翼軫，地接衡廬』是也。或上兩字平仄，下兩字仄平；上兩字仄平，下兩字平仄。若『無路請纓，有懷投筆』是也。然四字猶易，究不必拘拘若是之難，而至於概不能行也，要祇可於歇斷處調之。如『層巒聳翠，上出重霄』固也，而『飛閣流丹，下臨無地』，有不必逐字因類細講者，但求『閣』字『丹』字、『臨』字『地』字，仄平、平仄相協耳。故句有上三字下三字爲兩截者，如『臨帝子之長洲，得仙人之舊館』，只講『子洲、人館』四字，『仄平、平仄』相協。『撫淩雲而自惜，奏流水以何慚』，只講『雲惜、水慚』四字『平仄、仄平』相協。『地勢極而南溟深，天柱高而北辰遠』，只講『極深、高遠』四字『仄平、平仄』相協是也。句有上兩字中兩字下兩字分三停者，如『響窮彭蠡之濱，聲斷衡陽之浦』，只講『窮蠡濱、斷陽浦』六字『平仄平、仄平仄』相調。且如已塗去兩字之六實字句『落霞孤鶩齊飛，秋水長天一色』，只講『霞鶩飛、水天色』六字『平仄平、仄平仄』相調是也。句有上兩字，中三字，下兩字，亦三停者，如『龍光射牛斗之墟，徐孺下陳蕃之榻』，只講『光斗墟、孺蕃榻』六字『平仄平、仄平仄』相調是也。他或三字句，僅講尾字；五字短句，有上二下三、上三下二者；長句，又有上三中二下二者，有上二中二下三者，有夾有語助不算者，且更有腰折者，法亦殊難縷述。

觀《仙丹》之十賦，自可反隅。」[18]

　　這一段論述之要旨在於闡明：律賦之調平仄與駢文調平仄原則上是一致的，仍然遵循一句之中，平仄相間；兩句之內，平仄相對之常規。把握的要點在於認識賦句的「可歇斷讀處」，乃是賦句之音步節奏點；如四字句的第二字第四字，五字句的上二下三式或上三下二式，六字句的兩截式或三停式等，都是協調平仄的關鍵之處，不得背反。既然王勃能夠寫出聲律和諧的駢文〈滕王閣序〉，那麼，他寫出平仄聲律合格的律賦應該不成問題。

　　綜上所述，王勃具備寫作〈釋迦佛賦〉的充分條件，如果沒有署名丁暐仁的〈釋迦成道賦〉，那麼王勃〈釋迦佛賦〉的著作權可能就沒有爭議。學術史上的公案，需要當今學者做出合理的解釋。下面，我們就來探討丁暐仁作〈釋迦成道賦〉的可能性。

七、丁暐仁作〈釋迦成道賦〉的可能性之一

　　張金吾在《金文最》卷一丁暐仁〈釋迦成道賦〉後，加了一段小注：「謹從《欽定古今圖書集成》恭錄（《神異典・佛菩薩部》）。」這段小注說明，張金吾將〈釋迦成道賦〉列在丁暐仁名下，雖然出自類書，但畢竟也是其來有自。查《欽定古今圖書集成・博物彙編・神異典》第八十九卷《佛菩薩部・藝文一》，金丁暐仁〈釋迦成道賦〉果然在錄，而且賦題下註明：「紹興二十年正月望日。」[19]說明張金吾收錄此賦確有所本。這是丁氏作此賦的可能性之一。但是《欽定古今圖書集成》是一部在清康熙年間由陳夢雷等初編，在雍正年間由蔣廷錫等奉敕重編的類書，由於這部類書編成的時間較晚，其中收錄的資料如

18　徐斗光：《賦學仙丹》(柳深處草堂家塾藏版，清道光四年[1824]刻)，前載塗一經〈序〉和作者〈自序〉。

19　宋高宗紹興二十年，為西元 1150 年，當金海陵王天德二年。

果不能查到更早的出處，就必須審慎利用。況且，金朝的賦爲什麼題下署南宋的年號？這也讓人百思不得其解。

八、丁暐仁作〈釋迦成道賦〉的可能性之二

金朝是一個科舉重視律賦的朝代，據《金史》卷五十一〈選舉一〉：「金承遼後，凡事欲軼遼世，故進士科目兼采唐宋之法而增損之，其及第出身視前代特重，而法亦密焉。……終金之代科目得人爲盛。」「金設科皆因遼宋制，有詞賦、經義、策試、律科、經童之制。海陵天德三年罷策試科。世宗大定十一年創設女直進士科。初但試策，後增試論，所謂策論進士也。明昌初又設制舉宏詞科，以待非常之士，故金取士之目有七焉。其試詞賦、經義、策論中選者，謂之進士。」「凡諸進士舉人，由鄉至府，由府至省，及殿廷，凡四試皆中選，則官之。……凡詞賦進士試賦詩策論各一道。」

金朝律賦考試，頗重格法。據《金史・趙秉文傳》：「金自泰和大安以來，科舉之文，其弊益甚。蓋有司惟守格法，所取之文卑陋陳腐，苟合程度而已。稍涉奇峭，即遭黜落。於是文風大衰。貞祐初，秉文爲省試，得李獻能賦，雖格律稍疎，而詞藻頗麗，擢爲第一。舉人遂大喧噪，愬於台省。以爲趙公大壞文格，且作詩謗之，久之方息。俄而獻能復中宏詞，入翰林，而秉文竟以是得罪。」

《金史》卷九十〈丁暐仁〉本傳云：「丁暐仁，字藏用。大興府宛平人。曾祖奭，祖惟壽。父筠以吏補州縣，所至有治聲，其後致仕，杜門不出。鄉裏有鬬訟者，不之官而就筠質焉。暐仁沖澹寡欲，讀書之外，無他好。遼季避難，雖間關道塗，未嘗釋卷。皇統二年，登進士第。調武清縣丞縣。經兵革後，無學校，暐仁召邑中俊秀子弟教之學，百姓欣然從之。調磁州軍事判官。是時詔使廉察官吏，暐仁以廉攝守事，遷和川令。前令罷軟，不事事，羣小越法干禁，無所憚。暐

仁申明法禁，皆屏息或走入他縣以避之。有董佑者，最強悍，畏服暐仁，以刀斷指，誓終身不復犯法。凡租賦與百姓前爲期，率比他邑先辦。歷北京推官，再遷大理司直。以憂去官，尋起復。大定三年，除定武軍節度副使。而節度使同知皆闕。暐仁爲政無留訟，改大理丞，吏部員外郎，轉戶部郎中。於是賈少沖爲刑部郎中，上謂左丞相赫舍哩良弼曰：『少沖爲人柔緩，不稱刑部之職，其議易之。』乃以暐仁爲刑部郎中。坐尙蔭局官私用官甈違格，付大興府鞠問，解職。改祁州刺史。祁州爲定武支郡，士民聞暐仁之官，相率歡迎，界上相屬不絕。改同知西京留守事。首興學校，以明養士法。遷陝西西路轉運使。大定二十一年卒官。」金朝科舉考試用律賦，丁暐仁有進士登第的資歷，而且有「首興學校」之功，其能寫作律賦，自是意料中事。

九、丁暐仁作〈釋迦成道賦〉的可能性之三：
〈釋迦成道賦〉與〈心靜天地之鑒賦〉之比較

　　金朝律賦由於兵亂之故留存很少，目前能夠用來比較的只有趙秉文〈心靜天地之鑒賦〉一篇。趙賦云：

1　塵靜萬慮，心涵太空。廓聖賢之鑒別，際天地以融通。湛一意之虛凝，不膠於外；極兩間而照燭，盡在其中。

2　夫靜爲躁之君，心者形之主。無營則萬境俱達，有蔽則纖毫莫覩。鑒明則塵垢之不止，心則喻如；心靜則天地之流通，鑒斯有取。

3　若乃宇有泰定，神無坐馳。是非不得以塵累，利害不能以物移。明則遠矣，鑒無近斯。艮以止之，鍵五基而不亂；復其見也，洞萬象以無遺。

4　由是照燭無疆，眇綿作炳。造化無以遁其跡，洪纖無以逃其影。良由體道之沖，宅心以靜。何思何慮，守一性之宮庭；

不將不迎，納萬殊之光景。

5 今夫五色亂目，不見泰華之形；五音亂耳，不聞雷霆之聲。我是以神宇定兮，虛而不屈，心源瀹兮，靜之徐清。天地不能外其照，日月不足況其明。不然曷以揚子著書，雲潛則神明可測；莊周抗論，謂虛則純白自生。

6 豈非心本一源，事周萬變。定而能慮，則慮乃有得；靜而後應，則應不能眩。今也守一真於不動之宅，閉六欲以不關之鍵。自然不慮而知，不窺而見。去智與故，始符顏子之齋；知德與言，終契孟軻之辨。

7 既而解物之懸，淵之又淵。滌玄覽於心地，開虛明於性天。故得其粗，則窮事物形名之理；悟其精，則得道德性命之傳矣。夫然後爲用智之權，救亂於未形；作研幾之妙，見吉於幾先。

8 別有不定不亂而心恒如，不皦不昧而用自在。以虛爲有對也，致虛極則無其對；以靜爲有待也，守靜極則絕其待。及其至也，寂然不足以名之，超入圓通之智海。（《滏水集》卷二）

趙秉文賦題下也沒有標注限韻，我們也可以根據各段押韻的情況，把這篇賦的限韻推測出來，試列韻字如下：

空、通、<u>中</u>（平聲）

<u>主</u>、覿、取（上聲）

馳、移、<u>斯</u>、遺（平聲）

炳、影、<u>靜</u>、景（上聲）

聲、清、<u>明</u>、生（平聲）

變、眩、鍵、<u>見</u>、辨（去聲）

<u>淵</u>、天、傳、先（平聲）

在、待、<u>海</u>（上聲）

首先比較限韻。由上可見，〈心靜天地之鑒賦〉很有可能是以「中

主斯靜，明見淵海」為韻，完全遵守四平四仄，相間而行的規範。這種押韻方法與〈釋迦佛（成道）賦〉（以「隨步圖相，明滅聞跡」為韻）是完全一致的。而王勃的〈寒梧棲鳳賦〉，題下注明「以孤清夜月為韻」，只是四字韻腳。又，卒于唐高宗上元三年（676）的蔣王李惲（唐太宗之子），其〈五色卿雲賦〉以題為韻，是五字韻腳。從限韻上來比較，〈釋迦佛（成道）賦〉產生在金朝的可能性比產生在初唐為大。

其次比較句法。隔句對是律賦的句法特徵，總的規律是初盛唐律賦隔句對較少，一般一篇之中的隔句對在五聯以下。中唐以後，律賦中隔句對較多，一般在七聯以上，正如《賦譜》所說：「凡賦句有壯、緊、長、隔、漫、發、[送]，合織成，不可偏舍。」我們看〈釋迦佛（成道）賦〉共有七聯隔句對，除了末尾一韻外，每一韻都有一聯隔句對，這種使用隔句對的頻率遠較一般初盛唐律賦為密。比較趙秉文〈心靜天地之鑒賦〉，使用隔句對達到十聯以上。這就是說，趙賦不僅做到每韻一聯隔句對，而且有時一韻兩聯隔句對。不過，趙賦隔句對的句式變化較多，比〈釋迦佛（成道）賦〉在句法上顯得更為精致。如果把〈釋迦佛（成道）賦〉體認為金朝初年的律賦，把〈心靜天地之鑒賦〉體認為金朝後期的律賦，從句法方面是說得通的。

再次比較平仄聲律。律賦之學是講究平仄的聲律之學，如果不懂賦句平仄聲律格式，則不能通過試官的考核。如《冊府元龜》卷六四二〈貢舉部〉品評舉子賦云：「盧價賦內『薄伐』字合使平聲字，今使側聲字，犯格。」我們試比較〈釋迦佛（成道）賦〉和〈心靜天地之鑒賦〉在平仄聲律運用上的特點。

〈釋迦佛（成道）賦〉第三韻：

蓋以玉輦呈瑞，金輪啓圖。

口口｜｜－｜，－－｜－（「蓋以」兩字發語，不計平仄。下四字句，本當作平平仄仄對仄仄平平，茲因句式較短，只注意到末尾的「瑞」與「圖」字平仄相對；亦是平仄聲調運用粗疏之處。）

恩沾九有，行洽三無。

－－｜｜，－｜｜－－（四字句，平平仄仄對仄仄平平，二四爲節奏點，必須講究，首字可不拘）

寶殿之龍顏大悅，春闈之鳳德何虞？

｜｜口－－｜｜，－－口｜｜｜－－（六字句，仄仄平平仄仄對平平仄仄平平。二四六字爲節奏點，平仄交替。「之」字爲助詞，不計平仄）

方知灌頂之靈心，興王后嗣；必爲萬類之化主，作帝中樞。

－－｜｜口－－，－－｜｜；｜｜＋＋口｜｜，｜｜－－（六四隔句對，下聯「萬類」二字當平而仄，乃平仄聲調運用粗疏之處。）

〈心靜天地之鑒賦〉第三韻：

是非不得以塵累，利害不能以物移。

｜－｜｜｜－｜，｜｜｜｜－｜｜－（七字句，二四七字平仄交替）

明則遠矣，鑒無近斯。

－｜｜｜，｜｜－｜－（四字句，上二四仄對下二四平，此種句式非工對。）

艮以止之，鍵五基而不亂；復其見也，洞萬象以無遺。

｜｜｜－，｜｜｜－－｜｜；｜－｜｜，｜｜｜｜－－（四六隔句對，四字句的二四字、六字句的三六字是節奏點，必須講究平仄交替，其他字可不拘。）

比較二賦的平仄聲律運用情況，發現它們基本上都遵循「一簡之內，音韻盡殊；兩句之中，輕重悉異」[20]的平仄聲律規定；兩賦都有個別地方運用平仄聲律粗疏之處，只要不是考官嚴格要求的試賦，一般不害大體。律賦在平仄聲律運用上基本遵循由粗而精的發展規律，中晚唐律賦比初唐精密；宋金律賦比唐賦精密；清代乾隆年間的律賦

20　語出沈約：《宋書‧謝靈運傳論》。

就比前代更爲精密了。[21]從平仄聲律運用的情況來看，也可認定〈釋迦佛（成道）賦〉與〈心靜天地之鑒賦〉是約略同時期的作品。

十、結　語

在上述九個部分的考證中，我們提出了王勃作〈釋迦佛賦〉的三個疑點，同時又提出了王勃作〈釋迦佛賦〉的三個可能性。其中最重要的證據是《續清涼傳》收錄王賦。《全唐文》收錄此賦可以查到出處，這就有一定的可信度；然而最早確認王勃著作權的是明朝和尚，並非宋人，這又不無可疑。我們還提出了丁暐仁作〈釋迦成道賦〉的三個可能性，其中最重要的證據是《欽定古籍圖書集成》收錄丁賦，然而晚出類書沒有旁證，其收錄資料的可靠性仍然不無可疑。綜上所述，根據現有的證據，我們仍然無法截然判定這篇賦到底是王勃的作品還是丁暐仁的作品。不過，學術研究中有時能夠提出問題可能比解決問題更爲重要，希望對此問題有興趣的學者在本文的基礎上繼續研究，做出可以稱爲定論的考辨成果。相信讀到本文的學者，在從事《新編全唐五代文》工作時，對是否剔除〈釋迦佛賦〉這篇作品，會作審慎的考慮；而從事《新編全金文》工作的學者，則可取署名王勃的〈釋迦佛賦〉來對丁暐仁的〈釋迦成道賦〉作校勘。學者在論述唐代佛學史、科舉史或律賦發展史時，如果沒有足以全面更新本文的新證據，建議不要輕易地舉王勃的〈釋迦佛賦〉作爲例證。

參考書目

董誥等編：《全唐文》，北京：中華書局影印本，1985 年。

21　參見拙作《清代律賦平仄論》（臺灣：《中國古典文學研究》第二期，1999），頁
　　19－36。

張金吾編：《金文最》，臺北：成文書局，1967 年。

馬緒傳編《全唐文篇名目錄及作者索引》，北京：中華書局，1985 年。

王楙：《燕翼詒謀錄》，北京：中華書局《唐宋史料筆記叢刊》本，1981
　　年。

潛說友等：《咸淳臨安志》，《四庫全書》本。

沈翼機等：《浙江通志》，《四庫全書》本。

阮元：《揅經室外集》，《四部叢刊》本。

徐斗光：《賦學仙丹》，清道光四年刻本。

《五臺山清涼傳》，《宛委別藏》本，江蘇古籍出版社影印，1988 年。

鈴木虎雄：《賦史大要》，臺北：正中書局，1976 年。

鄺健行：《科舉考試文體論稿》，臺北市：台灣書店, 1999 年。

詹杭倫、沈時蓉校證：《雨村賦話校證》，臺灣：新文豐出版公司，1993
　　年。

中國古典文學研究會編：《中國古典文學研究》第二期，台灣學生書局，
　　1999 年。

書法藝術自覺過程之群體意識闡論

逢甲大學中國文學系兼任講師
洪 然 升

提 要

　　書法的藝術自覺問題是中國文藝自覺過程中的重要一環。筆者以為時至今日，書法史之進程問題以及對存在書論中之若干現象的理解，可以「觀念」的角度來重新詮釋並賦以理解，毋需再只是書家人物的輪流展示或書法事件的逐一羅列。而為理解何以魏晉乃至唐代書論中存在大量談論技法之作以及充斥著為數不少的托名之作的現象，筆者乃將時間點上溯至自覺的起始期─東漢，透過對書法實踐主體的士人群體在面對文字書寫活動時所懷具的實用功利以及審美兩股意識的相互衝擊，還原出隱藏在此二意識後的書技觀，進而認為書法走向自覺的過程即是書技逐漸具備獨立審美價值的過程，而書技之受重視的程度又可從環境面向來理解。以此「觀念」角度來把握東漢至唐之間的書史進程，應是可試著為論的。

關鍵字：書技、書法理論、書法社會、藝術自覺、群體意識

一、問題提出

　　書法藝術的成立是以漢字書寫爲基礎而發展的，是從實用義向審美義的轉化，這一個過程是逐步漸進的[1]。今日當我們討論書法藝術自覺的成立事實時，所能用以判斷的表徵，不外乎各種書體完備、書家群體湧現、審美活動出現、富藝術涵義的術語出現、筆墨技巧完善以及理論批評掘起等諸項，而又爲環顧此些表徵在產生時間點上的不一致現象，對於自覺的時限大致被認定在東漢至魏晉之間[2]，這個說法不失穩固、保守，亦已獲得普遍共識。但如果僅是根據表徵以判斷事實，其間似乎又充斥著太多的含糊不清和疑惑，諸如書法藝術的自覺如何可能以及自覺後的向度延伸等問題，換句話說，筆者更關注的是問題所由的觀念探討，在此溯源便成爲本文的第一個關注點。

　　之於書法藝術自覺如何可能的問題，基本上學界已提供出一條理解的脈絡以資依循，依成復旺先生的說法便是：「魏晉南北朝的人的覺醒是個體感性的覺醒，而審美活動正是個體感性的活動」、「正是人的個體感性的覺醒，才帶來了文藝與審美的自覺」[3]，「人的覺醒」是前

1　叢文俊〈從「非自覺書法質疑」說到書法史研究的若干問題〉：「依照事物的發展規律，書法藝術的「自覺」不可能是突發的，它必然要有一個長期的蘊釀、認知、選擇、推衍的發展軌跡，同時，它也不可能是各種書體全面、同步地「自覺」，由局部到整體，也要有一個長期的發展過程。」文見《書法研究》1996 年第 6 期，頁 19。

2　張光賓《中國書法史》(台北・台灣商務，1981 年)頁 1：「書法能達到美的藝術境界，可以供人欣賞且有記載可考者，當在漢末魏晉之間。」徐復觀在《中國藝術精神》(台北・台灣學生書局；1998 年 5 月)第三章〈釋氣韻生動〉時提到：「書畫的密切問題，乃發生在書法自身有了美的自覺，成爲美地對象的時代；這依然是開始於東漢之末，而確立於魏晉時代。其引發此一自覺的，恐怕和草書的出現有關係。」見該書頁 148。余英時《中國知識階層史論・古代篇》(台北・聯經出版事業公司，1997 年 4 月)則云：「書法之藝術化，其事始於東漢，故書者頗知自寶其書，而賞玩者亦搜求之不遺餘力。」見該書頁 270。

3　自成復旺《中國古代的人學與美學》(北京・中國人民大學出版社，1998 年 5 月)，

提[4]，成先生在此強調的重點還在「個體感性」上，而「個體感性」是相對「社會理性」而發的[5]。基此，要理解書法的藝術自覺，則人與環境的彼此存在關係則爲另一值得關注的要項，也是本文的第二個關注點所在。由此二關注點，書法藝術自覺和環境的關係便成了本文的探討焦點。

　　綜合上述二點，筆者以爲，若要進一步把握書法藝術自覺以及自覺後的向度延伸問題，則首先必須掌握的重點，便是在書法藝術自覺過程中，存在於社會環境中最能發揮影響力的「群體」及其據以推動進程的「觀念」筆者以爲時至今日，書法史之進程問題以及諸種現象，可以「觀念的累積」角度來重新詮釋、賦以理解，毋需再是書家人物的輪流展示或書法事件的逐一羅列。又爲使論述更臻精確起見，在作法上，就必須排除那些偶然出現在書史記載上徒有形象，不具身份，亦不見其觀念內涵的審美群體[6]，而將取樣樣本集中在士人群體上，所考量的在於書法的實踐主體正由士人所擔任，士人群體針對書法而發的言論，比較能合乎環境的要求，而這些言論亦即筆者所謂的「群體意識」。透過對群體意識的闡論，筆者一方面將釐清隱含在意識背後據

頁 243、220。

4　澤厚、劉綱紀《中國美學史》(台北·谷風出版社，1987 年 12 月)，第二卷上，頁 6~7：「魏晉的『人的自覺』帶來了『文的自覺』，這兩者是密切聯繫而不可分割的，同時前者又是後者的基礎、前提。」

5　「個體感性」、「社會理性」二詞，筆者亦由成復旺先生《中國古代的人學與美學》一書中借取，其云：「近數年來，一些學者在論述人與文化、人與自然的關係的時候，把人的欲望、情感、個性等等統統歸入『人的自然』，所以『人的自然』又稱作『個體感性』。」「在人的現實生存之外還存在著文化，人的現實生存面對著文化。這種與人的現實生存相對待的文化，就是所謂社會理性。這種在人的現實生存之外的文化環境，其實就是社會環境。」引文見該書頁 9、13。

6　如東漢，「陳遵……善篆隸，每書一座皆驚，時人謂爲陳驚座」；師宜官「或空自酒家，先書其壁，觀者雲集，酒因大售，俟其飲足，削書而退」，在這兩則記載中，已出現審美群體，但無助於論述需求。引文分別引自南朝宋·羊欣〈古來能書人名〉，見唐·張彥遠輯，洪丕謨點校《法書要錄》(上海書畫出版社，1986 年 8 月)卷一，頁 17、18。

以推動書法自覺的觀念，另一方面則以之提供另一理解書法藝術自覺問題的可能途徑。

正如藝術社會學所揭示：「意識總是存在的反應」[7]，要探討「意識」就必須關注存在之「環境」，而環境在本文中可以「特定的時間與空間之內特殊的社會與文化的環境」來理解，論其實涵，或指具體面的物質支持，或指抽象面的文化意識規定[8]；至於「意識」，則是主體面對環境所產生的種種情感或價值傾向。任何藝術都從屬於一定的時代，當我們把書法視爲一種社會文化現象時，其必然要受到社會進程的制約，但弔詭的是，如果我們從時代環境來論述其對書法藝術生成的影響因素，顯然又容易淪於浮泛，此間充斥著太多的模糊性[9]，而這種模糊性往往又阻礙我們對事實的正確判斷。爲解決此種論述上的可能困境，於是乎有「書法社會」[10]概念的提出，以之爲中介，藉以說

7　《藝術社會學》，頁 10。

8　此定義乃筆者結合 Benjamin Schwartz 及陳振濂先生說法而來。請參詳參 Benjamin Schwartz 著；張永堂譯〈關於中國思想史的若干初步考察〉一文，收錄於韋政通編《中國思想史方法論文選集》(台北・水牛出版社，1993 年 5 月再版二刷)，引文部分見該書頁 309，以及陳振濂主編《書法學》(台北・建宏出版社，1996 年 5 月)頁 74~75。

9　阿諾德・豪澤爾：「不管社會本質與藝術現象的關係如何緊密，藝術決不是社會環境的直接產物……社會條件向藝術創造提供了機會，而不能構成必然如此的原因。機會和藝術創造是有機地聯繫在一起的。社會現象與藝術現象會發生巧合的情況，但這不能說明他們的因果關係。」見《藝術社會學》(居延安譯編，上海・學林出版社，1987 年 8 月)，頁 11~12。

10　「書法社會」一詞由黃緯中先生所提出，其言：「毫無疑問，在任何一個社會中，並不是全部的人都和藝術的發展有關係，有許多人(甚至相當多的人)終其一生與藝術無涉，有些人則僅止於單純之接受、欣賞。真正對藝術發展有影響的，實只有社會中的一小部分人。這一部分和藝術發展有關的人在大社會中可視之爲一個小社會，此處名之爲『藝術社會』。藝術社會乃是藝術發展的主體，它們彼此之間有直接的因果關聯，不同類型的藝術社會產生不同的藝術發展。至於大社會的各種因素，則必須通過藝術社會，方與藝術發展牽上關係，因而是間接關係。」基於此一認知，其進一步定義「書法社會」：「書法社會係指由大社會中那些肯定書法價值，並且參與其學習、創作、研究以及贊倡的人所合成的社會群體。」見黃緯中《唐代書法社會研究》(中國文化大學史學研究所博士論文，

明書法現象與社會文化現象間的相互關係。此一作法雖對筆者的思考具有啓發作用，然筆者以爲，以「書法社會」爲新的論述平台時，只是把論述上的模糊空間縮小而已，對增進問題的理解恐仍有其限度。筆者以爲，人置身於環境中必然受到環境影響，但此些影響能否從人身上過渡到書法的發展上，只有直接從人身上去尋求理解才能具體，於是人針對環境而發的「意識」便成了在論述程序上所要把握的首要重點。綜言之，本文雖亦將襲用「書法社會」的概念來說明問題，又爲更臻於論述精確論，筆者並不在大社會現象與書法社會現象間作直接比附工作，而是透過士人的群體意識來呈現環境，以群體意識爲主，以環境爲輔，透過彼此構築以展開論述。

二、以東漢爲理解問題本質的起點

（一）從環境所建立的思考架構—以「熹平石經」之立爲論

　　書法藝術既成立於東漢至魏晉間，那麼對「書法社會」成立的理解，亦當以東漢爲始點，前述諸種「自覺表徵」在本文中只宜被視爲「書法社會」的構成條件，是用以判斷自覺事實的現象，而不能以之爲探討問題的要項，重點應放在書法實踐主體的士人上。此時書家的身分既然主要是由士人所擔任，那麼就其所處環境而論，此些身兼書家身分的士人不但是「書法社會」的成員，同時也是「政治社會」的一分子，以之爲中介，東漢的「書法社會」和「政治社會」之間因此產生高度的疊合現象：

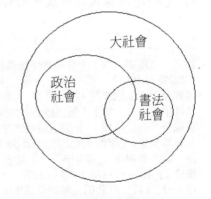

　　龔鵬程指導，1993 年)，頁 4。

而意識既是存在的反應，必需透過主體(人)方得以呈現，那麼，環境上的特殊性亦將同時反映在人的意識呈現上，以史為證，試觀東漢靈帝時，「熹平石經」之立一事，據《後漢書·儒林列傳》載：

> 黨人既誅，其高名善士多坐流廢，後遂至忿爭，更相言告。亦有私行金貨，定蘭臺漆書經字，以合其私文。熹平四年(A.D175)，靈帝乃詔諸儒正定五經，刊於石碑，為古文、篆、隸三體書法以相參檢，樹之學門，使天下咸取則焉。[11]

《後漢書·孝靈帝紀》：

> 四年春三月，詔諸儒正五經文字，刻石立于太學門外。[12]

《後漢書·蔡邕列傳》：

> 邕以經籍去聖久遠，文字多謬，俗儒穿鑿，疑誤後學。熹平四年，乃與五官中郎將堂谿典；光祿大夫楊賜；諫議大夫馬日磾；議郎張馴、韓說；太史令單颺等，奏求正定六經文字，靈帝許之。邕乃自書(冊)〔丹〕於碑，使工鐫刻立於太學門外，於是後儒晚學，咸取正焉。及碑始立，其觀視及摹寫者，車乘日千餘兩，填塞街陌。[13]

《後漢書·宦者列傳·呂強傳》：

> (李)巡以為諸博士試甲乙科，爭第高下，更相告言，至有行賄

11　劉宋·范曄著，唐·李賢等著《後漢書》(台北·洪氏出版社，64年10月10日初版)卷七十九上〈儒林列傳〉，頁2547。惟文中所謂五經，當作七經，此乃根據實際出土文物立說，詳參馬衡〈從實驗上窺見漢石經之一斑〉，見林慶彰編《中國經學史論文選集》上冊(台北·文史哲出版社，81年10月初版)，頁437~438。黃競新〈石經辨疑〉，見國立成功大學中文系編《魏晉南北朝文學與思想學術研討會論文集》(台北·文史哲出版社，80年8月初版)，頁642~648。而「古文、篆、隸三體書法」則應作「一字隸書」，參見黃漢昌〈熹平石經之時代背景〉，載於《孔孟月刊》(第19卷第5期，總221期，71年1月)，頁31，或黃競新〈石經辨疑〉《魏晉南北朝文學與思想學術研討會論文集》，頁637~642。

12　《後漢書》卷八，頁336。

13　《後漢書》卷六十下，頁1990。

　　定蘭臺漆書經字，以合其私文者，乃白帝，與諸儒共刻五經文
　　於石，於是詔蔡邕等正其文字。自後五經一定，爭者用息。[14]

將以上引文放置在本文的思考架構下，筆者採取以下處理步驟：

1.從「環境」思考

　　首先，我們可將文中之「黨人既誅，其高名善士多坐流廢，後遂
至忿爭，更相言告」、「有私行金貨，定蘭臺漆書經字，以合其私文」、
「文字多謬，俗儒穿鑿」、「靈帝乃詔諸儒正定五經，刊於石碑」等現
象劃歸於「政治環境」；其次，再將「古文、篆、隸三體書法」[15]劃歸
於「書法環境」。

2.從「主體」思考

　　「主體」則有二，皆士人也：一是時任議郎的蔡邕、五官中郎將
堂谿典；光祿大夫楊賜；諫議大夫馬日磾；議郎張馴、韓說；太史令
單颺；李巡等「諸儒」。二是「車乘日千餘兩，填塞街陌」的「觀視及
摹寫者」。

3.從「意識」思考

　　意識需由反應來作判斷，透過引文，「其觀視及摹寫者，車乘日千
餘兩，填塞街陌」為「正定五(六)經」文字、「(蔡)邕乃自書(冊)〔丹〕
於碑，使工鐫刻立於太學門外」後的主體反應，而如前面筆者所云：「環
境上的特殊性亦將呈現在人的意識反應上」，所以，「其觀視及摹寫者，
車乘日千餘兩，填塞街陌」做為反應現象，其所生發的意識究竟為何？
還需進一步說明：

（1）從政治環境論意識反應

14　《後漢書》卷七十八，頁 2533。
15　見黃漢昌〈熹平石經之時代背景〉，載於《孔孟月刊》(第 19 卷第 5 期，總 221
　　期，71 年 1 月)，頁 31，或黃競新〈石經辨疑〉《魏晉南北朝文學與思想學術研
　　討會論文集》(國立成功大學中文系編，台北·文史哲出版社，1991 年 8 月出版)，
　　頁 637~642。

　　熹平石經被立於太學門外[16]，目的是爲了「使天下咸取則焉」，而靈帝召集諸儒正定五經文字的動機，一方面既有感於「私行金貨，定蘭臺黍書經字，以合其私文」的情況日益嚴重；另一方面又恐「經籍去聖久遠，文字多謬，俗儒穿鑿，疑誤後學」[17]。「文字多謬，俗儒穿鑿」、「正定五經，刊於石碑」便是當時特定的「政治環境」現象，而面對此一環境，我們看到的是「其觀視及摹寫者，車乘日千餘輛」的反應現象。

　　所以，石經之立，就主要目的言，在於刊定標準範本，統一經文，以防止舞弊、平息爭端。由此判斷，「功利實用」豈非俗儒之「意識」乎？正如反應之於意識；觀視、摹寫經文之舉不正源於利祿之所趨？此些現象，可從「政治社會」角度予以理解也，圖示如下：

　　　　環境：政治社會(經學取士)、(立熹平石經)

　　　　意識：經學乃利祿之途(功利實用)

　　　　反應：觀視、摹寫經文

（2）從書法環境論意識反應

16　諸儒受詔在靈帝熹平四年(A.D175)，而歷八年光景，至靈帝光和六年(A.D183)，石碑始立於太學門外。

17　漢代因博士傳經，各以家法教授生徒，受業者輾轉傳寫，於是流弊滋生，產生經文間的互異現象。

　　一個明確的「書法社會」在東漢時代已在逐步成形中，線索之一的「書法」一詞作為「富藝術涵義術語」，首見於此事之記載中[18]，已可兼指足使天下取則的書藝法式和審美典範，主要書寫者蔡邕的書家身分正是重要的指標，是以，我們有足夠的理由相信，此些前去「觀視、摹寫經文」者，其動機當有衝著蔡邕書名而發的，此一情形，我們則可從「書法社會」的角度予以理解，亦圖示如下：

環境：書法社會(書法之藝術性已成立)

⇧

意識：蔡邕是享譽當世之大書家(審美追求)

⇧

反應：觀視、摹寫經文

　　以上透過對熹平石經之事的闡發，實足以說明筆者所謂東漢「書法社會」與「政治社會」高度疊合的現象必將導致主體的意識反應的特殊性上，換言之，此些前去觀視、摹寫經字的後儒晚學，其意識兼含了經學上與藝術上的考量，功利實用目的與審美目的是相互結合的。因此，後人之重視此事者，除了經學上之意義外，還在對書法傳

18　前頁引《後漢書・儒林列傳》：「熹平四年，靈帝乃召諸儒正定五經，刊於石碑，為古文、篆、隸三體『書法』以相參檢，樹之學門，使天下咸取則焉。」至論「書法」一詞之出現，則首見於《左傳・宣公二年》所載：「董狐，古之良史也，書法不隱」中之書法二字，所指乃是秉筆直書，不為賢者諱的史家筆法，是史家記載史事時所秉持的原則規律，實不涉及藝術範疇。引文見《左傳》(阮刻十三經注疏本，台北・藝文印書館，82年9月)，頁365。

佈的影響上[19]。功利實用意識和審美意識如果達到協調狀態,自然是美事一椿,馬欽忠先生說:

> 書史說蔡邕刊正的經書銘刻上石,時人前往觀覽,一時傳為佳話……這一盛況,表面上是傳經佈道,以教化人們對經義的心裡內化為外在行為的憑依,而書寫的審美風尚在此對強化這種社會功用起到潛在的積極的意義[20]。

熹平石經之立一事,正符合了筆者所言,在政治環境與書法環境高度疊合的情況下,士人的意識乃至反應必然兼含政治功利與書法審美考量。不過在此,雖書法藝術受到重視,但卻是依附在政治的宣化作用之下,書法藝術的附庸性格極為明顯,而這正可視為東漢的「書法社會」尚未發展至高度成熟狀態下的必然。

(二) 書法之為「技」所面臨的對待─以「鴻都門學」之設為論

「書法社會」初步成形於東漢,在若干層面上書法藝術尚未具備獨立的審美價值,故而書法走向藝術自覺的過程,即是其如何擺脫附庸地位的過程。透過熹平石經一事所作的分析,筆者抽繹出士人群體面對文字書寫所抱持的兩種意識─實用功利意識和審美意識,而在此

---

19 如呂佛庭先生就說:「碑初立時,慕名前往觀視摹寫的,每天車馬填塞街途,中郎(蔡邕)的書風,對於當世影響之大,概可想見了。」見呂佛庭〈蔡邕與漢熹平石經〉,《中原文獻》(第 23 卷第 4 期,80 年 10 月 1 日出版),頁 16。朱仁夫先生說:「石經完工後,洛陽城裡前來觀賞摹寫者,﹁車乘日千餘輛,填塞街陌﹂,當時的太學生更是日習夜摹。五經通過書法藝術的手段又一次得到了宣傳普及。漢代的知識分子與最高統治者進行了一次的傳播文化的合作。」見朱仁夫《中國古代書法史》(北京大學出版社,1997 年 1 月 1 版 2 刷),頁 90。金學智先生說:「可見石經在書藝本體方面的巨大影響,『鴻都之觀』未嘗不可看作是中國古代最早的大規模的自覺書展,這種盛況在書史上是空前的。」見金學智著《中國書法美學》「上冊」()江蘇文藝出版社,1997 年 10 月),頁 61~62。華人德先生說:「……書法家的字成了社會上眾多的書法愛好者和讀書人學習書法的範本。蔡邕等人書寫的石經立於太學門外,『於是後儒晚學,咸取正焉。及碑始立,其觀視及摹寫者,車乘日千餘輛,填塞街陌。』」見華人德著《中國書法史‧兩漢卷》(江蘇教育出版社,1999 年 10 月),頁 25。
20 馬欽忠著《書法與文化型態》(上海書畫出版社,1998 年 8 月),頁 88-89。

我們所看到的是實用功利意識和審美意識兩者間的結合，書法的審美價值依附在實用功利價值下滋長。不可否認，書法的工具性價值，是書法尚未成爲一門藝術前，環境所賦予的一種「文化意識規定」，而此種意識更爲政治社會所強化，正是這種意識，提供了書法生存的社會基礎和文化空間，才能進一步催化書法往藝術性發展的可能。但這種「文化意識規定」在提供書法土壤養份的同時，卻也是其往獨立審美價值延伸時的最大阻力，而體現在書法之爲「技」的對待上。

從「政治社會」的角度理解，文字是「*經藝之本，王政之始*」(《說文解字·序》)，故而服務於政體的實用性才是文字最重要的價值所在，審美性在此只是一種附加價值，熹平石經一事，已能充分說明兩者在此種層次上的主副關係。可是如果從純粹「書法社會」的角度來思考同樣的問題，書家所終極追求的卻是一種獨立性的價值，是從審美義來理解文字書寫的問題，審美性即書家書寫時所追求的主要目的，實用性反倒成爲次要目的，由此，書之爲「技」便面臨兩種截然不同觀念的對待。而在東漢時代，當書家審美意識漸趨高度自覺之時，隨著「書法社會」的逐步成熟具體及其和「政治社會」之間的交集面亦不斷地擴大，書「技」的審美價值的被認同亦將從「書法社會」向「政治社會」擴散，「鴻都門學」的成立，即可視爲此一趨勢下的必然，亦昭示了書「技」已具獨立之審美價值的可能，將之放在書法自覺的脈絡中檢示，甚具期待意義。

「鴻都門學」的設置，其決策繫於身爲「政治社會」領袖的靈帝身上，據史載：「*初，帝好學……本頗以經學相招，後諸爲尺牘工書鳥*
者，皆加引召，遂至數十人」[21]，此「數十人」不過是鴻都門學發生之「初」，靈帝建寧元年(A.D168 年)時的人數，而在歷經十一年，

《後漢書》卷六十下〈蔡邕列傳〉，頁 1991~1992。

至靈帝光和元年(A.D178)正式成立時，工書者已「至數百人」[22]，所舉著名書家據史料所載，可得師宜官[23]、梁鵠[24]二人。這些善書者的地位隨著鴻都門學的設置，從「書法社會」更轉移至「政治社會」，「或出為刺史、太守，入為尚書、侍中，乃有封侯賜爵者」[25]，「政治社會」對善書者地位的拔擢正也是對書「技」價值認同的提升，而且更重要的在於，政治社會對書「技」的價值衡量已從實用性考量轉移到由審美性所賦予，換言之，書法發展到此一地步，其受重視的主因已是因其審美意義，而非實用意義。

但這種提升在當時卻存在著莫大的爭議，爭議的焦點正集中在對「技」價值的認知差距上，這種認知差距亦即審美意識與實用功利意識間的力量拔河。在鴻都門學成立的過程中，我們看到的是士大夫的頻頻上書，聽到的是大夫的連番非議之聲：

> 臣(議郎蔡邕)聞古者取士，必使諸侯歲貢。孝武之世，郡舉孝廉，又有賢良、文學之選，於是名臣輩出，文武並興。漢之得人，數路而已。夫書畫辭辭賦，才之小者，匡理國政，未有其能。……昔孝宣會諸儒於石渠，章帝集學士於白虎，通經釋義其事優大，文武之道，所宜從之。若乃小能小善，雖有可觀，孔子以為「致遠恐泥」，君子故當志其大者。[26]
>
> (議郎蔡邕)……天於大漢，殷勤不已，故履出祅變，以當譴責欲令人君感悟，改危即安……又尚方工技之作，鴻都篇賦之文

---

22 張懷瓘《書斷・中・妙品》:「靈帝好書，徵天下工書於鴻都門，至數百人。在《法書要錄》卷八，出處同註 28，頁 138。
23 出處同上:「師宜官，南陽人。靈帝好書，徵天下工書於鴻都門，至數百人，分稱宜官為最，大則一字徑丈，小乃方寸千言，甚矜其能。」
24 出處同上:「梁鵠，字孟皇，安定烏氏人。少好書，受法於師宜官，以善八分名，舉孝廉為郎，靈帝重之，亦在鴻都門下。」
25 《後漢書》卷六十下，〈蔡邕列傳〉，頁 1998。
26 《後漢書》卷六十下〈蔡邕列傳〉，頁 1996~1997。

可且消息，以示惟憂……近者以辟召不慎，切責三公，而今並以小文超取選舉，開請託之門，違明王之典，眾心不厭，莫之敢言。願陛下忍而覺之，思惟萬機，以答天望。[27]

按：「小文」，惠棟云：「並以書疏小文一介之技，超取選舉。[28]」

(尚書令陽球)伏承有詔敕中尚方為鴻都文學樂松、江覽等三十二人圖象立贊，以勸學者。臣聞《傳》曰：「君舉必書，書而不法，後嗣何觀！」案松、覽等皆出於微蔑，斗筲小人，依憑世戚，附托權豪，俯眉承睫，徼進明時。或獻賦一篇，或鳥篆盈簡，而位升郎中，形圖丹青。亦有筆不點牘，辭不辯心，假手請字，妖偽百品，莫不被蒙殊恩，蟬蛻滓濁。是以有識掩口，天下嗟歎。臣聞圖象之設，以昭勸戒，欲令人君動鑒得失，未聞豎子小人，詐作文頌，而可妄竊天官，垂象圖素者也。今太學，東觀足以宣明聖化。願罷鴻都之選，以消天下之謗。[29]

臣(光祿大夫楊賜)聞之經傳，或得神以昌，或得神以亡。國家休明，則鑒其德，邪辟昏亂，則視其禍。今殿前之氣，應為虹蜺，皆妖邪所生，不正之象……又鴻都門下，招會群小，造作賦說，以蟲篆小技見寵於時，如驩兜、共工更相薦說，旬月之間，並各拔擢，樂松處常伯，任芝居訥言。儉、梁鵠俱以便僻之性，佞辯之心，各受豐爵不次之寵，而令搢紳之徒委伏欮，口誦堯舜之言，身蹈絕俗之行，棄捐溝壑，不見逮及。冠履倒易，陵谷代處，從小人之邪意，順無知之私欲……殆哉之危，莫過於今。幸賴皇天垂象譴告……惟陛下慎經典之戒，圖變復

《後漢書》卷六十下〈蔡邕列傳〉，頁 1999。

清・王先謙《後漢書集解》十一(台灣商務印書館，國學基本叢書四百種，王雲五主編，57 年 12 月台 1 版)頁 2161。

《後漢書》卷七十七〈酷吏列傳〉，頁 2499。

之道，斥遠佞巧之臣，速徵鶴鳴之士……。[30]

由於今日我們所能看到關於鴻都門學的材料，均是出自此些士大夫群體之口，所以反面材料佔據了絕大部分，也掩蓋了若干事實真象，要客觀地從實用功利意識和審美意識同時來評斷此事，並不容易。如果說士大夫群體所代表的是從實用功利方面所作的考量，那麼從其言論中，我們可把握的便是他們對書「技」應處地位的衡量，標準是以政體為立場而考量的，此間陽球、楊賜之言論或涉及桓、靈黨錮之禍以來士大夫及士人與閹宦間的恩怨情仇，淪於較為情緒的人身攻擊，此偏屬針對「政治社會」而來的意識容後再論。而蔡邕的言論倒還頗客觀地陳述出書法之為技與政體的相對關係：

> 夫書畫辭賦，才之小者，匡理國政，未有其能。

> 小能小善，雖有可觀，致遠恐泥，君子故當志其大者。

> 以小文超取選舉，開請託之門，違明王之典。

這些言論皆是以政體為立場而發的，因當書法已從固有的「經藝之本，王政之始」的文字實用地位，一登為足以和漢代傳統選舉制度呈現分庭抗禮之勢時，這種實用功利價值已超出其原本定位甚遠，若以之為另一取才用能之管道，蔡邕懷疑，非但無助於政體之穩固，反倒會破壞漢代經由徵辟察舉所建立起的既有秩序體系，蔡邕之反對，反映出其以「書法」仍必須委身於附庸地位而服務於政治的基本態度，並由此突顯出士大夫以「書為小技」的觀點。

蓋與「書為小技」此「小」者相對，存在一「大」者，「小」技者無助於「匡理國政」；「大」者在於「通經釋義」，兩者實不能相提並論，換言之，在「書法社會」和「政治社會」高度疊合的東漢社會中，透過「鴻都門學」的設置，我們清楚看到，善書者的地位要從「書法社會」向「政治社會」順利轉移是有困難性的，若論書之為「技」，士大

夫群體則必曰：「何足論哉！」。原本鴻都門學的設置，不僅是「政治社會」中的事件，同時也是「書法社會」中的事件，可是，當書技的價值提升太快時，士大夫群體為鞏固既有政體，高漲起的是政治面的實用功利意識，於是「鴻都門學」之設置似乎只被視為純粹的「政治社會」事件，而原本應隨著「書法社會」逐步成形而相對滋發的書法審美意識至此竟然隱沒不顯，即使是一代書家蔡邕，亦已遺略對書法藝術重視的心靈，在書法的審美意識和實用功利意識兩者不能相融的狀態下，捨小而就大成了最終考量。如果說，此間還有一絲來自「書法社會」而能滲透進「政治社會」，代表著審美意識的聲音，也只有從士大夫群體上書後，靈帝「書奏不省」（《後漢書·酷吏列傳·陽球》）的態度上去尋覓了。

（三）書法藝術自覺的可能途徑—以「張芝現象」為論

1.重構「環境」

　　經以上所論，我們可以作如是理解，在政治的實用功利和書法的審美兩股意識產生相衝激的過程中，突顯出的是士人群體「書為小技」的觀念。筆者要特別指出的是這觀念既來自「政治環境」的制約，同時也反映出「政治環境」的頹敗。東漢靈帝之際，政治體之根本早在腐蝕中，政體的維護者遭受政治迫害—「黨人既誅，其高名善士多坐流廢」；經學之權威性崩盤了—「有私行金貨，定蘭臺泰書經字，以合其私文」；這些跡象亦成了我們理解「鴻都門學」的重要內容，因有桓、靈間兩次「黨錮之禍」發生在先[31]，造成士人群體的「遂至忿爭」，與閹宦集團間形成一種水火不容的全面敵對狀態，這種敵對狀態甚且更延申至經學與藝術的對立，韓養民先生就指出：

　　　　黨錮之禍後，宦官勢力幾乎達到獨霸政權的地步。儘管如此，

---

1 第一次黨錮之禍發生在桓帝延熹九年(A.D166)，第二次黨錮之禍發生在靈帝建寧二年(A.D169)。

宦官依舊害怕太學生，他們也知道要想取得學生們的支持，那是白日作夢。於是宦官想另立一所太學來，培養出一批新的知識分子，擴大宦官勢力。於是鴻都門學應運而生……意在用文學藝術來對抗太學中不利於宦官的經學[32]。

於是，我們看到在上書靈帝，反對鴻都門學設置的言論中，陽球稱被拔擢之人「皆出於微蔑之斗筲小人」，以及楊賜所言：「鴻都門下，招會群小，造作賦說，以蟲篆小技見寵於時」，為何會涉及人身攻擊，從當時政治環境理解，其來有自。然而無論是經學方面的「私行金貨，定蘭臺泰書經字，以合其私文」，或是鴻都門學方面的「筆不點牘，辭不辯心，假手請字」，基本上，皆不過是政治環境頹敝下的一體兩面，士人群體所欲顧慮者，全然聚焦於如何維護政體之穩固，反映在意識上則呈現出迴光反照之勢，如此一來，在做法上便將趨於保守，以排除異己為首要考量，政體亦將喪失其兼容並蓄的機能。

2.個體感性突破社會理性

東漢末季已不再是「遺子黃金滿籯，不如一經」（《漢書·韋賢傳》）的時代，在「政治社會」環境江河日下的同時，「書法社會」卻相對擴張著，尤以草書藝術的蓬勃發展為甚，士人群體亦瘋狂地追逐著草書之「技」：

專用為務，鑽堅仰高，忘其罷勞，夕惕不息，仄不暇食。十日一筆，月數丸墨，領袖如皂，唇齒常黑。雖處眾座，不遑談戲，展指畫地，以草劌壁，臂穿皮括，指爪摧折，見鰓出血，猶不休輟。

重點還在於草書藝術完全不具備「政治社會」所強調的實用功利性，而這種景況竟自然也就成為對東漢政體尚抱持熱情的趙壹非議的對象，書為小技的觀點於是又被復述：

---

32 韓養民《秦漢文化史》(台北·駱駝出版社，76 年 8 月初版)，頁 42。

　　且草書之人，蓋伎藝之細者耳。鄉邑不以此較能，朝廷不以此科吏，博士不以此講試，四科不以此求備，徵聘不問此意，考績不課此字。徒善字既不達於政，而拙草無損於治。推斯言之，豈不細哉？夫務內者必闕外，志小者必忽大。[33]

　　「徒善字不達於政」、「拙草無損於治」，以「政」、「治」為大；而以善「草」為「伎藝之細者」[34]、為小，此立場、觀點不正同蔡邕如出一轍，是完全基於實用功利之考量。總前述，當筆者透過「政治社會」、「書法社會」的架構以論述相應而生的實用功利意識和審美意識，進一步還原出士人群體在這些意識背後對書法所抱持的根本觀念──「書為小技」，我們發現，書之為「技」的審美性之所以始終無法在士人群體的觀念中具備獨立的價值地位，實導因於士人群體向來接受政治文化薰染陶鑠，故其所懷具的政治意識的強烈程度足以掩蓋同時具備的書法意識，這是導源於東漢環境的「文化意識規定」在書法朝藝術自覺邁進的過程中所作出的制約，針此，金學智先生有段話說得很精闢：

　　　中國書法在由〝附庸美〟向〝自由美〟的歷史流變過程中，不是沒有阻力的。這阻力來自內部和外部兩個方面。就內部來說，在書法美學思想的發展方面，要克服理論思維的幼稚性……就外部來說，最主要地要抵制社會上唯實用性的錯誤主張。[35]

---

[33] 趙壹〈非草書〉，見《法書要錄》卷一，頁 2，引文中所指「四科」蓋指東漢察舉孝廉之四科：儒學、文史、孝悌、能從政者。此據《後漢書》卷六十一〈黃瓊列傳〉，頁 2035：「瓊以前左雄所上孝廉之選，專用文學、文史，於取士之義，猶有所遺，乃奏增孝悌及能從政者為四科，事竟施行。」

[34] 伎，即技也。清段玉材注云：「伎……俗用為技巧之技。」見東漢·許慎著，清·段玉裁注《圈點說文解字》(台北·書銘出版公司，1992 年 6 月)，頁 383。

[35] 金學智著《中國書法美學》上冊(江蘇文藝出版社，1997 年 10 月 1 版 2 刷)，頁 68。至於「附庸美」、「自由美」的定義見頁 66~67：「作為時用藝術的書法中的美，是一種〝附庸美〟或曰〝依存美〟。它是以美之外的另一個特殊的目的─社會性實用表義功能為前提的；作為非實用藝術的書法中的美，它是為美自身而

　　這個見解不僅合乎實情，更有助於對東漢時代若干書法現象的理解。然而，當同一個時期又有一士人群體拋卻實用功利考量，瘋狂追求草書藝術之時，是否意味著書之為「技」的獨立的審美性已為部分士人群體所意識？若此，則趙壹在〈非草書〉一文中如此振聲急呼，除了反映出政體衰頹之另一側面外，甚而可理解成是從「政治社會」立場出發，其鳴也哀的最後一響，只是士人群體的「慕張生之草書過於希顏、孔焉」已是大勢之所趨。換言之，在此瘋狂追求草技的書法社會中，其對士人群體所產生的召喚力量已遠超於衰傾的政治社會，士人群體的價值觀正在重構。

　　如果說，滋發中的書法審美意識曾因政治意識高漲而隱沒不顯，是環境作用力使然，那麼書法藝術要能具備獨立的審美價值，回到本文中的架構思考，從理論上便提供出兩種可能出路：

　　　（1）首先必須是政治環境改變，如此由環境對書家主體產生的制約便將逐步解除。

　　　（2）其次是由書家主體主動解除環境對其造成的制約性。

　　此二情況若發生，則皆意味著書法之為「技」所具備的純粹審美價值在士人群體的意識中已凌越書法的實用、功利價值。從中國書法整個自覺過程觀之，前者或可作為理解魏晉及其以後書法自覺現象時的重要線索，此點容後再述；但在東漢，當書法藝術逐漸邁入自覺時，我們或可訴諸後一途徑─由主體主動解除環境對其造成的制約性。如此，實際的作法將是：士人必須逐漸拋卻政治身分，而回復純粹書家身分；逐漸離身政治社會，而置身純粹書法社會中，如果此一由理論而來的設想具有可能性的話，政治環境的衰傾會變成是我們理解問題的重要前提，所有附著於政治環境而來的文化意識規定將逐漸解構，

存在的，是一種〝自由美〞或〝純粹美〞，而這種〝自由美〞既包括所書寫的文學作品的可享受性的美，又包括書法本體可享受性的美。」

故而士人群體選擇拋離，另擇一可供安身立命的環境[36]，而造成筆者所謂的離身政治社會以及置身書法社會的狀況，士人群體瘋狂追求草書藝術正可從後一途徑來作詮解。

趙壹在〈非草書〉一文描述士人對草書的瘋狂追求時，除間接展示了草書的審美價值的純粹性，亦為我們標誌出當時書法社會中的一典型人物─士人群體「慕張生之草書過於希顏、孔焉」，此張生即張芝，據王愔《文志》所載：

> 芝少持高操，以名臣子勤學，文為儒宗，武為將表。太尉辟，公車有道徵，皆不至，號張有道。尤好草書，學崔、杜之法，家有衣帛，必書而後練。臨池學書，水為之黑，下筆則為楷則，號忽忽不暇草書，為世所寶，寸紙不遺，韋仲將謂之「草聖」。[37]

張芝之被號為「張有道」，正在羊欣所謂的「高尚不仕」[38]上，「有道」是對張芝能不依附於當時污濁政治環境的高度讚許，張懷瓘亦稱張芝：「實避世潔白之士也」[39]；而「不仕」正是筆者所謂「拋卻政治身分」、「離身政治環境」的具體作法，藉此，張芝解除了政治環境對主體的制約，而「置身書法社會中」、「回復純粹書家身分」，將時間、精力用以滿足「尤好草書」的心靈─「學崔(瑗)、杜(度)之法，家有衣

---

36 于迎春在《漢代文人與文學觀念的演進》(北京‧東方出版社，1997年6月)〈不仕之士的生命安頓方式〉一節中有一論述進程為：「衰亂之世→拒絕經國大業→選擇安置生命之方式」，其云：「不應辟命、征召不至的士人們，在自覺地拒絕了經國大業之後，還須別有安置生命的方式」、「當士人放棄了社會政治參與的時候，他們選擇以文化立身、入世的可能就一下子增加了」、「即使那些以仕宦為人生常規門徑的士大夫，他們也需要在相反的方向上，開拓另一個全然不同的天地作為政治緊張、焦慮的調劑和緩釋。」引文分見該書頁219、222、223。

37 《後漢書》卷六十五，〈皇甫張段列傳〉，頁2144。

38 南朝宋‧羊欣〈采古來能書人名〉：「弘農張芝，高尚不仕，善草書，精勁絕倫。」見《法書要錄》卷一，頁10。

39 唐‧張懷瓘《書斷‧中‧神品》，見《法書要錄》卷八，頁210。

帛，必書而後練。臨池學書，水為之黑」，終能「下筆則為楷則」，引領一時風潮，甚而「矜技」[40]，對一己所懷具之草技，「欣欣有自臧之意」（〈非草書〉）。而引文中張芝所言之「忽忽(匆匆)不暇草書」，正是草技已藝術化之確證，針此，趙壹「草本易而速，今反難而遲，失旨多矣」（〈非草書〉)的說法，則出於實用要求，立場與張芝實已大異其趣。如果說，張芝的「高尚不仕」是一種主動解除政治環境所造成的制約的做法的話，那麼這種做法在當時環境中是極具普遍性的，士人群體之「慕張芝之草書過於希顏、孔」事實上不也正是一種將自身拋離於政治社會，復置於書法環境的行徑？這是書法審美意識高漲使然，終而體現在瘋狂追逐草風的必然現象上，至此士人群體熱情從已對政治社會中的經學而轉移至書法社會中的草書藝術，故而「慕張生之草書過於希顏、孔焉」，「技」的價值已由審美性重新定位，早非實用功利性所能規範裁度。

當士人群體瘋狂追求草「技」，已不再服從於外在的目的要求時，則必然走向內在的生命觀照，趙壹在〈非草書〉中曾以批判的口吻說：「夫務內者必闕外，志小者必忽大」，「小」、「大」之辨已明如前，而「內」、「外」之別，或可指個體感性和社會理性，即云當專注於書寫自身時，草書形式之不拘也就成為個體情感揮灑的憑藉所在，個體感性便在這書寫的過程中呈現，所以陳振濂先生也說：「原來他們是在這種近於瘋狂的書寫之中獲得了精神上的莫大快慰，在『忘我』的境界中觀照著『我』的生命」[41]，換言之，「技」的逐步受到重視，實和「人

---

40 據《後漢書‧趙岐傳》注引趙岐《三輔決錄注》：「(趙)襲與羅暉拙書，見蚩於伯英。英頗自於高，與朱賜書云：『上比崔、杜不足，下方羅、趙有餘。』」《後漢書》頁 2122~2123。又據西晉‧衛恆〈四體書勢〉：「羅景叔、趙元嗣者與張芝同時，見稱於西州，而矜此自與，眾頗惑之，故伯英自稱：『上比崔、不足，下方羅、趙有餘。』」見《歷代書法論文選》(上海書畫出版社，1996 10月)頁 16。

41 《書法學》〈上〉頁 259。

的覺醒」過程相環扣，而在草書此一書體上表露無遺[42]。相對於頹弊的外在社會，內心之情感世界已更足為士人所珍視，亦由此，個體感性終於突破社會理性，而成為書法藝術自覺如何可能的理解途徑。

三、結語－兼論魏晉及其之後書論中的若干現象

　　本文透過意識乃是從環境反應而來的路徑，以東漢為理解書法自覺之始點，首先分析出當時士人群體面對文字書寫所懷具的實用功利以及審美意識，而在書法自覺過程中，此二意識在面對當時特定的環境事件時竟而產生相衝擊的現象，在彼此衝擊下，我們從中析繹出當時士人群體所抱持的書「技」觀，於是我們發現，所謂書法自覺，亦可以從書「技」的角度賦予理解，即：書法走向自覺的過程是其如何擺脫附庸地位的過程，亦是書技不再以服務政體為目的而逐漸具備獨立審美價值的過程，而這過程又是個體感性如何突破社會理性的過程。換言之，書法藝術自覺的過程可被理解為書「技」價值提升的過程，而這也將是我們在本文中探討出的用以理解書法在東漢之後自覺進程的觀念把握。

　　以「觀念」賦予書史進程的重新理解是筆者在本文中的嘗試，而這個角度或許具備一定合理性。據筆者之前從論文思考架構所作的推論來看，書法意識的走向乃取決於環境對人(主體)的影響而來，又言：環境改變是理解魏晉及其以後書史發展現象時可把握的重要線索，故試觀東漢之後，隨著儒學禁錮解除，政治環境亦隨之改變，演為士族政治之局面[43]，書法形成一種家學型態繼續發展，並用以維持家風於

---

42 蕭元《書法美學史》(湖南美術出版社，1998 年 6 月)，頁 15 亦云：「書法掙脫文字符號記錄語言的功利主義桎梏與「實用美術」的樊籠，成為相對自由的「美的藝術」，是與草書這種書體的出現緊密相連的，因此對草書藝術價值的認識便成為書法美學起始階段「中心的一環」。」

43 士族進入統治階層，是魏晉時期一種特殊的政治現象，形成所謂士族政治，然

不墜，此中又以瑯琊王氏最爲顯赫，而對書「技」的重視，亦確實反映在書論記載中，筆法在此更被視傳家的無上珍寶，在用以教授子弟之餘，更希望子弟能好好知習，永爲傳家寶，如衛鑠〈筆陣圖〉：「今刪李斯筆妙，更加潤色，總七條，并作其形容，列事如左，貽諸子孫，永為模範，庶將來君子，時復覽焉」[44]，又如王羲之〈筆勢論十二章并序〉：「告汝子敬，吾察汝書性過人，仍未閑規矩，父不親教，自古有之，今述〈筆勢論〉一篇開汝之悟……予《樂毅論》一本，書為家寶，學此得成，自外咸就，勿以難學而自惰焉」[45]；在〈書論四篇〉中則云：「夫書大須存意思，予覽李斯等論筆勢又鍾繇書骨，皆是不輕，恐子孫不記，故序而論之」[46]。既然視爲傳家之寶，故在勉勵之餘更叮嚀子孫不要外傳，王羲之在〈題衛夫人《筆陣圖》後〉一文末云：「時年五十有三，或恐風燭奄及，聊遺教於子孫耳，可藏之，千金勿傳」[47]。由魏晉世族政治地位之維持有相當程度取決於世族門風來看，對書「技」秘而寶之的現象，可謂其來有自[48]。

　　以此線索復觀於唐代的書法現象。至唐，士族政治已逐漸走向崩

史書對此一特殊的社會階層，稱謂卻極其混亂，據毛漢光《兩晉南北朝士族政治之研究》(台北‧中國學術著作獎助委員會，1966 年初版)，頁 1：「指家門貴盛者：高門、門戶、門第、門地、門望；指身分華貴者：膏腴、膏粱、甲族、華僑、貴遊；指權勢顯赫者：勢族、勢家、貴勢；指家族綿延者：世家、世冑、門冑、世族、金張世族；指姓氏觀點者：著姓、右姓；指社會地位者：門閥、閥閱；指家族名聲者：名族、高族、高門大族；指政治、文化、社會者：士流、士族。」

44 衛夫人〈筆陣圖〉《法書要錄》卷一，頁 15。
45 王羲之〈筆勢論十二章并序〉，《歷代書法論文選》頁 29。
46 王羲之〈書論四篇〉，見宋‧朱長文《墨池編》(台北‧中央圖書館，59 年 7 月出版)，頁 103。
47 王羲之〈題衛夫人《筆陣圖》後〉《法書要錄》卷一，頁 16~17。
48 如王元軍在《六朝書法與文化》(上海書畫出版社，2002 年 12 月)中所云：「魏晉南北朝時期，士族書法主要是靠家傳的形式代代傳承，每個家族都有自己的傳授風格，由於書法是標榜門風與士風的藝術，人人爭求書藝之奧妙，而書法家族爲保持其家學地位，爲了維持自己家族的文化優勢，家傳往往採取一種較爲封閉的模式，所謂秘不示人是也。」見該書頁 120。

潰，新的科舉制度取而代之形成新的環境氛圍，在此氛圍中，書法之發展達到空前蓬勃之景況。不但爲皇親國戚、達官貴人在弘文館內設置書法機構，更而在國子監內爲官位卑下及京師庶民之子弟成立書學，又專設書學博士[49]，對書法的發展投注了無比熱情，唐・張彥遠注〈唐朝敘書錄〉云：「初置弘文館，選貴臣子弟有性識者爲學士，內出書命之令學。又人間有善書者追徵入館，十數年間，海內風從矣[50]」，以此相應於唐代書論，重「技」傳統，至此亦蔚爲大觀[51]，以致後人以「尚法」概括唐代書法[52]。此外，筆法傳授始於蔡邕之說法亦出現在此期[53]，凡此種種現象，從本文立論角度均得以明析之；而「觀念」既獲把握，則某些書論名篇是否爲後人所託名僞作[54]，實已不影響吾

---

49 關於此部份之詳細考察，請參王元軍《唐人書法與文化》(台北・東大圖書公司，1995 年 3 月)，頁 2~3。

50 見《法書要錄》卷四，頁 132。

51 據莫武先生之整理，此些偏重講述書法技法的篇章，署名唐太宗的有〈筆法訣〉、〈論書〉、〈指意〉、〈筆意〉；署名虞世南的有〈筆髓論〉；署名歐陽詢的有〈傳授訣〉、〈用筆論〉、〈八法〉；具名張懷瓘的有〈論用筆十法〉、〈玉堂禁經〉；〈述張長史筆法十二意〉署名顏真卿；〈二字訣〉署名李華；〈授筆畫說〉署名韓方明；〈敘筆法〉署名林蘊；〈臨池訣〉署名盧雋；〈法書論〉署名蔡希綜，此外，又有未經署名之〈敘筆法〉、〈翰林密論二十四條用筆法〉、〈永字八法〉、〈翰林禁經九生法〉、〈變通異訣〉、〈翰林轉授隱述〉，請詳見莫武〈筆法傳授試析〉，見《全國第四屆書學討論會論文集》(中國書法家協會編，重慶出版社，1993 年11 月)，頁 606~607。

52 清・梁巘〈評書帖〉云：「晉尚韻，唐尚法、宋尚意，元、明尚態。」見《歷代書法論文選》頁 575。

53 唐・張彥遠《法書要錄》卷一，頁 14，載有〈傳授筆法人名〉一文：「蔡邕受於神人而傳之崔瑗及女文姬，文姬傳之鍾繇，鍾繇傳之衛夫人，衛夫人傳之王羲之，王羲之傳之王獻之，王獻之傳之外甥羊欣，羊欣傳之王僧虔，王僧虔傳之蕭子雲，蕭子雲傳之僧智永，智永傳之虞世南，世南傳之，授於歐陽詢，詢傳之陸柬之，柬之傳之侄彥遠，彥遠傳之張旭，旭傳之李陽冰，陽冰傳徐浩、顏真卿、鄔彤、韋玩、崔邈，凡二十有三人。文傳終於此矣。」此文並未署名爲何人所作，明・汪珂玉《珊瑚網》卷二十四則列為唐人作品，此說參見陳振濂〈"草賢"崔瑗考述〉收於《書譜》(1984 年第 4 期，總 59 期)，頁 76。

54 如題爲東晉衛鑠所作之〈筆陣圖〉或王羲之所作之〈題衛夫人筆陣圖後〉等作即面臨託名僞作的爭議，此部分可參李澤厚、劉綱紀的說法，詳見《中國美學

人對書史進程[55]的把握矣！

四、參引文獻

《後漢書集解》　清‧王先謙著　王雲五主編國學基本叢書四百種　台
　　北‧台灣商務印書館　1968 年 12 月

《後漢書》　劉宋‧范曄著　唐‧李賢等注　台北‧洪氏出版社　1975
　　年 9 月

《左傳》阮刻十三經注疏本，台北‧藝文印書館，1993 年 9 月

《墨池編》　宋‧朱長文　台北‧中央圖書館，1970 年 7 月

《法書要錄》　唐‧張彥遠輯　洪丕謨點校　上海書畫出版社　1986
　　年 8 月

《兩晉南北朝士族政治之研究》　毛漢光著　台北‧中國學術著作獎助
　　委員會，1966 年初版

《中國書法史》張光賓著　台北‧台灣商務，1981 年

《秦漢文化史》　韓養民著　台北‧駱駝出版社　1987 年 8 月

《藝術社會學》　〔匈〕阿諾德‧豪澤爾著　居延安譯編上海‧學林
　　出版社　1987 年 8 月

《中國美學史》〈第二卷〉　李澤厚、劉綱紀主編　台北‧谷風出版社
　　1987 年 12 月

《魏晉南北朝文學與思想學術研討會論文集》　國立成功大學中文系
　　編台北‧文史哲出版社　1991 年 8 月

史》第二卷〈上〉，頁 478~496。

55 金鑒才在〈藝術的覺醒與基礎的危機〉一文中將中國書法的發展劃分為兩大
　階段，一是以技法為主要內容，二是以自覺發揚主體精神為標誌，而針對前一階
　段，其云：「在中國書法史上，以後漢到盛唐的七百餘年間，是以技法為主要內
　容的確立和鞏固時期。」此判斷合於筆者此文所論。引文見《書法雙月刊》(19
　年第 6 期)，頁 2。

《圈點說文解字》　東漢‧許慎著，清‧段玉裁注　台北‧書銘出版公司，1992 年 6 月

《中國經學史論文選集》上冊　林慶彰編　台北‧文史哲出版社　1992 年 10 月

《中國思想史方法論文選集》　韋政通編　台北‧水牛圖書出版公司　1993 年 5 月

《唐人書法與文化》王元軍　台北‧東大圖書公司，1995 年 3 月

《書法學》　陳振濂主編　台北‧建宏出版社　1996 年 5 月

《歷代書法論文選》　上海書畫出版社，1996 年 10 月

《中國古代書法史》　朱仁夫著　北京大學出版社　1997 年 1 月

《中國知識階層史論‧古代篇》余英時著　台北‧聯經出版事業公司，1997 年 4 月

《漢代文人與文學觀念的演進》于迎春著　北京‧東方出版社，1997 年 6 月

《中國書法美學》　金學智著　江蘇文藝出版社　1997 年 10 月

《中國藝術精神》徐復觀著　台北‧台灣學生書局；1998 年 5 月

《中國古代的人學與美學》　成復旺著　中國人民大學出版社　1998 年 5 月

《書法美學史》　蕭元著　湖南美術出版社，1998 年 6 月

《書法與文化形態》　馬欽忠著　上海書畫出版社　1998 年 8 月

《中國書法史‧兩漢卷》　華人德著　江蘇教育出版社，1999 年 10 月

《六朝書法與文化》　王元軍著　上海書畫出版社，2002 年 12 月

《唐代書法社會研究》　黃緯中撰　中國文化大學史學研究所博士論文　龔鵬程指導　1993 年 6 月

《全國第四屆書學討論會論文集》　中國書法家協會編　重慶出版社，1993 年 11 月〈熹平石經之時代背景〉　黃漢昌

《孔孟月刊》第 9 卷第 5 期　1982 年 1 月〈"草賢"崔瑗考述〉陳振

濂

《書譜》　1984 年第 4 期　總 59 期〈蔡邕與漢熹平石經〉　呂佛庭

《中原文獻》　第 23 卷第 4 期　1991 年 10 月〈藝術的覺醒與基礎的危機〉　金鑒才

《書法雙月刊》　1991 年第 6 期〈從「非自覺書法質疑」說到書法史研究的若干問題〉　叢文俊

《書法研究》1996 年第 6 期

杜甫論李白詩說新議

香港浸會大學中文系教授
鄺　健　行

提　要

　　杜甫對李白詩多明白正面推許。只有兩處，後人認為有貶抑譏刺微意，本文論證後人之說實誤。

　　杜甫在〈與李十二白同尋范十隱居〉中稱李白詩「往往似陰鏗」。後人謂陰鏗非一流詩人，杜甫拿來相比，顯見貶抑。實則杜甫對南朝陰鏗、何遜等，極端推崇。引陰鏗為比，不是貶抑而是贊賞。再說杜甫在開元二十五、六年間寫此詩，當時年紀尚輕，論詩識力未必成熟，即使引陰鏗為比不盡恰當，還可以理解的。

　　杜甫在〈春日憶李白〉，說要「重與」李白「細論文」。後人咀嚼「細」字，說杜甫實是譏刺李白詩太俊快和不夠縝密。本文指出，杜甫和李白梁宋之遊及以後，有過彼此論文事實。詩中說「重」說「細」。只是據前事引發，不宜過於求深解。

關鍵詞：似陰鏗、細論文

一

　　杜甫直接論李白詩的句子，茲依《仇注》先後次序列出：

　　一、李侯有佳句，往往似陰鏗。　　卷一〈與李十二白同尋范十隱居〉，仇氏以爲玄宗天寶四載（745）作。

　　二、白也詩無敵，飄然思不群。清新庾開府，俊逸鮑參軍。渭北春天樹，江東日暮雲。何時一樽酒，重與細論文。　　卷一〈春日憶李白〉，仇氏以爲天寶五載（746）作。

　　三、李白一斗詩百篇，長安市上酒家眠。　　卷二〈飲中八仙歌〉，仇氏以爲天寶年間作，未詳何年。

　　行按：雖曰「未詳」，但當在天寶五載以後。仇氏於詩末引洪邁《容齋三筆》卷六，謂詩中「樂聖避賢」乃引李適之詩語[1]；此言是。《舊唐書》卷九十九〈李適之傳〉載適之於天寶五載罷知政事，與親知會飲，賦詩曰：「避賢初罷相，樂聖且銜杯。爲問門前客，今朝幾個來？」蕭滌非即以爲作於天寶五載。

　　四、座中薛華善醉歌，歌辭自作風格老。近來海內爲長句，汝與山東李白好。何劉沈謝力未工，才兼鮑照愁絕倒。　　卷四〈蘇端薛復筵簡薛華醉歌〉，仇氏以爲天寶十五載（756）正月初旬作。

　　五、昔年有狂客，號爾謫仙人。筆落驚風雨，詩成泣鬼神。聲名從此大，汩沒一朝伸。文彩承殊渥，流傳必絕倫。龍舟移棹晚，獸錦奪袍新。　　卷八〈寄李十二白二十韻〉，仇氏以爲肅宗乾元二年（759）作。

　　六、世人皆欲殺，吾意獨憐才。敏捷詩千首，飄零酒一杯。　　卷十〈不見〉，仇氏以爲肅宗上元二年（761）作。

1　詩中寫李適之云：「左相日興費萬錢。飲如長鯨吸百川。銜杯樂聖稱避賢。」

七、憶與高李輩，論交入酒壚。兩公壯藻思，得我色敷腴……。不復見顏鮑，繫舟臥荊巫。　　卷十六〈遣懷〉，仇氏以爲代宗大曆元年（766）作。

仔細觀察，杜甫的意見可分兩大類：第一類稱許李白捷才，逸思而壯藻；第二類指出李白詩用心而清省。第二至第七則屬第一類，好像第二則的「飄然思不群」、以及「清新」「俊逸」；第四則的「才兼鮑照」；第五則的「驚風雨」、「泣鬼神」和「文彩承殊渥」；第七則的「壯藻思」；都屬逸思壯藻範疇。又好像第三則「一斗百篇」；第六則「敏捷千首」；則許其捷才。至於第二類，只有第一則的「往往似陰鏗」一句，下文沒有進一步具體說明。杜甫心中對陰鏗詩的評價，最好從杜公本人的文字去探索理解。〈解悶十二首・其七〉：「頗學陰何苦用心。」[2]又〈秋日夔府詠懷奉寄鄭監審李賓客之芳一百韻〉：「陰何尚清省。」[3]這是說杜甫認爲陰鏗（同時兼指何遜）詩有「苦用心」和「清省」的特點。仇兆鰲通釋〈解悶〉此首云：「詩篇可養性靈，故既改復吟，且取法諸家，則句求盡善，而日費推敲矣。」[4]又引韓子蒼轉述蘇軾的議論：「老杜言『新詩改罷自長吟』，乃知此老用心最苦；後人不復見其剞劂，但稱其渾厚耳。」然則「苦用心」的具體內容，當是用心推敲、描畫[5]。至於「清省」，則是一種文體風貌特色，《仇注》只引《文心雕龍・鎔裁》，謂陸士龍（雲）「雅好清省」，以明出處。按陸雲〈與兄平原書〉其中一通云：「雲今意視文，乃好清省。」又云：「兄文章之高遠絕異，不可復稱言。然猶皆欲微多，但清新相接，不以爲此病耳。若復令小省，恐其妙欲不見，可復稱極，不審兄由以爲爾不？」[6]這樣

2　《仇注》卷十七。
3　《仇注》卷十九。
4　按〈解悶十二首・其七〉全詩云：「陶冶性靈存底物，新詩改罷自長吟。熟知二謝將能事，頗學陰何苦用心。」
5　剞劂，曲刀，刻鏤之具，見《說文》刀部及段注。
6　《陸雲集》卷第八〈與兄平原書〉，黃葵點校，北京中華書局，1988。

看來,「清省」有清新簡約意。

　　值得注意的是:第一類意見和第二類意見的表述文字多寡懸殊。第一類只有一則,而且僅僅一句,意指還不很明確。第二類共六則,從多方面具體說明。其次,兩類意見頗見矛盾衝突之處。「苦用心」和「飄然思不群」相反,「清省」不是「壯藻思」、「敏捷詩千首」一路。評論家如果對一位作者作出第二類的評論,按理一般不會再說第一類的意見的;然而杜甫兩類兼說,反而使人不大明白。再說〈與李十二白同尋范十隱居〉作於天寶四載秋[7],稱說李白詩似陰鏗;可是還不到半年,便寫〈春日憶李白〉,立意頗和前作相反;這也使人大惑不解。

　　由於杜甫前後論述文字的表面矛盾性質,不免引發後人若干推測或解釋,嘗試給矛盾言論一個合理性的說明。後人的推測或解釋是:杜甫對李白不無猜忌,有意貶抑,於是說李白作品只能跟次等作家比擬。胡仔《苕溪漁隱叢話前集》卷六〈杜少陵一〉引《遯齋閒覽》載王安石之言:

> 公(指王安石)曰:「甫贈白詩,則曰『清新庾開府,俊逸鮑參軍』,但比之庾信、鮑照而已。」又曰:「『李侯有佳句,往往似陰鏗。』鏗之詩又在鮑、庾之下矣。『飯顆』之嘲,雖一時戲劇之談;然二人者,名既相逼,亦不能無相忌也。」

王安石所指不光是跟陰鏗的比對,還講到跟庾信、鮑照的比對,最後得出李、杜兩人相忌的結論。這等於說,引陰鏗為比,是帶貶意的譏評。

　　二人相忌,一方或兩方難免引發譏刺對方之心,南宋羅大經、葛立方似乎正沿著王安石「相忌」之說,加以發揮。羅大經《鶴林玉露》卷十六云:「子美寄太白云:『何時一樽酒,重與細論文。』『細』之一辭,譏其欠縝密也。」葛立方《韻語陽秋》卷一亦謂此句似譏李白「太

---

7 詩有「醉眠秋共被」、「落影聞寒杵,屯雲對古城」等句可證為秋天。

俊快」。羅、葛等人言論對後人有相當的影響作用。王嗣奭《杜臆》卷一論及此句時說:「欲與論文,而加一『細』字,似欲規其所不足。荆公云:『白之歌詩豪放飄逸而不知變。』此固李之所不足者也。」《仇注》卷一論此句時說:「杯酒論文,望其竿頭更進也。」楊倫《杜詩鏡詮》卷一論此句時引蔣弱六曰:「『細』字對三四句看,自有微意。」可以說,自宋以來,「細」中有意之說,一直在不少評論者心頭盤旋。

王安石的話,後人多不表贊同,主要從以下兩點立說:一、杜甫寫有關李白的詩,多流露兩人的情好,不應該忽然有一首帶譏貶之意。[8]二、杜甫對六朝諸家,包括鮑照、庾信、陰鏗,都見推服。[9]此外我們還可以作以下的考慮:

甲、流行說法認為李、杜二人天寶三、四載間初次相會。李白當時詩名固然很大,但杜甫詩是否也廣受傳誦,卻是難說。就現存資料分析,杜甫當時應該還是無甚詩名的;起碼可以說,其詩名跟李白的相距仍遠。在這種情況下,何來「相逼」?王安石拿二人——特別是杜甫——後來成名的事移到杜甫成名前作推論,已是不妥;何況二人成名之後也不見得一定有相忌之心。

乙、杜甫是詩人,不是嚴謹的文評家,他推重時人,不外用流行的方式,拿古代有成就值得肯定的作家比擬。然則杜甫心中,陰鏗算不算有成就值得肯定的作家?答案是:算。杜甫「陰何」連稱,那表示他把陰鏗、何遜兩人等同看待。對於何遜,杜甫十分推重,所謂「能詩何水曹」[10]又杜甫集中明顯承襲何遜的句子不少,前人已加指出[11]。

8　嚴羽《滄浪詩話・考證》,北京,人民文學出版社,1961。

9　朱鶴齡《杜工部詩集》卷一〈春日憶李白〉詩後注。

10　《仇注》卷九〈北鄰〉。

11　如宋・黃伯思《東觀餘論・跋何水曹集後》:「(何)集中若『團團月隱洲』、『輕燕逐風花』、『遠岸平沙合,連山遠霧浮』、『岸花臨水發,江燕遶檣飛』、『遊魚上急瀨』、『薄雲巖際宿』等語,子美皆采為己句,但小異耳。故曰:『能詩何水曹。』信非虛實。」

然則陰鏗在杜甫心中，應該也屬「能詩」的人。所以說杜甫拿陰鏗比說李白，不含貶意，只有褒意。

丙、宋人如王安石等看南朝詩人，大抵放陶淵明在最高位置，以下是謝靈運、鮑照，再以下何遜、陰鏗諸家。可是這樣的區別不見得和杜甫心中的尺度一致。我們覺得：杜甫似乎沒有明顯區別作家高下的心態，甚至根本沒有這種心態。他只是認爲每個人的作品都好，如此而已。他拈庾信、鮑照或陰鏗作比，不能說他是在心裏早已懸掛著更高的標準以後才把三人提出來的，因爲《杜集》中找不到這樣的明示或暗示。他用「清新」「俊逸」，也不見得像後人那樣，心中在懸有更高等級的評語—譬如「雄渾」—情況下而提出來的。王安石以後世觀點論前人，很不妥當。

不過「重與細論文」中的「細」字被看成杜甫譏刺李白欠細密的說法，表面看來不無道理。儘管「相譏」的基礎可能爲「相忌」（羅大經《鶴林玉露》卷六也有和王安石同樣的看法），「相忌」說既不成立，則「相譏」說自然站不住。不過「相忌」與「相譏」之間，只能說「可能」有關係，不能說「必然」有關係，不易拿出有力的證明。正因這樣，自宋至清，多數人反對王安石論點，但同意「微意」說的學者不少。

二

我看杜甫論李白詩意見上的前後矛盾不統一，如果從另一角度切入進行考慮，也許能作更好的解釋和說明。切入的角度是：李、杜兩人甚麼時候初次相會？在這個問題上有兩種主要說法。第一種爲宋人說：時爲開元二十四五年間，譬如〈與李十二白同尋范十隱居〉一詩《集千家注分類杜工部詩》於題下引「鶴曰」：「當是開元二十四年後公遊齊趙，與高、李同至齊兗時作。」又《草堂詩箋》置此詩於卷一

屬「開元間留東都作」。又〈昔遊〉云:「昔者高與李(原注:高適、李白),晚登單父臺。」〈遣懷〉云:「昔我遊宋中,惟梁孝王都……憶與高李輩,論交入酒壚。」[12]二詩記杜甫與高適、李白同遊梁宋,宋人黃鶴在《杜工部詩年譜》指時爲玄宗開元二十五年。第二種爲明人說,錢謙益注杜詩,在〈寄十二白二十韻〉詩後〈箋曰〉:

> 魯訔、黃鶴輩敘杜詩年譜,並云開元二十五年後客遊齊趙,從李白、高適過汴州,登吹臺,而引〈壯遊〉、〈昔遊〉、〈遣懷〉三詩爲證。余考之,非也。〈贈李十二〉詩云:「乞歸優詔許,遇我宿心親。醉舞梁園夜,行歌泗水春。」則李之遇杜,在天寶三載乞歸之後,然後同爲梁園、泗水之遊也。

由於〈錢箋〉論證似乎有力,遂爲清代以至近代學者採用。李、杜二人天寶初第一次相會,殆成定論。

不過個人仔細檢察,覺得還是宋人的說法——即李、杜兩人初次相會於開元二十四五年間——合理,曾經寫過論證文字在大陸的刊物上發表[13]。論證通過以下幾方面進行:一、上引〈錢箋〉解讀;二、杜甫〈贈李白〉(二年客東都)詩意探索;三、若干相關資料疏釋。全文自不宜重複轉錄,但考慮到在臺灣不易找到拙文,我想把論證第三點中的文字節引,以見我思考情況的一斑。

杜甫有〈贈高式顏〉一詩[14]

> 昔別是何處,相逢皆老夫。故人還寂寞,削跡共艱虞。自失論文友,空知賣酒壚。平生飛動意,見爾不能無。

此詩仇兆鰲據「削跡共艱虞」句,定在「乾元初(758)出爲華州司功時」作,應該可信。詩的第二句說兩人此時相逢,彼此都老大了;

12　二詩在《仇注》卷十六。
13　〈杜甫、高適、李白梁宋之遊疑爲開二十五、二十六年說〉,載《杜甫研究學刊》2001 年第二期。
14　《仇注》卷六。

這便倒逼出第一句有從前離別之時，彼此還不是「老夫」之意，也就是彼此年紀還不大——起碼不太大——之意。乾元元年杜甫四十七歲，自稱「老夫」；然則「昔別」之時，歲數應該和四十七有相當大的差距才是。

這位高式顏是高適的姪子，高適集中有〈宋中送族姪式顏時張大夫貶括州使人召式顏遂有此作〉和〈又送族姪式顏〉二詩。前詩詩題中的張大夫，據近人周勛初、劉開揚考證，爲張守珪。張守珪於開元二十七年（739）六月貶爲括州刺史，到官未幾卒；括州在今浙江[15]。張守珪雖貶官，但高適詩中稱他「不改青雲心，仍招布衣士」；高式顏也就是這樣應召前往的，時爲開元二十七年。

杜甫在〈贈高式顏〉詩中提到的往日聚散，應該指和高適、李白同遊梁宋之時。高式顏那時和族叔高適在一起，大概是通過高適的關係而跟杜甫認識的。所以這麼說，可以由詩的五六句「自失論文友，空知賣酒壚」推知。《仇注》引朱鶴齡語：「公〈遣懷〉詩：『昔（仇作憶）與高李輩，論文（仇作交）入酒壚。』今適不在，故慨及之。」再者〈遣懷〉又云：「兩公（指高適、李白）壯藻思，得我色敷腴。」詩末又云：「不復見顏鮑（仇注：顏延之、鮑照，以比高、李詩才）。」都可作爲「論文友」三字注腳。另外〈遣懷〉的「氣酣登吹臺，懷古視平蕪」兩句也能跟「飛動意」緊緊相扣。試想〈贈高式顏〉中寫高式顏以外，又插入杜甫與高適等人遊樂往事，如果高適在杜甫和高式顏上一回的會面中不起作用，何必提及？反之，詩中兼提高適，顯然是上一回會面時高式顏叔姪一起；這就證明〈贈高式顏〉詩中的「昔」，說的是梁宋之遊時的一段往事。

通過上面分析，可以見出杜甫和高適、李白同遊梁宋，至遲只能

15　周勛初《高適年譜》，上海古籍出版社，1980。
　　劉開揚《高適詩集編年箋注》，北京，中華書局，1981。

是高式顏離開宋中前，也就是開元二十七年或以前之事。那時杜甫不超過二十八歲，未算得老，可以跟詩中所下「老夫」一詞的相反面配合。

〈錢箋〉定杜、高、李三人於天寶三、四載間同遊梁宋，當時杜甫已三十三四歲，下距乾元元年（乾元只有兩年，仇兆鰲說「乾元初」，當指乾元元年）不過十三四年，〈贈高式顏〉首句能不能跟次句「老夫」作明顯對比而產生強烈的藝術效果呢？似乎不能；因爲三十三四歲對古人說，人生也就過了相當時日了。如果不能，作爲被後人推重爲詩聖的杜甫會這樣進行寫作嗎？只有首二兩句所指說的年齡相距很大，藝術感染力才強，作爲詩聖的杜甫才會這樣下筆的。從這樣的角度看，要論析〈贈高式顏〉首二句，定杜甫二十來歲作梁宋之遊，顯然要比定他三十來歲作梁宋之遊好些和合理些。

如果細讀杜甫早期作品，可以看到杜甫在天寶初期稍後已開始流露衰老之感。時間越往後移，衰老之感越見明顯。試舉三例：

甲、致君時已晚，懷古意空存。中散山陽鍛，愚公野谷村。寧紆長者轍，歸老任乾坤。（〈贈比部蕭郎中十兄〉，《仇注》卷一）

《仇注》謂上引句子「自嘆不遇」，並謂此詩「必天寶六載（747）應詔退下後所作」。天寶六載杜甫三十六歲，詩中「晚」「老」二字，已稍見遲暮之意了。

乙、有客雖安命，衰容豈壯夫？家人憂几杖，甲子混泥塗。不謂矜餘力，還來謁大巫。歲寒仍顧遇，日暮且踟躕。老驥思千里，飢鷹待一呼。（〈贈韋左丞丈濟〉，《仇注》卷一）

《仇注》引舊說，以爲此詩作於天寶七載（748）冬，杜甫三十七歲。論「衰容」句云：「衰容漸改，老將至矣。」論「家人」句云：「憂几杖，承衰。」論「老驥」句云：「況己之衰。」可見杜甫在三十七歲時，便自承容衰將老了。

丙、無復隨高鳳，空餘泣聚螢。此生任春草，垂老獨漂萍。（〈贈

翰林張四學士坺〉,《仇注》卷二)

　　此數句《仇注》謂乃自敘,並說詩寫於天寶十三載(754)前,而以天寶九載(750)公自河南歸時所作爲合。天寶九載或稍後,杜甫三十九歲,已自稱「垂老」了。

　　由天寶六、七載開始,杜甫外貌已現衰老之跡,可是還不過三幾年前,即天寶三、四載間,杜甫卻自認自己形貌和「老夫」大不相同,而且拿來和「老夫」的外形相比;未免變化太快,於理說不過去。這點〈錢箋〉是很難解釋的。只有再推前五六年到開元二十七或稍前,杜甫二十來歲,按理當未見「衰容」,才可以拿當時的形貌跟乾元初的「老夫」作比對。

　　此外,〈昔遊〉末尾處說:

　　　隔河憶長眺,青歲已摧頹。不及少年日,無復故人杯。

　　《仇注》分析詩意云:「此撫舊交而有感也。登臺故人,不可復見矣。」這是說四句寫杜甫後來想起和高、李等人「晚登單父臺」事的感慨,所謂「隔河憶長眺」、「無復故人杯」者是。詩中同時嘆惜自己青春消逝,少年不再;這便是「青歲已摧頹」、「不及少年日」兩句之意。值得注意的是:這兩句其實也反映了杜甫登單父臺時正值「青歲」「少年」的日子。「青歲」,《仇注》曰:「猶云青年也。」「少年」一詞,當杜甫把具體年歲和此詞扣合使用時,顯示出來的具體年歲都比較小。例子如〈醉歌行〉,詩中他安慰落第歸來的姪兒杜勤說:「陸機二十作文賦,汝更少年能綴文……只今年纔十六七,射策君門期第一。」[16]至於「青年」,年歲上限未易確指,而以未越三十爲合。因爲古人三十及以上,則稱爲「中歲」。謝朓〈賦貧民田〉有句「中歲歷三臺」。謝朓此詩作於齊明帝建武三年(496),時三十三歲。前一兩年他兼尚

16　《仇注》卷三。

書殿中郎，除秘書丞，轉中書郎，所謂「歷三臺」[17]回到杜甫〈昔遊〉，他既用「青歲」「少年」二詞，顯見與諸人登臺時不過二十來歲；而且要在二十八歲即開元二十七年高式顏應召之前。

三

　　本文開始時引杜甫七詩，第二首到第七首，《仇注》以爲作於天寶五載及以後，應該可信。至於〈與李十二白同尋范十隱居〉，則以從宋人舊說、作於開元二十四年以後爲合（所謂「以後」，是指距離開元二十四年不遠的「以後」，不能理解成可以晚至天寶四載的「以後」。「以後」是「稍後」意）。按詩開始四句云：

　　　　李侯有佳句，往往似陰鏗。余亦東蒙客，憐君如弟兄。

從「余亦東蒙客」一句推知，本詩寫於杜甫東蒙山作客之後。杜甫東蒙之行，〈昔遊〉及〈憶昔行〉[18]有詳細記述：杜甫先去王屋山訪華蓋君，值華蓋君已死，於是「東蒙赴舊隱」（〈昔遊〉），與太白諸人同遊好。這就是他在〈玄都壇歌寄元逸人〉所說的「故人昔隱東蒙峰」[19]。《仇注》解〈昔遊〉起筆一段十二句云：「此初訪華蓋君而傷其逝世，是遊梁宋時。」又解接下去十二句一段云：「華蓋君已歿而轉尋董鍊師，是遊齊魯時事。」據宋人說法及拙文論證，遊梁宋、遊齊魯在開元二十四至二十六年間，也就是說〈與李十二白同尋范十隱居〉作於此時或稍後。

　　解決了李、杜初會的時間問題、解決了上引七詩的作年問題，那麼杜甫評李白詩的種種有關議論，似乎可以找出一個更合理的解說

---

17 參閱(一)：洪順隆《謝宣城集校注》本詩注，臺灣中華書局，1969。(二)：高光復《謝朓詩選釋》本詩釋文及書後所附〈謝朓年譜〉，黑龍江人民出版社，1991。
18 二詩分見《仇注》卷二十及二十一。
19 《仇注》卷二。

了。我們知道，李白天寶初奉詔入長安，賀知章見到他，讀其詩，大加讚賞，范傳正〈唐左拾遺翰林學士李公新墓碑〉云：「秘書監賀知章號公為謫仙人，吟公〈烏棲曲〉云：『此詩可以哭鬼神矣。』」賀知章是名宦名士，他評李白之言當必流播一時，且為包括杜甫在內的多數人接受。上引七詩，自第二首以下，明顯都是依據賀知章的論調、使用不同的詞語加以發揮；足以說明此一事實。

　　上引第一首的論調為甚麼和其他各首有差異？道理很簡單，第一首作於賀知章評論之前，還沒有受到影響。那麼為甚麼杜甫評李白詩只拿陰鏗作比擬、後人看來，好像比不上賀知章的評論妥當、因而提出「相忌」「譏刺」的說法作補充或彌縫？我的看法這樣：論者評文，由於學養識見的提高，通常也會有一個趨向越來越精深的過程。開元二十五、六年之間，杜甫年紀還輕，評論識力也許不足，作出和後人定評有距離的說法—往往似陰鏗，不一定不可能。就是說，用陰鏗詩去比擬李白詩，自然不夠貼切，不過如果考慮到〈與李十二白同尋范十隱居〉一詩寫作時期較早這麼一項因素，杜甫如此評論，也是可以理解的。總之，杜甫拿陰鏗比類李白，即使不夠準確，只是可能因為寫詩時年紀比較輕，識力未盡高明之故。後來詩壇對李白詩有了統一的認識，而杜甫的學藝隨年歲而俱深，於是說法改變了。不過即使以陰鏗為比，杜甫心中無論如何也見不出相忌之意。嚴羽《滄浪詩話‧考證》謂「是以庸俗之心，而度賢哲之意」，看來極有可能是這樣。

　　至於宋代及以後，許多學者就「重與細論文」中的「細」字推敲，得出「譏刺」的結論，我認為說法也是可以商榷的。仔細體會文本，結合評論者的話，「重與細論文」一句應該含有這樣的意思：「李白詩太俊快，變化少，不縝密，從前本已跟他詳盡談過了；只是目前作風依然，所以還想跟他再細細商量，希望他有所改進。」此外還可以多一種意思；「杜甫從前跟李白談詩，自覺講得不夠深入。現在有了更進一層的看法，希望日後見面時，能夠把最新的精微心得說出。」第二

種意思是從王嗣奭另一番話引來的。《杜臆》說:「公向與白同行同臥,論文舊矣。然於別後自有悟入,因憶向所與論猶粗也。」第二種意思是杜甫本人識見增進或轉變的問題,不涉及對李白詩的批評:第一種意思卻是涉及的。所以下文所論,只針對第一種意思。

　　詩句下「重」字,表示杜甫在天寶五載春天以前,已經有過和李白論文一回事了。這是事實。杜甫在代宗大曆初寫〈遣懷〉,記敘和高適、李白梁宋之遊:「憶與高李輩,論交入酒壚。兩公壯藻思,得我色敷腴。」既然飲酒爲文,跟著斟酌商論,無疑是情理之中的事。事實上杜甫〈贈高式顏〉詩云:「自失論文友,空知賣酒壚。」說的就是和高、李梁宋之遊的往事;詩中明點「論文」。梁宋之遊以後,天寶五載以前,李、杜二人在別處—如齊州—仍然見過面,想來同樣寫詩論文,只是詩篇中沒有提及吧了。「重與細論文」的「重」字,應該就是根據上述的事實基礎而下的。

　　後人以爲杜甫此句有不滿李白詩某些不完善處之意,這等於說杜甫第一次和李白詳盡談詩時,鑒識力其實已經很高,能夠看出李白詩不足的一面,並且已注意到甚或能夠避免提及的缺失了。問題是:二十六七歲的青年詩人杜甫已達到這樣的地步麼?杜甫晚年寫道:「晚節漸於詩律細。」[20]這是說他覺得自己早年的詩律不夠細密。創作的其他方面,不免也引發我們作同樣推測。杜甫早年本來寫了不少詩,所謂「有作成一囊」[21]然而傳世《杜集》,開元期間作品很少。「很少」的原因有很多,詩人晚年編集時覺得早年作品不成熟,加以刪削,很有可能是其中原因之一。「不成熟」云云,可以包括作品不夠細密和變化等等。倘使杜甫早年的作品真個未達於「細」,他卻會以此去譏刺別人麼?他跟別人詳細談詩論文,以求有所提高,那倒是可能的;不過

20　《仇注》卷十八〈遣悶戲呈路十九曹長〉。詩作於代宗大曆二年(767)。
21　《仇注》卷十六〈壯遊〉。

不見得他看對方作品時，存有高下之心。

　　我不相信「細」字有譏刺李白詩的微意。其實舉凡論文，論者多力求精細，所以單提「論文」一詞，原則上「細」意已在其中。由於詩句「重與」之下空三字，杜甫便把「論文」一詞本具的隱意—「細」—寫出。諸家紛求深解，看來是過了頭。

唐德宗之文治武功及其詩作

逢甲大學中國文學系講師
李　寶　玲

提　要

　　在唐代的研究中，安史之亂已成為普遍接受的分水嶺，安史之亂前，世人注目的焦點集中在文學，尤其是詩歌的輝煌成就；安史之亂後，學者的研究較集中在政治制度、社會經濟等方面，尤其是建藩制度與財政改革。

　　唐德宗在位長達二十五年之久，是安史亂後在位期間最久的皇帝，但在中唐的研究中，對德宗的關注遠遠不及稍後在位僅十五年的唐憲宗，德宗常被史家冠以「奉天之窘，可為零涕」、「貞元之辰，無道窮矣」的惡評[1]，對德宗的政績作正面而有系統的評論，一直要到一九九一年才出現。[2]至於德宗在文治上的努力，更是承繼《舊唐書》以來，認為德宗興文雅、行王道都是不切實際之舉，而予以一筆抹煞。本文擬從四方面重新檢討這些問題。

　　一、就中唐的環境，全面考察唐德宗其相關史料，以更客觀的角度詮釋其十五首詩作。

　　二、就德宗之詩作與群臣唱和之做交叉觀察，以便對當時的

1　見《舊唐書》卷十三〈德宗記下〉頁401。洪氏出版社。
2　劉太祥〈試論唐德宗施政方略〉一文，載於《南都論壇》（社會科學版）第十一
　卷，第三期，頁40－46。是對德宗政績作正面而富系統性的評論之首篇。

宮廷詩風有更進一步的掌握，並比較唐德宗朝與初唐的宮廷詩風有何異同。

二、「聲音之道與政通」、「功成治定而頌聲興」，德宗的作詩是一種文化策略，是一種對禮樂憲章功能的強化，並屬於德宗企圖重建「中央集權」政治所推展的重要工作之一。

四、從社交實踐的角度評斷德宗其人及其詩作，當更貼近於中唐的時代環境。就本文而言，更清晰的意識到，文學事實的呈現與文學史的呈現，並不必然一致。

關鍵字：唐代、中唐、唐詩、唐德宗、文學史、應制詩

一、唐德宗的文治武功

德宗神武孝文皇帝，名适，代宗長子。唐玄宗天寶元年（西元 742 年）四月生，唐代宗廣德二年（西元 764 年）二月立為皇太子。大曆十四年（西元 779 年）代宗崩，皇太子即位於太極殿，是為德宗。在唐代兩百八十九年（西元 618－907 年）的歷史中，自高祖至哀帝共經歷了二十位皇帝，而德宗在位時間長達二十五年之久，僅次於唐高宗李治的三十四年與唐玄宗李隆基的四十四年，在二十位君主中排行第三；若以安史之亂為界，德宗便是安史之亂後諸帝中在位最久的一位。

歷來對於德宗的評價，受《舊唐書》的影響多偏於負面[3]，對德宗

---

3 劉昫《舊唐書·德宗紀下》卷十三：「德宗在藩，齒胄之年，曾為統帥；及出震承乾之日，頗負經綸。故從初罷郭令戎權，非次聽楊炎謬計，遂欲混同華裔，束縛奸豪，南行湘漢之誅，北舉恆陽之伐。出車雲擾，命將星繁，罄國用不足以餽軍，竭民力未聞於破賊。一旦德音掃地，愁歎連營，果致五盜僭擬於天王，二朱憑陵於宗社。奉天之窘，可為涕零，罪己之言，補之何益。所賴忠臣戮力，否運再昌。雖知非竟逐於楊炎，而受佞不忘於盧杞。用延賞之私怨，奪李晟之兵符；

的政績作正面而有系統的評論，一直要到 1991 年才出現[4]。隨著近幾
年來中唐研究的蓬勃發展，諸多的史料有了更詳盡、更精確地解讀，
這些研究的成果，對於中唐史實的還原，有相當程度的助益。重新評
估德宗，對中唐的研究、甚至對唐代的研究而言，確實有著迫切性與
必要性。

　　三十九歲即帝位的德宗，一生成長的歲月，恰逢唐代由盛轉衰的
關鍵安史之亂，這一場「漁陽鼙鼓動地來，驚破霓裳羽衣曲」的戰禍，
歷時八年之久，使唐代社會出現一片前所未有的蕭條景象。雪上加霜
的是，此時外有回紇、南詔等異族伺機入寇，內有力大勢勝的藩鎮橫
行驕悍[5]，唐國勢之迫促可想而知。戰禍的連綿不斷，人民死傷枕藉，
社會經濟幾近崩潰[6]，代宗即位之年（寶應元年，西元 762 年）五月，
身為長子的德宗，當時年僅二十一歲便任天下兵馬元帥之重任，十月
會諸軍於陝州，大舉討伐佔據東都的史朝義，破賊於洛陽，進而平定
河南、河北，以元帥功拜尚書令，與郭子儀等八人圖形凌煙閣[7]。

　　而德宗即位之初，亟思復振王權，《舊唐書·德宗紀下》記載：

　　　德宗皇帝初總萬機，勵精治道。思政若渴，視民如傷。凝旒延
　　　納於讜言，側席思求於多士。其始也，去無名之費，罷不急之

取延齡之奸謀，罷陸贄之相位。知人則哲，其若是乎！貞元之辰，吾道窮矣。」
洪氏出版社。
劉太祥〈試論唐德宗施政方略〉一文，是對唐德宗政績作正面而富系統性評論之
首篇。文章刊載於《南都論壇》（社會科學版）第十一卷，第三期，頁 40－46。
趙翼《二十二史劄記》「唐節度使之禍」：「安史既平，武夫戰將，以功起行陣為
侯王者，皆除節度使。大者連州十數，小者猶兼三四，所屬文武官悉自置署，未
嘗請命於朝，力大勢勝，遂成尾大不掉之勢。」頁 389。台灣商務印書館。1965
年。
趙翼《二十二史劄記》「唐前後米價貴賤之數」：「自安史之亂，兵役不息，田土
荒蕪，兼有攤戶之弊，……是以逃亡愈多，耕種愈少。代宗永泰元年（西元 765
年），京師斗米一千四百，畿甸按穗，以供宮廚。至麥熟後，市有醉人，已詫為
祥瑞。較貞觀開元時幾至數十百倍。」頁 402。
參見《舊唐書·德宗紀上》卷十二。

官；出永巷之嬪嬙，放文單之馴象；減太官之膳，誡服玩之奢；
解鷹犬而放伶倫，只榷酤而絕貢奉。百神咸秩，五典克從，御
正殿而策賢良，輟廷臣而治畿甸。[8]

除了《舊唐書》之外，《資治通鑑》對於德宗即位之初所行之事，也有
詳細的記載，並且說明了對於當時德宗的諸項政策，天下百姓的回應
是「於是中外皆悅，淄青軍士，至投兵相顧曰：『名主出矣，吾屬猶反
乎！』」[9]「天下以為太平之治，庶幾可望焉。」[10]

　　唐代自安史之亂以來，原先所建立的秩序遭遇極大的挑戰，肅、
代二宗，甚至到了德宗一朝，朝廷考慮的最重要的課題，不外乎軍事
和經濟兩項，《舊唐書》、《新唐書》、《資治通鑑》等史書上，這兩項議
題所佔據的大量篇幅即是最佳的證明。在軍事方面，德宗本人有身歷
行營的經驗，即位之後，對藩鎮的態度一反前朝作法，對叛藩採取強
硬的政策。如《資治通鑑》所載：

（五月）朱泚等圍劉文喜於涇州，杜其出入，而閉壁不與戰，
久之不拔。天方旱，徵發饋運，內外騷然，朝臣上書請赦文喜
以蘇疲人者，不可勝紀。上皆不聽，曰：「微孽不除，何以令天
下！」文喜使其將劉海賓入奏，海賓言於上曰：「臣乃陛下藩臣
部曲，豈肯附叛臣，必為陛下梟其首以獻。但文喜今所求者節
而已，願陛下姑與之，文喜必怠，則臣計得施矣。」上曰：「名
器不可以假人，爾能立效固善，我節不可得也。」使海賓歸以
告文喜，而攻之如初。減御膳以給軍士，城中將士當受春服者
賜予如故。於是眾知上意不可移。[11]

8　見《舊唐書・德宗紀下》卷十三。
9　見《資治通鑑》卷二二五〈唐紀四十一〉「代宗大曆十四年（七七九）」。北京
　　華書局，1956 年。
10　見《資治通鑑》卷二二五〈唐紀四十一〉「代宗大曆十四年（七七九）」。
11　見《資治通鑑》卷二二六〈唐紀四十二〉「德宗建中元年（七八〇）」。

　　劉文喜被殺後，恰逢平盧節度使李正己遣參佐入奏事，「**上使觀文喜之首而歸，正己益懼**」[12]，德宗利用這個機會宣揚威武，對於欲有異己之心者，充分達到殺一儆百的恫嚇之效。

　　除了對跋扈的藩鎮採取不妥協的強勢作為之外，德宗在建中二年（西元 781 年）兩河大戰爆發後，開始大規模地重組或創置新的藩鎮，觀德宗一朝，在關右有夏綏節度使；河南有義成、宣武、武寧、忠武、可陽五鎮；河北有昭義、義武、橫海三藩。此外，德宗又在淮南道建立安黃節度使。[13]在唐人的文章中，對於德宗所置的這些藩鎮多所肯定。[14]同時德宗在「詔京西戍兵萬二千人以備關東」時，為表示自己重視的態度，還刻意「御望春樓親是師以遣之」[15]。德宗在創置新藩鎮及重組舊藩鎮的政策，大幅度改變了當時藩鎮的封疆及軍事形勢，更鑄造了中唐以來朝廷賴以制禦強藩的戰略格局。這些措施絕非偶然忽興的產物，背後實寓有保障運路、孤立叛藩、打擊逆命及不必如昔日專倚西北和神策部伍而可收制禦叛之效等戰略目標。[16]

　　從德宗建中二年（西元 781 年）發動對淄青、成德、魏博以及山

2　見《資治通鑑》卷二二六〈唐紀四十二〉「德宗建中元年（七八〇）」。
3　參考吳廷燮《唐藩鎮年表》北京中華書局，1980 年。
4　如對義成軍的戰略價值見《全唐文》卷六一五，庾承宣〈唐前義成軍節度使鄭滑等州觀察使檢校吏部尚書兼御史大夫李公二州慰思述〉一文中說：「風俗之舊，號為堅強，兵甲精而氣騰，疆土沃而人逸。」《全唐文》卷七二四，崔郾〈唐義成軍節度鄭滑潁等州觀察處置等使金紫光祿大夫檢校尚書右僕射使持節滑州諸軍事兼滑州刺史御史大夫上柱國襲封密國公食邑三千戶高公德政碑並序〉文中說：「白馬通津，處東夏之衝要，襟西城之悍藪。」。文中所謂「西城」，即指義成以西列城。《全唐文》卷七四六，劉三復〈滑州節堂記〉一文中說義成軍是：「股臂梁洛，咽喉齊魏。」。德宗以徐州節度使張建封統戍守於優越地理位置的武寧軍，而唐人對張建封的戰功平價甚高，如《全唐文》卷四九一，權德輿〈送張僕射朝觀畢歸徐州序〉中便讚揚張建封「臨駁機以激大順，奮州師以摧劇虜，淮、湖之間，巋然保障。」。上海古籍出版社。1993 年 11 月二刷。
　見《舊唐書·陽惠元傳》卷一四四。
　參見伍伯常〈唐德宗的建藩政策——論中唐以來制禦藩鎮戰略格局的形成〉一文。《東吳歷史學報》第六期，頁 1－33。2000 年 3 月。

南東道四節度使的討伐戰爭，建中四年（西元 783 年）十月，涇原軍過長安時擁立朱泚稱帝，德宗出奔奉天，是謂「涇師之變」，到貞元二年（西元 786 年）四月李希烈被殺，淮西歸順為止，這七個年頭的軍事行動，黃永年經過研究，總結說：

> 在上述七年討叛戰爭中人們往往認為德宗是個徹底失敗者，甚至因此而斥責德宗為「昏君」。其實不然，在北戰場是打了個平手，南戰場則先後消滅了山南東道的梁崇義和淮西的李希烈，儘管淮西的問題並未完全解決以後有勞憲宗來收拾。對鞏固京畿來說平定了朱泚的叛亂，消滅了涇原、鳳翔的隱患，還附帶解決了中央長期不放心的朔方兵問題，並把嫡系主力神策軍的兵權收歸比較可靠的皇帝家奴宦官來掌握。這些都只能說是成功而不能說是失敗。當然，這並不等於否認德宗的某些措施不夠妥當或有失誤，甚至出了亂子。但出了亂子仍能力圖挽救且收效，可見德宗實在不昏。[17]

至於經濟方面，甫上任的德宗便以大刀闊斧的姿態進行改革，學者研究關注的焦點大多放置在兩稅法的施行，其實除了兩稅法實施之外，德宗仍有多項經濟上的改革。如大曆十四年（西元 779 年）十二月，出肅、代二宗以來改貯於大盈內庫的金帛，恢復左藏的功能[18]；建中

---

17 見黃永年〈「涇師之變」發微〉一文，收錄於《文史探微》，頁 423。北京中華書局。2000 年 10 月初版。

18 《資治通鑑》卷二二六，〈唐紀四十二〉「代宗大曆十四年（七七九）」記載：「舊制，天下金帛皆貯於左藏，太府四時上其數，比部覆其出入。及第五琦為度支鹽鐵使，時京師多豪將，求取無節，琦不能制，乃奏盡貯於大盈內庫，使宦官掌之，天子亦以取給為便，故久不出。由是以天下公賦為人君私藏，有司不得窺其多少，校其贏縮，殆二十年。宦官領其事者三百餘員，皆蠶食其中，以結根據，牢不可動。楊炎頓首於上前曰：『財富者，國之大本，生民之命，重輕安危，莫不由之，是以前世皆使重臣掌其事，猶或耗亂不集。今獨使中人出納盈虛，大臣皆不得知，政之蠹弊，莫甚於此。請出之以歸有司。度宮中歲用幾何，不敢有乏。如此，然後可以為政。』上即日下詔：『凡財賦皆歸於左藏，用舊式，歲於數中擇精好者三、五千匹，進入大盈。』」。

元年（西元 780 年）正月頒佈兩稅法之後不久，便下詔令「天下錢穀皆歸金部、倉部」[19]。至於建中元年（西元 780 年）正月頒佈的兩稅法，因提議者宰相楊炎以文學知名於時，卻負責財經的推行改革的特殊性，引發學者對兩稅法提出的動機有諸多的說法[20]，但把租庸調殘額以及非法賦斂併入兩稅稅額，這個取代過程及其必然性已成爲學者研究的共識。

兩稅法與先前的稅制比較起來，黃永年認爲它的特色在於：一、承認當時一些非法的賦斂爲合法，不予取締；同時把這些原來非法的賦斂，並收入兩稅，納入中央控制的範圍，成爲國家的「正供」。二、不再像過去一樣，全國有統一的稅額，改用攤派的辦法。換句話說，就是以州府爲單位，把該州過去徵收戶、地稅最多一年的總額，加上該州原先徵收的租庸調殘額和非法賦斂，成爲該州府的戶、地稅總額，然後按該州府的土客戶數戶等和見佃青苗地額來攤派，實際上增加百姓在稅額上的負擔。三、既然是由中央來經管支配稅額，具體的辦法是由中央派出「黜陟使十一人分巡天下」，由黜陟使代表中央和地方長官觀察使、刺史協商，在確定該州府兩稅總額的錢物斛斗後，從中劃出若干「支留」地方，若干「合送」中央。四、黜陟史是代表中央的欽差大臣，所以當他們「覆命回朝」後，一律尊重黜陟使與地方官所定稅額，中央不會再有「類會裁處」的情形。五、確定了各州府的兩稅總額，以及上供、送使、留州的數額之後，讓地方政權分得一定的

---

19 《資治通鑑》卷二二六，〈唐紀四十二〉「建中元年（七八〇）」記載：「炎乃建言：『尚書省，國政之本，比置諸使，分奪其權。今宜復舊。』上從之。甲子，詔天下錢穀皆歸金部、倉部，罷晏轉運、租庸、青苗、鹽鐵等使。」
20 林偉洲便認爲兩稅法是楊炎打壓劉晏的許多手段中之一項。參考〈政治衝突與中唐稅制──以劉晏、楊炎爲中心〉一文，收錄於《唐代文化研討會論文集》頁 439－485。文史哲出版社。1991 年 7 月初版。而黃永年卻認爲兩稅法是從財政稅收上解決中央和地方的經濟矛盾。參考〈論建中元年實施兩稅法的意圖〉一文，收錄於《文史探微》，頁 373－389。

好處，此外就不再允許地方政權非法賦斂。[21]

　　兩稅法的實施，不僅是對中唐以來混亂的正稅體制做一整頓，更是對於肅代以來產生的，各種臨時雜徵稅目的一項清理。其不僅是欲以兩稅法來抗衡劉晏所掌領的財賦權，更是欲以舊體制職權的恢復，來完全取代財經使職[22]。而兩稅法施行後，中央的收入雖遠比不上外費的總數，但已遠遠超過任何一個地方政權的收入，說明實施兩稅法向地方爭奪財權，在當時卻已取得成效[23]。更重要的是，藉由兩稅法的施行，唐代的財經使的職權得以恢復，雖然一直要到德宗晚期諸財經使的職權才能有固定的劃分，但德宗朝階段的稅制政策，最終形成晚唐財政三司的制度化形式，影響十分深遠[24]。

　　此外，為了解決外夷入侵及藩鎮割據的問題，德宗更運用了靈活的公主和親政策，以維護國家的穩定。如貞元四年（西元 788 年）以親生女兒咸安公主出嫁回紇天親可汗；貞元二年（西元 786 年）以義陽公主嫁盧龍軍節度使王武俊之子王士平；貞元三年（西元 787 年）以嘉誠公主嫁魏博節度使田承嗣之子田緒；同年又以義章公主嫁成德軍節度使張孝忠之子張茂宗；貞元二十年（西元 804 年）以晉康公主嫁成德軍留后節度使張茂昭之子張克禮，這樣的作法雖然未必能從根本上解決問題，但以當時正值多事之秋的唐帝國而言，仍能增加許多喘息的空間與時間。

　　唐代的公主們憑藉著她們的特殊身份，到了德宗時代，所表現出來的行為已完全不受禮法約束，德宗大力整頓了公主政策，如改革不

---

21 參見黃永年〈唐兩稅法雜考〉、〈論建中元年實施兩稅法的意圖〉二文，收錄於《文史探微》，頁 354－372、373－389。

22 見林偉洲〈政治衝突與中唐稅制——以劉晏、楊炎為中心〉一文，收錄於《唐代文化研討會論文集》頁 450。

23 見黃永年〈論建中元年實施兩稅法的意圖〉一文，收錄於《文史探微》，頁 386

24 參見林偉洲〈政治衝突與中唐稅制——以劉晏、楊炎為中心〉一文，收錄於《唐代文化研討會論文集》頁 468。

合禮法的舅姑拜見公主之禮、對公主及駙馬的違禮行為嚴加懲戒；整頓公主經濟制度，使其崇尚節儉之風；並且修改公主出嫁儀式。[25]另外，德宗召宋之問裔孫、宋廷芬之五女：若莘、若昭、若倫、若憲、若荀等入禁中試文章，後留宮中，呼為學士；與五宋齊名的鮑君徽因善詩，德宗亦嘗召入宮，這些才女都參與皇帝與侍臣們的賡和。[26]其中，宋若莘著有《女論語》十篇，內容皆言婦道，德宗以宋若莘之《女論語》為教材，對宮廷中的公主、嬪妃等女眷施以教育，以期宮廷中之女性重返禮教規範之列。[27]德宗以改革公主制度為契機，希望重新建立因戰爭所破壞的禮法制度，有著一定的成效。

此外，如建中元年（西元 780 年）「另詳定國初以來將相功臣房玄齡等一百八十七人，據功績分為為三等」[28]；貞元五年（西元 789 年）「詔以褚遂良已下至李晟等二十七人，圖形於凌煙閣，以繼國初功臣之像」[29]；貞元七年（西元 791 年）四月詔曰「申恩卿士，自我為初。起今年五月朔，御正殿，召見文武百官，外官因朝奏，咸聽就列。仍編禮式，以為常典。」五月，「上御宣政殿見百官，從新制也。」[30]這些足以說明，德宗希望藉由許多新制度的制訂，重新回復國家因戰爭而打亂的秩序。

德宗時期提倡文治，對禮樂的重視是有目共睹的，此時有許多反

---

25 參考鄒流芳〈論唐德宗時期對公主政策的整頓〉一文。《湖南師範大學社會科學學報》二期。2001 年 5 月。頁 245－247。

26 參見《新唐書·后妃傳》卷七七「（宋氏）五女，皆警慧，善屬文。長曰若莘，次若昭、若倫、若憲、若荀。莘、昭文尤高。……貞元（785－804）中，昭義節度使李抱真表其才，德宗召入禁中，試文章，並問經史大誼，帝咨美，悉留宮中。帝能詩，每與侍臣賡和，五人者皆預，凡進御，未嘗不蒙賞。又高其風操，不以妾侍命之，呼學士。」洪氏出版社。

27 參考謝無量《中國婦女文學史》頁 196－197。台灣中華書局。

28 見《舊唐書·德宗紀上》卷十二。

29 見《舊唐書·德宗紀下》卷十三。

30 見《舊唐書·德宗紀下》卷十三。

映禮樂之作的文章,如權德輿就有〈遷廟議〉、〈昭陵寢宮議〉等奏議[31],這些文章的內容都討論到祭祀之禮儀,且強調禮樂對恢復社會秩序的重要作用,甚至認為禮樂本身就具有教化功效,理當特別講究。

晚年的德宗朝廷,在政權的穩定上出現了危機,幾位擁有繼承皇位可能的候選人,不斷地努力爭取接班的機會,此時大臣、宦官、藩鎮也加入這場皇位的繼承之爭,各為其主。貞元二十年(西元 804 年)九月,當時為太子的順宗得了風疾,德宗在九月二十七日一口氣添了三位翰林學士,他們分別是李程、張聿和王涯,在此之前,翰林學士僅有二位,即鄭絪與衛次公。根據王怡辰的分析,這五位翰林學士都是明顯支持皇孫,即後來的憲宗的人士[32],從翰林學士的員額中,明顯看出德宗在晚年身體逐漸轉壞的情況下,仍積極扶植皇孫繼統。從後來的順宗短暫即位,與順宗朝引發的「永貞革新」及憲宗繼位之後的表現看來,即便到了晚年,德宗的判斷力仍舊值得我們肯定。

德宗即位之初,對於人才的任用,未盡理想,所以,在日後的施政上特別重視人才的拔擢與培養。由《舊唐書・陸贄傳》可以得知:

> 上即位之初,用楊炎、盧杞兼政,樹立朋檔,排擯良善,卒致天下沸騰,鑾輿奔播。懲是之失,貞元以後,雖立輔臣,至於小官除擬,上必再三詳問,久之方下。[33]

《唐語林》卷三〈賞譽〉記載:

> 德宗每年徵四方學術直言極諫之士,至者萃於闕下,上親自考試,絕請託之路。是時文學相高,當途者咸以推賢進善為意。上試制科于宣德殿。或下等者,即以筆抹之至尾。其稱旨者,必吟誦嗟嘆;翌日,遍示宰相學士,曰:「此皆朕之門生。」公

31 見《全唐文》卷四八八。
32 參考王怡辰〈唐德宗晚年派系政治與順宗即位〉一文,收錄於《中國歷史學會史學集刊》第二十六期,頁 23－49。1994 年 9 月。
33 見《舊唐書・陸贄傳》卷一三九。

　　卿無不服上精鑒。[34]

小自人才的選拔，大至國家的軍事經濟，德宗無不兢兢業業，親身參
與其中。

　　在風雨飄搖狀態下即位的德宗，執政的二十五年間整頓朝儀，透
過建藩制度使唐帝國有了新的戰略格局，奠定了日後憲宗對叛藩大張
撻伐的軍事基礎；透過兩稅法的施行，使中央獲得「賦不加斂而增入」
[35]的好處，奠定了日後憲宗對叛藩大張撻伐的經濟基礎；整頓被破壞
的禮法制度，制訂新的禮法制度，強化禮樂憲章的功效，透過政教的
力量，使得原被安史之亂所打亂的唐帝國秩序，儘快的恢復常軌，奠
定日後憲宗執政穩定的社會基礎；晚年在接班人選的安排上，透過翰
林學士的增額，暗中助長皇孫黨的實力，奠定了日後憲宗得以繼承皇
位，創造出唐代第二個繁榮局勢的基礎，所以，我們對於德宗得評價
應給予正面之肯定。

二、唐德宗的詩作

　　唐代的二十位君主中，有一半的皇帝留下傳世的詩歌，《全唐詩》
中所錄德宗作品數量共計十五首，在十位有詩作傳世的君主中排行第
三，數量僅次於太宗的六十九首及玄宗的六十二首。若同樣以安史之
亂為界，德宗便是安史之亂後諸帝中詩作最豐的一位。

　　唐德宗的十五首詩作，若按照創作時間先後為次[36]，結果如下表：

34　見宋王讜撰、周勛初校證《唐語林校證（上）》卷三〈賞譽〉。頁 277。北京中華
　　書局。1997 年 12 月二刷。

35　見《舊唐書・楊炎傳》卷一一八。

36　此表寫作時間的判斷，分別參考《舊唐書》、《資治通鑑》、《國史補》、《全唐詩》、
　　《唐詩紀事》、《唐五代文學編年史》等書。

寫　作　時　間	詩　　　　名	奉　和　應　制　之　作
貞元四年（788）三月[37]	麟德殿宴百僚【45】4，1[38]	宋若昭〈奉和御製麟德殿宴百僚應制〉【68】7，1 宋若憲〈奉和御製麟德殿宴百官〉【68】7，1 包君徽〈奉和麟德殿宴百僚應〔制〕〉【69】7，1 常袞〈奉和聖製麟德殿燕百僚應制〉【2858】254，8[39] 盧綸〈奉和聖製麟德殿宴百僚〉【3138】276，9
貞元四年（788）九月[40]	重陽日賜宴曲江亭賦六韻詩用清字【44】4，1	李泌〈奉和聖製重陽賜會聊示所懷〉【1127】109，2 韋應物〈奉和聖製重陽日賜宴〉【1953】190，3 崔元翰〈奉和聖製重陽旦日百寮曲江宴示懷〉【3521】313，5
貞元五年（789）二月[41]	中和節日宴百僚賜詩【44】4，1	李泌〈奉和聖製中和節曲江宴百寮〉【1127】109，2

37　見《舊唐書・德宗紀下》卷十三「甲寅，地震。宴群臣於麟德殿，設九部樂，內出舞馬，上賦詩一章，群臣屬和。」

38　為行文方便，【】中之數字為《全唐詩》之頁數，｛｝中之數字為《全唐文》之頁數，其次的數字為卷數，最後的數字為冊數。本表所列資料，《全唐詩》為文史哲出版社出版。1987年12月。《全唐文》為上海古籍出版社出版。1993年1月二刷。

39　常袞與盧綸詩作內容重複，《舊唐書・常袞傳》卷一一九：「（建中）四年正月卒，時年五十五。」。常袞既卒於正月，三月絕不可能有奉和之作，知《全唐詩》誤收，此處應為盧綸之作。

40　見《舊唐書・德宗紀下》卷十三「癸丑，賜百僚宴於曲江亭，仍作重陽賜宴六韻賜之。群臣畢和，上品其優劣。以劉太真、李紓為上等，鮑防、于邵為次等，張濛、殷亮等二十人又次之，唯李晟、馬燧、李泌三宰相之詩不加優劣。」《舊唐書》中所言及諸人，《全唐詩》僅存李泌奉和之作。

41　《國史補》卷下：「貞元五年初置中和節，御制詩，朝臣奉和，詔寫本賜戴叔倫於容州，天下榮之。」頁4。《筆記小說大觀》二十一編。台北新興出版社。19年。《全唐文》卷四八一馬總〈為戴中丞謝賜中和節詩序表〉。

貞元六年（790） 二月[42]	中和節賜群臣 宴賦七韻【46】4，1	
貞元六年（790） 三月[43]	三日書懷因示 百僚【46】4，1	崔元翰〈奉和聖製三日書懷 因以示百僚〉【3521】313，5
貞元七年（791） 七月[44]	七月十五日題 章敬寺【47】4，1	崔元翰〈奉和聖製中元日題 奉敬寺〉[45]【3521】313，5
貞元九年（793） 正月[46]	元日退朝觀軍 仗歸營【45】4，1	
貞元十年（794） 九月[47]	九月十八賜百 僚追賞因書所懷 【45】4，1	權德輿〈奉和聖製九月十八 日賜百寮追賞因書所懷〉【3603】 320，5 權德輿〈中書門下謝御製九 月十八日賜百官追賞因示所懷 詩〉｛2197｝485，3 權德輿〈中書門下進奉和御 製九月十八日賜百官追賞因示所 懷詩狀〉｛2197｝485，3
貞元十三年 （797）九月[48]	重陽日中外同 歡以詩言志因示群 官【46】4，1	權德輿〈奉和聖製重陽日中 外同歡以詩言志因示百僚〉 【3604】320，5

---

42 見《舊唐書・德宗紀下》卷十三「二月戊辰朔，百僚會宴於曲江亭，上賦中和
　節群臣賜宴七韻。」《全唐詩》言此首「貞元五年初置中和節，帝製詩，寫本賜
　戴叔倫於容州。」誤，德宗賜戴叔倫應為前首〈中和節日宴百僚賜詩〉，非此首。
43 見《舊唐書・德宗紀下》卷十三「三月庚子，百僚宴於曲江亭，上賦上巳詩一
　篇賜之。」
44 見《舊唐書・德宗紀下》卷十三「癸酉，上幸章敬寺，賦詩九韻，皇太子與群
　臣畢和，題之寺壁。」
45 德宗〈三日書懷因示百僚〉詩與崔元翰此詩內容重複，觀其詩作中「戒茲游衍
　樂，書以示群臣」之句，當是德宗作品，非崔元翰詩，《全唐詩》誤植。
46 見《舊唐書・德宗紀下》卷十三「九年春正月庚辰朔，朝賀畢，上賦退朝觀仗
　歸營詩。」。
47 見《舊唐書・德宗紀下》卷十三「戊子，賜百僚九日宴，上賦詩賜之。」
48 見《舊唐書・德宗紀下》卷十三「辛卯九日，宴宰臣百官於曲江，上賦詩以賜
　之。」

		權德輿〈中書門下謝御製重陽日中外同歡以詩言懷因示群官一首狀〉{2196} 485，3
		權德輿〈中書門下進奉和聖製重陽日中外同歡以詩言志因示群官狀〉{2196} 485，3
貞元十三年（797）十二月[49]	送徐州張建封還鎮【45】4，1	
貞元十四年（798）二月[50]	中春麟德殿會百僚觀新樂詩一章章十六句【47】4，1	權德輿〈奉和聖製中春麟德殿會百寮觀新樂〉【3604】320，5 權德輿〈中書門下進奉和聖製中春麟德殿會百寮觀新樂詩狀〉{2197} 485，3 權德輿〈中書門下賀新製中和樂狀〉{2197} 485，3
貞元十七年（801）二月[51]	中和節賜百官燕集因示所懷【44】4，1	權德輿〈奉和聖製中和節賜百官宴集因示所懷〉【3604】320，5 權德輿〈中書門下謝御製中和節百官宴集因示所懷詩狀〉{2197} 485，3 權德輿〈中書門下進奉和聖製中和節百官宴集因示所懷詩狀〉{2197} 485，3

---

49 《舊唐書‧德宗紀下》卷十三，記載張建封入朝爲十月，但《舊唐書‧張建封傳》：「（貞元）十三年冬，入覲京師。德宗禮遇加等，特以雙日開延英召對。」卷一四〇。《資治通鑑》卷二三五〈唐紀五十一〉繫於十二月。今從《資治通鑑》說法。

50 見《舊唐書‧德宗紀下》卷十三「戊午，上御麟德殿，宴文武百僚，初奏破陣樂，徧奏九部樂，及宮中歌舞妓十數人列於庭。先是上制中和樂舞曲，是日奏之，日晏方罷。比詔二月一日中和節宴，以雨雪，改用此日。上又賦中春麟德殿宴群臣詩八韻，群臣頒賜有差。」

51 見《舊唐書‧德宗紀下》卷十三「二月癸巳朔，賜群臣宴於曲江亭，上賦中和節賜宴曲江詩六韻賜之。」

貞元十七年（801）九月[52]	重陽日即事【46】4，1	武元衡〈奉和聖製重陽日即事〉【3564】317，5 權德輿〈奉和聖製重陽日即事〉【3604】320，5 權德輿〈中書門下謝聖製重陽日即事六韻詩狀〉{2197}485，3 權德輿〈中書門下進奉和聖製重陽日即事六韻詩狀〉{2197}485，3
貞元十八年（802）九月[53]	豐年多慶九日示懷【46】4，1	武元衡〈奉和聖製豐年多慶九日示懷〉【3563】317，5 權德輿〈奉和聖製豐年多慶九日示懷〉【3604】320，5
	九日絕句【47】4，1	
		權德輿〈奉和聖製九日言懷賜中書門下及百寮〉【3603】320，5 權德輿〈中書門下謝御製九日言懷賜中書門下及百寮詩狀〉

2　見《舊唐書·德宗紀下》卷十三「貞元十一年九月己卯，賜宰臣兩省供奉官宴於曲江，賦詩六韻賜之。」又「貞元十七年九月戊辰，群臣宴曲江，上賦九日賜宴曲江亭詩六韻賜之。」不知何年爲是？《歲時習俗資料彙編》〈日涉編〉卷五「五月二十八日」：「唐德宗是日甘露降元和殿，桐木、丁香木。武元衡表曰，元和殿降甘露宣示百寮，光凝棲鳳之林，氣浥傳香之木。」（貞元十八年《玉海》）《全唐文》卷五三一有武元衡之〈賀甘露表〉一文。武元衡生於玄宗天寶十五年（西元 756 年），建中四年（西元 783 年）進士及第，時年二十七，貞元十一年（西元 795 年）時年三十九，貞元十七年（西元 801 年）時年四十五，元和九年（西元 814 年）被刺身亡，享年五十八。依照武元衡之資料判斷，德宗此詩作於貞元十七年可能性較高。

3　見《舊唐書·德宗紀下》卷十三「癸亥，賜群臣宴於馬璘山池，上賦九日賜宴詩六韻賜之。」

4　這些詩作中，權德輿的〈奉和聖製九日言懷賜中書門下及百寮〉、〈中書門下謝御製九日言懷賜中書門下及百寮詩狀〉和〈中書門下奉和聖製九日言懷詩賜中書門下及百官詩進狀〉僅存奉和應制之作，德宗原詩已軼。

		{2196} 485，3
		權德輿〈中書門下奉和聖製
		九日言懷詩賜中書門下及百官詩
		進狀〉{2196} 485，3[54]

　　從上表所觀察到的德宗十五首作品，我們可以歸納出以下數點：第一、這些作品，幾乎都屬於貞元時代的創作，甚至應是貞元四年（西元 788 年）以後的作品，摯虞所說「功成治定而頌聲興」，德宗的詩作服膺了中國古代文學史上的普遍規律；第二、這些作品中作於賜宴賦詩的場合占極大多數，達十一首，可見德宗對宴會十分重視；第三、這些作品與節慶關係十分密切，計有十三首[55]，且集中在中和節與重陽節的描寫，其中中和節占四首，寫重陽節多達六首，中和節為德宗所訂定的節日，自是意義重大，而安史亂後唐人對重陽節十分重視，從德宗詩作亦可觀察到此現象；第四、這些作品擁有其他奉和應制之作的比例甚高，達十首之多，可見德宗創作詩作，更強烈的目的應是為引發群臣的唱和，拋磚引玉動機值得深究。

　　安史之亂爆發後，歷經肅代二朝，加上德宗的努力，局勢日趨穩定，到了貞元期間，社會秩序大多回復，人文方面的成績漸露曙光。《舊唐書・劉太真傳》云：「貞元三年（七八七）以後，仍歲豐稔，人始得生人之樂。」[56]余恕誠認為：

> 盛唐之後，經歷大曆、建中一段詩歌創作相對薄弱的時期，到了貞元、元和年間，唐詩又掀起第二次高潮，人才輩出，名
> 鼎沸。[57]

雖然余恕誠的說法指的是整個時代的氛圍，不僅僅是德宗宮廷內的

55　其中〈九月十八賜百僚追賞因書〉是記重陽節賜宴；〈中春麟德殿會百僚觀新
　　詩一章章十六句〉是比詔中和節賜宴。
56　見《舊唐書・劉太真傳》卷一七三。
57　見余恕誠《唐詩風貌及其文化底韻》頁 92。文津出版社。1999 年 8 月一刷。

況，但是，一個時代士人表現出什麼樣的行為風範，固然是現實環境作用的結果，但和朝廷特別是皇帝的個性愛好尚有很大的關係[58]。

在漸入佳境的國勢中，德宗對宴飲活動的支持不遺餘力。自安史之亂發生以後，玄宗遷蜀，肅宗倉促即位，亂離之際，宮廷中的宴飲活動，幾乎完全停止，直到貞元四年（西元 788 年）才又見到史書上記錄宮廷中大規模的宴飲活動[59]。另外，如《舊唐書·德宗紀下》記載：

> 九月丙午，詔：「比者卿士內外，左右朕躬，朝夕公門，勤儉庶務。今方隅無事，烝庶小康，其正月晦日、三月三日、九月九日三節日，宜任文武百僚選勝地追賞為樂。每節宰相及常參官共賜錢五百貫文，翰林學士一百貫文，左右神威、神策等軍每廂共賜錢五百貫文，金吾、英武、威遠諸衛將軍共賜錢二百貫文，客省奏事共賜錢一百貫文，委度支每節前五日支付，永為常式。」[60]

這種原先百僚集中一處的宴飲活動，到了貞元九年（西元 793 年）有了變化，《舊唐書·德宗紀下》：

> 二月庚戌朔。先是宰相以三節賜宴，府縣有供帳之弊，請以宴錢分給，各令諸司選勝地宴會，從之。是日中和節，宰相宴於曲江亭，諸司隨便，自是分宴焉。[61]

分宴，就是各部門自己舉行宴會。整個宴飲的活動，在德宗的鼓勵之下，由中央政府延伸到地方政府。我們由《舊唐書》中所載德宗宴飲賦詩賜詩事，共有十二處，次數之多，為《舊唐書》中所有帝王之冠，亦可證德宗對賜宴賦詩的支持。

---

58 見吳相洲《中唐詩文新變》頁 4。商鼎文化出版社。1996 年 8 月初版。
59 此次宴飲即貞元四年（788）三月德宗作〈麟德殿宴百僚〉之時。
60 見《舊唐書·德宗紀下》卷十三。
61 見《舊唐書·德宗紀下》卷十三。

　　節日與慶典的重要性，根據柯塞（Lewis A Coser）的說法，他認為在歷史性記憶的情況，人們並非直接記著種種歷史事件；只有人們聚在一起，透過閱讀、收聽或是參與慶典節日的機會，記憶起那些過往逝世已久團體成員的言行成就，感動才能夠被勾起。許多活動的舉行，常常是為了強調某些記憶為目的，在這種情況中，過去的歷史，是被種種社會制度來儲存與解釋的。[62]身為歷史建構者的一國之君，自然而然會對慶典與節日投注較多的關注。加上安史之亂以後，文士對重陽節宴十分重視[63]，德宗的詩作也出現同樣的特質。而中和節更是德宗自訂的節日，《唐會要》記載：

> 五年正月十一日勅：四序嘉辰，歷代增置，漢崇上巳，晉紀重陽，或說禳除，雖因舊俗，與眾宴樂，誠洽當時。朕以春方發生，候維仲月，句萌畢達，天地同和，俾其昭蘇，宜助暢茂。自今以後，以二月一日為中和節，內外官司，竝休假一日，先勅百僚，以三令節集會。今宜吉制嘉節以徵之，更晦日于往月之終，揆明辰于來月之始。[64]

對德宗本人而言，中和節具特殊的意義，重視的態度自然不在話下，且從德宗與群臣間的唱和之作觀之，中和節創作的詩作不僅呈現君臣其樂融融的景象而已，更擴大呈現人與萬物之間同融共和的氣象。[65]

---

62 見《當代》第九十一期「集體記憶專輯」柯塞（Lewis A Coser）著、邱澎生譯〈阿伯瓦克與集體記憶〉一文，頁29。1993年11月。
63 參考吳秋慧〈唐代宴飲詩研究〉頁246。政大博論。2000年7月。
64 見《唐會要》卷二九，「節日」條。頁544。北京中華書局。1998年11月四刷。
65 如《全唐詩》卷四，德宗〈中和節日宴百僚賜詩〉「韶年啓仲序，初吉諧良辰。肇茲中和節，式慶天地春。歡酣朝野同，生德區宇均。雲開灑膏露，草疏芳河津。歲華今載陽，東作方肆勤。慚非熏風唱，曷用慰吾人。」〈中和節賜群臣宴賦七韻〉「東風變梅柳，萬彙生春光。中和紀月令，方與天地長。耽樂豈予尚，懿茲時景良。庶遂亭育恩，同致寰海康。君臣永終始，交泰符陰陽。曲沼水新碧，華林桃稍芳。勝賞信多歡，戒之在無荒。」〈中和節賜百官燕集因示所懷〉「至化恆（一作常）在宥，保和茲息人。推誠撫諸夏，與物長為春。仲月風景暖，禁城花柳新。芳時協金奏，賜宴同（一作錫宴周）群臣。絲竹豈云

《舊唐書・劉太真傳》說:「(德宗)文思俊拔,每有御製,及命朝臣畢和」[66],《舊唐書・德宗紀下》中所記載的情形亦同,所以,我們看到現存與德宗詩作大量相關的奉和應制作品,種類詩文皆俱。在權德輿〈中書門下奉和聖制九日言懷賜中書門下及百官進詩狀〉中說:

> 夫為陛下有堯文之思,舜之恭己。每睿詞下降,皆以人為心,故宴樂以示慈惠,咏歌以昭教化。歡令節,慶有年,順時賦政之祥也。致九族,安萬邦,自中發外之澤也。然後以太平之化,身躬於今,知之非難。是謂至德,豈夫漢武魏文,屬詞類事而已?[67]

由此可知,德宗的詩歌不應視為個別的創作,應將它們視為集體的一種創作形式加以研究,這樣的形式本身必然也表現內容的意義,我們應當透過整個創作活動的過程觀察,更能肯定其價值。

三、作為一種策略

處於開天、元和兩個文學表現極為傑出的時代之間,德宗朝的文壇表現原本就不是被關注的焦點,因為當時的文壇既沒有偉大的詩人也沒有曠世的傑作。更何況以唐德宗所留下的十五首詩作,都是屬於所謂的「宮廷詩」[68]之類,以往研究者對這類作品的態度,多持否定

樂,忠賢惟所親。庶洽朝野意,曠然天地(一作下)均。」《全唐詩》卷一〇九李泌〈奉和聖製中和節曲江宴百僚〉「風俗有時變,中和節惟新。軒車雙闕下,宴會曲江濱。金石何鏗鏘,簪縷亦紛綸。皇恩降自天,品物感知春。慈恩匝寰瀛,歌詠同君臣。(缺一韻。)」《全唐詩》卷三二〇權德輿〈奉和聖製中和節賜百官宴集因示所懷〉「萬方慶嘉節,宴喜皇澤均。曉開蓂葉(一作莢)初,景麗星(一作百)鳥春。藻思貞百度,著明並三辰。物情舒在陽,時令弘至仁。衢酒和樂被,薰弦聲曲新。賡歌武弁側,永荷玄化醇。」

66 見《舊唐書・劉太真傳》卷一七三。
67 見《全唐文》卷四八五。
68 許總認為「宮廷詩不同於『宮體』概念,係指作為詩壇中心所在的宮廷範圍內的詩歌創作,以趣味相投的詩人群,大體穩定的題材內容以及近乎一致的表現

的看法，一方面認為這些作品沿襲南朝梁陳詩風的靡豔，另一方面則認為這些作品的寫作已淪為公式化，重表象而欠缺個人情感特質，沒有什麼研究價值。

但是，文學現象應結合當時的整個社會環境來看，德宗朝的文學直接到受大曆詩風的影響，嚴羽《滄浪詩話》中明辨詩體說：「以時而論，則有建安體、……唐初體、盛唐體、大歷體、元和體、晚唐體……」[69]，明白標示出「大曆」一體，可見大曆時代的詩風有其自我的特質，不同於其先後的時代。大曆時代的代表詩人，在姚合編選的《極玄集》中，於卷上「李端」名下註云：「與盧綸、吉中孚、韓翃、錢起、司空曙、苗發、崔峒、耿湋、夏侯審、李端皆能詩齊名，號大曆十才子」[70]，而在皎然《詩式》一書中說：「大曆中，詞人多在江外，皇甫冉、嚴維、張繼、劉長卿、李嘉祐、朱放，竊佔青山白雲，春風芳草，以為己有」[71]，更標示出與十才子分庭抗禮的另一群詩人，由此可知，大曆詩壇的成就以「群體」成就視之，是始於唐代既有的傳統。傅璇琮在〈李嘉祐考〉一文中指出：

> 我們如果對肅、代時期詩歌作一個綜合的研究，將會發現，在當時眾多的詩人中，除了李白、杜甫、高適、岑參、元結少數傑出的以外，大致可以分為兩大群，一是以長安和洛陽為中心，

程式為其基本構成因素。」見《唐詩體派論》頁 28。文津出版社。1994 年 10 月出版。尚永亮認為「所謂宮廷詩，主要指長期以文學侍從或朝廷重臣身份密集於君主周圍的詩人在宮廷範圍內的詩歌活動，旁及他們在宮廷以外但明顯帶有宮廷趣味與風格的詩作，以及雖不屬於宮廷詩人，但受時代風氣浸染而帶有宮廷趣味的作品。」見聶永華《初唐宮廷詩風流變考論》一書尚永亮序。頁 1－2。中國社會科學出版社。2002 年初版。

69　見嚴羽著、郭紹虞校釋《滄浪詩話校釋》「詩體」，頁 52。里仁書局。1983 年。

70　見姚合《極玄集》卷上。頁 1332－151。《文淵閣四庫全書》集部總集類。台灣商務印書館。1970 年。《新唐書·盧綸傳》卷二〇三關於大曆十才子說法全採《極玄集》之說法。

71　皎然《詩式》卷四，見《四庫全書存目叢書》集 415－42。濟南齊魯書社。1997 年。

那就是錢起、盧綸、韓翃等大曆十才子詩人，他們的作品較多
地呈獻當時的達官貴人。一是以江東吳越為中心，那就是上文
所舉的劉長卿、李嘉祐等人，他們的作品大多描寫風景山水。[72]

蔣寅補充了傅璇琮的說法，認為：

地方官詩風、台閣詩風、方外詩風正是在這樣的情況下各自發
展，形成鼎足三分之勢。其中台閣詩人在大曆初入朝，朋比游
從，因適應了戰亂甫平的苟安心理氛圍和送往迎來的交際需
要，在當時格外有影響。[73]

不管是傅璇琮將大曆詩人分為兩大群，或是蔣寅所說的鼎足三分之
勢，從唐代一直到現在，我們都認為大曆詩壇所表現出來的最大特質
是「詩人群」的概念。賈晉華曾對「詩人群」的概念有詳盡的說明：

詩人群雖然不是一個新概念，但長期以來一直與「詩歌流派」
的概念混淆不清，從而影響了研究的深入和規範。本書為詩人
群下了一個明確的定義，即指在一定的時間段裏，曾經聚集在
一定的地點從事詩歌唱和或其他文學活動，彼此聯繫密切而又
相互影響的一定數量的詩人所形成的群體。雖然此類詩人群體
往往表現出相近的文學傾向，但其最突出的特徵卻是社交人事
關聯，體現了中國古代詩人孔子「《詩》可以群」的觀念影響下
所形成的特殊連結紐帶，比詩歌流派的概念更切合中國古代詩
歌發展的傳統，特別是唐以前詩歌發展的傳統。[74]

大曆詩壇所呈現出來的詩歌創作特色，便是以「詩人群」的形式體現
強烈的社交人事應酬傾向。許總《唐詩體派論》論大曆時代詩風時，
除了強調其社交應酬的特質之外，更指出詩人們作品中詞藻華麗的共

---

72 見《唐代詩人叢考》頁 232。北京中華書局。1996 年 2 月三刷。
73 見蔣寅《大曆詩人研究》上編，頁 12。北京中華書局。1995 年 8 月初版。
74 見賈晉華《唐代集會總集與詩人群研究》導言，頁 2。北京大學出版社。2001
  年 6 月初版。

相，許總說：

> 十才子匯聚都城，或游宴酬唱，或同題共賦，寫出大量的太平
> 盛世的頌歌，……在這類的作品中，華貴的詞藻與堂皇的讚頌
> 掩蓋了社會的危機與政治的陰暗，雖為文士之間的唱酬，卻幾
> 與唐初應制之作無異。……與十才子相比，江南詩人雖然遠離
> 京城，但其流連於江南山水，以華美詞藻描月露風雲，風調也
> 正與都城游宴應制傳統一脈相承。[75]

經歷安史之亂的大曆詩人，雖然成長的過程仍處於大唐盛世，有趣的
是他們的詩歌創作呈現出來的竟是對初唐的繼承，而非盛唐的延續
[76]。大曆詩風既然是對初唐的一種回溯，至德宗貞元再造一波宮廷詩
的熱潮，自然變得可行，且存在著極大的誘因。

　　若從詩歌的理論發展的角度觀察，初唐是受儒家詩學影響深邃的
時代，到中宗、武后時期在雕琢浮豔的風氣影響之下儒家詩學漸趨式
微，緊接著的盛唐時期詩風強調性情與聲色的統一，以表現恢閎氣度，
超越建安風骨、凌駕太康精神，開啟盛世的全新大格局為創作之職志，
這些都不利於儒家詩學的發展。直到安史之亂前後，杜甫、元結、賈
至、楊綰、梁肅、武元衡、杜確、李益等人，則掀起了一個不大不小
的要求恢復儒家詩學的風潮[77]。從初唐孔穎達的〈毛詩正義序〉中可
以理解儒家詩學的精神，其云：

---

75 見許總《唐詩體派論》頁 421－423。
76 許總在《唐詩體派論》頁 423 中說：「大曆詩人在大亂初定的時代條件與亂極思
　 治的心理狀態的作用下形成的具有回味往昔昇平氣象的深層意緒的應酬詩創作
　 潮流，也就在相當程度上造成唐初乃至齊梁文風在大曆詩壇復興、流行的特殊
　 現象。」而羅宗強在《隋唐五代文學思想史》頁 171－172 中也說：「大曆初至
　 貞元中，詩人們是不反對麗藻的。……盛唐詩人追求自然的渾然一體的情趣，
　 厭棄齊梁的雕琢之風，而大曆初貞元中，卻把自然和雕琢放在一起，要求麗藻
　 和自然統一。」上海古籍出版社。1986 年 8 月初版。
77 見黃保真、成復旺、蔡鍾翔合著《中國文學理論史——隋唐五代宋元時期》頁
　 12。洪業文化事業有限公司。1998 年 8 月初版二刷。

夫詩者，論功頌德之歌，止僻防邪之訓，雖無為而自發，乃有
益於生靈。……若政運醇和，則歡娛被於朝野；時當慘黷，亦
怨刺形於詠歌。作之者所以暢懷書憤，聞知者足以塞為從正。
發諸情性，諧於律呂。故曰：「感天地，動鬼神，莫近於詩。」
此乃詩之為用，其利大矣。[78]

從政教觀點出發的儒家詩學，影響了與大曆詩人同時的高仲武，並且
在他所編選的《中興間氣集》中呈顯出來，〈中興間氣集序〉云：

古之作者，因事造端，敷弘體要，立意以全其制，因文以寄其
心，著王政之興衰，表國風之善否，豈其苟悅權右，取媚薄俗
哉！[79]

高仲武論詩，完全站在統治階級的政治需求出發的立場十分鮮明。而
成書於貞元五年（西元 789 年）前後的皎然《詩式》一書也是採取與
高仲武同樣的態度，其〈詩式序〉中說：

洎西漢以來，文體四變。將恐風雅寢泯，輒欲商較以正其源。
今從兩漢以降，至於我唐，名篇麗句，凡若干人，命曰《詩式》，
使無天機者坐致天機。若君子見之，庶有益於詩教矣。[80]

　　皎然論詩，喜言詩教由此可知。德宗處於這樣的詩歌氛圍中，當
然受到影響，其詩歌創作過程，充滿了社交應酬的色彩，而其詩歌創
作的內容，充滿了政治教化的精神[81]，德宗的作品欲藉華麗詞藻的詩

---

78 見《十三經注疏》《詩經》頁 3。台北藝文印書館。

79 見《中興間氣集》頁 1332－127。《文淵閣四庫全書》。高仲武除了選詩依照儒家
　詩學之外，評詩的態度也受儒家詩學觀影響，在《中國文學理論史 —— 隋唐五
　代宋元時期》一書中論及此現象說：「其評錢起，標舉『窮達戀明主，耕桑亦近
　郊』。並說明這一類詩『禮義克全，忠孝兼著，足可弘長名流，為後楷式』。其
　論鄭丹，謂『丹詩剪刻婉密』，而獨取其『寶曆中獻二帝、兩后挽歌三十首』，
　說它『詞旨哀楚，得臣子之致』。」所以，其選詩的標準，是「指合乎統治階級
　的長遠利益，道德規範的共同情性」。頁 161。

80 見《四庫全書存目叢書》集 415－17。

81 有關德宗詩作是充滿政教的書寫，可以參考吳秋惠〈唐代宴飲詩研究〉，頁 98

歌創作,以維繫君臣之間微妙的關係[82]。

　　藩鎮這個禍源,並沒有因為安史之亂的弭定而消失,終唐之世的百餘年間,藩鎮與朝廷中央一直存在著一種詭譎拉据的抗衡關係。德宗的建藩政策,是在武力上上尋求朝廷的軍事優勢;兩稅法的施行,是在財政上尋求朝廷的經濟優勢,就德宗的施政看來,如何再造一個「中央集權」的朝廷,不啻是其施政的最高指導原則。但是,藩鎮的問題不是就軍事與經濟兩方面便能解決的,因為許多藩鎮在修政教、拉攏文士、培養人才上,展現出比朝廷中央更大的氣魄與野心[83]。如何鞏固朝廷中央的領導優勢,是德宗繼軍事、經濟之後,所必須面臨的當務課題。

　　法國社會學家皮耶・布爾迪厄(Pierre Bourdieu)以「社會空間」(l'espace sociale)來指涉社會世界的整體概念。在布爾迪厄看來,社

－101、205－208。政大博論。2000 年 7 月。

82 《舊唐書・禮儀志》:「享宴之禮立,則君臣篤。」卷二一。

83 元辛文房《唐才子傳》一書所記載中唐文士入幕者極多,如「朱灣」條云:「及李勉鎮永平,嘉其風操,厚幣邀來,署為府中從事,日相談讌,分逾骨肉,久之。」卷三,頁 95。「盧綸」條云:「渾瑊鎮河中,就家禮起為元帥判官。初,舅韋渠牟得幸德宗,因表其才,召見禁中。帝有所作,趣賡和。至是,帝忽問渠牟:『盧綸、李益何在?』對曰:『綸從渾瑊在河中。』詔令驛召之,會卒。」卷四,頁 97。「竇群」條云:「德宗擢為左拾遺。憲宗立,轉吏部郎中,出為唐州刺史。節度使于頔奇之,表以自副。」卷四,頁 124。「劉言史」條云:「冀鉤節度使王武俊頗好詞藝,言史造之,特加敬異。……故相國隴西公李夷簡為漢南節度,與言史少同遊習,因遺以襄陽縣君千事賂武俊請之,由是為漢南幕賓,日與談讌,歌詩唱和,大播清才。」卷四,頁 126－127。「令狐楚」條云:「時李說、嚴綬、鄭儋繼領太原,高其才行,引在幕府,由掌書記至判官。德宗喜文,每省太原奏疏,必能辨楚所為,數稱美之。」卷五,頁 146。「權德輿」條云:「未冠,以文章稱諸儒間。韓洄黜陟河南,辟置幕府。復從江西觀察使李兼府為判官。德宗聞其材,召為太常博士,改左補闕。」卷五,頁 162。除了以上數位,在卷三中之嚴維(頁 84)、戎昱(頁 91)、古之奇(頁 92);卷四中之韓翃(頁 100)、司空曙(頁 103)、李益(頁 110)、王季友(頁 114)、于鵠(頁 116)、竇鞏(頁 126)、劉商(頁 128);卷五中之朱放(頁 141)、張登(頁 145)、馬逢(頁 147)、韓愈(頁 149)、孟郊(頁 154)、張仲素(頁 157)等人,皆有入幕的經歷。見周本淳校正《唐才子傳校正》,文津出版社。1988 年 3 月。

會空間就像市場體系一樣，人們依據不同的特殊利益，進行特殊的交換活動；而社會空間是由許多場域（champs）的存在而結構化的，場域非「領域」（domain）的意義，而是一種「力場」（a field of forces）。布爾迪厄所談的是「權力場域」（field of power），它是存在於社會位置（social position）之間的勢力關係（relations of force），功能在於維繫社會勢力或資本（capital）的分配量。這些場域就如同市場一樣，進行多重的特殊資本（des capitaux sp'ecifiques）競爭，包括經濟、文化、社會和象徵資本。在布爾迪厄看來，人類活動的目標在於各種不同資本的累積和獨占，以維護或提昇在場域中的地位。所以，場域也可視地位結構的空間，而其地位與彼此的關係是決定各種資本或資源的分配，場域是個鬥爭的場所，涉入其中的行動主體均試圖維繫或變更資本的分配形式。

　　布爾迪厄同時認為社會空間是存在著階級性的，大致可分為宰制階級與被宰制階級[84]，而宰制階級是透過文化以穩固其宰制，社會關係也可以說是任意的文化之間的競爭關係。擁有豐富文化資本及公認的合法權威的宰制階級藉由長期的合法化工作，使其文化成為主流，其實這些主流文化，剛開始都是在小圈子裡發展出來的。所謂的合法化，就是把這些原本從小圈子中發展出來的理念傳播到整個社會，並且讓社會接受這些理念。合法化絕對不是一個自然而然的過程，因為這個過程會導致階級之間的衝突，也會導致宰制階級中行動主體之間的鬥爭。然而，合法化的過程卻是改變社會空間結構的必經之路[85]。

　　為鞏固朝廷中央領導優勢的德宗，深知文化對宰制階級的重要

---

84 詳分則分為宰制階級或上層階級，由他們決定什麼是合法文化；其次是小資產階級，他們模仿宰制階級的文化；最後是普羅階級，就是無產階級，他們以自然的態度來認知世界，甚至毫不考慮的以宰制者的文化為文化。

85 布爾迪厄的理論參見邱天助《布爾迪厄文化再製理論》，桂冠圖書股份有限公司。2002 年 2 月二版一刷。朋尼維茲（Patrice Bonnewitz）著、孫智綺譯《布赫迪厄社會學的第一課》，麥田出版社。2002 年 2 月初版。

性，特別重視文治之功，《舊唐書‧德宗紀下》末尾史臣議論，形容德宗是「天才秀茂，文思雕華。灑翰金鑾，無愧淮南之作；屬詞鉛槧，何慚隴坻之書。文雅中興，夐高前代，二南三祖，豈盛於茲」[86]的君主，所以，重文治以行王道是德宗朝的施政特色。[87]

　　「宮廷詩」的創作可以視爲德宗文治的一種策略[88]，從建中元年（西元 780 年）到貞元四年（西元 788 年）累積了足夠經濟資本的德宗，透過君臣唱和的群體創作形式，再造一波宮廷詩的高潮，期盼宮廷中這個小圈子的文化，能以其擁有的主導優勢，成爲社會的主流文化，使其宰制權能更加穩固。大量的詩作，是德宗所累積的文化資本，一次一次的宴飲賦詩的過程，君臣關係的建立、維繫與強化，是德宗所累積的社會資本[89]，而不斷增加的經濟資本、文化資本、社會資本轉化成象徵資本[90]，而這些資本的累積，將會變更原來的資本分配形式，更加鞏固德宗威權宰制的地位。所以，德宗朝宮廷詩的創作實質，是通過謀求增加更多的文化資本與社會資本來獲得政治資本的一種不自覺的策略。

　　以貞元五年（西元 789 年）二月的〈中和節宴百僚賜詩〉爲例觀之，此詩現存有李泌的奉和應制之作〈奉和聖製中和節曲江宴百僚〉，

86　見《舊唐書‧德宗紀下》卷十三。

87　吳相洲在《中唐詩文新變》一書中說：「安史之亂以來，在武功上，唐德宗是最無能的一個皇帝，可是在文治上卻很有名。」頁 217。

88　邱天助《布爾迪厄文化再製理論》中認爲「策略（strategies）乃是源自於生存心態，它是實行意義與某種社會遊戲的產物，也是一種即興而作，以使人能夠適應無窮變化的環境。」頁 174。

89　邱天助《布爾迪厄文化再製理論》中認爲「一個行動主體所擁有的社會資本決定於其可有效動員的聯結網路規模的大小，及其關係網路成員所擁有的資本量。因其團體成員身分所能產生的利潤是團體凝聚的基礎，成員往往藉由良好的組織匯集所有的社會資本，以發揮最大的利潤，包括物質利潤和象徵利潤。……社會資本的再製其先決的條件是社交性不斷的努力。」頁 135。

90　邱天助《布爾迪厄文化再製理論》中認爲「在文化上有顯著性的如名望、地位、權威是象徵資本。」頁 131－132。

除此之外,《國史補》卷下云:「貞元五年初置中和節,御制詩,朝臣奉和,詔寫本賜戴叔倫于容州,天下榮之」[91],由此可見宮廷詩的作品,不僅僅流傳在宮廷中的小圈子內。又從馬總爲戴叔倫所寫的謝表中可以瞭解,德宗當時想藉此舉宣揚自己的意圖相當鮮明,所以,我們看到馬總的文章寫道:

> 伏以仲月良辰,首建嘉節,朝野慶洽,君臣康樂,助萌芽之發生,擬天地之含育。誠所以跨越周漢,邁絕古今。況聖人麗藻,高懸日月,皇儲妙翰,益睹文明。誕告萬方,孰不歡忭。[92]

以此個案來說,〈中和節宴百僚賜詩〉、〈奉和聖製中和節曲江宴百僚〉、〈爲戴中丞謝賜中和節詩序表〉是德宗新增的文化資本,李泌、戴叔倫、馬總是新增的社會資本,這些都有助於轉化將德宗型塑爲聖德賢明君主、提昇朝廷威望的象徵資本,對於鞏固德宗的威權地位,有十足的幫助。如此一來,更能增加德宗的政治資本,使德宗集權中央的目的更容易達成。

四、文學、文學史

洪邁《容齋隨筆》中有「貞元朝士」條云:

> 劉禹錫《聽舊宮人穆氏唱歌》一詩云:「曾陪織女渡天河,記得雲間第一歌。休唱貞元供奉曲,當時朝士已無多。」劉在貞元任郎官、御史,後二紀方再入朝,故有是語,汪藻始採用之。其《宣州謝上表》云:「新建武之官儀,不圖重建;數貞元之朝士,今已無多。」汪在宣和間爲官館職符寶郎,是時,紹興十三、四年中,其用事可謂精切。[93]

---

91 見李肇《唐國史補》卷下。頁 8。《百部叢書集成》。藝文印書館。
92 見《全唐文》卷四八一〈爲戴中丞謝賜中和節詩序表〉。
93 見洪邁《容齋隨筆五集‧四筆》卷十四。頁 5。《四部叢刊續編‧子部》。台灣商

劉禹錫詩中對貞元一朝曾出現的中興願景有著深邃的懷念,同時也對願景終究未能達成而有無限的感傷,自唐以來詩人多以「貞元朝士」代指對中唐可能的中興時代如曇花一現的惋惜,更利用人事變遷的感慨包裹著更複雜的政治失意的慨嘆。

　　德宗的努力使得唐朝的國勢在安史亂後呈現空前的繁盛,但相較於後來的憲宗,德宗的成績終究不算是最耀眼的,所以,長期以來我們看到關於德宗朝研究的現象是如蔣寅說的:

> 在我們歷來的研究中,大曆貞元時期一直被輕忽,貞元後其基本是被省略號代替了,以致開天到元和兩大高潮間的詩史就成了靜態的、簡單的拼接。[94]

　　但是,某一個時代被省略的,或某一個批評家所輕忽的,並不真的是那麼不足輕重,它們之所以被省略,往往是因為批評家當時所處的意識型態的緣故,換句話說,在某個時代或某個階段被摒棄甚至排斥的,可能在不同時代或另外一個階段當有新的詮釋角度產生時反而受到青睞。聶永華在他的《初唐宮廷詩風流變考論》一書中說:

> 從詩歌自身的發展看,某個時代最傑出的詩人,最出色的作品,不一定處處代表著時代的美學趣味與詩歌未來發展的方向,而某些並非優秀二三流詩人的詩歌活動往往會在某些方面預示詩歌未來的走向。[95]

所以,德宗朝的文壇,甚至德宗朝的宮廷詩,都值得我們重新審視、重新研究。斯蒂芬・歐文（Stephen Owen）在其《盛唐詩》一書中指出:

> 文學史並不能包括偉大天才的全部,較為謹慎的作法是力求確

務印書館。1966 年。

94　見蔣寅〈權德輿與貞元後期詩風〉一文,收錄於《唐代文學研究（五）》頁 434。廣西師範大學出版社。1994 年 10 月初版。

95　見聶永華《初唐宮廷詩風流變考論》引論,頁 2。

立其基本地位。……因此，我們的宗旨不是用重要天才來界定時代，而是用這一時代的實際標準來理解其最偉大的詩人。[96]

即使是個人最透明化的行動，也並非是行動主體自己可以解釋的，而是必須從行動產生所依賴的整個關係網絡中來解釋。[97]從事研究非常重要的一個態度，便是要能入能出，所謂能入就是盡量進入到所研究的議題的時代背景中去瞭解問題，而所謂能出就是要做到跳出那個時代，使用現代的新方法、新觀念詮釋所欲研究的議題。因此，我們在詩歌的研究上，必須注意詩人或詩作的產生，與其所處時代之間的相互關係；深入瞭解詩人或詩作本身的「繼承性」與「獨創性」；考慮詩人的創作動機與其個人的政治、社會、經濟各方面的活動之間的互相影響關係；更重要的是，當我們在從事價值判斷時，務必把以上所得的資料、成果作一客觀的價值判斷，絕不可因為自己的「價值判斷」而歪曲了詩人或詩作。以德宗的宮廷詩來說，歷來對它們的研究輕忽，是非常不公平的。之所以會產生這樣的結果，段承校說得更加清楚，他說：

> 後世的文學研究者們輕視此類制誥等應用性文字和應制之作，極不情願承認此類文人的地位，並一次次改寫文學史的排行榜。行人寒士的苦吟哀鳴，總能在後世的解讀過程中找到共鳴者。於是宗主和附和者的次序被顛倒了，盟主退居二線，寒士的歌吟代替了廟堂文學、台閣體，成了文學史反覆述寫的主流作家。可是文學史的原生狀態並未像我們今天所解讀的那樣。佔據文壇盟主地位的乃是那些從容應對、代君擬言、揄揚士人、臧否人物的「文人」，而這樣的「文人」由於各種原因，是為當

---

96 見斯蒂芬・歐文（Stephen Owen）著、賈晉華譯《盛唐詩》頁2。黑龍江人民出版社。1994年1月一刷

97 見彭尼維茲（Patrice Bonnewitz）著、孫智綺譯《布赫迪厄社會學的第一課》頁42。

時世人所普遍認同和仰羨的。[98]

在唐代詩歌浸淫許久，並有著質量俱佳研究成就的傅璇琮更深刻的指出：

> 文學史的研究，應當注意史的發展線索，文學史研究的基本單位，不是簡單排列的一個個作家，而是連續不斷往前推進的不同時段……是文學群體的有機活動系列，包括作家之間的關係（如新老作家的交替，文人集團的友誼與衝突），作家群體的形成與消散，文學思潮的興起與衰落，創作風格的變化，不同文體的代興。[99]

時至今日，我們的文學史的研究，應該是「文學史」的研究而非「文學」史的研究。作爲一種策略的德宗朝宮廷詩所營造出來的宴飲賦詩的氛圍，在當時的確造成了朝廷上下一片崇文的風氣，群臣們恍若穿過時空隧道，進入初唐一片欣欣向榮的情境之中。而詩作中強烈的政教內容，對於培養一代文士關心國事，積極投入治國行列，也是大有助益。再加上把宮廷詩當作是德宗的資本，就在不斷地資本累積當中，鞏固德宗的中央集權的領導威權。所以，我們看到繼德宗之後的古文運動、新樂府運動，更多的爲爭奪文化宰制權而發展出來的文學模式[100]。於是，我們不禁要想，除了爲生活而藝術、爲藝術而藝術之外，文學有沒有其他更多的解讀方式。

---

98 見段承校〈權德輿與韓愈關係探微〉頁 47。收錄於《西安聯合大學學報——社會科學版》第三卷第三期，頁 46－51。2000 年 7 月。

99 見傅璇琮爲東方出版社《日晷叢書》所寫總序，載《文學遺產》編輯部，黑龍江大學中文系編《百年學科沈思錄——二十世紀古代文學研究的回顧與前瞻》，黑龍江人民文學出版社。1998 年。

100 朱國華在〈文學與符號權力：對中唐古文運動的另一種解讀〉一文，就用爭奪符號權力的角度詮釋古文運動的產生。見《天津社會科學學報》2002 年第一期，頁 110－117。

近百年來敦煌講史變文研究之
回顧與展望

逢甲大學中國文學系教授
謝　海　平
台南女子技術學院通識教育中心助理教授
朱　文　光

提　要

　　本文係九十年度行政院國科會專題研究計畫成果之一。其構想源自鄭阿財、朱鳳玉先生主編之《1908-1997 敦煌學研究論著目錄》。該書收錄近百年來有關敦煌研究的論著目錄多達一萬二千筆，惟此等論著散藏於世界各地，取之不易，無法全睹。若能分批整理該目錄所列著作之提要，對有意藉《目錄》指引而進一步窺探敦煌學堂奧的學者來說，必能有所助益。故於初期計畫中，針對講史變文部分，蒐羅約一百五十篇論著，經過仔細研讀與分析後，以一九四九年為分水嶺，依台灣、大陸、日本等地區之學術成果，提出觀察心得，藉此瞭解近百年來講史變文研究發展之梗略，以為展開後續研究之基礎與憑藉。

關鍵詞：敦煌學、變文、講史變文

一、前　言

　　自一九〇〇年敦煌石窟藏經洞重新打開後，對敦煌出土文獻之研究，已蔚成風氣，「敦煌學」一躍而爲國際漢學領域之顯學。自一九〇八年至一九九七年間，研究敦煌學的論著，已多達一萬二千篇，牽涉領域之廣、內容之複雜、論著發表及典藏區域之大，其他顯學，恐無出其右者。因此，要對敦煌學論著進行全面之閱讀，固然是絕無可能的事；即使選擇其中某類進行探討，因限於學者個人精力、財力及時間，恐亦難竟全功。故鄭阿財、朱鳳玉教授曾對相關論著之目錄，進行蒐集與整理，於西元二〇〇〇年出版了《敦煌學研究論著目錄》，對近百年來敦煌學研究的論著，做了地毯式的蒐羅與整理。對研究者來說，該《目錄》不啻是茫茫學海中的一盞明燈。

　　惟限於體例，《目錄》提供了「前人做了什麼研究」及「論著於何處刊載出版」的相關資訊，但對各項研究成果之具體內容與價值，無法給予完整的呈現。針對此種遺憾，最理想的做法，乃是參照《目錄》，蒐集所有論著，彙爲一編；或是根據研究者之學術專長，針對其中部分類別之論著，寫成提要，假以年月，由點而線，由線而面，可能有比較近於理想的成果出現。

　　基於前述考慮，我們初期以講史變文爲範圍，根據《目錄》蒐羅並補充最近出現之相關論著，進行提要撰寫，並將相關資料公諸學術網路，以便研究者瞭解近百年來敦煌講史變文之研究動態。以此經驗爲基礎，或能以三至五年的時間，擴大提要撰寫範圍，以蠶食的方式，完成「敦煌文學研究論著提要」；甚至結合更多有志之士，以求完成「敦煌學研究論著提要」，爲研究者提供更豐富的參考資料。

　　以下謹就第一階段之工作成果提出報告。茲依據敦煌講史變文研究論著的出版年代與地區，以一九四九年爲界，劃分爲前後兩期，分

述海峽兩岸及日本等其他地區與講史變文有關之研究成果。

二、一九○九年至一九四九年研究概況述評

　　敦煌學是以文獻研究為核心而發展起來的學科，各地區敦煌學的研究發展，無不與敦煌資料的流通息息相關。講史變文作為敦煌文獻之一環，此一研究專題的形成與開展，亦可沿著敦煌文獻研究的歷史軌跡來探索。

　　回顧近百年敦煌學之發展歷程，倘若著眼於文獻材料的流通情形，約略可分為二大階段：自一九○九年（清宣統元年）至一九四九年國民政府遷臺為第一階段；自一九五○年代迄今，則為第二階段。[1]

　　敦煌學肇始之初，漢語地區之研究活動主要集中於少數能接觸到文獻材料的中國大陸地區。其時諸家著述以撰寫序跋、提要為主，可視為對敦煌遺書介紹、研究的開端。由於撰者率為博學大儒，整理研究的對象主要即為四部要籍，特別是經部和子部；而文學部分則以不見於傳統詩文集的《唐太宗入冥小說》、《秦婦吟》、《雲謠集》等特別受到青睞。

　　一九二四年劉復在巴黎將法國所藏的部分寫卷選輯抄錄，編成《敦煌掇瑣》出版，提供了大量的研究材料，乃將國內敦煌學的開展帶進新里程。此後，相繼有胡適、向達、王重民、姜亮夫、王慶菽等人，不遠千里前往英、法等國，對敦煌文獻進行考察、抄錄、拍照與研究；於是陸續有王重民〈巴黎敦煌殘卷敘錄〉、〈倫敦所藏敦煌群書敘錄〉、向達〈敦煌所藏敦煌卷子經眼目錄〉等著作問世。這不但使國人對英、

1　本文有關敦煌學發展歷程的分析，主要參考鄭阿財先生在敦煌學即將邁入百年之際，以「二十世紀敦煌學的回顧與展望」為題，發表於《漢學研究通訊》的系列專論：〈中國大陸篇〉（19：2=74，2000.05，pp.169-177）、〈台灣篇〉（20：1=77，2001.02，pp.45-50）。

法所藏的敦煌文書有更多瞭解；所帶回的錄文、照片，更提供國內研究者寶貴的資料，同時促成北京圖書館對所藏敦煌遺書展開初步的整理工作。

由於研究材料逐漸增多，敦煌文書的研究層面乃日益廣泛。其中，陳寅恪〈敦煌劫餘錄序〉（1930）與〈敦煌石室寫經題記匯編序〉（1939）不僅以宏觀的史學角度論述敦煌文書於中國學術史的價值，更首度提出「敦煌學」一詞；雖然文字簡短，卻是影響敦煌學發展甚為深遠之作。此後，表現在文學方面，敦煌寫卷中深具特色的俗文學作品，如曲子詞、通俗白話詩、佛曲歌讚與敦煌賦等，日漸獲得學界的關注與研究，不僅為中國文學史增添新頁；諸多論題的出現，意謂著文學研究新視野的開啓。其中，敦煌「變文」在發現初期或被稱為佛曲、唱文，或俗文、通俗小說……等，此類韻散相間的講唱體文學作品，由一九二九年鄭振鐸發表的〈敦煌的俗文學〉而確立其名稱，從此成為敦煌文學研究領域的重要專題[2]；環繞「變文」所展開的種種探索，使敦煌文學寶藏現出更豐富多采的內容面向。

敦煌變文的產生及發展，與佛教本有緊密聯繫，其題材多為佛經神變故事，其體式也深受佛教俗講的影響；然而，既長養於中國固有文化與文學傳統的土壤，則無論在題材、體制或觀念等方面，敦煌變文其實也涵蘊了中土的文化養份。本文以「講史變文」為界，正是將焦點鎖定在「佛教變文」之外，以歷史、民間傳說或時事為題材的敦

---

2 該文原載於《小說月報》20: 3，後收入《插圖本中國文學史》中卷第 33 章（上海：樸社，1932）。鄭振鐸並著有《中國俗文學史》（上海：商務，1938）一書，專章討論敦煌寫本中的變文、佛曲歌讚、曲子詞、白話詩等唐代民間文學，對中國文學史產生重大影響。在《中國俗文學史》中，鄭振鐸對「變文」涵義的解說是：「所謂『變文』之『變』，當是指『變更』了佛經的本文而成為『俗講』之意。（變相是變『佛經』為圖相之意）後來『變文』成了一個『專稱』，便不限定是敷演佛經之故事了（或簡稱『變』）。」作為最早的定義，此一說法有著廣泛的影響；不過，後來學界對變文一詞及其範圍的認定，亦曾出現不同的見解與議論。限於篇幅，無法於此贅述。

煌變文；期透過講史變文研究的歷史回顧，呈顯此一有別於佛教變文之文學作品的獨特內涵，進而對敦煌變文的文學價值，能有更深入全面的認識。

在敦煌學逐漸開展的前四十年，「變文」由於被確立為敦煌文學的重要文類，成為文學領域之研究主題，相關研究成果即相應於文獻材料的增多，而日益豐富；其間，自然也涵括了講史變文。試觀《敦煌學研究論著目錄》的蒐集，發表於這時期的講史變文研究論著約有二十餘篇。其依據的文本，正反映著當時可見的講史變文寫卷；當然，更重要的意義是，從中可知講史變文的研究初期，被留意的題材有：屬於歷史故事者，如劉修業〈敦煌本伍子胥變文之研究〉（05804）[3]、王重民〈敦煌本王陵變文跋〉（05828）與張冀〈文學中的王昭君與其傳說〉（05852）等；屬民間傳說者，如劉復〈敦煌寫本中之孟姜女小唱〉（05819）、王國維〈唐寫本季布歌、孝子董永傳跋〉、董康〈舜子至孝變文跋〉（05864）、向達〈敦煌本董永變文跋〉（05865）；以及屬於時事性者，如孫楷第之〈敦煌寫本張義潮變文跋〉（05875）與〈敦煌寫本張淮深變文跋〉（05879）[4] 等。可以說各類故事主題的重要文本皆已涵括；講史變文的研究領地，已隱然具有基礎規模。

不過，就論題及研究方法觀之，此時期的研究性質多半是文本的校訂以及將變文視為史料的歷史考證；與同時期其他敦煌學領域的研究取向並無差別。除了顯示講史變文研究是眾多敦煌學研究之一以外，同時也意謂著，在此階段，儘管已有取材於講史變文之作，然而似乎還未出現獨特的「講史變文」論題，或是有意識地以「講史變文」

本文從《敦煌學研究論著目錄》舉例的作品，一律標註其在《目錄》中的編號，以便讀者檢索論著的出版項。

孫楷弟的《張義潮變文》與《張淮深變文》二跋，是這時期研究敦煌變文的重要篇章；其將史籍所載，與寫本敘述的當時事件相互對證，不但補充正史對於西北邊陲所載的缺漏，更凸顯出變文寶貴的歷史價值。

爲專題的研究。

　　而在研究地區的分佈上，初期階段因敦煌文獻材料尚未普及流通，所以上述講史變文的研究成果，正如同國內其他敦煌學研究，僅見於大陸地區。台灣則直到一九四七年，才有台灣大學出版日本神田喜一郎所編的《敦煌秘笈留真新編》，該書原爲日本帝國大學教授神田喜一郎於留法期間拍攝的伯希和藏卷中的四部要籍；除此之外，可資研究的材料有限，因而還未有講史變文的研究。

三、一九四九年以後研究概況述評

　　一九五〇年代以後，隨著敦煌文獻的流通有長足進展，各地敦煌學者逐漸互動交流，於是講史變文的研究也進入了更加蓬勃發展的階段。此時已不僅有大陸地區學者關注講史變文，台灣、香港與日、韓等地亦開始有研究成果累積；在研究論題與方法上，更持續開展，且各具特色。以下，即分別介紹各地區講史變文研究的具體成果，並試論其發展趨勢。

（一）大陸地區

　　一九四九年以後，大陸地區的敦煌學研究立足在先前基礎上繼續發展。期間，北京圖書館在一九五七年通過交換合約，得到了一套攝製成微卷的英藏敦煌漢文寫卷（S.0001 至 S.6980）；一九六二年商務印書館則出版了由王重民、劉銘恕編纂的《敦煌遺書總目索引》。這些研究材料與工具提供，大幅改善了敦煌學的研究環境。

　　至於文學領域的重要進展，則有周紹良《敦煌變文彙錄》，以及由王重民、王慶菽、向達等學者合編之《敦煌變文集》（1957 年）問世。尤其是《敦煌變文集》，廣泛校錄了 187 卷國內外公私收藏的寫本，整理出 78 種變文，完成當時規模最大的一次敦煌變文校理工作，於是成爲往後研究敦煌俗文學者的必備參考書籍。這類校理文獻的成果，所

有助學者得以奠基其上，而朝更精深或多元的研究邁進。

　　不過，大陸地區在一九六六至一九七六這十年間，因為發生文化大革命，一切學術工作停頓，致使敦煌學研究一度中輟；因此變文研究的論著數量銳減。

　　一九七六年文革結束後，大陸地區敦煌學的研究乃逐漸恢復。特別是八〇年代以來，在日本等地敦煌研究風潮的激勵下，敦煌學更被列為中共國家學術發展的重點項目之一。在研究資料的流通上，此時不但有量的持續增加，且有質的提昇。以九〇年代四川人民出版社的《英藏敦煌文獻》與上海古籍出版社敦煌吐魯番文書集成的《上海博物館藏敦煌吐魯番文獻》、《北京大學圖書館藏敦煌文獻》、《俄藏敦煌文獻》、《法藏敦煌西域文獻》、《天津藝術博物館藏敦煌文獻》為例，其採用先進技術，根據原卷重新攝製，並以大八開銅版精印；學者於是既不必遠渡重洋，亦毋需使用微卷閱讀機，即可披閱文獻。這些圖版較以往的印本、微卷清晰，更有利於校錄工作乃至後續研究的進行。

　　進入這個階段，文學研究無論在總體理論或個別專題的探討上，都大有進展。總論方面，有周紹良《敦煌文學芻議》，將敦煌文學作品依文體歸納為三十類，加以全面的探討。其後，顏廷亮所主編的《敦煌文學概論》，不但是敦煌文學理論之作，也以文學史的手法充實其內容，可謂目前大陸地區敦煌文學總論的集大成之作。至於敦煌變文領域，有周紹良、白化文《敦煌變文集補編》；二人合編的《敦煌變文論文錄》，蒐集變文研究論著 60 篇，則反映出敦煌變文研究的歷史脈絡。郭在貽《敦煌變文校議》，是在文字語詞的校訂上有所貢獻；另有項楚《敦煌變文選注》與黃征、張涌泉《敦煌變文校注》等注釋之作。探索敦煌變文此一概念而產生重大影響者，則推張鴻勳〈敦煌講唱文學的體制及類型初探〉；其以《敦煌變文集》所收作品的稱名與分類進

行檢討，而對變文的內涵指涉提出新解 [5]。至於利用變文資料，以民間文學、主題學或比較文學等方法來進行的研究，成果亦有可觀 [6]。

　　敦煌文學的研究發展在此一階段既如此蓬勃，其間，講史變文自然也不例外。文本的校訂與考釋作為不可或缺的基礎研究，此時學者仍繼續在已有的成果上精益求精，如：鄺慶歡〈王昭君變文校釋〉（05856）、孫悅春〈伍子胥變文校釋補正〉（05816）、曾錦漳〈漢將王陵變校記〉（05833）、趙逵夫〈李陵變文校補拾遺〉（05838）、李丹禾〈校訂敦煌本李陵蘇武往還書〉（05844）、鄧文寬〈張淮深變文驄馬政釋詞〉（05880）、項楚〈廬山遠公話補校〉（05908）、陳毓羆〈大唐太宗入冥記校補〉（05918）、劉瑞明〈葉淨能詩新校補證〉（05925）以及郭在貽、黃征、張涌泉之〈李陵變文補校〉（05839）、〈廬山遠公話校補〉（05909）、〈韓擒虎話本補校〉（05913）、〈唐太宗入冥記補校〉（05917）等系列；此類文獻研究所佔比例最多。

　　其次，應用講史變文以進行相關史實考證或文化思想考察者，亦為數不少。因為以歷史、時事或民間傳說為題材的講史變文，內容富涵史事和地理記述，於是往往被應用為歷史研究的文獻；如朱雷〈伍子胥變文、漢將王陵變辨疑〉（05812）、〈舜子變、前漢劉家太子傳、唐太宗入冥記諸篇辨疑〉（05887）與〈李陵變文、張議潮變文、破魔變諸篇辨疑〉（05841）等作，封思毅〈敦煌寫本李陵與蘇武書辨偽〉（05832）、鄭炳林〈敦煌本張淮深變文研究〉（05881）、俞陶來〈李陵變文初探〉（05837）、張乘健〈敦煌發現的董永變文淺探〉（05874）與

5　張鴻勳從體制、題材、淵源流變、語言風格與演出等各方面來分析變文作品，分為詞文、故事賦、話本、變文、講經文等五類，及押座文附類。此論一出，影響頗巨，大有取代原先以變文稱呼敦煌講唱文學之勢。至於如此界分是否恰當，有待更深入之探討。

6　眾多變文研究論著中，在方法與結果均有其相當影響者，主要有高國藩《敦煌民間文學》、張鴻勳《敦煌話本詞文俗賦導論》與朗吉的〈敦煌漢文卷子「茶酒論」與藏文「茶酒仙女」的比較研究〉等。

韓建瓴〈敦煌寫本廬山遠公話初探〉（05907）等，即運用講史變文來從事歷史考察，發掘相關歷史資料，而呈現文史結合的特色。

不過，若論講史變文研究至此的重大進展，則應是由其獨特性而開展出來的論題已日漸成形；這類論題的出現，將促使講史變文的內容意義能獲得更充分而深刻的闡發。觀察此時期的講史變文論題，值得留意的是，部分論著則已開始由文學的角度來研究講史變文。例如：李明偉〈試論伍子胥變文在敦煌變文中的地位〉（05811）、鄭文〈王昭君變文創作時間臆測〉（05857）與張鴻勛〈敦煌話本葉淨能詩考辨〉（05924）等，即屬文學史的考察。至於故事主題演變史的探索，更為大宗，如：高國藩〈敦煌本中孟姜女故事的形成和價值〉（05824）和〈敦煌本秋胡故事研究〉（05893）、邵文實〈敦煌本李陵、蘇武故事流變發微〉（05847）、杜志學、楊安發〈敦煌變文中的王昭君〉（05858）、班友書〈董永傳說演變史考〉（05873）、劉守華〈試論舜子變的演變〉（05889）與〈試論敦煌變文舜子至孝故事的形態演變〉（05890）等。歷史故事和民間傳說作為講史變文的內容主體，其間，既涵括了對中國史傳傳統的繼承，更有來自民間文學力量的轉化與創造；因此，探討這類故事演變史，不僅正視了講史變文的主題內容，同時也考察其形成的歷史脈絡或與相關文學作品的關聯，而能較深入地就著講史變文的文學特質，評述其在文學史上的地位與影響。

（二）台灣與香港地區

自從一九五四年中研院歷史語言研究所經由日本取得一套英藏微卷照片，台灣地區可資研究的文獻材料也逐漸增多。一九五五年大陸的任二北出版了《敦煌曲校錄》，台灣世界書局特將它附在任大椿《唐五代詞》後出版；一九五七年大陸王重民等出版了《敦煌變文集》，世界書局亦將其改版為《敦煌變文七十八種》在臺印行；又，一九五六年旅美的巴宙在英倫抄錄了一百多件佛教詩歌、佛曲歌讚，在臺出版《敦煌韻文集》……凡此，都豐富了台灣地區的敦煌學研究材料。八

〇年代之後，拜科技發達所賜，敦煌資料的流通尤為便利；如黃永武主編《敦煌寶藏》達十四輯共計一百四十冊陸續印行（臺北：新文豐，1981-1986），使學者得以方便披閱英、法、北京各地所藏敦煌寫卷。特別是九〇年代以來因科技先進，各國寫卷大都進行影印出版，影本更清晰易讀；加上資訊流通更發達，兩岸敦煌學界有逐漸頻繁的交流與激盪，於是整體研究環境快速提昇，探討面向日益開闊。由於可應用電腦進行全面、有系統的資料處理，敦煌學研究乃出現了重大進展，亦即，開始跳脫個別摘取寫卷的方式，而步入較具規模的專題式研究，其成果自然也更為可觀。

關於台灣地區的敦煌變文研究，深有奠基之功者，當首推潘重規所著《敦煌變文集新書》（1983）。該書以大陸《敦煌變文集》為基礎，一一覈校原卷，進行修訂及補充；其間不僅增收了中央圖書館、列寧格勒以及日本龍谷大學所藏的變文八篇，並附錄「敦煌變文論文目錄」、「敦煌變文新論」與「圖版」，現已成為學界研究變文的主要文本依據。而相較於大陸敦煌學的研究取向，台灣、香港地區純粹從事文獻考訂之作，僅見楊振良〈敦煌寫本之孟姜女俗文學〉（05825）、金榮華〈讀「葉淨能詩」續記〉（05921）與曾錦漳〈漢將王陵變校記〉（05833）等三篇。或許，正因為前人已提供了相當的校理成績，於是大部分的論述多傾向在既有文獻考證的基礎上，朝著文學意義的詮釋開發繼續努力。

值得一提的是，由於台灣地區初期可見的敦煌文獻中即有不少文學作品，遂引起各大學中文系師生關注，而相繼出現研究講經文、曲子詞、通俗白話詩等敦煌文學的學位論文 [7]。表現在變文研究領域，

---

[7] 例如：邱鎮京《敦煌變文論述》（1966 年）、邵紅《敦煌石室講經文研究》（197 年）、林玫儀《敦煌曲研究》（1975 年）、陳世福《敦煌賦研究》（1979 年）、宋新民《變文因緣類研究》（1982 年）等；從此，幾乎年年都有敦煌學的相關學位論文問世。其中，羅宗濤的《敦煌講經變文研究》（1972 年）是第一本敦煌學研

最早以講史變文為主題者，即謝海平之《講史性之變文研究》（1970；05801）；這本論文同時也是首篇明確地將「講史變文」提擬為研究專題的論著。往後，以講史變文為專題的研究論文還有小野純子《敦煌變文主題及其相關問題之研究──以董永變、舜子變、伍子胥變文三篇為主》（05872）、張瑞芬《伍子胥變文及其故事之研究》（05814）與井康玉《敦煌史傳故事研究》（05803）等。當然，就講史變文此一專題論域之形成而言，蘇瑩輝早在一九六四年發表的〈論敦煌本史傳變文與中國俗文學〉（05800），以及羅宗濤之〈講經變文與講史變文關係之試探〉（05293）與〈敦煌講經變文與講史變文之比較研究〉（05330）等著作，也都具有重要的指標意義。當「講史變文」被有意識地確立為一文類，將有助於使研究焦點更專對其特質，以展開相應的深入探討。

　　考察台、港地區講史變文的研究，固然少有純文獻考訂之作，亦鮮見汲取史地成份以供歷史文化考察者 [8]。大部分的論述，係就講史變文之民間文學本色，來進行文學史的研討；如羅宗濤〈敦煌變文廬山遠公話成立的時代〉（05906）、蕭登福〈敦煌寫卷唐太宗入冥記之撰寫年代及其影響〉（05915）與鄭阿財〈試論敦煌寫本 P.3910 對考察「張騫乘槎」故事之價值〉（05928）等。同時，也有故事主題演變史的探索，如蘇瑩輝〈敦煌變文中的董永故事〉（05870）、蕭登福〈敦煌變文葉淨能詩一文之探討〉（1988）[9]、陳炳良〈「葉淨能詩」探研〉（05927）、共邦棣〈從小說藝術看伍子胥變文之變〉（05807）與金榮華〈前漢劉

─────────────────────────────

的博士論文，對於大學院校研究敦煌文學的風潮頗有啟導作用。
台、港地區，僅見上述張瑞芬之碩士論文《伍子胥變文及其故事之研究》（1986年）一篇，運用講史變文以進行文化考察。
此文出自《敦煌俗文學論叢》（台北：商務），尚未收錄於《敦煌學研究論著目錄》，故以出版年註記之。此外，本計畫尚增補一篇根本誠〈中國文學的一特徵（下）：伍子胥變文的人物描寫的限界性〉（1966）。故論著計量分析之總數為一百三十一篇，較《目錄》所列多兩篇。

家太子傳情節試探〉（05905）等等。除了直接研討故事主題的方式，陳祚龍〈從敦煌古抄葉淨能詩談到凌濛初的「唐明皇好道集奇人」與「武惠妃崇禪鬥異法」〉（05926）則經由比較來進行研究論述。

這些範圍鎖定於故事主題演變史的研究，也觸及了探勘講史變文所蘊藏之人物形象塑造、情節經營等文學質素的相關論題。在文學的研究取向中，諸多新論題陸續出現，正標誌著講史變文日益多元而精緻的研究發展趨勢。當研究一旦更細膩紮實，方能跨越概論泛說的層次，而有更豐碩的成果呈現。

（三）日本及其他地區

有關海峽兩岸以外的講史變文研究，據《敦煌學研究論著目錄》提供的訊息，除了韓國、美國各有少數幾位學者有所論著以外，所有研究成績幾乎集中於日本地區。韓國學者權寧愛的著作是〈葉淨能詩及創作動機〉（05922）與《敦煌寫本葉淨能詩研究》（05923），後者為其學位論文；另有張貞海〈史記‧舜本紀與敦煌舜子變之比較研究〉（05888）。美國學者 David Johnson 的論文〈伍子胥變文及其來源〉（05809、05810）則經過翻釋，陸續發表於台灣的期刊。以下謹就《目錄》所列，試評述日本地區講史變文研究之梗概。

日本地區，約自五○年代開始出現研究講史變文的相關論著。值得一提的是，早在一九六七年，金岡照光著有〈「王陵」「李陵」變文等について——敦煌本講史類の一側面〉（05831）一文，已意識到「講史變文」足以作為敦煌變文之一重要類別。

由於學術風氣影響，日本有不少從事文本校訂與歷史考證之作，如：金岡照光〈舜子至孝變文の諸問題附舜子至孝變文原文〉（05882）、〈敦煌本舜子變再論補正——附斯坦因四六五四本校勘註〉（05886）、〈校勘譯注敦煌本王陵變〉（05835）、北川修一〈敦煌李陵變文譯註〉（05842）、金文京〈敦煌本王昭君變文校注〉（05860）、小南一郎〈有關敦煌本廬山遠公話的幾個問題〉（05910）等等。在

期的文獻研究工作中，自然也累積了豐厚的經驗心得，甚至可思索敦煌考據學的建構，如：松尾良樹〈敦煌寫本に於ける別字——韓擒虎話本 S.2144 を中心に〉（05911）與山田勝久〈敦煌文書張義潮變文の訓讀について〉（05878）等著述。

在文學史研究方面，則有小川陽一〈葉淨能詩の成立について〉（05919）、〈孟姜女變文の成立について〉（05821）、根本誠〈王昭君變文の成立年代考〉（05854）、橋本堯〈敦煌變文季布罵陣の文學史的位置〉（05902）與金文京〈王昭君變文考〉（05861）等。關於講史變文之故事主題研究，亦有具體成績，如西野貞治〈董永傳說について〉（05868）、金岡照光〈敦煌本董永傳試探〉（05871）、栃尾武〈敦煌變文孝子傳と舜子變の比較〉（05883）與平野顯照〈舜子變文解變報告〉（05884）等。

除了主題式的探討，日本學者亦留心於比較研究講史變文與其性質相關之傳說故事、說話文學間的關聯與互動。這方面的論著有：飯倉照平〈孟姜女について——ある中國民話の變遷〉（05820）。其中，以川口久雄對比著敦煌講史變文與日文說話文學的系列考察，如〈楚滅漢興王陵變、蘇武李陵執別詞とわか戰記文學〉（05830）、〈王昭君變文と我が國いおける王昭君說話〉（05855）、〈敦煌本舜子變文、董永變文と我が國說話文學〉（05885）、〈李陵變文と記紀セマトタケル說話〉（05836）等作，充分展現出屬於日本地區特有的講史變文比較研究成果；或可作為其他地區發展講史變文研究之參考。

四、綜合分析

綜合以上所述，吾人可以發現：近百年來，除了中國大陸地區於一九六六至一九七六年間因為歷史因素導致學術工作停擺外，海內外學者對講史變文論題的關注與研究，一直未曾間斷；不但在量上持續

累積，由文獻校釋、歷史考證，乃至文學史、故事主題探索以及比較文學等研究角度與方法的開展，也成就了質的提昇。若僅著眼於不同地區、年代之論文篇數，吾人可以將近百年來之講史變文研究成果歸納爲下表：

〔附表一〕研究論著年代／地區篇數統計表

年　代	1909-1924	1925-1949	1950-1965	1966-1976	1977-1987	1988-1997	合　計
大陸地區	0	23	5	1	20	28	77
港台地區	0	0	2	3	7	8	20
其他地區	0	0	8	10	9	7	34

若是以研究主題爲區辨項目，則各項主題在不同年代之熱門程度，可簡單歸納爲下表：

〔附表二〕研究主題／年代篇數統計表

主題	通論	專論											綜論
		歷史故事				民間傳說					史事		
		伍子胥	王陵	李陵	王昭君	舜子	孟姜女	季布	董永	其他	張義朝	張佳深	
1925-1949	0	1	3	0	5	1	5	3	4	1	2	1	1
1950-1976	2	3	0	2	3	4	3	2	4	2	1	0	3
1977-1987	1	7	3	0	3	0	3	3	1	11	1	0	3
1988-1997	1	4	0	10	3	5	0	1	1	13	0	2	3
篇數總計	4	15	6	12	14	10	7	9	10	27	4	3	10

若從研究方法上來看，依照不同地區與不同年代之實際研究狀況，可以歸納爲以下兩表：

〔附表三〕研究方法／年代篇數統計表

方法 年代	文獻研究 校錄考釋	歷史文化研究		文學研究		
		史實考證	文化思想	文學史	故事主題探索	比較文學
1925-1949	14	1	1	0	6	1
1950-1976	3	1	4	6	10	5
1977-1987	10	2	4	8	12	0
1988-1997	17	5	5	5	10	1
合　　計	44	23		64		

〔附表四〕研究方法／地區篇數統計表

方法	文獻研究 校錄考釋	歷史文化研究		文學研究		
		史實考證	文化思想	文學史	故事主題探索	比較文學
大陸地區	35	9	6	5	21	1
港台地區	3	0	1	8	8	0
其他地區	6	0	7	6	9	6
篇數合計	44	23		64		

如上所示，就外緣條件而言，由於敦煌變文資料及相關研究著作的陸續出版，使得後來研究者得以憑藉大量與原始文獻接近的校錄與注釋版本，以及前人之研究成果，持續對講史變文展開更深入之探索。就論題內容與型態而言，對講史變文的研究，清楚地呈現出由「宏觀角度」轉爲「微觀角度」的發展趨勢。而在研究方法上，則從文字校勘與歷史考證的探索，以及概觀性的討論，愈來愈往精密的專題研究方向開展；尤以從文學角度進行之探究，有數量增多的趨勢，值得後續研究者關注。

五、展望：代結語

展望講史變文研究的未來，下列幾方面值得繼續耕耘與期待：

（一）校錄文字之確認

文獻研究乃是展開其他研究之基礎。尤其是文學與文化思想方面之研究，須奠基在文本的校訂與考釋之上。就文字校錄工作而言，已承前輩學者的努力而有相當的成果，然而，尚有部分文獻之內容有待進一步之確認。譬如項楚《敦煌變文選注》對於敦煌變文的校注，可謂相當精密，劉瑞明的〈葉淨能詩新校補證〉仍能在此基礎之上，對〈葉淨能詩〉的文字進行商榷及補正達三十餘筆，經由考訂形似、音近而誤之字，指出缺字或衍文，調整斷句，乃至把梳文理等各層面的考究與辨析，對〈葉淨能詩〉的解讀，提出了若干精到之見。換言之，文獻的校錄與考釋是永無止境的，尚待學者們精益求精，更上層樓。

（二）研究工具之進步

作為以文獻研究為核心的學科，敦煌學研究的重大進展，與文獻材料的處理、運用方式息息相關。換言之，研究材料與工具的提供，可直接促成研究成果之進展。例如：應用電腦的查閱、檢索等功能，進行全面、有系統的資料處理，將使敦煌學研究得以跳脫個別摘取寫卷的方式，而步入較具規模的專題式研究。講史變文作為敦煌學研究的一環，自然也不例外。但願在日後的研究過程中，可以藉由更便利的科學工具而達到節省時間與精力之目的。

（三）研究方法之創新

某一研究專題的生命，往往誕生於由其獨特性而開展出來的論題，或與其特質相應的研究切入點，而使其內容意義能獲得更充分而深刻的闡發。由此觀之，正視講史變文之文學特質所進行之研究，如故事演變史等，正標誌著講史變文專題的成形。或許，從講史變文之

特質的省視中，我們尚可開發出新的研究角度與方法，而有更豐富多采的收穫。例如結合語言學、文字學、歷史學、社會學的研究成果，採取主題研究、故事研究、心理研究、影響研究、詮釋研究、比較研究等方法，迎頭趕上文、史、哲等相關領域在方法論上的革新腳步，積極開拓學術視野，提升研究的質與量。

（四）研究成果之交流

　　在前述的討論中，可以發現到：大陸、港台與日本等地區，基於學術風氣與研究環境、條件之不同，而大抵分別在文獻校釋、文學研究與歷史考察等領域各有擅場。若能相互交流，截長補短，必能促進共同的成長。目下科技進步神速，倘能將網際網路之架構，資料庫之建立、檢索系統之完善等環節串連起來，必能有助於促成此專題領域的繼續開展與進步。至於本計畫建構敦煌學研究論著提要資料庫的理想，更是需要永續經營的工程，期盼能在多方配合中逐步實現。

　　總之，祈願此一專題研究史的考察，除了勾勒出講史變文論域的形成脈絡，更能藉此開拓講史變文的研究視野。同時，對於未來不斷產出的講史變文論著，也當持續而有計畫地收集，本計畫的原初理想才不致於功虧一簣。

魏晉南北朝學士研究的幾個問題

河南大學文學院教授
王 立 群

提 要

魏晉南北朝學士是一個以文翰之士為主的群體，這一群體實際上可以分為文人學士與官員學士兩類。魏晉南北朝部分學士與秦漢待詔有類似之處。魏晉南北朝學士在此期經學、文獻學、史學諸項學術活動中是一支重要力量。

關鍵詞：學士、分類、待詔、學術

魏晉南北朝學士是一個尚未得到史學界深入研究的以文翰之士爲主的群體，這一群體對魏晉南北朝學術的發展頗爲重要。本文將對魏晉南北朝學士研究中的幾個重要問題進行初步探討。

一、魏晉南北朝學士的分類

關於魏晉南北朝學士，清人趙翼《陔餘叢考》卷二十六「學士」條曰：「學士之名，其來最久，裴松之《三國志注》『正始中詔議圜丘，普延學士』。是曹魏時已有學士之稱也。晉宋以後，增置漸多，宋泰始六年置總明觀學士，後省總明觀，于王儉宅開學士館，以總明四部書

充之。齊高帝詔東觀學士撰《史林》三十篇。永明中，置新舊學士十人修五禮。又竟陵王子良，集學士抄五經百家，梁武時，沈約等又請五禮屬各置舊學士一人。人各舉學士二人相助。又命庾肩吾、劉孝威等十人爲高齋學士。簡文爲太子，又開文德省置學士。劉孝標撰《類苑》，梁武又命諸學士撰《華林遍略》以高之。陳武帝亦詔依前代置西省學士，其他散見於《南、北史》各傳者，如虞荔、張譏俱爲士林館學士，蔡翼、紀少瑜、庾信爲東宮學士，傅縡、顧野王、阮卓爲撰史學士，沈峻、孔子袪爲西省學士，陸琰、沈不害爲嘉德殿學士，岑之敬爲壽光殿學士，阮卓又爲德教殿學士，是六朝時或省或觀或殿或館隨所用各置學士。第其時所謂學士者，無定員，無定品。《隋書·柳□傳》，晉王廣招引文學之士百餘人充學士，以師友處之。於時諸王皆有學士。晉王廣以庾自直爲學士，秦王俊以潘徽爲學士，此藩王亦得置學士也。《韋孝寬傳》，孝寬雖在軍中，篤意文史，末年患眼，猶令學士讀而聽之，是節帥亦得置學士也。隋文帝令段文操督秘書省學士，文操性剛嚴，學士頗存儒雅，文操輒鞭撻之，前後或至千數，則學士且不免受撻矣。第其時所謂學士，不過如文人云爾。[1]」

趙翼歷敘南北朝學士，結論是魏晉南北朝學士不過是文人。趙氏關於魏晉南北朝學士即是文士之論在學界影響甚鉅，先賢時賢多目學士爲文士即爲明證。正是基於這樣一種並非完全符合史實的認識，目前史學界尚未對魏晉南北朝學士進行過深入系統的研究。實際上，魏晉南北朝的學士並非如趙翼所言僅只是文人的代稱，魏晉南北朝學士實際上可以分爲文人學士與官員學士兩大類。本文所謂文人學士，是指史書未記錄其擔任官員的學士，所謂官員學士，是指史書記錄其擔任官員的學士，而不論其是否爲專任、兼任，亦不論其是否具有品秩。

趙翼在《陔餘叢考》「學士」條中沒有論及先秦兩漢學士，但先秦

1　（清）趙翼：《陔餘叢考》，商務印書館一九五七年版，第五二二頁。

兩漢學士的確都是文人學士[2]，三國時代的學士承接先秦兩漢學士而來，文人學士仍然是學士的主體。《三國志‧魏書‧文帝紀》裴松之注引《獻帝傳》曰：「伏惟殿下體堯舜之盛明，膺七百之禪代，當湯武之期運，值天命之移受，河洛所表，圖讖所載，昭然明白，天下學士所共見也。」文中的「天下學士」，即指文人學士。再如《三國志‧魏書‧王肅傳》裴松之注引《魏略》曰：「正始中，有詔議圜丘，普延學士。」這是清人趙翼《陔餘叢考》「學士」條所標舉的名例，文中「普延」的「學士」也是文人學士。可見，三國時期的學士主要是指文人學士。但是，此期的確已出現了官員學士，典型者有如下二例。

　　《三國志‧魏書‧鄧艾傳》載艾「爲都尉學士，以口吃，不得作幹佐，爲稻田守叢草吏」。《三國志》無《百官志》，所以，《魏書‧鄧艾傳》所言的「都尉」是何官職尚難確定。據行文來看，鄧艾所任的都尉學士地位低下。但是，不論如何，鄧艾應當是文獻記載的中國古代早期的官員學士。

　　《三國志‧蜀書‧許慈傳》曰：「先主定蜀，承喪亂曆紀，學業衰廢，乃鳩合典籍，沙汰眾學，慈、潛並爲學士，與孟光、來敏等典掌舊文。」劉備入蜀之後曾復興蜀地經學，任命許慈、胡潛、孟光、來敏等人爲學士，負責典掌舊文，即是復興儒學的一項重要舉措。許慈屬於三國時期經學的交州學派，胡潛、孟光屬於經學的蜀地學派，來敏屬於經學的荊州學派，許慈、胡潛、孟光、來敏等人因通曉經學而成爲三國時期蜀國負有專職的官員學士。

　　雖然三國時期已經出現了官員學士，但是，任用文人擔任官員學士的舉措並未得到典午之世的認同，今傳世文獻記載中的兩晉學士都是文人學士，無一例外，下舉兩例作爲明證。

2　詳筆者《先唐學士考》，載《中國典籍與文化論叢》第七輯，北京大學出版社二〇〇二年版。

　　《晉書‧干寶列傳》曰：「然而國家不廢注記之官，學士不絕誦覽之業，豈不以其所失者小，所存者大乎！」

　　《宋書‧禮志》載：「世祖武皇帝聖德欽明，應運登禪，受終於魏。崇儒興學，治致升平。經始明堂，營建辟雍，告朔班政，鄉飲大射，西合東序，圖書禁籍，台省有宗廟太府金墉故事，太學有石經古文。先儒典訓，賈、馬、鄭、杜、服、孔、王、何、顏、尹之徒，章句傳注眾家之學，置博士十九人。九州之中，師徒相傳，學士如林，猶是選張華、劉寔居太常之官，以重儒教。傳稱『孔子沒而微言絕，七十子終而大義乖』。自頃中夏殄瘁，講誦遏密，斯文之道，將墜於地。陛下聖哲龍飛，闡弘祖烈，申命儒術，恢崇道教，樂正《雅》、《頌》，於是乎在。江、揚二州，先漸聲教，學士遺文，於今為盛；然方之疇昔，猶千之一也。」此則歷敘晉武帝禪魏得天下後重振儒學的諸項措施，文中的「學士如林」，當指天下文人學士而言。

　　三國之後再次出現官員學士的是劉宋時期。劉宋於中央政府設立總明觀，並在總明觀內定員設置學士。《宋書‧明帝本紀》曰：「九月……戊寅，立總明觀，徵學士以充之。置東觀祭酒。」《南史‧明帝本紀》所載較《宋書》更為詳盡：「九月戊寅，立總明觀，徵學士以充之。置東觀祭酒、訪舉各一人，舉士二十人，分為儒、道、文、史、陰陽五部學，言陰陽者遂無其人。」總明觀為南朝宋齊兩代修立國史之所，相當於東漢的東觀，故有東觀祭酒之設。中央政府於此聚集學士，發揮了學士以文翰之士為主的優長。且劉宋總明觀設學士二十人，這意味由國家首次正式為總明觀的官員學士確立了定員，這又從另一方面證明了劉宋時期官員學士的存在。

　　南齊承續劉宋，官員學士繼續得到發展，其標誌是南齊在總明觀學士之外又設立了治禮樂學士。《南齊書‧禮志（上）》載：「立治禮樂學士及職局，置舊學四人，新學六人，正書令史各一人，幹一人，祕書省差能書弟子二人。因集前代，撰治五禮，吉、凶、賓、軍、嘉也。

南齊中央政府在總明觀之外設立治禮樂職局並於此設立治禮樂學士，且定員爲「舊學四人，新學六人」[3]。《南齊書‧禮志（上）》又曰：「儀曹稱治禮學士議曰：『《郊特牲》又云：君之南向，答陽也，臣之北向，答君也。』若以陽氣在南，則位應向北，陰氣在北，則位宜向南。」此條可補證南齊確有治禮學士，且可得知南齊治禮學士的職責是撰治五禮與備諮詢。治禮樂職局及治禮學士由國家設立，並且有明確有定員，因此，南齊治禮樂職局的治禮學士應當是官員學士。

　　儘管南齊治禮樂職局設有學士，但是，南齊官員學士的主體仍在總明觀。《南齊書‧百官志》曰：「太始六年，以國學廢，初置總明觀，玄、儒、文、史四科，科置學士各十人，正令史一人，書令史二人，幹一人，門吏一人，典觀吏二人。」《南齊書‧王儉傳》曰：「是歲，省總明觀，於儉宅開學士館，悉以四部書充儉家，又詔儉以家爲府。」《南史‧王儉傳》對劉宋總明觀與南齊總明觀進行了總結：「宋明帝泰始六年，置總明觀以集學士，或謂之東觀，置東觀祭酒一人，總明訪舉郎二人；儒、玄、文、史四科，科置學士十人，其餘令史以下各有差。是歲，以國學既立，省總明觀，於儉宅開學士館，以總明四部書充之。又詔儉以家爲府。」可見，從宋明帝泰始六年（470）至南齊武帝永明三年（485）的十六年中，總明觀一直是宋齊兩代國家設置學士的主要部門。南齊永明三年廢總明觀後，又開學士館以儲學士。正如上文所言，南齊總明觀學士均爲官員學士。

　　但是，南齊學士並非皆爲官員，仍有文人學士存在。《南史‧劉瓛傳》載：「瓛篤志好學，博通訓義。……除奉朝請不就，兄弟三人共處蓬室一間，爲風所倒，無以葺之。怡然自樂，習業不廢。聚徒教授，常有數十。……齊高帝踐阼，召瓛入華林園談語，問以政道。答曰：『政

3　《梁書‧徐悱傳》載南齊永明二年爲修禮而設「舊學士」十人，梁代爲五禮各置「舊學士」一人，故此處「舊學四人新學六人」當指舊學士四人新學士六人。

在《孝經》。宋氏所以亡,陛下所以得之是也。』帝咨嗟曰:『儒者之言,可寶萬世。』又謂瓛曰:『吾應天革命,物議以爲何如?』瓛曰:『陛下戒前軌之失,加之以寬厚,雖危可安;若循其覆轍,雖安必危。』及出,帝謂司徒褚彥回曰:『方直乃爾。學士故自過人。』敕瓛使數入,而瓛自非詔見,未嘗到宮門。」齊高帝盛讚劉瓛,稱其爲「儒者」、「學士」,但此時劉瓛並未擔任任何官職,故齊高帝仍然是將「學士」一詞當作文士使用。

與南齊相比,梁代學士的主體是官員學士,他們或由帝王任命,或由他官遷轉、兼任,與一般文士的距離更遠。其中,《南史·王錫傳》所載最爲典型:「昭明太子年幼,武帝敕錫與秘書郎張纘使入宮,不限日數,與太子游狎,情兼師友。又敕陸倕、張率、謝舉、王規、王筠、劉孝綽、到洽、張緬爲學士,十人盡一時之選。」此即著名的「昭明太子十學士」。其中,陸倕、張率、謝舉、王規、王筠、劉孝綽、到洽、張緬等八人爲梁武帝親敕所封的「學士」,與文士意義的「學士」迥然有別。考之史傳,陸倕、張率、謝舉、王規、王筠、劉孝綽、到洽、張緬等八人均非一般文士,而是正式官員。

上述由梁武帝親敕所封的八位官員學士,進入蕭統東宮的時間大都難以確考,故其遷轉之跡亦難詳覓。但從史書有明確記載的四位東宮學士中仍然可以見出蕭統東宮學士的官員學士性質。

第一位是到洽。《梁書·到洽傳》載:「(天監)七年,遷太子中舍人,與庶子陸倕對掌東宮管記。俄爲侍讀,侍讀省仍置學士二人,洽復充其選。」據《隋書·百官志(上)·南朝梁官制》所載,到洽所任太子中舍人爲梁代職官十八班的第八班,班秩雖不高,但畢竟是列入職官志的正式官員,而非隨用而設的一般文士。到洽由太子中舍人遷侍讀,爲侍讀省學士,自然不可能由正式官員降爲一般文士。

第二位是明山賓。《梁書·明山賓傳》載:「(普通)四年,遷散騎常侍,領青冀二州大中正。東宮新置學士,又以山賓居之,俄以本官

兼國子祭酒。」明山賓任東宮學士之前，任散騎常侍，領青冀二州大中正。據《隋書‧百官志（上）‧南朝梁官制》載，梁代散騎常侍列十二班。天監六年後，散騎常侍視侍中。可見，明山賓出任東宮學士前，已經位高望隆。自散騎常侍遷轉東宮學士，絕非由十二班之高官降爲一般文士。且明山賓任東宮學士之時，又兼任國子祭酒。國子祭酒爲十三班，位更在散騎常侍之上，與中書令同班，身兼國子祭酒的明山賓在東宮絕非普通文士可以不證而明。

　　第三位是殷鈞。據《梁書‧殷鈞傳》載，殷鈞之妻爲梁武帝女永興公主。「天監初，拜駙馬都尉，起家秘書郎，太子舍人，司徒主簿，秘書丞。……遷驃騎從事中郎，中書郎，太子家令，掌東宮書記。頃之，遷給事黃門侍郎，中庶子，尚書吏部郎，司徒左長史，侍中。東宮置學士，復以鈞爲之。」據《隋書‧百官志（上）‧南朝梁官制》載，太子家令、給事黃門侍郎爲十班，（太子）中庶子、尚書吏部郎爲十一班，司徒左長史、侍中爲十二班。殷鈞任東宮學士之前，已貴爲十二班，後始任東宮學士，故其所任東宮學士絕非一般文士。

　　第四位是殷芸。《梁書‧殷芸傳》載：「累遷通直散騎常侍，秘書監，司徒左長史。普通六年，直東宮學士省。」據《隋書‧百官志（上）‧南朝梁官制》，通直散騎常侍爲十一班，司徒左長史爲十二班，殷芸任司徒左長史後方直東宮學士省任學士，故其定非由正式官員降爲一般文士亦甚明。

　　梁代學士除東宮外，西省、藩王府、士林館、壽光殿、秘書監、上林館六處亦設有學士。考察此六處的學士，亦皆爲官員學士。下文僅以西省學士爲例作一說明，他皆從略。

　　西省爲中書省之別稱，魏晉南北朝各代皆有西省之設，並於西省內修史校書。據現存史料，梁代西省學士有沈峻、孔子袪、鄭灼、賀從四人。

　　《梁書‧儒林‧沈峻傳》曰：「時中書舍人賀琛奉敕撰《梁官》，

乃啟峻及孔子祛補西省學士，助撰錄。書成，入兼中書通事舍人。」
《梁書》沈峻本傳載其補西省學士前已歷仕王國中尉、侍郎兼國子助
教、《五經》博士、華容令、員外散騎侍郎等職，爾後方補西省學士。
故沈峻任西省學士前已經是梁代的正式官員，非一般文士。

《梁書‧儒林‧孔子祛傳》載孔子祛任西省學士前曾任長沙嗣王
侍郎，兼國子助教，爾後方受中書舍人賀琛推薦任西省學士。

《陳書‧儒林‧鄭灼傳》曰：「簡文在東宮，雅愛經術，引灼為西
省義學士。」但鄭灼本傳載其任簡文帝蕭綱的西省學士之前，已任員
外散騎侍郎、給事中、安東臨川王府記室參軍、平西邵陵王府記室等
職，亦非一般文士。

賀蹤的仕履一如上述三人，不贅述。

陳代的學士職司計有西省、宮中、東宮、嘉德殿、宣明殿、德教
殿、天保殿等七處。西省學士為官員學士，上文已有論述，下文僅論
東宮學士，餘不贅述。

陳代東宮學士計有姚察、陸從典、王元規、岑之敬、陸瑜、徐伯
陽、張譏等。據《陳書‧姚察傳》載：「永定初，拜始興王府功曹參軍，
尋補嘉德殿學士……太建初，補宣明殿學士……尋兼通直散騎常侍，
報聘于周……使還，補東宮學士……拜宣惠宜都王中錄事參軍，帶東
宮學士。……徐陵名高一代，每見察制述，尤所推重。嘗謂子儉曰：『姚
學士德學無前，汝可師之也。』」姚察一人曾歷任陳代嘉德殿、宣明殿、
東宮三處的學士，且任諸司學士的前後均為官員而非一般文士，這就
說明了姚察所任學士的官員性質。

陳代東宮其他學士的情況與姚察相同，不詳述。諸殿官員學士的
情況亦與姚察相類，亦不詳述。惟宮中學士，須略加辨之。

據《陳書‧皇后傳》載，陳後主「以宮人有文學者袁大舍等為女
學士。後主每引賓客對貴妃等游宴，則使諸貴人及女學士與狎客共賦
新詩，互相贈答，采其尤豔麗者以為曲詞，被以新聲，選宮女有容色

者以千百數，令習而歌之，分部迭進，持以相樂。其曲有《玉樹後庭花》、《臨春樂》等，大指所歸，皆美張貴妃、孔貴嬪之容色也。」《南史·後妃下·後主張貴妃傳》亦有相同的記載。女學士之設，甚爲罕見。「女學士」是否爲宮中女官，史無明載。但從陳後主宮中女學士的設立原因及使用方式考察，宮中女學士與本文第二節所論的待詔相近。

北朝設立官員學士始於北齊，據《北齊書》、《北史》等文獻能考明之北齊設立官員學士的職司僅有文林館。

《北齊書·後主本紀》載：「（武平）四年……（二月）丙午，置文林館。」《舊唐書·職官志二》「門下省」「弘文館」條曰：「北齊有文林館……皆著撰文史，鳩聚學徒之所也」。《舊唐書·職官志二》「中書省」「集賢殿書院」條曰：「北齊有文林館學士……皆掌著述」。《北史·文學·祖珽傳》亦載：「由是拜尙書左僕射，監國史，加特進，入文林館，總監撰書。」上述諸條可證文林館是北齊聚集學士的撰述之地。

北朝官員學士的大發展實在北周，北周學士集中於麟趾殿、露門、通道館諸司。其中，以麟趾學士最盛，今可考知者有元偉、楊寬、蕭撝、王褒、宗懍、韋孝寬、顏之儀、蕭大圜、姚最、柳裘、鮑宏、明克讓、庾信、庾季才等。《舊唐書·職官志二》「中書省」「集賢殿書院」條云：「漢魏以來，職在秘書。梁于文德殿內藏聚群書，北齊有文林館學士，後周有麟趾殿學士，皆掌著述。」可見，北周麟趾殿是北周的著述之所。

《周書·楊寬傳》載楊寬爲北周一代名將，但亦「頗解屬文」，「武成二年，詔寬與麟趾學士參定經籍。」楊寬在北周官階甚高，曾任閣內大都督兼吏部尙書，後官至車騎大將軍、太子太傅、儀同三司。以如此高官，受詔與麟趾學士參定經籍，可見北周對麟趾學士的重視。與楊寬官階類似的尙有韋孝寬。《周書·韋孝寬傳》載韋孝寬於「明帝初，參麟趾殿學士，考校圖籍」。韋孝寬在任麟趾殿學士之前因戰功封

穰縣公，拜尙書右僕射，此後方入麟趾殿任學士。這一記載說明北周麟趾學士當爲官員學士。其餘麟趾學士亦皆如此，不一　而論。

北周的另一盛儲學士的職司是露門，北周露門學士有樂運、明克讓、劉臻、王頍四人。本文只論明克讓，其餘三人與明克讓大體相同，從略。

《隋書‧明克讓傳》載：「明克讓字弘道，平原鬲人也。父山賓，梁侍中，克讓少好儒雅，善談論，博涉書史，所覽將萬卷。《三禮》禮論，尤所研精，龜策曆象，咸得其妙。……梁滅，歸於長安，周明帝引爲麟趾殿學士，俄授著作上士，轉外史下大夫，出爲衛王友，歷漢東、南陳二郡守。武帝即位，復徵爲露門學士，令與太史官屬正定新曆。」麟趾學士爲官員學士前文已有論述，明克讓在就任麟趾學士並歷仕漢東、南陳二郡郡守後方出任露門學士，說明露門學士也必定是官員學士。

北周學士的另一職司爲周武帝建德三年六月所設的通道館。據今傳世文獻可以考知的北周通道館學士僅有長孫熾一人。《北史‧長孫熾傳》載：「建德初，周武帝崇尙道法，求學兼經史者爲通道館學士，熾應其選。」長孫熾任通道館學士是應周武帝的徵召敕命，雖其任通道館學士之前並非是正式官員，但應周武帝的徵召敕命這一事實說明擔任通道館學士的長孫熾非一般文士。

北周學士的官員性質尙可從其定員與班次兩方面得到間接證明。

《周書‧武帝邑上》曰：「初置太子諫議員四人，文學十人；皇弟、皇子友員各二人，學士六人。」。《北史‧盧同傳（附盧辯傳）》曰：「（建德）三年，初置太子諫議大夫，員四人，文學十人；皇弟、皇子友，員各二人，學士六人。」這是北朝歷史記載中首次爲學士定員。雖然今存文獻記載的北周學士定員僅限於皇弟、皇子府，但此亦可間接證明部分北周學士的官員性質。

《周書‧於翼傳》曰：「世宗雅愛文史，立麟趾學，在朝有藝業者，

不限貴賤，皆預聽焉。乃至蕭撝、王褒等與卑鄙之徒同爲學士。翼言於帝曰：『蕭撝，梁之宗子；王褒，梁之公卿。今與趨走同儕，恐非尚賢貴爵之義。』帝納之，詔翼定其班次，於是有等差矣。」麟趾學士均爲官員學士前文已有說明，今雖無法考知周世宗當年釐定的學士班次，但劃定班次從另一側面確定了麟趾學士的官員身份。

二、魏晉南北朝學士與待詔

魏晉南北朝學士中雖然有相當一部分是官員學士，而且某些學士還是高級官員；但是，此期的某些官員學士與秦漢待詔還有一定的聯繫。

第一，南齊學士待詔總明觀。

《南史·司馬憲傳》曰：「憲字景思，河南溫人，待詔東觀爲學士，至殿中郎。」司馬憲待詔東觀爲學士，而南齊東觀爲總明觀，故憲當爲總明學士。司馬憲待詔東觀任學士，透露出總明觀學士以文翰待詔的性質。

第二，梁代學士待詔文德省。

魏晉南北朝諸代中梁代待詔體制最爲完備，其標誌是設立專職的待詔省。《梁書·到沆傳》載：「高祖初臨天下，收拔賢俊，甚愛其才。東宮建，以爲太子洗馬。時文德殿置學士省，召高才碩學者待詔其中，使校定墳史，詔沆通籍焉。」據此可認定三點：第一，梁武帝建國之初即在代文德殿置學士省以儲學士；第二，文德殿學士均以高才碩學爲待詔；第三，文德殿學士的日常職責是校定墳史。因此，文德殿學士應當全部是官員學士。《梁書·到洽傳》載：「（天監）二年，遷司徒主簿，直待詔省，敕使抄甲部書。」可見，待詔省的另一主要任務是抄書，這恰符合文德殿學士爲高才碩學的身份。同傳尚載：「高祖問待詔丘遲曰：『到洽何如沆、漑？』遲對曰：『正清過於沆，文章不減漑；

加以清言，殆將難及。』」所以，梁代待詔與秦漢待詔類似，都有備皇帝諮詢的任務。《梁書・丘遲傳》載：「高祖踐阼，拜散騎侍郎，俄遷中書侍郎、領吳興大中正、待詔文德殿。」《梁書・庾於陵傳》載庾於陵「天監初，爲建康獄平，遷尚書功論郎，待詔文德殿。」《梁書・王僧孺傳》載：「天監初，除臨川王后軍記室參軍，待詔文德省。」《梁書・張率傳》載：「高祖霸府建，引爲相國主簿。天監初，臨川王已下並置友、學，以率爲鄱陽王友，遷司徒謝朏掾，直文德待詔省，敕使抄乙部書。」《梁書・許懋傳》載許懋「天監初，吏部尚書范雲舉懋參詳五禮，除征西鄱陽王諮議，兼著作郎，待詔文德省。」

梁代待詔雖然延用了秦漢「待詔」一詞，但是，二者既有相同之處，亦有不同之處。依上文所言丘遲爲例，《梁書》丘遲本傳記載丘遲在梁武即位後，「拜散騎侍郎，俄遷中書侍郎、領吳興邑中正、待詔文德殿」。據《隋書・百官志（上）》，散騎侍郎爲六班，中書侍郎爲九班。丘遲是在任中書侍郎時待詔文德殿，所以，丘遲雖爲待詔，但已官高位隆。與秦漢待詔相比，其地位、官階均優越得多。但是，從備顧問的角度而言，梁代待詔與秦漢待詔又頗爲一致。到沆的情況也是如此。據《梁書》本傳，到沆在梁昭明太子蕭統的東宮先擔任太子洗馬，然後才待詔文德殿學士省。據《隋書・百官志（上）》載，太子洗馬爲第六班之首，到沆以六班的官員入文德殿學士省待詔，其地位亦非秦漢待詔可比。

第三，魏晉南北朝學士具有某種備顧問的職責。

秦漢待詔的重要特徵之一是其備皇帝諮詢，魏晉南北朝學士亦具有某種備顧問的性質。這一點在論述梁代待詔時已有涉及。其實，這種現象並非僅見。《南史・文學・賈希鏡傳》載：「賈希鏡，平陽襄陵人也。祖弼之，晉員外郎。父匪之，驃騎參軍。家傳譜學。宋孝武時，青州人發古塚，銘云：『青州世子，東海女郎。』帝問學士鮑照、徐爰、蘇寶生，並不能悉。希鏡對曰：『此是司馬越女嫁苟晞兒。』檢訪果然，

由是見遇，敕希鏡注《郭子》。」這條文獻透露了劉宋時期鮑照、徐爰、蘇寶生與賈希鏡任學士備顧問的情況。《隋書・文學・王頍傳》亦有類似記載：「年二十二，周武帝引爲露門學士。每有疑決，多頍所爲。」王頍作爲露門學士，其主要職責是備周武帝諮詢。

第四，南朝陳代官員學士中雜有伎術之士。

待詔是秦漢時期以材技等待皇帝召用的各色人士，他們或善醫，或善射，或明經，或有其他一技之長，但卻無正官。魏晉南北朝的官員學士中也有與秦漢待詔相類似的各種伎術之士，雖然這種現象並不普遍，即僅存在於南朝陳代，但卻值得學林的重視。

《陳書・高祖本紀（下）》曰：「（永定三年夏閏四月）甲午，詔依前代置西省學士，兼以伎術者預焉。」「伎術者」，指技藝方術、醫卜曆算之輩。據前文考證，梁代西省學士均爲官員學士，陳代西省學士循此例也應當是官員學士。不同的是，陳代西省的官員學士中，不僅有以文翰見長者，亦有以「伎術」見長者。這一現象道出了陳代西省官員學士的待詔特色。

第五，北齊學士待詔文林館。

《北齊書・文苑傳》載北齊後主在權臣祖珽的建言下，設立文林館，召引學士入館，稱之爲「待詔文林館」。其後，祖珽又建議後主編纂《御覽》，這就是著名的《修文殿御覽》。爲了編纂這部大型類書，先後進入文林館待詔的達五十四人之多。《北史・文苑傳序》曰：「珽又奏撰《御覽》，詔珽及特進魏收、太子太師徐之才、中書令崔劼、散騎常侍張雕、中書監陽休之監撰。珽等奏追通直散騎侍郎韋道遜、陸乂、太子舍人王劭、眾尉丞李孝基、殿中侍御史魏澹、中散大夫劉仲威、袁奭、國子博士朱才、奉車都尉眭道閑、考功郎中崔子樞、左外兵郎薛道衡、並省主客郎中盧思道、司空東閣祭酒崔德立、太傅行參軍崔儦、太學博士諸葛漢、奉朝請鄭公超、殿中侍御史鄭子信等入館撰書，並敕放、愨、之推等同入撰例。復命散騎常侍封孝琰、前樂陵

太守鄭元禮、衛尉少卿杜台卿、通直散騎常侍楊訓、前南兗州長史羊
肅、通直散騎侍郎馬元熙、並省三公郎中劉璠、開府行參軍李師上、
溫君悠入館，亦令撰書。後復命特進崔季舒、前仁州刺史劉逖、散騎
常侍李孝貞、中書侍郎李德林續入待詔。尋又詔諸人各舉所知，又有
前濟州長史李義、前廣武太守魏騫、前西兗州司馬蕭漵、前幽州長史
陸仁惠、鄭州司馬江旰、前通直散騎侍郎辛德源、陸開明、通直郎封
孝騫、太尉掾張德沖、並省右戶郎元行恭、司徒戶曹參軍古道子、前
司空功曹參軍劉顗、獲嘉令崔德儒、給事中李元楷、晉州中從事陽師
孝、太尉中兵參軍劉儒行、司空祭酒陽辟彊、司空士曹參軍盧公順、
司空中兵參軍周子深、開府行參軍王友伯、崔君洽、魏師謇併入館待
詔。又勅僕射段孝言亦入焉。《御覽》成後，所撰錄人亦有不得待詔，
付所司處分者。凡此諸人，亦有文學膚淺，附會親識，妄相推薦者十
三四焉。雖然，當時操筆之徒，搜求略盡。」《隋書·魏澹傳》載澹「又
與諸學士撰《御覽》」，故參與《御覽》編纂者都是學士，只是《北齊
書》言之未詳。

　　進入北齊文林館編纂《修文殿御覽》的五十四人，都是文林館待
詔。從上文可知，北齊文林館待詔的官員學士雖有現任與前任之別，
但是，均為官員則是其共性。

三、魏晉南北朝學士與魏晉南北朝學術

　　魏晉南北朝學士雖因陳代西省學士雜有伎術之士而非純粹的以文
翰擅長的士人，但其主體仍是文翰之士。他們無論是官員學士或者是
文人學士，在經學、文獻學、史學諸方面對魏晉南北朝學術的發展做
出了巨大貢獻。

第一，經學。

　　魏晉南北朝學士在經學方面的貢獻主要是修禮作樂與講述經義。

禮樂在魏晉南北朝經學中佔有相當重要的地位。魏晉南北朝學士有諸多深明禮樂者，因此，在修禮作樂中發揮了重要作用。同時，魏晉南北朝學士對經義的講述爲正處於衰退期的經學的普及發揮了重要作用。

東漢末年發生在京城之內的幾場大屠殺使通曉朝廷祭祀之禮的禮官嚴重匱乏，以至正始時期不得不廣招學士以討論冬至祭天之禮。《三國志・魏書・王肅傳》裴松之注引《魏略》曰：「正始中，有詔議圜丘，普延學士。」「圜丘」是古代帝王冬至祭天之所。《周禮・春官・大司樂》曰：「冬日至，於地上之圜丘奏之。」「詔議圜丘」，顯然是討論冬至祭天之禮。雖然文中「普延」的「學士」並非指的是官員學士，但是，它說明了文人學士在修禮過程中發揮的重要作用。

《宋書・禮志三》載：「宋太祖在位長久，有意封禪。遣使履行泰山舊道，詔學士山謙之草封禪儀注。其後索虜南寇，六州荒毀，其意乃息。」宋太祖詔學士山謙之草擬封禪儀注，也是因爲深通經學的學士對封禪儀式較爲熟悉。

魏晉南北朝政局板蕩，朝廷更迭，致使各代禮樂多闕。因此，魏晉南北朝各代均十分重視學士的修禮作樂。南齊甚至設立治禮樂職局，專設治禮樂學士修禮。

《南齊書・禮志上》曰：「永明二年，太子步兵校尉伏曼容表定禮樂。於是詔尚書令王儉制定新禮，立治禮樂學士及職局，置舊學四人，新學六人，正書令史各一人，幹一人，秘書省差能書弟子二人。因集前代，撰治五禮，吉、凶、賓、軍、嘉也。文多不載。」

梁代修禮之事，《梁書・徐勉傳》記載最詳：「於是尚書僕射沈約等參議，請五禮各置舊學士一人，人各自舉學士二人，相助抄撰。其中有疑者，依前漢石渠、後漢白虎，隨源以聞，請旨斷決。乃以舊學士右軍記室參軍明山賓掌吉禮，中軍騎兵參軍嚴植之掌凶禮，中軍田曹行參軍兼太常丞賀瑒掌賓禮，征虜記室參軍陸璉掌軍禮，右軍參軍

司馬裦掌嘉禮，尚書左丞何佟之總參其事。佟之亡後，以鎮北諮議參軍伏暅代之。後又以暅代嚴植之掌凶禮。暅尋遷官，以五經博士繆昭掌凶禮。復以禮儀深廣，記載殘缺，宜須博論，共盡其致，更使鎮軍將軍丹陽尹沈約、太常卿張充及臣三人同參厥務。臣又奉別敕，總知其事。末又使中書侍郎周舍、庾於陵二人復豫參知。若有疑義，所掌學士當職先立議，通諮五禮舊學士及參知，各言同異，條牒啓聞，決之制旨。」這一詳細記載說明了梁代修訂五禮的方法及五禮分修的主持者。其中，學士的介入是梁代修禮的重要一環。

《梁書‧處士‧何胤傳》載何胤因熟悉《禮記》而繼王儉、張緒之後，受蕭子良的委託撰編新禮，蕭子良爲他專門配備了二十位學士作其助手：「起家齊秘書郎，遷太子舍人。……注《易》，又解《禮記》，於卷背書之，謂爲《隱義》。……尚書令王儉受詔撰新禮，未就而卒，又使特進張緒續成之，緒又卒，屬在司徒竟陵王子良，子良以讓胤；乃置學士二十人，佐胤撰錄。」何胤雖不是學士，但是「佐胤撰錄」的二十位文士當屬深諳禮儀的學士。

梁武帝曾集儒學士草封禪儀，《南史‧許懋傳》載：「梁天監初，吏部尚書范雲舉懋參詳五禮，除征西鄱陽王諮議參軍，兼著作郎，待詔文德省。時有請會稽封禪者，武帝因集儒學士草封禪儀，將行焉，懋建議獨以爲不可。帝見其議，嘉納之，由是遂停。」這與宋太祖草封禪儀欲封禪一事非常相似。

由於修禮是魏晉南北朝學士的重要職責之一，所以禮官多由通禮的魏晉南北朝學士擔綱。《梁書‧儒林‧何佟之傳》載何佟之因熟悉《三禮》而入劉宋總明觀爲學士：「高祖踐阼，尊重儒術，以佟之爲尚書左丞。是時百度草創，佟之依禮定議，多所裨益。」《南齊書‧孝義‧杜棲傳》載杜棲因通禮而掌婚冠禮：「杜棲字孟山，吳郡錢唐人……棲出京師，從儒士劉瓛受學。……國子祭酒何胤治禮，又重棲，以爲學士，掌婚冠儀。」

至陳，朝廷專設了五禮學士，分掌五禮。《陳書・儒林・沈德威傳》載：「遷太常丞，兼五禮學士。」

魏晉南北朝學士的作樂，主要是撰寫歌辭。《南齊書・樂志》載：「建元二年，有司奏，郊廟雅樂歌辭舊使學士博士撰，搜簡採用，請敕外，凡義學者普令制立。」《南齊書・謝超宗傳》對南齊學士撰寫歌辭一事亦有記載：「有司奏撰立郊廟歌，敕司徒褚淵、侍中謝朏、散騎侍郎孔稚珪、太學博士王咺之、總明學士劉融、何法岊、何曇秀十人並作，超宗辭獨見用。」

講述經義是魏晉南北朝學士在經學方面的又一貢獻。魏晉南北朝學士不僅是經學的繼承者，而且是經學的宣講者。《陳書・儒林・王元規傳》曰：「後主在東宮，引爲學士，親受《禮記》、《左傳》、《喪服》等義。賞賜優厚。遷國子祭酒。……遷南平王府限內參軍。王爲江州，元規隨府之鎮，四方學徒，不遠千里來請道者，常數十百人。」王元規爲陳後主講述《禮記》、《左傳》諸經書，是爲太子之師。

第二，文獻學。

魏晉南北朝時局動盪不定，漢末的大亂，晉室的南渡，江陵的陷落，都使歷經甘苦搜集的文獻典籍經歷了空前的浩劫。在這一背景之下，魏晉南北朝學士爲文獻典籍的保存、流傳做出了巨大貢獻。魏晉南北朝學士爲此期文獻學做出的重要貢獻主要是抄錄、助編、刪改、整理、校訂典籍與編纂類書。

抄錄眾籍是魏晉南北朝學士的重要職責之一。在雕版印刷尚未出現的魏晉南北朝，各種典籍的流傳全靠抄錄，以文翰之士爲主體的學士群體成爲魏晉南北朝文化典籍的保存者與傳播者。

《陳書・陸瑜傳》道出了此期抄撰眾籍的緣由是書籍的繁多：「時皇太子好學，欲博覽群書，以子集繁多，命瑜鈔撰。」

《南齊書・高逸・沈驎士傳》載宋文帝劉義隆動用國家力量訪舉學士，抄撰《五經》：「驎士少好學，家貧，織廉誦書，口手不息。宋

元嘉末，文帝令尚書僕射何尚之抄撰《五經》，訪舉學士，縣以驥士應選。」《南齊書·武十七王·竟陵文宣王子良傳》載蕭子良「移居雞籠山邸，集學士抄《五經》、百家」，此爲集學士抄書之又一例。不同者是沈驥士抄書乃應國家之徵，蕭子良集學士抄書卻出於藩王之舉。

《梁書·文學上·袁峻傳》記載了梁代文德殿學士省集學士抄錄史書的情況：「（天監）六年，峻乃擬揚雄官箴奏之。高祖嘉焉，賜束帛。除員外散騎侍郎，直文德學士省，抄《史記》、《漢書》各爲二十卷。」

梁簡文帝「高齋十學士」以抄撰眾集而聞名，更以其與「昭明太子十學士」相淆而爲《文選》學界所熟知。《南史·庾肩吾傳》曰：「肩吾字慎之，八歲能賦詩，爲兄于陵所友愛。初爲晉安王國常侍，王每徙鎮，肩吾常隨府。在雍州被命與劉孝威、江伯搖、孔敬通、申子悅、徐防、徐摛、王囿、孔鑠、鮑至等十人抄撰眾籍，豐其果饌，號高齋學士。」

《梁書·張率傳》曰：「俄有敕直壽光省，治丙丁部書抄。」同傳尚載張率於文德省抄書：「直文德省待詔，敕使抄乙部書」。《南史·到洽傳》曰：「遷司徒主簿，直待詔省，敕使抄甲部書爲十二卷。」壽光省、文德省均設學士抄書，可見梁代諸省學士的重要職責之一即是抄書。

《陳書·文學·杜之偉傳》曰：「中大通元年，梁武帝幸同泰寺捨身，敕勉撰定儀注，勉以台閣先無此禮，召之偉草具其儀。乃啓補東宮學士，與學士劉陟等鈔撰群書，各爲題目。所撰《富教》、《政道》二篇，皆之偉爲序。」蕭統的東宮以藏書三萬卷之多而載入史書，如此眾多的藏書主要依靠抄書。杜之偉因草具梁武帝捨身同泰寺的儀注而入東宮任學士，東宮學士的職責亦是抄書，可見，梁代抄書之風的盛行。

助編與刪改典籍是此期學士在文獻學方面的另一重要職責。

　　《梁書·儒林·沈峻傳》載沈峻因「博通《五經》，尤長《三禮》」而入仕。後又因通經習禮爲吏部郎陸倕與僕射徐勉舉薦「兼《五經》博士。……時中書舍人賀琛奉敕撰《梁官》，乃啓峻及孔子祛補西省學士，助撰錄。書成，入兼中書通事舍人。」同時協助賀琛撰寫者尙有孔子祛。《梁書·儒林·孔子祛傳》曰：「中書舍人賀琛受敕撰《梁官》，啓子祛爲西省學士，助撰錄。……高祖撰《五經講疏》及《孔子正言》，專使子祛檢閱群書，以爲義證。」可見，孔子祛尙協助梁武帝撰寫了《五經講疏》。《梁書·蕭子顯傳附蕭子愷傳》曰：「先是時太學博士顧野王奉令撰《玉篇》，太宗嫌其書詳略未當，以愷博學，於文字尤善，使更與學士刪改。」《玉篇》是《說文》之後保存至今的最古老的字書之一，也是漢語文字學史上第一部楷書字典。蕭子愷與諸學士對《玉篇》的刪改是漢語文字學史上的一件大事，諸學士的參與道出了魏晉南北朝學士刪改典籍的史實。

　　魏晉南北朝時期的文獻整理，是此期學術文化中的一件大事，六朝學士積極參與了此期圖書的整理。《廣弘明集》（卷三）載阮孝緒《七錄序》記錄了以劉孝標爲首的梁代學士整理國家圖書一事：「齊末兵火，延及秘閣。有梁之初，缺亡甚眾。爰命秘書監任昉，躬加部集。又於文德殿內，別藏眾書，使學士劉孝標等重加校進。乃分數術之文，更爲一部，使奉朝請祖暅，撰其名錄。其尙書閣內，別藏經史雜書。華林園又集釋氏經論，自江左篇章之盛，未有逾於當今者也。」劉孝標奉梁武帝之命在文德殿整理國家圖書，並分別加以著錄，成爲魏晉南北朝學士參與國家文獻整理的重要事件。

　　校訂編纂經籍是魏晉南北朝學士日常最普遍的工作。

　　《梁書·文學下·劉峻傳》云：「天監初，召入西省，與學士賀蹤（《梁書·任昉傳》「蹤」作「縱」——筆者）典校秘書。」可知，西省學士賀蹤日常職責爲「典校秘書」。

　　《魏書·術藝·李修傳》曰：「太和中，常在禁內。高祖、文明太

后時有不豫，修侍針藥，治多有效。賞賜累加，車服第宅，號爲鮮麗。集諸學士及工書者百餘人，在東宮撰諸《藥方》百餘卷，皆行於世。」李修作爲北魏一代名醫，在東宮「集諸學士及工書者百餘人」編纂《藥方》百餘卷，成爲魏晉南北朝編纂的重要藥書。

　　校定經籍亦爲北周學士，尤其爲麟趾學士的重要職責。《周書·楊寬傳》曰：「詔寬與麟趾學士參定經籍。」《周書·韋孝寬傳》曰：「明帝初，參麟趾殿學士，考校圖籍。」《周書·藝術·姚最傳》：「（姚僧垣）次子最，字士會，幼而聰敏，及長，博通經史，尤好著述。年十九，隨僧垣入關。世宗盛聚學徒，校書於麟趾殿，最亦預爲學士。」均指此而言。

　　編纂《類書》是魏晉南北朝學士在文獻學上最突出的貢獻。

　　兩漢之後，隸事用典之風日熾，魏文帝曹丕率先命諸儒編纂了類書《皇覽》，開啓了魏晉南北朝類書編纂的先例。

　　魏晉南北朝學士多以熟知典實之多寡而競勝負，致使貴爲帝王之尊的梁武帝亦不能免俗。這種彌漫於整個社會的隸事用典之風，大大刺激了類書的編纂。《南齊書·陸澄傳》記載了陸澄因長於隸事，熟悉典實而勝過王儉之事：「（王）儉自以博聞多識，讀書過澄。澄曰：『僕年少來無事，惟以讀書爲業。且年已倍令君，令君少便軄掌王務，雖復一覽便諳，然見卷軸未必多僕。』儉集學士何憲等盛自商略，澄待儉語畢，然後談所遺漏數百千條，皆儉所未睹，儉乃嘆服。儉在尙書省，出巾箱機案雜服飾，令學士隸事，事多者與之，人人各得一兩物，澄後來，更出諸人所不知事復各數條，並奪物將去。」王儉爲南齊重臣，更以博學著稱，陸澄隸事勝過王儉，成爲一時美談。無獨有偶，王摛與陸澄相似，亦長於隸事，《南史·王摛傳》亦記載了王摛因此勝過何憲的一則趣事：「甚從叔摛，以博學見知。尙書令王儉嘗集才學之士，總校虛實，類物隸之，謂之隸事，自此始也。儉嘗使賓客隸事，多者賞之，事皆窮，唯廬江何憲爲勝，乃賞以五花簟、白團扇。坐

執扇，容氣甚自得。摛後至，儉以所隸示之，曰：『卿能奪之乎？』摛操筆便成，文章既奧，辭亦華美，舉坐擊賞。摛乃命左右抽憲簿，手自掣取扇，登車而去。儉笑曰：『所謂大力者負之而趨。』竟陵王子良校試諸學士，唯摛問無不對。」如此盛行的隸事之風，自然對彙集典實的類書編纂提供了巨大的需求，魏晉南北朝學士編纂類書之風因此而極盛。

南齊竟陵王蕭子良集諸學士仿曹丕編纂《皇覽》例編纂的《四部要略》是魏晉南北朝較早編撰的大型類書。《南齊書·武十七王·竟陵文宣王子良傳》載：「移居雞籠山邸，集學士抄《五經》、百家，依《皇覽》例爲《四部要略》千卷。」

南齊除了竟陵王蕭子良編纂的《四部要略》外，尚有齊高帝下詔編纂的《史林》。《南史·齊高帝本紀》載：「又詔東觀學士撰《史林》三十篇，魏文帝《皇覽》之流也。」據「魏文帝《皇覽》之流也」之語，《史林》當亦爲類書。

梁代編纂類書更勝過蕭齊，安成王蕭秀招學士劉孝標所撰《類苑》是繼軌《四部要略》之後的一部重要類書，亦是梁代編纂的第一部類書。《梁書·太祖五王·安成王秀傳》曰：「（秀）精意術學，搜集經記，招學士平原劉孝標，使撰《類苑》，書未及畢，而已行於世。」

劉孝標因隸事勝過梁武帝而爲蕭衍所忌恨，故劉孝標《類苑》一出，梁武帝竟集諸學士編纂《遍略》而勝之。

《南史·劉峻傳》載：「初，梁武帝招文學之士，有高才者多被引進，擢以不次。峻率性而動，不能隨眾沉浮。武帝每集文士策經史事，時范雲、沈約之徒皆引短推長，帝乃悅，加其賞賚。會策錦被事，咸言已罄，帝試呼問峻，峻時貧悴冗散，忽請紙筆，疏十餘事，坐客皆驚，帝不覺失色。自是惡之，不復引見。及峻《類苑》成，凡一百二十卷，帝即命諸學士撰《華林遍略》以高之，竟不見用。」可見，時人確以記頌事類多寡而定才學高下，貴爲帝王之尊的梁武帝亦不能脫

此藩籬，故劉孝標《類苑》一出，梁武帝必動用國家力量而務勝之。《梁書·文學下·何思澄傳》曰：「天監十五年，敕太子詹事徐勉舉學士入華林撰《遍略》，勉舉思澄、顧協、劉杳、王子雲、鍾嶼等五人以應選。八年書乃成，合七百卷。」《梁書·文學下·劉杳傳》曰：「詹事徐勉舉杳及顧協等五人入華林撰《遍略》。」《梁書·文學上·鍾嶼傳》曰：「天監十五年，敕學士撰《遍略》，嶼亦預焉。」故《華林遍略》的編纂實由徐勉領銜，何思澄、劉杳、顧協、王子雲、鍾嶼等五學士參與。《隋志三》著錄《華林遍略》六百二十卷，小注曰：「梁綏安令徐僧權等撰。」徐勉，字修仁。姚振宗《隋書經籍志考證》曰：「《唐日本國見在書目》載：《華林遍略》六百廿卷。梁綏安令徐僧權等撰。」《南史·文學·徐伯陽傳》曰：「父僧權，梁東宮通事舍人，領秘書，以善書知名。」《舊唐志下》類事類：「《華林遍略》六百卷（徐勉撰）。」《新唐志三》類書類：「徐勉《華林遍略》六百卷。」兩《唐志》均作徐勉而非徐僧權。本文據《梁書》之《何思澄傳》、《劉杳傳》、《鍾嶼傳》及兩《唐志》，定《華林遍略》作者爲徐勉等，不從《隋志》。《華林遍略》由於系梁武帝動用國家力量，集中五學士集體編纂，故在魏晉南北朝諸類書中的地位較高。

魏晉南北朝諸代爲編纂類書投入人力最多者當屬北齊所撰《修文殿御覽》，此書對隋唐類書影響頗大。本文第二節對此已有詳論，不贅述。

第三，史學。

魏晉南北朝是中國古代史學的一個重要發展時期。此期經學由於缺乏原創性而不如史學對學者的吸引力更大[4]，因此，史學雖未能取代經學的地位，但其重要性遠較此前更爲醒目。史學的興盛首先是史官

4　參王志平：《中國學術史》（三國兩晉南北朝卷），江西教育出版社二〇〇一年版第五〇一頁。

的設立。魏明帝太和年間始置著作郎，專任史職，恢復修史。在整個社會關注修史的氛圍中，出現了撰史學士。《全梁文》卷二十七沈約《上疏論選舉》：「是事不舉，宜選撰史學士，諳究流品者，為左民郎、左民尚書，專共校勘。」沈約所論的是要辨清士庶，但語涉撰史學士，可知梁代撰史當為學士重要職責之一。

南朝設立撰史學士一事，前人已有提及。劉知幾《史通》卷十一《史官建置》勤云：「齊、梁二代，又置修史學士；陳氏因循，無所變革。」同書卷十二尚曰：「陳史：初有顧野王、北地傅縡，各為撰史學士，其武、文二帝紀即顧、傅所修。」

《陳書·顧野王傳》載：「天嘉元年，勑補撰史學士，尋加招遠將軍。」《陳書·傅縡傳》曰：「晃還言之文帝，尋召為撰史學士。除司空府記室參軍，遷驃騎安成王中記室，撰史如故。」可見，劉知幾言顧野王、傅縡為撰史學士不誣。《北史·文苑·許善心傳》曰：「善心九歲而孤，為母范氏所鞠養。幼聰明，有思理，所聞績能記，多聞默識，為當世所稱。家有舊書萬餘卷，皆詠通涉。十五解屬文，為箋上父友徐陵，陵大奇之，謂人曰：『此神童也。』太子詹事江總舉秀才，對策高第，授度支郎中，補撰史學士。」學林對南朝修史一事多關注著作郎等史官的設置，其實，撰史學士設置的重要性亦不當低估。

小　結

趙翼在《陔餘叢考》中關於「學士」的論述，有材料，有觀點，但卻缺少了必要的分析與論證過程，這是傳統讀書劄記與當代學術範式的重大區別。當代學術的範式，相對結論來說更重視獲取結論的分析過程，實證及分析過程的精緻化是當今人文科學研究方式的強烈要求。

由於趙翼的學術劄記在傳統學術研究中的獨特地位早已得到學林的公認，因此，趙翼的諸多論述不加檢驗地為當代學林廣泛徵引。但

是，由於傳統學術範式不重論證過程的局限，趙翼的諸多結論實際上面臨一個須要重新論證檢驗的現實需求。本文以「學士」條爲例，嘗試進行傳統學術劄記的再檢驗與再論證。

趙翼《陔餘叢考》「學士」條的大部分陳述涉及的是魏晉南北朝的官員學士，但是，趙翼卻將他們等同于普通文士。趙翼確定官員與文人的界限僅只是定員、定品、地位等因素，趙翼的結論僅只是舉例說明，因此，這種結論具有很大的局限性。

本文通過詳實的論證，區分了官員學士與文人學士兩類學士，研判了學士的待詔性質與學術貢獻。

參考文獻

《史記》　司馬遷撰　（北京）中華書局一九七五年標點本

《漢書》　班固撰　（北京）中華書局一九八三年標點本

《後漢書》　范曄撰　（北京）中華書局一九六五年標點本

《三國志》　陳壽撰　（北京）中華書局一九八二年標點本

《晉書》　房玄齡等撰　北京）中華書局一九八二年標點本

《宋書》　沈約撰　（北京）中華書局一九八七年標點本

《南齊書》　蕭子顯撰　（北京）中華書局一九八三年標點本

《梁書》　姚思廉撰　（北京）中華書局一九八二年標點本

《陳書》　姚思廉撰　（北京）中華書局一九八二年標點本

《魏書》　魏收撰　（北京）中華書局一九八四年標點本

《北齊書》　李百藥撰　（北京）中華書局一九八七年標點本

《周書》　令狐德棻撰　（北京）中華書局一九八七年標點本

《隋書》·魏徵等撰　（北京）中華書局一九八二年標點本

《南史》　李延壽撰　（北京）中華書局一九八七年標點本

《北史》　李延壽撰　（北京）中華書局一九八七年標點本

《舊唐書》　劉昫等撰　（北京）中華書局一九八六年標點本

《新唐書》　歐陽修、宋祁撰　（北京）中華書局一九八六年標點本

《廣弘明集》　道宣撰　上海古籍出版社一九九一年版

《全上古三代秦漢三國六朝文》　嚴可均編　（北京）中華書局一九
　　八五年版

《隋書經籍志考證》　姚振宗撰　（北京）中華書局一九八五年版　二
　　十五史補編本》

杜甫寓蜀飲食詩探究

清雲科技大學教授

姚　振　黎

提　要

　　詩聖杜甫（712-770AD）寓居四川近十年，寫四川飲食詩至少三十餘首，其中尚不包括如〈種萵苣〉借以自喻，未提及飲食烹調食用者。凡此寓蜀之飲食詩，流傳至今一千二百餘年，除可作為中國古代社會、文化、生活研究之第一手資料，對元稹、白居易之寫實，韓愈之怪奇，劉禹錫、杜牧之雄傑，劉長卿之流利，李商隱之淒艷，以至宋金元明以來稱大家者，雖面貌不一，甚至炫奇展異，然沿波討源，杜甫實莫不為開風氣之先。

　　本文自杜甫晚年居蜀飲食詩探究之，或可使吾人試取一瓢，嚐嚐其中深味。寫作方法（methodology）係以杜詩原典為經，巴蜀飲食為緯，文分五部分：壹、杜甫飲食詩作與其家學背景；貳、杜甫居蜀之生活況味與心境；參、杜甫居蜀之食材與烹饌；肆、杜甫居蜀飲食詩之文化訊息；伍、杜甫居蜀飲食詩之內涵與風格；陸、結語：對飲食文化與詩歌文學之影響。蘄能由杜詩之另一面向，認識杜甫之人格與風格。

關鍵字：杜甫、飲食詩

「詩聖」杜甫（712-770AD），生活於唐朝由盛轉衰、政局急劇變化之時代，一生可分為四時期：[1]讀書成長至南北壯遊時期（玄宗先天元年至天寶四載，712-745）、十年困守長安之覓官時期（天寶五載至天寶十四載，746-755）、陷賊離亂之為官時期（肅宗至德元年至乾元二年，756-759）、蜀湘飄泊時期（上元元年至代宗大曆五年，760-770），最後於貧病交加中，死在一條破舊木船上。[2]

杜詩內容廣泛，包羅萬有；大至鋪陳時事、摹寫山川，小至花木竹石、鳥獸蟲魚；唯獨不涉筆於傷薄。翻開一部杜集，吾人可見權貴驕奢、叛軍暴虐、百姓疾苦，亦可見邊塞荒涼、軍容整肅、哭送征夫之悽慘場面；有雄偉山岳、奔騰江河、蕭瑟秋景、凄清月夜，亦有紅艷春花、卓絕舞姿、鮮活繪畫，……不一而足，詩人之愛憎、憂傷與激憤，則融鑄於一事一物的描繪中。總之，一部杜詩就是一部以詩歌書寫之歷史。[3]

杜甫寓蜀飲食詩自不例外。茲先探究其飲食詩作之家學淵源，及居蜀心境與生活況味，進而析論其居蜀飲食詩以見證子美人格與風格，及「天府之國」四川之豐饒。

壹、杜甫飲食詩作與其家學背景

杜甫遠祖杜預為西晉名將，且是著名史家。祖父杜審言（約645－約708）為武則天時著名詩人。杜甫曾自豪云：「吾祖詩冠古，同年豪

---

1 袁行霈編著《中國文學史綱要》四冊之二，魏晉南北朝隋唐五代文學。北京：北京大學（1989 年 11 月）頁 179-187。

2 元稹〈杜君墓系銘并序〉：「扁舟下荊楚間，竟以寓卒；旅殯岳陽。」又梁鑒江選注《杜甫詩選》〈前言〉香港：三聯書店。（1988 年 3 月），頁 3-5。唐代宗大曆五年（770），杜甫至耒陽（湖南衡陽縣東南），遇洪水，斷糧十日後，縣令派船接杜甫回來，並請喝酒。《舊唐書·文苑傳》記杜甫之死：「甫嘗遊嶽廟，為暴所阻，旬日不得食。」

3 梁鑒江選注《杜甫詩選》〈前言〉第一段。（1988 年 3 月），頁 6。

主恩」〈贈蜀僧閭丘師兄〉、「詩是吾家事，人傳世上情」〈宗武生日〉。其父名閑，曾任兗州（今山東濟寧市、鄒縣一帶）司馬、奉天（今陝西乾縣）縣令，外祖家為當時名門望族清河崔氏。是故，杜甫出身於一具文化傳統之家庭。

　　童年時期，即受藝文薰陶，六歲、在郾城（今河南郾縣東南）看著名舞蹈家公孫大娘「劍器渾脫」舞。又長期居住洛陽，受詩歌與書法訓練，「七齡思即壯，開口詠鳳凰。九齡書大字，有作成一囊。」〈壯遊〉十四、五歲時，開始「出遊翰墨場」，其詩文曾受洛陽名士崔尚、魏啓心等人倍加讚揚。

　　杜甫青、少年時，頗為一己之才能自負，後寫成〈奉贈韋左丞丈二十二韻〉自述：「讀書破萬卷，下筆如有神。賦料揚雄敵，詩看子建親。李邕求識面，王翰願卜鄰。自謂頗挺出，立登要路津。致君堯舜上，再使風俗淳。」在世 58 載，一生寫詩數千首，詩作流傳至今者，共 1,439 首，其中甚多與飲食相關之作，具代表性者如〈麗人行〉。藉御廚珍饌，揭露貴戚揮霍享樂、蠻橫驕縱、氣勢凌人、荒淫靡爛之生活：

>　紫駝之峰出翠釜，水精之盤行素鱗。
>　犀筋厭飫久未下，鸞刀縷切空紛綸。
>　黃門飛鞚不動塵，御廚絡繹送八珍。[4]〈卷二〉頁 158

　　駱駝中以紫駱駝最為名貴，唐代名菜有「駝峰炙」，自翡翠鍋端出紫駝峰，水晶盤傳送清蒸魚。吃膩了，已不想再舉起犀牛角製成的筷子，雖然御廚拿起有鈴的小菜刀將菜餚切得極精細，也只是徒然白忙。送菜的宦官馬術高超，飛快的馬奔馳而塵土不揚，穩當俐落完成送菜任務，御廚接連不斷送上八珍：龍肝、鳳髓、豹胎、鯉尾、鴞炙、猩

---

4 本文所有徵引杜詩者，皆依：清、仇兆鰲《杜詩詳註》北京：中華書局（1985年9月）。

唇、熊掌、酥酪蟬。

　　將宮廷飲食排場具體鈎畫得準確明白；美饌配上炊具，珍饈佐以餐具，色香味形器均周到表述，除因其觀察生活細緻入微，佐以文學寫作藝巧精準高超，又祖父杜審言，曾任膳部員外郎，杜甫出身於烹調世家，此一家學淵源，恐亦不無關聯。又子美寓蜀近十年，寫四川飲食詩至少三十餘首，其中尚不包括〈種萵苣〉，只寫蔬菜，未提及烹調食用者。凡此寓蜀之飲食詩，流傳至今一千二百餘年，除可作爲中國古代社會、文化、生活、飲食研究之第一手資料，對盛唐以後詩歌流變，亦具影響。

貳、杜甫寓蜀之生活況味與心境

　　乾元二年（759）十二月一日，杜甫自同谷（今甘肅成縣）出發往成都，春天時到達。從同谷至成都，寫成許多紀行詩，記載沿途所見山川景物、風土人情，且詩中充滿憂國憂民之情。

　　上元元年（760）春，杜甫賴親友資助，於成都浣花溪畔建成草堂，開始定居，此時年48，歷經四年流離顛沛，終於得一安身之所。草堂背向成都城郭，鄰近百花潭，爲一極幽雅之江村；翠篠、紅蕖、楊柳、梅花、水鷗、黃鸝隨處可見。杜甫或流連山水，遊覽名勝古蹟；或經營藥圃，與鄰居農友往來。此時故人裴迪、高適、嚴武等均先後至西蜀，彼等經常相互尋訪，飲酒唱和。如是環境，子美詩興倍增，以詩歌描繪草堂周遭風景，記敘生活。然猶念念不忘「蒼生未蘇息，胡馬半乾坤。」〈建都十二韻〉，關懷國家政治形勢之變化，對李輔國之「媚至尊」、玄宗、肅宗父子間之衝突、吐蕃之侵擾，均甚感憂慮；對於「一物官盡取」情勢下被裹脅之人民，極爲同情；並爲一己之政治遭遇悒鬱不平，寫實主義風格流露於詩作中。

　　寶應元年（762）四月，玄宗、肅宗相繼去世，代宗即位。七月，

成都尹嚴武被召入朝。杜甫送嚴武直至綿州（今四川綿陽縣）。此時，成都少尹徐知道叛變，杜甫無法回去，唯有轉投梓州（今四川三台縣）避亂。因此，杜甫又從安靜草堂走出，重新開始憂患生活。深秋，將妻子接至梓州寄居，自己則奔走於閬州（今四川閬中縣）、綿州與漢州（今四川廣漢縣）之間，依靠應付地方官而獲取生活之資。至廣德元年（763）正月，史朝義戰敗、自縊死，其舊部紛紛投降，持續七年餘之安史亂方算結束。杜甫遠處梓州，得知消息後驚喜若狂，寫成著名之〈聞官軍收河南河北〉，然此種歡欣情緒未能持續甚久，又陷入愁苦中。唐王朝經多年戰亂，加以天災不斷，「戰伐乾坤破，瘡痍府庫貧。」〈送陵州路使君之任〉，經濟與政治實力已甚難恢復，統治者非僅不改革積弊，反益加腐敗奢侈，窮事搜刮；諸鎮又多跋扈不臣，據地自雄。復以吐蕃趁機侵擾，佔據長安，掠府庫、焚宮室。西川之松、維、保（今四川理番縣一帶）等州亦告失陷。各地人民負擔軍需、充備百役已至無法支撐境地，杜甫遂以親身聞見，藉詩歌真實記錄之。

唯此時杜甫已貧病交加，為避亂且謀生計，廣德二年（764）初春，攜妻子至閬州，準備由水路去渝州（今四川重慶市），轉道東下出峽。即將成行，獲悉嚴武重任成都尹兼劍南節度使消息，杜甫「殊方又喜故人來」，遂決定再回成都草堂。

回成都後，因嚴武推薦，任節度使署中參謀、檢校工部員外郎，並賜緋魚袋。此時年 52。因老病復厭惡官場生活，僅勉強半年，於永泰元年（765）正月去職。未幾，嚴武忽病故，子美在成都頓失憑依，五月，遂攜全家離開草堂，開始臨終前漂泊荊楚之歲月。

綜觀杜甫自乾元元年十二月（759）入蜀，至此約五年半時間，雖有一年餘外地避亂，然主要生活皆在成都渡過。此處號稱「天府之國」，自然環境、經濟條件均佳，故其生活較前一階段之陷賊為官時期充裕甚多，遂以詩作盡情歌詠自然景物、記述身處佳山秀水中之活動。雖然如此，仍與時代保持密切聯繫、關注政局變化，寫成詩作約 440 首，

反映當時政治局勢、戰爭消息與社會狀況，如〈蜀相〉、〈聞官軍收河南河北〉、〈征夫〉、〈遣憂〉等千古絕唱。

765 年五月，杜甫離開成都後，乘船南下行經嘉州（今四川樂山縣）、戎州（今四川宜賓縣），又過渝州（今四川重慶市）、忠州（今四川忠縣），迨至九月抵達夔州雲安（今四川雲陽縣），方纔因肺病與風痹發作而不得不停留養病。半年後，又遷往夔州（今四川奉節縣），居住近二年，仰仗他人資助，租借房屋、田地，並得一片柑林，在夔州養雞、種菜、經營果木，生活較爲安定。洎乎大曆三年（768）早春，始放船出瞿塘峽。此期間，西川節度使兼成都尹郭英乂驕奢暴戾，下屬及士兵均極怨恨。漢州刺史崔旰率兵攻打郭英乂。邛州（今四川邛崍縣）等地牙將聯合討伐崔旰，蜀中大亂。同時，其他地方又有吐蕃、回紇進擾，各鎮擁兵作亂之消息頻傳。杜甫所到處，均見避亂逃亡、饑寒困苦之流民。復以夔州物產不及成都富饒，人民賦稅負擔奇重，生活處境極爲悲慘。目睹此景況，杜甫對人民生活、思想感情愈加瞭解；「不眠憂戰伐，無力正乾坤。」〈宿江邊閣〉，常興「亂世誅求急，黎民糠籺窄。」〈驅豎子摘蒼耳〉之嘆。又常以詩歌反映當地人民風俗與生活環境，親賭夔州雄奇山川，作有歌詠當地風光景物與勞動人民之詩甚夥，如：〈負薪行〉、〈最能行〉、〈歲晏行〉，具體描繪人民遭官府盤剝之苦難生活，漁夫因天寒網凍而打不上魚、獵人雖射得鳥兒亦賣不出去，故雖身處偏僻山城，其詩作未嘗遠離戰亂時代與苦難人民，諸多弔古、詠懷、追憶往昔痛定思痛之作，似欲爲一生創作予以總結，例如：〈憶昔〉、〈壯遊〉、〈遣懷〉、〈詠懷古蹟〉五首、〈秋興〉八首等均爲此時之優秀作品。

離開夔州後，杜甫於大曆二年（768）二月抵荊州（今湖北江陵縣）總計在四川九年，除原有之瘧疾、肺病，又添風痹與糖尿病，至大曆三年（768）正月出川時，已是「右臂偏枯耳半聾」〈清明〉。雖然如此，杜甫在四川漂泊時，政治熱情未嘗衰減，中原戰亂、西部邊患、蜀中

軍閥混戰、當地人民生活，均為少陵時刻關注之問題。在成都與夔州，留有諸多懷念與頌揚諸葛亮之詩作，如〈蜀相〉、〈武侯廟〉、〈八陣圖〉、〈夔州歌〉、〈古柏行〉，杜甫欲效法武侯入世之態度，昭然可見；居蜀飲食詩流露仁政愛民之心、匡時濟世之志，亦為儒家思想之奉行實踐。

參、杜甫寓蜀之食材與烹饌

　　飲食為社會發展之基礎與人民生活之核心，其決定或制約、影響社會生活；不僅人類首要之務即為飲食，故《管子》有云：「民以食為天」，《尚書·洪範》提出治國「八政」，即以「食」為先，且人類生活，食、衣、住、行，均以飲食為最基本、且最重要者，所謂「倉廩實則知禮節，衣食足則知榮辱。」其此之謂也。本節遂以杜甫居蜀之食材，經烹饌調理後，熟食者予以探究；至於水果，則不在此限。

一、蜀酒

　　吃乃人生第一要事，所謂「吃飯皇帝大」；不似「文章千古事，得失寸心知。作者皆殊列，名聲豈浪垂。」[5]作者殊列，名不浪垂為古今立言之標準，亦文人墨客自我要求之雅言。反觀「民以食為天」誠乃中國老祖先智慧結晶，是故〈招魂〉、〈七發〉均已談吃，然前者是為死者，後者是為活人，談吃而意實不在吃。束皙〈餅賦〉、陸羽〈茶經〉可稱專門談吃之作，卻又似今之食品介紹或烹飪用書，文學性稍嫌不足。[6]相較之下，吾人頗有興味於杜甫〈戲題寄上漢中王三首〉之二：

　　　策杖時能出，王門異昔遊。已知嗟不起，未許醉相留。

　　　蜀酒濃無敵，江魚美可求。終思一酩酊，淨掃雁池頭。〈卷十一〉

5　杜甫〈偶題〉，見清、仇兆鰲《杜詩詳註·卷十七》第四冊，北京：中華書局（1985年9月）頁1541。

6　鍾叔河編、周作人《知堂談吃——周作人散文和詩一百篇》〈編者序言〉，北京：中國商業出版社（1990年12月）。

頁 938

〈戲題寄上漢中王三首〉爲代宗寶應元年（762）往梓州時作。《舊唐書·睿宗諸子列傳》載：漢中王，李瑀、讓皇帝第六子，早有才望，偉儀表，封隴西郡公。從明皇幸蜀，至漢中，因封漢中王，仍加銀青光祿大夫，漢中郡太守。「蜀酒濃無敵，江魚美可求。」可見杜甫對蜀酒與川菜吃得愉快，贊美備至，實則蜀酒自古已負盛名。

按《水經注·卷三十三·江水》：「江之左岸，有巴鄉村，村人善釀，故俗稱巴鄉清郡出名酒。」西晉左思〈蜀都賦〉《文選·卷四》描寫巴蜀物產、山川、風俗、人物，對四川飲食、習俗均有敘述，曰：「置酒高堂，以御嘉賓。」「觴以清醥，鮮以紫鱗。」[7]除置酒高殿上，以御賓客，且以酌醴、魚鱠。

又東晉史學家常璩著《華陽國志》，全書十二卷，記中國西南地區古史，爲研究川菜起源之重要史料，其於〈卷一·巴志〉對四川山川地理、物產富庶之介紹，令人稱羨，曰：「川崖惟平，其稼多黍，旨酒嘉穀，可以養父。」又「嘉穀旨酒，可以養母。」[8]李肇《唐國史補·卷下》載：唐代、中國名酒已有數十種之多，如富水酒、若下酒、土窟春、石凍春、九醞酒、溢水酒、博羅酒、郎官酒、三勒漿、西市腔等名酒。

杜甫蜀湘飄泊時期、自上元元年（760）至大曆五年（770），此時安史之亂方平息，又有吐蕃、回紇之禍。長安再度陷落，唐朝危急，此期間，杜甫除有數月在幕府供職外，大部分時間是無官在身。其在成都浣花溪畔營建草堂寓居，作〈謝嚴中丞送青城山道士乳酒一瓶〉：

　　山瓶乳酒下青雲，氣味濃香幸見分。

　　鳴鞭走送憐漁父，洗盞開嘗對馬軍。〈卷十一〉頁 896

---

7 梁蕭統編、唐李善注《文選》卷四·台北：華正書局，頁 79 下欄（民 71 年 11 月）。

8 常璩《華陽國志·卷第一·巴志》，台灣：商務印書館《四部叢刊初編》，頁 3。

　　此詩爲寶應元年（762）所作。青城山爲道家所推重之名山，在四川省灌縣西南十五公里處，山巔有上清宮，山麓有建福宮，山腰有天師洞等著名寺觀。杜甫詩中所言青城乳酒，現由灌縣青城山道家飲料廠生產，名曰「洞天乳酒」。此酒爲道家秘方釀製，由青城山道協會長傅元天領導生產。以茅梨爲原料，用清澈山泉配以醪糟、白（曲）酒及白（冰）糖釀成。酒呈乳白、帶青玉色，[9]濃稠如乳，具有果味、酸味、香味、甜味、酒味等五味。此外，尚有一種由傅元天指導、青城山獼猴酒廠生產之青城乳酒。

　　「漁父」，乃杜甫自道；「憐漁父」，用《楚辭》人醉我醒意。「馬軍」者，軍州謂驅使騎爲馬軍。詩中馬軍即指走送乳酒者。末句暗用西晉羊祜飲陸抗酒事。此雖爲送酒而致申謝作，亦可知青城乳酒、氣味俱佳，誠乃國色天香。

　　〈遭田父泥飲美嚴中丞〉〈卷十一〉頁 890 約作於代宗寶應元年（762），立春後第五個戊日，因不期而遇老農，被強留飲，藉田父歌頌成都尹嚴武之放兵務農。按：嚴武父、嚴挺之，爲杜甫舊友，嚴武對杜甫極爲照顧，二人交誼亦甚密切。杜甫藉由田父贊美嚴武，實即自己贊美嚴武。全詩表達農民之好惡愛憎。詩有曰：「高聲索果栗，欲起時被肘。」主人仍在大聲索取下酒之乾果，杜甫屢次起身告辭，卻被主人不時掣肘挽留。柔言索物謂之「泥」；主人濃情厚意，使賓主盡歡之情狀，宛然在目。至於〈撥悶〉讚美雲陽所出之酒：

　　　聞道雲安麴米春，纔傾一盞即醺人。

　　　乘舟取醉非難事，下峽銷愁定幾巡。

　　　長年三老遙憐汝，捩舵開頭捷有神。

　　　已辦青錢防雇直，當令美味入吾脣。〈卷十四〉頁 1223

　　永泰元年（765）在忠州作。是年五月，杜甫離成都，下戎渝，六

<hr />

●　喬楠編輯《川菜烹飪事典》重慶出版社（1985 年 12 月）頁 13。

月至忠州。題曰「撥悶」，因心有所悶，作此諧浪以自寬。蓋起首四句
為欲往雲安，杜甫遂乘舟下峽，為取醉銷愁。「青錢」，即青銅錢。「厘」，
謂舟費。「直」，謂酒資。

　　《舊唐書》：雲安縣，屬夔州，本漢巴郡朐䏰縣地。為今雲陽縣，
杜甫讚美雲陽所出之酒。「麴米春」為酒名，唐時酒多以春字名之，如
《國史補》記載：「酒有滎陽之土窟春，富平之石凍春，劍南之燒春」
等，[10]子美亦云「聞道雲安麴米春」。

　　唐代，中國各地名酒不下數十種。出自四川綿竹的劍南燒春、宜
賓的荔枝綠、成都的錦江春、郫縣的郫筒酒、雲陽的麴米春，均已為
當時人所稱道。[11]

　　代宗永泰元年（765）夏、去成都之嘉戎時作〈狂歌行贈四兄〉，
觀詩中言嘉州可見。杜甫喜兄弟相見，故興至而狂歌，詩酒唱酬，又
見杜詩〈宴戎州楊使君東樓〉：

　　　重碧拈春酒，輕紅擘荔枝。〈卷十四〉頁 1221

　　戎州，原犍為郡，與嘉州皆犍為地，即今四川宜賓市一帶，與嘉
州為鄰。杜甫以永泰元年（765）五月去成都之嘉戎。詩云：「輕紅擘
荔枝」，當是其年六月作。黃山谷在戎州有〈次韻任道食荔枝有感三首〉
之二，詩云：「六月連山柘枝紅」，可知荔枝熟於六月也。[12]山谷〈廖
致平送綠荔枝為戎州第一、王公權荔枝綠酒亦為戎州第一〉詩：「試傾
一杯重碧色，快剝千顆輕紅肌。」即用子美此詩語。

　　「重碧」，酒色。「輕紅」，荔色。白居易〈荔枝圖序〉：「殼如紅繒，

10　李肇《唐國史補・卷下》台北：世界書局《增補筆記小說名著第一集》1968 年
　　11 月，頁 60。
11　熊四智《烹飪史話》，《中國烹飪》編輯部匯編，北京：中國商業出版社（1986
　　年 12 月）頁 120-123。
12　文淵閣四庫全書、集部、別集類、《山谷內集詩注・卷十三》。又黃山谷〈次韻
　　任道食荔枝有感〉三首、之一：「一錢不直程衛尉，萬事稱好司馬公。白髮永無
　　懷橘日，六年悵恨荔支紅。」

膜如紫綃，瓤肉瑩白如冰雪。」「嘉州酒香」與「重碧」皆言酒之色香，可見杜甫心中川酒之美。

杜甫晚年卜居之草堂，座落成都西郊浣花溪畔，係子美有生以來第一次擺脫紛擾人世，在此小天地過著半隱居生活。〈狂夫〉詩曰：「厚祿故人書斷絕」。住處既是難得有人造訪，崔明府相過令其喜出望外。「盤飧市遠無兼味，樽酒家貧只舊醅。」[13]在四川，無論獨酌，或三五舉杯，甚至喜慶筵席，四川人要有肴饌相佐，由是可知。

二、魚

四川省位於長江中、上游，四山環抱，江河縱橫，沃野千里，物產豐富，古稱「天府之國」。盆地、平原、淺丘地帶氣候溫和，四季常青，水利發達，灌溉成系，盛產糧、油、果、蔬、筍、蕈，家畜、家禽不但品種繁多，且質尤佳，均爲川菜烹飪之主要原料。山岳深丘地區多產熊、鹿、獐、麂、貝母鷄、銀耳、蟲草等山珍野味。江河峽谷所產各種魚鮮如江團、雅魚、岩鯉、中華鱘魚等，品種特異。今讀杜詩，見其在夔州有〈鸚鵡〉、〈孤雁〉、〈鷗〉、〈猿〉、〈麂〉、〈鷄〉、〈黃魚〉、〈白小〉，可知飛禽、家畜、河鮮靡不畢具。

（一）丙穴魚（雅魚／嘉魚）

〈將赴成都草堂途中有作先寄嚴鄭公五首〉其一云：

得歸茅屋赴成都，直爲文翁再剖符。

但使閭閻還揖讓，敢論松竹久荒蕪。

魚知丙穴由來美，酒憶郫筒不用酤。

五馬舊曾諳小徑，幾回書札待潛夫。〈卷十三〉頁 1105

此爲代宗廣德二年（764）春，自閬州歸成都中途所作。嚴鄭公，名武，封鄭國公，與杜甫情誼甚厚，已如前述。《新唐書·嚴武傳》載：「（代宗）寶應元年（762）自成都召還，拜京兆尹，明年爲二聖山陵

橋道使，封鄭國公，遷黃門侍郎。廣德二年，復節度劍南。」得知嚴武復節度劍南，杜甫遂作此詩，回憶昔日一起品魚酌酒之情。杜甫欲歸草堂，乃爲嚴公再鎮也。詩中五、六句「魚知丙穴由來美，酒憶郫筒不用酤。」思成都品物之佳，盛贊四川之「丙穴魚」及「郫筒酒」。

《爾雅・釋魚第十六》曰：「魚尾謂之丙。」《水經注》：「穴口向丙，故曰丙穴。」左思〈蜀都賦〉：「嘉魚出丙穴」。宋、宋祁《益部方物略記》云：「丙穴在興州，有大丙小丙山，魚出石穴中。今雅州亦有之，蜀人甚珍其味。左思所謂嘉魚出於丙穴中。」清、仇兆鰲《杜詩詳注》釋：漢中沔陽縣北謂丙穴，興州、雅州亦有丙穴，萬州梁山縣柏枝山亦有丙穴，達州明通縣又有丙穴，上述皆產嘉魚。《酉陽雜俎》曰：「丙穴魚食乳水，食之甚溫。」古稱「丙穴魚」，即今四川俗稱之「雅魚」，學名「齊口裂腹魚」，又稱「嘉魚」。體長稍側扁，腹圓，吻圓鈍，口下位、微彎。下頜具有發達而銳利之角質邊緣，下唇新月形，上有許多乳狀小點突起。鬚二對，下咽齒三行，匙狀，頂端鉤曲。體被細鱗，排列整齊，胸腹部不裸露，有明顯鱗片，臀鰭與肛門兩側各具臀鱗一排，鰓孔後方側線下有大鱗片。體背部爲暗青灰色，腹部銀白，體上側有細小黑色斑點，背鰭與偶鰭爲青灰色，尾鰭紅色。雅魚爲底層魚類，喜生活於急流與水溫較低之水域中，爲岷江、大渡河水系常見食用魚。個體大，一般重 0.5～1 公斤，最大可達 5 公斤，產量亦多，並具肉多、刺少、質嫩之特點。又雅安地區烹製之沙鍋雅魚久負盛名。

據 1981 年、四川省水產局與四川農學院聯合組成之雅魚資源考察組，於雅安宴場河上游發現新種雅魚，與上述特徵有共同處，唯不同者：鱗片隱藏於一層透明之膠狀皮層下，胸部無鱗，故被該考察組訂名爲「隱鱗裂腹魚」。

至於郫筒，乃成都府西五十里之郫縣，以竹筒盛美酒，號爲郫筒。《廣郡芳譜》引《華陽風俗錄》：「郫縣有郫筒池，池旁有大竹，郫人

刳其節，傾春釀，於筒苞以藕絲，蔽以蕉葉，信宿香達於林外，然後斷之以獻，俗號郫筒酒。」1805 年、新刊成都太平齋藏版〈成都竹枝詞〉：「郫縣高煙郫筒酒，保寧釅醋保寧紬。」足證清代中葉仍有此酒。現四川省郫縣酒廠生產之郫筒酒，屬低度酒類，呈深褐色，入口略苦帶酸，回味略甜，具助消化，增食慾，舒筋絡，促進血液循環等功能。溫而飲，風味更佳。[14]

（二）魴魚

〈觀打魚歌〉曰：

綿州江水之東津，魴魚鱍鱍色勝銀。

漁人漾舟沉大網，截江一擁數百鱗。

眾魚常才盡卻棄，赤鯉騰出如有神。

潛龍無聲老蛟怒，迴風颯颯吹沙塵。

饔子左右揮霜刀，鱠飛金盤白雪高。

徐州禿尾不足憶，漢陰槎頭遠遁逃。

魴魚肥美知第一，既飽歡娛亦蕭瑟。

君不見朝來割素鬐，咫尺波濤永相失。〈卷十一〉頁 918-919

　　為代宗寶應元年（762）至綿州作。綿州，古屬川西道，今四川綿陽一帶。此詩前半敘打魚事，魴魚體形似鯿，但背部特別隆起，色銀灰，脂肪豐富，肉質鮮美。「鱍鱍」為魚著網聲然，蓋魴魚味美，故漁人取之，「眾魚」、「赤鯉」、「潛龍」、「老蛟」，具屬陪襯。後半復記魚鱠，「鱠飛」，言其薄。「金盤」，言其盛器之華，「白雪高」，言其潔且多之意。繼用「徐州禿尾」指鱮魚，似魴而頭大、肉不美，故里語曰：「買魚得鱮，不如啖茹。」徐州謂之鰱，或謂之鱅，殆所謂徐州禿尾也。「漢陰槎頭」為漢水出鯿魚，肥美，常禁人採捕，遂以竹木編成之棧斷水，因謂之槎頭縮項鯿。禿尾槎，亦屬故事伴說。「遠遁逃」，聽

---

14 《川菜烹飪事典》編寫委員會，重慶出版社（1985 年 12 月）頁 35

其遁去也。

　　捕得魴魚，繼而魚膾，一飽之後，仍舊蕭瑟，亦何苦殘生。且此魚一經剖割，永與波濤相失，漁人能不見之而傷心乎。此詩除可當一篇戒殺文，亦可知「魴魚肥美知第一」。〈又觀打魚〉曰：

> 蒼江漁子清晨集，設網提綱取（一作萬）魚急。
>
> 能者操舟疾若風，撐突波濤挺叉入。
>
> 小魚脫漏不可記，半死半生猶戰戰。
>
> 大魚傷損皆垂頭，屈強泥沙有時立。
>
> 東津觀魚已再來，主人罷繪還傾杯。
>
> 日暮蛟龍改窟穴，山根鱣鮪隨雲雷。
>
> 干戈格鬥尚未已，鳳凰麒麟安在哉？
>
> 吾徒胡為縱此樂，暴殄天物聖所哀。〈卷十一〉頁 920

　　此詩與〈觀打魚歌〉同為在綿州作，杜甫再至東津，觀取魚而有感，漁人老者稱為漁父、漁翁。詩中「漁子」、「主人」，應為綿州杜使君。因詩語諷切，故題諱其人。

　　全詩從竭澤而魚處，寫出慘酷可憐之狀，俱見老杜愛物仁心。「設網提綱萬魚急」，急字盡情，令人有斷罟之意；大魚小魚，既遭急捕，故蛟龍鱣鮪，亦避殺機。且當此兵戈之後，麟鳳潛踪，奈何暴殄以損天和哉？蓋深痛之耳。「干戈格鬥尚未已」，係指吐蕃、朝義之亂尚未息也。

　　此詩所顯現之仁民愛物，為杜甫極少在詩中直接說教之一貫風格，然藉由藝術形象抒寫情懷，反映人生，評價現實。使「造化權輿、陰陽昏曉、飛潛動植、表裏精粗，但經微點，靡不真色畢呈。」（盧世㴖語）在杜甫筆下，一切客觀事物無不顯得生動鮮明而富感染力。[15]古〈又觀打魚〉作詩本意全在後四句。蓋盈城盈野，見者傷心，而暴殄

---

15 梁鑒江《杜甫詩選・前言》頁 7。

天物，俱可悲痛；一視同仁，初無二理，唯自詩面觀之，構成四川漁人捕魚之風情畫，可見江中產魚之多，以魚入饌之易。「能者操舟疾若風」二句，寫駕起漁船，舉起漁叉，儼然畫景。末二句「吾徒胡為縱此樂，暴殄天物聖所哀。」用《書・武成》句：「今商王受無道，暴殄天物，害虐烝民。」

「戢戢」，言魚動口貌，小魚半生半死之垂死掙扎，大魚傷損獨倔強。詩中所提之「鱣」、「鮪」，鱣、大鯉，依《爾雅注》「似鱘而短鼻，口在頷下，甲無鱗，肉黃，大者長二、三丈，江東呼為黃魚。」又浦注引《爾雅注》：鮪魚，形似鱣而青黑，頭小而尖，似鐵兜鍪，口亦在頷下，大者為黃鮪，小者為鮛鮪，肉白。

（三）黃魚（鱣魚）

代宗永泰元年（765）五月，杜甫離開卜居數載之浣花草堂，攜妻將子登舟南下歷經戎州、渝州、忠州，九月至雲安。途中受風寒所侵，多年肺疾轉劇，風痺發作，不良於行，遂暫居雲安嚴明府的水閣養病。次年（大曆元年，766）春末，又繼續泛舟之行，初夏至夔州。[16]

自大曆元年春末夏初抵夔，至大曆三年正月中旬出峽赴江陵，寓居夔州約兩年。此為杜甫晚年最後一段安居歲月，離夔後，幾乎完全過著「舟楫復合江湖」，以船為家之漂泊生涯直至去世（大曆五年，770）。

夔州寓居，在杜甫 58 年人生之旅中，所佔時間不算長，然作品數量甚豐。杜甫平生詩作今可見者 1,439 首，其中 361 首作於夔州；僅兩年時間，詩篇創作竟佔全集四分之一，除包括多篇傳世傑作，如〈秋興〉八首、〈詠懷古跡〉五首、〈登高〉、〈觀公孫大娘舞劍器行〉、〈秋日夔府詠懷〉等，均成於此時。若就格律體製言，如七律連章、拗律、長達百韻千言之五排等，亦皆為前所未有、創新之作。稱夔州時期為

---

16 《杜甫年譜》泰順書局，頁 91-95。

杜甫晚年創作豐收期，應不爲過。[17]

　　然夔地民風特異，對待外鄉來客之情意似不及成都。其〈峽中覽物〉詩曰：「形勝有餘風土惡」，〈季秋江村〉五律亦云：「遠遊雖寂寞，難見此山川。」子美稱賞夔州自然山水之勝，對風土人情卻頗有難以融入之嘆。故對於夔州奇特土俗，〈戲作俳諧體遣悶二首〉之一曰：

　　異俗吁可怪，斯人難並居。家家養烏鬼，頓頓食黃魚。
　　舊識難爲態，新知已暗疏。治生且耕鑿，只有不關渠。〈卷二十〉
　　頁 1793

由「治生且耕鑿」句，知是代宗大曆二年（767）厭居夔州而作。雖然首聯即曰「異俗可怪」、「難以共居」，卻仍以風趣自嘲之態，點出夔人祭養烏鬼、多吃黃魚，流露隨遇而安之豁達，詩題〈戲作俳諧之體〉，苦中作樂，自嘲、自解以自得其樂之人格特質，清晰可見。

　　仇兆鰲注引《蔡寬夫詩話》以「烏鬼乃所事神名」，非是。按夔州轄境相當今四川奉節、巫溪、巫山、雲陽等縣地。杜甫原意乃言夔人家家戶戶養捕魚之鳥，每餐幾乎均有魚爲菜餚，非言鬼神也。沈括《夢溪筆談》以鸕鷀爲烏鬼可證。鸕鷀又稱魚鷹，漢代發明鸕鷀捕魚法，楊孚《異物志》記載鸕鷀能入深水中捕魚、並知情況。[18]四川又稱水老鴉、水雞。[19]其棲息河川、湖沼與海濱、善潛水捕食魚類，已馴化者可使捕魚。杜甫見漁人「家家養烏鬼」，烏鬼可異，唯家家供養，則以異爲常；黃魚本常，頓頓皆食，則雖常亦異也；舊識而多倦態，新知亦唯貌親，總見交情之薄。遂覺異俗難居，其俗之可怪，使人難與並居之感，唯有付諸不問，聊以遣悶。然由「家家養烏鬼，頓頓食黃魚」句，可見四川東部夔人就地取材之飲食習尚。

---

17 方瑜《杜甫夔州詩析論・一、導言》台北：幼獅文化事業公司（1985 年 5 月）頁 1。
18 見《後漢書・馬融傳》注。
19 同註 11，頁 123。

夔州既多黃魚，杜甫〈黃魚〉詩曰：

> 日見巴東峽，黃魚出浪新。脂膏兼飼犬，長大不容身。
>
> 筒桶相沿久，風雷肯為伸。泥沙卷涎沫，回首怪龍鱗。〈卷十七〉
>
> 頁 1535

當作於大曆元年（766），故云「日見巴東峽」。《爾雅・注》：鱣魚，「體有甲無鱗，肉黃，大者長二三丈，江東人呼為黃魚。」筒桶取魚，世俗相沿已久，三月浪暖，鯉化為龍，則風雷從之。雖有風雷肯相伸救，彼亦卷沫泥中，徒望龍飛而驚怪，見黃魚之大而不靈也。杜甫喻庸流之輩，莫益於物，空生此身，長大如人，致哀憫之意，雖欲援救而不能。

然四川黃魚既多、且大，以竹器之筒、木器之桶捕魚，不僅自食有餘，且足以餵狗，故曰「脂膏兼飼犬」。

（四）白小

大曆元年（766）於夔州又作〈白小〉云：

> 白小群分命，天然二寸魚。細微霑水族，風俗當園蔬。
>
> 入肆銀花亂，傾筐雪片虛。生成猶拾卵，盡取義何如。〈卷十七〉
>
> 頁 1536

當是大曆元年（766）、作於夔州。同時有八章連類而詠物之詩——〈鸚鵡〉[20]、〈孤雁〉、〈鷗〉、〈猿〉、〈麂〉、〈雞〉、〈黃魚〉、〈白小〉，第八首〈白小〉，即今麵條魚。

杜甫詠白小，嘆細微之不免也。白小雖細微，因霑水族，乃俗當園蔬，用之賤矣。末二句用〈西京賦〉：「獲胎拾卵，蚳蝝盡取。」《靖州圖經》載其俗居喪不食酒肉鹽酪，而以魚為蔬。亂肆傾筐，取之多也。

雖然形體細小，外形雪白，唯造物生成，不幸生於夔州，百姓拾

---

20 仇注：「此下八章，乃雜詠物類，蓋即所見以寓意也。」見〈卷十七〉頁 1529。

卵而盡取之，杜甫以為盡取則不仁，不知「用物撙節之謂義」，故譏其非義。〈黃魚〉以長大不容，〈白小〉以細微盡取，不幸生斄，大小俱盡，以歎民族之不仁。將〈黃魚〉、〈白小〉合作一起讀，始見子美本領之大，蓋以詩而論，杜甫體物之精、命意之遠，說物理物情，能從人事、世法勘入，故託物寓言，且寓意深遠，情與景會，含蓄無限。又〈南池〉應係代宗廣德二年（764）春、在閬州作：

> 呀然閬城南，枕帶巴江腹。菱荷入異縣，秔稻共比屋。
>
> 皇天不無意，美利戒止足。高田失西成，此物頗豐熟。
>
> 清源多眾魚，遠岸富喬木。獨嘆楓香林，春時好顏色。〈卷十三〉
> 頁1094-5

廣德元年（763）秋冬，杜甫在閬州。二年（764）春，仍在閬州。詩末句云「春時好顏色」，應是二年春作。南池在閬中縣東南，《一統志》曰：「南池自漢以來，堰大斗之水灌田，里人賴之。唐時堰壞，遂成陸田。」杜甫記南池景物，先記南池所在，「閬城南」、「巴江腹」，此地不僅可見菱荷秔稻，且高田失穫，而此稻獨豐。「西成」，秋成也；「高田」，高仰之田。歲或不熟，賴此以濟；彼絀此贏，誠天意也。下有游魚，上有林木，皆佳景之可玩者，且以「清源多眾魚」，是知既無水污染，又四川江河魚產甚豐，隨時可得，故〈閬水歌〉曰：

> 嘉陵江色何所似？石黛碧玉相因依。
>
> 正憐日破浪花出，更復春從沙際歸。
>
> 巴童蕩槳欹側過，水雞銜魚來去飛。
>
> 閬中勝事可腸斷，閬州城南天下稀。〈卷十三〉頁1074

嘉陵江為長江上游支流，在四川東部，源出陝西鳳縣東北嘉陵谷，故名；閬水為其異名。此詩詠閬水之勝。水兼黛碧，清綠可愛。日出閬中，照水加麗；春回沙際，映水倍妍。「槳欹側」，江流急也。「水雞

爲一種水禽，喜宿水田之中，「銜魚來去飛」[21]，江波靜也。閬州城南有山極秀麗，謂之錦屏山，錯繡如錦屏，號爲天下第一，故曰「天下稀」。雖然杜甫以腸可斷，中原未歸；天下稀，勝地堪玩。家事、國事、天下事、事事關心明、顧憲成〈題東林書院聯〉之際，仍不失山水之樂，其中「銜魚來去飛」應爲杜甫忘懷憂讒之因。

杜甫居蜀嘗食魚鮮之種類，除丙穴、魴魚、黃魚、白小，尚有鯽魚、蓴菜合煮。

三、蔬果

四川物產富庶，品類繁多，僅以蔬果爲例，曾入杜詩者，如〈南鄰〉：「園收芋栗未全貧」、〈過南鄰朱山人水亭〉：「桃熟許同朱老吃」，不勝枚舉。茲舉蓴菜、卷耳、葵、柑橘說明之。

（一）蓴菜

〈贈王二十四侍御契四十韻〉曰：

> 網聚粘圓鯽，絲繁煮細蓴。長歌敲柳癭，小睡憑藤輪。
>
> 農月須知課，田家敢忘勤。浮生難去食，良會惜清晨。〈卷十三〉
> 頁 1129

爲廣德二年（764）春、歸成都時，值王契罷官居蜀，杜甫遂贈詩以重敍交情，達四十韻。此言再飲草堂，惜農務方迫，不能久留。因草堂臨江傍溪，江有圓鯽，溪有細蓴，「柳癭」者，唾壺也，木之節目如疣，可爲樽；「藤輪」，蒲團也，以藤爲之。柳癭、藤輪，堂中之器。時當農月思爲謀食計，杜甫以力耕自任。

據李時珍《本草綱目》，蓴有茆、屏風、鳧葵、藥、水葵、水芹、露葵、絲蓴、馬蹄草、缺盆草、錦帶等異名，爲睡蓮科植物蓴菜之莖葉，多年生草本，性味甘寒，有清熱、利水、消腫、解毒之功。蓴菜多分布於江浙等地，然「詩史」杜甫嘗見之於成都草堂，且知鯽魚與

---

21 「魚」字，仇注：「海鹽劉氏校本作鳥」。

蓴菜合煮。唐代蜀中飲食珍蓴菜之美味,《本草》載:鯽魚與蓴菜合而作羹甚良,有下氣止嘔之效。

　　賈思勰《齊民要術·羹臛法第七十六》曰:絲蓴,「葉舒長足,名曰『絲蓴』,五月六日用。」「凡絲蓴,陂池種者,色黃色好,直洗淨則用。」[22]且由子美贈王契詩可知:四川亦多鯽魚。

(二)卷耳

　　〈驅豎子摘蒼耳〉詩曰:

> 江上秋已分,林(一作村)中瘴猶劇。畦丁告勞苦,無以供日夕。蓬莠獨不焦,野蔬暗泉石。卷耳況療風,童兒且時摘。
>
> 侵星驅之去,爛熳任遠適。放筐亭午際,洗剝相蒙冪。
>
> 登牀半生熟,下筯還小益。加點瓜薤間,依稀橘奴跡。〈卷十九〉
>
> 頁 1665-6

杜甫以大曆二年(767),遷居赤甲、瀼西,皆在奉節縣北三十里,詩云「江上」、「村中」,則知不在城郭矣,故當為大曆二年(767)秋作。

　　卷耳,或曰苓耳,形似鼠耳,叢生如盤。《爾雅注》葉似胡荽,白花細莖,可煮為茹,主療寒痛、風濕周痹、四肢拘攣。四月生子,如婦人耳璫,可入蔬之野生植物。

　　秋分猶旱,故嘉穀不生,畦蔬不足,蓬蒿藜莠野蔬茂盛,與卷耳雜生。可選擇晨去午歸,避瘴熱也。洗其土,剝其毛,以食巾覆之,登食牀、半生熟,在瓜薤之間,參用蒼耳;用橘以調和食味,如此製作精潔,因療風,故小益。又因其色青,似橘皮,故可作為橘之代用。

　　杜甫不僅教吾人何時採摘,且在物力唯艱、黎民苦饑之時,教以如何利用卷耳入菜、烹調燒製。

(三)葵

　　〈茅堂檢校收稻二首〉其二云:

---

22 參看江蘇中醫學院編《中藥大辭典》

> 稻米炊能白，秋葵煮復新。誰云滑易飽，老藉軟俱勻。
>
> 種幸房州熟，苗同伊闕春。無勞映渠碗，自有色如銀。〈卷二十〉
>
> 頁 1774

此是大曆二年（767）東屯作。子美嚐稻而嘉其色味，極贊稻米之白。「如銀」，言其白可愛。首四句以秋葵形容稻米；「滑」、指葵，「軟」、指飯。按：葵，又稱冬葵、冬寒菜，係中國古代重要之蔬菜，曾被譽為「百菜之首」[23]，漢樂府詩〈長歌行〉有：「青青園中葵，朝露待日晞」之描繪，說明「葵」乃常見園蔬，亦為唐時食用最普遍、最重要之蔬菜。

《齊民要術・種葵》從耕地、下種、澆水、施肥、生長過程與各階段之管理、收穫及加工，均有詳盡敘述，已成為一項精耕細作之園藝。普通人家則在自己菜園中栽種些許，唐朝文獻稱作「園葵」，即為此種情況。一般小農專業種葵戶僅種三畝。[24]

「俱勻」，言稻米與葵、二物配食，色香味美極。蓋葵菜口感甚佳，史籍稱其「味尤甘滑」，故受人喜愛，「烹穀持作飯，採葵持作羹。」〈古詩十五從軍行〉「粟餐葵菜」《北齊書・盧叔武傳》，可知葵在漢與南北朝時，已為先民餐桌上之家常飯菜。

（四）柑橘

《史記・貨殖列傳》稱：「蜀、漢、江陵千樹橘……此其人皆與千戶侯等。」可知四川、漢中、江陵等地區，已出現大規模種植柑橘，且商品化生產。柑橘運銷各地，不僅在南方，且對北方人民飲食有重要影響。

司馬遷列舉柑橘之三大規模商品化生產地區，上游巴蜀即佔兩個。左思〈蜀都賦〉稱此地「家有鹽泉之井，戶有橘柚之園。」自漢

---

23 宋、羅願《爾雅翼》。景印摛藻堂四庫全書薈要、經部、小學類。
24 見《北齊書・彭城王浟傳》。

代始，巴蜀即爲皇室御用柑橘之供應地。《漢書・地理志》記：漢代在魚腹縣（今四川奉節縣）、朐月忍縣（今四川雲陽縣）設管理柑橘事務之橘官，《華陽國志》又載「巴水北有橘官」，南安縣（四川夾江縣）「有柑橘官社」。晉代閬中縣置「守黃甘吏」一人，《太平御覽・卷966》凡此均爲專門管理進貢柑橘之官員。《五代新說》言隋文帝喜食柑橘，「蜀中摘黃柑皆以蠟封蒂」以保鮮。據《新唐書・地理志》與《元和郡縣圖志》載：唐代四川各地皆須向朝廷進貢柑橘，且爲全國貢橘最多之地區。

　　五排〈秋日夔府詠懷奉寄鄭監李賓客一百韻〉爲杜詩全集中最長之作，作於大曆二年瀼西。中段乃子美以詩代簡，向鄭審、李之芳詳述居夔種種情狀。對於瞭解杜甫夔州生活，堪稱第一手資料：

> 卜羨君平杖，偸存子敬氈。囊虛把釵釧，米盡拆花鈿。
> 甘子陰涼葉，茅齋八九椽。陣圖沙北岸，市暨瀼西巔。
> 羈絆心常折，棲遲病即痊。紫收岷嶺芋，白種陸地蓮。
> 色好梨勝頰，穰多栗過拳。敕廚唯一味，求飽或三鱣。
> 俗異鄰鮫室，朋來坐馬韉。縛柴門窄窄，通竹溜涓涓。
> 塹抵公畦稜，村依野廟壖。缺籬將棘拒，倒石賴藤纏。
> 借問頻朝謁，何如穩醉眠？誰云行不逮，自覺坐能堅。〈卷十九〉
> 頁1709

應係鄭、李二友人，問及杜甫居夔州近況，子美詳細回答。由詩中所述，杜甫夔州居處「缺籬」、「倒石」，柴門須縛，友朋來訪無氈席可坐，日常生活亦難免「囊虛」、「米盡」之窘況。然有柑橘、紫芋、白蓮、好梨、大栗，又有鱣魚可供飽食，且茅齋八九間以供棲遲，可謂差強人意。詩中流露甘隱之意：「借問頻朝謁，何如穩醉眠。」此時不見難抑鄉愁、思鄉望京，或感時思歸等夔州詩之重要主題，且與全詩前半憶及長安朝政之哀切沈痛，形成強烈對比。同時，詩中插入「市暨」、「瀼」、「稜」等夔州方言。《仇註》頁1710-1711按：唐武德初年（618-），

「斗酒學識」王績（?-644）待詔門下省，時省官例，日給良酒三升，其弟王靜問待詔快樂否，績答曰：「待詔俸薄，況蕭瑟。但良醞三升，差可戀耳。」《唐才子傳》夔州水果，對子美而言，亦可戀耳，致使疏懶、倦怠情懷，悄然泛溢，忘懷長安朝政、前塵往事之哀切沈痛。〈秋日夔府詠懷〉攄發恬適安穩之隱居生活，堪稱杜甫夔州生活、心境之真實縮影。

　　至於瀼西柑園，為杜甫夔州生活平添不少佳趣。夔州柑橘，品種本佳，然以豪吏侵奪，當地居民遂不敢多種，[25]杜甫客居，不受此限，意外而獲柑林四十畝，雖未作久居計，然親見「園柑長成時，三寸如黃金。」亦自有為農為圃之樂。詩中提及柑林、佳果者，尚有〈夔州歌十絕句〉其四：「赤甲白鹽俱刺天，閭閻繚繞接山巔。楓林橘樹丹青合，復道重樓錦繡懸。」又五律〈園〉：

> 仲夏流多水，清晨向小園。碧流搖艇闊，朱果爛枝繁。
>
> 始為江山靜，終防市井喧。畦蔬繞茅屋，自足媚盤飧。〈卷十九〉
>
> 頁1634

夏日清晨，碧流朱果，顏色鮮亮；兼有畦蔬，可供盤餐。自欣自足之情，清新流轉。秋日柑園，更有流連之樂，作五律，如〈樹間〉：

> 岑寂雙柑樹，婆娑一院香。交柯低几杖，垂實礙衣裳。
>
> 滿歲如松碧，同時待菊黃。幾回霑葉露，乘月坐胡床。〈卷十九〉
>
> 頁1673

「雙樹」，故見交柯；「院香」，由於垂實。又作〈白露〉：

> 白露團甘子，清晨散馬蹄。圃開連石樹，船渡入江溪。
>
> 憑几看魚樂，回鞭急鳥棲。漸知秋實美，幽徑恐多蹊。〈卷十九〉
>
> 頁1674

---

25 杜甫詩曰：「諸侯舊上計，厥貢傾千株。邦人不足種，所迫豪吏侵。」可資為證。參看《仇註》頁1660。

幽徑多蹊，恐有竊取，子美因愛柑而故爲戲詞，亦可見其幽默。白露團柑、秋實清香，襯以碧松、黃菊，無論乘月夜坐、騎馬晨遊，暮鳥歸飛、憑几看魚、樹底聞香，在在足堪自樂。杜甫夔州生活閒情，恬澹安適，與清麗景致密不可分，成就杜甫自離浣花草堂後，至臨終前，生活最安定時刻。

四、米麵

（一）稻米

中國爲世界稻米栽培之起源地。七千年前，長江下游即出現以河姆渡爲代表之稻作文化，可爲明證。

成都平原爲四川最重要之稻區，自秦蜀守李冰在此修築都江堰後，成都平原成爲中國重要稻區之一。迄今爲止，中國考古發掘之漢代稻田模型，絕大部分出於四川；與文獻記載相印證，反映四川於漢代已爲重要之水稻產區。即令蜀道艱難，唐代巴蜀稻米仍常接濟京師；唐高祖武德三年（620），「太府卿李襲譽運劍南之米以實京師」《冊府元龜·卷498·漕運》，高宗咸亨元年（670），「運劍南義倉米百萬石救飢人」《玉海·卷148》，蜀米出產富饒可見一斑。

至於稻米品種，則因中國稻米種植歷史悠久、地域廣泛，品種極爲豐富。漢代已知稻米三大種類：粳、秈、糯。粳稻在漢唐文獻中常寫作「秔」，秈稻之「秈」字最早見於三國張揖《廣雅》，漢代則稱之爲「秏」，《說文》以「稻之不粘者」釋之，符合秈米之特徵。糯稻於漢唐文獻中稱爲「秫」，亦稱作「稬」。晉、崔豹《古今注》：「稻之粘者爲秫」。晉代呂忱《字林》：「稬作糯，粘稻也。」今長沙馬王堆出土漢墓，有稻穀與遺策，粳、秈、糯得到實物證明。

在粳、秈、糯三大類中，粳稻對氣候、土壤之適應性最強，產量亦高，故種植最廣。漢唐文獻中，粳稻（秔）出現次數最多。三國人楊泉《物理論》有云：「稻者，粳之總名。」古籍中凡提及「稻」而未冠以種屬時，一般即指粳稻。由於粳稻較秈、糯耐低溫，故在北方種

植居絕對優勢。南方氣溫較高，籼、糯之種植較北方多，然粳稻仍是
當家種屬。籼、糯產量分居二、三。[26]子美〈南池〉曰：

> 呀然閬城南，枕帶巴江腹。菱荷入異縣，秔稻共比屋。〈卷十三〉
> 頁 1095

稻米為五穀中之上品，西晉人評價為：「穀中之美，莫過稻。」《太平御
覽‧卷 839》尤以粳米，最為色香味俱佳，閬州盛產粳米，地利富饒，
由杜詩可知。至於籼米無粘性，品質在粳米之下，不宜作粥飯，然作
乾飯亦別有風味。糯米，在漢唐時期雖亦用以作飯，唯依文獻記載，
主要用於釀酒。《齊民要術‧造神麴並酒》言及「作糯米酒」方法，當
時雖用粳米釀酒，然以「糯米大佳」。[27]〈茅堂檢校收稻二首〉其二：

> 稻米炊能白，秋葵煮復新。誰云滑易飽，老藉軟俱勻。
> 種幸房州熟，苗同伊闕春。無勞映渠碗，自有色如銀。〈卷二十〉
> 頁 1774

此為大曆二年（767）、居東屯作。杜甫自秦隴赴蜀，十載流離，今見
秋成刈穫，故慶有年而喜旅食。杜甫分享烹煮經驗：火侯恰當，飯可
煮得精白，葵菜煮後，顏色較未烹前新鮮。「滑」，指葵；「軟」，指飯。
二物配食，可稱「俱勻」，實無勞以渠石為碗，因其色白可愛。此詩極
贊東屯稻米之白。

　　惜乎瀼西有果園而無稻田；〈溪上〉詩寫瀼西山田飯有沙，品質不
佳，故復置田於東屯，杜甫經常往來兩地，瀼西為其本居，菜園在焉，
東屯則因收穫而往居耳。〈行官張望補稻畦水歸〉為大曆二年（767）
在瀼西時作，即為描述東屯稻米收成之情景：

> 秋菰成黑米，精鑿傳白粲。玉粒足晨炊，紅鮮任霞散。
> 終然添旅食，作苦期壯觀。遺穗及眾多，我倉戒滋漫。〈卷十九〉

6　黎虎主編《漢唐飲食文化史‧第一章、食物原料》北京：師範大學（1998 年 1
　　月）頁 15-16。
7　黎虎《漢唐飲食文化史‧第一章‧食物原料》頁 16。

頁 1655

黑、白、紅鮮三種不同品種之米，均爲田中所生，豐收之喜悅與期待，洋溢詩句字裡行間。因自食頗有餘，末聯表示：願將遺穗分及村民，不專利於一己、自家。

　　至若東屯地形、地勢，見〈自瀼西荆扉且移居東屯茅屋四首〉首二章，寫得極爲清楚：

　　　白鹽危嶠北，赤甲古城東。平地一川穩，高山四面同。

　　　煙霜淒野日，秔稻熟天風。人事傷蓬轉，吾將守桂叢。〈卷二十〉

頁 1746

　　　東屯復瀼西，一種住清溪。來往皆茅屋，淹留爲稻畦。

　　　市喧宜近利，林僻此無蹊。若訪衰翁語，須令賸客迷。〈卷二十〉

頁 1747

在野日、天風、稻香環繞中，子美既覺萍飄蓬轉之生涯，實不如「守」此桂叢。次章述東屯，「淹留爲稻畦」，久經漂泊後，終於又獲可棲之地，欣悅之情，不禁溢於言表。東屯稻畦處處，不僅盛產稻米，且景觀甚佳，使杜甫暫時打消渴念歸鄉、望京之心及時刻縈繞心中出峽之情，而欲樂隱此中。

（二）槐葉冷淘

　　〈槐葉冷淘〉曰：

　　　青青高槐葉，采掇付中廚。新麵來近市，汁滓宛相俱。

　　　人鼎資過熟，加餐愁欲無。碧鮮俱照筋，香飯兼苞蘆。

　　　經齒冷於雪，勸人投比珠。〈卷十九〉頁 1645

冷淘者，以槐葉汁和麵也。此詩應爲大曆二年（767）瀼西作，記製淘之法，倍稱其佳美。告誡蒸淘過熟，其槐葉汁質易消減，加餐則愁其易盡。後言「碧鮮俱照筋」，可見其色佳；「香飯兼苞蘆」可知其味美以香飯比冷淘之味美，勸人食之，色味俱美，杜甫以冷陶勸人食，比之投珠，甚言其可愛。

「高槐葉」，槐樹葉，含芸香甙，性味苦平無毒，治疥癬、痔瘡、濕疹等病。「苞蘆」，蘆笋也。蘆荻之屬，甲而未拆曰苞，杜甫〈出峽〉詩：「泥笋初苞荻」，可證蜀中農產品包括笋類作物。

「冷淘」似今之手工涼麵，宋、王禹偁有〈甘菊冷淘〉詩，曰：

> 維年厭梁肉，頗覺道氣渾。孟春致齋戒，勅廚惟素飧。

> 淮南地甚暖，甘菊生籬根。長芽觸土膏，小葉弄晴暾。

> 采采忽盈把，洗去朝露痕。俸麵新且細，溲牢如玉墩。

> 隨刀落銀鏤，煮投寒泉盆。離此青青色，芳香敵蘭蓀。[28]

此後，遂又有「槐牙溫淘」、「水花冷淘」等品。

〈槐葉冷淘〉贊美將槐葉汁與麵粉和勻，做成手工涼麵，色、香、味、形與火侯俱佳。

（三）粔籹

〈戲作俳諧體遣悶二首〉之一、末二句曰「治生且耕鑿，只有不關渠。」流露隨遇而安之豁達，之二亦然：

> 西歷青羌坂，南留白帝城。於菟侵客恨，粔籹作人情。

> 瓦卜傳神語，畬田費火耕。是非何處定？高枕笑浮生。〈卷二十〉
> 頁1794

仍嘆夔俗之可怪。按〈招魂〉曰：「粔籹蜜餌，有餦餭些。」粔籹，係以蜜和米粉煎作之食品，又曰膏環。賈思勰《齊民要術・卷九・餅法第八十二》：「膏環，一名粔籹，用秫稻米屑水蜜溲之，強澤如湯餅麵，手搦團，可長八寸許，屈令兩頭相就，膏油煮之。」夔人以粔籹蜜餅為禮贈人，杜甫以為陋而可怪，猶如於菟驚客，險而可怪；以瓦代龜甲占卜，迷信瓦卜，怪其矯誣；火當水耕，係以火焚方式耕種，怪其剏見。故中四句記土俗之異，但當一笑置之，唯以俳優詼諧遣悶也。

---

28 《小畜集・卷五・古調詩》台灣：商務印書館、國學基本叢書《小畜集》上，頁51。

凡此種種奇風異俗，卻人情淡薄，且時見老虎出沒，然子美詩題〈戲作俳諧體遣悶〉二首，結尾分別爲「治生且耕鑿，只有不關渠。」「是非何處定？高枕笑浮生。」以幽默風趣之態度，流露隨遇而安之豁達。

肆、杜甫寓蜀飲食詩之文化訊息 —— 以飲食市場為例

一、酒肆

杜甫〈江畔獨步尋花七絕句〉其四，曰：

> 東望少城花滿烟，百花高樓更可憐。
>
> 誰能載酒開金盞，喚取佳人舞繡筵。〈卷十〉頁 818

《元和郡縣志》曰：少城，在成都縣西南一里。招飲無人，所以望樓興嘆。由首句可知當作於浣花溪。又 765 年夏、作〈狂歌行贈四兄〉有曰：

> 今年思我來嘉州，嘉州酒重（一作香）花繞樓。
>
> 樓頭喫酒樓下臥，長歌短咏迭相酬。〈卷十四〉頁 1220

嘉州爲唐高祖武德初（618-）改眉州復置，唐高宗儀鳳（676-）以後轄境相當今四川樂山、峨眉、夾江、犍爲、馬邊等縣。此詩當是代宗永泰元年（765）夏、去成都之嘉戎時作，觀詩中言嘉州可見。

唐代爲中國封建社會發展之鼎盛時期，封建經濟至此時已發展成熟，城市經濟呈現空前繁榮景象，尤以中唐之後，城市經濟衝破傳統之封閉性市場制度；不僅城市中出現新興街市與商業區，且各地草市、集市亦如雨後春筍般湧現。是故唐代飲食市場呈現一派生機，從而豐富人民之飲食生活與需求；酒肆空前普遍與繁盛，即爲一例。自首都長安至全國各地、從城市到鄉村僻野，大大小小、各種酒肆，星羅棋布。[29]

---

29 黎虎《漢唐飲食文化史・第五章、飲食市場與行業》北京師範大學出版社，（199 年 1 月）。

　　成都爲西南地區最繁華城市，亦是酒肆最密集之地，《北夢瑣言》稱：「蜀之士子，莫不沽酒，慕相如滌器之風也。」〈卷三〉認爲巴蜀地區酒肆繁多，且有甚多讀書人經營酒肆，乃與西漢時司馬相如開風氣之先關係密切。據該書記載，唐代成都有一名陳會之書生，「家以當壚爲業」，後中進士，宰相李固言閱畢與其有關之「報狀」，知此一新科進士乃以酒肆營生，遂「處分廂界，收下酒旆，闔其戶。」然「家人猶拒之」，不捨撤銷所經營之酒肆。此一記載表明巴蜀地區經營酒肆之風，何其興盛。當時有名擊竹子者，「在成都酒肆中，以手持二竹節相擊，鏗然鳴響，有聲可聽，以唱歌應和，乞丐於人，宛然詞旨皆合道意，得錢多飲酒。」[30]擊竹子者，爲一酒肆賣唱乞討爲業之藝人。唐、薛用弱《集異記》亦有王昌齡、王之渙、高適微雪日、旗亭酒肆飲酒賦詩之記載。

　　李白曾「於任城縣搆酒樓，日與同志荒宴其上。」[31]又據〈甘澤謠〉記載，任城人許雲封初生時，適逢玄宗車駕至任城，其外祖父遂抱許前往見李白，求白爲其取一好名。「李公方坐旗亭，高聲命酒。」《太平廣記》卷204引旗亭即酒肆。非僅任城縣有酒肆，溧陽縣亦有，李白〈猛虎行〉有：「溧陽酒樓三月春」《全唐詩》卷165詩句，此乃縣級城鎮有酒肆明證。與李白同時之杜甫，居蜀寫成「誰能載酒開金盞，喚取佳人舞繡筵。」「樓頭喫酒樓下臥，長歌短咏迭相酬。」是知嘉州亦有酒肆；酒肆可供喝酒，且有餘興節目。

二、糧市

　　《洛陽伽藍記·卷四·法雲寺》曰：「有劉寶者，最爲富室。州郡都會之處，皆立一宅，各養馬一匹，至於鹽粟貴賤，市價高下，所在一例。舟車所通，足跡所履，莫不商販焉。是以海內之貨，咸萃其庭，

　《野人閑話》，《太平廣記·卷85》。

〈本事詩〉，《太平廣記》卷201引。

產匹銅山，家藏金穴。宅宇逾制，樓觀出雲，車馬服飾，擬於王者。」糧食乃富商劉寶主要經營項目，其買賣遍及全國，利潤豐厚，家產龐大，生活豪奢，可知北魏糧商資本之雄厚與經營之活躍。又《齊民要術》係記載北朝黃河中下游農業生產之著名農書，其中諸多反應當時糧食商品化之情形，〈卷三·雜說〉論述全年糧食買賣之最佳時間與品種。

　　唐代為中國封建經濟迅速發展時期，農業、手工業、商業與國際貿易均臻空前繁榮。且城市經濟快速發展，長安、洛陽、揚州、成都均為人口密集之大城市。此等通都大邑聚集官僚、地主、文人、士子、豪俠、商賈、手工業者與僧道、歌妓等各個階層與各行各業人物，形成錯綜複雜之社會關係。社會經濟繁榮、發展，使糧食市場益加活躍，遠勝於漢魏南北朝時期。當時首都長安有糧市，四郊「百姓多端以麥造麵，入城貿易。」[32]是知長安城內有糧市。杜甫〈槐葉冷陶〉寫夏天常吃之涼麵，曰：「新麵來近市」，說明宮中所需之麵，亦從糧市購得。且各地州郡亦有糧市，甚至山縣亦可見；杜甫〈題忠州龍興寺所居院壁〉有：「忠州三峽內，井邑聚雲根。小市常爭米，孤城早閉門。」《全唐詩·卷229》且因糧市普遍，人人可方便由市上購買糧食，杜甫病後遇友人王倚，遂「遣人向市賒香粳，喚婦出房親自饌。」《全唐詩·卷217》即是臨時到市場買糧食。此時糧市之發達，可見一斑。

伍、杜甫寓蜀飲食詩之內涵與風格

　　杜甫生當唐朝由盛轉衰之時，面對現實，諷諭時事，玄宗、肅宗、代宗三朝之社會面貌、齊趙隴蜀荊楚各地之風土人情與帝王將相、農夫漁父等各個階層之生活狀況，皆在詩中真實反應。茲以居蜀時，與飲食素材、烹饌方法或生禽河鮮相關之詩作，析論其人格與風格。

---

32 《唐會要·卷90、和糴》。

一、傷時諷諭、見赤子情懷

《新唐書・杜甫傳贊》云：「甫又善陳時事，律切精深，至千言不少衰，世號『詩史』。」是故，天寶年間，玄宗發動對外戰爭，接連失敗，卻由人民負擔過度賦稅與繇役，子美遂於十一載、作〈兵車行〉為人民呼疾苦，及時反映重大政治事件，標誌其寫實主義發軔之作；十二載、寫成〈麗人行〉，以華麗詞藻形容楊氏姊妹之裝束、神態與宴會排場，看似讚賞，實乃諷刺。浦起龍《讀杜心解》曰：「無一諷刺語，描摹處，語語諷刺；無一慨嘆聲，點逗處，聲聲慨嘆。」詩末收束處直指楊國忠，「炙手可熱勢絕倫，慎莫近前丞相嗔！」以示對權貴之厭惡。其後潼關失守、陳陶戰敗、相州潰退、兩京收復、吐蕃攻陷長安、關中大旱、蜀中徐知道之亂、官軍收河南河北、湖南兵馬使臧玠之亂等，均被杜甫以詩記錄之。

尤有可貴者，杜甫不僅及時反映重大政治事件與社會問題，且褒貶愛憎分明，不鄉愿、不妥協之鮮明態度與道德勇氣，反對統治者不顧農事生產、忽視人民生活而發動之掠奪性戰爭，故由病橘想到天寶年間為貴妃送鮮荔枝見〈病橘〉頁853，由被刀斧砍伐之枯棕思及被官家剝削得一物不遺之人民見〈枯棕〉頁855，與杜甫揭發政治弊端、抨擊一切殘害人民之軍閥、官吏，甚至皇帝，實風格一致。然對鎮壓安史叛亂、抵禦外來侵略之戰爭，老杜則予以支持。

〈縛雞行〉惠及雞蟲之仁心，〈觀打魚歌〉之戒殺，〈又觀打魚〉之愛物，甚至鸕鷀亦為可敬對手，兼可互動（interaction）之玩伴，對比良朋益友，赤子情懷畢現。〈春水生二絕〉其一云：

> 二月六夜春水生，門前小灘渾欲平。
>
> 鸕鷀鸂鶒莫漫喜，吾與汝曹俱眼明。〈卷十〉頁809

「汝曹」指眾鳥。全詩放蕩自然，洗盡庸陋，洋溢春到人間之喜悅，下可見杜甫之幽默。代宗寶應元年（762）春、在成都戲作〈三絕句〉其二詠鸕鷀，曰：

門前鸕鷀久不來，沙頭忽見眼相猜。

自今已後知人意，一日須來一百回。〈卷十一〉頁 897

末二句親切叮嚀；按杜甫五、七絕共 138 首，絕大部分為其 48 歲入蜀至 57 歲離蜀期間所作[33]，其絕句直抒胸臆，自是大家氣度。與微小生物尚且有此情誼，生活中處處能自得其樂，並顯見赤子之情。

二、熱愛生活、具優美情操

肅宗上元元年（760）、中原尚未收復，關內災荒嚴重、幣制紊亂，杜甫卻得以結束十載長安、四年流徙之生活，在成都草堂得一棲身之所。

子美善於安排生活，以營建成都草堂可窺一斑。除寫詩向各處覓求樹苗：向蕭實請求春前將 100 株桃樹苗送至浣花村、向韋續索綿竹縣之綿竹，向何邕索蜀中特有、三年即可成蔭之檀樹苗，向韋班要松樹苗，甚至大邑縣瓷碗〈又於韋處乞大邑瓷碗〉，又親訪石笋街向徐卿索果木苗，故有桃樹、綿竹、檀樹、松樹與諸多果樹，綠李、黃梅無所不包，點綴草堂四周，樹苗均自友人處索取而得，具生活情趣外，並使吾人知唐代瓷器之精美。

又細心修築水檻，可供向外眺望。草堂壁上，則邀韋偃畫馬〈題壁上韋偃畫馬歌〉頁 753、王宰畫山水〈戲題王宰畫山水圖歌〉頁 754，自己親題詩句，小小草堂，於是具備無限情趣。堂成以後，為示喜悅之情，杜甫邀請小鳥作伴：「暫止飛烏將數子，頻來語燕定新巢。」〈堂成〉頁 735 離開兵戈擾攘、動盪不安世界，每日眼見，唯蜻蜓飛舞、鸕鷀沈浮水上有圓荷小葉，田間為細麥輕花，歷經多年饑寒，如今暫可歇息，生活恬適，且生意盎然，鳥類中有鸕鷀、燕、鷗、鶯、黃鸝、鳧雛、鷺、鸂鶒、花鴨；昆蟲有蝴蝶、蜻蜓、蜂、蟻；花木中有丁香、梔子

---

33 夏承燾〈西湖竹枝詞〉，轉引自曹慕樊《杜詩選注》重慶：西南師範大學，198○年 7 月，頁 200。

枇杷、楊柳、荷花、桃、李、桑、松、竹、橙、楠，楠樹近根處尚有
一片藥園。[34]熱愛生活中美好事物，故子美憎惡醜陋事物乃屬必然。
常手持小斧，至林中砍伐，視含毒之蓴草如眼中之芒刺，在百草凋枯
前即到處尋索，欲將其連根拔除；唯恐一經嚴霜，蕙葉即與蓴草同枯，
無法辨其美惡。又有「新松恨不高千尺，惡竹應須斬萬竿。」〈將赴成
都草堂途中有作先寄嚴鄭公〉「芟夷不可闕，嫉惡信如仇。」〈除草〉詩句。

描寫日常生活之作，在杜詩中數量亦極可觀，讀之除見生活情趣、
興味盎然外，並具高尚風骨與優美情操，其堅定之生活意志，乃中國
文學中之寶貴遺產。相較白居易晚年亦多描寫日常生活者，然多為身
邊瑣事，寫洗澡、睡覺、掉牙齒、掉頭髮，甚至歌詠自己疏懶，生活
情趣較庸俗，除不及白氏個人早年詩作，更遠不及杜甫。[35]

三、反映民瘼，願親近群眾

杜甫以前，僅有《詩經》與漢樂府對勞動人民之生活與疾苦有所
反映，文人筆下所謳歌者，泰半為王公貴族、官僚隱士；與民間疾苦
有所距離。建安詩人受漢樂府影響，較多描寫人民生活，曹操〈苦寒
行〉、〈蒿里行〉提及百姓，王粲〈七哀〉寫貧婦、陳琳〈飲馬長城窟
行〉寫役夫、曹植〈泰山梁甫行〉寫邊海民，然皆未能提供人民生活
寬闊畫面。陶潛田園詩真正寫農民處亦不多見，此一情勢持續至盛唐
並無大改變。若勞動人民之生活與疾苦，至杜詩出，方始佔有一重要
地位。子美寫農民、士兵、船伕、漁父、負薪女、無告之寡婦，對其
勞動、生活、痛苦及精神面貌均有生動細緻之描寫。且杜甫筆下之人
民乃勤勞、勇敢又良善大眾，〈水會渡〉曰：

> 大江動我前，洶若溟渤寬。篙師暗理楫，歌笑輕波瀾。〈卷九〉

《馮至學術論著自選集・上卷・從長安十載到夔府孤城》北京師範學院出版，
  1992 年 6 月，頁 67-68。
袁行霈編著《中國文學史綱要》四冊之二，魏晉南北朝隋唐五代文學。北京：
  北京大學（1989 年 11 月）頁 196。

頁 710

月黑夜裡，嘉陵江上，船伕暗中打理舟楫，何等氣派！杜甫於夔州見當地女子，至四、五十歲未嫁，賴砍柴、負鹽供給一家生活及繳納租稅，寫成〈負薪行〉讚賞其勤勞、同情其不幸遭遇，並反映夔州土風之重男輕女，蓋「仁政愛民」與「男有分，女有歸」乃杜甫奉行儒家大同思想，視為必備要件。

〈遭田父泥飲美嚴中丞〉曰：「叫婦開大瓶，盆中為吾取。……高聲索果栗，欲起時被肘。指揮過無禮，未覺村野丑。月出遮我留，仍嗔問升斗。」寫成都社日聚飲之風俗，喜愛人民純樸、率真，表現成都老農之誠意與純樸民風，可見杜甫與人民之親密和諧關係。

杜甫與人民相親，體貼溫厚。大曆二年（767）、在夔州，住瀼西草堂，鄰家寡婦常來堂前打棗。是年秋，子美搬至東屯，將草堂讓與自忠州來一吳姓親戚住。吳某方至，即插上籬笆，防止打棗，寡婦來向杜甫訴苦，杜甫遂作〈又呈吳郎〉：

> 堂前撲棗任西鄰，無食無兒一婦人。
> 不為困窮寧有此？祇緣恐懼轉須親。
> 即防遠客雖多事，便插疏籬卻甚真。
> 已訴徵求貧到骨，正思戎馬淚盈巾。〈卷二十〉頁 1762

在任人撲棗這類瑣細事情，杜甫表現對勞苦人民之體恤，不僅同情此婦人之貧苦，瞭解其內心，並為其痛苦潸然淚下。復探求造成人民貧困之肇因，在於開邊戰爭與軍閥混戰，破壞生產。〈石笋行〉頁 833、〈石犀行〉頁 835 對民間相傳石笋為海眼與石犀厭水之無稽，以事理予以駁斥之。〈火〉頁 1297、〈熱三首〉頁 1300 寫夔州當地人民防旱之迷信做法。又代宗大曆二年（767）十月十九日，於夔州別駕元持宅見臨潁李十二娘劍器舞，對流落西南之李十二娘，舞藝仍保有盛世之韻，惜身世蕭條已如冬日寒光，少陵遂發今昔之慨。

至於〈遣遇〉曰：「石間采蕨女，鬻市輸官曹。」頁 1960 寫采蕨女

〈歲晏行〉作於大曆三年（768）冬，詩曰：「去年米貴闕軍食，今年米賤太傷農。高馬達官厭酒肉，此輩杼軸茅茨空。」類此反應民瘼，親近人群之作，多不勝舉，是知子美花了一倍子時間，亦無法治療其對人類的愛。

四、情真意摯之人際場域

人生在世，所面對之人際場域（interpersonal field）不外三大類：對長輩、對平輩、對晚輩。若以杜甫與詩友之往來為例，對其時輩，無論稍前之張九齡，或同時之李白、薛華、王維、賈至、蘇源明、鄭虔、高適、岑參、薛據、元結、孟雲卿、常造、郭受，乃至後輩之蘇渙等人，均能見詩友之所長，或觀摩、或切磋，有良好互動，同求精進。其對親人、朋友充滿深情，一生寫有上百首思親懷友詩。

（一）朋友

得知鄭虔「為農山澗曲，臥病雲海邊。」寫〈所思〉頁 666 以示懷念。

乾元二年（759）三月，李白遇赦東下江陵後，曾在江夏、漢陽（湖北武漢）、巴陵（湖南岳陽）、零陵（湖南零陵）等地遨遊，然後回豫章（江西南昌）。三年後，杜甫在梓州避難時，方纔得知太白消息。故上元二年（761），子美猶未能及時獲知太白消息，遂作〈不見〉詩曰：

　　不見李生久，佯狂真可哀。世人皆欲殺，吾意獨憐才。

　　　　敏捷詩千首，飄零酒一盃。匡山讀書處，頭白好歸來。〈卷十〉頁 858

匡山即李白家鄉、綿州彰明縣之大匡山，為李白早年讀書處，杜甫期望李白回巴山蜀水安度晚年。

（二）兄弟

杜甫寓居成都時，兄弟仍在戰火紛飛之河南與齊魯。「故國猶兵馬，他鄉亦鼓鼙。」〈出郭〉頁 770「中原有兄弟，萬里正含情。」〈村夜〉頁 778 故作〈恨別〉一詩，抒寫思弟之情：

　　洛城一別四千里，胡騎長驅五六年。

> 草木變衰行劍外，兵戈阻絕老江邊。
>
> 思家步月清宵立，憶弟看雲白日眠。
>
> 聞道河陽近乘勝，司徒急為破幽燕！〈卷九〉頁 772

因思念故鄉致徹夜不眠，立而望月；因思念兄弟以致神情恍惚，雖白日望雲亦欲眠。子美以廣闊時事為背景，抒寫兄弟離別之苦，將國事與家事聯繫，即令寫日常生活、人之常情的詠懷詩，亦善陳時事，又情深意摯，細緻神態與豐沛感情流露。

（三）鄰居

　　杜甫中年後，所處時代已不似開元、天寶之盛世，所處地域又離開洛陽、長安，草堂四鄰既無親戚，也乏舊友，每日往來者，皆為落魄文人與不知名之田夫野老：北鄰為一退職縣令，愛酒能詩，常踏蓬蒿來訪；南鄰朱山人曾留杜甫在其水亭飲酌，又賣文維生之斛斯融亦為酒伴。春至，黃四娘家萬花盛開，致使樹枝低垂；又野人贈送櫻桃〈野人送朱櫻〉頁 902，童子於夜間仍能賒來鄰家美酒；寒食到，眾人齊聚，子美詩曰：

> 田父要皆去，鄰家問不違。地偏相識盡，雞犬亦忘歸。〈寒食〉
>
> 頁 806

面對新朋友，杜甫仍是真實、樸質，沒有嫌隙，為思鄉憶弟、激憤多病之生活享受不少安慰。[36]

結　語

　　檢閱中國詩史，「詩聖」杜甫（712-770）是一位窮於當時，達於千秋的詩人，一生寫詩數千首，流傳至今者，共計 1,439 首，其以悲天憫人、憂君愛國之仁心，凝鑄成千餘首有血有淚詩篇。其詩面目周

36　《馮至學術論著自選集》北京師範學院出版社，（1992 年 6 月）頁 76。

備，唯以沈鬱內涵，開拓無窮詩境，歷代詩論，幾可謂無一不出頌讚之聲。韓愈謂:「李杜文章在，光燄萬丈長。」〈調張籍〉《雲仙雜記》有云:

> 張籍取杜甫詩一帙，焚取灰燼，副以膏蜜，頻飲之曰:「令吾肝腸從此改易」。

故事雖不一定可靠，然可見張籍對杜甫之崇敬。杜甫一生，始終輾轉困躓，流離顛沛，此一辛酸經驗，藉其細密觀察與充沛同理心（empathy），成為寫實主義社會詩之重要基礎，其晚年寓居四川近十年，對川中飲食頗有感受，寫下「蜀酒濃無敵，江魚美可求」等膾炙人口之詩句。寫四川飲食詩至少三十餘首，凡此寓蜀之飲食詩，流傳至今一千三百年，吾人讀之，除可作為中國古代社會、文化、生活之第一手資料，又提供探究杜詩之另一面向，誠如清、汪立名《白香山詩集・序》曰:

> 昔人謂大曆後以詩名家者，靡不由杜出，韓之〈南山〉、白之諷諭，其最著者。就二公論之，大抵韓得杜之變，白得杜之正，蓋各得其一體而造乎其極矣。

實則韓愈之奇崛，劉禹錫、杜牧之雄傑，劉長卿之流利，元稹、白居易之寫實，李商隱之淒艷，以至宋金元明以來稱大家者，雖面貌不一，甚至炫奇展異，然沿波討源，杜甫實莫不為開風氣之先。至於杜甫讀書、寫作之勤奮，「讀書破萬卷，下筆如有神。」〈奉贈韋左丞丈二十二韻〉誠吾人為學之鼓勵，又「為人性僻耽佳句，語不驚人死不休。」〈江上值水如海勢聊短述〉亦為個人寫作論文時，雖不能至，心嚮往之鵠的。子美擇善固執之精神，上追屈原[37]，下開韓愈、白居易[38]，本文寫作以

---

37 杜甫〈玄都壇歌寄元逸人〉、〈彭衙行〉、〈湘夫人祠〉、〈祠南夕望〉、〈上水遣懷〉精神上學習屈宋，〈乾元中寓居同谷作歌七首〉甚至句式亦效法屈宋，又〈壯遊〉:「氣劘屈賈壘」從氣勢上學習屈原。見劉開揚《杜甫詩集導讀・敘論》巴蜀書社（1988 年 4 月）頁 8。
8 見韓愈〈進學解〉、白居易〈與元九書〉。

杜詩爲經，杜甫晚年居蜀飲食詩爲緯，予以探究之，或可使吾人試取一瓢，嚐嚐：其中之深味，[39]並光大川菜飲食文化之研究。

參考書目

清、仇兆鰲《杜詩詳註》（全五冊）北京：中華書局（1985 年 9 月）

清、楊　倫《杜詩鏡銓》（全二冊）上海：中華書局（1962 年 12 月）

清、錢謙益《杜詩錢注》台北：世界書局（1969 年）

《舊唐書》台北：鼎文書局。

《新唐書・嚴武傳》台北：鼎文書局。

唐、李　肇《唐國史補》台北：世界書局

唐、段成式《酉陽雜俎》台北：世界書局

宋、王禹偁《小畜集》台灣：商務印書館。四部叢刊初編

宋、沈　括《夢溪筆談》李文澤譯注、曾棗莊審閱。台北：錦繡出版社（1993 年）

李時珍《本草綱目》台北：鼎文書局（1973 年）。國學名著珍本彙刊

常　璩《華陽國志》台灣：商務印書館《四部叢刊初編》

賈思勰《齊民要術》台灣：中華書局《四部備要》

方　瑜《杜甫夔州詩析論》台北：幼獅文化事業公司（1985 年 8 月）

金啓華、金小平《杜甫詩史》上海教育出版社（1989 年 4 月）

梁鑒江《杜甫詩選》香港：三聯書店（1988 年 3 月）中國歷代詩人選集

許　總《杜甫學發微》南京：南京出版社（1989 年 5 月）

陳文華《不廢江河萬古流：杜甫詩賞析》台北：偉文圖書公司（民 67M 年 9 月）

---

39 陳文華《不廢江河萬石流：杜甫詩賞析》張夢機〈弁語〉（民 69 年 9 月）。

陳貽焮《杜甫評傳》上海：古籍出版社（1983）

陶文台《中國烹飪史略》江蘇科學技術出版社（1983年2月）

莫礪鋒《杜甫評傳》南京：南京大學（1993年）

馮　至《馮至學術論著自選集》北京師範學院出版社，（1992年6月）

楊　義《李杜詩學》北京出版社，2000年

郭沫若《李白與杜甫》台北：帛書（1985年）

喬　楠編輯《川菜烹飪事典》重慶出版社（1985年12月）

鄧魁英、聶石樵選注《杜甫選集》上海：古籍出版社（1983年11月）

黎　虎主編《漢唐飲食文化史》北京：師範大學（1998年1月）

劉開揚《唐詩論文集》上海：古籍出版社（1979）

劉開揚、劉新生《杜甫詩集導讀》四川：巴蜀出版社（1988年4月）

鍾叔河編、周作人《知堂談吃：周作人散文和詩一百篇》北京：中國
　　商業出版社（1990年12月）

陳瑤璣《杜工部生存及其詩學淵源和特質》台北：弘道文化事業公司
　　（民69年3月16日）

《中國菜譜：四川》編寫組・北京：中國財政經濟出版社（1981年1
　　月）

《烹飪史話》，《中國烹飪》叢書編輯部匯編，北京：中國商業出版社
　　（1986年12月）

聞一多〈杜甫－傳記〉《新月》月刊第一卷・第六號・上海：新月書店
　　（民17年8月10日）

Chang, Kwang-chih (1977). Food in Chinese Culture: anthropological and
　　historical perspectives.　New Haven: Yale University.

唐代入冥故事中的衙役書寫

中正大學中國文學系教授
鄭　阿　財

提　要

　　文學是社會的產物，也是反映時代環境、社會思潮的視窗。唐代佛教發達，天堂淨土是佛教對世人的積極誘導；地獄冥界則是對世人的消極勸誡。佛教傳入中國後，地獄觀念也與中國的地府觀念相結合，冥界的具體描繪，如冥界官僚組織、冥界中亡者的生活、刑罰等，更向現實生活中去擷取；佛國世界的勝境，同樣也是以宮廷亭台樓閣為藍本，因此不論天堂或地獄，均可說是活人世界的投射。

　　衙門中精於刀筆的書吏、拘提人犯的衙役⋯⋯等等，雖不甚起眼，卻是衙門中不可或缺的小人物，也是現實生活中人們經常需要打點的人物，然而有關他們的形形色色，點點滴滴，一般文獻載籍，均付之闕如。不過，在唐人入冥故事有關陰曹地府的描繪中，不乏取自現世社會衙門人物的書寫。本文擬根據唐人入冥故事，包括敦煌文獻中的佛教靈驗記與唐人小說中的入冥故事，析論其反映的衙役書寫。

關鍵詞：唐代、入冥、衙役、小說、靈驗記

一、前　言

　　文學是社會的產物，也是反映時代環境、社會思潮與人們生活的視窗。人是社會生活的核心，人物是敘事文學描寫的主體。因此，作品的主題往往透過人物來體現，作品的情節也是圍繞著人物來展開，由此可見，人物形象在文學作品中的重要地位。

　　人們常說「歷史，除人名之外都是假的；小說，除人名之外，都是真的」。主要在強調小說中的故事、人物可能是虛構的，但對於人物具體細節的描寫則多來自當時耳濡目染的實際生活場景。即便是虛構的故事、人物也都是作者取自現世人事的描摹。有些作品儘管書寫的內容是超現實、非人間的神仙鬼怪，但其書寫的角色仍然是人間社會生活的折射。如晚清小說《何典》，就是透過鬼的世界來「展示活的人間相」。

　　一般小說、戲曲等敘事文學，作家們悉心塑造的人物形象，多半是才子、佳人、英雄、俠士，而反映的生活面也大多集中在官場、妓院、豪門、大戶。相對之下，對於能反映現實生活中小人物的作品，就顯得寥落零散了。唐人小說是文人有意識的創作，在有意為之的作品中，主體意識和人格精神也得到了充分的展示，因此作品中對於各種人物的書寫與現實中人物有著相當的契合度。作為準小說的佛教靈驗記，對於人物角色的書寫更是取材借鑑於現實社會中的人物。衙從這類小人物的描繪因為遠不如主要角色那樣精心刻畫，因此反而更能不經意的流露出現世社會人物的真實情態。

　　在佛教全盛時期的唐代，小說的創作中，佛教思想主題大量滲入其中天堂地獄是新鮮的題材。天堂淨土是佛教對世人的積極誘導；地獄冥界則是對世人消極的勸誡。佛教傳入中國後，地獄觀念也與中國的地府觀念相結合。冥界的具體描繪，如冥界官僚組織、冥界中亡者

的生活、刑罰等，更向現實生活中去擷取；佛國世界的勝境，同樣也是以宮廷亭台樓閣爲藍本，因此不論天堂或地獄，均可說是活人世界的投射。

　　唐人有關「入冥」主題的作品，除了《冥報記》、《廣異記》等唐人小說集外，敦煌寫本的佛教靈驗記中，如〈黃仕強傳〉、〈懺悔滅罪金光明經傳〉…等，較諸唐代流行的入冥小說顯然毫不遜色[1]。本文擬就唐人入冥故事，包括敦煌文獻中的佛教靈驗記，與唐人小說中的入冥故事，嘗試從中梳理有關的書寫，以反映現實生活中的衙役形象。

二、唐人入冥故事中的冥府與衙役

　　衙門，是古代的官府機構。然而其佈局、建築如何？出入其間的人物有哪些？他們各自的職責又如何？衙門的主要事務有哪些？如何運轉？凡此在古代官修正史，也仍然很難找到這一方面的具體答案。

　　唐‧封演在《封氏聞見記》「公牙」條以爲「衙門」一詞原來寫作「牙門」。封演說：

> 近代通謂府廷爲公衙，公牙即古之公朝也。字本作「牙」。詩曰：「祈父予王之爪牙。」祈父，司馬，掌武備，象猛獸以爪牙爲衛。故軍前大旗謂之「牙旗」，出師則有建牙禡牙之事，軍中聽號令幣制牙旗之下，稱與府朝無異。近俗尚武，是以通呼公府爲公牙，府門爲牙門。訛變，轉而爲「衙」也。[2]

1　李時人《全唐五代小說》，以近世以來人們對小說普遍的認識爲界定唐人小說的基礎。並與何滿子多次討論，按照概括的十個標準爲基礎來輯唐人小說。全書計正編 100 卷，外編 25 卷。正編輯錄的是合於標準的「唐五代小說」；外編輯錄的則是「在我們看來還沒有達到小說標準，但在某些方面具備了一些小說因素，或者說接近小說規範的敘事作品。」其正編卷 90 收錄敦煌寫本《黃仕強傳》，可見此類作品的寫作動機雖爲宗教，然就內容與形式而論，視爲小說當無疑問。參見李時人編校、何滿子審定《全唐五代小說‧前言》，陝西人民出版社，頁 10~13。
2　見趙貞信校注《封氏聞見記校注》卷五「公牙」（《晉唐劄記六種》，世界書局，

衙役，是衙門中從事各種事物的差役，在各級官府中屬於底層人物。但他們又是官府權力最直接、最野蠻的體現者。一般而言，衙役擔負著站堂、行刑、拘捕、查贓、解囚等差事。古代從中央各部院到地方的各級衙門中，都少不了衙役，可是他們在衙門內部的組織中卻是沒有任何法定的制度。然而由於他們握有最基層執法的實權，是最有機會上下其手，隨意敲詐勒索的一群，所以自來對他們的觀感不佳。尤其是衙役要負責施刑，手下一輕一重，差別極大，這就成了他們藉機勒索的重要途徑。清代李伯元《活地獄》一書對此特別的書寫[3]。可見衙役的形象一直左右著人們對衙門的主要印象。

佛教靈驗記藉由入冥來鋪寫冥界的淒苦與慘狀，令人心驚膽顫，而生改過向善之心。更藉由出冥復活來宣揚佛教因果報應與輪迴轉世之教義，鼓吹抄造、誦持經典等教法。若從敦煌寫本靈應故事的內容進行考察，可以發現此類佛教見證式的作品，基本上各篇為了增強其可靠性與勸誘性，均清楚交待時間、人物、地點、故事原委，結構完整。既具有小說的要素，亦具有相當程度的事實反映[4]。因此，對於冥府的書寫，自然多取材自現世官府的衙門，其衙役之組織既模仿自現世的官府，更將作者對現世衙役的普遍印象與觀感，一一投射在入冥故事中。

冥界主要以十殿閻王為主，由眾多的判官、鬼吏組織而成。其中，判官的角色十分重要，是閻王的主要幫手，是處理冥界一切具體事物最重要的官員。

判官本是人世間的官職，唐朝節度使、觀察使、招討使、團練使、

1984.9），頁 35。

3　李伯元《活地獄》，（收入《晚清小說全集》第一輯，25 冊，博遠出版公司，1984.3）

4　湯用彤《隋唐佛教史稿》一書論及隋唐佛教史地撰述時，即將「感應因緣」等作品列於「僧傳類」之下，足見此類作品在作為佛教史料方面的重要性。見呂澂《中國佛學源流略講》（台北，里仁書局，1985 年 1 月），頁 1~5。

監軍使並皆設有判官，是爲幕府上佐，總理本使日常事物。五代時判官領州郡事，成爲州府職官。一般說來，判官是地方長官的僚屬，輔理政事，品秩從五品至八品不等，屬中下級官員。唐人入冥故事中的判官與人世間的判官不同，佛教中的判官是指陰間判案的官。其種類繁多，主要有：掌刑判官、掌善簿判官、掌惡簿判官及掌生死簿判官。其中掌生死簿判官可說是首席判官，擬於〈唐人入冥故事中的判官形象〉探究，茲不贅述。

　　除了判官外，根據《冥報記》「唐・張法義」條所載，張法義因不孝，本應杖八十，後因師父的說情，得以回人間七年補過。其中，從張法義經過冥吏審訊的記述中，可以看出冥府官吏尚有：錄事（書記官）、判官（法官）、主典（檢察官）等[5]。不過判官、錄事、主典均屬中級官吏，衙役則屬下級官吏，主要爲鬼吏、獄卒，是實際當差，而直接與入冥者接觸的小吏，其主要工作包括拘捕、押解等。其組織並不無定制，一般以四人或二人一組，身著黃衫或青色衣服，其中也有騎馬伴隨鬼卒的情況。如敦煌寫本〈懺悔滅罪金光明經冥報傳〉[6]所載：

5　其文云：「法義自說，初有兩人來取，乘空行，至官府，入門，又巡巷南行十許里，左右皆有官曹，……法義至一曹院，見官人遙責使者曰：『是華州張法義也，本限三日至，何因乃淹七日？』使者云：『義家狗惡，兼有祝師，祝師見打甚苦，袒衣而背青腫。』官曰：『稽限過多，各與杖二十。』言訖，杖亦畢，血流灑地。官曰：『將法義過錄事。』錄事署發文書，令送付判官。召主典，取法義前案，簿盈一床。主典對法義前披檢云：『其簿多先朱勾畢，有未勾者則錄之』，曰：『貞觀十一年，法義父使刈禾，法義反顧張目，私罵父，不孝，合杖八十。始錄一條，即見昔岩穴中僧來。判官起迎，問何事，僧曰：『張法義是貧道弟子，其罪盡懺悔滅除訖，天曹案中已勾畢，今枉追來，不合死。』主典云：『經懺悔者，此案勾了。至如張目罵父，雖蒙懺悔，事未勾了。』僧曰：『若不如此，當取案勘之，應有福利，仰判官。』令典將法義過王宮。」見方詩銘校注《冥報記》（中華書局，1992.3），頁74~76。

　　《懺悔滅罪金光明經傳》，或稱《懺悔滅罪金光明經冥報傳》、《金光明經冥報驗傳記》。今所知見的抄本多達28件，分別庋藏於中、英、法、俄、日等地的圖書館及私人收藏。不但有敦煌漢文寫本，同時也有西夏文本。今所得見的敦煌寫卷分別是：題爲〈金光明經傳〉的有S.364、S.1963、S.2981、S.3257、S.4984、S.6514、北1360（藏字62）、北1361（日字11）、北1362（爲字69）、北1363（成字13）、北1365（晨字61）、北1369（河字66）、北1425（寒字77）；題爲〈懺悔滅罪金

溫州治中張居道死而復甦,自說緣由,開頭便是:「初見四人,一人把棒,一人把索,一人把袋,一人著青,騎馬戴帽」;敦煌本《黃仕強傳》則載:「初死之時,見有四人來取。一人把文書,一人撮頭,二人策腋,將向閻羅王處。」[7]

《冥報記》「唐王壽」條,王受報死經二日而蘇,「言自死之時,見四人來,云:『官府追汝』」。《報應記》「慕容文策」條,慕容文策大業七年暴卒,三日復活,自云:「初見二鬼,把文牒」;《廣異記》「盧氏」條,「見二黃衫人入門,盧問為誰,答曰:『是里正,奉帖追公。』」;《冥報記》「李氏」條,「出有兩人,並著赤衣,門前召出。」;敦煌寫本《道明和尚還魂記》:「見二黃衣使者云:『奉閻羅王敕令取和尚暫往冥司要對會。』道明自念出家已(以)來,不虧齋戒,冥司追來,亦何所懼。」[8]這些有關冥司衙役的組織與衣著,其具體形象亦見於敦煌本《十王經》的彩色插圖,包括十殿閻王、判官、鬼吏、獄卒,亡者著枷戴鎖,閻王問案、判官勘簿、鬼卒鞭笞、亡者服刑等場面,兩相印證,則冥間衙府躍然紙上[9]。茲附圖如下,以供參考。

光明經傳〉的有 S.3257、S.4487、P.2099、P.2203、北 1426(玉字 55)、北 142⸱(海字 69)、S.4155;殘缺無首尾題的有:S.462、S.6035、北 1364(列字 55)、北 1367(生字 99)、L.2691(Д x-2325)、L.735(Φ-260a)及石谷風《晉魏隋唐殘墨》。此外,陳寅恪〈懺悔滅罪金光明經冥報傳跋〉曾提及「合肥張氏藏敦煌寫本《金光明經》殘卷卷首有冥報傳載溫州治中張居道入冥事;日本人所藏敦煌寫經亦有之。」另房山雲居寺石經,第八洞唐刻《金光明最勝王經卷第一》正面亦刻有《金光明經懺悔滅罪傳》。北平圖書館亦藏西夏文《金光明經冥報傳》,足見其流行之廣遠。

7 參見拙文〈敦煌疑偽經與靈驗記關係之考察〉(《漢語史學報專輯》總第三輯,上海教育出版社,2003.5),頁 283~291。

8 參見拙文〈敦煌寫本道明和尚還魂故事研究〉(載《山鳥下聽事,簷花入酒中——唐五代文學論叢》,中正大學中國文學系,1998.06),頁 693~735。

9 《十王經》又名《閻羅王經》、《閻羅王授記經》、《閻羅王授記令四眾逆修生七功德往生淨土經》……等,為中國撰述的所謂『偽經』。敦煌寫本中存有十幾卷且多有彩色插圖。日本小川貫一〈十王生七經讚圖卷の構造〉(載《佛教文化研究》,永田文昌堂,1973.5),頁 76~156;杜斗成《敦煌本佛說十王經校錄研究

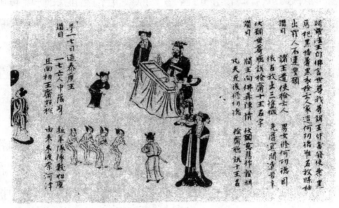

法 Pel.chin.2003　佛說閻羅王授記四眾預修生七往生淨土經　　（19－8）

法 Pel.chin.2003　佛說閻羅王授記四眾預修生七往生淨土經　　（19－7）

　　唐代的入冥故事，包括敦煌寫本佛教靈驗記中的入冥故事，冥界
中的吏卒、判官多取象於現實社會的銜役，因此透過這些唐人入冥故

（甘肅教育出版社，1989.12）；蕭登福《道佛十王地獄說》（新文豐出版公司，
1996.9）；美國太史文 Stephen F. Teiser，"The Scripture on the Ten Kings"，University
of Hawaii Press，1994。日本仁井田陞〈敦煌發見十王經圖卷に見えた刑法史料〉
（《東洋學報》15：3，1938.5），頁 63~78，便是利用十王經圖的枷鎖、笞杖等刑
具畫像進行研究。

事來考察其中對於「衙役」的書寫，無疑是相當能反映現實的一種方法。例如敦煌寫本〈懺悔滅罪金光明經冥報傳〉，內容記述張居道因殺生被帶往冥府，冥使示之以懺悔法——抄《金光明經》四卷，張居道因發願，使牲畜得生善道，因而得以復活。還魂後，不復殺生，並努力抄寫《金光明經》，同時大力勸化世人懺悔戒殺、抄寫《金光明經》的故事。此一靈應故事冠於《金光明經》卷首，是專為鼓吹《金光明經》而編的靈應故事。文中利用小說的手法來宣傳殺生食肉報應及懺悔滅罪等佛教思想，故事中的入冥過程、冥界官衙組織、冥界中活動等情節，處處取材自現實生活，反映出真實社會經由文學的折射後所投射出的冥界生活狀況，是一篇帶有濃厚時代氣息和深刻諷刺意味的唐人小說[10]。

〈懺悔滅罪金光明經冥報傳〉中，豬等控訴張居道的訴狀，其辭曰：「豬等雖前身居罪，合受畜生之身，配在世間，自有年限。年滿罪畢，自合成人。然豬等自計受畜生身，化時未到，遂被居道枉相屠煞，時限既欠，更歸畜生。一箇罪身再遭刀機，在於幽法，理不可當，請裁」、記敘衙門堂前審案刑求的慘狀則說：「廳前無億數人，問辯答款，著枷被鎖，遭杻履械，鞭韃狼藉，哀聲痛響，不可聽聞」等等，這些狀詞、問案、刑求等情形，分明都是取材自現實世界中的衙門。

三、貪財受賄好取小惠

常言道：「閻王好見，小鬼難當」[11]，這裡的小鬼指的是當差辦事的鬼吏，也就是冥府中的衙役。人們一般用這句俗話來形容地方官與

---

10 參拙文〈敦煌寫卷懺悔滅罪金光明經傳初探〉，載《慶祝潘石禪先生九秩華誕敦煌學特刊》，台北，文津出版社，1996年09月，頁581~602。

11 如清李寶嘉《官場現形記》第十九回：「閻王好見，小鬼難當。旁邊若有人幫襯，敲敲邊鼓，用一個錢，可得兩個錢之益。」

衙役，甚至用來比喻奴才依仗主子的權勢，遠較其主子還要兇狠，更不容易應付。

俗話說：「衙門八字朝南開，有理無錢別進來。」古代雖然法律上禁止官吏收受賄賂，但在現實生活中，官吏收受賄賂是司空見慣的事，也是世人對衙門的第一印象。不只是上級官員收受賄賂，即使是衙門小吏，更是少不得打點，無怪乎，常言道「有錢能使鬼推磨」。難纏的小鬼，一般少不了花錢打點，現世中衙門裡的衙役更是少不了錢財的賄賂。特別是衙門中的衙役，唐人入冥故事中對此則多有著墨，藉以呈顯現實世界中衙門索賄的醜態。如敦煌寫本《黃仕強傳》全文長 848 字。內容主要記敘黃仕強因與名爲仕強的屠夫同名以致被冥吏誤抓，因其自報冤屈，得重行勘案。又因發願寫《普賢菩薩說此證明經》而還魂，後得以長壽的靈應故事。此故事抄於《普賢菩薩說此證明經》經首，係專爲鼓吹《普賢菩薩說此證明經》而編的靈應故事。[12]故事說：仕強忽患病死，被鬼卒帶到閻王殿前。因閻王要將其送至豬胎投生，才知道係因同名誤抓。經他申辯，遂被帶至曹司勘查，證實確無死名。陰司放他還陽，掌文案鬼向他索賄，教他長命之法，即「訪寫《證明經》，得壽一百二十歲」。仕強還魂後即覓得《證明經》，抄寫三卷，竟然病癒，康健勝常。其文云：

> 仕強行，又得十步許，守文案鬼喚仕強住：「汝有錢不？與我少多，示汝長命法。」仕強云：「無有多錢，唯有三十餘文，恐畏少短。」守文案人云：「亦足，何必須多！汝還家可訪寫《證明經》三卷，得壽一百二十歲。」

---

12 敦煌寫本計有：P.2186、P.2297、P.2136、北 8290（陽字 21）、北 8291（淡字 58）、上海圖書館藏 81253 號、浙江博物館藏 001、俄藏 L.2873-Д x1672 號及日本大谷大學藏卷（大谷瑩誠氏購自李盛鐸）等九件。參柴劍虹〈讀敦煌寫卷《黃仕強傳》劄記〉，載《敦煌語言文學研究》，中國敦煌吐魯番學會語言文學分會編纂，1988 年 7 月，北京大學出版社出版；白化文〈上海圖書館藏敦煌卷子 812531 號黃仕強傳錄文校注〉，載《敦煌學》20，1985 年 12 月，頁 23~30。

晉‧魯褒《錢神論》中有「廷尉獄，平如砥，有錢生，無錢死」，[13]透露了中國獄政的黑暗，而民眾對醜惡官僚的嫌惡，也滲透到了進行宗教宣傳的入冥故事中。這一類故事中錢能通鬼神的情節，可謂是佛教中國化的表徵，這在地道的印度釋典中，大概是很難找到的。

唐代最早的志怪小說集唐臨的《冥報記》[14]一書中，也有「唐王璹」條，內容記敘永徽二年尚書都令史王璹暴病死，經二日而復蘇。自言其經過，其中述及鬼吏向其乞錢，以及送錢給鬼吏之曲折過程。其文云：

> 璹立住，少頃，見向所詢璹之吏從門來，謂璹曰：「君尚能待我，甚善。可乞我千錢。」璹不應，內自思曰：「吾無罪，官放我來，何為有賄吏乎？」吏即謂曰：「君不得無行，吾向若不早將汝過官，令二日受縛，豈不困頓？」璹心然之，因愧謝曰：「依命。」吏曰：「吾不用汝銅錢，欲得白紙錢耳，期十五日來。」璹許諾，因問歸路，吏曰：「但東行二百步，當見一故牆，穿破見明，可推倒之，即至君家也。」璹如其言，行至牆，推良久乃倒，容人，璹從倒處出，即至其所居隆政坊南門矣。於是歸家。見人坐泣，入戶而蘇。至十五日，璹忘不與錢，明日，復病困絕。見吏來，怒曰：「君果無行，期與我錢，遂不與，今復將汝去。」因驅行出金光門，令入大坑。璹拜謝百餘拜，請作錢，乃放歸，

---

13 見《全晉文》卷113。

14 唐臨（601~661？）的《冥報記》即為唐代著名的佛教小說。此書撰成於唐高祖永徽三年（653）。據他的自序說：「昔晉高士謝敷、尚書令傅亮、太子中書舍人張演、齊司徒從事中郎陸杲，或一時令望，或當代名家，並錄《觀世音應驗記》，及齊竟陵王蕭子良作《冥驗記》、王琰作《冥祥記》，皆所以徵明善惡，勸戒將來，實使聞者，深心感寤。臨既慕其風旨，亦思以勸人，輒聞所錄，集為此記，仍具陳所受及聞見緣由，言不飾文，事與揚攉，庶人見者能留意焉。」可見此類宣傳佛教信仰的故事作品種類繁多，或以「記」稱，或以「傳」名；內容皆以佛教因果報應思想為基礎，藉動人的神異故事以宣揚佛教的靈驗，期能誘導世人信奉受持。

又蘇。璹告家人，買紙百張作錢送之。明日，璹又病困，復見吏曰：「君幸能與我錢，而惡不好。」璹復辭謝，請更作，許之。又至廿一日，璹令以六十錢市白紙百張作錢，並酒食，自於隆政坊西渠水上燒之。既而身體輕健，遂癒。[15]

又如唐・戴孚的《廣異記》一書，所記多鬼怪精魅及幽冥陰間的種種怪異之事。其中有多則均涉及冥府衙役收受賄賂的記敘，如「張御史」條，內容記敘天寶中張御史命合溺死。因張御史對鬼吏有恩，鬼吏乃教其急念《金剛經》一千遍，使其脫卻死罪。後鬼吏因此事被閻王處以捶刑，因向張御史索錢。其文云：

至門，前所追吏云：「坐追判官遲迴，今已遇捶。」乃袒示之。願乞少錢，某云：「我貧士，且在逆旅，多恐不辦。」鬼云：「唯二百千。」某云：「若是紙錢，當奉五百貫。」鬼云：「感君厚意，但我德素薄，何由受汝許錢，二百千正可。」某云：「今我亦鬼耳，夜還逆旅，未易辦得。」鬼云：「判官但心念，令妻子還我，自當得之。」某遂心念甚至。鬼云：「已領訖。」須臾復至，云：「夫人欲與，阿嬭不肯。」又令某心念阿奶，須臾曰：「得矣。」某因冥然如落深坑，因此遂活。求假還家，具說其事，妻云：「是夕，夢君已死，求二百千紙錢，欲便市造。阿嬭故云：『夢中事何足信。』其夕，阿嬭又夢。」因得十年後卒也。[16]

另外「裴齡」條[17]，也有冥府鬼吏求裴齡給金銀錢各三千貫兼酒

---

15 見方詩銘輯校《冥報記》（北京，中華書局，1992.03），頁 71。
16 見方詩銘輯校《廣異記》（北京，中華書局，1992.03），頁 29~30。
17 其文云：「吏復求金銀錢各三千貫，齡云：『京官貧窮，實不能辦。』吏云：『金錢者，是世間黃紙錢，銀錢者，白紙錢耳。』齡曰：『若求紙錢，當亦可辦，不知何所送之？』吏云：『世作錢於都市，其錢都為地府所收。君可呼鑿錢人，於家中密室作之，畢，可以袋盛，當於水際焚之，我必得也。受錢之時，若橫風動灰，即是我得；若有風颭灰，即為地府及地鬼神所受，此亦宜為常占。然鬼

飯的記敘，內容與「張御史」條之記敘大抵相似。其中特別對如何燒紙錢，方能將紙錢送至鬼吏手中，敘說極為曲折而細緻，對後世燒紙錢的習俗及細節甚有影響。

《廣異記》中還有「周頌」條，記敘進士周頌，被誤以受賄罪，而為地下有司追拿入冥獄，後王令檢簿勘當，確定周頌並無勾當，乃放其還家。追人鬼吏，欲索取五千貫，方肯引路，送他還陽。[18]引路乃鬼吏之職責，還陽則是入冥者雀躍，鬼吏趁機索取賄賂，當是無人不允。冥間如此，陽世當更甚之。

與戴孚《廣異記》「周頌」條所記敘鬼吏索錢方肯送其還陽相似的記載，還見於唐‧郎餘令的《冥報拾遺》，記「唐齊士望」條，內容記敘貞觀中，齊士望死經七日而蘇。自言因同姓字而被誤追，勘簿確定未合即死而放歸。鬼吏因路遠而拒絕送人，求以錢絹，方送還陽。[19]這些冥吏索賄的記敘，無疑是陽間官場與世情的折射。

現世間，有些衙役小吏，雖然未索賄，但也接受小惠。唐代入冥

神常苦飢，燒錢之時，可兼設少佳酒飯，以兩束草立薦上，我得映草而坐，亦得時也。』辭訖，行數里至舍，見家人哭泣，因爾覺痛，遍身恍惚，迷悶久之，開視遂活。造經像及燒錢畢，十數日平復如常。」同上注，頁 140~141。

18 其文云：「乘令追人送頌。行數里，其人大罵云：『何物等流，使我來去迎送如是！獨不解一言相識，孤恩若是。如得五千貫，當送汝還。』頌云：『紙錢五千貫，理易辦。』因便許之。使者乃行十餘里，至一石井，作其側。負求去，人言：『入井即活，更何所之！』遂推頌落井而活。」同上注，頁 147。

19 其文云：「魏州武強人齊士望，貞觀二十一年，死經七日而蘇。自云，初死之後，被引見王，即付曹司，別遣勘當。經四五日，勘簿云：『與合死者同姓字，然未合即死。』判官語士望曰：『汝生平好燒雞子，宜受罪而歸。』即命人送其出門。去曹司一二里，即見一城門，城中有鼓吹之聲，士望忻然趨走而入之。入後，城門已閉，其中更無屋宇，遍地皆是熱灰。士望周章不知所計，燒灼其足，殊常痛苦。士望四顧，城門並開，及走向門，其扉即掩。凡經一日，有人命門者曰：『開門，放昨日罪人出。』即命人送歸。使者辭以路遙，遷延不送之。始求以錢絹，士望許諾。遂經歷川涂，踐履荊棘。行至一處，有如環堵，其中有坑，深黑。士望懼之，使者推之，遂入坑內，不覺漸蘇。尋乃造紙錢等待焉，使者依期還到，士望妻亦同見之。」同注 10，頁 120。

故事中，也見有鬼接受小惠之記敘，如《廣異記》「李洽」條，載閻羅王派官吏來抓李洽，兩人經過市場，看到賣食物，李洽給冥吏一千錢，讓他買喜歡吃的東西，冥吏得此小惠因而教李洽速寫《金光明經》，可以免除死罪，因此得以復活。[20]

四、基於恩情鄉誼而徇私

靈驗記，旨在宣揚佛教教法，鼓吹抄造、持誦經典。如《金剛經靈驗功德記》之鼓吹抄造持誦《金剛經》；《金光明經懺悔滅罪冥報傳》之鼓吹抄造持誦《金光明經》；《黃仕強傳》之鼓吹抄造持誦《普賢菩薩說證明經》；《冥報記》、《廣異記》之鼓吹抄造《法華經》、《金剛經》、《金光明經》、《涅槃經》等。這些透過抄寫、持誦經典以脫罪之方法，均由冥府衙役小吏教示入冥者為之，其中除了鬼吏獄卒索取賄賂或小惠外，也有的是基於與入冥者有恩或是同鄉之情誼。這些情事在在與現實社會中，官府小衙役們，徇私而與人方便的情態相契合。唐人入冥小故事中，不乏這樣的記敘。如《報應記》中「竇德玄」條，內容記敘麟德中竇德玄奉使赴揚州，見岸上有人，形容憔悴，德玄以日將暮，更無船渡。即令載之。

20　其文云：「山人李洽自都入京，行至灞上，逢吏持帖云：『追洽。』洽視帖，文字錯亂，不可復識，謂吏曰：『帖書乃以狼籍。』吏曰：『此是閻羅王帖。』洽聞之悲泣，請吏暫還，與家人別。吏與偕行過市，見諸肆中饋饌，吏視之久。洽問：『君欲食乎？』曰：『然。』乃將錢一千，隨其所欲即買，正得一床。與吏食畢，甚悅，謂洽曰：『今可速寫《金光明經》，或當得免』。洽至家寫經畢，別家人與吏去。行數十里，至城，壁宇峻嚴，因問此為何城，吏云：『安祿山作亂，所司恐賊越逸，故作此城以遏之。』又問城主為誰，曰：『是郎元昌。』洽素與城主有故，請為通之。元昌召入，相見悲喜。須臾，有兵馬數十萬，至城而過，元昌留洽坐，出門迎候，久之乃回。洽問此兵云何，曰：『閻羅王往西京大安國寺也。』既至寺，登百尺高座，王將簿閱，云：『此人新造《金光明經》，遂得延算，故未合死。』元昌嘆羨良久，令人送回，因此得活。」同注 8，頁 31。

此人乃鬼吏，蓋奉命追拿竇德玄。鬼吏感於竇德玄之容載及賜食，因叫示急念《金剛經》一千遍，使其脫卻死罪。其文云：

> 竇德玄，麟德中為卿，奉使揚州。渡淮，船已離岸數十步，見岸上有一人，形容憔悴，擎一小袱坐於地。德玄曰：『日將暮，更無船渡。』即令載之。中流覺其有飢色，又與飯，乃濟。及德玄上馬去，其人即隨行，已數里。德玄怪之，乃問曰：『今欲何去？』答曰：『某非人，乃鬼使也。今往揚州，追竇大使。』曰：『大使何名？』云：『名德玄。』德玄驚懼，下馬拜曰：『某即其人也。』涕泗請計，鬼曰：『甚愧公容載，復又賜食，且放公急念《金剛經》一千遍，當來相報。』至月餘，經數足，其鬼果來，云：『經已足，保無他慮，然亦終須相隨見王。』德玄於是就枕而絕，一宿乃蘇。……[21]

冥府雖為鬼的世界，然往往較人世間更具有人情世故的人氣息與人滋味。在重視知恩報恩的社會裡，「桑間一食，靈輒為之扶輪」，深烙在每一個人的腦海。人世間如此，冥界也奉行不二。不但有恩必報，現世間衙役當差，甚至因同鄉之誼，而給予通融方便。此亦人情之常，唐·牛肅《記聞》，有一則關於「李虛」的故事。內容即記敘「唐開元十五年，有敕天下村坊佛堂；小者并拆除，功德移入側近佛寺；堂大者，皆令閉封。天下不信之徒，并望風毀拆，雖大屋大像，亦殘毀之。敕到豫州，新息令李虛嗜酒倔強，行事違戾，方醉而州符至，仍限三日報。虛見大怒，便約脊正，界內毀拆者死。於是一界并全。」後李虛病死，復生。自謂：初為兩卒拘至王前，見階前典吏，乃新息吏也，亡經年矣。見虛以去歲拆佛堂，新息縣界內獨全，此為虛之大功德。因得以開罪。[22]

---

21 見李時人《全唐五代小說》外編，卷九（陝西人民出版社，1998.9），頁 3094。《太平廣記》卷 103 引。

22 其文云：「唐開元十五年，有敕天下村坊佛堂；小者并拆除，功德移入側近佛寺

冥府典吏與李虛同為新息縣吏，屬鄉誼。且因李虛能保全新息境內所有佛堂完好無缺，免於拆除之命運，乃給予通融方便，教示李虛如何脫罪。

五、不法勾當販賣人口

現實世界中的衙役不但辦事徇私，而且還有公然收受賄賂，更有甚者，還從事人口販賣的不法勾當。唐人入冥故事中也出現有冥府衙役鬼吏強留美貌女子，進行陰間人口買賣的不法勾當。如《廣異記》「六合縣丞」條，載開元中有六合縣丞暴斃，數日復甦。自云：初死被拘，見判官，云是六合縣劉明府，相見悲喜。判官有情，放縣丞還。而引出一樁鬼吏強留女子，進行陰人口買賣之不法勾當。其文云：

> 言畢，放丞還。既出，見一女子，狀貌端麗，來前再拜。問其故，曰：『身是揚州譚家女，頃被召至，以無罪蒙放回。門吏以色美，曲相留連。離家已久，恐捨宅頹壞，今君得還，幸見料理。我家素富，若得隨行，當奉千貫，兼永為姬妾，無所吝也。以此求哀。』丞入白判官，判官謂丞曰：『千貫我得二百，我子得二百，餘六百屬君。』因為書示之。判官云：『我二百可為功

堂大者，皆令閉封。天下不信之徒，并望風毀拆，雖大屋大像，亦殘毀之。敕到豫州，新息令李虛嗜酒倔強，行事違戾，方醉而州符至，仍限三日報。虛見大怒，便約胥正，界內毀拆者死。于是一界并全。虛為人，好殺愎戾，行必違道，當時非惜佛宇也，但以忿限故全之，全之亦不以介意。歲餘，虛病，數日死。時正暑月，隔宿即斂。明日將殯，母與子繞棺哭之。夜久哭止，聞棺中若指爪戛棺聲。初疑鼠，未之悟也。斯須增甚，妻子驚走。母獨不去，命開棺。左右曰：『暑月恐壞。』母怒，促開之，而虛生矣。身頗瘡爛，于是浴而將養之，月餘平復。虛曰：初為兩卒拘至王前，王不在，見階前典吏，乃新息吏也，亡經年矣。見虛拜問曰：『長官何得來？』虛曰：『適被錄而至。』吏曰：『長官平生，唯以殺害為心，不知罪福，今當受報，將若之何！』虛聞懼，請救之。吏曰：『去歲拆佛堂，長官界內獨全，此功德彌大。長官雖死，亦不合此間追攝。』見李時人《全唐五代小說》卷九（陝西人民出版社，1998.9），頁219~221。《太平廣記》卷104引。

德。』便呼吏問：『何得勾留譚家女子？』決吏二十，遣女子隨
丞還。行十餘里，分路各活。丞既瘥平，便至譚家訪女。至門，
女聞語聲，遽出再拜。辭曰：『嘗許為妾身不由己，父母遣適他
人。今將二百千贖身，餘一千貫如前契。』丞得錢，與劉明府
子，兼為設齋功德等。天寶末，其人尚在焉。[23]

現實世界中的衙役從事人口販賣的不法勾當，古今皆然，現今尚
時有所聞，實非新聞。然出現冥府衙役鬼吏，則實可謂匪夷所思。作
者以親身見證娓娓道來，甚至還強調「其人尚在焉」。這與其說是對冥
間不法勾當的指責，實際上分明是藉冥府衙役來對現世間衙役貪贓枉
法，從事人口販賣不法勾當的嚴厲控訴。

六、衙役稽遲捉錯受罰

現世中衙役的地位低，屬於官府中最底層的當差辦事的人物。他
們也是人，不免具有人性之常的貪財之念，也有人世鄉誼酬恩之私，
更有負擔過重之苦。一般衙役所擔負的工作主要是站堂、行刑、拘捕、
查贓、解囚等差事。當是任務繁多時，不免發生積案、稽遲等情事。《廣
異記》「魏恂」條中，便記敘有衙役因未能追到人，以致受到撻笞的懲
罰。其文云：

唐魏恂，左庶子尚德之子，持金剛經。神功初，為監門衛大將
軍。時京有蔡策者，暴亡，數日方蘇。自云：『初至冥司，怪以
追人不得，將撻其使者。』使者云：『將軍魏恂持《金剛經》，
善神擁護，追之不得。』即別遣使復追，須臾還報并同。冥官
曰：『且罷追。』恂聞，尤加精進。[24]

《廣異記》另外還有「張御史」條，其中也提到鬼吏因為遲回遭

---

23 見方詩銘輯校《廣異記》（北京，中華書局，1992.03），頁142。
24 同上注，頁23。

閻王處以捶刑。其文云：「所追吏云：『坐追判官遲回，今已遇捶』，乃祖示之。」[25]《冥報記》的「唐、張法義」條，因鬼使延誤抓人期限，被罰杖行二十：「*法義至一曹院，見官人遙責使者曰：『是華州張法義也，本限三日至，何因乃淹七日？』使者云：『義家狗惡，兼有祝師，祝師見打甚苦，袒衣而背青腫。』官曰：『稽限過多，各與杖二十。』言訖，杖亦畢，血流灑地。*」足見冥府衙役與現世衙役同樣也是有其承受執行不力的無奈與苦楚。

　　冥府中，判官則要稽案，衙役則奉令拘提人。同樣每每因業務繁重而產生積案的情勢，甚至因積案導致稽遲或誤捉。由於拘提人之業務量大，衙役不但有時會稽遲誤事，因而遭到上司的處罰。甚至忙中有錯，以致有錯捉人犯的發生。在現世中因誤捉而產生冤獄是百姓心中的夢魘。因此也就成為唐人入冥故事中主要的書寫重點。今所得見的唐人入冥故事有關衙役捉錯人的書寫，出現的比率極高。此正反映出現世衙役怠忽職守錯捉人犯的情況之嚴重。

　　敦煌本佛教靈驗記《黃仕強傳》序說永徽三年（652）安州安陸縣人黃仕強因與屠夫黃仕強同名，以致被冥吏誤抓。入冥後因黃仕強自報冤屈，得以重行勘案，以及因許願，還魂應驗的故事。[26]而敦煌寫本 S.3092 號引《還魂記》有「道明和尚入冥故事」，內容記敘唐開元寺道明為冥吏誤為龍興寺道明而被拘拿入冥府，因閻羅王見其相貌而疑有誤，使道明得蒙洗雪，並得親眼目睹新樣地藏菩薩尊像，還魂後圖寫丹青，繪列地藏真容的故事[27]。這多是明顯以同姓名而被誤抓為故事的發端。事實上，在現世間因同姓名而被衙役誤抓的事件是屢見不鮮的，即使在現代的社會仍舊不斷在發生。唐人入冥故事中則隨處

---

5 同注 17。

6 敦煌本《黃仕強傳》云王即語把文書人：「遣汝取煞豬仕強，因何將不煞豬仕強來？出去向曹司勘當！」。

7 同注 8。

可見，顯然是有意為人民吶喊。如《太平廣記》103 引《報應記》的「李罔」條[28]；《廣異記》的「張縱」條、「李及」條[29]，鍾輅《前定錄》的「韋泛」條[30]；《酉陽雜俎》的「李簡」條[31]；李復言《續玄怪錄》的「張質」條[32]等，均記敘了有關冥府衙役錯捉人名的故事。其中特別是《廣異記》的「韋延之」條，記敘捕吏錯追捕了人，各打六十板，其文說：「處分令還，白大使放司馬回。典復領延之至大使廳，大使已還內，傳語放韋司馬去，遣追韋冰。須臾。綠衫吏把案來，呵追吏，何故錯追他人。各決六十，流血被地，令便送還。」；而「李及」條中，鬼使抓錯人被打二十板，文中也說：「領及見官，官問不追李及，何忽將來。及又極理稱枉。官怒，撻使者二十，令送及還。」處處可見鬼吏、鬼使因抓錯人而受打板懲罰的記敘。

七、結　語

---

28 其文云：「見伊人引見大將軍，蒙令坐。索案看云：『錯追公。』」見李時人《全唐五代小說》外編，卷 9（陝西人民出版社，1998.9），頁 3096。《太平廣記》卷 103 引。

29 「張縱」條云：「王問吏：『我追張縱，何故將張縱來？宜速遣去。』」見方詩銘校注《廣異記》（中華書局，1992.3），頁 350；「李及」條，見方詩銘校注《廣異記》（中華書局，1992.3），頁 148~149。

30 其文云：「其人曰：『某職主召魂，未省追子。』因思之，曰：『嘻，誤矣，所追者，非均也，乃兗州金鄉縣尉韋泛也。』遽斥吏送之歸。」見李時人《全唐五代小說》卷 39（陝西人民出版社，1998.9），頁 1095~1096。

31 其文云：「忽有一人自外來，稱錯追李簡，可即放還。」見李時人《全唐五代小說》卷 48（陝西人民出版社，1998.9），頁 1345。

32 其文云：「乃敕錄庫檢檢猗氏張質，貞元十七年四月二十一日上臨渙尉。又檢狀被屈抑事。又牒陰道亳州，其年三月臨渙見任尉年名，如已受替，替人年名並受上月日。得牒，其年三月，見任尉江陵張質，年五十一，貞元十一年四月十一日上任，十七年四月二十一日受替。替人猗氏張質，年四十七，檢狀過判官曰：『名姓偶同，遂不審勘。錯行文牒，追擾平人，聞於上司，豈斯容易，本典決十下，改追正身，其張尉任歸。』」見李時人《全唐五代小說》卷 40（陝西人民出版社，1998.9），頁 1121。

　　中國的敘事文學不論是口耳相傳的民間文學或閱聽兼具的俗文學作品中，透過仙界、妖界或冥界的書寫，往往是人們表達對現實生活環境的不滿或未來生活的憧憬，當然也存在著對現實人世間的種種束縛與禁忌下所不便訴說的心理訴求。這種為超越、跳脫人世間現實的種種書寫，一般稱之為他界。

　　在他界中，仙界的書寫往往是人們理想的構築與浪漫思想的馳騁。六朝以來詩人們的遊仙詩的興起，六朝志怪小說中仙境的出現，正是人們追求理想的表現。相對的，冥界這種死後世界的書寫，則是人們漢魏六朝以來隨著佛教在中國迅速傳播與發展，大量佛教經典的翻譯，印度地獄觀念的引進，鬼的世界更為六朝志怪、唐人小說提供豐富的素材。而唐人小說鮮明的傳奇手法，也啟發了冥報記、靈驗記一類宗教見證的產生，更助長了唐代冥界故事的流行與傳播。

　　小說中的妖與鬼往往比人世間的人更具人性，更有人情味。清代著名的文言小說《聊齋誌異》中的妖與鬼的書寫便是。從上述唐人入冥故事中的衙役書寫，也獲得相當的映證。冥府中的衙役不僅有現世衙役的貪欲與習氣，更有人性善良一面的情義與趣味，同時也與人世間的一般衙役一樣，有著沈重的差事負擔，以及苦惱與無奈。

　　從上述可見，不論唐臨《冥報記》或戴孚《廣異記》，這些唐人入冥故事，內容均與佛教靈驗記相同，旨在鼓吹抄造、持誦佛教經典，如《金剛經》、《金光明經》、《法華經》、《涅槃經》等，只是《冥報記》、《廣異記》乃收錄纂輯成集而有所不同而已，靈驗記則或在經首，或付經抄撮，明顯標示係為「輔教之書」。這些功用原是一致的，為求能取信於大眾，以勸誘信受奉持，各則故事均詳載時間、地點、人物、生名，因此對於記敘中的冥界鬼卒獄吏，其取材於現世官府的衙役形象自不待言，而有關的衙役書寫更是唐代一般載籍所罕及。其深刻而多面的書寫，不論是收受賄賂，或因鄉誼恩惠而徇私，或稽遲錯捉而受罰，在在呈顯現世衙役生活的點點滴滴，據此析論，頗具意義。

淺談李商隱七言律詩之平仄

香港浸會大學中文系教授
韋　金　滿

提　要

　　眾所周知，李商隱(義山)是晚唐著名的詩人之一。根據馮浩刻本所載，李商隱存詩共六百零一首，依照本人從他的格律詩式，其屬於七言律詩的，則有一百二十首。

　　他所創作的詩歌，語言精練謹嚴，章法頓挫跌宕，情思宛轉纏綿，尤其是他的〈隋宮〉、〈無題〉、〈錦瑟〉等篇，最為後人所珍視和稱譽。其實，李商隱的藝術才能是比較全面的，對古、近各種詩體都能夠成功地運用。因此，自宋以來，很多學者都從他的內容思想及藝術技巧，加以研究和分析。

　　本人感到詩歌的成就，除了注重它的內容思想及藝術技巧之外，其實，也應注重它的格律。近體詩歌的格律，尤其是律詩，最重要的是它的聲調、對仗與協韻等三方面。本人嘗細閱李商隱之七言律詩，只有一首（贈司勳杜十三員外）是稍存古法，「前身應是梁江總，名總還曾字總持。」這兩句在頷聯中是不對的。其他各首都是嚴守律詩對仗的規矩，難怪袁枚《隨園詩話》讚他「屬對最工」。一般而論，律詩押韻限定甚嚴，全首只准用平聲韻腳，而且必須一韻到底，不得押古詩之通韻字或轉韻字，更不

得於通轉韻外押他韻字，若於本韻外，押及通韻字、轉韻字、別韻字皆為落韻。然而，李商隱七言律詩一百二十首中，屬於「落韻詩」的，竟有八首之多：譬如：

〈奉和太原公送前楊秀才戴兼招楊正字戎〉上平一東韻字則屬與上平二冬韻合用；〈深宮〉

上平三鍾韻與上平一東韻合用等等。

以上八首詩歌，無論情感如何深摯，意境如何深遠，景象如何妍麗，對仗如何工整，格調如何高超，唐人不以為嫌，但是，終歸用韻失當，不合律詩協韻之道，實不足為法。

由於本人在幾年前曾經發表一篇關於李商隱七言律詩之對仗與協韻等問題，因此，本文乃專就平仄這方面評論李商隱的七言律詩之優劣得失所在，希望能對其七言律詩所以為美及盡美而未盡善之點，作一不偏不倚之探討，亦以為探究李商隱七言律詩者，另闢一蹊徑而已。

關鍵詞：平仄、拗救、黏對、遞用、齟齬

一、前　言

李商隱（約公元八一三年─八五八年），唐代著名詩人，字義山，號玉谿生，又號樊南生，懷州河內（今河南沁陽）人。他所創作的詩歌，語言精練謹嚴，章法頓挫跌宕，情思宛轉而意蘊精深，不但在唐代詩壇上獨闢蹊徑，而且流衍後世，影響較大，所以，千多年來頗為人們所珍視和稱譽。譬如：高棅稱其〈隋宮〉、〈馬嵬〉、〈錦瑟〉等篇，造意幽深，律切精密；[1] 田雯稱其諸體之工，唐人實無出其右；[2] 胡

---

1 高棅云：「今觀義山之〈隋宮〉、〈馬嵬〉、〈錦瑟〉等篇，造意幽深，律切精密，有出常情之外者。」《唐詩品彙》。

震亨則謂其長於律詩。[3]其實，李商隱的藝術才能是比較全面的，對古、近各種詩體都能夠成功地運用。因此，自宋以來，很多學者都從他的內容思想及藝術技巧，加以研究分析。譬如近代的學者，對他的詩歌，或疏注；[4]或箋釋；[5]或析論；[6]甚至對他的艷情詩作探究。[7]至於他的近體詩歌的平仄，很少探討，尤其是他的七言律詩。根據馮浩德聚堂乾隆庚子重刻本所載，[8]李商隱存詩共六百零一首，[9]其屬於七言律詩的，則有一百二十首。[10]因此，本文乃就平仄這方面評論李商隱的七言律詩之優劣得失所在，希望能對其七言律詩所以爲美及盡美而未盡善之點，作一不偏不倚之探討，亦以爲探究李商隱七言律詩者，另闢一蹊徑而已也。

二、李商隱七言律詩之平仄

我國字聲，共有平上去入四聲。平謂之平，上去入統謂之仄。大抵人情有喜怒哀樂之殊，字音有輕重浮切之異，故能使四聲善爲運用，則言者分明，聽者愉快，而吟哦朗誦，尤見聲情相稱，感染力必更深

2　語見田雯：《古歡堂集》。台北市台灣商務印書館，1985。

3　胡震亨云：「李義山博學強記，儷偶繁縟，長於律詩，尤精詠史之作，後人號爲『西崑體』。」《唐音癸籤》。

4　葉葱奇：《李商隱詩集疏注》，人民文學出版社，1985。

5　顏崑陽：《李商隱詩箋釋方法論》，台灣學生書局，中華民國八十年三月。

6　張淑香：《李義山詩析論》，台灣藝文印書館，中華民國七十六年三月。又如：顧翊群《李商隱詩評論》，台灣中華詩苑，中華民國四十七年九月。

7　白冠雲：《李商隱艷情詩之謎》，台灣明文書局股份有限公司，中華民國八十年八月。

8　明清人爲李商隱《玉谿生詩集》作箋釋評詮的人很多，有釋道原、朱鶴齡、徐樹穀、程夢星、姚培謙、屈復及馮浩等，而以馮本比較詳備。

9　卷一：一百五十九首，卷二：二百零一首；卷三：二百四十首；補遺：一首。

10　他如：五言古詩七十一首，五言絕句三十九首，五言律詩一百四十七首，七言古詩十八首，七言絕句二百零六首。

者也。現分七項討論李商隱七言律詩之平仄如下討論：[11]

（一）黏　　對

關於近體詩歌，一般來說是有一定的平仄聲調。這種平仄聲調，
即不外起句入韻與不入韻之兩體，平起仄起之兩調而已。[12]至於
平仄的格式，相傳有兩句口訣，就是：「一三五不論，二四六分明」，[13]
這是就七言律詩而論的。所謂「一三五不論」者，即七律平仄譜中詩

---

11 本文乃根據上海古籍出版社一九七九年出版馮浩《玉谿生詩集箋注》爲藍本。

12 (甲)、平起調起句入韻式：　平平仄仄仄平平(韻)　　仄仄平平仄仄平(韻)
　　　　　　　　　　　　　　仄仄平平平仄仄　　　　平平仄仄仄平平(韻)
　　　　　　　　　　　　　　平平仄仄平平仄　　　　仄仄平平仄仄平(韻)
　　　　　　　　　　　　　　仄仄平平仄仄仄　　　　平平仄仄仄平平(韻)

　　(乙)、平起調起句不入韻式：平平仄仄平平仄　　　　仄仄平平仄仄平(韻)
　　　　　　　　　　　　　　仄仄平平平仄仄　　　　平平仄仄仄平平(韻)
　　　　　　　　　　　　　　平平仄仄平平仄　　　　仄仄平平仄仄平(韻)
　　　　　　　　　　　　　　仄仄平平仄仄仄　　　　平平仄仄仄平平(韻)

　　(丙)、仄起調起句入韻式：仄仄平平仄仄平(韻)　　平平仄仄仄平平(韻)
　　　　　　　　　　　　　　平平仄仄平平仄　　　　仄仄平平仄仄平(韻)
　　　　　　　　　　　　　　仄仄平平平仄仄　　　　平平仄仄仄平平(韻)
　　　　　　　　　　　　　　平平仄仄平平仄　　　　仄仄平平仄仄平(韻)

　　(丁)、仄起調起句不入韻式：仄仄平平平仄仄　　　平平仄仄仄平平(韻)
　　　　　　　　　　　　　　平平仄仄平平仄　　　　仄仄平平仄仄平(韻)
　　　　　　　　　　　　　　仄仄平平平仄仄　　　　平平仄仄仄平平(韻)
　　　　　　　　　　　　　　平平仄仄平平仄　　　　仄仄平平仄仄平(韻)

13 關於「一三五不論，二四六分明」之說，近人王力認爲「和事實頗不相符……
七言詩第三字的平仄必須分明，『仄仄平平仄仄平』不得改爲『仄仄仄平仄仄
平』，如果近體詩違犯了這一個規律，就叫做『犯孤平』。孤平是詩家的大忌。
由此看來，『一三五不論』的口訣是靠不住的。」《漢語詩律學》第一章第七節
第八三至第八五頁。上海教育出版社，1962。細閱李商隱的七言律詩，竟無一
首是「犯孤平」的。
近人席金友又認爲「七言仄腳的詩句，(即平平仄仄平平仄和仄仄平平平仄仄)
允許有三個字不論(即第一、三、五字)，平腳的詩句(即平平仄仄仄平平)，
在這個句式中，第五字非論不可，否則就會形成古風的『三平調』了。」《詩詞
基本知識》第三章第五節第一〇七頁。考諸李商隱的七言律詩，共有四首是有
「三平調」的詩句。例如：「離情終日思風波」(淚)；「一絃一柱思華年」(錦瑟)；
「東風日暖聞吹笙」(二月二日)；「玉山高與閬風齊」。其中「思風波」、「思華
年」、「聞吹笙」及「閬風齊」，皆爲「三平調」的詩句。

句之第一字、第三字、第五字平仄皆可不論。平聲可以易爲仄聲，仄
聲亦可易爲平聲，不必拘定平仄也；所謂「二四六分明」者，即七律
平仄譜中詩句之第二字、第四字、第六字其平仄必須依照平仄譜之規
定。當用平者必用平，當用仄者必用仄，平仄不可亂也。[14] 否則，便
犯了「失對」和「失黏」之病。

　　黏和對，這是兩個不同的概念，是對近體詩（包括律詩和絕句）
的特定要求。近體詩之所以要講究平仄，目的在於使詩句的聲韻不至
於單調或雷同。所謂「黏」，就是要求兩句之間平聲字和平聲字相黏聯，
仄聲字和仄聲字相黏聯。具體要求是：在兩聯之間，後聯出句第二字
的平仄必須和前聯對句第二字的平仄相一致，也就是第三句第二字跟
第二句第二字相黏。第五句第二字和第四句第二字相黏，第七句第二
字和第六句第二字相黏。所謂「對」，指的是一聯之中，要求上下兩句
的平仄兩兩成對。具體說來就是：如果出句某個位置上用的是平聲字，
那麼對句同一位置上就必須用一個仄聲字與它相對；如果出句某個位
置上用的是仄聲字，那麼對句同一位置上就必須用一個平聲字與它相
對。凡是違反了「黏」的規則的，就叫做「失黏」；違反了「對」的規
則的，就叫做「失對」。

　　細檢李商隱七言律詩一百二十首中，竟無一首是「失黏」的；[15] 至
於「失對」，則有六首，約佔全部百分之五，舉例說明如下：

　　　六曲屏風江雨急，九枝燈棨夜珠圓。〈行至金牛驛寄興元渤海尙書〉

---

14 王力曾說：「『對』和『黏』的格律在盛唐以前並不十分講究，二者比較起來，『黏』
　更居於不甚重要的地位。直至中唐以後，還偶然有不對不黏的例子。……有些
　詩論家並不叫作『失對』和『失黏』，只稱爲『拗對』和『拗黏』。《漢語詩律
　學》第一章第十節第一一二至一一三頁，上海教育出版社，1962。
15 初唐詩人往往不顧慮失黏，像陳子昂宋之問杜審言等，都有失黏的例子。盛唐
　如王維、李白和杜甫，失黏的詩句也不少。如王維〈賈至早朝〉，起結俱失黏；
　如杜甫〈詠懷古跡五首之二〉，首聯失黏；李白〈春日遊羅敷潭〉，四聯皆失黏。
　大約「黏」的形式，在律詩形成的時候雖已有這種傾向，卻還未成爲必須遵守
　的規律。中唐以後，黏的規律漸嚴。

案：上兩句第四字「風」、「槳」都是平聲。

　　二月二日江上行，東風日暖聞吹笙。〈二月二日〉

案：上兩句第四字「日」、「暖」都是仄聲。

　　律詩（包括律絕）為什麼要講究黏對？這是因為運用黏對的規則，可以使整首詩的平仄富於變化，回環往復，聲調多樣，節奏優美，讀起來抑揚頓挫，鏗鏘悅耳。如果不「黏」，那麼前後兩聯的平仄就會雷同；如果不「對」，那麼一聯之中的上下句平仄就重覆了。這樣一來，詩的聲韻就要大受影響，就會失去它的回環的美。因此，失黏和失對，於詩意無多大影響，但是對於詩的音韻，畢竟是稍欠悅耳。

（二）遞　用

　　律詩除了注意黏對之外，同時還須注意句中上去入三聲字的遞用。現分兩項舉例說明李商隱七言律詩的平仄遞用技巧如下：

1、一句之中，四聲俱備

　　所謂「一句之中，四聲俱備」，就是儘可能在一句的五個字或七個字之內，具備平上去入四聲，而且相間地應用。根據統計，李商隱的七言律詩一百二十首，九百六十句中，真正能夠「一句之中，四聲俱備」，祇有三百一十四句，佔全部分之三十三，舉例說明如下：[16]

　　　·｜－－·○－　　｜－－○｜－－

　　莫恃金湯忽太平，草間霜露古今情。

　　－－·○－－·　　·｜－－｜○－

　　空糊頹壞真何益，欲舉黃旗竟未成。

　　－·｜－－｜○　　｜－－○·－－

　　長樂瓦飛隨水逝，景陽鐘墮失天明。

　　－－·○－－·　　｜○－－·○－

16　凡平聲字用－代表，上聲字用｜代表，去聲字用○代表，入聲字用·代表，例類同。

迴頭一弔箕山客，始信逃堯不為名。　〈覽古〉

案：此詩第一、四、五、六、八句，皆具備「平上去入」四聲。

·〇——｜〇——　——··｜——

一丈紅薔擁翠筠，羅窗不識繞街塵。

·——·——｜　·｜——〇｜—

峽中尋覓長逢雨，月裏依稀更有人。

—〇·—一｜　｜——｜·｜

虛為錯刀留遠客，枉緣書札損文鱗。

——｜·——〇　〇·——〇｜—

遙知小閣還斜照，羨殺烏龍臥錦茵。〈題二首後重有戲贈任秀才〉

案：此詩第一、四、五、七、八句皆為四聲俱備。

—·——〇｜—　——〇·｜——

蘆葉梢梢夏景深，郵亭暫欲灑塵襟。

·——｜——·　｜·——〇—

昔年曾是江南客，此日初為關外心。

—｜———〇·　·——〇·——

思子臺邊風自急，玉孃湖上月應沉。

——｜——〇　·〇——〇〇

清聲不遠行人去，一世荒城伴夜砧。〈出關宿盤豆館對叢蘆有感〉

案：此詩第一、二、四、五、七句皆為四聲俱備。

·｜———〇—　——〇·｜——

白社幽閒君暫居，青雲器業我全疏。

——〇｜——·　〇｜——｜·—

看封諫草歸鶯掖，尚貰衡門待鶴書。

—｜·—〇｜　——〇｜｜——

蓮峰碧草關路近，荷翻翠蓋水堂虛。

〇—｜·——〇　—｜——·〇—

自探典籍忘名利，欹枕時驚落蠹魚。〈和劉評事永樂閒居見寄〉

案：此詩第一、二、三、四、五、七、八句皆爲四聲俱備。

〇｜－－．－　．－－〇〇－－

萬里風波一葉舟，憶歸初罷更夷猶。

．－〇．－－｜　－．－．．｜－

碧江地沒元相引，黃鶴沙邊亦少留。

．．－－－〇｜　－－－〇〇－－

益德冤魂終報主，阿童高義鎮橫秋。

－－｜．－－〇　－｜－－〇．－

人生豈得長無謂？懷古思鄉共白頭。　　〈無題〉

案：此詩第一、三、五、七、八句皆爲四聲俱備。

－－．〇〇－－　｜．－－｜〇－

東征日調萬黃金，幾竭中原買鬥心。

－〇〇－－｜．　．－－｜〇－－

軍令未聞誅馬謖，捷書惟是報孫歆。

〇－．．－－．　｜｜－－〇〇－

但須鸑鷟巢阿閣，豈假鷗鴉在泮林？

｜．－－－｜〇　｜－－｜〇－－

可惜前朝玄菟郡，積骸成莽陣雲深！　　〈隨師東〉

案：此詩第二、三、四、七、八句皆爲四俱備。

－－〇〇〇－－　〇｜－－〇｜－

將軍大旆掃狂童，詔選名賢贊武功。

〇．｜－－〇〇　｜－－．〇－－

暫逐虎牙臨故絳，遠含雞舌過新豐。

－－〇｜－－．　｜．－－｜〇

魚遊沸鼎知無日，鳥覆危巢豈待風？

｜．－－－．〇　｜－－．〇－－

早勒勳庸燕石上，佇光綸綍漢庭中。

〈行次昭應縣道上送戶部李郎中充昭義攻討〉

案：此詩第三、四、五、六、七、八句皆為四聲俱備。

　　　－－－○‧－－　　○‧－－｜○－

憐君孤秀植庭中，細葉輕陰滿座風。

　　　－｜○－－‧‧　　‧－－○｜－－

桃李盛時雖寂寞，雪霜多後始青蔥。

　　　‧－｜○－－○　　‧‧‧－－｜‧

一年幾變枯榮事？百尺方資柱石功。

　　　○○－－－｜‧　　○－－‧｜－－

為謝西園車馬客，定悲搖落盡成空。　　〈題小松〉

案：此詩第二、三、四、五、七、八句皆為四聲俱備。

　　　‧－○－－－　　－‧－－○‧

碧城十二曲闌干，犀辟塵埃玉辟寒。

　　　－｜｜－－○‧　　｜－－○‧－－

閬苑有書多附鶴，女牆無樹不棲鸞。

　　　－－｜｜－－○　　｜○－‧‧○－

星沈海底當窗見，雨過河源隔座看。

　　　‧｜｜－－○○　　‧－－○｜‧

若是曉珠明又定，一生長對水晶盤。　　〈碧城三首之一〉

案：此詩第三、四、六、七、八句皆為四聲俱備。

　　　｜－－○○－－　　－｜｜－－○○－

虎邱山下劍池邊，長遣游人歎逝川。

　　　○○｜｜－－｜‧　　‧－－○｜－

胃樹斷絲悲舞席，出雲清梵想歌筵。

　　　｜－－○○－‧　　－‧－－｜○－

柳眉空吐效顰葉，榆莢還飛買笑錢。

‧○ー ー ‧ ‧　　｜ー ー ○ ‧ ー ー

一自香魂招不得，祗應江上獨嬋娟！　　〈和人題真娘墓〉

案：此詩第三、四、五、六、八句皆為四聲俱備。

ー ー ○ ‧ ‧ ー ー ｜　　｜ ○ ー ー ｜ ‧ ー

文王喻復今朝是，子晉吹笙此日同。

○ ‧ ｜ ー ー ○ ｜　　ー ー ー ｜ ‧ ー

舜格有曲旬太遠，周稱流火月難窮。

｜ ー ‧ ○ ー ー ‧　　｜ ｜ ー ー ｜ ○ ー

鏤金作勝傳荊俗，翦綵為人起晉風。

‧ ｜ ｜ ー ー ○ ｜　　ー ー ○ ‧ ○ ‧ ー ー

獨想道衡詩思苦，離家恨得二年中。　　〈人日即事〉

案：此詩第一、二、三、五、七句皆為四聲俱備。

　　由於四聲之調值，各有不同，倘能於句中遞用，讀之必自有抑揚抗墜鏗鏘悅耳之妙。[17] 不過，根據本人檢閱所得，李商隱之七言律詩亦有不甚諧和悅耳的詩句。引證如下：

　　（1）句中三仄全用上聲，有九處：

ー ｜ ー ー ｜ ｜ ー

羊祜韋丹盡有碑　　〈贈司勳杜十三員外〉

｜ ー ー ｜ ｜ ー ー

捨生求道有前蹤　　〈題僧壁〉

｜ ー ー ｜ ｜ ー ー

小來兼可隱針鋒　　〈題僧壁〉

｜ ー ー ｜ ｜ ー ー

此中兼有上天梯　　〈玉山〉

---

17 參見拙著：《柳蘇周三家詞之聲律比較研究》，第四章第二七六頁。台灣天工書局，中華民國八十六年。

ー｜ーー｜ー｜

聞道神仙有才子　〈玉山〉

｜ーー｜｜ーー

女蘿山鬼語相邀　〈楚宮〉

｜ーー｜｜ーー

鼠翻窗網小驚猜　〈正月崇讓宅〉

｜ーー｜｜ーー

可能先主是真龍　〈井絡〉

｜ーー｜｜ーー

左家嬌女豈能忘

〈王十二兄與畏之員外相訪見招小飲時予徒以悼亡日近不去因寄〉

（2）句中三仄全用去聲，有十九處：

ーー〇〇ーー〇

將來為報奸雄輩　〈井絡〉

〇ーー〇〇ーー

杜蘭香去未移時　〈重過聖女祠〉

〇ーー〇〇ーー

麝熏微度繡芙蓉　〈無題四首之一〉

〇ーー〇〇ーー

夢來何處更為雲　〈促漏〉

ー〇ーー〇〇ー

佳兆聯翩遇鳳凰　〈赴職梓潼留別畏之員外同年〉

〇ーー〇〇ーー

後門歸去蕙蘭叢　〈少年〉

ー〇ーー〇〇ー

荀令熏爐更換香　〈酬崔八早梅有贈兼示之作〉

ーーー〇〇ー〇

平明鐘後更何事　〈昨日〉

〇－－〇〇－－

露如微霰下前池　〈七月二十九日崇讓宅讌作〉

－－〇〇〇－－

將軍大斾掃狂童　〈行次昭應縣道上送戶部李郎中充昭義攻討〉

〇－－〇〇－－

為傳垂翅度春風　〈喜聞太原同院崔侍御臺拜兼寄在臺三二同年之什〉

〇－－〇〇－－

未知何路到龍津　〈春日寄懷〉

〇－－〇〇－－

翠衾歸臥繡簾中　〈藥轉〉

－〇－－〇－〇

如線如絲正牽恨　〈柳〉

〇〇－－－〇－

萬戶千門開閉時　〈流鶯〉

－－〇〇－－〇

蘭臺讌罷方回去　〈令狐八拾遺綯見招送裴十四歸華州〉

－－〇〇〇－－

東門送餞又差池　〈及第東歸次灞上卻寄同年〉

－〇－－〇〇－

千騎君翻在上頭　〈韓同年新居餞韓西迎家室戲贈〉

〇－－〇〇－－

後門前檻思無窮　〈蜂〉

（3）句中三仄全用入聲，有六處：

－‧－－‧‧－

分隔休燈滅燭時　〈曲池〉

‧－－－‧‧－－

力窮難拔蜀山蛇　〈詠史〉
—・—・・—

從獵陳倉獲碧雞　〈寄令狐學士〉
・—・—・・—

屬車無復插雞翹　〈茂陵〉
・—・—・・

玉桃偷得憐方朔　〈茂陵〉
—・・—・—・

犀辟塵埃玉辟寒　〈碧城三首之一〉

（4）句中四仄全用上聲，有兩處：

—｜｜——｜｜

冰簟且眠金縷枕　〈可歎〉

｜｜——｜｜—

只是當時已惘然　〈錦瑟〉

（5）句中四仄全用去聲，有六處：

—○○——○○

空記大羅天上事　〈留贈畏之三首之一〉

○○——○○

悵望人間萬事違　〈贈從兄閬之〉

○○——○○—

幸會東城宴未迴　〈可歎〉

○○○——○—

尚自露寒花未開　〈七月二十九日正月崇讓宅〉

○○——○○—

臥後清宵細細長　〈無題二首之二〉

○○——○○—

謝傅門庭舊未行

〈王十二兄與畏之員外相訪見招小飲時予以悼亡日近不去因寄〉

（6）句中四仄全用入聲，有三處：

一夕南風一葉危　〈荊門西下〉

骨肉書題安絕徼　〈荊門西下〉

白髮如絲日日新。　〈春日寄懷〉

（7）句中五仄全用上聲，有一處：

｜｜｜－－｜｜

曉飲豈知金掌迴　〈寄令狐學士〉

（8）句中五仄全用去聲，有一處：

○○○－－○○

陛下好生千萬壽　〈漢南書事〉

　由於每字的音調高低相同，便無抑揚之妙。[18]　難怪日人遍照金剛嘗說：「若犯上聲，其病重於鶴膝。」[19] 而唐人上官儀亦說：「犯上聲，是斬刑；去入，亦絞刑。」[20]

2、平上去入四聲相間遞用

　嘗閱李商隱的七言律詩，首句用韻的，共一百一十五首，而第一句、第三句、第五句及第七句之末一字，能夠「平、上、去、入相間」的，共有三十三首，佔全部百分之二十七，舉例說明如下：

昨夜星辰昨夜風，畫樓西畔桂堂東。

身無彩鳳雙飛翼，心有靈犀一點通。

隔座送鉤春酒暖，分曹射覆蠟燈紅。

嗟余聽鼓應官去，走馬蘭臺類轉蓬。　〈無題二首之一〉

案：「風、翼、暖、去」四字，順序是：「平、入、上、去」。

---

18 明謝榛《四溟詩話》卷二曾評論杜牧之〈開元寺水閣〉一詩，韻短調促，而無抑揚之妙。北京人民文學出版社，1962。

19 語見日人遍照金剛《文鏡秘府論・文二十八種病》，第一九四頁。

20 同上。

祕殿崔嵬拂彩霓，曹司今在殿東西。

賡歌太液翻黃鵠，從獵陳倉獲碧雞。

曉飲豈知金掌迥，夜吟應訝玉繩低。

鈞天雖許人間聽，閶闔門多夢自迷。　〈寄令狐學士〉

案：「霓、鵠、迥、聽」四字，順序是：「平、入、上、去」。

井絡天彭一堂中，漫誇天設劍為峰。

陣圖東聚煙江石，邊柝西懸雪嶺松。

堪歎故君成杜宇，可能先主是真龍。

將來為報奸雄輩，莫向金牛訪舊蹤。　〈井絡〉

案：「中、石、宇、輩」四字，順序是：「平、入、上、去」。

苦竹園南椒塢邊，微香冉冉淚涓涓。

已悲節物同寒雁，忍委芳心與暮蟬。

細路獨來當此夕，清樽相伴省他年。

紫雲新苑移花處，不取霜栽近御筵。　〈野菊〉

案：「邊、雁、夕、處」四字，順序是：「平、去、入、上」。

世間榮落重逡巡，我獨邱園坐四春。

縱使有花兼有月，可堪無酒又無人。

青袍似草年年定，白髮如絲日日新。

欲逐風波千萬里，未知何路到龍津。　〈春日寄懷〉

案：「巡、月、定、里」四字，順序是：「平、入、去、上」。

西師萬眾幾時迴，哀痛天書近已裁。

文吏何曾重刀筆，將軍猶自舞輪臺。

幾時拓土成王道，從古窮兵是禍胎。

陛下好生千萬壽，玉樓長御白雲杯。　〈漢南書事〉

案：「迴、筆、道、壽」四字，順序是：「平、入、上、去」。

七夕來時先有期，洞房簾箔至今垂。

玉輪顧兔初生魄，鐵網珊瑚未有枝。

檢與神方教駐景，收將鳳紙寫相思。

武皇內傳分明在，莫道人間總不知。 〈碧城三首之三〉

案：「期、魄、景、在」四字，順序是：「平、入、上、去」。

他如：

〈天平公座中呈令狐令公〉：「壇、斂、道、客」四字，順序是：「平、去、上、入」。

〈贈趙協律晳〉：「公、末、在、地」四字，順序是：「平、入、上、去」。

〈哭劉蕡〉：「闈、隔、誄、友」四字，順序是：「平、入、去、上」。

〈和劉評事永樂居見寄〉：「居、掖、近、利」四字，順序是：「平、入、上、去」。

〈深宮〉：「櫳、薄、淚、處」四字，順序是：「平、入、去、上」。

〈辛未七夕〉：「離、畔、久、鵲」四字，順序是：「平、去、上、入」。

〈籌筆驛〉：「書、筆、忝、廟」四字，順序是：「平、入、上、去」。

〈即日〉：「休、奈、苑、滴」四字，順序是：「平、去、上、入」。

〈梓州罷吟寄同舍〉：「朝、履、托、去」四字，順序是：「平、上、入、去」。

〈行至金牛驛寄興元渤海尚書〉：「天、柳、急、路」四字，順序是：「平、上、入、去」。

〈酬崔八早梅有贈兼示之〉：「塘、雪、粉、病」四字，順序是：「平、入、上、去」。

〈贈鄭讜處士〉：「新、局、繪、放」四字，順序是：「平、入、上、去」。

〈南朝〉：「催、見、狢、色」四字，順序是：「平、入、上、去」。

〈銀河吹笙〉：「笙、斷、發、意」四字，順序是：「平、上、入、去」。

〈聞歌〉：「歌、處、盡、日」四字，順序是：「平、去、上、入」。

〈中元作〉：「來、脫、過、遠」四字，順序是：「平、入、去、上」。

〈贈從兄閬之〉：「違、在、入、佩」四字，順序是：「平、上、入、去」。

〈當句有對〉：「蘭、亂、蜨、遠」四字，順序是：「平、去、入、上」。

〈詠三學山〉：「寒、妙、薔、塔」四字，順序是：「平、去、上、入」。

〈牡丹〉：「人、佩、剪、筆」四字，順序是：「平、去、上、入」。

〈潭州〉：「空、色、雨、至」四字，順序是：「平、入、上、去」。

〈楚宮〉：「滲、斷、復、在」四字，順序是：「平、上、入、去」。

〈杜工部蜀中離席〉：「群、使、客、老」四字，順序是：「平、去、入、上」。

〈復至裴明府所〉：「深、字、得、酒」四字，順序是：「平、去、入、上」。

〈和韓錄事送宮人入道〉：「由、殿、別、子」四字，順序是：「平、去、入、上」。

〈題二道後重有戲贈任秀才〉：「筠、雨、客、照」四字，順序是：「平、上、入、去」。

　　以上各首，亦四聲遞用之明證也。

（三）拗　救

　　所謂「拗救」，就是詩人有時在上句該平的地方用了仄聲，便在下句該仄的地方用平聲以爲抵償；或在上句該仄的地方用了平聲，便在下句該平的地方用仄聲以爲抵償。[21] 王力曾說：「詩人對於拗句，往往用『救』。拗而能救，就不爲病。」[22] 至於拗救的方式，大概可分爲兩種：一爲本句自救，二爲對句相救。

1、本句自救

　　所謂「本句自救」，即指一句之中如果第一字拗平聲或仄聲，則第三字必須用仄聲或平聲相救；如果第三字拗平聲或仄聲，則第五字必須用仄聲或平聲相救。李商隱之七言律詩屬此種的，共八十三首一百

---

21 參見王力《漢語詩律學》第一章第八節第九一頁，上海教育出版社，1962。
22 同上。

四句。其中：用平拗仄救者，有十四首十四句；用仄拗平救者，則有
六十九首九十句。譬如：

後門前檻思無窮　〈蜂〉

宓妃腰細纔勝露　〈蜂〉

世間榮落重逡巡　〈春日寄懷〉

可堪無酒又無人　〈春日寄懷〉

未知何路到龍津　〈春日寄懷〉

六時長捧佛前燈　〈題白石蓮華寄楚公〉

謾誇鶖子真羅漢　〈題白石蓮華寄楚公〉

白門寥落意多違　〈春雨〉

玉璫緘札何由達　〈春雨〉

玉池荷葉正田田　〈碧城三首之二〉

不逢蕭史休回首　〈碧城三首之二〉

二年歌哭處還同　〈贈趙協律晢〉

已叨鄒馬聲華末　〈贈趙協律晢〉

十三身襲富平侯　〈富平少侯〉

不收金彈拋林外　〈富平少侯〉

繡檀迴枕玉雕鎪　〈富平少侯〉

曉驚飛石碧琅玕　〈詠三學山〉

更無鸚鵡囚緣塔　〈詠三學山〉

力窮難拔蜀山蛇　〈詠史〉

幾人曾預南薰曲　〈詠史〉

上清淪謫得歸遲　〈重過聖女祠〉

杜蘭香去未移時　〈重過聖女祠〉

蕙蘭蹊徑失佳期　〈荊門西下〉

洞庭湖闊蛟龍惡　〈荊門西下〉

劃開元氣建洪樞　〈題劍閣詩〉

以上各句，第一字拗仄，故第三字以平聲相救。他如：

幽淚欲乾殘菊露　　〈過伊僕射舊宅〉

人去紫臺秋入塞　　〈淚〉

滄海月明珠有淚　　〈錦瑟〉

清漏漸移相望久　　〈辛未七夕〉

山色正來衝小苑　　〈即日〉

冰簟且眠金鏤枕　　〈可歎〉

吳岳曉光連翠巘　　〈九成宮〉

張蓋欲判江灩灩　　〈曲池〉

蓮聳碧峰關路近　　〈和劉評事永樂閒居見寄〉

以上各句，第一字拗平，故第三字以仄聲相救。

2、對句相救

所謂「對句相救」，即指上一句某字拗平聲或仄聲，則下句則在同一位置上必須用仄聲或平聲相救。譬如上一句第三字拗平聲或仄聲，則下一句第三字必須用仄聲或平聲相救。李商隱之七言律詩屬此種的，共八十八首一百一十三句。其中：用平拗仄救者，有三十八首四十四句；用仄拗平救者，則有五十首六十九句。譬如：

長樂瓦飛隨水逝，景陽鐘墮失天明。　　〈覽古〉

桃綬含情依露井，柳綿相憶隔章臺。　　〈臨發崇讓宅紫薇〉

神劍飛來不易銷，碧潭珍重駐蘭橈。　　〈利州江潭作〉

河伯軒窗通貝闕，水宮帷箔卷冰綃。　　〈利州江潭作〉

胡馬嘶和榆塞笛，楚猿吟雜橘村砧。　　〈宿晉昌亭聞驚禽〉

樓上春雲水底天，五雲章色破巴牋。　　〈行至金牛驛寄興元渤海尚書〉

曾苦傷春不忍聽，鳳城何處有花枝。　　〈流鶯〉

賒取松醪一斗酒，與君相伴灑煩襟。　　〈復至裴明府所居〉

誰料蘇卿老歸國，茂陵松柏雨蕭蕭。　　〈茂陵〉

淪謫千年別帝宸，至今猶識蕊珠人。

〈贈華陽宋真人兼寄清都劉先生〉

以上各句，上句第一字拗平，故下句第一字以仄聲相救。他如：

扇裁月魄羞難掩，車走雷聲語未通。　　〈無題二首之一〉

夢為遠別啼難喚，書被催成墨未濃。　　〈無題四首之一〉

楚詞已不饒唐勒，風賦何曾讓景差。　　〈宋玉〉

碧江地沒元相引，黃鶴沙邊亦少留。　　〈無題〉

九枝燈下朝金殿，三素雲中侍玉樓。　　〈和韓錄事送宮人道〉

賈生年少虛垂涕，王粲春來更遠遊。　　〈安定城樓〉

不知腐鼠成滋味，猜意鵷雛竟未休。　　〈安定城樓〉

座中醉客延醒客，江上晴雲雜雨雲。　　〈杜工部蜀中離席〉

以上各句，上句第一字拗仄，故下句第一字以平聲相救。他如：

昨日紫姑神去也，今朝青鳥使來賒。　　〈昨日〉

雪嶺未歸天外使，松州猶駐殿前軍。　　〈杜工部蜀中離席〉

心鐵已從干鏌利，鬢絲休歎雪霜垂。　　〈贈司勳杜十三員外〉

侵夜可能爭桂魄，忍寒應欲試梅粧。　　〈對雪二首之二〉

無質易迷三里霧，不寒長著五銖衣。　　〈聖女祠〉

煙幌自應憐白紵，月樓誰伴詠黃昏。　　〈汴上送李郢之蘇州〉

軍令未聞誅馬謖，捷書惟是報孫歆。　　〈隨師東〉

山下祇今黃絹字，淚痕猶墮六州兒。

〈過故府中武威公交城舊莊感事〉

舜格有苗旨太遠，周稱流火月難窮。　　〈人日即事〉

素色不同籬下發，繁花疑自月中生。　　〈和馬郎中移白菊見示〉

豈到白頭長只爾，嵩陽松雪有心期。　〈七月二十九日崇讓宅讌作〉

以上各句，上句第三字拗仄，故下句第三字以平聲相救。他如：

平明鐘後更何事？笑倚牆邊梅樹花。　　〈昨日〉

以上一句，上句第五字拗仄，故下句第五字以平聲相救。

（四）齟齬

其實，一句之中，四聲俱備；平上去入四聲，相間遞用，這種作法，毋疑是令人讀起來鏗鏘悅耳，卻給予詩人一種不可忍受的束縛。這種詩偶然做一首則可，首首如此，則勢所不能。所以，我們只須儘可能避免兩個或以上同調的仄聲在一起，如「上上」、「去去」、「入入」等，否則，很容易觸犯「齟齬」之病。所謂「齟齬」，日人遍照金剛載說：[23]

> 齟齬病者，一句之內，除第一字及第五字，其中三字有二字相連，同上去入是。如曹子建詩云「公子敬愛客」，「敬」與「愛」是其中三字，其二字相連，同去聲是也。元兢曰：「平聲不成病，上去入是重病。」

細閱李商隱七言律詩，句中第四、第五、第六字而有兩仄相連，共有五百五十八處，[24] 犯「齟齬」之病，則有一百四十八處，約佔全部百分之廿五，舉例說明如下：

1、兩仄相連同用上聲字，共三十四處，如：[25]

曾共山翁把酒時　〈九日〉

荷蓧衰翁似有情　〈贈田叟〉

多病欣依有道邦　〈水齋〉

對影聞聲已可憐　〈碧城三首之二〉

徐甲何曾有此身　〈贈華陽宋真人兼寄清都劉先生〉

龍護瑤窗鳳掩扉　〈聖女祠〉

聽鼓離城我訪君　〈子初郊墅〉

---

23 語見日人遍照金剛《文鏡秘府論・文二十八種病》，第一九四頁。

24 七言律詩第三及第七字，即五言詩之第一及第五字。

25 集中兩仄相連同用上聲，本有三十七處，但其中有三處非兩上連用不可，如：〈令狐八拾遺絢見招送裴十四歸華州〉：「雪夜詩成道韞歸。」〈詠史〉：「豈得真珠始是車。」〈行至金牛驛寄興元渤海尚書〉：「樓上春雲永底天。」不是人名，就是疊韻字。

案：以上各句，第五及第六字，皆兩上連用。

2、兩仄相連同用去聲字，共八十三處，如：[26]

七國三邊未到憂　〈富平少侯〉

籍籍征西萬戶侯　〈韓同年新居餞韓西迎家室戲贈〉

錦瑟驚絃破夢頻　〈回中牡丹爲雨所敗二首之二〉

埋骨成灰恨未休　〈和韓錄事送宮人入道〉

閶闔門多夢自迷　〈寄令狐學士〉

青鳥殷勤爲探看　〈無題〉

已落猶開未放愁　〈即日〉

荀令熏爐更換香　〈酬崔八早梅有贈兼示之作〉

悵望人間萬事違　〈贈從兄閬之〉

日氣初涵露氣乾　〈當句有對〉

只自先天造化爐　〈題劍閣詩〉

賈傅承塵破廟風　〈潭州〉

我獨邱園坐四春　〈春日寄懷〉

長遣遊人歎逝川　〈和人題真娘墓〉

案：以上各句，第五及第六字，皆兩去連用。

3、兩仄相連同用入聲字，共三十一處，如：[27]

未抵熏爐一夕間　〈和友人戲贈二首之二〉

浪笑榴花不及春　〈回中牡丹爲雨所敗二首之二〉

---

26 集中兩仄相連同用去聲，本有八十六處，但其中三處非兩去連用不可，如：〈蜂〉「小苑華池爛漫通。」〈南朝〉：「不及金蓮步步來。」〈無題二首之二〉：「臥後清宵細細長。」不是疊韻字，便是疊字。

27 集中兩仄相連同用入聲，本有三十六處，但其中五處非兩入連用不可，如：〈安定城樓〉：「迢遞高城百尺樓。」〈牡丹〉：「繡被猶堆越鄂君。」〈春日寄懷〉：「白髮如絲日日新。」〈和馬郎中移白菊見示〉：「郢曲新傳《白雪》英。」〈行至金牛驛寄興元渤海尚書〉：「驟和陳王《白玉》篇。」不是疊字及疊韻字，便是地名、曲名及篇名。

分隔休燈滅燭時　　〈曲池〉

一夕南風一葉危　　〈荊門西下〉

一歲林花即日休　　〈即日〉

悵臥新春白袷衣　　〈春雨〉

浪跡江湖白髮新　　〈贈鄭讜處士〉

石蘚庭中鹿跡微　　〈贈從兄閬之〉

紫府程遙碧落寬　　〈當句有對〉

重碇危檣白日昏　　〈贈劉司戶蕡〉

犀辟塵埃玉辟寒　　〈碧城三首之一〉

案：以上各句，第五及第六字，皆兩入連用。

（五）平　頭

「平頭」是詩歌「八病」之一種。[28] 所謂「平頭」，據劉善經說：[29]

> 「平頭詩者，五言詩第一字不得與第六字同聲，第二字不得與
> 第七字同聲。同聲者，不得同平上去入四聲，犯者名為犯平頭。」

本人以為律詩的上句第一字與下句第一字同平聲，不足為病；若果同用上去入聲，就是犯平頭病。李商隱七言律詩的上句第一字與下句第一字同聲的，共有一百二十八次，犯平頭病的，則有二十九次，約佔全部百分之二十二。譬如：

舞蝶殷勤收落蕊，有人惆悵臥遙帷。　　（四中牡丹為雨所敗二首之一）

死憶華亭聞唳鶴，老憂王室泣銅駝。　　（曲江）

豈知為雨為雲處，只有高唐十二峰。　　（深宮）

已悲節物同寒雁，忍委芳心與暮蟬。　　（野菊）

此情可待成追憶，只是當時已惘然。　　（錦瑟）

---

28 所謂「八病」，是指詩歌聲律上的八種毛病。南齊沈約等講求韻律，探討詩文聲病，至唐纔有八病的名目。「八病」是指：平頭、上尾、蜂腰、鶴膝、大韻、小韻、旁紐、正紐。

29 語見日人遍照金剛《文鏡秘府論・文二十八種病》第一六九頁，

浣花牋紙桃花色，好好題詩詠玉鉤。　　（送崔珏往四川）

早勒勳庸燕石上，佇光綸綍漢庭中。

　　　　　　　　（行次昭應縣道上送戶部李郎中充昭義攻討）

蚌胎未滿思新桂，琥珀初成憶舊松。　　（題僧壁）

鏤金作勝傳荊俗，翦綵為人起晉風。　　（人日即事）

以上九例，都是上句第一字與下句第一字同用上聲的句子。又如：

唱盡陽關無限疊，半杯松葉凍頗黎。　　〈飲席戲贈同舍〉

罷執霓旌上醮壇，慢粧嬌樹水晶盤。　　〈天平公座中呈令狐令公〉

為謝西園車馬客，定悲搖落盡成空。　　〈題小松〉

露如微霰下前池，風過迴塘萬竹悲。　　〈七月二十九日崇讓宅讌作〉

萬里相逢歡復泣，鳳巢西隔九重門。　　〈贈劉司戶蕡〉

萬絲織出三衣妙，貝葉經傳一偈難。　　〈詠三學士〉

以上六例·都是上句第一字與下句第一字同用去聲的句子。又如：

寂寥我對先生柳，赫奕君乘御史驄。

　　　　　　〈喜聞太原同院崔侍御臺拜兼寄在臺三二同年之什〉

白石蓮花誰所共，六時長捧佛前燈。　　〈題白石蓮華寄楚公〉

荻花村裏魚標在，石蘚庭中鹿跡微。　　〈贈從兄閬之〉

越桂留烹張翰鱠，蜀薑供煮陸機蓴。　　〈贈鄭讜處士〉

漆燈夜照真無數，蠟炬晨炊竟未休。

　　　　　　〈十字水期韋潘侍御同年不至時韋寓居水次故邠寧宅〉

日下繁香不自持，月中流豔誰與期？　　〈曲池〉

峽中尋覓長逢雨，月裏依稀更有人。　　〈題二首後重有戲贈任秀才〉

一年幾變枯榮事，百尺方資柱石功。　　〈題小松〉

若是曉珠明又定，一生長對水精盤。　　〈碧城三首之一〉

不逢蕭史休回首，莫見洪崖又拍肩。　　〈碧城三首之二〉

玉輪顧兔初生魄，鐵網珊瑚未有枝。　　〈碧城三首之三〉

玉郎會此通仙籍，憶向天階問紫芝。　　〈重過聖女祠〉

七國三邊未到憂，十三身襲富平侯。　　〈富平少侯〉

不收金彈拋林外，卻惜銀床在井頭。　　〈富平少侯〉

以上十四例，都是上句第一字與下句第一字同用入聲的句子。

（六）蜂　腰

所謂「蜂腰」，據劉善經云：[30]

蜂腰者，五言詩第二字，不得與第五字同聲。

劉氏所指不得同聲者，即謂不得同用上去入聲也。本人以為七言律詩一句之中，第四字與第七字不得同用上去入聲，否則，便犯了「蜂腰」之病。試看李商隱七言律詩，一句之中，第四字與第七字使用仄聲，共二百一十處，其犯蜂腰病者，則有六十七處，約佔全部百分之三十二。其中同用上聲者十七處，同用去聲者三十四處，同用入聲者十六處。例如：

看山對酒君思我　〈子初郊墅〉

於今腐草無螢火　〈隋宮〉

清明帶雨臨官道　〈柳〉

有娀未抵瀛洲遠　〈中元作〉

紅樓隔雨相望冷　〈春雨〉

如何四紀為天子　〈馬嵬二首之二〉

不逢蕭史休回首　〈碧城三首之二〉

人間路有潼江險　〈寫意〉

龍山萬里無多遠　〈對雪二首之一〉

前身應是梁江摠　〈贈司勳杜十三員外〉

一春夢雨常飄瓦　〈重過聖女祠〉

以上各句，第四字與第七字，同用上聲；又如：

不收金彈拋林外　〈富平少侯〉

---

30 語見日人遍照金剛《文鏡秘府論・文二十八種病》第一七四頁，

不堪歲暮相逢地　〈贈趙協律晢〉

蘭亭讌罷方回去　〈令狐八拾遺絢見招送裴十四歸華州〉

明珠可貫須為珮　〈和友人戲贈二首之二〉

猿啼鶴怨終年事　〈和友人戲贈二首之二〉

賈生年少虛垂涕　〈安定城樓〉

前溪舞罷君迴顧　〈回中牡丹為雨所敗二首之二〉

九枝燈下朝金殿　〈和韓錄事送宮人入道〉

從來此地黃昏散　〈曲池〉

相攜花下非秦贅　〈與同年李定言曲水閑話戲作〉

茅君奕世仙曹貴　〈鄭州獻從叔舍人褎〉

湘江竹上痕無限　〈淚〉

將來為報奸雄輩　〈井絡〉

蓬山此去無多路　〈無題〉

以上各句，第四字與第七字，同用去聲。他如：

羊權雖得金條脫　〈中元作〉

楚詞已不饒唐勒　〈宋玉〉

玉璫緘札何由達　〈春雨〉

撫躬道直誠感激　〈贈田叟〉

人生豈得輕離別　〈荊門西下〉

洞庭湖闊蛟龍惡　〈荊門西下〉

自攜明月移燈疾　〈利州江潭作〉

狂飆不惜蘿陰薄　〈深宮〉

賡歌太液翻黃鵠　〈寄令狐學士〉

昭陽第一傾城客　〈隋宮守歲〉

玉桃偷得憐方朔　〈茂陵〉

新蒲似筆思投日　〈過故府中武威公交城舊莊感事〉

但須驚驚巢阿閣　〈隨師東〉

以上各句，第四字與第七字，同用入聲也。

（七）鶴　膝

四聲相間遞用，讀之必聲調鏗鏘，倘連用兩上、兩去、兩入，或連用三上、三去、三入，不獨有單調之感，抑且犯「鶴膝」之病。所謂「鶴膝」，據劉善經云：[31]

> 四曰鶴膝，五言詩第五字不與第十五字同聲。

> 言兩頭細中央麤似鶴膝也。

質言之，下聯出句之末字，切不可與上聯出句之末字同聲也。綜觀李商隱七言律詩犯鶴膝之病者，多達六十六首，約佔全部百分之五十五，茲臚列說明如下：

1、二上連用者凡十六首，如：

〈重有感〉：「遊、右、水、顯」四字，為平、去、上、上。

〈臨發崇讓宅紫薇〉：「來、有、井、謝」四字，為平、上、上、去。

〈回中牡丹為雨所敗二首之一〉：「追、在、紫、伴」四字，為平、去、上、上。

〈詠史〉：「家、枕、馬、曲」四字，為平、上、上、入。

〈無題〉：「舟、引、主、謂」四字，為平、上、上、去。

〈重過聖女祠〉：「滋、瓦、所、籍」四字，為平、上、上、入。

〈無題〉：「難、盡、改、路」四字，為平、上、上、去。

〈對雪二首之一〉：「扉、發、馬、遠」四字，為平、入、上、上。

〈王十二兄與畏之員外相訪見招小飲時予以悼亡日近不去因寄〉：「行、地、憫、遣」四字，為平、去、上、上。

〈留贈畏之三首之一〉：「光、領、鵠、事」四字，為平、上、

---

31 語完日人遍照金剛《文鏡秘府論‧文二十八種病》第一七七頁。

上、去。

〈可歎〉:「迴、入、枕、館」四字,為平、入、上、上。

〈馬嵬二首之二〉:「州、柝、馬、子」四字,為平、入、上、上。

〈春雨〉:「衣、冷、晚、達」四字,為平、上、上、入。

〈柳〉:「消、手、道、恨」四字,為平、上、上、去。

〈隋宮〉:「霞、角、火、主」四字,為平、入、上、上。

〈人日即事〉:「是、遠、俗、苦」四字,為上、上、入、上。

2、二去連用者凡二十首,如:

〈令狐八拾遺綯見招送裴十四歸華州〉:「稀、去、夢、渴」四字,為平、去、去、入。

〈及第東歸次灞上卻寄同年〉:「枝、憶、像、恨」四字,為平、入、去、去。

〈韓同年新居餞韓西迎家室贈〉:「侯、甲、鳳、近」四字,為平、入、去、去。

〈曲池〉:「持、斷、灧、散」四字,為平、上、去、去。

〈與同年李定言曲水閑話戲作〉:「流、贄、路、骨」四字,為平、去、去、入。

〈過伊僕射舊宅〉:「功、閤、露、去」四字,為平、入、去、去。

〈題道靖院院在中條山故王顏中丞所置虢州刺史捨官居此今寫真存焉〉:「群、日、事、下」四字,為平、入、去、去。

〈赴職梓潼留別畏之員外同年〉:「鳳、第、定、里」四字,為平、去、去、上。

〈無題四首之一〉:「蹤、喚、翠、遠」四字,為平、去、去、上。

〈寫意〉:「林、險、照、淚」四字,為平、上、去、去。

〈無題二首之一〉:「重、掩、暗、岸」四字,為平、上、去、去。

〈正月崇讓宅〉:「苔、暈、轉、語」四字,為平、去、去、上。

〈九成宮〉:「西、尾、巘、幸」四字,為平、上、去、去。

〈十字水期韋潘侍御同年不至時韋寓居水次故郭邠宅〉:「流、數、夢、主」四字,為平、去、去、上。

〈贈華陽宋真人兼寄清都劉先生〉:「宸、記、篆、史」四字,為平、去、去、上。

〈七月二十九日崇讓宅讌作〉:「池、散、見、爾」四字,為平、去、去、上。

〈碧城三首之一〉:「干、鶴、見、定」四字,為平、入、去、去。

〈碧城三首之二〉:「憐、首、珮、夜」四字,為平、上、去、去。

〈玉山〉:「齊、馭、睡、子」四字,為平、去、去、上。

〈藥轉〉:「東、苑、皓、句」四字,為平、上、去、去。

3、二入連用者凡十五首,如:

〈富平少侯〉:「憂、外、落、客」四字,為平、去、入、入。

〈出關宿盤豆館對叢蘆有感〉:「深、客、急、去」四字,為平、入、入、去。

〈奉同諸公題河中任中丞新創河亭四韻之作〉:「洲、室、目、古」四字,為平、入、入、上。

〈宋玉〉:「家、勒、閣、徑」四字,為平、入、入、去。

〈九日〉:「時、息、藉、馬」四字,為平、入、入、上。

〈利州江潭作〉:「銷、疾、闊、寄」四字,為平、入、入、去。

〈促漏〉：「聞、黛、月、結」四字，為平、去、入、入。

〈宿晉昌亭聞驚禽〉：「侵、合、笛、限」四字，為平、入、入、去。

〈隨師東〉：「金、謏、閣、郡」四字，為平、入、入、去。

〈贈劉司戶蕡〉：「根、勢、入、泣」四字，為平、去、入、入。

〈過故府中武威公交城舊莊感事〉：「畿、雀、日、字」四字，為平、入、入、去。

〈茂陵〉：「梢、眥、朔、國」四字，為平、上、入、入。

〈無題二首之二〉：「堂、夢、弱、益」四字，為平、去、入、入。

〈飲席戲贈同舍〉：「攜、翠、綠、咀」四字，為平、去、入、入。

〈和馬郎中移白菊見示〉：「實、發、母、客」四字，為入、入、上、入。

4、二上二去連用者僅一首，如：

〈子初郊墅〉：「我、水、淡、舍」四字，為上、上、去、去。

5、三上連用者僅三首，如：

〈水齋〉：「邦、水、卷、道」四字，為平、上、上、上。

〈喜聞太原同院崔侍御臺拜兼寄在臺三二同年之什〉：「同、老、柳、友」四字，為平、上、上、上。

〈汴上送李郢之蘇州〉：「門、紵、井、否」四字，為平、上、上、上。

6、三去連用者共五首，如：

〈鄭州獻從叔舍人褒〉：「鐘、貴、案、洞」四字，為平、去、去、去。

〈淚〉：「羅、限、塞、問」四字，為平、去、去、去。

〈少年〉：「功、上、夢、寶」四字，為平、去、去、去。

〈水天閒話舊事〉:「蟾、細、峭、住」四字,為平、去、去、
　　　去。

〈昨日〉:「也、散、破、事」四字,為上、去、去、去。

7、三入連用者共五首,如:

〈曲江〉:「過、色、鶴、折」四字,為平、入、入、入。

〈荊門西下〉:「危、別、徹、惡」四字,為平、入、入、

〈贈田叟〉:「情、色、洽、激」四字,為平、入、入、入。

〈送崔玨往西川〉:「愁、峽、寞、色」四字,為平、入、入、
　　　入。

〈和人題真娘墓〉:「邊、席、葉、得」四字,為平、入、入、
　　　入。

8、四去連用者只一首,如:

〈題白石蓮華寄楚公〉:「共、露、地、漢」四字,為去、去、
　　　去、去。

三、結　語

　　吾嘗細閱李商隱之七言律詩,只有一首在頷聯不用對仗,[32]其他
各首都是嚴守律詩對仗的規矩,難怪袁枚讚他「屬對最工」。[33]然而,
從以上所分析,固可知李商隱之七言律詩,對於四聲的配合,偶有疏
忽而犯了「詩病」,導致聲調也有不甚悅耳之處,似乎美中不足也。現
為了對李商隱七言律詩的平仄明晰起見,特將上述各項表列於下,並
以總結本文。

---

2 「前身應是梁江總,名總還曾字總持。」(贈司勳杜十三員外)這兩句在頷聯中
　是不對的。
　王力認為唐以前的古詩是不一定要對仗的,律詩雖規定用對仗,還有些人稍存
　古法,偶然在頷聯裏免用。《漢語詩律學》第一章第十三節第一百四十四頁。
3 語見袁著:《隨園詩話》。

項　　目	內　　容	集中數量	使用數量	百分率
拗　　救	本句自救	960 句	104 句	10.8%
	對句自救	960 句	113 句	11.8%
黏　　對	失　　黏	120 首	0 首	0%
	失　　對	120 首	6 首	5%
遞　　用	平上去入四聲連用	960 句	314 句	32.7%
	平上去入四聲間用	115 首	33 首	28.7%
平　　頭	同用上聲	128 句	9 句	0.7%
	同用去聲	128 句	6 句	0.46%
	同用入聲	128 句	14 句	10.9%
蜂　　腰	同用上聲	210 句	17 句	8.1%
	同用去聲	210 句	34 句	16.2%
	同用入聲	210 句	16 句	7.6%
鶴　　膝	二上連用	120 首	16 首	13.3%
	二去連用	120 首	20 首	16.6%
	二入連用	120 首	15 首	12.5%
	二上二去連用	120 首	1 首	0.1%
	三上連用	120 首	3 首	2.5%
	三去連用	120 首	5 首	4.2%
	三入連用	120 首	5 首	4.2%
	四去連用	120 首	1 首	0.1%
齟　　齬	二上連用	558 句	34 句	6.1%
	去連用	558 句	83 句	14.9%
	二入連用	558 句	31 句	5.5%

新出石刻與唐代文學研究

復旦大學中文系教授

陳 尚 君

提 要

　　二十世紀新出土的唐代石刻數量極其巨大，但研究很不充分。最近二十多年間石刻文獻的影印出版和文本校錄，已有相當成績，宜引起學者更多的重視。就文獻價值來説，石刻保留了數量可觀的文學作品，也提供了文學家生平的眾多線索，傳統金石學的研究方法還有許多開拓空間。就文學研究意義來説，新出石刻對於唐代喪挽文學、傳記文學、文體變化、家族文學、女性文學、地域文學等方面研究，都有特殊的意義，值得作系統的探討。

關鍵字：石刻文獻、墓誌、唐代文學

　　二十世紀的中國唐代研究，因爲大批新文獻的被發掘利用而取得了令世人矚目的巨大成就。新文獻中首屈一指的當然要數敦煌文獻，敦煌學已成爲國際漢學界的顯學，爲大家所熟知。其次就是石刻文獻。由於大規模基本建設和科學考古的展開，新發現的石刻數量極其巨大，總數也達數萬件，其中有刻石文字的超過萬件，所涉內容極其豐

富。唐石研究彙考在清中後期到民國初年曾形成一個高潮，但隨着現代考古學的興起，學者的研究興趣更多地轉入上古先秦考古，傳統金石學雖仍有延傳，但已不再居於中心位置。無論從數量和質量上來說，新出石刻都遠遠超過了清人所見，但就系統研究的成績來說,則還顯得很不夠。最近十多年間，這一狀況已逐漸有所改變，但仍遠遜於敦煌研究的深入充分。近年，一些唐研究學者已注意到，由於大宗的敦煌遺書已全部發表，有關研究已做得很充分，不太可能再有大的突破，而尚未充分發掘的唐代石刻文獻，其中包含了唐代社會文化各方面的豐富資訊，可望成爲唐研究的新熱點。對此我深表贊同。

一、近二十年唐代石刻的影印和整理

宋代金石學興盛，宋人見到並留下記錄的唐代石刻超過三千品，可惜不曾有人像洪适編《隸釋》彙錄漢碑文字那樣彙錄唐石文字，宋人得見的唐代石刻十之八九沒有存留下來。清中葉以後唐石研究漸成風氣，存世的專著超過百種，以王昶《金石萃編》和陸增祥《八瓊室金石補正》爲集大成之作，陸書名氣稍遜於王書，但就學術質量來說，則要好得多。

二十世紀上半葉唐代石刻的彙錄，以端方《匋齋藏石記》（商務印書館 1911 年石印本）、羅振玉編印《冢墓遺文》系列（均有羅氏自刊本）和張鈁編《千唐誌齋藏誌》（僅以拓本流傳）最爲大宗，存錄唐墓誌總數超過兩千多方。四十年代到七十年代末，相對來說缺乏有規模的建樹，只有《西安郊區隋唐墓》（科學出版社 1966）可以一提。學者要利用石刻文獻，只能從幾個大圖書館中翻檢拓片，很不方便。從八十年代中期以來，這一狀況發生了很大改變，首先是舊輯、舊藏石刻拓本的集中彙印，先由文物出版社影印了張鈁《千唐誌齋藏誌》（1984），收唐誌達 1200 多方；齊魯書社又影印李根源《曲石精廬藏唐墓誌》（1985）

篇幅不大，頗存精品，泉男生和王之渙二誌尤受學者重視；稍後出版
的《北京圖書館藏歷代石刻拓本彙編》（中州古籍出版社 1989），唐五代部
分有二十多冊，占全書約一半，收唐代各類石刻拓本超過三千種；臺
灣毛漢光先生編《唐代墓誌銘彙編附考》從 1985 年開始出版，每冊
100 件，到 1994 年出至第十八冊（中央研究院歷史語言研究所專刊第 81 種）
而中輟，僅收錄到開元十五年。該書兼收石刻和典籍中的唐墓誌，採
用拓本影印，附錄文和考釋，錄文除據拓本外，又據前人校錄和有關
文獻予以校訂，考釋則備錄前賢研究意見，復援據史籍作出考按，在
同類各書中體例最稱善備。上述諸書所收，均爲 1949 年前所出石刻，
多有重出，但所據拓本不同，可以互校。毛漢光所錄有十多方爲他書
所未見。

　　彙聚前人的石學著作的工作也應提及。臺灣學者編《石刻史料新
編》，已出一至三編九十冊（新文豐出版公司 1977-1986），將歷代石學著作，
包括方志中的石刻部分影印彙爲一編，雖編輯略顯粗糙，確是方便學
人的無量功德之舉。中國國家圖書館金石組編《歷代石刻史料彙編》
（北京圖書館出版社 2000）較前書篇幅稍小，重要諸書均收錄，也便於檢
用，惟按時期編錄，將前賢各書割裂剪接，於已用之書也頗多挂漏，
未能臻善。

　　1949 年以後新出碑誌的彙輯校錄工作，到九十年代才得以系統出
版。天津古籍書店 1991 年出版的《隋唐五代墓誌彙編》多達三十冊，
其中陝西四冊大多爲新出墓誌，洛陽卷多達十五冊，除收錄了前述《千
唐》、《曲石》和羅錄各書的拓本外，也包括了部分五十年代以來的新
出墓誌，另外如山西、江蘇、北京各冊也頗多新品。洛陽市文物工作
家編《洛陽出土歷代墓誌輯繩》（中國社會科學出版社 1991）雖仍以舊誌
爲主，也包含了一定數量的新誌，只是此書由於發行面較窄，不爲一
般學者所知。稍後的《洛陽新獲墓誌》（文物出版社 1996）則收錄了到九
十年代中期的新見墓誌，體例也更爲嚴謹，錄文和考釋都頗見功力。《洛

陽新獲墓誌續編》也已編成，收唐代墓誌 260 多方，不久應可出版（見
《華夏考古》2000 年 3 期李獻奇〈唐中眷裴氏墓誌叢釋〉）。張沛編次的《昭陵
碑石》（三秦出版社 1993），彙聚了昭陵博物館幾十年來的工作業績，包
括了一大批唐初名臣懿戚的碑誌，份量大大超過了羅振玉的《昭陵碑
錄》，只是該書的大碑拓本縮得太小，無法辨識，錄文又未充分吸取以
前學者的成績，稍有缺憾。中國文物研究所與地方文物研究所合作編
纂的《新中國出土墓誌》，已出《河南》第一冊（文物出版社 1994）、《陝
西》第一冊（文物出版社 2000）和《重慶》冊（文物出版社 2002）。此套書
按各省市、縣爲單元收錄新出歷代墓誌，唐代約占三分之一左右，包
括圖版與錄文、考釋，說明出土時地，編次較爲科學。此外，各種文
物考古學雜誌也發表了大量的唐墓發掘報告和唐石發現消息，各地方
文物博物部門還有一批未經整理發表的碑誌，一些私人收藏家也頗有
特藏，河南、陝西農戶家中也時有收存。此外，近十多年間也頗有一
些碑石流落海外。較著名的如數年前臺灣大學葉國良教授在臺北一古
玩店中發現《兔園策府》作者杜嗣先的墓誌，香港中文大學文物館藏
〈王洛客墓誌〉（《書法叢刊》2002 年 3 期刊拓本），載有其與王勃隱於黃頹
山、同遊白鹿山的逸事，都具有極高的學術價值。

　　此外，一些稀見珍拓的發表和古籍稿本的影印，也提供了一批珍
貴文獻。前者如隆堯〈光業寺碑〉完拓在 1988 年 4 期《文物》發表，
爲陳寅恪先生所未見。此碑爲開元十三年（725）象城尉楊晉撰，敘趙
州象城縣僧民爲玄宗八代祖宣皇帝、七代祖光皇帝陵園修福田而重飾
光業寺事。陳寅恪先生撰《唐代政治史述論稿》以及〈李唐氏族推測〉
等三文，其中有關李唐出趙郡李氏之推斷，學者認爲其因得引證〈光
業寺碑〉而得定案。但陳先生僅據史語所藏拓及《畿輔通誌》摘出數
語，並不完整，此碑全文近三千字，包含唐初各帝崇祀事實。後者如
上海圖書館藏陸增祥《八瓊室金石補正續編》稿本，頗多清代稀見石
刻的錄文，《續修四庫全書》史部目錄類據以影印，甚可重視。臺灣

印《石刻史料新編》時也收錄料一批清人稿本。據瞭解，中國各圖書館尚有一批類似稿本未經整理刊佈，如復旦大學圖書館即存有《篆雲樓金石文編》一百卷，分地域記錄全國的石刻。

　　據石刻錄文的著作，當首推周紹良等編《唐代墓誌彙編》（上海古籍出版社 1992），全書錄墓誌 3676 方，既包括宋以來的各種傳世墓誌，也包含了 1983 年以前的各種公私藏拓和已發表的石刻錄文。該書按照石刻原件錄文，十分忠實，且附有很細緻的人名索引，極便讀者。近出的《唐代墓誌彙編續集》（上海古籍出版社 2001）繼承了前編的體例，續收墓誌 1564 件，絕大多數是五十年代以來的新出土者，彌足珍貴，只是《續編》的校錄質量明顯遜於前編，與前編重複和本編重複的墓誌即達數十篇。吳鋼主編《全唐文補遺》七冊（三秦出版社 1994 至 2000），存文約 4200 篇，幾乎全取石刻，墓誌約占十之九五，與上述周編頗多重覆，但包含了數量可觀的陝西新出石刻，於《隋唐五代墓誌彙編》新見石刻也作了很認真的校錄，值得重視。唯此書體例，系取《全唐文》未收者，但隨得隨刊，編次無序，既不循《全唐文》舊例，又不存石刻原貌，不說明錄文來源，各冊自成單元，利用頗不便。近出的《全唐文新編》（吉林文史出版社 2001），主要是將《全唐文》與上述三書拼合而成，沒有新品增加。不久可出版的拙輯《全唐文補編》，主要致力於傳世典籍中唐文的採輯，石刻僅錄四部典籍、佛道二藏和地方性文獻中所保存的，也有一定數量。

　　日本學者氣賀澤保規編《唐代墓誌所在總合目錄》（汲古書院 1997），安照墓誌刻石時間爲序，編錄十種專書中收錄唐墓誌的情況，甚便學者利用。

二、新出石刻與文學文獻考訂

　　金石學興起於北宋，從歐陽修開始，就強調石刻可以正史傳之闕

誤，可以知時政之得失，可以見文風之遷變，可以觀書迹之精妙。後
世的金石學家雖派別眾多，但就治學的格局而言，並沒有超過這一範
圍。中國近二十年唐代文學研究中的主流學派，試圖從唐文學的基本
文獻建設入手，弄清唐代文學發展變化的全部真相，從作家生平交遊、
作品收集辨析、著作真偽流傳，乃至所涉事件始末，皆求梳理清楚，
再作系統深入的研究。唐代詩人大多生活在社會中下層，他們在文學
活動中涉及大量著名或不太著名的人物，重要或不太重要的事件，眾
所周知或不太爲人所知的制度習俗，寫下有名或不太有名的作品，要
將這些全部弄清，僅憑幾種最重要的史書傳記，顯然很不夠。傳統的
唐詩研究，多信用史傳筆記及《唐詩紀事》、《唐才子傳》等書所載詩
人逸事，近年的研究，則深受陳寅恪、岑仲勉治史方法的影響，追求
廣泛、全面地佔有文獻，考訂中注意史料的主次源流，強調作者本人
作品更爲可信，史書、方志、石刻、縉紳錄中的記載，常比詩話、筆
記的記載更爲可靠。其中利用得最充分，最有資於理清事實真相的，
當首推碑誌石刻。碑誌石刻雖爲特殊原因而作，且普遍有頌諛虛飾的
傾向，但其提供了某一特殊事件或人物的詳盡原始記錄，只要謹慎地
加以鑒別，其可信度顯然高出許多源出傳聞或多次轉寫的存世文獻。

　　新出碑誌本身就是文學作品。二十世紀出土的唐石刻，僅墓誌一
體，即可在陸心源《唐文拾遺》《唐文續拾》兩書以後，再補錄唐文約
5000 篇，約相當於《全唐文》所收唐文的四分之一左右，其中包括了
近千名知名和不知名作者的文章，其中唐五代重要文士如令狐德棻、
上官儀、許敬宗、李義府、郭正一、李儼、杜嗣先、崔融、徐彥伯、
盧藏用、李嶠、岑羲、鄭愔、李乂、韋承慶、崔沔、賈曾、盧僎、崔
湜、薛稷、徐安貞、富嘉謨、吳少微、僧湛然、蘇頲、賀知章、韋述
毋煚、鄭虔、陶翰、姚崇、張九齡、蘇預、顏真卿、徐浩、柳識、李
華、蕭穎士、柳芳、徐浩、呂溫、吳武陵、崔群、令狐楚、宋申錫、
李德裕、趙璘、南卓、裴度、鄭畋、楊凝式、和凝等，都補充了新的

文章。有許多著名詩人如李頎、韋應物、盧綸、陳上美、狄歸昌、翁
承贊、盧汝弼等，以往僅以詩爲世所知者，以前沒有文章留存，由他
們撰文的墓誌出土，彌可珍貴，當然會引起學者的莫大興趣。張說、
張九齡、呂溫、韓愈、柳宗元等撰文的碑誌，雖已收入其各自文集，
但以石本與集本比讀，均有較大的不同。其中除有集本傳寫錯誤的原
因，重要的恐還在於集本所據應爲作者的存稿，誌主家人在刻石埋銘
的過程中，不免還會有增改和潤飾，並不全照撰文者的原稿。1987 年
河南鞏縣出土柳宗元撰〈唐朗州員外司戶薛君妻崔氏墓誌〉(《新中國
出土墓誌‧河南卷》)爲例，校以《柳河東集》卷十三所收該墓誌，可以
看到許多的異文。分析兩種文本的差異，有關崔氏名字、其先人任官
及喪事年月的增改，顯然因柳宗元原文有缺項而由崔氏家人上石時補
入。集云崔簡因「病惑得罪」，石刻無「病惑」二字，可能因崔家人以
爲不妥而刪去。有關年月和世次的不同，應該是集本傳刻之誤，應予
訂正。清代學者凡遇石刻與傳本不同時，一般都云當以石刻爲正，其
實是應區別對待的。同時出土有崔氏夫薛巽墓誌，述其仕歷和貶官原
委較詳，可爲研讀此篇柳文提供有益的佐證。

　　碑誌石刻包含了大量社會民俗、道德信仰、宗法禮儀、婚姻繼承、
族聚遷徙等方面的豐富資訊，值得作多層面的探討。碑誌所記載的唐
代人事關係和科舉、歷官、從業、年壽方面的內容，也因其文體的特
殊性而包含了大量正史中所難以備載的珍貴記錄，這些雖都屬於歷史
學或社會學研究的範圍，對文學研究也很有意義。這裏重點還是講石
刻對研究詩人生平和研讀作品的重要價值。

　　有詩篇傳世的作者本人的碑誌，新發現的已超過五十多篇，其中
包括李密、楊恭仁、李賢、薛元超、韋承慶、嚴識玄、武懿宗、豆盧
欽望、楊再思、韋希損、王無競、崔泰之、張軫、張說、張九齡、郭
虛己、李邕、王之渙、蔡希周、趙多曦、神會、李峰（神道碑）、郭虛
己、陳希烈、高力士（墓誌及神道碑）、崔沔、元德秀、張翔、呂渭、白

敏中、楊漢公、謝迢、楊宇、楊牢、張曄、李郤、王渙、王鎔、王仁裕（神道碑）等著名或不太著名的作者。而大量碑誌中所提供的可資考證作者世系、生平、交遊和作品系年的線索，更是所在多有，值得學者作仔細的推求。八十年代初郁賢皓先生用北京圖書館藏石刻考證李白生平，周勳初先生用《千唐誌齋藏石》和《芒洛冢墓遺文》所收高偘後人墓誌，弄清了高適的家室世系，傅璇琮先生《唐代詩人叢考》據〈王之渙墓誌〉所載其生平經歷，判定薛用弱《集異記》所載廣爲後人稱道的旗亭聽詩故事，實爲虛構的僞事，都是很突出的例證。以後傅璇琮主編《唐才子傳校箋》(中華書局 1986－1995)和《唐代文學編年史》(遼海出版社 1998)，周祖譔主編《中國文學家大辭典‧唐五代卷》(中華書局 1992)，基本弄清了全部唐五代文學家的生平經歷和創作年代，於各類石刻文獻的利用極其充分。在此僅擬介紹 1992 年後在陝西長安韋曲先後發現的著名詩人盧綸父母、其弟盧綬夫婦四方墓誌，即盧之翰撰〈唐魏郡臨黃縣尉盧之翰妻京兆韋氏墓誌銘〉、盧綸撰〈唐魏州臨黃縣尉范陽盧府君玄堂記〉、盧簡辭撰〈大唐故盧府君墓誌銘〉、盧簡求撰〈唐故河中府寶鼎縣尉盧府君張夫人墓誌銘〉，分別收入《全唐文補遺》第七冊和第三冊。據這四方墓誌，可以排出盧綸一家從北魏以來的譜系，其五世祖盧羽客（存詩一首，《全唐詩》誤作虞羽客，《樂府詩集》不誤）「以五言詩光融當時」，對盧綸影響尤大。其父盧之翰明經登第，官魏郡臨黃縣尉約在天寶間。至德二載（757）卒，年四十一。之翰妻韋氏爲博州刺史韋漸之女，15 歲嫁之翰，生一子，19 歲卒，時爲天寶四載（745）。從誌文內容分析，韋氏應即盧綸的生母，盧綸生年應該在天寶元年至四年間，以元年（742）的可能爲大。前人引以考定其生於天寶七年的長詩中「稟命孤且賤，少爲病所嬰。八歲始讀書，四方遂有兵。」正述其幼失母，十多歲亡父，八歲有兵當指天寶四邊戰事，如此，其詩集多處提到的至德間所作詩也可得到解釋。其弟媳張氏的父親是德宗時以尚書左僕射任邠寧節度使的張獻甫，盧綸的名篇〈和

張僕射塞下曲〉，可能即在張獻甫幕下所作。由於這四方墓誌的出土，最近二十年爭議較多的盧綸生平家世情況，大多已可作結論。

　　至於石刻對作品解讀的價值，請以有關杜甫的石刻為例。清末在西安發現的因為父尋仇而死的杜甫叔父〈杜并墓誌〉，無疑是杜甫家世研究極堪珍視的文獻。近代以來，雖然沒有杜甫家人或其本人撰文的墓誌出土，但與其有密切交往人物的相關碑誌，已發現有十多通，不乏可資考訂其作品和生平的重要線索。杜甫最密切的朋友蘇源明（蘇預），杜甫稱其「前後百卷文，枕藉皆禁臠」（〈八哀詩〉），韓愈視為唐初以來最重要的文士之一（〈送孟東野序〉），但留傳下來的只有《唐文粹》收錄的兩篇詩序。近年在洛陽出土了其撰文的〈管元惠碑〉，在陝西出土了〈大唐故左威衛將軍贈陳留郡太守高府君（元珪）墓誌〉（《唐代墓誌彙編續編・天寶118》），後者作於天寶十五載蘇源明任國子司業時，由顧誠奢書，正是杜甫與其來往密切時，也為杜甫晚年詩〈送顧八分文學適洪吉州〉追述早年同醉長安之事增一佐證。同時，我很懷疑杜甫〈故武衛將軍挽詞三首〉，就是悼高元珪之作，武衛二字很可能是後人避後周郭威諱所改，當然這僅屬推測。杜甫最為人傳誦的作品〈奉贈韋左丞丈二十二韻〉是寫給尚書左丞韋濟的。南宋黃鶴注此詩：「公以天寶六載應詔赴轂下，為李林甫見阻，由是退下。詩云：『主上頃見徵，青冥卻垂翅。』當是七載所作。」只是推測，但後世多沿其說。據西安所出韋述撰〈韋濟墓誌〉（《唐代墓誌彙編續集・天寶099》），韋濟於天寶七載轉河南尹，九載遷尚書左丞，十二載出為馮翊太守。杜甫此詩應作於九載以後的一二年間。杜甫大曆五年避臧玠之亂出奔衡州，是投奔衡州刺史陽濟的。《千唐誌齋藏誌》收〈陽濟墓誌〉云：「出為潭州刺史，轉衡州刺史。遇觀察使被害，公以賊臣逆子，罪之大者，遂率邵兵，遽臨叛境。俄辛京杲至，靖譖害能，貶撫州司馬。」從陽濟由覃州轉刺衡州的經歷看，應是大曆四年夏湖南觀察使治所從衡州遷往覃州的時期，其職務應是與韋之晉交接的，杜甫有可能在當時已與其

相識，並成爲第二年遇亂南奔的原因之一。杜甫〈入衡州〉詩云：「中有古刺史，盛才冠巖廊。扶顛待柱石，獨坐飛風霜。昨者間瓊樹，高談隨羽觴。無論再繾綣，已是安蒼黃。」〈舟中苦熱遣懷奉呈陽中丞通簡臺省諸公〉：「中丞連帥職，封內權得按。身當問罪先，縣實諸侯半。士卒既輯睦，啓行促精悍。」「似聞上游兵，稍逼長沙館。鄰好彼克修，天機自明斷。南圖卷雲水，北拱戴霄漢。美名光史臣，長策何壯觀。」（均見《杜詩詳注》卷二三）均與墓誌所述陽濟出兵進逼長沙叛軍的記載一致。《舊唐書·代宗紀》載辛京杲出鎮湖南是五月癸未事，陽濟被貶的原因，墓誌只提供了一種說法，不排除陽濟有奪取長沙地盤的考慮，其被貶估計即五六月間事，杜甫的再南下耒陽，是否與此有關，是值得進一步研究的。

石刻對文学史重大事件的記錄，可舉下例。劉蕡大和二年應詔策試賢良論宦官事，是晚唐政治史和問學史上的重大事件，劉蕡後來的貶官因與李商隱的江鄉之遊密切相關而成爲學界討論的一個熱點。十年前，因北京圖書館藏劉蕡子〈劉理墓誌〉的發表而解決了劉蕡終官澧州的問題。近年在河南偃師出土的李鄂撰〈唐故賀州刺史李府君（郘）墓誌銘〉（見中國社會科學院考古研究所編《偃師杏園唐墓》，科學出版社 2001），所涉史實更爲重大：

> 廿七年，舉進士，文壓流輩，敵乞避路。再試京兆府，以殊等薦。會禮部題目有家諱，其日徑出。主司留試不得。明年就試，主司考第擢居第一。後應能直言極諫，天子讀其策，詔在三等。時友生劉蕡對詔，盡所欲言，乞上放左右貴幸，復家人指役。自艱難已來，左右貴幸主禁中事者，皆立使目，權勢日大，近者耳目相接，無所經怪。蕡一旦獨軒訐當世難發事，時俗駭動，譁口誂訕。考司慮不合旨，即罷去。然蕡策高甚，人間喧然傳寫，不旬日，滿京師，稍稍入左右貴幸耳。左右意不平，欲害蕡者絕多，語頗漏泄。府君慮禍卒起，不可解，欲發其事，俾

陰毒不能中，乃丞上疏言蕡策可用，乞以第以官讓蕡，冀上知其事本末，即蕡得不死。疏奏，天子以爲于古未有，召丞相問：「宜何如？」宰相奏不可許，由此上盡知蕡策中語，蕡禍卒解，府君猶左授河南府參軍。

《舊唐書·文苑傳》全收劉蕡對策，並稱考官「以爲漢之晁、董無以過之」。又云：「言論激切，士林感動。時登科者二十二人，而中官當途，考官不敢留蕡在籍中，物論喧然不平之，守道正人，傳讀其文，至有相對垂泣者。諫官、御史扼腕憤發，而執政之臣從而弭之，以避黃門之怨。唯登科人李郃謂人曰：『劉蕡不第，我輩登科，實厚顏矣！』請以所授官讓蕡。事雖不行，人士多之。」〈李郃墓誌〉所載，顯然更爲具體充實，宦官欲加害劉蕡，李郃上疏以將事實公諸朝廷，引起文宗和宰相的普遍關注。其中「上盡知蕡策中語」一句尤爲重要，爲甘露事件的發生可說已預埋了伏筆。

三、新出石刻的文學研究意義

楊殿珣《石刻題跋索引》將歷代石刻分爲墓碑、墓誌、造像記、刻經、詩詞、題名和雜刻七類。唐代新出石刻中，詩詞僅偶有發現，如滁州瑯琊山發現過李幼卿摩崖詩刻；造像記發現很多，但內容都是祈福去災之類，簡單而多重覆；刻經的大宗當然是佛經，房山石經的出土和回埋都曾引起廣泛關注，新發現經幢也有一定數量，此外孟蜀石經的殘石也時有發現，但這些與唐文學研究關係似乎都不大；雜刻中如楊晉〈大唐帝陵光業寺大佛堂之碑〉、僧澈〈大唐咸通啓送岐陽真身誌文〉、鄭璘〈唐重修內侍省碑〉（均見《全唐文補遺》第一冊），均是關步唐史重大史實的記錄，文學上也不無意義，只是數量上並不太多。出土數量多，且於唐文學研究意義重要的，當數墓碑和墓誌兩類。以下試分六點分述之。

甲、喪挽文學研究

喪挽文化在重視禮儀的中國古代一直佔有重要地位，由此而形成的喪挽文學，或稱飾終文學，可包括十多種不同體式的文學作品，如挽詩、哀辭、祭文、行狀、神道碑、墓碣、墓誌、塔銘、諡議、哀冊、諡冊等，內容也極其豐富。在這些作品中，挽詩、哀辭、祭文等較多地是表達個人或群體對死者的祭悼追懷之情，各家文集中多有保存，刻石的不多。哀冊、諡冊等僅限於帝後、太子等，已出土十多件玉冊，多已散落殘缺，完整的文字不多。歷代對喪葬規格都有嚴格規定，唐代規定三品以上官員才能於墓前立神道碑。半個世紀以來新發現的神道碑雖僅二十多通，因多屬顯宦而有特殊的意義。墓碣是墓前的較小石碑，可說是墓碑的變體，新見的很少。塔銘是僧塔的刻石，在應用物件和刻石方式上與墓誌完全不同，但就實質來說，應出一源，部分墓誌專書兼取塔銘，並無不妥。墓誌占了新出喪挽石刻的百分之九十五，包括舊誌，已發表的數量超過 5500 方。

墓誌一體，最早似可追溯到秦代的刑徒磚。現能見到的東漢墓誌，均僅記死者姓名字里和死期享年，一兩句話而已。西晉墓誌在文體上說已趨成熟，但南京一帶出土的東晉王謝名人墓誌，大多刻石粗糙，誌文內容也較簡率，可知時人對其還不重視。南朝禁止埋銘，出土的很少。北朝埋石蔚為風氣，元魏諸王所出尤多，書寫和製作都很講究，但文章全不署名，行文風格也較單調，文學上的意義遠不及書法史上的意義重大。北朝後期到隋代，一些知名文人參與墓誌寫作，墓誌的文學氣味越來越重，篇幅開始擴大。唐初以後，建碑埋銘風氣愈演愈烈，名宦顯要當然認真操辦，連一些無名宮人、鄉間村嫗，也無不「式刊貞石，以備陵谷」，成為全社會共同的趨好。

唐代前期碑誌，墓碑多署撰書者姓名，墓誌則僅有極少數著名作者有署名。到武后時期署名逐漸增多，玄宗以後，則大多數墓誌均具署撰書者的姓名，可見風氣的轉變。碑版文在唐宋時期的文人創作中

具有極其重要的位置，許多一流文人都以很大的精力從事此方面的寫作。從昭陵所存三十多通大碑和近年新出的幾十方墓誌中，不難看出一位作者要勝任地寫出那樣的作品，必須具備很強的駕馭文章的才能。昭陵碑誌的主人都是唐初的名臣懿戚，許多人一生的經歷和建樹都很不平凡，且經歷了隋唐之際的世變和唐初以來的複雜政爭，死後得陪葬昭陵，官營喪事，碑誌作者要寫出其平生業績和宦績，加以議論和頌揚，又要始終注意官方的立場和喪家的要求，還要儘量爲死者諱，文章則要寫得典雅淳正，不失分寸，要做好是非常艱難的，要求秉筆者具有敍事、議論、文采三方面的綜合才能。史載崔融因撰武後哀冊文用思過度而死，正足顯示飾終文章寫成的不易。

從大量發掘的唐墓和出土的唐墓誌顯示，唐代官宦士人家庭，死者入葬埋銘是非常普遍的現象。這一風氣也影響到部分庶民階層，以及經濟文化相對較落後的南方和四裔民族，儘管這後幾方面的所出相對還較少，製作也較粗糙。由於社會對墓誌的要求量太大，凡能秉筆之士，幾乎都曾參與這方面的寫作。出土墓誌基本包括了各種社會地位的作者的作品，作者與誌主的關係，也囊括了社會上的所有各種人事聯繫，這對研究唐代各社會層面的文學寫作狀況，無疑是很有意義的。

中國古代各體文學普遍具有社會應用功能，即便以抒情爲主的詩歌，也是社會交際中必不可少的一種文體。應用文體必然有其程式化的特徵，碑誌在這方面尤爲顯著。清人曾作過多種墓誌釋例的著作，例舉魏晉南北朝以來墓誌的作法，當時所見有限，不免多有挂漏。唐代新出墓誌顯示，因爲社會需求量太大，在書儀一類應用文體範本著作通行的同時，碑誌也有一定的範本爲一般作者所參考，唐墓誌甚至出現過多次不同誌主的墓誌，而誌文大致相同，僅姓名生平稍有差別，著名的渤海貞惠、貞孝兩公主墓誌就屬如此。當然，不少作者在程式規範中也在努力尋求創新，下面可有許多例子提到。著名作者的所作

在當時就能產生巨大的影響，又有機會收入文集流傳後世，死者因此而得垂名長久，因而許多喪家寧可出重金也要請名家執筆，李邕、韓愈等人都曾因廣收潤筆而遭致非議。新出墓誌中有數量極其巨大的名家作品發現，也可證明這一點。

　　應用文學的研究應是文學研究的一個重要課題，喪挽文學在其中具有特殊的意義。數量可觀的出土碑誌爲這方面的研究提供了充足的原料，應引起學者更多的關注。

乙、傳記文學研究

　　由於史學的發達，中國歷代作家都很重視傳記寫作。史記開始的史傳傳統綿歷千年而不斷，各時期又各有新的體式出現。在魏晉南北朝別傳的繁榮以後，唐代可以提到的，應是僧傳、雜傳和碑誌。唐代僧傳有多種名著留存。雜傳的寫作當時也極有可稱，如《張中丞傳》、《郭汾陽家傳》、《鄴侯家傳》都有很高的成就，可惜都失傳了，留下來的幾種相對稍弱。從傳記文學要求真實而生動地寫出人物的性格命運的評價標準來說，以飾終頌德爲主要責任的碑誌，其篇幅既限定在方石之內，其內容又必須記錄死者的家世、經歷及後事，帶有普遍的先天缺憾，就大多數墓誌來說，敘事僅略存梗概，行文循通行的套路，其本身的文學價值是不高的，最多只能顯示社會普遍對這一體傳記的重視，這是無庸諱言的事實。從中國傳統的史傳寫作來說，用簡潔的敘述交待傳主一生的經歷，寓評議於敘述中，傳人物性格於片言隻語的記錄中，從大多數碑誌來說，沿襲了這一傳統，雖無創新，大致盡責。

　　作者自撰及爲親人撰寫的碑誌，文學價值要稍高於其他作品。新出唐人自撰墓誌，僅有謝觀和崔慎由的兩種，都很有特色。謝觀唐末以賦而知名，墓誌述其能文、好道、爲官的經歷，於求道有成的表述較爲自得。崔慎由於宣宗時入相，墓誌直白地敘述家世和歷官，不作任何地自許，後云：「效不焯于時，行不超於人，而入昇鈞台，出奉藩

寄，備踐華顯，僅二十載，其爲倖也，不亦久且甚耶。」（《全唐文補遺》第四輯）體類馮道的〈長樂老自敍〉，但無後者的自我誇耀，是較清醒官員的自敍。已見唐代亡妻亡妾墓誌，約近一百方，亡女墓誌約存二十多方，孝子爲父母撰寫的碑誌數量更多，出於兄弟、侄甥、翁婿等親屬所撰者爲數也不少。這類碑誌也注重死者宦績的表述，但更多地是從親情的立場來記述死者的生平，記錄死者平日的行爲和言論，並將作者失去親人的傷感心情寫入碑誌中，具有一定的感染力。其中數量巨大的女性墓誌，可以填補唐代女性傳記相對較少的缺憾。

唐初碑誌嚴格用駢體文寫作，顯得很沉悶。武后時已開始變化，一是改變常用的套式，如佚名撰〈柳懷素墓誌〉（《唐代墓誌彙編續集·延載001》）仿賦體，通篇以陸沉王孫與當塗公子的對話來記錄和評述死者的一生，顯得獨具一格（《全唐文補遺》第五輯誤以作者爲王孫）；另一方面則是以史傳的寫法用入碑誌，如乾陵出土崔融撰〈薛元超墓誌〉（見《乾陵稽古》，黃山書社 1987，又見《唐代墓誌彙編續編·垂拱 003》），僅略存駢意，通篇均用史傳筆法寫其歷官，且穿插大量君臣遇合的談話和事迹，是可以作文學傳記來讀的。

中唐以後墓誌中，更多地增加了細節的表述和描摹。韓愈〈唐故殿中少監馬君墓誌〉寫馬君幼時容貌，〈試大理評事王君墓誌銘〉中穿插王適假託文書以求婚的有趣故事，都是以前文章家經常提到的佳話。這時期出現了一批篇幅超過三千字的長篇碑誌，記事更注重用具體的談話和故事來展現人物的性格和能力。如魏博節度使〈何弘敬墓誌〉（《唐代墓誌彙編續編·咸通 032》），誌文錄武宗君臣決策討澤潞、何弘敬治軍討叛及其喪事處置，錄談話達十多處，顯得很特別。〈楊漢公墓誌〉（《唐代墓誌彙編續編·咸通 008》）中有一大段敍述其在鄠縣尉任上智破殺妻案的過程，很像《折獄龜鑒》一類公案故事，作者當然是希望藉此體現誌主的斷事能力，據此也可窺見許多作者重視在墓誌中增加生動的描寫。

丙、文體變化研究

　　唐代碑誌文數量巨大，出土地域廣闊，其誌主和作者包括了社會各階層的人士，覆蓋面很寬。同時，還具有以下特徵：一是程式化的敍述文，要在一篇文章中交待死者的家世仕歷、品行建樹、死期後事及家人的悼念追思，誌文要寫得準確簡明而得體、言辭感人而真切，即一篇文章中應包含敍事、議論、抒情三方面內容；二是大都有明確具體的撰文刻石的時間和地點；三是出土碑誌得以面世，具有普遍的偶然性，不是人爲選擇的結果。指出這幾點的意義，是要說明碑誌融合了常用文體的多項要素，作者必然選用自己擅長，又是當時通行而最適合表述的文體來寫作，同時，出土碑誌沒有經過選擇，沒有被當時人或後來人從文章優劣或文風偏好等方面做過遴選，它所體現的是唐代社會各層面上通用的書面文體的原始狀況，又可以按具體的年月和地域作出準確的統計分析。因此，用出土碑誌分析唐代文體遷變的真實過程，是很有說服力的。

　　以下根據兩種編年的唐墓誌集《唐代墓誌彙編》和《唐代墓誌彙編續集》所收出土墓誌，分八個時期分析從初唐到中唐前期墓誌中所顯示的文體變化情況。我將這些墓誌粗略地分爲五體，第一體是全循駢文的規範，除對事實的敍述外，凡涉議論、讚揚、感歎等，全以駢文出之；第二體仍較多地保留駢文的文句，駢句中已多雜散句，駢句中不盡用典；第三體雖仍有不少駢文中常見的四六句型，偶亦有駢體的對句出現，主體已屬散體而非駢體；第四體已全屬散體，沒有駢文的句式；第五體是較簡單的誌文，僅有誌題，或僅略述死者簡況，沒有議論和感慨，與此處說的文體變化無關。

時　　期	存墓誌總　數	第一體	第二體	第三體	第四體	第五體
高祖太宗時（718－649）	318	166	37	8	3	82
高宗時（650－683）	1151	589	457	37	4（僞誌1）	64
武后時（684－704）	597	271	268	56	4	18
神龍先天間（705－712）	201	45	78	57	12	9
玄宗開元間（713－741）	729	55	424	166	61	23
玄宗天寶間（742－756）	388	26	122	113	84	3
蕭代兩朝（756－779）	205	6	43	103	49	4
德宗時（780－805）	187	0	38	82	87	0

二書的高祖、太宗、高宗三朝，收入一百多方高昌磚誌，多數很簡單，太宗時全無駢迹，高宗時有駢句地出現，但較簡單。從上表中可以看出，唐初純用散體的很少，列入第三體的作品，多數是較下層人士和文化落後地區的。武后時期已經展示出變化的跡象，其特徵一是在駢體與散體的交叉使用中，敍事的成分明顯增多，二是雖還保留以四六字句居多的駢文句式，但用典以喻事的比例明顯減少。玄宗時期文體取向已發生明顯的逆轉，全循駢體的作品已很少爲作者所採用，仍保留的駢體句式也較以往簡脫明暢。天寶以後，散體已逐漸佔據主流位置。從這一點上來看，殷璠在《河岳英靈集》序中所說景雲、開元間詩風的變化，與文體的變化是基本同步的。以往許多學者都認爲，中唐古文運動的提出，是反對駢文，倡導散行的古文。以上分析證明，這一說法並不完全符合歷史的真相。韓柳開始古文寫作時，駢文的影

響已大大消退，散行的古文在文章氣格上來說還稍弱，韓柳提出復古的口號，以儒家道統和秦漢文章來振拔文格十風，其意義在此。

同時也應提及，中唐以後韓愈後學的奇崛文風，在唐墓誌中也有體現，大約有二十多篇，從數量上看，並未形成太大的影響。溫李段「三十六體」出現後，晚唐碑誌中的駢意比中唐時略有增加，但影響也很有限。

丁、家族文學研究

唐代社會階層前後變動很大，軍功貴族與文學才俊都有機會從下層進入權力中心，但就總的方面來說，六朝以來形成的世家大族仍保持着強大的社會優勢，形成以家族爲單元的文化群體。聚族而葬正是這一文化現像的集中體現，也是世族增強族群凝聚力的重要途徑。許多世族人物客死異鄉，其家人或後人即使經歷再多的艱難困厄，也要讓先人遺骸歸葬故里。洛陽北邙山一帶的大批家族墓群，就是這樣形成起來的。清以前石刻大多出於偶然發現，近代以來則因大規模基本建設的展開和科學考古的實施，形成有規模有計劃的墓群發掘，得以有機會成批出土同屬一家族的墓誌石刻。其中出土墓誌較多的文學世家，就有江夏李氏、上党苗氏、逍遙房韋氏、范陽盧氏（盧思道後人）、中眷裴氏、襄陽張氏、樂安孫氏等。在此僅舉樂安孫氏爲例。孫氏爲北魏儒臣孫惠蔚的後人，唐初沒有顯宦，但以文學儒業傳家。武后時孫嘉之登進士第，官至宋州司馬，漸爲知名。其子孫逖開元初先後應哲人奇士舉和文藻宏麗科登第，開元二十二、二十三年以考功員外郎知貢舉，拔杜鴻漸、顏真卿、李華、蕭穎士登第，後任中書舍人掌綸多年，史家許其「自開元已來」「爲王言之最」。近代以來，孫氏後人墓誌出土超過三十方，具見下表（名後加●者有墓誌出土，世系僅顯示誌主在家族中的位置，不全部記錄有關譜系）：

一代	二代	三代	四代	五代	六代
嘉之	逖	口（太常寺主簿）●			
		宿	公器	筥●	
				簡●	景裕●
					徽 妻韋氏●
					譓●
					幼實●
		成●	女●		
			審象●		
			微仲	方紹●	
	遞	會	仕竭	嗣初●	
			公乂●	瑝●	拙●
				女●	
	遘	起● 妻李氏● 繼裴氏●	景商●	備●	
				向	俐●
					女●
				澥	女●
			女●		
		女●			
	造 妻李氏●	嬰●	女●		

從這些墓誌中可以看到，在孫逖以後，這個家族中有九人登進士第，有四人中制舉，有四人曾任中書舍人，有七人官至顯宦，直到五代時，還有孫拙以文學知名而掌制。在這批墓誌中，多數屬孫氏族人所撰寫，誌文中對從孫嘉之、孫逖以來以文學顯達的家族歷史，不厭其煩地重述，顯示了這一家族對此的自豪和榮耀。新出墓誌中類似的家族群還很多，值得注意。

　　還應說到的是，一些知名文人的墓誌，其實也是伴隨著家族墓誌同時被發現的。如《曲石精廬藏唐墓誌》中的〈王之渙墓誌〉，曾引起

學界的較多關注，同時所出其祖父王德表、祖母薛氏、妻李氏墓誌，因另存於《千唐誌齋藏誌》而不爲世人所知，這幾方墓誌顯示王德表精研儒、佛、道三家典籍，有文集傳世，薛氏誌由著名文士薛稷撰寫，李氏誌則可知王之渙婚姻和仕宦德具體細節，都是很有價值的記錄。

戊、女性文學研究

　　記載女性事迹的碑誌約占全部碑誌的三分之一左右，且其中不乏身份特殊的人物，如唐太宗的妃子已有三人墓誌出土，唐代公主墓誌已出土二十多方，其他婦女從出身顯宦名相之家到一般平民都有，可藉此瞭解各階層婦女的生活和生存狀況。不少碑誌中提及女性的文學才能，如郭正一〈大唐臨川郡長公主墓誌銘〉：「惟公主幼而聰敏，誌識明慧，雅好經書，尤善詞筆。至於繁弦促管之妙，罄□組紃之工，爰在□□，鹹推絕美。……所撰文筆及手寫佛經，又畫佛像等，並流行於代。」這是公主而能文者。謝承昭撰〈唐秘書省歐陽正字故夫人陳郡謝氏墓誌銘〉，是難得見到的女詩人墓誌：「夫人姓謝氏，諱迢，字昇之，……夫人生秉雍和，長而柔順，組紃之暇，雅好詩書。九歲善屬文，嘗賦《寓題》詩云：『永夜一台月，高秋千戶砧。』其才思清巧，多有祖姑道蘊之風，頗爲親族之所稱歎。」其父謝觀和夫歐陽琳皆有文名，可惜謝迢的詩僅存墓誌中提到的兩句。

　　亡妻墓誌，存世文獻保存下來的只有很少的幾篇，出土石刻中僅我所見者，已超過八十方，甚爲可觀。其中約一半是文武宣懿四朝的作品，原因很難解釋，只能說是當時流行。亡妻墓誌的誌主，僅見一位年過六十，多數都是二三十歲死於疾病或產難，其夫官位也未達，墓誌中常有很沈痛的表述，所謂「貧賤夫婦百事哀」，可得充分的印證。在唐墓誌中，是值得重視的一批作品。有幾位作者後來很有名，如被武后所殺的宰相裴炎，撰妻劉氏墓誌時官僅爲監察御史，詩人郭密之、盧綸的父親盧之翰也各有所作。與此相對應的亡夫墓誌，則極爲少見。南宋曾出土唐初周氏爲夫曹因所撰墓誌（見洪邁《容齋五筆》卷二），雖簡

而頗得要旨。偃師新出〈李全禮墓誌〉，署「妻滎陽鄭氏慈柔撰」，在唐誌中極爲罕見，且文辭典雅，情感真切，實屬難得（《偃師杏園唐墓》）。女性撰文的碑誌還有宋若憲大和三年撰〈田法師玄堂誌〉（《隋唐五代墓誌彙編·陝西卷》），宋氏三姐妹是中唐著名的才女，貞元間選入宮，此誌署「從母內學士宋若憲撰」，應爲其晚年所作。

　　從女性社會學的角度來看，唐誌中的宮女和妾兩類身份的女性墓誌尤堪重視。現能見到的隋唐宮女墓誌超過一百方，除前述《唐代墓誌彙編》正續編所收外，在趙萬里《漢魏南北朝墓誌集釋》和三秦出版社出版《咸陽碑石》（1992）中，也頗多收錄。這批墓誌全無作者署名，應均屬內學士的程式之作。誌題均署「某品宮人墓誌」，大多以「宮人不知何許人也」開始，講幾句美貌才性的套話，然後即是死亡年月和幾句哀挽的套話。這批墓誌從另一個側面反映了宮女生活和命運的孤寂落寞，對讀解唐人寫宮女生活的詩歌是有意義的。張令暉〈室人太原王氏墓誌銘〉，是現能見到的惟一一篇放出嫁人宮女的墓誌：「年符二八，名入宮闈。彩袖香裾，頻昇桂殿；清歌妙舞，常踏花筵。及夫思命許歸，禮嬪吾室。」張令暉的官職是「寧遠將軍守右司禦率」，屬中級軍官，據此可知《本事詩》所云放宮女以嫁邊軍，是確有之事。

　　妾的墓誌，翁育瑄〈唐代にぉける官人階級の婚姻形態〉附表三〈妾の墓誌一覽〉（見《東洋學報》2001 年 9 期）羅列了 30 方，多數也出於其夫主的手筆。除 5 方出於傳世唐集，其餘均見出土石刻。翁氏未見的，似還有〈大唐潞州刺史司徒公徐王元禮姬羅氏墓誌銘〉、〈司刑太常伯武安公世子奉冕直長源側室趙五娘墓誌銘〉、〈大唐邠王故細人渤海郡高氏墓誌之銘〉、〈大唐慶國故細人孫氏墓誌銘〉、〈唐故章四娘墓誌銘〉等幾方，宣宗撰文的才人仇氏墓誌，嚴格說也是妾誌。與亡妻墓誌重在表彰其相夫教子的道德操行有所不同，亡妾誌則多直接寫其美貌色藝，如李德裕〈滑州瑤台觀女真徐氏墓誌銘〉（《唐代墓誌彙編》附索引誤將其稱爲李德裕妻）云：「惟爾有絕代之姿，掩於群萃，……

若芙蓉之出蘋萍，……如昌花之秀深澤……固不與時芳並豔，俗態爭妍。」劉異〈唐張氏墓誌〉稱「張氏者，號三英，許人也。家爲樂工，係許樂府籍。」爲劉「納而貯於別館」，並稱「張氏明眸巧笑，知音聲。」李從質〈故妓人清河張氏墓誌〉：「妓人張氏，世良家也。年二十歸於我。色豔體閑，代無罕比，溫柔淑願，雅靜沈妍。」這些描寫，在亡妻墓誌中是絕對找不到的。

　　源匡秀〈有唐吳興沈氏墓誌銘〉（《洛陽出土歷代墓誌輯繩》703 頁)似是現知唐代惟一的妓女墓誌，也是表達愛情最爲真摯動情的一篇，全錄如下：

> 吳興沈子柔，洛陽青樓之美麗也。居留府官籍，名冠於輩流間，爲從事柱史源匡秀所矚殊厚。子柔幼字小嬌，凡洛陽風流貴人，博雅名士，每千金就聘，必問達辛勤，品流高卑，議不降志。居思恭里。實劉媼所生，有弟有姨，皆親骨肉。善曉音律，妙攻弦歌，敏慧自天，孝慈成性。咸通寅年，年多疫癘，里社比屋，人無吉全。子柔一日晏寢香閨，扶衾見接，飫展歡密，倏然吁嗟曰：「妾幸辱郎之顧厚矣，保郎之信堅矣，然也妾自度所賦無幾，甚疑旬朔與癘疫隨波。雖問卜可禳，慮不能脫。」余祗謂撫訊多闕，怨興是詞。時屬物景喧穠，欄花競發，余因召同舍畢來醉歡。俄而未及浹旬，青衣告疾，雷奔電掣，火裂風摧，醫救不施，奄忽長逝。嗚呼！天植萬物，物固有尤，況乎人之最靈，得不自知生死。所恨者貽情愛于後人，便銷魂於觸響。空虞陵谷，乃作銘云：麗如花而少如水，生何來而去何自？火燃我愛愛不銷，刀斷我情情不已。雖分生死，難坼因緣，刻書貞銘，吉安下泉。咸通十一年五月三日，匡秀撰並書。

沈氏的身份，似至死還只是一位青樓妓女，名係東京留守府官籍。雖然多有風流貴人來聘，但始終未曾許人。前引翁育瑄文將其列爲源匡秀的妾，恐非是。源匡秀應是鮮卑後裔的一位貴公子，雖對沈一往情

深，但到沈病危時，還與同舍買酒尋歡。儘管如此，他對沈的情感確
是出於真誠的，墓誌中生死不移的愛情表述，在唐詩中也不多見。其
親自撰文書寫刻石，也出於同樣的真情。沈氏的命運，與《北里志》
中的王團兒、顏令賓很接近，這篇墓誌放在《北里志》也非常妥帖。

己、地域文學研究

　　石刻是分地域出土的，其足以現示各地文學寫作的狀況，道理甚
明。現能見到的碑誌，十之七八出土於兩京一帶，本屬文化的中心區
域，地域意義不大。江南因爲地勢卑濕，保存下來的石刻並不多，但
有些特殊形制的墓誌，如陶製和瓦罐形的，頗可玩味。上海、廈門、
廣州、虔州等地，近年偶有唐誌發現，對地方歷史的研究意義特別重
大。有大批碑誌出土而對地方文學研究有重要意義的，我認爲還是河
北地區。

　　安史之亂以後的河北三鎮，在中晚唐政治上處於相對隔絕和獨立
的狀態，陳寅恪先生指出失意文士常去河北以尋求發展，典籍中保存
的河北三鎮的本身文件並不太多，文學作品更少。清代學者對河北石
刻的整理卓有建樹，沈濤《常山貞石誌》尤有名。近代以來河北出土
石刻有重要價值的，當然首推房山石經，已有影印的《房山石經》和
《房山石經題記彙編》兩書。其次是《隋唐五代墓誌彙編》中的河北、
北京兩卷，所收安史亂後的中晚唐墓誌達 100 多方，大多出於當地文
士之手。僅從拓片的形制來說，這兩卷墓誌的周遭紋飾，誌文書寫多
用行楷，都可明顯看出和中原不同的文化取向。相比較來說，河北墓
誌的文辭遜於中原所出，稍顯淺率，可以反映當地文士的一般水準。
值得特別提到的是，河北陸續發現的巨大碑石很多，1973 年在大名出
土的咸通間魏博節度使何弘敬墓誌，長寬均近二米，是唐誌中十分罕
見的大石。同年在正定出土的大中間成德節度使王元逵的墓誌，也達
長寬各 150 多厘米。相形之下，昭陵所出唐初妃王將相墓誌中最大的
一方，也不超過長寬 120 厘米，大中間宰相白敏中的墓誌也僅 98 厘米

見方，河北節帥的跋扈可見一斑。前年在正定出土的巨大殘碑，最大的一塊雖尚不及全碑的五分之一，但已大到高 210 厘米，寬 140 厘米，厚 90 厘米，其規模可以想見。據我所考，此碑應即《冊府元龜》卷八二〇所載後晉天福二年太子賓客任贊撰文的《安重榮德政碑》，幾年後安重榮謀反被殺，碑也遭砸碎。此外，影印天一閣藏明《大名府誌》存有著名詩人公乘億撰寫的《羅讓碑》，長達 3000 多字（《全唐文》所收僅 200 多字），詳細記載了昭宗文德間魏博軍亂，羅紹威乘亂控制軍鎮的過程。這些大碑多數出於依附河北軍閥的著名文士之手，文學價值和歷史價值都很高。